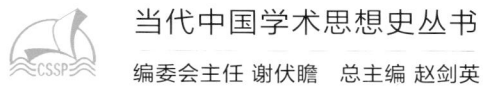

当代中国学术思想史丛书

编委会主任 谢伏瞻　总主编 赵剑英

# 当代中国晚清政治史研究

Contemporary Studies of Chinese
Late Qing Political History

(1949-2019)

崔志海　等著

中国社会科学出版社

## 图书在版编目(CIP)数据

当代中国晚清政治史研究：1949—2019 / 崔志海等著 . —北京：中国社会科学出版社，2019.12

（当代中国学术思想史丛书）

ISBN 978 - 7 - 5203 - 4987 - 1

Ⅰ.①当… Ⅱ.①崔… Ⅲ.①政治制度史—研究—中国—清后期 Ⅳ.①D691.2

中国版本图书馆 CIP 数据核字（2019）第 200594 号

| | |
|---|---|
| 出 版 人 | 赵剑英 |
| 责任编辑 | 刘　芳 |
| 责任校对 | 石春梅 |
| 责任印制 | 戴　宽 |

| | |
|---|---|
| 出　　版 | 中国社会科学出版社 |
| 社　　址 | 北京鼓楼西大街甲 158 号 |
| 邮　　编 | 100720 |
| 网　　址 | http://www.csspw.cn |
| 发 行 部 | 010 - 84083685 |
| 门 市 部 | 010 - 84029450 |
| 经　　销 | 新华书店及其他书店 |
| 印刷装订 | 北京君升印刷有限公司 |
| 版　　次 | 2019 年 12 月第 1 版 |
| 印　　次 | 2019 年 12 月第 1 次印刷 |
| 开　　本 | 710×1000　1/16 |
| 印　　张 | 33.5 |
| 字　　数 | 515 千字 |
| 定　　价 | 188.00 元 |

凡购买中国社会科学出版社图书，如有质量问题请与本社营销中心联系调换

电话：010 - 84083683

版权所有　侵权必究

# 当代中国学术思想史丛书
# 编辑委员会

主　任　谢伏瞻

副主任　蔡　昉　高　翔　高培勇　姜　辉　赵　奇

编　委　（按姓氏笔画为序）
　　　　卜宪群　马　援　王延中　王建朗　王　巍
　　　　邢广程　刘丹青　刘跃进　李　扬　李国强
　　　　李培林　李景源　汪朝光　张宇燕　张海鹏
　　　　陈众议　陈星灿　陈　甦　卓新平　周　弘
　　　　房　宁　赵　奇　赵剑英　郝时远　姜　辉
　　　　夏春涛　高培勇　高　翔　黄群慧　彭　卫
　　　　朝戈金　景天魁　谢伏瞻　蔡　昉　魏长宝

总主编　赵剑英

# 书写当代中国学术史,加快构建中国特色哲学社会科学

谢伏瞻[*]

在中华人民共和国成立70周年之际,中国社会科学出版社修订出版《当代中国学术思想史丛书》(以下简称《丛书》),对于推动我国当代学术史研究,加快构建中国特色哲学社会科学学科体系、学术体系、话语体系具有重要的意义。

党的十八大以来,以习近平同志为核心的党中央高度重视哲学社会科学。2016年5月17日,习近平总书记主持召开哲学社会科学工作座谈会并发表重要讲话,明确提出加快构建中国特色哲学社会科学学科体系、学术体系、话语体系的重大论断和战略任务。这是一个极为重要的战略考量,关系我国哲学社会科学的长远发展,关系中国特色社会主义事业发展全局,是重大的学术任务,更是重大的政治任务。广大哲学社会科学工作者要以高度的政治自觉和学术自觉,以强烈的责任感、紧迫感和担当精神,在加快构建中国特色哲学社会科学"三大体系"上有过硬的举

---

[*] 谢伏瞻:中国社会科学院院长、党组书记。

措、实质性进展和更大作为。《丛书》即为加快构建中国特色哲学社会科学"三大体系"的具体措施之一。

　　研究学术思想史是我国的优良传统之一。学术思想历来被视为探寻思想变革、社会走向的风向标。正如梁启超在《论中国学术思想变迁之大势》中所言,"学术思想与历史上之大势,其关系常密切。""学术思想之在一国,犹人之有精神也;而政事、法律、风俗,及历史上种种之现象,则其形质也。故欲觇其国文野强弱之程度如何,必于学术思想焉求之。"我国古代研究学术思想史注重"融合""会通",对学术辨识与提炼能力有特殊要求,是专家之学,在这方面有大成就者如刘向、刘歆、朱熹、黄宗羲等皆为硕学通儒。近代以来,随着"西学东渐",我国哲学社会科学各学科逐渐发展起来,学术思想史研究亦以梁启超的《中国近三百年学术史》为发轫,以章炳麟、钱穆等为代表的一批学者用现代学术视角"辨章学术、考镜源流",开始将学术思想史研究与近现代哲学社会科学发展结合起来,形成了不少有影响的名品佳作。新中国成立以后,在马克思主义指导下,我国哲学社会科学不断发展,特别是改革开放以来,哲学社会科学的地位更加凸显,在研究工作的广度和深度上不断取得新突破。但是,我国当代学术思想史研究没有跟上哲学社会科学发展的步伐,呈现出"有数量缺质量、有专家缺大师"的状况,有分量的研究成果寥若晨星,公认的学术思想史大家屈指可数。新时代,我国哲学社会科学地位更加重要、任务更加繁重,有组织、有计划地开展学术思想史研究和出版工作，系统梳理我国当代哲学社会科学各学科学术思想的发展脉络，总结各学科积累的优秀成果，既是对学术研究传统的继承和发扬，弥补当代学术思想史研究的不足，也将在中国特色哲学社会科学"三大体系"建设中发挥独特而重要的作用。

中国社会科学院是党中央直接领导的哲学社会科学研究机构，在加快构建哲学社会科学"三大体系"建设中发挥着主力军作用。早在建院之初的1978年，胡乔木同志主持的《1978—1985年全国哲学社会科学发展规划纲要（初稿）》就提出了研究"中国经济思想史""中国政治思想史""中国教育思想史""中国伦理思想史"等近10种"学术思想史"的规划。"当代中国学术思想史"丛书初版于2009年，在新中国成立70周年之际，予以修订再版，充分体现出我院作为"国家队"的担当。《丛书》以新中国成立以来学术思想史演进中的脉络梳理与关键问题分析为主要内容，集中展现在中国共产党坚强领导下，创建、发展和繁荣哲学社会科学各学科学术思想史的历程，突出反映70年来哲学社会科学各领域的成就与经验，资辅当代、存鉴后人，具有较强的学术示范意义。

学术思想史研究为哲学社会科学学科体系建设提供了有力的支撑。学科体系是加快构建中国特色哲学社会科学的根本依托。经过几十年的发展，我国哲学社会科学已拥有20多个一级学科、400多个二级学科，学科体系已基本确立，但还不健全、不系统、不完善，离习近平总书记提出的基础学科健全扎实、重点学科优势突出、新兴学科和交叉学科创新发展、冷门学科代有传承的要求还有相当大的差距。学科体系建设的前提是对各学科做出科学准确的评估，翔实的学术思想史研究天然具备这一功能。《丛书》以"反映学科最新动态，准确把握学科前沿，引领学科发展方向"为宗旨，系统总结文学、历史学、语言学、美学、宗教学、法学等学科70年的学术发展历程。其中既有对基础学科、重点学科学术思想史的系统梳理，如《当代中国美学研究》《当代中国文艺学研究》等；又有对新兴学科、交叉学科和冷门学科学术思想史的开拓性研究，如《当代中国近代思想史研究》《当代中国边疆研究》《当代中国简帛学研究》等。从学术思想史的角度，系统评价各学科的发展，对于健全学科体系、优化学科布局，加快构建中国特色哲学社会科学学科体系无疑是大有裨益的。

学术思想史研究为哲学社会科学学术创新提供了坚实的基础。学术体系是加快构建中国特色哲学社会科学的核心。主要包括两个方面：一是思想、理念、原理、观点、理论、学说、知识、学术等；二是研究方法、材料和工具等。习近平总书记指出，理论的生命力在于创新。只有不断推进知识创新、理论创新、方法创新，才能着力打造"原版""新版"的哲学社会科学。学术创新是有前提的，正如总书记所深刻指出的，理论思维的起点决定着理论创新的结果，理论创新只能从问题开始。从某种意义上说，学术创新离不开学术思想史研究，只有通过坚实的学术思想史研究，把握学术演进的脉络、传统、流变，才能够提出新问题、新思想，形成新的学术方向，这是《丛书》为哲学社会科学学术创新作出的贡献之一。学术思想史的研究内容、研究方法、材料与工具自成体系，具有构建学术体系的各项特征。《丛书》通过对学术思想史研究的创新，为哲学社会科学学术创新提供了有益的尝试。

一是观点创新。中华人民共和国成立以来，随着马克思主义在哲学社会科学领域指导地位的确立，我国思想界发生了大规模、深层次的学术变革，70年间中国学术已经形成了崭新格局。《丛书》紧扣"当代中国"这一主题，突破"当代人不写当代史"的思想束缚，独辟蹊径、勇于探索，聚焦中国特色哲学社会科学的发展道路、马克思主义指导下的中国学术发展、中国传统学术继承和外来学术思想借鉴，民族复兴在学术思想史上的反映等问题，从而产生一系列的观点创新。

二是研究范式创新。一个时代的主流思想和历史叙事，是由反映那个时代的精神的一系列概念和逻辑构成的。当代中国学术的源流、变化与当代中国政治、经济、文化、社会的变革密切相关。《丛书》把研究中国特色学术道路的起点、进程与方向作为自觉意识，贯穿于全丛书，注重学术思想史与中国学术道路的密切联系、学理化研究与中国现实问题的密切联系、个别问题研究与学术整体格局的密切联系、研究当代中国与启示中国未来的密切联系，开拓了学术诠释中国道路的新范式。

三是体例创新。《丛书》将专题形式和编年形式相互补充与融合，充分体现了学术创新的开放性，为开创学术思想史书写新范式探路。对于当代学术思想史研究，创新之路刚刚开始，随着《丛书》种类的增多，创新学术思想史研究的思路还会更多，更深入。

学术思想史研究为构建哲学社会科学话语体系提供了广阔的平台。话语体系是学术体系的反映、表达和传播方式，是有特定思想指向和价值取向的语言系统，是构成学科体系之网的纽结。习近平总书记指出，在解读中国实践、构建中国理论上，我们应该最有发言权。这就要求我们在构建话语体系时，要坚持中国立场、注重中国特色，用中国理论阐释中国实践，用中国实践升华中国理论，更加鲜明地展现中国思想，更加响亮地提出中国主张。要主动设置议题，勇于参与世界范围的"百家争鸣"。《丛书》定位于对当代中国学术思想的独家诠释，内容是原汁原味的中国学术，具有学术"走出去"、参与国际学术对话、扩大我国学术思想影响力、增强中华文化软实力的条件。《丛书》通过生动的叙述风格传播中国学术、中国文化，全面、集中、系统地反映我国当代学术的建构过程，让世界认识"学术中的中国""理论中的中国""哲学社会科学中的中国"。习近平总书记强调，把中国实践总结好，就有更强的能力为解决世界性问题提供思路和办法。《丛书》通过对当代中国学术思想史的描绘，让世界了解中国特色的学术发展之路，进而了解中国特色社会主义文化和中国特色社会主义道路。《丛书》中的《当代中国法学研究》《当代中国宗教学研究》《当代中国近代史研究》《当代中国近代社会史研究》等已经翻译成英文、德文等多种语言，分别在有关国家出版发行，为当代中国学术思想的国际化传播开拓了新路。

目前，《丛书》完成了出版计划的一部分，未来要继续作好《丛书》出版工作。关键是要坚持正确的政治方向、学术导向和价值取向。要提高政治站位，增强"四个意识"，坚定"四个自信"，做到"两个维护"，在思想上政治上行动上同以习近平同志为核心的党中央保持高度一致。要坚持马克思主义的指导地位，特别是用习近平新时代中国特色社会主义思想指导学术思想史研究和出版工作。要落实意识形态工作责任制，做到守土有责、守土负责、守土尽责。作好《丛书》出版工作必须坚持以质量为生命线。在任何时候都要坚持质量第一的方针，坚持"宁缺毋滥"的原则，多出精品力作。要把社会效益放在首位，实现社会效益和经济效益相统一。要严格遵守学术规范，秉承认真负责的治学态度，严肃对待学术研究，潜心研究，讲究学术诚信，拿出高质量的学术成果。

当今世界处于百年未有之大变局，中国特色社会主义进入新时代，这都对哲学社会科学提出了更高的要求，广大哲学社会科学工作者要积极响应习近平总书记和党中央号召，以习近平新时代中国特色社会主义思想为指导，努力提高政治站位，增强思想自觉，敢于担当，奋发有为，繁荣中国学术，发展中国理论，传播中国思想，加快构建中国特色哲学社会科学"三大体系"，为实现"两个一百年"奋斗目标，实现中华民族伟大复兴的中国梦作出应有的贡献。

是为序。

2019 年 10 月

# 目　　录

引言　新中国成立以前的晚清政治史研究 …………………………（1）

## 第一章　鸦片战争史研究 …………………………………………（6）
　　第一节　研究概述 ……………………………………………（6）
　　第二节　鸦片战争之前的中国社会研究 ……………………（17）
　　第三节　中英冲突及列强对华政策研究 ……………………（23）
　　第四节　清朝统治集团及相关人物研究 ……………………（30）
　　第五节　关于鸦片战争的起因、性质、失败原因及影响 …（37）

## 第二章　第二次鸦片战争史研究 …………………………………（44）
　　第一节　研究概述 ……………………………………………（44）
　　第二节　战争起因问题研究 …………………………………（50）
　　第三节　相关战役与战败原因研究 …………………………（54）
　　第四节　列强与第二次鸦片战争研究 ………………………（58）
　　第五节　清政府的战争对策及相关人物研究 ………………（63）
　　第六节　火烧圆明园问题研究 ………………………………（70）
　　第七节　对进一步研究的几点思考 …………………………（73）

## 第三章　太平天国农民战争史研究 ………………………………（76）
　　第一节　1949年之前的太平天国史研究 ……………………（77）
　　第二节　1949—1962年的太平天国史研究 …………………（80）

  第三节　1963—1976 年的太平天国史研究 …………………（87）
  第四节　1977—1989 年的太平天国史研究 …………………（91）
  第五节　1990—2000 年的太平天国史研究 ………………（101）
  第六节　21 世纪以来的太平天国史研究 …………………（107）
  第七节　对进一步研究的展望 ………………………………（118）

## 第四章　洋务运动史研究 …………………………………………（122）
  第一节　1949 年之前的洋务运动史研究 …………………（123）
  第二节　1949—1978 年的洋务运动史研究 ………………（132）
  第三节　1979—1999 年的洋务运动史研究 ………………（139）
  第四节　21 世纪以来的洋务运动史研究 …………………（153）

## 第五章　中法战争史研究 …………………………………………（160）
  第一节　研究概述 ……………………………………………（160）
  第二节　相关战役研究 ………………………………………（166）
  第三节　外交问题研究 ………………………………………（170）
  第四节　清政府的战争对策研究 ……………………………（177）
  第五节　相关人物研究 ………………………………………（180）
  第六节　关于中法战争的背景、性质和影响问题 …………（187）
  第七节　对进一步研究的几点思考 …………………………（192）

## 第六章　中日甲午战争史研究 ……………………………………（195）
  第一节　研究概述 ……………………………………………（195）
  第二节　相关战役和清朝将领研究 …………………………（215）
  第三节　甲午战争与国际关系研究 …………………………（230）
  第四节　清廷政局与相关人物研究 …………………………（239）
  第五节　甲午战后相关问题研究 ……………………………（250）
  第六节　关于甲午战争起因、战败原因和影响问题 ………（258）
  第七节　未来研究的展望 ……………………………………（269）

## 第七章　戊戌变法史研究 (274)

- 第一节　研究概述 (274)
- 第二节　维新派与维新运动研究 (283)
- 第三节　相关人物研究 (289)
- 第四节　史料与史实研究 (296)
- 第五节　关于戊戌变法的性质和历史评价问题 (304)

## 第八章　义和团运动史研究 (312)

- 第一节　研究概述 (312)
- 第二节　关于义和团组织源流和兴起原因的讨论 (323)
- 第三节　义和团运动与国内政局关系研究 (329)
- 第四节　义和团运动时期中外关系问题研究 (335)
- 第五节　义和团运动史实考析 (341)
- 第六节　关于义和团运动的历史评价问题 (346)

## 第九章　清末新政史研究 (352)

- 第一节　研究概述 (352)
- 第二节　政治改革研究 (357)
- 第三节　法制改革研究 (364)
- 第四节　军事和警政改革研究 (368)
- 第五节　教育和社会改革研究 (374)
- 第六节　经济改革研究 (386)
- 第七节　清末政局与新政关系研究 (391)

## 第十章　辛亥革命史研究 (398)

- 第一节　研究概述 (399)
- 第二节　关于革命团体、武装起义和组建民国的研究 (406)
- 第三节　辛亥时期的会党、新军、华侨和立宪派研究 (414)
- 第四节　辛亥革命与列强关系研究 (420)
- 第五节　辛亥历史人物的研究 (428)

第六节　关于辛亥革命性质及历史评价问题 …………………（437）

**第十一章　近十年来的晚清政治史研究（2009—2018）**…………（445）
　　第一节　晚清政局与相关人物研究 ……………………………（445）
　　第二节　列强与晚清政局关系研究 ……………………………（457）
　　第三节　晚清满族史与满汉关系史研究 ………………………（466）
　　第四节　晚清边疆和边政史研究 ………………………………（475）
　　第五节　晚清制度史研究 ………………………………………（493）

**第十二章　结语：回顾与展望** ……………………………………（506）
　　第一节　晚清政治史研究的四个发展阶段 ……………………（506）
　　第二节　对于晚清政治史研究的五点期待 ……………………（517）

**后记** ………………………………………………………………（520）

# 引　言

## 新中国成立以前的晚清政治史研究

晚清政治史起于1840年的鸦片战争，迄于1912年2月12日清帝逊位，既从属于断代史清史学科，也从属于中国近代史学科。大致说来，从属于中国近代史学科的晚清政治史主要从革命史角度，或从现代化史角度，探讨和揭示晚清70年间中国人民的反帝反封建斗争或寻求近代化的历程。从属于断代史清史学科的晚清政治史，则偏重于研究清朝统治阶级为维护其自身统治而采取的各种对策和活动，以及这一时期的官民、官绅关系，民族关系和中外关系，统治集团内部的政治派系和权力斗争，新兴政治力量的兴起，政制、法律和军事，边疆治理等，回答清朝统治何以由盛转衰，有着极为丰富的内容。

晚清政治史研究并不始于1949年新中国成立之后，而是始于晚清。晚清时期，每有重大政治事件发生，即有时人进行记载或论述。例如，魏源的《道光洋艘征抚记》、梁廷枏的《夷氛闻记》、夏燮的《中西纪事》，便是当时人研究第一次鸦片战争的著作；张德坚的《贼情汇纂》、杜文澜的《平定粤寇纪略》、李滨的《中兴别记》、王闿运的《湘军志》、王定安的《湘军记》以及清朝官修的《剿平粤匪方略》等，为时人研究太平天国农民战争的著作；姚锡光的《东方兵事纪略》、易顺鼎的《盾墨拾余》、洪弃父的《台湾战纪》等，为时人研究中日甲午战争的著作；劳乃宣的《义和拳教门源流考》、支碧湖的《续义和拳教门源流考》、吕海寰的《庚子海外纪事》等，为时人研究义和团运动和庚子事变的著作。这些时人著述虽然有其局限性，但他们无疑是晚清政治史研究学术史的一个重要组成部分，有些著述迄今仍是相关研究领域的重要参考资料。

1912年清朝灭亡之后，晚清政治史开始被纳入断代史清史和中国近代史两个学科之下。这一时期通论性的清史著作和中国近代史著作涉及晚清部分，讲的主要就是政治史的内容，并形成几个不同流派。

清史学科体系下的晚清政治史研究大致可分三个流派。一派为清朝遗老派，以《清史稿》为代表。一方面，他们站在逊清的立场上，于1914年开始编纂，借修史报答先朝皇恩，在内容选择和措辞上多方为清朝歌功颂德，如在撰修过程中，对于清朝统治者的残暴行径，以及有损清室帝王尊严、后妃名誉的事件，或避而不谈，或轻描淡写；而在忠义、列女等传的安排上，则不惜篇幅，褒扬铺张；在撰修帝纪中，对清朝皇帝也多溢美之词，"至勤""至明""至仁"等词处处可见，并不惜违背传统断代史修史体例，为许多生于清而死于民国的忠于清朝的遗民立传。另一方面，《清史稿》对清代的反清革命活动则尽量少写，甚至不写，如对兴中会、同盟会的建立、民报的出版以及孙中山领导的许多次武装起义，《清史稿》全都没有记载；孙中山作为推翻清朝统治的领袖，《清史稿》仅在光绪三十年五月慈禧太后下旨赦免戊戌党人时一见其名，将他与康、梁一道列入大逆不赦之人。同样，对于存在14年之久的太平天国政权，《清史稿》也不按传统修史惯例，设《载记》以记其事，仅以设《洪秀全传》，草率应付。并且，凡是记载反清活动，《清史稿》都以"倡乱""谋乱""谋逆"等词称之，等等。《清史稿》这种"内清而外民国"的修纂立场，直接反映逊清遗民对民国正统地位的拒斥心理，结果于1929年12月遭到南京国民政府封禁。

另一派为民族革命派，以许国英、汪荣宝合撰和合编的《清史讲义》（1913）和《清鉴易知录》（1917），刘法曾的《清史纂要》（1914），黄鸿寿编《清史纪事本末》（1915），陈怀的《清史要略》（1931）、萧一山的《清代通史》上、中、下册（1923、1928、1934年）等为代表。这一派的学者与清朝遗老派相对立，他们秉承民族革命史观，奉民国为正统，将清朝统治看作异族统治多加抨击和批判，认为有清一代的历史，是满清入据中原统治中国的历史，同时也是以汉族为主的中国民族革命的历史，清朝的灭亡都由民族压迫和专制统治所致，对清代的反清革命活动都做正面论述和评价。

第三派为学术派，以孟森的《清史讲义》（成书于20世纪30年代，1947年初版）为代表。这一派学者主张清史研究应秉持客观的学术态度，既痛斥清朝遗老编纂《清史稿》存在隐讳涂饰之病，表示"此非学人治历史者之本怀"①，也严厉批评民族革命史观"承革命时期之态度，对清或作仇敌之词"，"乃军旅之事，非学问之事"，是"浅学之士"之所为，不符合修史任务，表示"史学上之清史，自当占中国累朝史中较盛之一朝，不应故为贬抑，自失学者态度"，"若已认为应代修史，即认为现代所继承之前代。尊重现代，必并不厌薄于所继承之前代，而后觉承统之有自。清一代武功文治，幅员人材，皆有可观。明初代元，以胡俗为厌。天下既定，即表彰元世祖之治，惜其子孙不能遵守。后代于前代，评量政治之得失以为法戒，乃所以为史学"。②主张清史研究以传信存真、"列清史为学科之意"为宗旨。此一学派的学术研究，后来多被国内清史学界所继承。

在近代史学界，通论性的晚清政治史研究要稍晚于清史学界，虽然始于20世纪20年代，但主要盛行于三四十年代，并形成两个影响深远的学派。一派为资产阶级学者，以陈恭禄的《中国近代史》上、下两册（1935年初版，后又多次再版）和蒋廷黻的《中国近代史》（1938年初版）为代表，构建起晚清史研究的现代化叙事模式。他们认为1840年鸦片战争之后中国历史的主题是近代化，即中国如何借鉴西方现代思想、技术和制度，走出中世纪，建立近代民族国家，实现近代化的过程。并且，他们接受西方资产阶级学者的"挑战—回应"模式，认为中国近代化的最大障碍是中国的各种"民族惰性"和落后的传统。因此，他们在看待晚清中国与列强关系上，强调帝国主义列强对中国冲击所产生的积极作用，将帝国主义列强与中国的关系看作是进步与落后的关系，看作是两种不同文化、不同制度、不同文明的冲突，因而对中国人民的反侵略斗争持消极或否定态度。对于晚清中国内政，他们认为改良道路比较符合推进中国近代化和建立民族国家的目标，因此，对晚清洋务运动和洋务派、戊戌变法和维新派、清末新政和清廷改革派、立宪运动和立宪派，大体做正面论述。同

---

① 孟森：《清朝前纪·叙言》，中华书局2008年版，第1页。
② 孟森：《清史讲义》，浙江人民出版社1998年版，第4页。

时，站在资产阶级和民国的立场上，他们也肯定辛亥革命的积极意义。但另一方面，他们认为农民起义不符合近代化和民族建国目标，因此，对晚清历史上的太平天国农民起义和义和团运动，多加否定。

另一派是马克思主义学者，以李鼎声的《中国近代史》、范文澜的《中国近代史》上编第一分册和胡绳的《帝国主义与中国政治》为代表，构建起晚清史研究的革命史叙事模式。这一派学者认为，1840年鸦片战争之后的近代中国历史是"帝国主义和中国封建主义相结合，把中国变为半殖民地和殖民地的过程，也就是中国人民反抗帝国主义及其走狗的过程"。因此，反帝反封建才是中国近代历史主题。根据这一认识，他们在看待晚清中国与列强关系上，着重揭露列强对中国的侵略和给中国社会带来的深重灾难，对中国人民的各种反侵略斗争给予充分肯定。对于晚清中国内政，他们推崇革命，不但批判清朝统治阶级阻碍历史进步，也批判晚清各种改良主义道路不符合历史发展方向。

需要指出的是，在民国时期，虽然清史学界和近代史学界都将晚清政治史纳入研究对象，但晚清政治史在这两个学科中的地位还是有所不同的。比较而言，近代史学科对晚清政治史的重视和研究深度及影响要高于清史学界。对于近代史学界而言，民国时期的历史只有二三十年，因此，晚清政治史自然就成了近代史的主体，他们撰写的中国近代史著作，无不以晚清七十年为主要内容，民国部分远不及晚清部分。以陈恭禄的《中国近代史》来说，该著共分19篇，前15篇讲的都是晚清史部分内容，涉及民国时期仅为第16—18三篇，第19篇为史料评论。同样，李鼎声的《中国近代史》也以晚清历史为主，占了13章，最后五章为民国时期历史。而对于清史学界而言，晚清七十年只占清代历史的四分之一，并且，受资料条件和学术积累及政治等各种因素的影响，清史学界的研究重心和学术贡献主要集中在清前期和中期史，对晚清政治史的研究则显薄弱。以著名清史专家孟森的《清史讲义》来说，讲的主要是清前、中期历史，晚清部分只讲到咸同年间，止于清政府镇压太平天国和捻军起义。即使是萧一山的三卷本《清代通史》在1949年之前也只出版上、中两卷，下卷只是以讲稿形式发行，并且涉及晚清历史同样力有不逮，当时也只写到太平天国为止。

总之，在中国近代史学科中，晚清政治史处于"虎头"地位，民国部分处于"蛇尾"位置。相反，在清史学科中，处于"虎头"地位的是清前、中期历史，晚清历史则处于"蛇尾"位置。这就是新中国成立之前，晚清政治史研究在中国近代史和清史两个学科中的基本状况。1949年新中国成立之后，晚清政治史研究虽然进入一个新的发展阶段，但若加对照，无论是在中国近代史学科，还是在清史学科，学术的连续性始终依稀可见，故以此篇权作本书的一个引言。

# 第 一 章

# 鸦片战争史研究

1840—1842 年的鸦片战争是 19 世纪世界日不落帝国英国对古老中国发动的一次侵略战争。由于这场战争系由英国向中国强行倾销鸦片所引发，故称鸦片战争，又称"第一次中英战争"或"通商战争"。这场战争自 1840 年 6 月英国军舰封锁广州珠江口[①]，至 1842 年 8 月 29 日清政府战败、被迫签订《南京条约》宣告结束，历时两年多。这场战争是古老的中国与近代西方资本主义国家之间发生的第一场中外战争，深刻改变了中国的历史进程，它不但揭开了中国近代侵略与反侵略斗争的帷幕，而且开启了中国历史由封闭走向开放、走向世界的起点。因此，第一次鸦片战争也被赋予了特殊意义，成为中国近代史的开端而被载入史册。本章拟以时间为经，以问题史研究为纬，就新中国成立以来的国内鸦片战争史研究作一扼要回顾。[②]

## 第一节 研究概述

在晚清发生的几次重大中外战争中，第一次鸦片战争的烈度并不是最

---

① 按：关于鸦片战争开始的时间，个别学者认为始于 1839 年 9 月 4 日的九龙之战，但学界普遍以 1840 年 6 月英军封锁珠江口为开端。本书采纳后一说。

② 按：本书在写作过程中，参考了前人的相关研究综述，如龚书铎、谢维、孙燕京的《建国三十五年来鸦片战争史研究综述》（《近代史研究》1984 年第 3 期）、萧致治主编的《鸦片战争与林则徐研究备览》（湖北人民出版社 1995 年版）、任智勇的《第一次鸦片战争史研究的几个问题》（载中国社会科学院近代史研究所政治史研究室编《晚清政治史研究的检讨：问题与前瞻》，社会科学文献出版社 2014 年版，第 167—190 页）等，特此说明。

强的，但鉴于其在中国历史上的特殊地位，第一次鸦片战争位列中国近代史"八大事件"之首，曾长期受到国内学界的重视。自新中国成立以来，鸦片战争史研究受国内政治气候和学术发展的影响，大致经历了从新中国成立初期的被重视到"文化大革命"时期的停顿、改革开放后的繁荣和新世纪的守望及发展四个阶段。

1949—1966年新中国成立初期，由于刚独立的新中国正遭受西方资本主义国家的封锁和扼制，世界正处于社会主义和资本主义两个阵营的冷战之中，因此，鸦片战争作为西方列强在近代发动的第一场侵华战争，受到了国内学界的特别重视，一定程度上走在了晚清其他相关专题研究前面。这首先表现在鸦片战争史资料的整理和出版上。为推动鸦片战争史的研究，这一时期学界出版了多种与鸦片战争有关的史料。其中，综合性资料汇编以齐思和、林树惠、寿纪瑜等编《中国近代史资料丛刊·鸦片战争》（神州国光社1954年初版，上海新知识出版社1955年重印）的影响最大。此书共6册，近250万字，所收资料以私家撰述为主，计收录150余种。另还出版数种专题资料汇编：如中国科学院上海历史研究所筹备委员会编《鸦片战争末期英军在长江下游的侵略罪行》（上海人民出版社1958年版），为研究鸦片战争最后一次战役即中英在长江下游交战与议和的专题史料汇编，计25.7万字；广东省文史研究馆编《三元里人民抗英斗争史料》（中华书局1959年版），史料内容涉及三元里人民抗英斗争、社学及平英团抗英斗争和手工业者抗英斗争，共22万余字；中国科学院近代史研究所近代史资料编辑组编辑《鸦片战争时期思想史资料选辑》（中华书局1963年版），收录林则徐、黄爵滋、姚莹、龚自珍、魏源等20多人的50篇时局评论文章，"这份资料是为了供研究鸦片战争时期思想作参考而编辑的"；阿英编《鸦片战争文学集》（古籍出版社1957年版），汇录了有关第一次鸦片战争与第二次鸦片战争的文学作品，按照诗词、小说、戏曲、散文4种体裁分类排列，共69万余字。在档案资料出版方面，则以齐思和等整理、文庆等编《筹办夷务始末（道光朝）》（中华书局1964年版）最有价值。此书共6册，收录涉及外事的上谕廷寄、臣下章奏以及中外往来的照会等凡2700多件，约220万字，起于道光十六年许乃济奏请弛禁鸦片疏，讫于道光三十年，一定程度弥补了综合资料汇编《中国近代史资料丛刊·鸦片战争》偏重私家文献和记述的缺陷。此外，这一时期还出版了一些重要的时人文集及纂著，如中山大学历史系中国近代现代史教研组、研究室编《林则徐集》之《日记》《公牍》和《奏稿》三个部分，分别于1962、1963、1965年由中华书局出版，共计137万字；《龚自珍全集》《黄爵滋奏疏、许乃济奏议合刊》及梁廷枏的《夷氛闻记》等均由中华书局于1959年出版。① 这些资料的出版，为国内的鸦片战争史研究提供了史料基础。

与此同时，鸦片战争史研究也呈现出比较繁荣的局面。据不完全统计，这一时期国内发表的与鸦片战争有关的论文和文章约400篇，出版的与鸦片战争有关的通俗读物和小册子近30种，比较有学术性的如姚薇元的《鸦片战争史实考》（新知识出版社1955年版）、鲍正鹄的《鸦片战争》（上海新知识出版社1954年版）、陈锡祺的《广东三元里人民抗英斗争》（广东人民出版社1956年版）、丁又的《香港早期史话》（生活·读书·新知三联书店1958年版）、绍溪的《十九世纪美国对华鸦片侵略》（生活·读书·新知三联书店1952年版）、黄苇的《上海开埠初期对外贸易研究》（上海人民出版社1961年版）和叶世昌的《鸦片战争前后我国的货币学说》（上海人民出版社1963年版）等。列岛编《鸦片战争史论文专集》（生活·读书·新知三联书店1958年版）则为新中国成立后出版的第一部鸦片战争论文集，收录了1949年至1957年间24篇有关鸦片战争的代表性论文。这些研究成果内容涉及鸦片战争前夕的中国社会和中外关系，鸦片贸易和禁烟问题，鸦片战争的经过和中国人民的反侵略斗争，不平等条约的签订及对中国社会的影响。另还翻译出版了美国人马士的《中华帝国对外关系史》第一卷（生活·读书·新知三联书店1957年版）和英国人格林堡的《鸦片战争前中英通商史》（商务印书馆1961年版）等著作。

但需要指出的是，受国内和国际政治气候的影响，这一时期的国内鸦片战争史研究也明显打上了时代的烙印，突出侵略和反侵略斗争，无论是

---

① 有关这一时期鸦片战争史料的整理出版情况，详见刘德麟《建国以来鸦片战争资料整理出版述略》（《近代史研究》1985年第6期）和庄建平《鸦片战争资料简述》（《历史教学》1988年第11期）两文所作介绍。

论著，还是编辑出版的史料集，都以此为主题，强调鸦片战争揭开了中国近代反帝反封建斗争的序幕，如《中国近代史资料丛刊·鸦片战争》在"序言"中开宗明义指出："鸦片战争是中国历史上划时代的大事，它给中国人民带来的灾难是深重的。从鸦片战争以后，中国便逐步地陷入半殖民地半封建的历史阶段，但同时也激起了中国人民的反帝反封建的革命斗争。……因之，了解近百年来中国人民在帝国主义和封建主义双重压迫下的悲惨景况和学习中国人民百折不挠的反抗精神，是十分重要的政治教育。鸦片战争是中国近代史的开端，学习中国近代史应当从鸦片战争开始。"[1] 而对于鸦片战争是中国近代化的起点这一历史定位，则多刻意回避，讳莫如深。如鸦片战争史研究专家姚薇元在1942年出版的《鸦片战争史实考》中比较突出鸦片战争是中国近代化的开端，在"自序"的开头写道："中英战争（1840—1842）是中国历史上一件划时代的大事。近人讲述中国近代史者大部从鸦片战争讲起；因为这次战争是中国开始'近代化'的第一声。自鸦片战争失败后，这个古老帝国如梦初醒地感觉到'天朝'的威望一落千丈，夷人的'不可理喻'和'船坚炮利'的可畏。因而激动了民族的自觉心（粤人的抗英和义和团的'扶清灭洋'运动等），开始接受西方的科学文明，（曾左李的筹备'洋务'和康梁的变法运动等），换句话说，就是开始踏入'近代化'的大道上。所以这段史事是'近代中国'大转变的一个关键，在整个中国历史里占着很重要的地位，是值得我们研究的。"[2] 但到1955年再版时，他对鸦片战争的认识就发生了转变，不再认为鸦片战争是中国近代化的开端，只强调鸦片战争是中国近代反帝反封建的开端，在"前言"的开头这样写道："第一次鸦片战争是中国近代历史的开端。这次战争是以英国为首的西方资本主义国家向中国推行殖民扩张政策的必然结果。从此以后，中国被套上了一连串的不平等条约的锁链，开始由封建社会一步一步地变成了一个半殖民地半封建的社会；中国人民也从此担负起反对资本主义侵略和封建主义压迫的双重任

---

[1] 中国史学会主编：《中国近代史资料丛刊·鸦片战争》第1册，神州国光社1954年版，"序言"，第1页。
[2] 姚薇元：《鸦片战争史实考》，文通书局1942年版，"自序"，第1页。

务，中国革命第一步的准备阶段也就从此开始。"①

从这一革命史观出发，国内学界对新中国成立前20—40年代孟世杰、陈恭禄、周谷城、蒋廷黻、肖一山、李剑农等学者的鸦片战争史研究进行了严肃的学术批判。归纳起来，分为两个方面：一方面批判他们接受西方学者的观点，将鸦片战争的起因和性质说成"通商战争"、为争取"外交平等"而战，掩盖了侵略战争的本质，"站在资本主义侵略者的立场来研究中国近代史""为凶狠狡诈、贪婪残暴的资本主义国家卸罪""一是妄图卸脱或冲淡贩卖鸦片的无耻罪行，二是掩饰久已在暗中进行的为扩大推销商品市场而建立侵略据点的野心"，指出这是"完全错误的"，所谓"通商自由"和"外交平等"，实际上只是西方列强挑起侵略战争的借口。另一方面批判他们宣扬投降主义、失败主义，诋毁鸦片战争中以林则徐等为首的禁烟派和抵抗派，另外又无视中国人民的反抗斗争，"不是根本不提或轻轻地一笔带过，就是把人民的这种斗争看作是盲目'排外'的有害举动"，只是"在写王朝的历史，不是写人民的历史"，"完全抹煞中国人民普遍自发的反侵略、反投降英勇斗争的伟大意义"②。

总之，这一时期的国内鸦片战争史研究比较重视历史研究的阶级性，强调"历史学是一门具有高度党性的科学，只有努力运用反映事物发展的客观规律的马克思主义的立场观点和方法研究历史，才能得出正确的科学的结论"，表现出很强的时代特色。

1966—1976年十年"文化大革命"时期，受国内政治运动和极左思潮的影响，鸦片战争史研究陷于停滞状态，几乎完全中断，只是到"文化大革命"后期为配合国内儒法斗争和"批林批孔"运动的需要，发表了一些论文，如杨国桢《鸦片战争前后的儒法斗争》（《厦门大学学报》1975

---

① 姚薇元：《鸦片战争史实考》，新知识出版社1955年版，"前言"，第1页。
② 刘毓璜：《批判陈著"中国近代史"第一篇"鸦片战前之中国"》，《史学战线》1958年第2期；洪焕椿：《坚决拔掉史学战线上的白旗——批判陈恭禄在1957年写的"鸦片战争前的白银问题"》，《江海学刊》1958年第9期；钱实甫：《关于"第一次鸦片战争"问题的资产阶级史学观点》，《历史教学问题》1958年第12期；姚薇元：《论鸦片战争的直接原因——驳斥西方资产阶级反动学者的谬说》，《武汉大学学报》1963年第4期；徐仲勉：《鸦片战争研究中的一些资产阶级观点》，《光明日报》1954年4月1日第3版；史言般：《驳周谷城对鸦片战争史的歪曲》，《北京日报》1964年12月27日第3版。

年第 1 期)、《论林则徐的尊法反儒》(《厦门大学学报》1976 年第 1 期)、钟彬《鸦片战争前后的儒法斗争》(《文汇报》1975 年 3 月 19 日)、郑思世《鸦片战争时期爱国主义与卖国主义的斗争》(《北京师范大学学报》1975 年第 2 期)、刘大年《鸦片战争时期的士大夫思想》(《新建设》1962 年 12 月号)等。同时，出版了一些被称为鸦片战争时期法家人物的诗文选注，如《法家著作选读》编辑组编《龚自珍著作选注》(人民出版社 1976 年版)、广州合金钢厂等编《龚自珍诗文选注》(广东人民出版社 1975 年版)、中国人民解放军昆明军区后勤第 398 库战士理论组等编《龚自珍诗文选注》(云南人民出版社 1975 年版)、南京师院中文系编《龚自珍诗文选注》(江苏人民出版社 1976 年版)、中共天津市委党校等编《龚自珍文选》(天津人民出版社 1976 年版)及中华书局 1976 年编辑出版的《魏源集》等。

1977—2000 年的 20 多年，随着改革开放政策的确立和不断深入，以及学术和思想界的拨乱反正，国内鸦片战争史的研究不但得到恢复，并进入一个鼎盛时期。这一时期国内鸦片战争研究的最大一个特点是破除简单化、教条化的阶级分析方法，对鸦片战争的定位重新回到正常的学术轨道，既承认这场战争揭开了近代中国人民反帝反封建的序幕，也不讳言这场战争同时是中国近代化的开端，是中国历史由封闭走向开放、走向世界的起点。由此，这一时期的鸦片战争史研究呈现出多元研究特色：既有偏重国际关系和中外关系研究的，也有偏重侵略与反侵略斗争研究的；既有偏重政治史研究的，也有偏重军事史研究的；既有偏重社会经济史研究的，也有偏重思想文化研究的。据不完全统计，这一时期国内学界发表的与第一次鸦片战争有关的论文和文章多达千余篇。出版的重要论文集有：宁靖编《中国历史研究丛书——鸦片战争史论文专集续编》(人民出版社 1984 年版)，从 1958—1984 年发表的 400 余篇论文中收录 23 篇代表性论文，内容包括第一次鸦片战争的史实、人物、社会状况和中外关系诸方面，为 1958 年生活·读书·新知三联书店出版的《鸦片战争史论文专集》的续编；福建省社会科学院历史所编《林则徐与鸦片战争研究论文集》(福建人民出版社 1985 年版)，收录会议论文 17 篇；姚薇元、萧致治著《鸦片战争研究》(武汉大学出版社 1987 年版)收录两位作者的 13 篇论文，内容涉及鸦片战争前后的社会经济、政治和文化思想的变化；萧致治著《鸦片战争与近代中国》（湖北教育出版社1999年版）为作者的论文结集，其中收录了18篇与第一次鸦片战争研究有关的论文和序文。此外，为纪念鸦片战争150周年，各地出版了多部会议论文集：如梁钊主编《纪念中国近代史开端一百五十周年国际学术研讨会特辑》（广东人民出版社1990年版），收录58篇会议论文提要及19篇纪念文章，计18万字；阮芳纪等编《屈辱与抗争——鸦片战争150周年文集》（中国社会科学出版社1990年版），收录会议论文26篇；张海峰等主编《鸦片战争与中国现代化》（中国社会出版社1991年版），收录会议论文61篇，55万多字；管玉春、杨永泉主编《鸦片战争与中国近代社会》（河海大学出版社1991年版），收录了南京史学界部分专家学者为纪念鸦片战争150周年而作的32篇论文；顾大全、冯祖贻、肖先治主编《百年沧桑——"鸦片战争与近代中国"学术研讨会文集》（贵州人民出版社1992年版）收录了23篇会议论文。

这一时期，国内学者还出版了3部有代表性的鸦片战争史研究专著，它们分别为牟安世的《鸦片战争》（上海人民出版社1982年版，32.4万字）、萧致治主编的《鸦片战争史——中国历史发展中第三次社会大变革研究》（福建人民出版社1996年版，66.1万字）和茅海建的《天朝的崩溃——鸦片战争再研究》（生活·读书·新知三联书店1995年版，42.1万字）。其中，牟著和萧著为通史性著作，所不同的是，牟著着重从侵略和反侵略斗争角度对鸦片战争过程作了完整叙述，共分5章，依次为"资本主义列强的殖民地掠夺政策与鸦片贸易在中国的发生和发展""鸦片战争前的国际国内形势和中国的禁烟运动""鸦片战争的经过和中国人民的反侵略斗争（上）""鸦片战争的经过和中国人民的反侵略斗争（下）""鸦片战争的结果及其影响"，可以说该著是新中国成立以来至20世纪80年代初国内在鸦片战争侵略与反侵略斗争史研究中的一部代表作。而萧著既揭示鸦片战争侵略与反侵略斗争的一面，但同时又不把鸦片战争单纯看作中英两国之间发生的一场战争或一个单纯的政治事件，而是将这场战争看作中国历史发展过程中一次空前的社会大变革，因此，该书内容和观点与牟著多有不同，除第六章至第九章详述鸦片战争的经过外，前五章从战前

300年中西关系的演变和世界大势的发展，以及中国和英国的社会政治和经济状况等方面，详细阐述了鸦片战争发生的根源和背景，最后四章分别对鸦片战争失败的原因及对中国社会、思想、中外关系的影响和结果作了比较深入的考察和分析，提出一些与传统观点不同的看法，比较充分地吸收了既往特别是20世纪80年代之后鸦片战争研究的成果，一定程度上反映了90年代国内鸦片战争史研究的最新进展。

与以上两部通论性著作不同，茅著则具有专题研究的特点。该著共分八章，外加"绪论"，以酣畅的语言史论结合，既对鸦片战争史中一系列重要人物如琦善、林则徐、伊里布等作了重新评价，也对清政府的禁烟和剿抚政策作了不同前人的诠释；既从军事学角度探讨了中英兵力情况及清军战败的原因，也从中外关系史角度考察了鸦片战争期间的中外交涉及不平等条约的形成，并从历史和现实两个维度阐述了鸦片战争留给我们的历史启示，提出许多与新中国成立以来鸦片战争史研究不同的新说，其中不少与新中国成立前国内学者的看法近似。该著因此一度颇遭争议。但该著以扎实史料为基础的研究，最终还是得到学界的肯定，作者也因此蜚声中外学界。

此外，在鸦片战争前中外关系研究领域，萧致治、杨卫东合编的《鸦片战争前中西关系纪事（1517—1840）》（湖北人民出版社1986年版）采用纪事本末体方法，对鸦片战争前300年间中西交往过程中发生的重大事件，分142节作了系统的追溯和考察，不失为"一部关于明清之际中西关系的力作"，迄今具有参考价值。朱雍的《不愿打开的中国大门——18世纪的外交与中国命运》（江西人民出版社1989年版），对鸦片战争前夕，主要是乾隆时期的中外关系及其对近代中国命运的影响作了理性的考察和分析，也是当时一部比较有新意的著作。另，余田禾编《鸦片战争专题论文资料索引（1949—1983）》（福建社会科学院历史研究所1984年版）和萧致治主编的《鸦片战争与林则徐研究备览》（湖北人民出版社1995年版），则是两部有用的鸦片战争研究工具书。

再者，这一时期国内学者还出版了多部鸦片战争人物研究专著。其中，关于林则徐研究的有杨国桢的《林则徐传》（人民出版社1981年版、1995年修订版）和《林则徐论考》（福建人民出版社1989年版），陈胜粦的《林则徐与鸦片战争论稿》（中山大学出版社1990年版），林庆元编著《林则徐评传》（河南教育出版社1990年版），屈小强的《制夷之梦：林则徐传》（四川人民出版社1995年版），谷苞、蔡锦松编《林则徐在新疆》（新疆人民出版社1990年版）等。关于龚自珍研究的有孙钦善的《龚自珍论稿》（南海出版公司1992年版）、陈铭的《龚自珍评传》（南京大学出版社1996年版）、阎海清的《化作春泥更护花：龚自珍全传》（长春出版社1998年版）、雷雨的《龚自珍传》（团结出版社1998年版）等。关于魏源研究的有杨慎之、黄丽镛编的《魏源思想研究》（湖南人民出版社1987年版），李汉武的《魏源传》（湖南大学出版社1988年版），高虹的《放眼世界：魏源与〈海国图志〉》（辽海出版社1997年版），安宇、刘旭的《魏源传》（团结出版社1998年版）和李瑚的《魏源研究》（朝华出版社2002年版）等。此外，还有任复兴主编的《徐继畬与东西文化交流》（中国社会科学出版社1993年版），冯士钵、于伯铭合著的《道光传》（辽宁教育出版社1992年版）及孙文范等著《道光帝》（吉林文史出版社1993年，）等。戴学稷主编的《鸦片战争人物传》（福建教育出版社1985年版）则编写了这个时期较为重要和具有代表性的79个人物的传略。并且，还翻译出版了一些外国学者研究鸦片战争人物的论著，如《国外学者论鸦片战争与林则徐》上、下册（福建人民出版社1989、1991年版）[①]，美国学者张馨保著、徐梅芬等译《林钦差与鸦片战争》（福建人民出版社1989年版）和美国学者德雷克著、任复兴译《徐继畬及其瀛寰志略》（文津出版社1990年版）等。

在资料的整理和出版方面，这一时期也有新的进展。首先，在档案资料的整理和出版方面，中国第一历史档案馆编《鸦片战争档案史料》7册[②]、460万字，系对馆藏的关于鸦片战争方面的档案史料整理编选而成，均为原件记录，准确而且可靠。其次，翻译出版了三部有关鸦片战争的英文史料集，它们分别为广东省文史研究馆编译的《鸦片战争史料选译》

---

① 按：该著上册由武汉大学历史系鸦片战争研究组编，下册由福建省历史学会福州分会编。

② 按：该史料集第一册于1987年由上海人民出版社出版，后一册至七册改由天津古籍出版社于1992年出版。

（中华书局1983年版，37.9万字），《鸦片战争与林则徐史料选译》（中华书局1987年版，32.3万字）及胡滨译《英国档案有关鸦片战争资料选译》上、下册（中华书局1993年版，共79万字）。其中，前两种史料系从鸦片战争时期在广州出版的英文期刊《中国丛报》中选译，只是选译内容各有偏重。胡滨的《英国档案有关鸦片战争资料选译》则由两部分组成：上册选译自英国蓝皮书中有关鸦片战争资料，这些文件起自1834年1月，止于1839年12月；下册译自英国国家档案馆所藏有关鸦片战争资料，这些文件起自1839年10月，止于1842年4月，比较完整地反映了鸦片战争的全过程，特别是有关英国方面制定侵华政策的经过，具有很高的史料价值。再者，出版了四种比较重要的鸦片战争区域性史料，它们分别为福建师范大学历史系福建地方史研究室编《鸦片战争在闽台史料选编》（福建人民出版社1982年版），中国第一历史档案馆编《鸦片战争在舟山史料选编》（浙江人民出版社1992年版），宁波市社会科学界联合会、中国第一历史档案馆编《浙江鸦片战争史料》上、下册（宁波出版社1997年版）及中国第一历史档案馆、中国古籍整理研究会编《清宫粤港澳商贸档案全集》（中国书店2002年版）。这些资料集的出版，为开展鸦片战争地方史研究提供了宝贵资料。

此外，在时人文集及撰述的整理和出版方面，这一时期也多有增补。如1985年中山大学为纪念林则徐诞辰200周年出版的《林则徐奏稿·公牍·日记补编》就对20世纪60年代出版的《林则徐集》有所补充，提供了一些有价值的新史料，其中增补奏稿13件、公牍43篇、日记6份。杨国桢编《林则徐书简》增订本（福建人民出版社1985年版），分为10卷，计28万字，它收入书札320通，附手札题跋14件，友人来书28通。由于这些都是私人书简，具有奏稿和公牍所不具备的价值。1982年中华书局重印的《魏源集》，则增补了《筹海篇》等重要著述，并于1984年将韩锡铎、孙文良整理的魏源于鸦片战争后所著的《圣武记》一书也加以出版，便于后人完整地了解鸦片战争前后魏源的思想。1981年中华书局出版的张集馨《道咸宦海见闻录》一书，按年纪事，记述了张自道光十六年之后30年为官所经历的事情，是研究鸦片战争前后官场、民情和国情变化的一本值得参阅的资料书。

进入21世纪之后，国内学界对鸦片战争史研究的兴趣有所下降，发表论文400篇左右，进入守望阶段。这个阶段的研究主要在鸦片战争中外关系史领域有所突破。其中，吴义雄和郭卫东两位学者所做的相关研究，代表了这一时期国内有关这方面研究的最新成果。吴著《条约口岸体制的酝酿——19世纪30年代中英关系研究》（中华书局2009年版）一书，对鸦片战争之前中英贸易关系和交涉作了专题研究，50万字，共分6章，内容涉及鸦片战争前后的来华英商及其团体、英国在华治外法权之酝酿与尝试、粤海关税费问题与鸦片战争后海关税则谈判、兴泰行商欠案与鸦片战争前夕的行商体制、鸦片问题及其在19世纪30年代的演变、英国驻华商务监督与中英关系的演变。他的另一部著作《在华英文报刊与近代早期的中西关系》（社会科学文献出版社2012年版，41万字）一书以19世纪20年代末至19世纪40年代初西人在华创办的报刊为依托，从媒体和公共舆论角度，探讨西方来华商人群体有关对华关系的集体意识和公共舆论的形成及其对鸦片战争的影响。郭卫东的《转折——以早期中英关系和〈南京条约〉为考察中心》（河北人民出版社2003年版），65万字，计18章，分"碰撞篇""本约篇"和"附件篇"。其中，"碰撞篇"由第一、二、三章构成，从世界大贸易圈、中国与世界沟通历史上的几种重要物品、英国殖民者的侵华"范式"三个方面，对地理大发现以来的中西交通历史作了追溯。"本约篇"由第四章至第九章构成，依次从"条约口岸的开放""西方妇女进入中国商埠""在华殖民战略的调整""条约赔款的滥觞""广州贸易制度""中英官方文书交往方式及所谓'平等权'"等方面，对鸦片战争前后中英外交冲突历史及其变化作了考察。"附件篇"由第十章至第十七章构成，依次从"《江南善后章程》""领事裁判权""协定关税""片面最惠国待遇""外国兵舰在华航行权""香港开埠初期与内地的贸易""鸦片输华合法化""清朝西教政策的变迁"等方面，对中英所签订不平等条约各项特权及中外关系的变化作了考察。第十八章为余论，对近代中国不平等条约体系作了概述。这三部著作的出版，深化了鸦片战争时期中外关系史的研究。

除以上三部著作之外，国内学界还出版了多部与鸦片战争研究有关的专著。其中，涉及鸦片战争前后思想文化变化研究的有李栋的《鸦片战争前后英美法知识在中国的输入与影响》（中国政法大学出版社 2013 年版）和章永俊的《鸦片战争前后中国边疆史地学思潮研究》（黄山书社 2009 年版）；涉及鸦片战争军事史研究的有张建雄、刘鸿亮合著的《鸦片战争中的中英船炮比较研究》（人民出版社 2011 年版）和刘鸿亮的《中英火炮与鸦片战争》（科学出版社 2011 年版）；涉及鸦片战争传教士和英商群体研究的有俞强的《鸦片战争前传教士眼中的中国》（山东大学出版社 2010 年版）和张坤的《在华英商群体与鸦片战争前的中英关系》（暨南大学出版社 2014 年版）。此外，还翻译出版了两部外国人撰写的鸦片战争著作：一部为生活·读书·新知三联书店 2005 年出版的美国学者特拉维斯·黑尼斯三世（W. Travis Hanes III）和弗兰克·萨奈罗（Frank Sanello）合著的《鸦片战争——一个帝国的沉迷和另一个帝国的堕落》（周辉荣译、杨立新校）；另一部为北京新星出版社 2015 年出版的英国学者蓝诗玲（Julia Lovell）著、刘悦斌译的《鸦片战争》。尽管上述著作有些并不乏一定的学术性，个别译著甚至有不少学术大咖们倾力推荐，但终不能激起学界真正学术意义上的讨论和响应，深刻反映了 21 世纪国内学术研究的转向及鸦片战争史研究在 21 世纪所遭遇的窘境。

纵观新中国成立以来国内鸦片战争史研究所走过的历程，大致以 20 世纪 80 年代为界，经历了一个从单纯的侵略与反侵略斗争史向近代化史、政治史、军事史、中外关系史和国际关系史等多元研究的转变过程，并在 20 世纪末大体臻于成熟。为了更好地展现国内鸦片战争史的研究成果，以下我们从专题史维度，就 70 年来鸦片战争史研究中的一些热点或重点问题择要做一介绍。

## 第二节　鸦片战争之前的中国社会研究

为了说明鸦片战争不只是一场单纯的中外战争，而且是中国沦为半殖民地半封建社会的开端，新中国成立之后，国内学者从历史唯物主义角度，对鸦片战争前的中国进行了多角度、不同层次的探讨。

第一，关于鸦片战争之前的中国有无资本主义萌芽问题。在这个问题上，国内学者自 20 世纪 50 年代以来直至 80 年代，受 1939 年毛泽东在《中国革命和中国共产党》中所作"中国封建社会内的商品经济的发展，已经孕育着资本主义的萌芽，如果没有外国资本主义的影响，中国也将缓慢地发展到资本主义社会"的论断的影响，比较一致地认为鸦片战争之前的中国社会已经出现或存在资本主义萌芽，对鸦片战争前的中国社会经济进行了比较深入的考察和研究，并从各个研究领域加以具体论证。如钱宏考察了鸦片战争以前江南丝织业和棉纺织业、江西景德镇制瓷业、广东佛山镇铁器业以及陕西汉中冶铁业、木材业和造纸业中的资本主义萌芽情况，认为封建土地所有制严重阻碍了中国资本主义萌芽的成长。① 彭泽益考察了鸦片战争前清代中国茶业和苏州丝织业及广州轻纺工业中的资本主义萌芽情况及特点。② 杜黎考察了鸦片战争前苏松地区棉布染踹业、棉纺织业、航运业的发展情况。③ 王明伦考察了鸦片战争前云南铜矿业中的资本主义萌芽。④ 王翔和彭雨新分别考察了江南丝绸业和苏松地区丝棉手工业中的资本主义萌芽。⑤ 傅衣凌和萧国亮分别考察了鸦片战争前长江三角洲地区、湖南洞庭湖流域等地的商品经济状况。⑥ 还有学者考察了鸦片战争前中国农村社会的经济情况及阶级关系，从中透视出中国农业资本主义萌芽状况及中国

---

① 钱宏：《鸦片战争以前中国若干手工业部门中的资本主义萌芽》，上海人民出版社 1955 年版。

② 彭泽益：《鸦片战争前清代苏州丝织业生产关系的形式与性质》（《经济研究》1963 年第 10 期）、《清代前期茶业资本主义萌芽的特点》（《中国社会经济史研究》1982 年第 3 期）、《鸦片战争前广州新兴的轻纺工业》（《历史研究》1983 年第 3 期）。

③ 杜黎：《关于鸦片战争前苏松地区棉布染踹业的生产关系》（《学术月刊》1962 年第 12 期）、《鸦片战争前苏松地区棉纺织业生产中商品经济的发展》（《学术月刊》1963 年第 3 期）、《鸦片战争前上海航运事业的发展》（《学术月刊》1964 年第 4 期）。

④ 王明伦：《鸦片战争前云南铜矿业中的资本主义萌芽》，《历史研究》1956 年第 3 期。

⑤ 王翔：《论江南丝绸业中的资本主义萌芽》，《苏州大学学报》1992 年第 2 期；彭雨新：《从清代前期苏松地区丝棉手工业的生产来看资本主义萌芽》，《武汉大学人文科学学报》1959 年第 8 期。

⑥ 傅衣凌：《鸦片战争前后湖南洞庭湖流域商品生产的分析》，《社会科学战线》1983 年第 4 期；萧国亮：《鸦片战争前长江三角洲地区商品经济的发展与经济联系的加强》，《社会科学（沪）》1984 年第 1 期。

社会形态的变化。① 但在进入20世纪80年代尤其是90年代之后，国内不断有学者对鸦片战争之前关于中国社会已出现资本主义萌芽的观点提出质疑，或批评资本主义萌芽理论不能成立，它忽视了生产力在推动社会发展中的决定作用，"唯生产关系""倒因为果"；或认为这是个伪问题，等等。② 笔者以为，80年代之前国内学界有关资本主义萌芽问题的研究虽然在理论和概念上存在一些问题，但由于国内学者对鸦片战争之前有关资本主义萌芽问题的讨论大多为实证研究，出于一些学有素养的学者之手，对于了解鸦片战争之前的中国社会经济状况还是有其学术价值的，不能一概抹杀。

第二，关于鸦片战争之前的中西贸易状况。第一次鸦片战争由中外贸易冲突所引发，在西方被称为"通商战争"，因此，对于鸦片战争之前的中西贸易状况，国内学界进行了多层次、多角度研究。有的综论鸦片战争前的中英或中外贸易关系，从中揭示鸦片战争爆发的真正原因。③ 有的具体探讨鸦片战争前中外茶叶贸易状况及其与鸦片贸易的关系和影响，认为鸦片战争前的茶叶贸易对维护中国的出超地位和中国经济的发展起了积极的作用，而鸦片贸易则破坏了传统的中西贸易结构，加重了中国在19世纪的危机，并导致战争的爆发。④ 有的在考察19世纪初叶广州中英贸易中

---

① 有关这方面的论文如：农也《清代鸦片战争前的地租、商业资本、高利贷与农民生活》（《经济研究》1956年第1期）、丁焕章《鸦片战争前后的甘肃社会》（《历史教学与研究》1959年第6期）、李天佑《清初至鸦片战争前山东社会状况与农民起义》（《山东师院学报》1960年第1期）、伍丹戈《鸦片战争迁徙土地制度、剥削关系和剥削形态的变化》（《复旦大学学报》1963年第1期）、李文治《论中国地主经济制与农业资本主义萌芽》（《中国社会科学》1981年第1期）、朱诚如《论鸦片战争前农村封建人身依附关系的变化》（《辽宁师大学报》1990年第4期）、冯尔康《道光朝存在的社会问题》（《南开大学学报》1991年第4期）、唐文起《鸦片战争前江苏农村市场述论》（《江海学刊》1991年第2期）等。

② 有关这方面的论文如：蒋英杰《鸦片战争前我国有资本主义萌芽吗？》[《贵州师大学报》（社会科学版）1985年第4期]、曹树基《清代台湾拓垦过程中的股份制经营——兼论中国农业资本主义萌芽理论的不成立》（《中国社会科学》1998年第2期）、李伯重《英国模式、江南道路与资本主义萌芽》（《历史研究》2001年第1期）、仲伟民《资本主义萌芽问题研究的学术史回顾与反思》（《学术界》2003年第4期）等。

③ 如周南《鸦片战争前的中英贸易关系》（《历史教学》1955年第2期），黄逸平、张复纪《中外贸易冲突与鸦片战争》（《学术月刊》1990年第11期）等。

④ 如萧致治、徐方平《中英早期茶叶贸易——写于马戛尔尼使华200周年之际》（《历史研究》1994年第3期）、庄国土《茶叶、白银和鸦片：1750—1840年中西贸易结构》（《中国经济史研究》1995年第3期）、仲伟民《茶叶、鸦片贸易对19世纪中国经济的影响》[《南京大学学报》（人文社科版）2008年第2期]等。

棉花与鸦片的易位后指出,自1820年开始英国鸦片输出值首超棉花,绝不能视为仅是所谓"黑货"与"白货"间的简单互换,而是反映了中西经济关系由单纯的国家经贸关系向世界殖民经济体系的转变,由基本平等向非互利经济关系的转变,以及工业革命开展和美洲开始独立进程后世界秩序的重组及殖民体系的重构。① 有的对鸦片战争前的广东洋行制度的产生、演变和衰落作了深入的考察,并对其利弊进行了深入剖析。② 有的在考察鸦片战争之前的广州贸易后认为,以十三行为代表的中国豪商已经成为国际性的商人,其商业网络已与国际贸易网络相交织,伸展到欧美各地。③ 有的研究了在华洋行的发展情况④,有的专门考察鸦片战争前的中美贸易,⑤ 等等。

第三,关于鸦片战争之前鸦片贸易状况及其白银外流。在这个问题上,国内学者曾长期根据马士（H. R. Morse）所著《东印度公司对华贸易编年史》（The Chronicles of The East India Company Trading to China）和《中华帝国对外关系史》（The International Relations of The China Empire）,认为1835—1839年平均每年输入鸦片35445箱,而最高的一年为1838—1839年度的40200箱。在鸦片战争前的30年代十年间,平均每年白银外流（中外贸易出超额）在1000万两以上。⑥ 有的甚至估计高达3000万两。⑦ 对此,李伯祥等学者于1980年合作发表文章,加以修正,指出这些数字没有扣除运往东方其他国家与地区的箱数,显然偏高,应该加以订

---

① 郭卫东：《棉花与鸦片：19世纪初叶广州中英贸易的货品易位》,《学术研究》2011年第5期。

② 如彭泽益《清代广东洋行制度的起源》,《历史研究》1957年第1期。

③ 叶显恩：《世界商业扩张时代的广州贸易（1750—1840）》,《广东社会科学》2005年第2期。

④ 聂宝璋：《十九世纪中叶在华洋行势力的扩张与暴力掠夺》,《近代史研究》1981年第2期。

⑤ 汪熙：《鸦片战争前的中美贸易》（上、下）,《复旦学报》1982年第4、5期；李金明：《鸦片战争前中美广州贸易述略》,《南洋问题研究》1994年第3期。

⑥ 中国社会科学院近代史研究所编：《中国近代史稿》第1册,人民出版社1978年版,第29—30页。杨端六：《清代货币金融史稿》,生活·读书·新知三联书店1962年版,第263—266页）；严中平等编：《中国近代经济史统计资料选辑》,第28—29页。

⑦ 中国历史研究会编：《中国通史简编》,华东人民出版社1950年版,第1003页。

正。根据他们的推算,鸦片战争前十年(1830—1840)共计输入鸦片约238000箱(平均每年进口约24000箱),总值约163384000元;19世纪30年代中国因支付贸易逆差所流出的白银,平均每年七八百万元(合白银五六百万两)。①吴义雄根据《广州纪事报》和《广州周报》等核心材料所载数据,也对鸦片战争前18年的鸦片贸易额进行了重新估算,认为当时每年仅1万多箱鸦片输入,总计1000多万白银被掠夺。这个数据不如以往研究那么庞大②。龚缨晏的专著《鸦片的传播与对华鸦片贸易》(东方出版社1999年版)则对鸦片何以在中国得到广泛传播的原因进行了探讨。

第四,关于鸦片战争之前清政府的闭关政策及其评价问题。在这个问题上,国内学者首先对清政府有无实行闭关政策存在分歧。传统和主流观点认为,鸦片战争之前清政府对外实行的是"闭关锁国"政策,指出"综观清王朝从入关到鸦片战争前约200年间的海外贸易政策……绝大部分时间都处于闭关、半闭关状态。与明代相比,清前期的对外态度显然更加封闭、保守。认为清前期实行的'闭关自守'政策,是基本符合事实的"③。但也有少数学者对这一观点提出质疑,认为清政府并没有实行过这样的政策,批评持前一观点的学者用小农经济的自给自足性去说明乾隆皇帝的所谓"闭关政策",乃是"用错误的论据去论证错误的命题",指出针对外国海盗冒险家的行径,清政府将贸易限制在少数口岸进行,无可厚非,各国无不如此。④或曰在清代前期的196年中,海禁不过39年,其余157年的海外贸易基本上是开放的;并且,即使在海禁期间,东南四省的海关一

---

① 李伯祥、蔡永贵、鲍正廷:《十九世纪三十年代鸦片进口和白银外流的数量》,《历史研究》1980年第5期。

② 吴义雄:《鸦片战争前的鸦片贸易再研究》,《近代史研究》2002年第2期。

③ 详见王仁忱《满清的海禁与"闭关"》(《历史教学》1954年第12期)、孔经纬《鸦片战争前清政府实行闭关政策的经济实质》(《理论战线》1960年第5期)、戴逸《闭关政策的历史教训》(《人民日报》1979年3月13日)、苏双碧《闭关自守与地主阶级抵抗派的崛起》(《天津社会科学》1986年第3期)、郭成康《康乾之际禁南海案探析——兼论地方利益对中央决策的影响》(《中国社会科学》1997年第1期)、史志宏《明及清前期保守主义的海外贸易政策》(《中国经济史研究》2004年第2期)。

④ 严中平:《科学研究方法十讲》,人民出版社1986年版,第172—192页。

直是对外开放的,只是与西洋的贸易被局限在广州一口而已。因此,不能笼统地说清朝前期实行了闭关锁国政策。① 或曰将清朝前期为捍卫国家主权和民族利益而对外商采取的"防御"政策和贸易制度,说成"闭关政策"是一个错误的命题;清政府在清代前期只是在外交上墨守成规,实行了闭关自守政策。②

在如何评价清政府闭关政策问题上,国内学者也存在分歧。第一种意见完全否定。他们认为闭关政策是落后的封建的自给自足经济产物,是清政府加强专制统治的结果,是旧的上层建筑惰性力量的表现,严重阻碍了中国社会的进步,使得中国与西方国家的差距越来越大。第二种意见倾向于肯定。他们强调"闭关政策"是对西方殖民侵略的一种回应,具有民族自卫性质,因此具有正当性和合理性。第三种意见则综合前两种观点,既肯定"闭关政策"具有反侵略的积极作用,也指出它给中国带来的消极影响。③

既往国内学界有关鸦片战争前夕中国社会的研究既宏观,又具体,许多研究成果都出自一流学者之手,具有相当的学术深度,对于统一对鸦片战争前中国社会及鸦片战争性质的认识起了十分积极的作用,其观点和论述被国内学界普遍接受。但从学术层面来说,既往学界的研究似也存在一些瑕疵。以鸦片战争之前的中国有无资本主义萌芽问题和鸦片战争之前清政府的闭关政策问题来说,相关的研究或多或少存在先入为主的偏向,一些非主流的学术观点似未受到应有的重视。以鸦片战争之前的中西贸易和鸦片贸易状况来说,也有待从世界贸易史角度作进一步探讨。总之,在鸦片战争已过去一个半多世纪之后,我们完全可以以更客观的态度、更宽阔的视野重新认识鸦片战争之前的中国和中西贸易状况及关系。

---

① 黄启臣:《清代前期海外贸易的发展》,《历史研究》1986年第4期。
② 张之毅:《清代闭关自守问题辨析》,《历史研究》1988年第5期。
③ 按:有关国内围绕"闭关政策"问题的讨论,请参见萧致治主编《鸦片战争与林则徐研究备览》(湖北人民出版社1995年版,第52—68页)及夏泉《清朝闭关政策研究述评》(《清史研究》2002年第4期)、陈尚胜《"闭关"或"开放"类型分析的局限性——近20年清朝前期海外贸易政策研究述评》(《文史哲》2002年第6期)等论著的介绍。

## 第三节　中英冲突及列强对华政策研究

中英冲突问题是鸦片战争史研究中的一个核心内容。围绕中英两国如何一步步走向战争和战争过程及结局，既往研究已作了充分论述。但在研究中也出现一些分歧和争议问题。

关于中英正式开战之前的交涉，国内学界分别就洪任辉（James Flint）事件、马戛尔尼（Maeartney）和阿美士德（Amherst）使团来华及律劳卑（Napier）事件作了较多探讨。对于1755、1756、1769年东印度公司汉文翻译、英国人洪任辉驾船闯入宁波、定海和天津的事件，国内学者比较一致地认为是由英国欲摆脱清朝的贸易限制与清政府加强外贸限制的矛盾引起的。所不同的是，有的学者侧重英国扩大对华贸易口岸的动机[1]；有的学者侧重英国对清政府限令广州一口通商政策的不满，认为保商制度是洪任辉事件的一个导火线。[2]

对于1792—1793年马戛尔尼使团来华和1816年阿美士德使团来华，国内学者大致有两种不同评价。一种意见倾向于商业动机，认为英国派使团来华的主要动机和目的是消除中外隔膜，改变中国现行的贸易体制，减少对英商的限制，扩大通商，与中国建立正常的外交关系，并批评清政府在觐见礼仪问题上虚骄自大，不了解世界大势，以自我为中心，顽固地拒绝主动进入世界历史的潮流。[3] 另一种意见则强调使团访华的侵略性，认为其目的"在于扩大鸦片贸易，并为这项贸易创造良好条件"[4]；或谓使团访华的目的不是友好通商，而是带有窥探中国虚实、侵犯我国领土主权的

---

[1] 萧致治、杨卫东：《鸦片战争前中西关系纪事》，湖北人民出版社1986年版，第211、216页。

[2] 陈东林、李丹慧：《乾隆限令广州一口通商政策及英商洪任辉事件述略》，《历史档案》1987年第1期；朱雍：《不愿打开的中国大门——18世纪的外交与中国命运》，江西人民出版社1989年版，第57页。

[3] 戴逸：《清代乾隆朝的中英关系》，《清史研究》1992年第3期。

[4] 牟安世：《鸦片战争》，上海人民出版社1982年版，第44页。

阴谋，是英国发动对华战争的前奏[①]；或曰使团的目的虽然没有达到，但为英国后来武力侵华提供了张本。[②]

对于1834年发生的律劳卑事件，国内学者比较一致地认为这是鸦片战争前夕中英关系史上的一件大事，激化了中英矛盾，对鸦片战争的爆发产生了直接影响。但对于律劳卑来华的使命及引发律劳卑事件的原因和责任，国内学者又存有分歧。传统意见强调律劳卑的侵略意图，认为律劳卑来华是英国推行殖民政策的一次尝试，带有开辟商埠、推销鸦片，伺机对华进行武装侵略的目的；律劳卑事件是英国侵华政策的必然结果，咎在英方。[③] 另一种意见强调律劳卑来华的商业动机，认为是英国试探用和平外交方式取得对华贸易自由权的继续；导致律劳卑事件发生的主要原因是清政府的华夷观念及在处理中外关系中缺乏平等精神。[④]

此外，国内学者还对鸦片战争前夕中英商欠案及其他问题的交涉作了比较深入的专题研究。有的指出鸦片战争前夕中英贸易中存在的严重商欠案表明延续百余年之久、长期与东印度公司相伴而生的行商体制已弊窦丛生，陷入危机，并促使英商内部对华态度发生变化，趋于强硬，将商欠案作为改变中国对外贸易体制的一个重要理由和契机。[⑤] 有的指出，乾隆皇帝在商欠案问题上采取的绥远政策使英国商业资产阶级看到了外交成功的希望，促使英国散商在索债问题上由"交涉派"转为"外交派"，推动英国政府派遣使团访华来解决全部债务问题。[⑥] 有的指出，从17世纪末到鸦片战争前，广州口岸关税征收中的税费问题以及由此引发的中外争端，一直贯穿于以中英贸易为主体的中西贸易史中。在税费征取过程中形成的地

---

[①] 朱杰勤：《英国第一次使团来华的目的和要求》，《世界历史》1980年第3期。

[②] 萧致治主编：《鸦片战争史——中国历史发展中第三次社会大变革研究》上册，福建人民出版社1996年版，第121、126页。

[③] 牟安世：《鸦片战争》，上海人民出版社1982年版，第64—66页；郑永福：《律劳卑来华与鸦片战争》，《史学月刊》1986年第5期。

[④] 刘圣宜：《华夷观念与律劳卑事件》，《华南师范大学学报》（社会科学版）1989年第3期。

[⑤] 吴义雄：《兴泰行商欠案与鸦片战争前夕的行商体制》，《近代史研究》2007年第1期；《条约口岸体制的酝酿——19世纪30年代中英关系研究》，中华书局2009年版，第235—335页。

[⑥] 朱雍：《不愿打开的中国大门——18世纪的外交与中国命运》，第128—139页。

方关税利益集团,滥用职权,中饱私囊,这不仅引起以英商为主的西方商人的长期抗争,也损及清政府的财政利益。鸦片战争后清政府逐步接受英方协定关税的要求,以确保关税"有盈无绌"。战后《海关税则》的订立,实际上是战前中外粤海关税费问题争端长期持续和演变的结果。[①] 有的通过研究鸦片战争前中英在对凶杀案件的审判与执行方面的司法冲突,揭示鸦片战争前英国在华治外法权之酝酿与尝试,指出从18世纪末开始,来华英人就利用其海上强权,规避中国的司法管辖,并宣称中国的相关法律和司法制度不可接受,在欧洲通行的国际法准则也不适用于中国,为建立在华治外法权制造舆论。英国政府从1833年开始立法酝酿,为在广州地区建立具有刑事、海事及民事管辖权力的法庭进行准备,驻华商务监督义律(Elliot)积极推动这一进程,于1839年7月擅自宣布建立英国在华法庭。鸦片战争后,英人以不平等条约为基础,最终完成了建立在华治外法权的法律程序。[②] 有的对鸦片战争前后中外围绕外国妇女进入中国通商口岸问题的交涉及影响作了考察和分析,认为鸦片战争之前清政府对外国妇女进入中国口岸实行禁限政策是清朝闭关政策中较早形成的一项政策,根源于中西传统的若干歧义和清朝统治者对西方殖民者的戒心,也是英国侵略者煽动对华战争的一个重要借口;鸦片战争之后,这项禁令遭废弃,反映了清政府在西方的压力下被迫作出的退让,同时表露出国人西洋观的某些有意思的变化。[③] 还有学者探讨了西人舆论对鸦片战争的影响,指出来华西人在广州创办的《广州纪事报》《中国丛报》《广州周报》等英文报刊的政治主张虽各有特点,但在对华关系方面的舆论却渐趋一致,都主张以林则徐禁烟作为发动战争的契机,要求英国政府为被销毁的鸦片取得赔偿,为对华战争进行舆论准备。在英国正式发动侵华战争后,这些报刊又鼓吹要运用武力使中国彻底屈服,为侵略行为极力进行辩护,为英国侵

---

① 吴义雄:《鸦片战争前粤海关税费问题与战后海关税则谈判》,《历史研究》2005年第1期。
② 吴义雄:《鸦片战争前英国在华治外法权之酝酿与尝试》,《历史研究》2006年第4期;《权力与体制:义律与1834—1839年的中英关系》,《历史研究》2007年第1期。
③ 郭卫东:《鸦片战争前后外国妇女进入中国通商口岸问题》,《近代史研究》1999年第1期。

华军出谋划策，要求英国政府采取最强硬的立场以攫取利益，直至《南京条约》签订。① 这些研究成果多发表在20世纪90年代尤其是2000年之后，具体揭示了中英正式交战之前英商、外交官及西人舆论对中英关系的影响，弥补了既往研究之不足。

关于中英开战后的交涉，国内学界的研究可分为两部分内容：一为对中英战争进程的考察；二为外交条约的谈判及签订。就中英战争进程来说，与国内主流学者将1840年6月英国正式派遣远征军来华作战作为鸦片战争的开端不同，牟安世以1839年9月4日爆发的九龙之战作为鸦片战争的开端，并将中英鸦片战争划分为以下五个阶段：第一阶段从1839年9月到1940年6月，为第一次广东战争阶段；第二阶段从1840年6月到同年11月，为英国侵略者北上骚扰沿海阶段；第三阶段从1840年11月到1841年8月，为第二次广东战争阶段；第四阶段从1841年8月到1842年6月，为闽浙战争阶段；第五阶段从1842年6月到同年8月《南京条约》的签订，为英军侵略长江下游阶段。② 牟安世所做的这一划分，应该说比较客观地反映了鸦片战争的过程。

就具体战役研究来说，茅海建的成果代表了国内学者的最新研究，从军事学角度提出许多新的观点。他认为，清军在定海之战、厦门之战、虎门之战和吴淞之战失败的原因，并非清军战略有误，或敌众我寡、猝不及防，或一些清军将领和官员投降卖国、临阵脱逃，而主要在于清军将士对近代化战争的无知，在战略战术、武器装备、筑城技术、训练水平和军队素质等方面落后于时代，远远不如英军。③ 1841年5月三元里人民抗英斗争的战果、影响和意义并没有国内一些论著所说的那样巨大，多有夸大之处；此役英军死亡为5—7人，受伤为23—42人，相对于鸦片战争的各次战役，英军的伤亡固然相当大，但从军事学角度观察，此役对战争进程并

---

① 详见吴义雄《在华英文报刊与近代早期的中西关系》（社会科学文献出版社2012年版）、《在华西人报刊与鸦片战争》（《社会科学战线》2010年第6期）等论著。
② 牟安世：《鸦片战争》，第154页。
③ 详见茅海建《定海之战考实》（《历史研究》1990年第6期）、《鸦片战争时期厦门之战研究》（《近代史研究》1993年第4期）、《1841年虎门之战研究》（《近代史研究》1990年第4期）、《1842年吴淞之战新探》（《历史档案》1990年第3期）等文。

无决定性影响或价值,英军之所以迅速撤离广州,虽然其中有三元里民众抗英的作用,但主要还是由于奕山与义律签订了停战协定,其次是英军此时亟须休整。①

关于外交条约的谈判及签订,国内学者的研究有一个深化过程。大致说来,20 世纪 90 年代之前,学者普遍从侵略和反侵略角度,聚焦于鸦片战争期间所签订中外条约的内容及其对中国主权的危害。90 年代之后,有些学者尝试从中外关系史角度,通过对外交条约的谈判及签订过程的考察,具体揭示中外不平等条约是如何形成的,中国主权是如何丧失的,从而产生一些新的认识,认为鸦片战争期间中外所签不平等条约固然是西方列强武力侵略和讹诈的结果,但其中也有清朝政府自身不懂近代国际知识所致。如茅海建通过对中英《南京条约》、中英《虎门条约》及其附件《五口通商章程:海关税则》、中美《望厦条约》、中法《黄埔条约》的签订过程逐一进行考察,指出许多条约的签订,许多权益的丧失,并不全是因为战败,有的是清政府不懂得近代国际知识,缺乏近代外交观念所致。他们用传统的"夷夏"的观念去处理十分棘手的外交事件,结果上了西方资本主义列强的当,给中华民族和中国人民带来了极大的灾难。② 郭卫东对鸦片战争中片面最惠国待遇和领事裁判权的确立及外交文书的演变分别作了考察,也认为鸦片战争中中国一些权利的丧失既肇因于西方帝国主义对中国的野蛮侵略和外交讹诈,但又不完全是外国侵略者强制掠取的,一部分是清朝统治者主动奉送的;③ 而鸦片战争中"照会"等近代外交公文范式的初步形成,则反映了西方外交和文书体制对中国外交文书体制的硬性干预和强制替代及西方价值体系在中国的强力移植过程。④ 此外,因为港澳问题,国内学者对鸦片战争期间英国侵占香港的经过和葡萄牙入据澳门及扩大侵略活动分别作了较多专题研究。

---

① 茅海建:《三元里抗英史实辨正》,《历史研究》1995 年第 1 期。
② 茅海建:《鸦片战争与不平等条约》,《历史研究》1992 年第 4 期。
③ 郭卫东:《片面最惠国待遇在近代中国的确立》,《近代史研究》1996 年第 1 期;《鸦片战争后期中英善后交涉》,《社会科学研究》1996 年第 4 期;《近代中国利权丧失的另一种因由——领事裁判权在华确立过程研究》,《近代史研究》1997 年第 2 期。
④ 郭卫东:《"照会"与中国外交文书近代范式的初构》,《历史研究》2000 年第 3 期。

关于鸦片战争时期美国的对华政策，20世纪80年代之前简单强调美国是英国侵略中国的帮凶。90年代之后，国内学者开始对鸦片战争时期美国对华政策的形成进行比较客观的探讨。如梁碧莹认为在第一次鸦片战争时期美国国内的反英情绪最终未能成为导致美国对华政策形成的因素，相反在华的美国人包括商人、传教士和外交人员在美国制定对华政策中扮演了重要的角色，他们的报告成了美国制定对华政策的重要依据。美国政府综观当时的中外形势，会合各方的意见，终于决定在战争期间避免与中国发生正面冲突，利用英国侵华之机谋求自身的利益，《望厦条约》的签订便是这一政策的产物，它标志着早期中美关系的结束，近代中美不平等关系的开始。① 金卫星也认为第一次鸦片战争前后，美国并未与英国结成任何形式的"新殖民主义的联合阵线"，也不是简单地尾随英国侵略中国，充当其侵略帮凶，而是在其既定的孤立主义外交方针指导下，采取"利益均沾"的外交侵略方式，狐假虎威，坐享其成，"均沾"了英国侵华战争之利。② 何大进对鸦片战争时期美国赴华传教士与美国侵华政策之间的关系作了探讨，认为由于美国赴华传教士的影响和直接参与，美国政府在侵华之初便采取了经济扩张和文化渗透同时并举的政策：一方面利用炮舰对中国进行军事讹诈，强迫中国接受一系列屈辱的条约，使中国沦为西方列强角逐的商品市场和投资场所；另一方面又通过传教士对中国进行一场"和平"的"讨伐"，企图从思想文化领域摧毁中国的固有防线。美国政府的这一侵华手段，影响到中国社会的各个角落，贯穿了中国近代史的始终，从而成为美国近代侵华活动的一个显著特点。③ 仇华飞对中美《望厦条约》签约过程作了较为深入的考察，指出第一次鸦片战争后，美国国内在对华贸易问题上有过短暂的争论，争论焦点在于美国在华利益是凭中国皇帝的恩准，即一体通商，还是美国应有同英国一样的条约。最终，坚信条约派取得胜利，美国政府派遣顾盛使团前来中国，要求清政府以中美签订条约

---

① 梁碧莹：《第一次鸦片战争时期的美国对华政策》，《中山大学学报》（社会科学版）1991年第1期。
② 金卫星：《鸦片战争前后美国对华政策述评》，《苏州大学学报》1992年第4期。
③ 何大进：《鸦片战争时期的美国赴华传教士与美国侵华政策》，《世界历史》1990年第5期。

的形式，保证美国在华利益。谈判签约，中美双方经历了从对抗到妥协的发展过程。以耆英为首的清政府谈判代表团基本上做到了据理力争，期望通过努力尽量减少条约给国家利益造成太多的损失，但鸦片战争后的国际环境使清政府无法拒绝美国政府提出的机会均等、利益均沾的要求。①

关于鸦片战争时期法国的对华政策，葛夫平和张建华两位学者的论文代表了国内的最新研究。前者利用法文档案和文献资料，对鸦片战争期间法国国王特使真盛意（Dubois de Jancigny）、"埃里戈纳"号舰长士思利（Cécille）、法国驻广东首席领事官拉第蒙冬（Ratti-Menton）、拉萼尼（Lagrené）使团来华的外交活动进行了比较系统的考察，从中揭示了鸦片战争时期法国对华政策的形成，指出拉萼尼使团来华和中法《黄埔条约》的签订以及有关教务的谈判，标志着法国的对华政策实现了从窥视到加入侵华行列的转变。它不但为法国在中国获得了与英、美等国相同的特权，而且还获得了在中国的保教权，从而确立了法国在近代中国的地位和影响力，对后来的法国对华政策产生了深远的影响。② 后者根据拉萼尼与耆英之间的来往照会函件，着重对中法《黄埔条约》的交涉作了具体考察。③

关于鸦片战争前后俄国的对华政策，中国社会科学院近代史研究所著《沙俄侵华史》第 2 卷第一章对 1689 年中俄《尼布楚条约》之后，直至鸦片战争爆发之前 150 年间俄国试图侵吞中国黑龙江的种种图谋作了比较系统和简要的论述，指出"辽阔富饶的中国黑龙江流域，历来是沙俄眼中的一块肥肉。《尼布楚条约》订立后，俄国统治集团妄念未消，继续窥伺这片中国领土，不断制订新的入侵计划。但是，由于当时清政府还有比较强大的自卫力量，沙俄的图谋未能得逞。1840 年的鸦片战争打开了中国的门户，从此中国开始沦为受帝国主义列强压迫的半殖民地，这就使沙俄得到趁虚而入的机会"④。陈开科则利用俄文档案和文献资料，从 18 世纪、19 世纪之交中俄关系发生重大转折这一大背景，对 1805—1806 年俄国戈洛

---

① 仇华飞：《从对抗到妥协：中美望厦条约签约过程研究》，《史学月刊》2009 年第 3 期。
② 葛夫平：《法国与鸦片战争》，《世界历史》2000 年第 5 期。
③ 张建华：《中法〈黄埔条约〉交涉》，《历史研究》2001 年第 2 期。
④ 中国社会科学院近代史研究所编：《沙俄侵华史》第 2 卷，人民出版社 1978 年版，第 2 页。

夫金使团访华的目的、经过、结果及其影响，进行了深入的专题研究，指出戈洛夫金使团事件是"中俄两国社会整体发展态势差别的一种反映"，"它不但是当时整个东、西方外交接触中的一环，也是当时俄国远东外交活动链条中的一环"；"戈洛夫金使团事件既是中俄两国异质文化的冲突，又是现实政治层面国际关系体制之间的冲突"；通过戈洛夫金使团访华事件，俄国19世纪的对华政策基本形成，逐渐获得对华外交优势，而清朝则慢慢丧失了对俄外交的优势，为19世纪中叶丧权失地的外交悲剧埋下伏笔。在这次外交事件中，戈洛夫金使团没有成功实现访华，俄国失败的只是一个使团，而中国失败的则是整个外交。① 但这些研究都止于鸦片战争之前的中俄关系，对于鸦片战争期间俄国的反应和对华政策，国内学界迄今尚无研究。

从上所述，对于鸦片战争前后中英冲突、战争过程及条约谈判等问题，既往学界已作了比较系统的论述，并进行了比较深入的专题研究，达到了相当的学术高度，但在有关英商、传教士、外交官在中英交涉和鸦片战争中与英国政府的关系及他们对英国对华政策的影响方面，尚有待做进一步深入研究。对于列强在鸦片战争时期的对华政策，既往研究主要还停留在个别专题研究上，似有必要从世界史角度进行比较系统、全面的考察和论述。

## 第四节 清朝统治集团及相关人物研究

面对西方国家的侵略，清朝统治集团如何应对，也是鸦片战争史研究中一个绕不过的问题。围绕鸦片战争时期清朝统治集团的研究，国内学者主要就以下问题进行了探讨。

第一，关于鸦片战争爆发之前清朝统治集团内部是否存在严禁派与弛禁派之分。在这个问题上，国内学者存在两派不同意见。传统和主流观点

---

① 陈开科：《嘉庆十年——失败的俄国使团与失败的中国外交》，社会科学文献出版社2014年版；《失败的使团与失败的外交——嘉庆十年中俄交涉述论》，《近代史研究》2011年第4期。

认为清朝统治集团内部在如何对待鸦片泛滥问题上的确存在严禁派与弛禁派两个政治派别：前者以林则徐、黄爵滋为代表；后者以穆彰阿、琦善、许乃济为代表。这派学者还对否定存在严禁派与弛禁派的观点进行批驳，指出弛禁派是客观存在的，也为当时一些侵略分子所觉察，如果统治阶级中没有弛禁派，那么就无法解释鸦片屡禁不止的现象。①

20世纪80年代之后，另一派学者则否定清朝统治集团内部存在严禁派与弛禁派的分野，认为在禁烟问题上统治阶级集团内部只有禁烟策略之别，而无严禁派与弛禁派的分野，指出将清朝统治集团内部关于如何禁烟的讨论曲解成禁烟派与弛禁烟派的交锋，并以是否赞成吸食论死作为划分两派的标准，这是不恰当和不科学的；当时那些反对重治鸦片吸食的官员的根本愿望也是要禁绝鸦片，以达到巩固清朝统治的目的，清朝统治阶级中并不存在一个鸦片利益集团。②

后一派学者的观点虽然具有创意，尤其是其提出的不能以是否赞成吸食论死作为划分禁烟派与弛禁烟派界碑的观点，颇有合理之处，但那些主张弛禁的官员是否如这派学者所说的那样，与严禁派并无本质区别，其目的也是禁绝鸦片，而与鸦片实际利益无关，这还是一个有待作进一步具体考察的问题。

此外，国内学者还曾就严禁派与弛禁派代表谁的利益问题进行过探讨和论证，认为严禁派代表中小地主阶级的利益，弛禁派代表大地主、大贵族、大官僚商人和中外鸦片贩子的利益。③ 事实上，既往学界有关这个问题的讨论是一个"伪问题"，是对阶级分析方法的一种简单化和教条化，是一种学术资源的浪费。无论是严禁派，还是弛禁派，他们作为清朝政府

---

① 沈毅：《"弛禁派"新议》，《辽宁大学学报》1985年第3期；胡厚平：《清统治集团内部在禁烟问题上的原则争论——评〈第一次鸦片战争期间禁烟问题新探〉》，《沈阳教育学院学报》1987年第2期。

② 吴义雄：《关于一八三八年禁烟争论的再探讨》，《福建论坛》1985年第6期；郦永庆：《有关禁烟运动的几点新认识——从档案记载看鸦片战争期间的禁烟运动》，《历史档案》1986年第3期。有关这个问题的讨论，详见萧致治主编《鸦片战争与林则徐研究备览》，湖北人民出版社1995年版，第84—87页。

③ 有关学界对这个问题的讨论，详见萧致治主编《鸦片战争与林则徐研究备览》，湖北人民出版社1995年版，第88—89页。

官员，其主张不是代表了清朝统治阶级的利益，便是代表了他们个人的利益，而与其他无关。

　　第二，关于清政府禁烟政策的评价问题。对于清政府的禁烟政策，郦永庆认为得到了比较认真的执行，并达到了实效，指出在19世纪30—40年代（道光中叶），道光皇帝在中国境内发动了一场全国性的禁烟运动，并且收到了实效，在下达禁烟令上谕不到半年的时间内就在除广东以外的各省区内，查获鸦片80多万两。而且这场禁烟运动坚持了较长的时间，鸦片战争爆发后，尽管军事上清廷连连失利，负责指挥作战的大臣不断更换，但在战争过程中，道光帝没有放松禁烟，查处吸食或兴贩鸦片案件的运动继续进行，吸毒贩毒官员或普通烟犯仍然在受到惩处。[①] 萧致治也对1839—1840年林则徐在广东的禁烟作了肯定评价，指出林在广东收缴外国鸦片237万多斤，这是他一生中最具时代特征的光辉篇章，赢得了中外进步人士的广泛赞誉，那种认为林则徐广东禁烟是中了义律的圈套、禁烟引起鸦片战争的观点是缺乏根据的，是一种倒果为因的谬论。英国发动侵华战争蓄谋已久，而且作了精心准备，绝非禁烟引起的。[②] 王开玺认为1838年以前清廷的禁烟律令在实践中虽多为具文，但就其实行的"断源"与"遏流"并举、并重的内容而言，实是无可厚非；就其对违禁贩卖、吸食及开设烟馆者的惩处而论，亦不可谓不严，因此不失为较正确的禁烟政策。太常寺卿许乃济提出了理论上荒谬、实践上危害极大的弛禁方针，这可以被看作清统治集团禁烟议论的第一次错位。1838年6月，鸿胪寺卿黄爵滋同样感触于清廷吏治的腐败，鸦片屡禁不止，因而提出了重治吸食者而置鸦片走私人口于不顾的"治内不治外"的禁烟方针。这一主张可以被看作清统治集团禁烟议论的第二次错位。鸦片战争后，封建统治阶级不思奋发图强，也未认真分析英国发动侵略战争的根本原因，而是消极地接受了鸦片战争的教训，认为战争系林则徐在广东收缴外国鸦片所致，终于造成清政府禁烟政策及实践的又一次实质性的重大错位。[③] 对于鸦片战争期

---

[①] 郦永庆：《有关禁烟运动的几点新认识——从档案记载看鸦片战争期间的禁烟运动》，《历史档案》1986年第3期。

[②] 萧致治：《林则徐禁烟研究中的几个问题》，《江海学刊》2006年第3期。

[③] 王开玺：《鸦片战争前后清统治集团禁烟方针错位略论》，《安徽史学》1998年第2期。

间黄爵滋等清朝官员在禁烟中轻源重流、治内不治外,偏重治吸食者的原因,他认为一是深受中国封建统治阶级传统夷夏观的影响,既鄙夷又畏夷;而另一更为根本的原因则是在于腐朽的封建制度和令不行、禁不止的腐败吏治官风。①

第三,关于鸦片战争中清朝统治集团内部是否存在抵抗派和投降派、主战派和主和派之分及其评价问题。传统和主流观点认为,就像在禁烟问题上存在严禁派和弛禁派的分野一样,在如何对待英国军事侵略问题上也存在抵抗派和投降派,或者说主战派和主和派的分野:前者由一部分坚持禁烟和具有民族自尊心的官员构成,他们以林则徐、邓廷桢、裕谦、关天培等爱国官员和将领为代表;后者由一部分原来反对禁烟和惧怕战争的官员构成,穆彰阿、琦善、伊里布是他们的代表。对于投降派对外投降的目的,有的学者认为是从个人和本集团的私利出发;② 有的认为他们投降不是为了个人和本集团私利,而是为维护清朝的统治;③ 或谓他们是被侵略者吓破了胆。④

80年代中期之后,国内学者开始对传统观点提出异议,或对鸦片战争时期的主战派和主和派作出不同阐释,认为清朝统治集团内主战派和主和派并非传统观点所说那样泾渭分明,而是相互转化的,并且主战和主和也非如我们现在所理解的那样具有是非判断价值,主战便是正确的、值得肯定的,主和的便是投降卖国。如茅海建就指出,鸦片战争期间许多清朝官员的主战或主和都是随形势的发展而变化的,如两江总督伊里布、闽浙总督颜伯焘、吏部尚书奕经、盛京将军耆英、两江总督牛鉴、浙江巡抚刘韵珂等都经历过由主战到主和的变化,大抵他们在未与英军交手之时虚骄自大,痛言"进剿",而在英军面前遭受失败后便一

---

① 王开玺:《黄爵滋禁烟奏疏平议》,《近代史研究》1995年第1期。
② 来新夏、李喜所:《论第一次鸦片战争时期清朝统治集团的内部斗争》,《新疆大学学报》1981年第4期。
③ 苗长清:《论鸦片战争时期清朝统治集团内部斗争的几个问题》,《山东社会科学》1992年第5期。
④ 林敦奎、孔祥吉:《鸦片战争时期统治阶级内部斗争探析》,《近代史研究》1986年第3期。

一转了向；其主"和"者，是以"天朝上国"来驾"抚"边"夷"，而并不自认为投降之举；其主战者，虽具有反侵略的性质，但其目的之一是不改变古存至今的中外体制的格局，且大多未认真研究敌情，找出必胜的方法，结果只能屈服于侵略者的凶焰；主抚、主战都没有改革中国政治的要求，甚至都没有改变"天朝上国"观念的愿望；清统治阶层的所作所为，证明了他们不能承负历史的责任，应当被新到来的时代所淘汰。① 郦永庆也持与茅海建相同的观点，并在从档案考察鸦片战争期间清政府的对外政策之后，进一步断言"统治集团内部不存在抵抗、投降两派斗争"，认为"鸦片战争的失败标志儒家传统对外政策的破产"。②

对于鸦片战争中清政府的制夷策略，国内学者认为有"以商制夷""以夷制夷""以民制夷""以静制夷"和"师夷制夷"等策略，这些制夷之策，相继涌生，又彼此交错、渗透。其中，前四种制夷之策都基于对西方列强的错误认识和判断："以商制夷"反映出清统治者不谙世事的封建愚昧性；"以夷制夷"反映出其主观空想性，几乎不存在付诸实施的可能；"以民制夷"虽有一定的正面性，但未能发展为全民族抵抗侵略的人民战争思想；"以静制夷"则充分反映出清统治阶级的腐败无能和极度缺乏政治应变能力。③ 也有学者指出，这些制夷之策表明闭关政策仍是清政府对外政策的核心，因此不可能收到成效，即使师夷之长技以制夷之策也无法从根本上摆脱中国落后挨打的局面；中国传统的制夷之策在鸦片战争期间遇到了前所未有的挑战，在历史舞台上走完了它最后一段历程。④

第四，关于鸦片战争期间的汉奸问题及清政府的对策。一种意见认为

---

① 茅海建：《论刘韵珂——兼评鸦片战争时期的主和思想》，《近代史研究》1988 年第 4 期。
② 郦永庆：《从档案看鸦片战争期间清政府的对外政策——兼谈统治集团内部的斗争问题》，《历史研究》1990 年第 2 期。
③ 王开玺：《鸦片战争前后清政府制夷思路探论》，《近代史研究》1995 年第 6 期。
④ 郦永庆：《第一次鸦片战争后福州问题考辨——兼谈第一次鸦片战争后清政府的对外政策》，《历史档案》1990 年第 2 期；郦永庆、林岷：《鸦片战争前后清政府以夷制夷对外策略问题探析》《历史档案》1991 年第 1 期。

鸦片战争时期汉奸问题严重，是导致禁烟斗争和抗英斗争失败的重要原因之一，并对清政府的反奸措施基本加以肯定，指出汉奸的活动主要有以下五端：一是勾结鸦片贩子私售鸦片，破坏禁烟斗争；二是为外国不法商船及兵船接济食物；三是制造谣言，刺探军事情报，为英军服务；四是接引和参与英军在中国的侵略战争；五是在英军军事占领地区充当帮凶。而清政府的反奸措施也有五端：一是严拿、严惩"通夷"潜买鸦片之汉奸；二是对以"接济食物"为主要活动的汉奸，采取"招徕"为主，"惩治"为辅的方针；三是对从事刺探军事情报的汉奸，采取"严拿""严防"为主的对策；四是对接引和参与英军在华军事活动的汉奸，采取"严拿""严惩"为主，"严防"为辅的对策；五是对于维持英军军事占领区统治的汉奸，采取以"招抚"为主的对策。① 也有学者虽然认同汉奸问题严重，是清政府在鸦片战争中失败的原因之一，但不认为清政府的反奸措施是成功的，指出鸦片战争时期汉奸问题的实质，说到底仍是一个内政失修问题；是一个民族的内部矛盾、内部危机在整个民族对外斗争中不可避免的表现。②

另一种意见认为汉奸问题事实上并没有像清朝官员所说的那样严重，清政府对于汉奸的人员构成情况所作的分析，虽有一定的依据，但将问题严重泛化，不仅将违制同夷人交往者视为当然的汉奸，即使在定制内同夷人交往接触者都被视同潜在的汉奸；当时的清朝官员夸大汉奸问题的严重性，一定程度也是为他们的指挥无能、节节败退寻找一开脱的借口。而清政府所采取的反奸措施虽然发挥了一定的作用，但由于清朝的专制统治，并将汉奸问题泛化，未能顾及民众利益，缓和官民矛盾，因此整体而言并没有收到实际效果。③ 还有的学者认为，鸦片战争期间的"汉奸"或者说"内鬼"是一个复杂的混合体，其中农民和劳动者组成的反清武装虽然被列为"内鬼"之首，而他们进行的却是一场反对封建剥削压迫的斗争，因

---

① 季云飞：《鸦片战争期间的汉奸及清政府对策之探析》，《江苏社会科学》2000年第3期。
② 何景春：《汉奸问题与清政府在鸦片战争中的失败》，《长白学刊》2007年第6期。
③ 金峰：《鸦片战争时期"汉奸"人员构成问题研究》，《广东大学学报》（社会科学版）2006年第6期；《鸦片战争时期清政府处理汉奸问题措施研究》，《广东大学学报》（社会科学版）2011年第12期。

而不全是内鬼；鸦片贩子及许多与侵略者利害相关的人则是真正的内鬼；而最大的内鬼是清朝政府中的投降派。①

需要指出的是，汉奸是近代中外战争中出现的新问题，如何界定鸦片战争时期的汉奸和汉奸在不同阶层的不同表现及其成因，以及清政府对汉奸问题的认识和反奸措施，目前国内学界的讨论应该说还是不够深入和充分的，尚有待继续探讨。

第五，相关历史人物研究。国内学界对鸦片战争人物的研究，大致可分为两类。一类是对林则徐、龚自珍、魏源、姚莹等正面人物，基本都持历史主义态度，予以肯定。尽管20世纪90年代之后，国内有个别学者批评学界对林则徐等正面人物的评价存在人为拔高现象，但并无意推翻对他们的肯定评价，只是希望去除对这些正面历史人物的神化，让我们对他们的认识和评价更接近事实。另一类涉及对道光皇帝和穆彰阿、琦善、杨芳等清朝官员在禁烟和鸦片战争中表现的评价，国内学界存在比较明显的分歧意见，一派学者对他们持否定评价，认为他们是投降派或对战争的失败负有责任；另一派则持相反意见，认为他们并不是投降派，对他们的表现不能苛责。在上述两类历史人物研究中，国内学界又偏重对正面人物尤其是林则徐的研究，但其中存在大量的低水平重复的研究成果，造成巨大的学术浪费。据萧致治统计，截至1994年，全国报纸、杂志发表关于林则徐的文章达到513篇，其中论文352篇。关于龚自珍和魏源的文章和论文总计分别为201和190篇。②

总的来说，自20世纪80年代之后，国内学界对鸦片战争时期清朝统治集团的研究有所加强，但比较而言，仍然是鸦片战争史研究中的一个薄弱环节。至少，对于鸦片战争时期清朝统治集团内部的状况及是否存在严禁派与弛禁派之分、主战派和主和派之分，学界迄今没有达成一个令人满意的共识。并且，对于清政府禁烟政策和制夷策略的研究也不够充分和深入。因此，这是一个有待加强的研究领域。

---

① 李毅：《鸦片战争中的"内鬼"问题》，《学术研究》1988年第2期。
② 有关鸦片战争人物，详见萧致治主编《鸦片战争与林则徐研究备览》，湖北人民出版社1995年版，第124—271页，兹不具体展开。

## 第五节 关于鸦片战争的起因、性质、失败原因及影响

对重大历史事件进行定性，这是新中国史学的一个重要传统。关于鸦片战争的起因和性质，经过新中国成立初期的热烈学术讨论，直至20世纪80年代，国内学界普遍认为这是西方资本主义国家用武力扩展经济的支配势力借以奴役中国人民的一次侵略战争，起因是罪恶的鸦片贸易。但进入20世纪80年代末之后，国内学界在这个问题上重新出现两种不同观点。

一派学者坚持传统观点，反对将鸦片战争称为"通商战争"。如陈翰生在参加"鸦片战争150周年国际学术讨论会"的发言中，在列举一系列历史事实后明确指出："发动战争是英国鸦片贩子和英国政府蓄谋已久的计划，而并非中国政府实行闭关政策所引起的。鸦片战争是地地道道的侵略战争，没有任何别的理由，更无丝毫'正义'可言。"[①] 蒋大椿也表示将1840—1842年的中英战争称为鸦片战争"是符合历史实际的"，"鸦片所带来的巨额利润，便是英国向中国发动侵略战争的根本原因"。他指出，虽然鸦片生意是英国鸦片商人直接做的，但英国鸦片商从中国掠走的数以亿计的银圆也极大地充实了英国政府的国库，因此积极保护、支持鸦片走私贸易也是当时英国政府的既定国策，只要中国政府反对这种鸦片走私贸易，两国间的冲突和战争就不可避免。鸦片问题是这场战争的直接导火线，正是鸦片走私贸易造成中英双方的尖锐冲突，英国政府主要也是因为鸦片贸易才决定对华发动战争的。[②] 黄逸平通过对中英贸易与鸦片战争关系的考察，指出1840—1842年英国发动对华战争"远不只是旨在保护鸦片贸易"，而且要通过武力在落后国家的领土上攫取种种殖民特权，进行

---

[①] 陈翰生：《世界历史潮流不可逆转——"鸦片战争150周年国际学术讨论会"会后有感》，载阮芳纪等编《屈辱与抗争——鸦片战争150周年文集》，中国社会科学出版社1990年版，第3页。

[②] 蒋大椿：《关于鸦片战争的评价问题》，《安徽师范大学学报》（人文社会科学版）1999年第4期。

不平等贸易，并不像他们所说的是为了"平等""自由"贸易进行的"通商战争"；清政府当时实行的闭关政策，仅仅是侵略者发动战争的一个借口。① 庄国土从考察1750—1840年的中西贸易结构入手，认为这一时期的列强主要依靠鸦片来保持贸易结构平衡，而清政府的禁烟政策打击了鸦片贸易，引起了结构失衡，使得英国政府最终诉诸战争。他指出，19世纪前期，中国与西方国家的贸易正面临重大的转折。18世纪中西贸易的基本结构是西方国家以其殖民地产品，主要为白银、棉花、胡椒等交换中国的茶、丝、瓷器等。当这种贸易结构能保持平衡时，西人仍然能获得巨额利润，传统的贸易方式仍可维持。由于白银短缺和中国政府厉行鸦片查禁，传统的中西贸易结构难以为继。西人随即诉诸武力，导致鸦片战争。②

另一派学者则不同程度地认同西方学者的观点，认为鸦片战争的性质是一场"通商战争"，源于中国和西方通商制度的冲突。如顾卫民就认为清政府实行的广州一口通商制度是引发中英战争的一个重要因素。③ 刘存宽也认为英国发动鸦片战争，兼有开展对华合法正常贸易和保护非法鸦片贸易的双重动因，自由贸易是其中一个不可忽视的因素，前者是长远起作用的根本因素，后者是在一段时间内起重要作用的直接动因。④ 杨国强也认同鸦片战争是一场因禁烟问题引起的通商战争，指出：1840年的中英之战，西方人称作通商战争，中国人称作鸦片战争。战争由禁烟触发，而牵动的则是工业革命以后发源于西欧的世界历史过程。因此，中英之间的战争既体现了理与势的冲突，也体现了中世纪和近代的冲突。这种错杂预示了后来一百年历史的曲折和畸态。他认为中英战争的肇因在于中国的禁烟政策和贸易制度妨碍了英国奉行的自由贸易主义，并以富有文学色彩的笔触论述道：嘉道之间，中国知识分子的经世意识刚刚醒来，夷患还远不是时务中的一个题目。而工业革命引发的一系列变化已经使英国成为欧洲和世界"发展的引擎"了。那里不仅制造产品，而且制造扩张。两者都亟亟

---

① 黄逸平、张复纪：《中外贸易冲突与鸦片战争》，《学术月刊》1990年第11期。
② 庄国土：《茶叶、白银和鸦片：1750—1840年中西贸易结构》，《中国经济史研究》1995年第3期。
③ 顾卫民：《广州通商制度与鸦片战争》，《历史研究》1989年第1期。
④ 刘存宽：《试论英国发动第一次鸦片战争的双重动因》，《近代史研究》1998年第4期。

乎冲破世界贸易的空间界限。中英通商曾长久地以十三行行商和东印度公司的垄断，维持了一种脆弱的平衡。但工业革命吹涨了英国商界中的自由贸易主义，群商各思扩展，公司专利便成为一种广被非议的制度。至1833年（道光十三年），东印度公司垄断对华贸易的权力遂被废止。于是，由来已久的种种矛盾便在旧日的局面瓦解之后变得越来越尖锐。英国人意在求利，把商业拓展当作天下第一要义；中国人重在防弊，对来去飘忽的群夷不肯稍懈裁制之心。因此，西洋商人虽携自由贸易主义而来，遇到的却是一个限定的口岸（广州），一个限定的商人团体（公行），一种在"船钞""货税"名目下把国家关税和官吏勒索混为一体的海关制度，以及许多旨在管制日行起居的周密条法。曼彻斯特的蒸汽机代表了一个世界，古老的广州城墙代表了另一个世界。两个世界在扞格中碰撞，又因碰接而愈扞格。与这种难以化解的窒碍相错杂，还有公行行商累年拖欠货款引发的商业纠纷和西洋水手与中国人民之间屡酿命案的法律纠纷。在前一种纠纷里，当太多的欠款使行商丧失偿还能力之后，债权一方便非常容易吁请自己的政府出面干预。在后一种纠纷里，以中国律法为西方人量罪，其结果总是要与基督教世界里的法权观念相冲突，由此产生的纷争，余波常常会远及欧洲。中西之间以通商相交往，而牵出来的许多东西都越出了贸易的范围。西商孜孜逐利的一腔热望遂多被撞碎。通商与禁烟的冲突，导致了中西之间的第一次民族战争。发源于西欧的那个世界历史过程因通商的胜利而进入了沿海中国的条约口岸，自此把根须扎进了一个古老的社会，为来日种下因果。[①] 还有学者径直认为中英鸦片战争是一场中国传统朝贡贸易体系与近代条约通商体系之间的冲突，指出：鸦片战争前，存在着一种近代意义上的非对称的"世界体系"。中英两国分别在不同的区域体系中控制着体系内部的平衡，但两国的对外战略构想不同，各自支配的体系的性质也不同。从制度变迁的角度审视，东亚的朝贡体系有其自然的渐进式变迁的逻辑和进程。进入近代，在组织严密、实力雄厚的西方商业资本的冲击下，朝贡贸易体系逐渐逊位，终以鸦片战争及《南京条约》为标志走

---

[①] 杨国强：《通商与禁烟：中英鸦片战争的历史因果》，《上海社会科学院学术季刊》2000年第1期。

向解体。作为世界历史进程的一个缩影,东亚朝贡贸易体系的解体无疑是劳动方式变革的结果。中国被迫开放贸易并按自由贸易帝国主义的原则开放通商口岸、租界和建立海关体系,从根本上改变了朝贡贸易体系的制度框架,为条约通商贸易体制的确立提供了条件。条约通商贸易体制在很大程度上侵害了中国的主权独立,使中国的商品市场被纳入由英国构建的西方世界经济体系。客观而言,这一体制的形成在一定程度上推动了以口岸为中心的近代区域市场的发展和近代市场关系的形成。[1]

除以上两种观点外,还有学者提出鸦片战争是一场"白银战争",这个观点以台湾学者林满红为代表。她在2006年出版的英文著作《中国盛衰的逆转:1808—1856年的货币、社会和思想》(*China Upside Down：Currency, Society, and Ideologies, 1808 - 1856*)第一部分指出:1820年之后英国等国家向中国输入鸦片的激增是受世界金银减产的影响,因为没有足够的白银用于支付购买中国茶叶和生丝的货款,他们就以鸦片充当等价物。同样,造成当时中国银贵钱贱现象的也不是由于鸦片的输入,而是由于以下三个因素的共同作用:中国对美洲白银的过度依赖;拉丁美洲独立运动导致世界白银供应不足;国际市场对中国茶叶和生丝需求的疲软。因此,她认为"鸦片战争"更确切地讲是"白银战争"[2]。

需要指出的是,上述三种观点,表面看来,似乎只是反映了国内学者对通商、白银和鸦片在1840—1842年中英战争中不同作用的认识,纯属学术问题,但在其背后实际上折射出不同的历史观、价值判断和学术立场,体现了史学的政治性。所谓"通商战争"说和"白银战争"说,实际上是在有意或无意地淡化1840年英国发动对华战争的非正义性,而"鸦片战争"说则无疑旨在强调英国发动对华战争的非正义性。因此,这是一个需要国内学者严肃、科学对待的问题,不可等闲视之。

关于鸦片战争失败的原因,国内学界更是作了多角度的解读和分析。其中,萧致治吸收各家之说,同时结合个人研究,从中英双方作战能力、

---

[1] 张明之:《从朝贡体系到条约通商:近代中国对外贸易形态的变迁——鸦片战争170周年反思》,《南京政治学院学报》2010年第3期。

[2] 陈文浩:《"鸦片战争"还是"白银战争"?》,《中国图书评论》2011年第1期。

中英双方战略方针比较、社会制度腐败和清政府民族歧视政策等方面，作了比较全面和有代表性的论述。他指出，其一，就作战能力来说，中国方面除军队数量具有优势之外，在军队素质、装备、调遣、情报工作和后勤供应等方面都不如英国军队，这是清军在战场上节节失败的一个军事原因。其二，就中英双方战略方针来说，英国的战略方针始终如一，战略目标非常明确，有预谋、有计划，并赋予其全权代表有便宜行事的权力，为英军在战争中的取胜创造了良好的条件；而清政府一方却举棋不定，时而"羁縻"，时而"攻剿"，时而调兵开赴前线，时而又裁撤官兵归伍，始终缺乏一个行之有效的战略方针，对战争造成恶劣影响。其三，清朝社会制度的腐败，诸如政治上的极端专制，统治者的自大与欺蒙，前线文官武将的"爱钱"与"惜死"，由官吏残民而引起的尖锐的阶级矛盾等，也是导致中国在战争中失败的极为重要的原因。其四，清政府实行的民族歧视政策所造成的满汉畛域之分，也对中国在鸦片战争中的失败造成了极大影响。[①] 此一观点大致代表了90年代之后国内学界的认识。

与认为鸦片战争失败是由多种原因造成的观点不同，另一派学者更强调失败的主观原因。如牟安世就认为英国在鸦片战争中的一些军事优势及清军武器的落后并非中国失败的主要因素，中国失败的根本或主要原因在于"反动、腐朽的清朝封建统治"及清政府在指导战争方面所存在的问题。他指出，就中英双方军事形势来说，虽然英国作为一个资本主义国家，武器和装备要比中国先进，但中国方面也有许多有利条件，如中国地大物博、人口众多，具有雄厚的战斗潜力，鸦片战争在中国本土进行，无论从保证供应、调动军队、熟悉情况等各方面来说，中国都处于一种以逸待劳的主动地位，远比英军远渡重洋，补给困难、交通不便的形势，要有利得多。中国方面的这些有利条件未曾发挥作用，根本原因就是当时反动和腐朽的清政府的封建统治，"由于它的反动，所以它根本就不敢动员和号召中国人民参加战争，怕群众一旦发动起来，就会危及封建统治……这样就丧失了战胜英国侵略者的最可靠的保证"；"另一方面，由于它的腐

---

[①] 萧致治主编：《鸦片战争史——中国历史发展中第三次社会大变革研究》下册，福建人民出版社1996年版，第564—606页。

败,所以它就不可能指导好这次战争,不可能发挥中国的雄厚的战斗潜力,甚至把本来属于自己的一种以逸待劳的主动地位也全部丧失,到处被动挨打,最后自然也是不可能取得胜利的"。① 此一观点大致代表了80年代和80年代之前国内学界的认识。

关于鸦片战争的影响,国内学者都从中国近代史开端角度进行阐释,认为鸦片战争使中国开始沦为一个半殖民地半封建国家。半殖民地具体体现在:丧失了领土的完整;国家主权遭到破坏;在财政和外交方面开始处处依赖于他国。半封建主要体现在:资本主义国家廉价商品的输入,使中国传统农业和家庭手工业相结合的封建经济结构遭到破坏;近代产业工人和买办商人的出现,使中国社会阶级结构开始改变;赔款和外国商品的倾销加剧了中国的社会矛盾,由此引发的农民起义给予中国封建统治沉重的打击。总之,这一切都说明中国封建社会开始解体,它已不可能再是一个完整的封建社会了。

除了注意到鸦片战争的消极影响之外,国内学界也没有忽视鸦片战争给中国带来的一些积极影响,认识到鸦片战争作为中国近代史的开端,不但揭开了中国近代反帝反封建斗争的序幕,而且开启了中国历史由封闭走向开放、走向世界的起点,指出"鸦片战争不仅改变了中国社会的走向,而且使中国的思想和文化也开始发生巨大变化:深刻的社会危机和严重的民族危机,促使中国思想界出现了一股面向世界的潮流,了解西方和学习西方长技成为经世思潮的重要内容;反侵略的思想和文学应时兴起;为了知己知彼,一些士大夫以满腔热情去研究世界及中国边疆的史地之学。一个古老的民族终于开始觉醒"②。

然而,需要指出的是,鸦片战争只是一场发生在中国东南沿海的局部战争,并不是一场全国性的战争。鸦片战争作为中国近代史的一个开端,它的影响和冲击在当时资讯极为闭塞的中国其实是有限度的。至少,中国传统的天朝制度并没有如有些学者所说的那样就此崩溃。它在当时所产生的影响和冲击至多是让中国的天朝制度"闪了一下腰"罢了。鸦片战争之

---

① 牟安世:《鸦片战争》,上海人民出版社1982年版,第336、361页。
② 萧致治主编:《鸦片战争史——中国历史发展中第三次社会大变革研究》下册,第733页。

后中国社会发生的一些根本性变化，其实很大程度是后来历史叠加影响的结果，不可简单归因于鸦片战争的影响。这在我们讨论鸦片战争对近代中国的影响时不可不察。

综上所述，经过新中国成立以来多年的研究，国内的鸦片战争史研究应该说取得了令人瞩目的成绩，达到了相当的学术高度。鸦片战争史研究中存在的一些不同观点和认识，有些固然由于研究角度不同所致，譬如有的偏重革命史角度，有的偏重现代化史角度；有的偏重侵略与反侵略角度，有的偏重国际关系和中外关系角度；有的偏重政治史研究，有的偏重军事史研究。这些研究取向从不同角度推进了鸦片战争史研究的不断深入，同时也导致学界对鸦片战争产生一些不同认识和看法。但从科学的态度来说，这些不同研究取向彼此并不相抵牾，它们都各自反映了历史的真实一面。我们从革命史角度揭示鸦片战争揭开了中国人民反帝反封建的序幕，但同时不应也不能否认鸦片战争也是中国历史走向现代化的一个起点；反之亦然。同样，我们从国际关系和中外关系角度认为鸦片战争表现出中西两种不同外交体制的冲突，但不能也不应就此否定鸦片战争是一场侵略与反侵略斗争的实质。同理，鸦片战争史研究中的政治史和军事史两种研究路径，也不应相互排斥或取代，而应相得益彰。其实，通过鸦片战争史研究中存在的各种歧见，不难看出，鸦片战争史研究中的一个最大症结，实际上在于如何处理好学术与政治关系的问题。这不但是鸦片战争史研究遭遇的一个重大问题，而且是研究晚清中国历史始终绕不开的问题，这充分体现了晚清历史作为中国近代史学科组成部分的特殊性。

# 第 二 章

# 第二次鸦片战争史研究

1856—1860年的第二次鸦片战争，是近代以来列强联合发动的第一次对华战争，它不仅从根本上改变了中西关系，而且对晚清政局和远东国际格局乃至东亚各国历史产生了深远的影响。然而，也许是因为"生不逢时"，它刚好与被学者热捧的太平天国处于同一时期，以致被冷落一边；也许是因为资料与语言的局限，要全面研究这一涉及西方四国三种外语的中外战争，显得十分困难，一些有兴趣的学者也望而却步；也许是因为它紧跟在"划时代"的鸦片战争之后，其重要性被人们大大低估，未能受到应有重视，以致迄今学界尚无一篇关于第二次鸦片战争的研究综述。本章拟从纵横两方面对新中国成立以来国内的第二次鸦片战争史研究做一梳理，并就今后的研究趋向提出几点建议，以期对推进第二次鸦片战争史研究有所助益。

## 第一节　研究概述

新中国成立以来国内学界对第二次鸦片战争的研究大致可以1978年党的十一届三中全会的召开为界分为两个时期，为了统计方便，笔者姑且以1949—1979年为第一阶段；1980—2012年为第二个阶段。从后面的叙述中，我们可以看到，第二次鸦片战争研究呈现出鲜明的时代特色，时代差异超过不同学者之间的差异。

在第一阶段的30年里，在帝国主义侵华史和革命史研究热潮的影响下，第二次鸦片战争还是受到了学界一定的关注，有一批论著先后出版。根据笔者不完全统计，这一阶段发表的论文、文章、书评、译文约有 45 篇，资料 11 篇，专著 2 部，通俗读物 5 种[①]，译著 1 种，资料汇编 1 种。其中，魏建猷和蒋孟引的两本同名著作《第二次鸦片战争》与中国近代史资料丛刊《第二次鸦片战争》为我国的第二次鸦片战争研究作了奠基工作，迄今仍为学者所沿用。

魏建猷系上海师范大学历史系前主任和教授，魏书 1955 年由上海人民出版社出版，共 139 页，计 8.7 万字。该书主要参考中文资料和中译外文论著写成。全书分 8 章，探讨了外国侵略者发动第二次鸦片战争的动机、修约交涉与战争的关系、英国制造"亚罗号事件"发动战争、英法联军侵占广州、大沽失陷与天津条约、保卫大沽口之战、北京沦陷与北京条约、第二次鸦片战争的失败原因和影响。该书在观点和论证上虽然存在一些不足，资料来源也较窄，但作为第二次鸦片战争的开山之作，它在我国学界影响还是比较大的。

在魏书出版后 10 年，南京大学教授蒋孟引又出版了一本关于第二次鸦片战争的专著。蒋著系作者在英国伦敦大学的博士论文《论 1856—1860 年的中英关系》的基础上写成，共 288 页，计 22.1 万字，1965 年由生活·读书·新知三联书店出版。全书分 6 章，着重对第二次鸦片战争期间中英两国的交涉作了比较深入的考察，先后阐述了英国发动战争的原因、亚罗战争、广州的沦陷和津沪谈判、大沽之战、最后的战斗和谈判、战争期间英国与其伙伴的矛盾。由于蒋著征引资料丰富、翔实，除了参考已刊印的中外官方文件、报纸杂志和个人著述外，还大量引用了英国外交部档案，包括内阁首相、各部大臣、驻华使领的私人通信，因此，其学术价值又在魏书之上，特别是对英国发动第二次鸦片战争的动因及其角色所作的考察和分析，迄今未有出其右者。但由于第二次鸦片战争涉及英、法、美、俄四国，蒋著受主客观条件的限制，仅利用英国一国的档案，对法国、美国、俄国在

---

[①] 方诗铭：《第二次鸦片战争史话》，新知识出版社 1956 年版；来新夏：《第二次鸦片战争》，通俗读物出版社 1956 年版；《第二次鸦片战争的故事》，上海人民出版社编印，1959 年；《中国近代史丛书》编写组编：《第二次鸦片战争》，上海人民出版社 1972 年版；天津市历史研究所天津史话编写组编：《第二次鸦片战争在天津》，天津人民出版社 1976 年版。

第二次鸦片战争中所扮演的角色难免多有疏漏，评论有不到位之处。

除了上述两书外，这一阶段的另一项重要成果是中国近代史资料丛刊《第二次鸦片战争》的整理和出版。该书由齐思和、林树惠、田汝康、金重远等学者与故宫博物院明清档案部合作编纂，1978年由上海人民出版社出版。全书共6册，计263.5万字。其中，第一、二册选录了有关第二次鸦片战争的各类文献、前清华大学历史系编辑的《筹办夷务始末补遗》中部分军机处档案和解放前《史料旬刊》刊布的有关档案史料，以及解放前旧译的部分外文资料；第三、四、五册所辑资料来源于故宫博物院明清档案部所藏原始档案，起自1853年，止于1861年，收录上谕、奏折1098件，照会、咨呈、信函等302件，共计1400件，按朝年编排；第六册为此书编辑过程中新译的外文资料选编。鉴于编者的学术功底以及书中所收录的大量原始档案和亲历者的记述，这套资料具有极高的学术价值，长期以来它与《筹办夷务始末》（咸丰朝）一起构成中国学者研究第二次鸦片战争史的最基本的史料。不过，从现有的研究成果来看，这套书的价值还没有得到充分利用，值得学者们重视。

这一阶段发表的论文数量有限，论题集中在第二次鸦片战争的性质、意义、原因，列强发动战争的目的，中国社会的主要矛盾等较为宏观的问题，以及中国人民抗击英法侵略军的斗争。另外，受50年代反对美帝国主义和六七十年代中苏关系恶化的政治形势的影响，学界对第二次鸦片战争时期美国和沙俄的侵华政策与活动也予以较多的关注和研究。本阶段影响较大的论文有司绶延的《第二次鸦片战争（1856—1860）》（《历史教学》1951年第2卷第4期）、郑昌淦的《试谈第二次鸦片战争中矛盾的特殊性》（《历史教学》1954年第6期）、蒋孟引的《驳斥英国发动第二次鸦片战争的"理由"》（《南京大学学报》1962年第1期）、丁则良的《"天津条约"订立前后美国对中国的侵略行动》（《历史教学》1951年第2卷第2期）、钟锷的《中俄〈瑷珲条约〉与苏修霸权逻辑》（《历史研究》1976年第4期）、余绳武的《一八五八年以前美籍传教士在中国的侵略活动》（《进步日报·史学周刊》1951年1月20日）等。

除了上述这些以第二次鸦片战争为研究对象的论著外，一些中国近代史和帝国主义侵华史著作也有专门的章节论述第二次鸦片战争，有些书的篇幅和研究深度并不亚于上述专题论著。如丁名楠、余绳武等合著的《帝国主义侵华史》第一卷（人民出版社1973年版），花了180余页的篇幅（已超过魏书）探讨第二次鸦片战争和战后中外反动势力对太平天国的联合镇压。中国社会科学院近代史研究所集体编写的《中国近代史稿》第一册（人民出版社1978年版）也有相当的篇幅论述第二次鸦片战争。再如余绳武等合著的《沙俄侵华史》第二卷（人民出版社1978年版）和卿汝楫的《美国侵华史》第一卷（生活·读书·新知三联书店1952年版）各用100多页的篇幅论述第二次鸦片战争期间沙俄的侵华活动和美国的对华政策。

综观新中国成立后30年的第二次鸦片战争研究，几乎所有的论著都以马克思主义为指导，都引用马、恩、列、毛的著作来支撑自己的论点。在"以阶级斗争为纲"口号和当时的政治形势的影响下，学者们都程度不同地运用阶级分析法。在立场方面，作者基本上都站在中国人民一边，将西方列强与清朝统治者作为对立面或用当时的话来说即"中外反动势力"加以抨击。在内容上，侵略与反侵略，压迫与反压迫，贯穿始终。这在当时的时代背景下是可以理解的，也无可厚非，但是从今天来看，这样的研究将学者本人置身其中，有时难免不够全面、客观，对史料的取舍也存在较大的随意性和主观性，过于感情色彩。

1978年党的十一届三中全会之后，受改革开放和实事求是思想解放运动的影响，国内史坛空前活跃，第二次鸦片战争研究也与其他重大历史问题研究一样出现了一个崭新的局面。据粗略统计，1980—2012年的30余年里，国内学界发表有关第二次鸦片战争的论文和各类文章约有200篇、著作5种、通俗读物9种[①]、译著2种、地图1种[②]、图片1种[③]。

---

① 王乃庄：《亚罗事件的风波：第二次鸦片战争》，中国华侨出版社1992年版；郑彭年：《名园烈焰　第二次鸦片战争》，中国社会科学出版社2000年版；毕僧慧、赵地：《第二次鸦片战争在天津》，天津人民出版社1983年版；尹世霖：《鸦片战争和第二次鸦片战争》，中国社会出版社1990年版；国家教委基础教育司编，李月绘：《第二次鸦片战争图画故事》，人民美术出版社1990年版；胡廷楣著，李宁远绘：《谢庄之战》，上海人民美术出版社1983年版；李玉敏编著：《第二次鸦片战争》，吉林文史出版社2011年版；端木赐香：《这一次，我们又挨打了——中英第二次鸦片战争始末》，北京航空航天大学出版社2009年版；赵大力：《恭亲王奕䜣》，中国文联出版社2001年版。

② 中国历史博物馆编：《第二次鸦片战争形势图》。

③ 中国历史博物馆群工部编：《第二次鸦片战争》（铜版画、图片等）。

其中，夏笠的《第二次鸦片战争史》，2007年由上海书店出版社出版，系作者遗著。该书共479页，38万字，分7章，依次论述了鸦片战争以后10年间国际国内形势与中外关系，英、美、法"修约"交涉和沙俄强占我国黑龙江地区，英国悍然发动第二次鸦片战争，英法联军攻占广州，第一次大沽口之战与《天津条约》《瑷珲条约》的签订，第二次大沽口之战与中俄、中美互换《天津条约》，英法联军卷土重来和《北京条约》的订立。就内容来说，此书无疑是迄今为止我国研究第二次鸦片战争最详尽的一本专著，为第二次鸦片战争研究做出了贡献。但就资料来源看，此书主要利用中文材料和相关外文著作的中译本，基本没有利用一手的外文档案。资料的局限使作者难以对第二次鸦片战争的研究有实质性突破，新意有限。

比较而言，这一阶段学界先后推出的一些与第二次鸦片战争有关的人物传记，如董守义的《恭亲王奕䜣大传》（辽宁人民出版社1989年版，42.5万字）、徐立亭的《咸丰同治帝》（吉林文史出版社1993年版，33万字）、茅海建的《苦命天子——咸丰皇帝奕詝》（上海人民出版社1995年版，22万字；生活·读书·新知三联书店2006年再版）及其论文集《近代的尺度：两次鸦片战争军事与外交》（上海三联书店1998年版，其中6篇关于第二次鸦片战争）、高中华的《肃顺与咸丰政局》（齐鲁书社2005年版，23万字）等较有学术价值，在一定程度上弥补了改革开放前30年里对清朝统治阶级研究的不足。

此外，这一阶段国内学界还翻译出版了两种对推进第二次鸦片战争研究具有重要贡献的成果。其一为区鉷翻译的澳大利亚学者黄宇和的《两广总督叶名琛》一书（中华书局1984年版，16.6万字）。该书是作者在英国牛津大学攻读时的博士论文，在征引大量中外文史料，特别是叶名琛被俘时被英军劫走、现藏于英国国家档案馆的两广总督衙门档案的基础上，对两广总督叶名琛作了重新考察和评价，改变了长期以来关于叶名琛在第二次鸦片战争中"不战不和不守，不死不降不走"的形象，指出这种指控并不属实，叶名琛并非败于"不战、不和、不守、不降"，而是败于敌人的船坚炮利，以及为了对付红兵而彻底削弱了广州的防卫能力。这本书在中国翻译出版后对我国学界的第二次鸦片战争研究，特别是对叶名琛的评价产生重大影响。

另一个翻译成果是 2011 年中西书局推出的《圆明园劫难记忆译丛》。该译丛由法国学者伯纳·布立赛、中国学者王道成、陈名杰、徐忠良共同主编,共计 16 种,多系第二次鸦片战争亲历者的书信、日记和回忆录,其中包括英法全权特使额尔金和葛罗的日记,以及英法远征军总司令格兰特和孟托班的日记与回忆录。虽然《第二次鸦片战争》资料对这套书的部分内容已有节译,国内图书馆也保存有该译丛中的不少原著,但能够借到和阅读法文原著的人毕竟有限,因此,这套书的整体翻译出版对于推进第二次鸦片战争研究无疑具有重要的价值。

尽管在 1980 年以后的 30 年里,国内学界没有出版研究第二次鸦片战争比较权威性的著作,但在专题研究方面还是较前一阶段有所深入和突破,这主要体现在论文上。这一阶段发表的论文数量比前一阶段增加 3 倍多。从选题来看,由过去着重探讨战争的性质、原因之类的宏观问题转向微观的具体问题;另一变化是,对以前被忽视的清朝统治阶级的研究大为加强。研究范围得到较大拓展,涉及第二次鸦片战争的方方面面:列强侵华问题继续得到关注,除英、美、俄外,法国在这次战争中的表现也引起学者的注意;叶名琛、僧格林沁成为人物研究的重点对象,此外,一些以前不被注意的人物也得到研究;[1] 军事史研究受到重视。值得一提的是,过去几乎没有进入学者视线的经济与财政问题也受到注意,[2] 而过去备受关注的人民反侵略战争则被冷落。进入 21 世纪后,研究热点主要集中在

---

[1] 魏建猷:《第二次鸦片战争中的爱国将领乐善》,《上海师范大学学报》1983 年第 2 期;赵蕙蓉:《恒祺与一八六〇年北京议和》,《历史档案》1983 年第 3 期;杨宣春:《史荣椿、龙汝元扬威大沽口》,《军事历史》1983 年第 5 期;陈开科:《耆英与第二次鸦片战争中的中俄交涉》,《近代史研究》2009 年第 4 期;赵勇、王艳君、周媛:《两次鸦片战争中的桂良》,《唐山师范学院学报》2004 年第 6 期。

[2] 夏笠:《关于鸦片贸易合法化的几个问题》,《上海师范大学学报》1990 年第 4 期;马红霞、蔡舸:《论第二次鸦片战争对镇江港的影响》,《江苏社会科学》1999 年第 5 期;陈国勇:《试论第二次鸦片战争时期对外赔款的几个问题》,《西南师范大学学报》1994 年第 4 期;粟明鲜:《广州华工出国合法化的过程》,《东南亚研究》1990 年第 3 期;粟明鲜:《广州华工出国合法化的内外因素》,《东南亚研究》1990 年第 4 期;粟明鲜:《广州华工出国合法化的影响评述》,《东南亚研究》1991 年第 4 期;赵梦涵:《两次鸦片战争与中国财政》,《山东大学学报》1998 年第 3 期;梁义群:《咸丰朝三次财政危机述论》,《史学月刊》1990 年第 1 期。

两个方面：一是聚焦外交史研究，包括中外双方的外交政策、外交礼仪、外交体制、中外交涉、清政府的外交思想与观念，等等；二是聚焦火烧圆明园问题，这与圆明园12生肖铜兽首拍卖事件和圆明园罹劫150周年纪念有一定关系。这些专题论文的发表，为我们加深对第二次鸦片战争的总体认识和开展综合研究奠定了基础。

从研究方法来看，与前30年一味引用阶级分析法不同，这一时期学者们更多地运用实证研究的方法，力图从史实推导出结论。与此相关，在对历史事件和历史人物的评价上，研究者能以一种更加理性的态度去对待。在探寻中国战败和受屈辱的根源过程中，学者们对中国自身存在的问题或者说"国耻"能比以往进行更多的反思与批评，进而对己方有更清醒的认识。

综上所述，60年来国内学界的第二次鸦片战争研究呈现鲜明的时代特色，前30年与后30年存在较大差异。从总体上看，第二次鸦片战争研究虽然取得了一些成绩，但与晚清历史上其他重大事件的研究相比，还是相当薄弱的，研究成果较少，原创性的、有分量的学术成果更是凤毛麟角。以下我们从专题史角度，就第二次鸦片战争史研究中的一些热点问题作一介绍。

## 第二节　战争起因问题研究

关于第二次鸦片战争爆发的原因问题，学界的关注点主要集中在修约、广州入城、公使驻京、亚罗号事件和马神甫事件。在这五个问题中，学界对亚罗号事件基本没有异议，但在其他四个问题上存在不同看法，兹分述如下。

修约问题。新中国成立后30年里，学界的主流观点认为西方列强的修约要求是无理的，因为：第一，英国提出的修约要求本身是不合法、不合理的，《南京条约》并没有关于修约的规定；英国根据最惠国条款援引中美《望厦条约》第34款和中法《黄埔条约》第35款的相关规定要求修约，但按照国际法，最惠国条款只涉及给予外国个人的特权和优惠，并不包括政府间的修约。第二，关于修约的范围，既然条约载明"不得轻有更改"，只可在五口"稍有变通"，那么列强自然不应要求全面修约；修约的实质是英美法等国为了实现其新的侵华目标，进一步打开中国的大门。[①]改革开放后30年里，随着时代的变迁和人们观念的变化，学者们对修约问题的看法也发生变化。论者虽然也承认修约谈判是西方列强为进一步扩大侵华利益而提出的要求，但认为在整个谈判过程中清政府试图将英、美等国的修约要求纳入中国传统的对外关系体制中，清政府与英美公使的谈判实质上是以两种完全不同的外交模式（即宗藩关系体制和近代资本主义外交体制）来处理同一事件，因此必然不会有令人满意的结局。[②]有的学者则对1856年美国发起的第二次修约活动及其失败的原因作了探讨，认为此次修约失败的原因在于清政府极力阻遏，加之伯驾本人因外交经验不足而采取一些不切实际的行动。清政府虽因鸦片战争惨败而自知落后，但整个统治阶层仍处于闭关锁国之保守态势，不愿向西洋打开国门，甚至连本应切实遵守的对外条约都消极应付，不予履行。[③]两个时代的学者对修约问题的看法差异主要在于，前者强调列强的无理，后者则认为清政府应对谈判失败负有主要责任。

广州入城问题。学界的分歧集中在英国要求入城的理由、广州人民反对入城的原因、反入城斗争的性质与评价等问题。关于英国入城要求的法律依据问题，一种观点认为，《南京条约》规定让英国人居住的是五处"港口"，是广义的"城邑"，并不一定是城内，英国人强求入城，不符合条约的文字和精神。[④]另一种观点认为，条约中文本规定英国民人只能住五处"港口"，英国外交官可住五处"城邑"，这里的"城邑"当指城里；但根据条约英文本，英国民人和外交官均有权居住五个通商口岸的"城市和镇"（cities and towns），因而他们有权要求入城。国际条约的各种文本

---

[①] 参见蒋孟引《第二次鸦片战争》，第6—13页；魏建猷《第二次鸦片战争》，第23—27页；丁名楠等《帝国主义侵华史》第1卷，人民出版社1973年版，第118—123页。

[②] 陈双燕：《晚清中西交往的误区——1854年西方列强与清政府修约谈判浅析》，《厦门大学学报》2000年第2期。

[③] 陈才俊：《伯驾1856年对华修约失败及其原因》，《深圳大学学报》2010年第4期。

[④] 蒋孟引：《第二次鸦片战争》，第16—21页。

具有同等的法律效用,《南京条约》中文本是由英国使团的中文秘书起草的,英方应对条约中英文本的歧义承担责任。另外,当时中英官方文件往来,英方在英文本后附有中文本,而清方只有中文本,以致实际运作中形成了以中文本为主的惯例。① 关于广州人民反入城的原因,一种观点认为是反对英国强订不平等条约②;一种认为与英国军队的暴行有关,这给广州人民留下惨痛记忆;③ 一种认为原因比较复杂,其中,仇外情绪是反入城的动因;④ 也有人认为生存恐慌是广州官民反入城的主因⑤。至于清政府拒绝入城的原因,一种认为清政府力图窃取人民斗争的成就作为自己的功劳;⑥ 一种认为清朝官员把"官"摆在"内民"与"外人"之间,实行"抑民以奉外"的政策;⑦ 一种认为清政府除了为保持"天朝"尊严外,主要是防止"华夷杂居",以致危及其统治。⑧ 对于广州人民的反入城斗争,传统观点肯定其反侵略斗争的性质。但是,改革开放后,国内学者对这个问题的看法也发生了变化,有人认为广州入城问题是一个对国家、民族、民众利益无足轻重的小问题,广州民众的反入城斗争,尽管有其存在的合理性和产生的条件,但只是一种低级水准的斗争。⑨ 有人认为传统将广州绅民反入城斗争视为爱国主义的反侵略斗争,是一种不符合历史实际的拔高,它的出现和流行,是政治上的极左思潮、文化心理上的狭隘民族意识在学术领域中的扩散和折射,无益于客观正确地评判历史。⑩

---

① 茅海建:《广州反入城斗争三题》,《近代的尺度:两次鸦片战争军事与外交》,生活·读书·新知三联书店2011年版,第99—128页。
② 丁名楠等:《帝国主义侵华史》第1卷,第91页。
③ 蒋孟引:《第二次鸦片战争》,第18页。
④ 茅海建:《广州反入城斗争三题》,《近代的尺度:两次鸦片战争军事与外交》,第99—128页。
⑤ 张海林:《重评近代广州绅民的"反入城斗争"——兼论近代中国应付西方挑战的合理方式》,《安徽师大学报》1989年第1期。
⑥ 蒋孟引:《第二次鸦片战争》,第18页。
⑦ 丁名楠等:《帝国主义侵华史》第1卷,第92—93页。
⑧ 茅海建:《广州反入城斗争三题》,《近代的尺度:两次鸦片战争军事与外交》,第99—128页。
⑨ 同上。
⑩ 张海林:《重评近代广州绅民的"反入城斗争"——兼论近代中国应付西方挑战的合理方式》,《安徽师大学报》1989年第1期。

公使驻京问题。新中国成立后 30 年里，学者多认为这是西方列强的一项政治要求，为其侵华政策服务。有的认为英国要求使节驻扎北京是企图随时向清朝政府和地方官吏施加压力，以便予取予求。① 有些人虽然也承认派驻使节是国际关系中的一个惯例，但强调当时外国侵略者企图控制清政府。② 有的认为列强与北京建立直接联系的目的是要中国彻底投降，迫使皇帝和钦差大臣充当侵略者的工具。③ 改革开放后，学者们更多地从国际交往的角度看待公使驻京问题，认为公使驻京虽潜含着可直接向清廷施压的意味，但毕竟符合国际惯例。清政府拒绝接受外国使节常驻北京是为了维护其"天朝"观念与对外体制，这种外交观念和体制与西方近代国际关系和外交模式格格不入，是中西冲突的一个重要原因。封闭的外交体制和自我陶醉的文化心态使清政府昧于国际大势，不能对西方的严峻挑战作出敏锐的反应，更好地保护国家主权与利益。④

马神甫事件。学界对于马神甫事件是法国发动战争的借口这一定论并没有提出异议，分歧主要在于如何评价马神甫在广西的传教活动与马神甫之死。关于马神甫的传教活动，有的学者认为他进行非法传教，在广西西林建立宗教侵略据点，借教为非，引起极大的民愤。⑤ 有的学者则肯定马赖对广西传教事业所作的贡献，认为他建立了广西第一个传教基地——西林传教点，发展了近代广西的第一批天主教徒，开创了广西的基督教事业。⑥ 关于马神甫之死，主流观点认为马赖因非法入内地传教被新任西林知县张鸣凤处死。但有人提出不同意见，认为马赖不是被张鸣凤下令逮捕

---

① 魏建猷：《第二次鸦片战争》，第 27 页。
② 丁名楠等：《帝国主义侵华史》第 1 卷，第 160—161 页。
③ 蒋孟引：《第二次鸦片战争》，第 13—16 页。
④ 茅海建：《公使驻京本末》，《近代的尺度：两次鸦片战争军事与外交》，第 166—254 页；杨晓梅：《近代中国对西方外交制度的抗拒与适应》，《北方论丛》1997 年第 5 期；张瑾：《简论中国早期外交近代化的延误》，《民国档案》1997 年第 2 期；唐喜平：《论第二次鸦片战争时期清朝外交的指导思想》，《贵阳学院学报》2006 年第 2 期。
⑤ 邢凤麟、海阳：《关于马神甫事件》，《社会科学战线》1983 年第 3 期；史岩：《揭开所谓"圣人"的面目》，《求是杂志》2000 年第 21 期。
⑥ 黄家信：《论马赖》，《右江民族师专学报》1994 年第 4 期；谢铭：《论马赖与天主教在广西的传播》，《传承》2009 年第 6 期。

并经审讯,然后被杀死的,他是被定安附近群众打死的。① 关于马神甫事件的性质问题,有的认为这是清朝地方官府和各族人民群众反对法国传教士侵略活动的一次政治斗争,在近代中国人民反侵略反洋教斗争的爱国运动中写下了光辉的一页,其正义性不容怀疑。② 有的认为马神甫事件是西方列强把文化浸透、军事政治与商业侵略联系在一起的最典型事件之一,这种联系使中国人民更深刻地看清近代西方传教士高举圣洁十字架的是一只只肮脏的手。③ 有的认为马赖之死责任主要在他本人,但中方也有一定的责任,比如对基督教文化的误解,对马赖处罚过重,手段过于残忍和野蛮。④

## 第三节　相关战役与战败原因研究

第二次鸦片战争中清军与英法侵略军在广东和京津一带发生多次交战,其中三次大沽之战是决定战争进程和结局的关键性战役,也是学界研究较多的问题。

关于第一次大沽之战,学界并无太大争议。论者认为英法联军取胜的原因主要是依靠军事技术的优势,充分准备,直接强攻。而清政府方面,无论是直隶总督谭廷襄还是咸丰皇帝,过高估计清方的实力,犯了轻敌的错误。另外,咸丰帝既不同意列强的条件,又不准开战的旨意,也使谭廷襄左右为难。⑤ 有学者认为缺乏抵抗的决心和战守准备不足是导致第一次大沽之战失败的根本原因。⑥

关于第二次大沽之战,学界研究较多,集中在三个问题上:一是,谁先开炮?有人从咸丰帝的不能衅自我开、僧格林沁的一再忍让、丁韪良的

---

① 黄家信:《论马赖》,《右江民族师专学报》1994年第4期。
② 邢凤麟、海阳:《关于马神甫事件》,《社会科学战线》1983年第3期。
③ 黄家信:《论马赖》,《右江民族师专学报》1994年第4期。
④ 谢铭:《论马赖与天主教在广西的传播》,《传承》2009年第6期。
⑤ 茅海建:《大沽之战考实》,《近代史研究》1998年第6期。
⑥ 李桑:《第二次鸦片战争中三次大沽之战述评》,《军事历史研究》1996年第1期。

记述、英法联军的作战日记、清军将领的记述等几方面分析，认为首先开炮的是英法联军。① 有人认为这个问题比较复杂，英方文献称清军先开炮，中方文献称英方先开炮。从军事角度分析，若称英方先开炮，似有一些不可解之处。从郭嵩焘的回忆录、咸丰帝的谕旨、僧格林沁的奏折和情理推测，虽然不能证明是清军先开炮，但存在这种可能性。在没有找到新的资料之前，含混的说法是一种稳妥的方法。② 二是，第二次大沽之战爆发的原因。传统的解释是：清政府要求英法公使从北塘登陆进京换约，侵略者不走北塘，导致战争爆发。有学者认为这种解释有很大的片面性，走不走北塘，与这场战争的爆发并没有多大关系，清政府从维护其统治利益出发不愿意接受《天津条约》，并且准备实行武装反抗，而英法侵略者又蓄意动用武力强迫清政府不折不扣地执行这一条约，二者的矛盾和对立应该是1859年大沽之战爆发的真正原因。③ 三是，第二次大沽之战胜利的原因。一种观点认为，首先是抵抗思想比较明确；其次，防御准备较充分；最后，僧格林沁统筹津沽军务，亲临前线，勤练士卒，士气比较高。④ 一种观点将中方取胜的原因归纳为16个字："文争武防、台坚炮利、兵精将良、借助民力。"⑤ 有的认为，清军获胜，除了清政府加强防务和僧格林沁指挥有方外，还因为清军进行的是正义的战争，爱国官兵的英勇作战和人民群众的积极支持是这次战役胜利的可靠保障；另外，英法联军的兵力不足、将骄兵疲、贸然轻进是这次战役胜利的客观原因。⑥ 除了以上三个问题外，学界对僧格林沁在第二次大沽之战中的作用也有不少探讨，详见后文。

关于第三次大沽之战，学界的关注点和分歧主要在它的失败原因上。有的认为失败原因主要有两点：第一，清政府在政治上对西方列强采取避

---

① 陈发扬、吴孔明：《第二次大沽口之战谁先开炮新论》，《黑龙江史志》2009年第10期。
② 茅海建：《大沽之战考实》，《近代史研究》1998年第6期。
③ 翟厚良：《1859年大沽之战爆发原因再探》，《史学月刊》1985年第5期。
④ 李桑：《第二次鸦片战争中三次大沽之战述评》，《军事历史研究》1996年第1期。
⑤ 陈晓东：《一八五九年大沽口保卫战清军大胜原因析》，《铁道师院学报》1989年第1—2期。
⑥ 陈德华：《试析1859年大沽口保卫战胜利的原因》，《苏州大学学报》1988年第4期。

战求和的羁縻政策,影响了前线的军事部署;第二,僧格林沁在战术上犯了一系列致命的错误,如弃守北塘,认为夷兵不善陆战等。① 有的认为清军之所以失败,一是因为清政府没有认真抵抗的决心;二是因为敌人厚集了兵力,而清方在防御方法上没有多大变化,北塘的撤防更给联军留了空隙;三是清政府始终把镇压太平天国放在首位,而把英法等国的侵略放在应付的地位,这是导致大沽战败的根本原因。② 但也有学者认为弃守北塘并不是导致战败的原因,北塘即使设守,也挡不住英法联军的海陆联合攻势,僧格林沁的错误在于低估了联军的陆战能力。1860年大沽之战,暴露出来的不仅仅是双方武器装备上的差距和技术、战术上的差别,也是双方高级指挥官在军事指挥艺术上的高下。③

第二次鸦片战争以中国失败而告终,导致这种结局的原因何在? 一些学者认为清军装备落后是导致其惨败的重要因素。无论舰船还是枪炮,清军与英法联军均存在很大差距。英、法海军使用的是蒸汽铁舰,而清军多为木制帆船,而且因南方各省水师大批战船调入长江以进攻太平天国,沿海战船很少。清军使用的炮仍为前装滑膛的土炮,射程近,精准度差,发射时间长,杀伤力小;在炮台设置分布上,多、散、小、弱;在构筑技术上,仍为城堡演变来的方形、圆形、直线式的炮台,而未建筑多棱形的要塞炮台。而英军带来的是最新发明的阿姆斯特朗炮,法军带来的是新式的拿破仑炮。前者是后装线膛炮,制造精良,射程远,精准度高,使用年限长,炮身重量也轻。后者是改进的前装线膛炮,性能也远优于清军的大炮。在轻兵器方面,清军使用的仍为传统的鸟枪、抬枪、弓箭、刀矛。而法军使用的是1849年试制成功的米涅式步枪,英军使用的是1852年制造的恩菲耳德式步枪。④ 清军火炮技术落后最终直接导致清军的战败。⑤

决定战争胜败的,不光是武器,还有兵力多寡以及士兵的素质和指挥

---

① 万勇平:《第二次鸦片战争大沽战役失败的原因》,《西南交通大学学报》2007年第2期。
② 李桑:《第二次鸦片战争中三次大沽之战述评》,《军事历史研究》1996年第1期。
③ 茅海建:《大沽之战考实》,《近代史研究》1998年第6期。
④ 茅海建:《第二次鸦片战争时期清军的装备与训练》,《近代史研究》1986年第4期。
⑤ 陈发扬、许增纮:《清军火炮技术落后对第二次鸦片战争的影响》,《福建论坛》2010年第6期。

人员的水平。有学者对清军与英法联军的兵力作了考证和比较，认为英法两国的兵力始终处于变化之中，其趋势是增强；清军的兵力变动也很大，但难以集中，其原因有三：第一，清军落后的封建性的军制使清军束缚于各地，难以调集；第二，清军落后的装备和交通条件的恶劣，使清军难以预定战场，快速运兵；第三，清政府的财政危机，难以应付浩繁的军费。① 清军不但在实际兵力上不占优势，而且士兵训练废弛，缺乏战斗力，与英法联军的训练较为精良形成鲜明的对照。② 至于清军各级指挥员，虽然他们中间不乏英勇抗战、为国捐躯的将领，但存在下列缺陷：文化科学水准低下；对敌军的了解几乎是空白；贪污贿赂盛行。清军指挥人员的出身、培训决定了他们的军事素质不适应近代战争，依靠他们的指挥获得战争的胜利是难以想象的。③

战争既是交战双方军事力量的比拼，更是综合国力的较量。一些学者认为咸丰朝的财政困难是导致中国战败的重要原因。军费不足，对清军的招募、训练、调动，防御设施的修建，清廷的决策，将士的斗志都有很大的影响。④ 运输落后也是清军战败不可忽视的原因之一，因为军队的集结、装备的补给、粮草的供给、伤病员的护送等是否迅速及时，都依赖于运输能力的高低。咸丰年间中国的运输工具，陆路主要是马、骡、马车等，水路主要是帆船。清军的交通工具数量上严重不足，道路状况也很差。⑤ 有的学者从政治角度探析战败原因，认为中国与英法两国的差异，首先是两种政治制度的差异，即封建主义和资本主义的巨大差距。⑥ 而当时中国发生的内战，也极大地牵扯了清政府的注意力，并深刻影响了它的决策。清朝统治者没有把英法联军当作最主要的敌人，把主要兵力放在镇压太平天国、捻军以及各地人民起义的各个战场上。⑦

---

① 茅海建：《第二次鸦片战争中清军与英法军兵力考》，《近代史研究》1985年第1期。
② 茅海建：《第二次鸦片战争时期清军的装备与训练》，《近代史研究》1986年第4期。
③ 茅海健：《第二次鸦片战争中清军指挥人员刍论》，《历史教学》1986年第11期。
④ 陈发扬：《军费不足对第二次鸦片战争的影响》，《乐山师范学院学报》2004年第7期。
⑤ 陈发扬、吴孔明：《运输落后对第二次鸦片战争的影响》，《兰台世界》2010年4月下。
⑥ 茅海建：《第二次鸦片战争时期清军的装备与训练》，《近代史研究》1986年第4期。
⑦ 茅海建：《第二次鸦片战争中清军与英法军兵力考》，《近代史研究》1985年第1期。杨宗亮：《太平天国对第二次鸦片战争的影响兼论历史运动的力》，《西昌师专学报》1995年第3期。

## 第四节　列强与第二次鸦片战争研究

第二次鸦片战争是近代以来列强对华发动的第二次战争，英、法为元凶，俄、美为帮凶。但是，受现实政治的影响，我国学界对美、俄两国予以更多的关注与研究。

20世纪50年代初受抗美援朝战争的影响，美国侵华史一度成为中国史学界的研究热点，一批论著相继问世，其中有些涉及第二次鸦片战争。卿汝楫在《美国侵华史》一书中对第二次鸦片战争时期美国的对华政策作了系统的考察，认为美国政府宣布的所谓"中立"与"和平"政策是伪善、是欺骗，指出美国战前为实现其扩大侵华的政策不择手段，采取战争威胁、干涉和联合外交压力等手段，无所不用其极，比英法的表现还要积极；开战后，美国政府明知英法已势在必战，单凭这两国的力量，即可以粉碎清政府的抵抗政策，美国乐得高唱"和平"，示惠中国，实则凭借"利益均沾"条款，借刀杀人，坐收渔利。[①] 同时代的其他学者也多持这种观点，如丁则良通过对1858—1859年美国在华外交官、海军和传教士侵略活动的考察，说明美国表面上伪装"中立"，实则跟英法狼狈为奸，共同侵略中国，胁迫清政府签订《天津条约》，取得很多特权；美国戴着"中立""和平""友好"的假面具，进行卑鄙阴险的勾当。[②]

70年代中美建交和改革开放之后，两国关系得到迅速改善和发展，中美关系史再度受到中国学界的重视。但是，与新中国成立初期一味反美、批美的观点和立场不同，学者们能以一种平和的态度审视美国对华政策。有人认为，第二次鸦片战争前后是美国对华政策的过渡时期，此前美国奉行的是孤立主义的外交方针，而此期其政策反复多变，过渡性特点十分明

---

① 卿汝楫：《美国侵华史》第1卷，生活·读书·新知三联书店1952年版，第178页。
② 丁则良：《〈天津条约〉订立前后美国对中国的侵略行动》，《历史教学》1951年第8期。

显，为后来美国倡行合作政策打下了基础。① 有的则认为，第二次鸦片战争时期美国并未与英法合伙用武力强迫清政府签约，也未利用清政府的无知蒙骗清政府在英法之前订约。美国能够不与英法勾结就获得同等权益，靠的不是武力和强大的国力，而是给清廷留下的好印象以及清政府的以夷制夷政策。② 另一种观点认为，这一时期美国的对华政策具有两面性：一方面声称尊重中国的"自主权"和领土完整，对中国表示友好，希望以和平手段达到目的；另一方面，又支持英法打开中国大门，迫使中国实行自由通商和传教，把中国纳入不平等条约体系，按照欧洲文明方式"进步"。它既追随英法，充当"免费搭便车的帝国主义"，但又保持其独立性，不甘心小伙计的地位。这一比较温和的对华政策，符合美国的国家利益，也与美国当时的政策重点在国内以及实力不足有关，此外还有其历史的、社会的以及民族心理上的根源。③

鉴于台湾问题在中美关系史中的特殊地位，而第二次鸦片战争时期又是美国侵台的开端，因此这一时期美国人在台湾的活动及其侵略主张也为国内学者所关注。根据国内学者的研究，在美国官员中，第一个鼓吹侵占台湾的是美国访日特使裴里（Perry），他主张美国单独采取行动来保护这个"美丽富饶的岛屿"，提出侵占台湾可以给美国带来种种利益。此外，美国驻宁波领事哈利斯（Harris）也是一个积极鼓吹侵占台湾的人，他曾向美国政府建议购买台湾岛。传教士出身的美国驻华公使伯驾（Parker）则提议占领台湾作为胁迫修约的最后手段，要求美国政府采取行动，强调台湾在商业上和政治上对美国有特殊的重要性，还要求美国驻远东舰队司令赶快动手以造成既成事实。至于美国政府当时没有采纳侵台主张的原因，有的认为这是因为当时美国政府无意对华作战，更不愿意因台湾问题与其他国家发生矛盾，只想把美国对华政策限于保护贸易和侨民的生命财产。有的认为这是由于以下三个原因：一是当时美国的海军还不够强大；二是当时英美两国的矛盾关系不容许美国独占；三是美国资本主义发展的

---

① 梁建：《第二次鸦片战争前后美国对华政策分析》，《洛阳师范学院学报》2008年第4期。
② 马鸿：《第二次鸦片战争时期美国对华独立政策》，《甘肃农业》2005年第8期。
③ 诸静：《第二次鸦片战争中的美国对华政策》，《山东理工大学学报》2002年第5期。

"远瞻",其对华政策尽可能维持"对中国无土地野心"的假面具。① 此外,还有学者对裨治文、伯驾、威廉士、丁韪良等美国传教士的侵华活动作了具体考察和分析,指出美籍传教士从一开始便和他们的政府勾结在一起,甘心充当侵华先锋;这些人特别鼓吹侵略思想,以中国通的资格提供侵华具体方策;他们以秘书或翻译的身份在中美《望厦条约》和《天津条约》谈判与签订过程中起了不可忽视的作用。②

如同美国,俄国在第二次鸦片战争中也是一个配角,但这并没有影响它趁火打劫,事实上,俄国是第二次鸦片战争中获得实利最多的国家。正是鉴于这段历史在中俄关系史上的重要地位,同时伴随60年代中苏关系破裂而出现的中俄关系史研究热,第二次鸦片战争时期俄国的侵华政策与活动成为新中国成立后相当长时间里中国史学家关注和研究的对象。其中,领土问题是重中之重。中国社会科学院近代史研究所集体项目《沙俄侵华史》第二卷对第二次鸦片战争期间沙俄割占黑龙江以北、乌苏里江以东100多万平方千米的中国领土的经过作了详尽的论述。此外,由余绳武、徐曰彪、吕一燃合写的署名为史宇新的《驳谎言制造者——关于中苏边界的若干问题》一文针对苏联学者齐赫文斯基等人就中俄边界历史问题所发表的大批论著作出回应,用大量史实反驳了对方的观点,指出黑龙江、乌苏里江流域自古以来就是中国的领土,《尼布楚条约》从法律上确定了中俄东段边界,《瑷珲条约》《北京条约》都是沙俄凭借武力强加给中国的不平等条约。③ 余绳武等人还就两次鸦片战争期间沙俄对中国西北地区的侵略活动作了深入考察,揭示沙俄在侵华过程中实行领土掠夺与经济扩张双管齐下的政策。④

---

① 有关这方面的研究和论述,详见卿汝楫《美国侵略台湾史》(中国青年出版社1955年版)第3—15页;张雁深《美国侵略台湾史》(人民出版社1956年版)第1—29页;陈才俊《〈天津条约〉前美国人关于台湾的几种主张》(《中山大学学报》2009年第5期)和《伯驾鼓动美国占领中国台湾考述》(《广东社会科学》2011年第6期)等论著。

② 余绳武:《一八五八年以前美籍传教士在中国的侵略活动》,《人民日报》1951年1月25日。

③ 史宇新:《驳谎言制造者——关于中苏边界的若干问题》,《历史研究》1974年第1期。

④ 余绳武等:《中俄〈北京条约〉订立前沙俄对中国西北的侵略》,《近代史研究》1979年第2期。

在 19 世纪中期俄国对华领土扩张过程中,东西伯利亚总督穆拉维约夫是一个关键人物。有学者指出,正当英法联军与中国交战的时候,俄国便向清政府成功地进行勒索,"从中国夺取了一块大小等于法德两国面积的领土和一条多瑙河一样长的河流",这与俄国起用一批新人,特别是穆拉维约夫在东西伯利亚和黑龙江地区 10 年的积极活动,有着直接关系。① 也有学者通过揭露穆拉维约夫在黑龙江地区的侵华罪行,批评苏联学者斯拉德科夫斯基在《十九世纪中期的俄中关系》一文中为俄国扩张政策辩护,将沙俄武装侵占中国大片领土的罪恶史写成"符合友好睦邻的精神"的"友谊"史,将沙俄侵华头目穆拉维约夫说成中国人民的"亲密朋友",这是颠倒历史。②

在俄国侵华过程中,传教士的作用同样不可忽视。有学者指出沙俄自 1715 年在北京派驻东正教传教士团以后,就一直不择手段地把它作为对华侵略扩张的工具,到了第二次鸦片战争时期,随着沙俄侵华的步步升级,传教士团与沙俄政府的配合也大大加强,在沙俄大肆攘夺中国主权的侵略活动中,传教士团的巴拉第、阿瓦库姆和塔塔林诺夫等人始终积极参与,"起到了沙俄的大炮和商品所不能起的特殊作用"。③ 另有学者揭示了巴拉第与《瑷珲条约》签订的关系,指出巴拉第是深藏在北京城里的俄国超级间谍,他不断地向沙俄侵华头目穆拉维约夫提供关于中国的绝密情报,促成了《瑷珲条约》的签订,为沙俄割占中国大片领土立下"汗马功劳"。④

法国虽然是这次战争的主角之一,但长期以来受语言和资料条件的制约,我国学界对于法国研究极少,往往简略带过,以致我们对法国在这场战争中的作用模糊不清,多有误解。20 世纪末这一状况有所改变。有学者利用法文资料对法国参战动机、法国的军事和外交作用、法英合作与矛盾、法国与俄、美的关系等问题作了较为全面的阐述和分析,指出法国参战首先是当时法国国内政治的需要,同时也是拿破仑三世提高其在国内威

---

① 张宗海:《穆拉维约夫与中俄〈瑷珲条约〉》,《黑河学刊》1988 年第 2 期。
② 施继嘉、黄淑荣:《沙俄侵华头目——穆拉维约夫》,《武汉大学学报》1978 年第 1 期。
③ 何桂春:《中俄不平等条约与沙俄传教士团的侵华活动》,《福建师大学报》1983 年第 2 期。
④ 陈开科:《巴拉第与晚清中俄关系》,上海书店出版社 2008 年版。

望的工具；其次是出于经济利益的考虑，而不仅仅如西方学者所说的为了"法兰西的荣誉""政治上的虚荣心"或纯粹的宗教利益；其次，与当时的欧洲局势，特别是法英同盟有着直接关系；最后，法国参战也是鸦片战争以来法国对华政策的延续。综观法军在战争中的表现，1857—1858 年第一阶段参战兵力有限，1860 年第二阶段实际参战兵力则几乎与英军相当。但无论哪一阶段，法军都不遗余力，给予英军有力的配合。此次英法联军之役为日后列强公开联合武装侵华开创了一个恶劣的先例。法国在外交上的作用和影响更大。第二次鸦片战争期间列强方面的外交活动，几乎多出自法国特使葛罗的倡议。正是在葛罗的撮合协调下，英法联盟演变成英法美俄四国的联合行动。法国拉拢俄、美等国的目的，一方面固然是加强对中国的压力以达到其侵华目的，但同时也为了与英国在合作的同时展开竞争，以弥补军事上与英国相比所处的劣势，分享英国在远东的利益。① 另有学者对 1860 年法军侵占烟台的几个问题作了考察，认为法军侵占烟台是蓄谋已久的，并曾因此与英国发生冲突；文献所载法军侵占烟台的人数有出入；清政府对侵烟法军的基本政策是"暗为防堵""剀加开导"和严禁内地百姓为其接济食物，但这些措施对法军并没有产生多少影响。②

关于英国与第二次鸦片战争的关系，最有分量的研究当属蒋孟引的《第二次鸦片战争》。该著对英国发动第二次鸦片战争的原因、过程和结局以及英国与其他列强的关系作了系统考察，指出英国叫嚷的战争理由和导火线都是借口，"实际乃是为了适应资本主义的无限贪欲"，进一步侵略中国；并且，英国通过发动对华战争，最终也达到了侵略目的。另有学者对第二次鸦片战争期间英军侵占大连湾始末作了探讨，指出第二次鸦片战争中英法联军曾三次践踏我国神圣领土。其中，1860 年最后一次进犯时，英军曾在大连湾一带强行登陆，非法占据一个多月，犯下了种种罪行，使旅大人民生命财产遭到了严重的浩劫。③

---

① 葛夫平：《法国与第二次鸦片战争》，《近代史研究》1997 年第 1 期。
② 史秀莲：《第二次鸦片战争中法军侵占烟台的几个问题》，《烟台师范学院学报》2000 年第 3 期。
③ 左域封：《第二次鸦片战争中英军侵占大连湾始末》，《辽宁师院学报》1981 年第 1 期。

第二次鸦片战争是中国近代史上列强合作侵华的开端，学界对于列强间的关系也有所注意。蒋孟引在《第二次鸦片战争》中对此作了比较详尽的分析，指出英法合伙侵略中国是它们在克里米亚战争中的联盟的继续，但同时他们又各怀鬼胎，始终存在矛盾，目标不一，英国为通商，法国为传教，甚至认为英国在这次战争中所得于法国的帮助少，妨碍多。英美虽然屡屡伙同打劫中国，但是对中国的侵略也是明争暗斗不绝，英美在华外交人员互相妒忌，且愈演愈烈。英俄更是矛盾重重，俄对英大肆中伤，英对俄则疑惧又嫉妒，英国政府为阻止俄国的侵略，甚至考虑"保护"中国。英国和它的三个侵略伙伴的矛盾始终存在，有时还相当尖锐，侵略国家之间的所谓合作和团结，总是表面的、暂时的、相对的，而它们之间的矛盾则是绝对的、不可克服的。① 但也有学者对有关第二次鸦片战争中英法两国的关系提出异议，指出法国与英国虽然存在一些分歧和矛盾，但联合侵华仍是法国这一时期对华政策的基调，它们之间的矛盾是相对的，共同对付中国才是绝对的。②

## 第五节 清政府的战争对策及相关人物研究

关于第二次鸦片战争期间清政府对战争的态度和决策，传统的观点认为清政府"避战求和"，对内镇压，对外妥协。改革开放后，学界对这个问题进行了更深入、具体的研究，提出不同看法。如有的学者指出随着民族矛盾尖锐，即使在封建统治集团内部也有坚持民族自卫立场，力主抵抗侵略的主战者，翰林院侍讲学士潘祖荫、兵部左侍郎王茂荫、恭亲王奕䜣、吏部尚书周祖培、詹事殷兆镛与科尔沁忠亲王僧格林沁等人，便是当时清朝统治集团内部主战派的代表人物；虽然这些主战派人物都昧于世界大势，囿于"天朝大国""华夷之辨"等传统观念，对中国武器的落后、军备的废弛与清军的腐败没有清醒的认识，又无近代战争的军事常识，缺

---

① 蒋孟引：《第二次鸦片战争》，第239—273页。
② 葛夫平：《法国与第二次鸦片战争》，《近代史研究》1997年第1期。

乏像林则徐那样的识见，无助于解救清政府所面临的危机，但他们的呼声代表了中国人民反侵略的愿望和要求，符合中华民族的根本利益。① 有的学者则通过考察两江总督何桂清与咸丰皇帝的对外政策之争，揭示对外妥协政策在当时环境中具有适应力，是清王朝苟延残喘的"灵丹妙药"，而咸丰以传统闭关自守为特征的对外强硬政策却四处碰壁，无法适应新形势，丧失了对清廷的保护作用。② 学界对咸丰皇帝、奕䜣、僧格林沁等清朝统治者在鸦片战争中的态度和反应所做研究，详见下文相关人物研究介绍。

除了认为清政府内部存在主和和主战之争外，国内学者也对清政府的抵抗政策作了探讨。有的对清政府为了赢得战争胜利而采取的"辑民攘夷"政策作了考察，指出在第二次鸦片战争中，清王朝除了正面与英法侵略者作战、交涉外，还从侧面组织力量进行第二条战线的抵抗，即由地方官绅出面，召集民众，组织团练，出击和扰乱侵略者，而皇帝和地方官则佯装与己无干，暗中进行操纵，给予扶持。这种奇特的抵抗方式就是"辑民攘夷"政策。该政策在第二次鸦片战争中起到了一定的抵抗侵略的作用，但因有些地方当局惧怕联军报复而没有得到认真执行，这种"隐身式"的抵抗政策以失败告终。③ 有的指出咸丰帝在抵制列强侵略过程中曾采取了抚剿兼施、用民剿夷和以夷制夷等一系列"制夷"方略，但均由于阶级局限，加之国势衰颓，未能奏效。④

此外，国内学者还对第二次鸦片战争期间清政府的外交策略作了考察，并持否定态度。如有的学者指出，战争爆发后清政府针对英法俄美四国公使联合提出的修约要求，在策略上有一个从分化瓦解到借助俄美进行调停的转变过程，但无论是前者还是后者，都是清政府从传统的外交体制出发以应对西方列强侵略的具体措施，这一过程不仅体现了清政府对西方

---

① 胡世芸：《略论第二次鸦片战争时期的主战派》，《上海师范大学学报》1987年第4期。
② 郭卫民：《何桂清与咸丰帝的对外政策之争及其影响》，《近代史研究》1993年第6期。
③ 张海林：《第二次鸦片战争中清政府"辑民攘夷"政策述论》，《苏州大学学报》1988年第2期。
④ 崔国才：《第二次鸦片战争中咸丰帝制夷方略浅析》，《南京政治学院学报》2005年第1期。

殖民者侵略本质的无知，而且显示出清政府在与西方列强交涉时的无能。①有的则批评第二次鸦片战争时期把持外交大权的满族权贵在外交上奉行既要维护国体，又要避免与西方国家作战的指导思想，不但对维护国家主权起不到任何作用，反而造成国家权益的惨重损失，指出那些满族权贵心目中的"国体"，就是清朝传统的对外关系体制，也就是与闭关自守政策相联系的惯例和体现所谓天朝上国之尊的程序与礼仪形式。②

在探讨清政府的战争对策中，国内学界还对清政府的一些重要官员作了比较深入的研究。其中，最受关注的人物要数叶名琛和僧格林沁。叶名琛在第二次鸦片战争爆发前后任两广总督兼管中国对外交涉。他以强硬、不妥协著称，史称"六不总督"（不战、不和、不守、不死、不降、不走）。在相当长的时间里，国内学界对叶名琛多持负面评价，将他视为三个促使战争爆发的人之一，批评叶名琛不善于领导对敌斗争，又不能制止或者延缓战争；③ 批评他不解世界大势而误判局势，谎报军情，使清朝在毫无准备之际，一下子陷于全面战争之中；④ 批评叶的"不战""不守"断送了广州；⑤ 他自称"海上苏武"，却是"可耻的苏武"⑥；他虽然没有公开投降敌人，但实质上和投降主义者没有什么区别。⑦

后来，受澳大利亚学者黄宇和《两广总督叶名琛》一书的影响，我国学界对叶名琛的评价多有改变，认为叶名琛这个历史人物被扭曲和丑化了，对他不应全盘否定。有的指出所谓的"六不总督"是百年冤屈，叶的负面形象是外国侵略者、汉奸和清廷三方面丑化的结果：外国人想败坏他在广州民众心目中的形象以便占领广州；汉奸想通过抨击叶名琛来转移人们对他们卖国行径的注意；清政府利用谣言转移视听，将战败的责任转移

---

① 陈双燕：《从分化瓦解到借助俄美调停——第二次鸦片战争前期清政府的对外政策浅析》，《厦门大学学报》2002年第1期。
② 唐喜平：《论第二次鸦片战争时期清朝外交的指导思想》，《贵阳学院学报》2006年第2期。
③ 蒋孟引：《第二次鸦片战争》，第41页。
④ 茅海建：《入城与修约：论叶名琛的外交》，《历史研究》1998年第6期。
⑤ 魏建猷：《第二次鸦片战争》，第56页。
⑥ 范文澜：《中国近代史》上册，人民出版社1955年版，第177页。
⑦ 胡绳：《从鸦片战争到五四运动》上册，人民出版社1981年版，第154页。

到叶名琛一个人身上。① 有的提出应实事求是地评价叶名琛的反侵略立场，指出叶名琛虽然存在封建统治集团中一些固有的劣质：无知、昏庸、迷信、虚骄，但他并没有向侵略者献媚妥协，更没有贪生逃跑。不论叶名琛反对入城的目的和具体措施有什么问题，在客观上毕竟反映了当时广州人民的意愿。② 有的甚至认为从纯粹的外交手段讲，叶名琛在处理亚罗号事件中做到了有理有节。③ 还有不少学者指出，叶的对外态度及其采取的措施只是清政府总体外交方针的具体实践，不能将英法联军攻陷广州完全归咎于叶名琛措置失宜，叶的失败，主要是敌人的强大及清政府的外交方针所致，叶只是咸丰皇帝推卸责任和企图以叶为代价与侵略者换取和平的"双料替罪羊"④；在第二次鸦片战争中出现叶名琛这样一个人物，不仅仅是叶个人的悲剧，还是清朝政府这个"天朝上国"急剧跌落进程中的缩影，是道光帝虚骄鄙吝作风影响下的清廷官僚的代表；⑤ 叶名琛的悲剧是清政府"不失国体""不启边衅"外交方针的牺牲品，⑥ 也是咸丰帝对英法侵略者无奈心态和妥协政策的牺牲品。⑦

第二次鸦片战争人物研究的另一热点是僧格林沁。僧格林沁系内蒙古科尔沁贵族，从政时间历道咸同三朝，史有"南曾北僧"之称。在新中国成立后的30年里，僧格林沁也以负面的形象出现在我国的近代史论著中，有人甚至将圆明园被毁的责任归咎于他一人。改革开放后，学界对僧格林沁的评价也发生变化，对僧格林沁指挥第二次大沽之战取得的胜利给予充分肯定，指出这是第二次鸦片战争中中方取胜的为数不多的战例，负责指挥这次战役的僧格林沁起了重要作用，为捍卫中国领土和主权，维护国家利益和民族尊严，立下了不可磨灭的历史功绩；他是一位与岳飞、林则徐

---

① 史诚：《"六不"总督叶名琛的百年冤屈：被当局刻意丑化》，《小康》2007年第3期。
② 伯钧、世博：《第二次鸦片战争中的叶名深评价管见》，《天津师大学报》1984年第3期。
③ 李扬帆：《饿死异国的两广总督叶名琛》，《文史博览》2008年第12期。
④ 李毅：《再评叶名琛的不战不和不守》，《广州研究》1987年第1期；陈双燕：《论叶名琛的对外交涉与第二次鸦片战争的关系》，《厦门大学学报》2003年第3期。
⑤ 张小萍：《浅析叶名琛的悲剧》，《吕梁高等专科学校学报》2006年第3期。
⑥ 张国权、马俊吉：《叶名琛的悲剧及原因之探索》，《鞍山师范学院学报》1985年第3期。
⑦ 王儒年：《叶名琛——咸丰帝无奈心态下的悲剧》，《连云港教育学院学报》1995年第1期。

一样的爱国将领和民族英雄，不能因为他曾经镇压过太平天国和捻军起义而完全否定。① 但在评价僧格林沁在第三次大沽之战的功过上，国内学者仍然存在分歧。一种意见认为僧格林沁对第三次大沽之战的战败负有重大责任，大沽失守是僧格林沁的战略战术失策造成的，指出他因第二次大沽之战的胜利而自满轻敌，对战争形势发展估计不足，只注重大沽一地，撤除北塘的守卫官兵，敞开了海上通往北京的门户，而且将各要塞的八千多名将士全部撤回度假、过冬，在防务布置和指挥上犯了错误。② 另一种观点认为不应把失败的责任推到僧格林沁一人身上，他在大沽之战并没有临阵脱逃，而是奉咸丰帝之命撤离阵地，那种认为僧格林沁畏洋人如虎、贪生怕死的观点，是很不公允的。③

除了叶名琛和僧格林沁外，奕䜣和肃顺也是改革开放后国内学界比较关注的人物。关于第二次鸦片战争时期的奕䜣，传统观点将他视为投降卖国者，但80年代之后学界基本多持肯定态度，一些学者认为奕䜣对外属于清朝统治集团内的主战派或抵抗派；④ 也有学者认为奕䜣对列强的侵略是有抵抗意识的，但态度不够坚定。⑤ 另有学者指出奕䜣在第二次鸦片战争期间曾经历了由主战到主和的转变，但对奕䜣的这一转变又多做正面评价。有的指出奕䜣战初主战是"天朝上国"的盲目虚骄之气使然，是对中外双方都缺乏了解的一种"局外议论"，其后主和系受中西力量悬殊的刺

---

① 周双利、巴根：《论僧格林沁》，《内蒙古民族师院学报》1993年第2期；冯士钵、于伯铭：《大沽保卫战与僧格林沁》，《中州学刊》1985年第2期；包虎：《评僧格林沁在大沽口战役中的历史功绩》，《内蒙古社会科学》1988年第1期；张礼恒：《大沽口之役与僧格林沁》，《聊城师范学院学报》1988年第3期；张瑞萍：《僧格林沁——第二次鸦片战争中的爱国将领》，《内蒙古大学学报》1991年第3期；黄凤志、姚大学：《论僧格林沁抗击西方殖民侵略的历史地位》，《内蒙古民族师院学报》1993年第2期；包虎、王丽英：《僧格林沁与岳飞比较研究》，《内蒙古师院学报》1993年第2期。

② 孙顺霖：《论僧格林沁——兼谈〈火烧圆明园〉中的僧格林沁》，《信阳师范学院学报》1984年第2期；邢亦尘：《〈大清历朝实录〉僧格林沁资料概述——兼及若干评价问题》，《内蒙古社会科学》1984年第3期；冯士钵、于伯铭：《大沽保卫战与僧格林沁》，《中州学刊》1985年第2期。

③ 佟宝山：《论僧格林沁抗击外来侵略的历史地位》，《中央民族学院学报》1989年第4期。

④ 胡世芸：《略论第二次鸦片战争时期的主战派》，《上海师范大学学报》1987年第4期；邓辉：《试论奕䜣与第二次鸦片战争》，《中南民族学院学报》1992年第2期。

⑤ 董守义：《恭亲王奕䜣大传》，辽宁人民出版社1989年版，第95—110页。

激和英法侵略者温和政策的影响,以及从"经权常变"的儒学原则与"两害相形"的现实利益考虑出发,因此,奕䜣后来所奉行的"真心和好""以诚相待"的外交方针,固然有其迁就妥协的一面,但并不是"媚外投降"①。有的指出奕䜣作为封建统治阶级的一员,在第二次鸦片战争爆发之初对西方资本主义世界知之甚少,把外国侵略者等同于中国历代的"夷患",为清朝统治利益计,故主张抵御列强的侵略;而战后奕䜣对外主张"权宜和好",提出"师夷智"以求"自强"的口号,系出于对中外认识的提高,包含着某些值得肯定的因素。② 有的学者甚至将奕䜣从主战到洋务思想的转变看作他具有开放意识和全球观意识以及虚心学习国外先进科学技术的一个表现,认为他是开启中国近代平等外交事业大门的第一人。③

关于第二次鸦片战争时期的肃顺,学界的关注点在三个问题上。一是他对战争的态度。有的认为肃顺是主战派的首领,继承了林则徐的爱国抗战主张,指出把他抵制侵略的行动说成只是为了迎合咸丰帝的观点,是站不住脚的。④ 有的认为肃顺、载垣、端华不是主战派,指出在第二次鸦片战争期间,肃党急于镇压国内的太平天国运动,在一些重大的对外关系问题上基本上奉行对侵略者妥协退让的方针;肃顺等人对外国侵略者一定程度上的抵制和斗争并不能证明他们就是主战派。⑤ 二是关于肃顺与中俄边界谈判,国内学者多持肯定态度,认为肃顺在 1859—1860 年的中俄边界交涉中与清朝那些投降派官僚不苟合,义正词严,反对侵略,维护了中国主权和民族尊严,是一位爱国者。⑥ 三是关于肃顺处理议约违旨案,国内学者有三种不同观点:一种观点将之看作肃顺整顿吏治,认为他是晚清罕见的满族政治改革家;⑦ 另一种观点认为他是为了铲除异

---

① 宝成关:《奕䜣与中国近代外交》,《近代史研究》1989 年第 3 期。
② 翟厚良:《第二次鸦片战争时期的奕䜣》,《汕头大学学报》1986 年第 2 期。
③ 张公政:《第二次鸦片战争期间的奕䜣》,《满族研究》2007 年第 4 期。
④ 徐立亭:《论肃顺》,《史学集刊》1986 年第 2 期。
⑤ 邵雍:《第二次鸦片战争中肃顺等人不是主战派》,《安徽史学》1994 年第 2 期。
⑥ 徐立亭:《论肃顺》,《史学集刊》1986 年第 2 期;高中华:《肃顺和中俄边界交涉》,《中国边疆史地研究》2003 年第 2 期。
⑦ 杨华山:《肃顺新论》,《学术月刊》1997 年第 6 期;梁严冰、马晓晖:《肃顺集团与晚清政治》,《求索》2006 年第 7 期。

己，张扬权势；① 还有一种观点把肃顺力请处死议约违旨的耆英与爱国主义联系起来，认为肃顺不仅把卖国贼送上审判台，而且在新的形势下继续与穆彰阿、耆英之流的继承人奕䜣集团进行斗争。②

除上述四位重臣外，作为当时清政府最高决策者的咸丰皇帝是一位更重要的人物，他对战争的态度直接影响战争的进程和走向。在新中国成立后相当长的时间里，国内学者一般认为咸丰帝在第二次鸦片战争中对英法侵略者始终采取妥协投降的外交政策，他是地主阶级投降派的总代表。改革开放之后，国内学界对咸丰帝进行了重新评价，并形成两种不同意见。一种意见倾向于肯定，认为咸丰帝并不是一味地避战求和，他往往是一面加强防务，一面派人和谈，在"战"与"和"之间摇摆不定，而"战"与"和"实际上并不是互相矛盾的；③ 或曰咸丰帝采取了一种谈判议抚和武装反抗相结合的双重外交政策，但其侧重点在于武装反抗；④ 或曰咸丰帝的对外政策经历了以议抚为主、以战守为辅到先剿后抚、羁縻议抚，再到以议抚为主、以战守为辅的几个过程的转变，咸丰帝的对外政策虽具有妥协性，但他并没有放弃对英法侵略者的防范，他的妥协是有限度的。⑤ 另一种意见偏向于否定，认为咸丰帝对外的战略思想是"总须以抚局为要"，不立足于战⑥，指出咸丰帝在《天津条约》签订后虽然没有彻底投降，对英法侵略者采取了谈判议抚和武装反抗的双重外交政策，但其侧重点显然是谈判议抚，在大沽一带加强军事防御工事，只不过是一种辅助性的防备措施⑦；有的则批评咸丰帝忽战忽和的对外政策是造成第二次鸦片战争中中国失败的重要原因⑧，指出咸丰帝和战

---

① 茅海建：《苦命天子——咸丰皇帝奕詝》，上海人民出版社1995年版，第243页。
② 徐立亭：《论肃顺》，《史学集刊》1986年第2期。
③ 苏生文：《咸丰帝"避战求和"质疑》，《中国历史博物馆馆刊》1995年第2期。
④ 张海林：《论〈天津条约〉签订后咸丰帝对英法的外交政策》，《南京大学学报》1987年第3期。
⑤ 郑享清、韩昱：《论咸丰帝在〈天津条约〉签订前对英法的外交政策》，《江西大学学报》1991年第2期。
⑥ 徐立亭：《咸丰同治帝》，吉林文史出版社1993年版，第125页。
⑦ 郑享清、韩昱：《论咸丰帝在〈天津条约〉签订后对英法的外交政策》，《江西大学学报》1993年第1期。
⑧ 许金芳：《咸丰帝的动摇政策与第二次鸦片战争》，《镇江师专学报》1986年第2期。

不定，他的指示常常是既不要开战，又不准对列强让步，这种矛盾的政策实际上无法实行。①

## 第六节　火烧圆明园问题研究

圆明园对于中国人来说既是文化遗产，也是难忘的国耻，在国人的心目中已形成圆明园情结。关于圆明园的话题不绝于耳，对于圆明园的争议也不限于学界，特别是近些年关于重建圆明园和圆明园兽首与文物追索问题的讨论，引起国人乃至国际社会的关注和热议。鉴于本书的宗旨，这里我们仅介绍关于第二次鸦片战争时期圆明园被毁的相关研究。正是这场战争，使得这一融合中西建筑风格的万园之园变成废墟，使得中国大量珍贵文物流落海外。回顾新中国成立以来的圆明园研究，除了呈现周年纪念特点和爱国主义教育功能外，主要集中在以下几个问题。

第一，英法联军为何焚烧圆明园？一种观点认为，英法联军为了报复清政府扣押、虐杀英法外交代表巴夏礼等人而将圆明园付之一炬。② 这种观点实际上源自额尔金的说法，额尔金以清政府曾将战俘关押在圆明园内为由，在北京城张贴公告，声称火烧圆明园是对清政府暴行的惩罚。一种认为这是侵略者为了掩盖他们掠夺珍宝的罪证，即使清政府没有虐待俘虏，他们仍然会想出其他借口掠夺、烧毁圆明园的。③ 一种认为既是为了掩盖罪证，同时也是出于惩罚清政府的目的。④ 一种认为，英军焚毁圆明园的最根本原因，是要对清政府进行最严厉的精神打击，并留下报复的痕

---

①　茅海建：《苦命天子——咸丰皇帝奕詝》，第170、179、184页；高中华：《肃顺与咸丰政局》，第179—212页。

②　赵占清：《从扣押巴夏礼看咸丰帝的"天朝"梦》，《开封教育学院学报》2009年第3期。

③　王永庆：《全面看历史从火烧圆明园原因说起》，《北京观察》2012年第1期；复旦大学历史系中国近代史组编：《中国近代简史》，上海人民出版社1978年版，第86页；刘培华等：《帝国主义侵华简史》，黄山书社1985年版，第105页。

④　苑书义、胡思庸等：《中国近代史新编》上册，人民出版社1981年版，第405页；陈旭麓：《近代中国八十年》，上海人民出版社1983年版，第149页；秦德占等主编：《近代中国历程》第1卷，陕西旅游出版社、经济日报出版社1987年版，第224页。

迹，迫使清廷从此彻底对外屈服，使中国彻底变成其殖民地。① 与前一种观点接近，有人认为英国焚毁圆明园的目的是迫使清政府就范，速定和约，焚毁圆明园，是侵略者达到罪恶目的的一种手段。② 还有人将前两种观点合并，认为英法联军火烧圆明园的主要目的在于彻底摧毁清政府的抵抗意志，迫使清政府立即投降，实现他们发动战争的罪恶目的，扩大英法在华权益。③ 有学者对英法被俘者圆明园受虐致死说进行了考证，指出巴夏礼等被俘人员先被关押于刑部监狱，后转移至高庙；其他被俘者则分别羁押于昌平、密云、房山等州县监狱，所有英法被俘人员并无在圆明园内受虐且致死等情节，额尔金的说法是别有用心的捏造，目的是为焚毁圆明园的罪恶行径寻找借口。④

第二，谁是火烧圆明园的罪魁祸首？在相当长的时间里，中文的相关论著一般都笼统地说英法联军火烧圆明园。后有学者通过对法文资料的分析，指出主张并实施火烧圆明园的是英国，法国在这个问题上与其合作伙伴英国是存在分歧的，法军虽然率先抢掠圆明园，但法国全权代表葛罗和远征军总司令孟托班都反对英国方面提出的焚毁圆明园并以进一步毁坏城内皇宫来逼迫清政府接受和约的建议，拒绝参与焚毁圆明园的行动。⑤ 这一观点后被其他学者所印证，有人指出圆明园被劫掠是英法侵略军联手，而圆明园被焚毁则是英军单独所为，法军没有参与。⑥ 现在我国学界对此已基本达成共识。

第三，谁引导英军焚毁圆明园？长期以来我国流传一种说法，即龚自珍的长子龚孝拱引导英军焚毁了圆明园。今天仍有人称"他随英军进京，唆使英军掠抢国宝，火烧圆明园"⑦。还有人把龚孝拱说成龚孝琪，指控他

---

① 王开玺：《英军焚毁圆明园原因辨析》，《北京师范大学学报》2003 年第 3 期。
② 郑艳：《英军焚毁圆明园原因考实》，《历史教学》2003 年第 2 期。
③ 吴继轩、李胜斌：《再论英法联军火烧圆明园的主要目的——兼与戴逸、章开沅等人商榷》，《山东师范大学学报》2011 年第 2 期。
④ 王开玺：《英法被俘者圆明园受虐致死说考谬》，《北京师范大学学报》2010 年第 4 期。
⑤ 葛夫平：《法国与第二次鸦片战争》，《近代史研究》1997 年第 1 期。
⑥ 耿昇：《孟斗班与第二次鸦片战争——新公布的档案文献揭露英军焚毁圆明园之真相》，《学术月刊》2006 年第 1 期。
⑦ 王永宏：《谁引英军烧了圆明园》，《山东消防》2000 年第 2 期。

是火烧圆明园的谋主,额尔金本欲直接进攻京城,龚孝琪制止这一计划,并说圆明园珍物山积,是"中国精华之所萃,毁此亦可偿所忿矣",额尔金从其议。① 但据一些大陆和台湾学者考证,② 这种说法缺乏有力的证据,纯属子虚乌有、以讹传讹,其理由是:1. 最先侵入圆明园的是法军,与孝拱无涉;2. 英国人出于报复焚烧圆明园,与孝拱无关;3. 孝拱自言有功于庚申换约;4. 庚申之后至少八年内,世人尚未以圆明园事加诸孝拱;5. 亲历庚申之变的人的笔记中尚未发现有记载此事者。③ 有的学者还进一步对"龚孝拱引导英军焚掠圆明园说"的由来进行考证,指出大约自民国初年社会上开始流传龚自珍之子龚孝拱引导英军劫掠并焚掠圆明园的传言,后经若干笔记、野史的传播,特别是一些小说的文学渲染,传言似已成铁定事实,但实则纯属市井之谈,不足为信;而龚孝拱之所以被冠以引导英军焚毁圆明园的恶名,也有其本人的原因:恃才傲物的狂士言行,引发人们的不满;狂狷孤傲的个人品行,不为社会所接受;与外国人交往甚密,为国人所不齿;清廷上谕隐寓龚孝拱为汉奸的说法,给人以证据确凿的假象等。④

第四,圆明园的悲剧是否不可避免? 有人认为,圆明园被焚毁,是一出不该发生的悲剧,虽然不能从根本上逃脱东方在西方武力扩张下被征伐的魔咒,但中外礼仪观念的冲突,即奉行"磕头外交"的大清朝廷与奉行国际法准则的英法两国在行为方式上的冲突,确实加速了清廷厄运的到来。⑤ 另有人提出,如果清政府决策层和有关的地方督抚不是那么愚昧,这场灾祸是可以避免的。但朝野上下的认识水平和专制的决策程序,是历史的积淀,不是一朝一夕所能改变的;侵略者的本性又决定了他们不可能成为文明之师。于是,这场灾祸又是难以避免的。⑥

---

① 王惠泉:《火烧圆明园的谋主——龚孝琪》,《紫禁城》1994 年 3 月。
② 台湾学者汪荣祖在《追寻失落的圆明园》一书中也认定龚孝拱没有引导英人焚烧圆明园,因本书不讨论台湾学界的第二次鸦片战争研究状况,故从略。
③ 叶斌:《龚孝拱事迹考》,《史林》1999 年第 3 期。
④ 王开玺:《龚孝拱引导英军焚掠圆明园考论》,《北京社会科学》2011 年第 4 期;《龚孝拱为何被冠引导英军焚毁圆明园之恶名》,《晋阳学刊》2012 年第 5 期。
⑤ 胡孝文:《火烧圆明园:不该发生的悲剧》,《领导文萃》2010 年第 23 期。
⑥ 袁伟时:《火烧圆明园是不是不可避免的?》,《教师博览》2004 年第 9 期;李修勤:《第二次鸦片战争的思考——火烧圆明园是不是无法避免的?》,《科教文汇》2007 年第 9 期。

## 第七节　对进一步研究的几点思考

回顾新中国成立以来的第二次鸦片战争史研究，在学界的共同努力下，还是取得了一些成果。这些成果丰富了我们关于这次战争的知识，加深了我们对矛盾各方和一些历史人物的了解。不过，总体上说，我国学界对第二次鸦片战争的研究远不及晚清史其他重大事件。不仅数量少，而且研究范围和深度有限。除了少量成果外，多数论著资料来源贫乏，极少利用一手的外文档案。有些论著人云亦云，缺少原创性。因此，第二次鸦片战争虽是一个老题目，但实际上我们的研究还是很不够的。

第二次鸦片战争研究之所以未能取得突破性进展，有多种因素。首先是缺乏专门从事第二次鸦片战争的研究队伍，也没有学会之类的组织予以推动。我们很难见到对第二次鸦片战争进行持续研究的学者，也很少看到有关第二次鸦片战争的学术会议或学术活动，也不见由某一地方或机构发起的专门以研究第二次鸦片战争为宗旨的学术团体或组织。其次是资料和语言的制约。第二次鸦片战争是一次国际战争，但长期以来国内学者主要参考《筹办夷务始末》和《第二次鸦片战争》等资料进行研究，对发动这场战争的英法两国档案的发掘和利用有限。对与这次战争关系密切的俄国和美国两国的档案也很少利用。这就使我们的学者很难对这场战争有全面而深刻的认识，也谈不上对第二次鸦片战争的历史重建，以致很多史实尚不清楚。

除了上述人力与物质因素外，学界对第二次鸦片战争重要性认识不足和研究热点的转移也有一定关系。新中国成立后30年里，在"以阶级斗争为纲"思想的影响下，学界的视线集中到太平天国，而忽视了同一时期的第二次鸦片战争。改革开放后，随着以经济建设为中心的国策的确立，学界的研究兴趣又转移到第二次鸦片战争之后的洋务运动。另外，受"后现代主义"思潮的影响，传统的政治史、外交史研究趋冷，社会史、文化史研究成为热点，学界的视野由精英转向草根。而在晚清史领域，研究者的兴趣也在后移，甲午战争以后的清末十余年历史更受关注。凡此种种，均对第二次鸦片战争研究产生程度不同的影响。

综观国内以往研究状况,为推动第二次鸦片战争史的研究,我们似有必要从以下几方面去努力。

第一,加大人力、物力的投入。推动有关地方和机构组建以研究第二次鸦片战争为宗旨的学会或团体,组织学术活动和研讨会,培养年轻学者,加强研究队伍的建设。同时,努力挖掘新的档案文献及图片、实物等各种资料,尤其是英、法、俄、美四国档案,并组织力量加以整理、翻译和出版,为研究人员创造良好的资料条件。

第二,正确定位第二次鸦片战争在中国近代史上的地位。如果我们把第二次鸦片战争放到中国近代的历史长河中来观察的话,那么我们不难发现,它刚好处在传统与近代的过渡时期,处于承上启下的关节点。鸦片战争虽然敲开了中国的大门,但外国列强的活动范围仅限于五个通商口岸,他们并不能随心所欲前往清廷所在的北京和中国内地。至于公使驻京与觐见皇帝、呈递国书之类这些国际交往的准则,也未被接受。清政府在鸦片战争中虽然失败,但内心没有屈服。在第二次鸦片战争中与西方列强再次交手后,清朝官员才真正体会到外国的"船坚炮利"和"师夷长技"的必要。近代意义上的中外关系在第二次鸦片战争结束后随着《北京条约》的订立才逐渐建立起来。因此,无论从清朝内政的变化还是从中国的近代化与国际化的角度来讲,第二次鸦片战争产生了至关重要的影响,它在中国历史的进程中具有独特的地位与作用。

第三,在挖掘新史料和重新认识第二次鸦片战争的历史地位的基础上,我们既要重视对新问题的研究,也要加深对旧问题的认识和再研究。如英法是怎样组织和进行这场战争的?当时它们国内有何反应,舆论对政府的决策又产生什么样的影响?外国政府与其在华外交官在对华政策上有什么不同?礼仪问题究竟在当时外国政府的决策中占有多大的分量?清政府在应对西方列强的挑战中是否一无是处?清政府与列强,究竟谁违约,在哪些方面违约?当面对强敌,弱小的一方是应该抗争还是放弃抵抗,完全屈从侵略者的要求?假如清政府满足了列强的要求,冲突是否就能长期避免?以妥协、退让换取和平,对国家利益与安全造成的损害是否一定小于战争?中国国内各阶层对战争的反应如何,它们对战争起了什么作用?

这场战争对中国、英法俄美以及东南亚有关国家有哪些长远影响？这些问题，都是需要我们做进一步深入探讨的。

第四，在思维方式与研究方法上有待改变。回顾1949—2012年的第二次鸦片战争研究，头30年只讲帝国主义侵华，而后30余年则更多地进行自我批评与谴责，这种差异反映了特定的时代背景和史家价值观念的变化。诚然，我们应该肯定进步的趋势和所取得的成绩，但是，我们也不得不指出在第二次鸦片战争研究中存在矫枉过正的现象。放弃了阶级分析法，取而代之的则是"西方中心论"。由一味谴责帝国主义到一味责备清政府。在历史学家的笔下，复杂的历史被简单化、表面化、绝对化，同样的品质、同样的态度在不同人物或同一人物不同时期得到截然不同的评价。不仅如此，一些史家以今天的眼光来要求历史上的人和事，历史被现实化。这种研究方法是有待改进的。我们承认，近代中外关系除了侵略与被侵略之外，确有正常的国际交往和友好交流的存在，只讲帝国主义侵华史，确实不妥。我们既要研究列强侵华史，也要研究中外友好交流史。但是，不可否认，近代中外关系史的本质是一种建立在不平等条约基础上的不平等关系，列强侵华是主流。如果因为讲友好、讲改革开放，就不谈列强的侵略，甚至美化侵略，照搬西方学者为侵略者辩护的观点，那也是不可取的。

# 第 三 章

## 太平天国农民战争史研究[*]

太平天国是晚清政治史上影响深远的大事件。1850年秋广西桂平等地的拜上帝会众汇聚金田,高扬起"太平天国"的大纛;不到三年,即于1853年春占领东南重镇南京,并将其建为自己的首都——天京。太平军曾经纵横十数省,先后占领数百个县城,兵锋甚至一度直逼清王朝的首都北京。1864年它的首都天京被曾国藩的湘军攻破,其余部仍继续坚持战斗,直到1868年最后一支部队覆灭,前后存在了十八年之久。太平天国不仅使清王朝的元气大伤,也深刻地影响了中国近代历史的进程。

由于立场观点的不同,当时和现在的人们对于太平天国始终有着不同的认识。有称其为"革命"者,但又有类似传统的"汤武革命"和所谓的"农民革命"之分;有视其为"叛乱"或"造反"者,甚至当时即有人直指其为前所未有的"浩劫"[①];也有称其为"太平天国运动""太平天国战争"者。无论如何,太平天国战争,是中国历史上空前的战争,甚至被认为是全世界最大的内战。[②] 太平天国史,是中国近代史,尤其是晚清史极其重要的组成部分。多年来,太平天国史的研究不仅取得极为可观的成

---

[*] 太平天国将"國"写作"囯",内中为"王",含王居中治理天下之意。本章凡提及太平天国时均统一作"国"字。

① 如马寿龄《金陵癸甲新乐府》所附沈鎔题词中即有"问茫茫浩劫几时销?天难必!"的词句。

② 参见何炳棣《明初以降人口及其相关问题:1368—1953》,葛剑雄译,生活·读书·新知三联书店2000年版,第279页。

果，也有着很多深刻的经验和教训，很值得再度予以认真梳理。① 本着略古详今，以及从研究史自身的规律出发，本章将到目前为止的太平天国史研究分为6个时期加以介绍。

## 第一节　1949年之前的太平天国史研究

为使读者对相关研究有一较为连续完整的印象，在叙述1949年中华人民共和国建立以后的太平天国史研究之前，很有必要对1949年之前的太平天国史研究做一扼要介绍。美籍历史学家邓嗣禹说过：太平天国史的研究，始于西方人。② 的确，早在太平天国兴起的当时，在华的外国势力，即已先后在香港和上海近距离地观察过太平天国；它们的外交官和传教士，更深入到太平天国统治区与太平天国人士有过直接的接触。香港和上海的西方人士，除在报刊上连篇累牍地发表过大量报道外，也留下若干颇有分量的内部报告乃至公开的出版物。但最早系统研究太平天国的，应该说还是中国人自己。早在1854年，也即太平军占领南京之后不久，清朝方面，在曾国藩的湘军里，以情报官员张德坚为首的一些官绅士人即已着手搜集和整理分析有关太平天国的各种文献（文字和口传）资料。他所主持撰写的《贼情汇纂》凡十二卷，计分为剧贼姓名、伪官制、伪军制、伪礼制、伪文告、贼教、贼粮、贼数、杂载9个门类，他的这一研究报告，迄今仍是研究太平天国必不可少的重要参考资料。

太平天国在鸦片战争失败后应运而起，本是中国国内社会危机加深，官民之间矛盾激化的结果，也是中国社会对清王朝二百年统治予以否定的一个明确信号。建都南京的太平天国与在北京的清王朝形成南北对峙的局

---

① 1999年，夏春涛著有《太平天国史研究五十年》，对1949年到当时为止的太平天国史研究进行了回顾和总结，见《近代史研究》1999年第5期，并见《中国近代史研究五十年》，上海书店出版社2000年版。他又有《二十世纪的太平天国史研究》一文，发表于《历史研究》2000年第2期。

② ［美］邓嗣禹：《太平天国史研究之过去现在与前瞻》，《太平天国学刊》第5辑，中华书局1987年版，第19—32页。

面。在"杀妖"和"剿匪"的相互激烈斗争中,西方列强保持了中立。但太平天国的外来宗教色彩和激烈的反孔姿态,受到竭力维护传统礼教的儒家士子们的强烈反对。随着1856年的天京内乱,本来在军事上占有一定优势的太平天国趋于衰弱。西方列强在与清政府打交道并取得实质性的进展之后,对太平天国也逐渐失去了兴趣。上海的外文报刊中,开始出现大量对太平天国"妖魔化"的负面报道,就连一度欢呼"中国革命"的马克思,也在其文章中称太平天国为"魔鬼"。[①]

太平天国失败以后,清王朝有了30多年被称为"同光中兴"的稳定发展期。这时官修的《剿平粤匪方略》、杜文澜的《平定粤寇纪略》、李滨的《中兴别记》等编年体著述以及王闿运的《湘军志》、王定安的《湘军记》等,对太平天国战争都有较为详尽的记述,这些官私著述和相关各地的方志乃至对太平天国有所记叙的其他私人撰述,除极个别者,如李汝昭的《镜山野史》外,都对太平天国持否定的批评姿态。这时还不可能有人公开为太平天国说话。

但到了20世纪90年代,随着中国在甲午战争中战败,清廷的腐败颟顸激起士人的普遍不满,曾国藩的湖南老乡谭嗣同,即在其所著《仁学》一书中尖锐地抨击了湘军淫掳焚掠的罪行,并公然发出了同情太平天国的言论,说是"洪杨之徒见苦于君官,铤而走险,其情良足悯焉"[②]。

进入20世纪的最初十年,也即清末的最后十年间,革命党人出于推翻清廷的需要,开展了大规模的宣扬太平天国的活动,他们或搜寻旧事,或编造史实。革命党人的领袖孙中山,更以"洪秀全第二"自居。他鼓励留日学生刘成禺撰写《太平天国战史》,书成之后,又为之作序。借太平天国宣传反满革命,一时蔚然成风。

1911年爆发的辛亥革命终于推翻了清王朝。1912年中华民国成立后,尤其在国民党统治时期,作为革命先驱者的太平天国开始有了合法的肯定地位。

---

[①] 马克思:《中国革命和欧洲革命》(1853),《马克思恩格斯选集》第1卷,人民出版社1995年版,第690—697页;马克思:《中国记事》(1862),《马克思恩格斯全集》第15卷,第545—548页。

[②] 《仁学——谭嗣同集》,辽宁人民出版社1994年版,第80—81页。

1924 年，时任黄埔陆军军官学校校长的蒋介石明确指出："太平天国之战争，为十九世纪东方第一之大战；太平天国之历史，为十九世纪东方第一光荣之历史。而其政治组织与经济设施，则尤足称焉……"蒋氏虽因孙中山的关系对太平天国大加赞赏，但他实际上极为服膺太平天国的敌人曾（国藩）、胡（林翼）、左（宗棠）、李（鸿章）之辈。在他看来，"满清之所以中兴，太平天国之所以失败"，并非由于人才的消长，"而实德业隆替之征也"，曾国藩标榜道德，力体躬行，以为一世倡，其结果竟能变易风俗，挽回颓靡，所以他后来更愿意以曾国藩等人为师。他为此特意对蔡锷的《曾胡治兵语录》加以增补，并认为曾胡左等人的相关言论，"其意切，其言简，不惟治兵者之至宝，实为治心治国之良规"①。

青年时代的毛泽东曾对其湖南老乡曾国藩大加赞扬。1917 年他在致友人黎锦熙的信中说："愚于近人，独服曾文正，观其收拾洪杨一役，完满无缺。使以今人易其位，其能如彼之完满乎？"②但他后来的立场却完全转向了肯定太平天国，《毛泽东选集》中多次提及中国人民在近代以来的正义斗争，其中即包括"太平天国战争"或"太平天国运动"在内。在其1949 年所写的《唯心历史观的破产》一文中，给太平天国的定性是"反对帝国主义走狗清朝的太平天国战争"③。

蒋、毛这两位国共领袖先后立场的易位变化，确是很有意思并发人深省的现象。也正是在民国时期，太平天国的相关文献陆续得到发掘整理，涌现出一批治太平天国史的专家，开始出现了一些颇有分量的论著。1932 年，罗尔纲写成《太平天国广西起义史》，1937 年出版《太平天国史纲》，论断太平天国革命的性质是"贫农的革命"。他还撰写了一批重要的考证论文，对一些事关重大而真伪难辨的所谓"公案"，如洪大全是否真有其人，太平军是否杀人放火、奸淫掳掠等进行了缜密的考证，从而得出了令人信服的结论。其他治太平天国史而取得重要成绩的还有萧一山、简又文、郭廷以等人。萧一山不仅以个人之力撰述《清代通史》巨著，且注意

---

① 引语均见《增补曾胡治兵语录注释》蒋中正原序，青年书店 1940 年版。
② 毛泽东：《致黎锦熙信》，《毛泽东早期文稿》，湖南出版社 1990 年版，第 85 页。
③ 毛泽东：《唯心历史观的破产》，《毛泽东选集》第 4 卷，人民出版社 1991 年版，第 1513 页。

搜集有关太平天国的史料，编有《太平天国丛书》《太平天国诏谕》《太平天国书翰》等书。简又文则以实地搜访逸闻、史料、文物并译述西方资料为主。他翻译了瑞典教士韩山文所著的《太平天国起义记》（原名《洪秀全之异梦及广西乱事之始原》，1935年燕京大学图书馆翻印），使这一重要英文文献得以为中国学者所利用。郭廷以的《太平天国史事日志》于1926年开始编撰，屡经修改后，于1949年由上海商务印书馆出版。在编撰过程中，参考中西书刊200余种，花了大量功夫考证排比。北京大学历史系出身的谢兴尧研究太平天国亦颇有心得，且自诩为"老长毛"，他向乃师邓之诚借阅其所藏汪士铎（悔翁）于金陵围城中的日记稿本即《乙卯随笔》《丙辰备遗录》两种，但苦于汪氏手稿字体草率不能辨识，竟有"目睹宝山未克采掇之叹"，为此请其师将汪氏手稿整理成《乙丙日记》三卷于1935年出版，成为研究太平天国的重要史料。邓之诚在序言中指出："晚近治洪杨史事者日多……"太平天国史正是在民国时期奠定了较为坚实的资料和研究的基础。

## 第二节　1949—1962年的太平天国史研究

1949年中国共产党人夺取全国政权，建立了中华人民共和国。在马克思主义革命理论的指导下，太平天国开始得到大张旗鼓的肯定和赞颂。其代表性的标志，是1951年1月11日《人民日报》发表的题为《纪念太平天国革命百周年》的社论和在此前后举行的一系列纪念活动。

由胡绳撰写的《人民日报》社论，对作为旧式农民战争最高峰的太平天国革命进行了较为系统全面的阐述。[①] 社论指出：

> 在中国封建社会的历史上，从两千一百余年前的秦朝的陈胜吴广起，农民曾进行过大小数百次的革命战争。这些革命战争的目标大都

---

[①] 按：治太平天国史者以前多以为这篇社论为时任《人民日报》总编辑的邓拓所写，但实际上是胡绳写的。这篇社论已全文收入《胡绳全书》第2卷（人民出版社1998年版）。

是反对封建剥削者与封建压迫者，争取农民自身的经济地位与政治地位的改变。在这一点上，太平天国运动与在它以前的农民战争是相同的。但是太平天国革命的规模是过去任何一次农民战争所比不上的，太平天国在他们的政权与军队中建立了比较完整的制度，而与地主统治阶级的国家制度与军队制度在一个相当长时期间相对峙着，这也是空前未有的事情。而且太平天国革命发生在十九世纪五十年代，这时候，外国资本主义侵略势力已经侵入中国，已经开始成为中国民族的危险的敌人。……在新的历史条件之下，太平天国除了担负起反对封建势力的任务之外，已经担负起反对外国资本主义侵略势力的任务了。

太平天国是旧式的农民战争——没有先进阶级领导下的农民战争所发展到的最高峰。从此以后，农民的革命不能不脱离这种旧的形式，而走上新的道路。……五四运动以后，中国人民找到了马克思主义，中国人民中出现了工人阶级及其政党——共产党。历史证明，只有用马克思主义思想武装了的工人阶级才能够充分地发动农民大众的革命积极性。在近三十年的中国革命战争中，农民虽然仍然是主要的力量，但是这种革命战争因为有了工人阶级的领导，就成为一种和历史上任何农民战争根本不同的新式的人民革命战争。中国的人民在工人阶级的领导下已经得到了伟大的胜利，创造了中国历史上空前未有的中华人民共和国。这个胜利，当然是远非太平天国的英雄们所能够想像于万一的了。

**社论对太平天国失败的根本原因也进行了探讨：**

太平天国革命的时代虽然已经是在古老的封建社会开始瓦解，中国已开始进入半殖民地半封建社会的时代，但在当时的历史条件下还没有出现近代的工人阶级，因而太平天国革命仍旧只是一个没有工人阶级领导的单纯农民战争，这就是太平天国革命不能不失败的根本原因。……太平天国运动虽然比较过去的一切农民革命有着更显著的纲领制度，如土地制度、婚姻制度、军事制度等，但这些纲领和制度，有的只是不能实现的空想，有的则在革命的发展过程中逐渐被破坏了。

社论还专门针对太平天国的土地纲领——《天朝田亩制度》作了评论，认为它一方面"固然表现了在封建压迫下的农民大众对于土地的革命要求"；但另一方面，它又是"从农民阶级的狭隘的眼光"出发画出的一个"平均主义的图案"。"这种图案是不可能实现的，而且这种图案并不是为着使社会生产力向前发展，却是使社会生产力停滞在分散的小农经营的水平上的。因此这种空想的农业社会主义的思想在实质上乃是带有反动性的。"

当时在北京，以及时为直辖市的南京，都成立了太平天国史料编纂委员会。北京编的列为中国近代史资料丛刊第二种《太平天国》，计226万字，于1952年7月出版。其中收入太平天国官书38种、诏旨文书84种及诸王自述等8种，加上北京大学文科研究所和北京图书馆编辑的《太平天国史料》，可以说当时所能征集到的太平天国本身的资料绝大部分都已收进来了。南京方面编纂太平天国文献和资料的工作，是在太平天国史研究专家罗尔纲主持下进行的，通过向全国各地广泛征集，到江苏、浙江、安徽三省搜访，以及在南京图书馆颐和路、龙蟠里两个书库和前苏南区文物保管委员会书库摸底，自1950年到1960年的十年间共发掘出太平天国资料1200万字，又进一步编为800万字的《太平天国资料汇编》。但因出版印刷条件所限，从中抽出140万字，编成《太平天国史料丛编简辑》，于1961年12月出版。① 其他学术单位编辑的太平天国资料，乃至其他地区陆续发现整理的若干新史料，也相继得到出版和发表。太平天国起义的发源地广西，更是专门组织了文史调查团，广泛搜集整理有关太平天国的口碑传说和文字资料。

太平天国一百周年的纪念引发了研究的热潮。一些二三十年代出生的青年学者开始投身到太平天国史研究，并很快成为中坚力量。据北京师大

---

① 本段以上叙述，参据中国近代史资料丛刊《太平天国》第1册"序言"，上海人民出版社1957年版；及《太平天国资料汇编》第1册"前言"，中华书局1961年版。

张守常教授回忆，他的工作就是在那以后归到中国近代史专业，并开始有意注重当时还是薄弱环节的太平军北伐资料的搜集和研究。① 老一辈的学者如罗尔纲，则开始进入学术论著创作和发表的高峰期。他以纪传体撰写的《太平天国史稿》于1951年出版，不久又改为通俗易懂的白话文增订再版。他所撰写的众多太平天国史论文，尤其是扎实严谨的考证文章，也修订结集出版，不仅厘清了大量史实，更为年轻学子作出了效法的榜样。

引起研究者们注意的，首先是太平天国革命的性质问题。中国本即有"革命"之说，其本义是实施变革以应天命，也即通常所谓的改朝换代。从这层意义上称太平天国为革命亦未尝不可，尽管它只是一场失败了的革命。民国时期的研究者中，如萧一山称太平天国为反满革命，简又文则认其为宗教革命。唯罗尔纲独树一帜，称其为"贫农的革命"，也即定性为农民革命。中华人民共和国成立后，对太平天国的正式定性是"农民革命"或"农民战争"。由胡绳起草的题为《纪念太平天国革命百周年》的《人民日报》社论，除标题中明确冠以"太平天国革命"外，在文中又因语境的不同而先后使用了起义、革命战争、农民战争、农民革命战争、单纯农民战争等定性的用语。

范文澜在《金田起义一百周年纪念》文中将太平天国定性为"革命运动"，并有如下的具体解释：

> 太平天国革命运动，在中国历史上是有空前重大意义的。它不同于秦汉以后任何一次农民起义，因为它破天荒提出消灭封建制度的土地纲领。它又不同于后来资产阶级所领导的旧民主主义革命，因为它敢于发动广大农民参加战争，而资产阶级是不敢唤起民众。太平天国革命如果得到成功，资本主义将在中国顺利地发展起来，比之六十年后的辛亥革命，成就要大得多。②

---

① 张守常：《太平军北伐丛稿》"前言"，齐鲁书社1999年版。
② 范文澜：《金田起义一百周年纪念》，载华北大学历史研究室编《太平天国革命运动论文集》，生活·读书·新知三联书店1950年版，第1—6页。

此后的各种论著，基本都未超出上述的定性。但到 50 年代中后期，又有人提出所谓"资产阶级性的农民革命"说，以作为前述"单纯农民战争"定性的某种修正。郭毅生在《论新兴市民等级在太平天国革命中的作用》① 一文中提出：市民等级参加到农民战争中，给太平天国革命赋予了时代的新意义。他在稍后发表的《略论太平天国革命的性质》② 一文中，表示不赞成《人民日报》社论所提出的"单纯农民战争"，而赞同"资产阶级性的农民革命"的论点。郭毅生的两篇论文，引发了有关太平天国革命性质问题的大讨论。③

有批评者认为，郭毅生犯了三个错误：首先是把"单纯农民战争"和"资产阶级性的农民革命"绝对地对立起来；其次是分析问题时不从具体的社会条件出发，而将革命导师的理论硬套在太平天国身上；最后是任性地夸大历史事实和历史人物，且是"毫无原则的浮夸"④。

也有人认为：尽管郭毅生的看法他们不尽同意，可是农民分化和市民力量的作用问题却是很值得研究的问题。"太平天国从其革命的动力和斗争方式来说是单纯农民战争而具有某些资本主义因素，从其社会内容来说其根本性质是资产阶级民主主义革命，也就是属于资产阶级民主主义革命范畴。"⑤ 这一论点为多数参与讨论者所接受，但刘大年提出了不同的见解。他在《中国近代史研究中的几个问题》一文中明确指出：太平天国运动是一场农民战争。中国资本主义出现则是这次农民战争以后的事情。其归结的要点是：

太平天国期间封建经济占统治地位，社会生活中最普遍、最突出的是农民和地主的矛盾；参加太平天国运动的群众仍是旧式农民战争中的群众，手工业者和城市贫民一向是农民革命的成员，不是要有资本主义萌芽才有手工业者和城市贫民参加农民战争；平分土地是农民的要求，不是市

---

① 郭毅生：《论新兴市民等级在太平天国革命中的作用》，《历史研究》1956 年第 3 期。
② 郭毅生：《略论太平天国革命的性质》，《教学与研究》1957 年第 1 期。
③ 参见景珩、林言椒编《太平天国革命性质问题讨论集》，生活·读书·新知三联书店 1961 年版。
④ 袁定中：《关于太平天国革命的性质问题》，《历史研究》1957 年第 8 期。
⑤ 章开沅：《有关太平天国革命性质的几个问题》，《理论战线》1958 年第 2 期。

民的要求，太平天国有利于资本主义的成长，不是施行了《天朝田亩制度》的结果，而是广阔的群众运动打击了封建统治势力、打击了外国侵略势力的结果；太平天国是旧式农民战争的顶峰，它的特点是反映了鸦片战争以后这个时代和中国社会这个发展阶段的特点。还是马克思说得对：太平天国是"停滞的社会生活之产物"。各种为了提前中国资本主义所作的比附，都缺少切实的根据。①

刘大年一锤定音，实际上终结了这场持续数年的讨论。

太平天国之所以是一场农民的大革命，论者往往以其社会经济生活的纲领性文件《天朝田亩制度》为例加以论证和发挥。其中最早也较为系统的论证，是罗尔纲的《太平天国的理想国》。② 这本小书明确宣告：

> 太平天国革命是一个领导农民起来做解放斗争的革命运动。其目的是要推翻封建剥削的地主富商官僚士绅的阶级，而另行新建立一个天下财富尽归社会公有，务使人人"有田同耕，有饭同食，有衣同穿，有钱同使，无处不均匀，无人不饱暖"的新社会。

它从《天朝田亩制度》的本文、内涵、思想渊源及其根据、施行的实情、天京及太平军中小小试行的理想国、天朝解放后的农民等六个方面作了相当系统全面的阐述。但罗著所论未免过于理想化了，其中也不乏牵强附会之处。③

罗尔纲之后，郭毅生为论证其"资产阶级性质的农民革命"之说，对《天朝田亩制度》作了过度的解读。他在《略论太平天国革命的性质》一文中论断：

---

① 刘大年：《中国近代史研究中的几个问题》，《历史研究》1959年第10期。
② 罗尔纲：《太平天国的理想国——〈天朝田亩制度〉考》，商务印书馆1950年版。
③ 关于《天朝田亩制度》是否实施的问题，罗尔纲修改了他本人在《太平天国史丛考》中的一些看法。在那部书中，他援引蒋廷黻和他说起的一个口碑，即"太平天国并没有实行均田制度，惟在安徽某一县实行；现在那一县的农民无论如何不受共产主义宣传的影响"云云。而在1950年版的《太平天国的理想国》一书中，这一口碑传说出于可被理解的原因而被删去。参见《太平天国史丛考》，正中书局1943年版，第106页。

《天朝田亩制度》实质上是一个彻底的反对封建地主所有制的农民资产阶级性的土地纲领，革命性和进步性是它的基本特征，它在当时历史条件下，不带有任何反动的实质。

　　既然我们按照革命的任务和内容来决定革命性质，那末，现在我们便不能不肯定太平天国革命是资产阶级性质的农民战争了。①

金冲及与胡绳武以《关于〈天朝田亩制度〉的实质问题》②为题著文对郭毅生此说予以批驳。他们指出：

　　要评断一个革命纲领的实质以及它对当时社会所起的作用时，不能仅仅注意到它所反对的是什么，同时也要注意到它所要求建立的是什么。……不难看出，《天朝田亩制度》所要否定的，不仅是封建的土地所有制，而且也包括一切私有财产（甚至包括生活资料在内）。它所要建立的，不是什么小农土地私有制，而是一切财产（包括生活资料在内）的公有制，而这种公有制，却又是建立在个体劳动、分散经营的小农经济的基础上的。……企图在小农经济的基础上实行公有制，这正是显示了《天朝田亩制度》农业社会主义的空想性质。

其结论，依然维持了《人民日报》社论中有关《天朝田亩制度》在当时的历史条件下有着革命的与反动的两重性质的论断。

1961年1月在南京举行的纪念太平天国起义110周年的学术座谈会上，南京大学学生方之光、朱宗宙合作撰写了《太平天国究竟实行了怎样的土地制度》一文。文中针对有些学者认为太平天国业已实行"耕者有其田"的观点，郑重提出了不同的意见，认为太平天国实际上并未实行耕者有其田的政策。太平天国虽然对封建土地所有制给予了沉重的打击，但基本上将其保存下来了。文章对当时一些史学家用来证明太平天国实行耕者

---

① 郭毅生：《略论太平天国革命的性质》，《教学与研究》1957年第1期。
② 金冲及、胡绳武：《关于〈天朝田亩制度〉的实质问题——兼驳郭毅生〈略论太平天国革命的性质〉一文的若干论点》，《学术月刊》1957年第9期。

有其田政策的史料，也提出了不同解释。当年 2 月《人民日报》报道会议情况时，对这篇论文的观点特别加以了阐述。①

毋庸讳言，在当时轰轰烈烈赞颂太平天国的表象背后，已开始出现将太平天国过分拔高的倾向。仅以文化工作者所搜集整理的太平天国歌谣为例，不难发现其中已出现了一些很不可靠的经过后人甚或搜集者再加工的成分，比如：

> 毛竹笋，黄又黄，农民领袖李忠王。种田人见了他赛过亲娘，粮户见了他像见阎王。②

又如，另一首据说太平天国失败以后，在苏南流行很广的歌谣中有这样的词句：

> 豌豆花开花蕊红，太平军哥哥一去影无踪。我黄昏守到日头上，我三春守到腊月中。只见雁儿往南飞，不见哥哥回家中。③

虽很煽情，却不真实。于此不妨对比一下民国时期所搜集的流传在山东的怀念太平天国北伐军的质朴民谣：

> 长毛哥！长毛哥！一年来三遍也不多。④

## 第三节　1963—1976 年的太平天国史研究

1962 年中国共产党八届十中全会以后，阶级斗争之弦越绷越紧，

---

① 这篇论文后来以《太平天国究竟实行什么样的土地政策》为题，刊登在当年的《江海学刊》上。
② 《农民领袖李忠王》，《太平天国歌谣》，上海文艺出版社 1962 年版，第 96 页。
③ 《不见哥哥回家中》，《太平天国歌谣》，第 145—146 页。
④ 转据简又文《太平天国全史》上册，香港简氏猛进书屋 1962 年版，第 663 页。

"左"的专制思想越演越烈。太平天国史领域是受害的重灾区,其代表性的标志是戚本禹在《历史研究》1963年第3期发表而由《人民日报》1964年7月24日摘要刊登的《评李秀成自述》,此文就所谓"忠王不忠"的问题向罗尔纲等人发难。其结果,不仅李秀成被打成"叛徒",凡不赞成戚文意见者,都受到了批判,并在随后而起的"文化大革命"中受到程度不等的冲击。在"文化大革命"期间,太平天国领导人洪秀全,更被捧到至高无上的地位,以洪划线成了评判太平天国其他人物的唯一标准。

在太平天国人物中,争议最大的焦点人物是忠王李秀成。究其原因,是他在1864年天京城破突围被俘后,应太平天国的老对手、湘军领袖曾国藩的要求,在囚笼中写下了数万字的供述(即《李秀成自述》),又被曾国藩在删改后刊刻了出来;而其供述原稿,后来又由曾氏后人于1962年在台北全文影印发表。李秀成的这篇供述,使得他在身后遭致了种种非议,而在死后一百年竟成了公开声讨和批判的对象。

戚本禹于1963年第4期《历史研究》上发表了题为《评李秀成自述——并同罗尔纲、梁岵庐、吕集义等先生商榷》的文章,一年后,《人民日报》于1964年7月24日将其摘要发表(原文为1.6万余字,摘要为1万字),文章的矛头指向《忠王李秀成自传原稿笺证》一书的作者罗尔纲以及整理出版了自述部分真迹的梁岵庐和校补自述刻本的吕集义。原因是这三人都认为李秀成是"伪降"。

1964年8月23日《人民日报》又发表戚本禹的题为《怎样对待李秀成的投降变节行为?》一文,言辞更为激烈,不仅对罗尔纲等史学家大张挞伐,还连带批判了歌颂李秀成的戏剧。戚本禹的文章说:经常有一些人对《李秀成自述》抱有怀疑态度,他们不能理解"为什么一个'大英雄'的'自传'竟然会充满背叛革命的语言?更不能理解,为什么一个充满背叛革命语言的文件,竟然会受到人们这般的尊崇?"戚文指责罗尔纲是"主观唯心主义","自立例,自破例",只依据对自己观点是否有利而判别材料的真假。戚文慷慨激昂地指斥:

> 一个变节分子的"自白书",被一些专门研究它的专家捧到了九天之上,他们不仅自己对它视之若香花,敬之若神明,而且还要号召

我们的青年一代，一起来认真阅读"这部革命英雄的自传"，一起来"表彰"和"热爱"这位革命的先烈。……我们的大、中、小学，我们神圣的无产阶级教育的讲坛，也在向学生们进行着李秀成"崇高伟大"的教育，一二年级的小学生可以不知道农民革命元勋洪秀全、杨秀清，却必须知道"农民领袖"李秀成。我们的革命舞台，也在向观众推荐着关于李秀成"慷慨就义"的戏剧。一个人变节了，却仍然可以得到人们这般的歌颂，难道这种现象是正常的、合理的吗？

据说他批判《李秀成自述》的文章发表后，毛泽东曾在一张刊有此文的报纸空白处批了"白纸黑字，铁案如山。忠王不忠，不足为训"16个字。应该承认，戚本禹的几篇文章气势磅礴，逻辑谨严，言语锋利，相当系统、全面地阐述了自己的见解。但史学界的多数研究者并不买他的账。1964年春天，著名史学家陈恭禄教授在南京大学历史系近现代史教研室组织的一次李秀成评价讨论会上，十分尖锐地指出：戚本禹的文章"没有新观点，是站不住脚的"。他还说，"如果这篇文章是我的学生写的，评分就不得及格"。但他和其他务真求实的史学家们因此受到不公正的批判，并在其后的"文化大革命"中吃尽了苦头。1966年"文化大革命"开始后，陈恭禄被公开点名批判。南京大学的茅家琦和扬州师范学院的祁龙威因在《文汇报》发表了基本肯定李秀成的文章，成为批判"叛徒哲学"的靶子。茅家琦由于是中国共产党党员，在江苏省委宣传部召开的全省党员大会上受到了更为严厉的批判。《新华日报》两次用整版的篇幅点名批判他在李秀成评价问题上的所谓"叛徒哲学"。①

多年以后，已年届桑榆的茅家琦对所谓"忠王不忠"的问题作了重新辨析。他认为：一部农民战争史充分说明农民战争与人道主义、皇权主义之间的密切关系。在农民战争的发起人和领导人中，皇权主义思想显得特别浓厚；而参加起义的广大农民群众则主要是为了"活命"，自己和家庭成员能够活下去——也就是"人道"方面的要求。人道精神可以概括为两

---

① 据方之光口述、袁蓉整理的《"太史"研究五十载摭忆》（据袁蓉传给作者的电子文本原件）。方之光当年为陈恭禄的研究生。

句话：尊重自己的人生价值与人格尊严；尊重他人的人生价值与人格尊严。孟子对"忠"的解释最为明白：民为贵，社稷次之，君为轻。从人道主义的立场看，忠于人民忠于社稷是绝对的，忠君应是相对的。李秀成是一位人道主义者。他提出的收齐太平军余部的十条"收齐章程"，是当年"忠王不忠"论的主要依据，但实际上完全体现了一种人道关怀，是将人民的利益放在首位。

茅家琦指出："忠王不忠"论在理论上和思辨方法上都是肤浅的。20世纪60年代宣扬这种观点，从认识水平来看，是倒退到了新文化运动以前的水平。①

在"文化大革命"的高潮中，太平天国虽然还被正面肯定，但其领袖人物中，却仅剩下洪秀全一人处于至高无上、全盘肯定的地位，而同为太平天国主要领导人的杨秀清、石达开等，都程度不等地受到批判，或被指为篡夺最高权力的阴谋家，或被斥为自取灭亡的分裂主义者，等等。太平天国史的正常研究被迫中断。太平天国历史博物馆的《太平天国历史陈列》也不再对外开放。

1974年全国掀起"批林批孔"的热潮，《红旗》杂志第1期刊登署名文章《历史上劳动人民的反孔斗争》称：

> 十九世纪中叶，洪秀全领导的太平天国革命，是我国历史上规模最大的一次农民起义，也是我国历史上前所未有的一次声势浩大的讨孔运动。太平天国革命的一个显著特点，就是它一开始就明确地把推翻封建专制制度同摧毁封建统治的精神支柱——孔学结合起来，对孔子及其反动思想进行了尖锐的批判。

太平天国因而再次引起了世人的注目。但相关的评论或批判文章已不再属于严肃的历史研究的范畴了。

同年10月，太平天国历史博物馆的《太平天国历史陈列》重新开放。当时有观众受"左"的思想影响，说洪仁玕是走资本主义的当权派，建议

---

① 茅家琦：《桑榆读史笔记》，南京大学出版社2012年版，第183—195页。

把他写的《资政新篇》撤下来。太博的同志就此向方之光咨询。方说：资本主义是封建主义的天敌，当时走资本主义道路与走封建主义道路相比，是历史的一大进步。《资政新篇》的内容得以保留。①

## 第四节　1977—1989年的太平天国史研究

1976年10月粉碎"四人帮"且"拨乱反正"之后，"左"的路线及其思潮得到初步清算。太平天国史成了史学界最先复苏的研究领域。

1977年，王庆成发表题为《太平天国的反封建性质不容否定——驳梁效、罗思鼎对太平天国历史的歪曲》一文，批判了梁效等的"反动历史观和方法"。该文指出：梁效们对于太平天国如何的伟大斗争并不感兴趣，而是热衷于所谓天国内部的两条路线斗争，是利用历史反党，为其篡党夺权政治需要服务。②

1979年5月下旬，由北京太平天国历史研究会和南京史学会联合举办的太平天国史学术讨论会在南京召开。这是改革开放后中国史学界首次举办的国际学术会议，也是新中国成立30年来史学界规模最大的一次学术讨论会。参加这次讨论会的不仅有来自全国各高校院所、文博和出版机构的专业人员，还有太平天国史研究的业余爱好者，加上来自英国、澳大利亚、比利时、联邦德国、日本、美国和加拿大的外国学者，以及在南京就读的外国留学生，260多人济济一堂。会议收到各种专题论文200余篇，在一定程度上反映了"文化大革命"结束以来史学界的初步繁荣。

此后直到1989年的十余年间，可以说是太平天国史研究空前繁盛、最为活跃的时期。各地的太平天国史学会纷纷成立，各种大中小型的学术讨论会相继召开，学术论著、研究资料的出版、发表数量更是空前。南京大学等高校的中国近现代史专业还招收了太平天国史研究方向的研究生。

---

①　参见方之光口述、袁蓉整理的《"太史"研究五十载撼忆》（据袁蓉传给作者的电子文本原件）。方之光当年为陈恭禄的研究生。

②　该文发表于《历史研究》1977年第6期，后收入作者的《太平天国的历史和思想》（中华书局1985年版）一书，改题为《怎样认识太平天国的反封建性质》。

一时间太平天国史研究领域聚集起众多的研究力量,有人为此戏称:研究太平天国的简直比太平军还要多。也鉴于太平天国史研究在史学领域一枝独秀,有类于《红楼梦》研究在文学史领域的处境,曾任北京太平天国史学会会长的戴逸教授即建议:仿照《红楼梦》研究之称作"红学",太平天国史的研究也可称作"太学"。

首先是人物评价问题。

1980年在苏州召开的太平天国史研讨会上,与会专家们一致赞成为李秀成"恢复名誉",在苏州的忠王府也报请国务院批准,重新恢复为国家重点文物保护单位。

其他人物也相继得到了重新评价。

洪秀全与杨秀清是太平天国最主要的两位领导人。固然,没有洪秀全就没有太平天国;但若没有杨秀清,洪秀全作为一个失意书生,充其量也就是个基督教的传道牧师,而不可能成为太平天国的天王。晚清和民国时期的人们多将洪杨并列。张德坚的《贼情汇纂》将洪秀全与杨秀清并称"首逆"。谭嗣同称太平天国为"洪杨之徒"。到了20世纪30年代,邓之诚在其整理的《汪晦翁乙丙日记》的序言中也依然说"晚近治洪杨史事者日多,诚以洪杨创业垂统历十有五年"云云。洪杨并列,也有附会的成分在内。古人本即有所谓"红羊劫"之说,以天干"丙""丁"和地支"午"在阴阳五行里都属火,为红色,而地支"未"在生肖上是羊,因而每六十年即可出现一次"丙午丁未之厄"。太平天国起义,虽然并未发生在这两个年份,但因为洪秀全和杨秀清姓氏的关系,亦被附会为"红羊劫"或"洪杨劫"。

在太平天国史的研究中,人们囿于"天无二日,土无二王"的习惯思维,往往过分看重洪秀全的天王身份和地位,从而贬低杨秀清在太平天国革命中所起的决定性作用。罗尔纲所撰纪传体的《太平天国史稿》,将天王洪秀全和幼天王洪天贵福入本纪,而将杨秀清和其他人入列传。几经反复后,在其最终定稿的《太平天国史》中,终于将本纪改为纪年,而将洪秀全等也列入传记之中。他也正是考虑到洪杨两人的特殊关系,而提出了太平天国为"虚君制"政体之说。

随着《天父天兄圣旨》于1983年被发现,杨秀清在太平天国开国史中的作用有了更多的显露，但迄今对他的研究，尤其是他在太平天国开国史中的作用，研究得还很不够。

韦正即韦昌辉，在金田起义和太平天国前期扮演了十分重要的角色。他的民族成分究竟是汉族还是壮族？1954年广西太平天国文史调查团在调查中曾因多种证据而得出他的民族成分"无可置疑"是壮族的结论。① 但罗尔纲通过其族谱乃至对韦志俊后人的调查，认为韦家是来人客籍，也即客家人。钟文典的《太平天国人物》一书中，以确凿的事实支持了罗尔纲的结论。②

冯云山与福汉会的关系同样引人注目。1973年，澳大利亚学者克拉克在其著作《上帝来到广西》(The Coming of God to Kwangsi) 一书中称：冯云山曾经参加过郭士立所组织的福汉会。他将这一研究成果带到1979年的国际学术讨论会上，引起人们的兴趣。茅家琦经过认真的考察辨析，并援引简又文、施其乐等人的研究成果，得出的结论是：冯云山从未参加过郭士立的福汉会。③

钟文典对太平天国人物的研究极为深入。他的《太平天国人物》一书中，共收入洪秀全、冯云山、杨秀清、萧朝贵等14个重要人物，且于每人都有翔实的考辨。这些人物中，客家人占了大多数。但也有本地土著，如萧朝贵即系壮族。

太平天国人物中，最富传奇和神秘色彩的要数萧朝贵的妻子杨宣娇。杨宣娇，在《太平天国起义记》中作杨云娇，是拜上帝会最早的成员，在其敬拜上帝之初，甚至比萧朝贵更有名，有"男学冯云山，女学杨云娇"的口号。但在太平天国文献，如《天兄圣旨》中，杨云娇均作杨宣娇。太平天国凡年岁较幼或身份地位较低者，如与尊长者名字有相重，必须改名以避讳。"宣娇"之名很有可能是后来避冯云山名讳而改。杨宣娇（云娇）与洪秀全等人为高天结义的兄妹，李秀成在其自述中误以为她是洪秀

---

① 广西省太平天国文史调查团：《太平天国起义调查报告》，生活·读书·新知三联书店1956年版，第74—75页。
② 参见钟文典《太平天国人物》，广西人民出版社1984年版，第196—200页。
③ 茅家琦：《关于郭士立和冯云山的关系问题》，《太平天国学刊》第1辑，中华书局1983年版，第267—271页。

全的亲妹，所以太平天国野史和一些研究著作中，曾将杨宣娇误作洪宣娇。王庆成、钟文典乃至罗尔纲本人，对杨宣娇事迹都有所考订。

研究太平天国人物最多且最有成就的仍数罗尔纲。成稿于20世纪80年代而于1991年出版的《太平天国史》是其集大成，仅其"传一辑"中即收有洪秀全等84位主要人物的传记。但其"传二辑"的《妇女传》中既不收杨宣娇，亦不收东王府中那位很有名的女簿书傅善祥，殊可奇怪。

值得一提的是，太平天国的对立面，如曾国藩、胡林翼、左宗棠、李鸿章等人的研究，也正是在20世纪80年代得到进一步的加强。其中较为突出的有龙盛运对湘军的研究，樊百川对淮军的研究，朱东安对曾国藩的研究，苑书义对李鸿章的研究，董蔡时对左宗棠的研究（以及在他的指导下，研究生王国平对胡林翼的研究），贾熟村对太平天国时期地主阶级的研究等。

太平天国史研究中曾经提出过的若干问题，如政治制度、宗教性质、军事组织、战争状况、各地政权建设、土地制度与社会经济政策，乃至妇女解放等，都有了新的进展。其中太平天国政权性质的问题，依然是争论的热点。

太平天国政权究竟是什么性质？农民革命能否建立农民政权？这一问题早在20世纪50年代就已有人提出，并引起争论。1961年史学家翦伯赞就此发表自己的见解：

> 农民反对封建压迫剥削，但没有，也不可能把封建当作一个制度来反对。农民反对地主，但没有，也不可能把地主当作一个阶级来反对。农民反对皇帝，但没有，也不可能把皇权当作一个主义来反对。

他的结论是：

> 农民建立的政权，只能是封建性的政权。[1]

---

[1] 翦伯赞：《对处理若干历史问题的初步意见》，原载《光明日报》1961年12月22日。

翦伯赞的相关论点，于1965年受到戚本禹的不点名批判。①

1978年改革开放以后，有人重翻旧案，并引发了新的热烈讨论。孙祚民在《试论太平天国政权的性质》②一文中，从三个方面对太平天国政权作了剖析：

> 关于政权构成的形式，从职官制度、等级制度和礼仪制度来看，基本上是沿袭封建专制主义政权的；关于各阶级在国家中的地位，不论是从中央政权到地方政权来看，还是从洪秀全、杨秀清等最高掌权者的转化来看，都是封建地主阶级及其知识分子占着统治地位的；关于土地制度，大量史料说明，太平天国建都天京以后，始终是保护地主土地所有制，支持地主收租的，根本没有实行过什么"耕者有其田"的政策，更谈不到实行平均分配土地。

他的结论是：

> 伟大的太平天国农民起义，在北伐进军的同时，沿着历史规律所规定的方向，走完了向封建转化的道路，农民英雄们在南京建立的天国，已经是新的封建王朝了。

沈嘉荣的《论太平天国政权性质问题》也认为：太平天国定都天京之后，建立的就是一个封建政权。③而农民起义所建立的政权之所以只能是封建性的政权。因为：第一，在新的生产力没有出现之前，不可能实现旧的生产关系的改变；第二，在封建主义的经济基础上，不可能建立非封建的或超封建的上层建筑。但他又指出：

> 我们否定农民政权，但决不是贬低或否定农民战争的历史作用。

---

① 参见戚本禹《为革命而研究历史》，《红旗》杂志1965年第13期。
② 孙祚民：《试论太平天国政权的性质》，《学术月刊》1979年第8期。
③ 沈嘉荣：《论太平天国政权性质问题》，《群众论丛》1979年创刊号；并参见其《再论太平天国政权性质问题》，《北方论丛》1979年第6期。

太平天国农民战争，就其觉悟程度和组织程度，都超过了前代；这场规模壮阔的农民起义，确实一定程度上打击了封建统治，从而一定程度上减轻了人民的负担，有利于调动广大农民群众的生产积极性，推动历史的前进；太平天国政权尽管是个封建性的政权，但其内外政策同已经腐朽了的封建的清王朝还有着一定的区别。

吴雁南在《太平天国前期的等级制度——兼论太平天国政权的性质与政体》[1]一文中，坚持了自己于1978年提出的太平天国政权具有"两重性"的见解。他认为：太平天国政权带有一定的封建性，但在当时仍是农民革命政权。政体具有一定的民主性，选贤与能，集体议事，赏罚比较严明，除诸王外，物质生活不太悬殊。

苏双碧的见解又有所不同。他提出：初期太平天国政权主要是农民政权，平等和平均思想表达了千百万苦难农民的愿望；太平天国政权在建都南京之后，在相当长一段时间里，这个政权的革命性是非常明显的；前期"照旧交粮纳税"是有利于农民的政策。但太平天国之向封建政权转化又有其历史的必然：首先，太平天国起义并没有自觉地反对封建地主阶级；其次，农民本身就是皇权主义者，他们反对贪官，但拥护"好皇帝"；第三，洪秀全本身就有强烈的取而代之的思想，即想推翻了清朝皇帝后，自己便可以充任"太平天王"；最后，太平天国政权没有独立的经济基础。[2]

这场讨论，并没有形成尖锐的对立，最后似乎不了了之。

判断一个政权的性质，离不开对国体和政体的辨析。在这一问题上所遵循的理论前提是毛泽东于《新民主主义论》一文中提出的论断：所谓国体，是指社会各阶级在国家中的地位；而所谓政体，则是指国家政权构成的形式。[3]

罗尔纲在太平天国政体问题上，提出了一个很有意思的见解，即太平天国是一个虚君制政权。[4]他说：

---

[1] 见《太平天国学刊》第2辑，中华书局1985年版，第77—104页。
[2] 参见苏双碧《论太平天国政权性质的转化问题》，《北方论丛》1980年第2期。
[3] 参见《毛泽东选集》第2卷，人民出版社1991年版，第676—677页。
[4] 罗尔纲：《太平天国政体考》，《历史学》1979年第2期。

太平天国以"主"（天王）为国家元首，以"军师"为政府首脑，采取"虚君制"，天王"临朝而不理政"，实际权力在于军师。这是一种把农民民主主义和君主制独特地结合在一起的政体。太平天国前期行虚君制，经过天京事变后，遭到破坏了。于是太平天国从具有农民民主性质的虚君制，走上了君主专制的道路。

他认为：作为国家元首的天王，确是沿袭封建制度的；但掌握实权的军师（受《三国演义》和《水浒传》影响，亦受天地会影响），则是农民民主思想的产物。这种虚君制，是和太平天国的国体，即政权的阶级性质相适应的。他的结论是：

> 太平天国虚君制，杨秀清迫称万岁，觊觎君位，破坏于前；洪秀全剥夺军师权力，厉行君主专制，彻底破坏于后。洪、杨对太平天国的败亡，都要承担重大责任。但是，我们不应该专责个人，而必须追溯到阶级根源上去。农民不可能摆脱封建生产方式带给他们的深刻影响。洪、杨事件，正说明了农民革命的本质的规律性。

罗尔纲的"虚君制"并没有引起什么争论，但并不等于人们都同意了他的见解。体现在洪秀全和杨秀清身上的这种因人设事的极不稳定的二元结构，能否称为"虚君制"，很值得进一步探究。

郦纯研究太平天国制度多年，其所著《太平天国制度初探》一书初版及增订本先后于1956年和1962年出版。1970年，他在"文化大革命"时期极为困难的条件下将此书再作修改，于1989年由中华书局出版了第二次修订本，字数也增为50余万字。他的另一巨著《太平天国军事史概述》上、下编全5册，约109万字，也由中华书局于1982年出版。该书根据可信资料，对太平天国军事史作了较为详细的叙述，记事也多较郭廷以《太平天国史事日志》为详。

太平天国的宗教问题，在80年代成为新的热点。

太平天国宗教，源于洪秀全、冯云山的敬拜上帝。韩山文据洪仁玕口述而编著的《太平天国起义记》① 一书中论之甚详。该书曾提及：洪秀全在第二次赴广州应考时，在贡院前正好得到基督教华人牧师梁发所派发的宣扬基督教的小册子《劝世良言》，并从此走上了敬拜上帝的道路。有人认为：洪秀全吸取了西方原始基督教的平等思想，并把它和中国古代儒家的大同思想糅合起来，写了《原道救世歌》《原道醒世训》《原道觉世训》等三篇理论文章。

茅家琦对此提出质疑。他指出：洪秀全是在 1843 年阅读《劝世良言》的，1847 年 3 月以后才读到《圣经》。而《劝世良言》中并没有任何宣扬原始基督教平等思想的地方。大约在 1845、1846 年，洪秀全写了《原道救世歌》《原道醒世训》，阐述了政治上、经济上的平等思想，这些思想和《劝世良言》风马牛不相及，和《圣经》更无关系。他所描绘的"天下为公"的美好蓝图，甚至连语言都是直接来自《礼记·礼运篇》。洪秀全从《劝世良言》中所吸取的，只不过是"独一真神唯上帝"的思想。就是敬拜上帝本身，洪秀全也是引用儒家经典予以证明的。我们今天说洪秀全向西方找到了上帝，但洪秀全自己却认为是"尽返真醇"，也就是"复古"，而不是向西方学习。②

不过 1847 年以后，洪秀全开始有了与外国传教士的直接接触。王庆成通过在美国查阅罗孝全的档案，对太平天国与罗孝全的关系已有较为清楚的勾勒：

1847 年春，洪秀全曾到罗孝全在广州的教堂学道。这段时间，并不是人们所通常认为的两个多月。因为从他 3 月 23 或 24 日（二月初七或初八）来到教堂，到 7 月 21 日（六月初十日）离开广州，洪秀全在罗孝全教堂的时间当在三个半月以上，并得到了《圣经》的某种中译本。1848 年冯云山羁于桂平县狱时，洪秀全曾再次返回广州。此次他是否与罗孝全见面没有直接的证据，但他肯定与罗的中国助手周道行有过接触。1849 年

---

① 本书原题作《洪秀全之异梦及广西乱事之始原》，简又文译成中文时改题，此书有 1935 年燕京大学图书馆刊印本（与 1854 年香港原本影印本合刊）。此书中译文后收入中国近代史资料丛刊《太平天国》第 6 册。

② 茅家琦：《基督教、儒家思想和洪秀全》，《太平天国史论丛》，南京大学学报丛书之三，1979 年 5 月印行，第 1—29 页。

2月萧朝贵假借天兄下凡时曾承认番人罗孝全"是真心,有牵连"。说明罗孝全确曾对洪秀全表示过某种同情和支持。而罗孝全的神学观念,即视其他一切宗教为异教和邪教,全力抨击本地人的偶像崇拜,可能对洪秀全也有很大的影响。洪秀全信仰上帝之初,虽排斥佛、道,但未有大肆捣毁偶像之事。1847年离广州去广西后,则打庙毁偶像、斥邪神之事屡有发生。[①]

引起人们较多兴趣的是太平天国起义之初敬拜上帝的组织问题。通行的说法是:1843年洪秀全读过《劝世良言》后,建立了"拜上帝会"。"拜上帝会"四字,本系《太平天国起义记》英文1854年版中所附的中文原文。说明确实是有这么个称呼。那么,洪秀全究竟有没有创立一个名叫"拜上帝会"的组织?

茅家琦最先对此提出质疑。他指出:就我们翻阅过的太平天国官书和参加太平天国革命的人所写的材料,从没有发现"拜上帝会"的记载。再查《太平天国起义记》,据简又文的译文,作:"此等新教徒即自立会结集礼拜,未几,远近驰名,而成为'拜上帝会'。"而依据英文的原文,准确的译文应该是:"他们自己成群地汇合起来,在一起举行宗教礼拜,很快,他们以'拜上帝会'而远近驰名。"

茅家琦的结论是:"可见,根据韩山文的记载,并不是洪秀全建立了'拜上帝会',而是别人用'拜上帝会'这个名字,称呼经常在一起举行宗教仪式的拜上帝的人。"[②]

停滞多年的外文史料的翻译工作也得以重新起步。20世纪80年代中,北京太平天国史研究会先后编辑了三辑《太平天国史译丛》,交由中华书局出版。不仅选译了若干重要史料,也介绍了国外学者太平天国史研究的最新成果。如1981年出版的《译丛》第一辑,就收纳了参加1979年南京太平天国史学术讨论会的外国学者所提供的论文、资料或所作的学术报告。1983年出版的《译丛》第二辑,登载了英国学者柯文南和南京大学

---

[①] 王庆成:《洪秀全与罗孝全的早期关系》,载王庆成《太平天国的文献和历史——海外新文献刊布和文献史研究》,社会科学文献出版社1993年版,第398—425页。

[②] 茅家琦:《太平天国兴亡史》,上海人民出版社1980年版,第17—18页。

蔡少卿共同翻译的《镇江与南京——原始的叙述》（原文于1857年1月在香港出版的《中国之友》报15、21、30日副刊连载）。该文的叙事者，也即裨治文、麦高文等人于上海《北华捷报》发表的有关天京事变两篇报道中的叙事者。但该文叙事较后两者更为翔实，保存了较多的原始性。裨治文和麦高文的两篇报道，原已有简又文的译文，但不甚完整，也有不准确的地方，该辑也特地登载了新的更为准确的译文。这几篇译文的发表，对当时业已展开的天京事变的学术争论，尤其是否存在天府广场大屠杀、所谓第八位者究竟是谁的争论，提供了史料佐证。

形形色色的太平天国资料，有些早于五六十年代即已编就，此时也相继出版。其中较为重要的有《太平天国革命时期广西农民起义资料》①、《吴煦档案选编》②等。罗尔纲所主持的《太平天国资料汇编》此时也交由中华书局出版，可惜在出版了杜文澜《平定粤寇纪略》（第一册）和李滨《中兴别记》（第二册）两种之后即戛然而止。

太平天国自身的史料，于此期间有了最为重要的发现。1983年中国社会科学院近代史研究所王庆成研究员于访英期间，在英国图书馆得见太平天国官方印书《天兄圣旨》卷一、卷二和《天父圣旨》卷三。杨秀清假借天父下凡，萧朝贵假借天兄下凡，都是太平天国史中最为重要的事件。正如王庆成所指出的，"我们不充分了解各次天父天兄下凡，也就差不多等于不充分了解太平天国"，所以当他在英国图书馆找到这两种书打开封面见到第一页时，"不禁激动得双手剧烈震颤，翻不开第二页……"③这两种太平天国官方印书包含了太平天国开国直至天京事变之前许多事件的重要信息。太平天国前期的历史，尤其是开国的历史，多要为之重写。但这一

---

① 该资料由原广西壮族自治区通志馆在"文化大革命"前收集汇编，采集范围主要为广西的府州厅县志和粤湘云贵等省的方志，以及其他官私记载、著述、手稿、碑文等。经增删调整后于1978年11月由中华书局出版，全文计55万字。

② 吴煦档案自1953年在杭州发现，1959年移交南京太平天国历史博物馆，次年开始整理。《吴煦档案选编》计分为太平天国资料、会党活动及农民抗漕斗争资料、中外交涉与资本主义列强侵华资料及清政府财政经济资料等共4类，共7辑，总计204万字，于1983年2月至1984年5月由江苏人民出版社陆续出版。

③ 王庆成：《〈天父天兄圣旨〉后记》，载其所编《天父天兄圣旨》，辽宁人民出版社1986年版，第205页。

发现的深刻影响，一直到20世纪90年代才得以渐次展现。

## 第五节 1990—2000年的太平天国史研究

"太学"在20世纪70年代末乃至整个80年代空前热闹的盛况未能持久。由于其他研究领域，包括太平天国对立面清王朝及其重要人物研究禁区的打开，研究者一窝蜂地挤在太平天国史的现象很快得到纾解。1989年"春夏风波"之后，执政党政治理念的变化也使得相当一部分人从肯定太平天国转而肯定曾国藩等清朝方面的所谓同光中兴名臣。还是在1989年当年，一位国家工作人员即对研究太平天国的学者说：1989年6月之前他对太平天国是完全赞成的，但之后，他就转而赞成曾国藩了。研究队伍的分流，乃至学者研究兴趣的转移，对于太平天国史的研究来说，并非坏事。而在进入20世纪90年代之后，研究队伍专业化的增强，研究水平的提高，也已是题中应有之义。有些在80年代业已提出的问题，也是直到90年代才得以解决或有所回应。

书籍的出版更有其延滞的特点。80年代即已成稿的学术专著、研究资料等，有不少是在90年代才得以出版面世的。如罗尔纲以几十年心血独力撰著的《太平天国史》全4册，计150余万字，即于1991年9月由中华书局出版。同年8月，茅家琦主编、多位学者参与撰述的《太平天国通史》全3册，计134万字，由南京大学出版社出版。

这一时期，太平天国史研究的全国性学会——中国太平天国史研究会得以成立。

1989年10月，民政部批复同意成立中国太平天国史研究会。1990年5月，中国太平天国史研究会在南京正式宣告成立。来自全国17个省市自治区的100多位专家学者云集南京天朝宫殿遗址，并举行了第一届学术年会。这次年会会聚了不同年龄层次的学者，提交了多种学术专著、文集和学术论文，研究方法多样化，涵盖太平天国政治、经济、军事、宗教及文化等各个层面，全面反映了当时太平天国史研究的最新成果，体现了新时期的学术特色。南京太平天国史学会同时改组为江苏省太平天国史这一时期有关太平天国政权性质有一很有意义的争论，即太平天国是否推行神权政治的问题。这一问题是由著名哲学史家冯友兰引起的。1988年3月，冯氏在其《中国哲学史新编》第六册的序言中提出了这样的见解：

> 中国维新时代的主题是向西方学习，进步的人们都向西方学习，但不能倒过来说，凡向西方学习的都是进步的人们。这要具体地分析，要看他要学习的是什么。中国所要向西方学习的是西方的长处，并不是西方的缺点，洪秀全和太平天国所要学习而搬到中国来的是西方中世纪的神权政治，那正是西方的缺点。西方的近代化正是在和这个缺点的斗争中而生长出来的，中国所需要的是西方的近代化，并不是西方中世纪的神权政治。洪秀全和太平天国如果统一了全国，那就要使中国倒退几个世纪，这是我对洪秀全和太平天国的评价。这个评价把洪秀全和太平天国贬低了，其自然的结果就是把它的对立面曾国藩抬高了。曾国藩是不是把中国推向前进是可以讨论的，但他确实阻止了中国的倒退，这就是一个大贡献。①

朱东安在于1990年第5期《历史研究》发表了《太平天国"推行神权政治"说质疑》一文，对冯友兰的相关论点有所批驳。该文指出：太平天国的宗教是具有民族独立性和现实性的农民革命宗教，不应当把它当成帝国主义侵略中国的工具和西欧中世纪黑暗的教会统治的象征。根据斯宾诺莎关于"神权政治"的原义和太平天国的具体情况，太平天国农民政权的政治体制应属于君主专制政体，不属于神权政治，而洪秀全集最高军、政、教权于一身的做法，正是斯宾诺莎开出的根治"神权政治"的药方。鉴于中国的历史传统和实际情况，拜上帝教根本不可能在中国取得统治地位，当时战争双方中的任何一方取胜，都不可能造成西

---

① 冯友兰：《中国哲学史新编》第6册"自序"，《中国哲学史新编》（下卷），人民出版社1999年版，第334页。

欧中世纪的政治局面。冯友兰先生对中国历史的假设是没有根据的，不能成立的。他的有关著作和文章不仅有违历史事实，其研究方法也值得商榷。

太平天国开国史上一些重要史实，如天王登极、金田起义的辨析，在此期间也有所进展。

罗尔纲曾着力探讨金田起义的日期问题。他在20世纪50年代初所撰写的《金田起义考》①一文中，曾列举有关太平天国起义日期的10种不同的说法，其中最为重要的有《李秀成自述》所说的道光三十年六月，太平天国官书《天情道理书》所说的十月初一日和《洪仁玕自述》所说的十二月初十日。罗尔纲极为看重李秀成的相关叙述，但《李秀成自述》（即其供词）中所谓"六月起义"之说与当时人们所掌握的太平天国起义的若干史实颇有凿枘矛盾之处，因而在简又文发现干王洪仁玕的供词及幼赞王蒙时雍的家书后，罗尔纲明确表示赞同简又文的意见，即以洪仁玕的十二月初十日起义之说为准。②1962年，曾国藩的后人在台湾将李秀成的亲笔供词公开影印出版。经查对，内中的起义日期原文是"十月"而不是"六月"。1979年，南京大学茅家琦教授据此对十二月初十日起义说提出质疑，认为金田起义日就是《天情道理书》所说的金田团营日，也即道光三十年十月初一日。③

在茅家琦的启发和指导下，南京大学研究生姜涛和俞政一起先后写了两篇与罗尔纲商榷的文章。④除重申对李秀成"十月不约同日"起义之说的支持外，还着重对十二月初十日起义说的若干不合理之处提出质疑。罗尔纲后来因此将正号太平天国元年以及封立幼主的时间挪到次年的二月二十一日，也即他所认定的洪秀全登极的时间。⑤1992年，姜涛经过

---

① 罗尔纲：《金田起义考》，《罗尔纲全集》第2卷，社会科学文献出版社2011年版，第9—27页。
② 参见简又文《太平天国全史》上册，香港简氏猛进书屋1962年版，第226页。
③ 参见茅家琦《太平天国兴亡史》，上海人民出版社1980年版，第35—40页。
④ 俞政、姜涛：《金田起义时间的再考证》，《太平天国史论丛》（《南京大学学报》丛书），1979年印行；姜涛、俞政：《太平天国起义究竟发生在什么时间？》，《南京大学学报》1980年第4期。
⑤ 罗尔纲：《太平天国在何时何地建国》，《罗尔纲全集》第5卷，第125—127页。

对《天兄圣旨》①的仔细研读，发现罗尔纲等人所认定的所谓天王于1851年春在武宣东乡登极之说，其时间地点都是错误的，为此写出题为《洪秀全"登极"史实辨正》②的考证文章，论证了洪秀全之登极，是在庚戌年的二月二十一日（1850年4月3日），地点是在桂平县的平山（平在山）。于此带来的新问题是：金田起义和天王登极孰先孰后？无论是十二月初十日起义说还是十月初一日起义说，起义时间都是在当年的二月二十一日之后。这与此前人们的认识，即只有在起义之后才能称王登极，显然是矛盾的。姜涛在《金田起义再辨析》③一文中作了进一步的探讨。文中强调指出，"金田起义"是太平天国自身文献的特定用语，大体是指以金田为中心的各路拜上帝人马团营举兵，"共扶真主"，也即仗义起兵勤王。金田起义的领导人是军师杨秀清等人，而不是已成为拥戴对象的天王洪秀全。

太平天国军事史的研究，其战事本末，由于有郭廷以、郦纯等人的著述，已经有了较为坚实的基础。但只是在军队学者，如军事科学院张一文、南京陆军指挥学院（原高级步校）舒翼等人加盟后，才有了新的突破性进展。1994年，张一文的《太平天国军事史》由广西人民出版社出版。这部35万字的著作，分为上、下两编，共20章。上编叙战争，依次简明扼要而又相当全面地记叙了从金田起义到攻占金陵，战略进攻态势下的北伐、西征和守卫天京，天京内讧和石达开远征后的战略退却，战略防御态势下的局部进攻，战略决战——二次西征和安庆会战的失败，东部战场的经略和西部防线的瓦解，以及最后的天京保卫战的全过程。上编还辟专章探讨了太平天国战争失败的基本原因。张一文在书中指出：由金田起义肇始的太平天国农民战争，历时18年，纵横全国18省，先后占领过400多个郡县，其战争规模之大，作战水平之高，都达到了我国历史上旧式农民

---

① 参见王庆成编注《天父天兄圣旨》（排印本），辽宁人民出版社1986年版；王庆成主编《影印太平天国文献十二种》，中华书局2004年版。
② 姜涛：《洪秀全"登极"史实辨正》，《历史研究》1993年第1期摘要发表。其全文改题为《洪秀全登极考》，发表于《纪念罗尔纲教授文集》（《江苏文史资料》第110集），江苏文史资料编辑部1998年版。
③ 姜涛：《金田起义再辨析》，《近代史研究》1996年第2期。全文约1.3万字。

起义战争的顶峰。然而,令人惋惜的是,像太平天国这样较之历史上任何一次规模更大、纲领更完备的伟大农民革命,竟然连改朝换代,即推翻清王朝、"开创新朝"的目标都未能实现,最终仍被清王朝所扑灭。这是为什么呢?他提出了以下五方面的原因:一是领导集团过早地封建化和分裂,早期所形成的较坚强的领导集体未能保持始终;二是军事战略上一再失误,多次丧失了战胜敌人,摆脱危机的机会;三是政略上操之过激,吓跑了群众,导致了自我孤立;四是在外交上天真鲁莽,不懂斗争策略,加速了西方列强与清廷勾结的进程;五是思想上迷信、愚昧,未能冷静分析形势,总结经验教训。下编讲军事,分章详述了太平军的领导体制与军队编制,军事纪律、思想灌输与军事训练,兵器、装具和筑城,后勤保障制度,阵法与战法,战略及军事思想等。[①]

张一文的军事史是作为"太平天国史丛书"的一种而由广西人民出版社出版的。这套丛书,以罗尔纲为顾问,由广西师范大学教授钟文典担任主编。丛书计17种,分为13册,于1991年至1997年陆续出版。作者多为久负盛名的研究大家或对某一专题有独到心得的学者,内容涉及太平天国的诸多方面。兹按出版时间的先后列表如下,以清眉目:

表3-1　　　　　　　　"太平天国史丛书"一览

| 作者 | 书名 | 出版时间 | 备注 |
| --- | --- | --- | --- |
| 郭毅生 | 太平天国经济史 | 1991年1月 | |
| 贾熟村 | 太平天国时期的地主阶级 | 1991年1月 | |
| 华　强 | 太平天国地理志 | 1991年3月 | |
| 钟文典 | 太平天国开国史 | 1992年8月 | |
| 苏双碧 | 太平天国史综论 | 1993年8月 | |
| 茅家琦 | 太平天国与列强 | 1992年8月 | |
| 史　式 | 太平天国词语研究 | 1993年8月 | 两种合为一册 |
| 吴良祚 | 太平天国避讳研究 | | |
| 祁龙威 | 太平天国经籍志 | 1993年12月 | |

---

① 张一文:《太平天国军事史》,广西人民出版社1994年版。

续表

| 作者 | 书名 | 出版时间 | 备注 |
| --- | --- | --- | --- |
| 周新国 | 太平天国刑法研究 | 1993年12月 | 两种合为一册 |
| 吴善中 | 太平天国历法研究 | | |
| 张一文 | 太平天国军事史 | 1994年11月 | |
| 郭豫明 | 太平天国与捻军 | 1996年12月 | 两种合为一册 |
| 刘佐泉 | 太平天国与客家 | | |
| 郭存孝 | 太平天国博物志 | 1997年6月 | |
| 张守常 | 太平天国北伐史 | 1997年9月 | 两种合为一册 |
| 朱哲芳 | 太平天国西征史 | | |

与此同时，由罗尔纲、谢兴尧任顾问，郭毅生、史式为主编，集中了国内60余位太平天国历史专家及中青年学者共同撰写，历时七年完成的《太平天国大辞典》，也由中国社会科学出版社于1995年出版。全书收入词目近4000条，共110万字，计分为总叙、词语、人物、军事战争、地理、经济、文物史料著作等七大类，较为及时、全面地反映和展示了到当时为止的太平天国史研究的最新成果和风貌。

中国第一历史档案馆编研人员编纂的大型档案汇编《清政府镇压太平天国档案史料》也于20世纪90年代初开始陆续出版。该书的选编工作始于50年代后期。至1963年10月，中央档案馆明清档案部（中国第一历史档案馆前身）已从馆藏清代档案中完成了辑有6000余件档案、600余万字的初稿。"文化大革命"中这一编纂工作被迫中断。1979年，该书的编纂工作重新提上日程。经过多年努力，该馆编研人员已完成2000余万字的选材工作。选材范围包括馆藏军机处全宗的录副奏摺（简称录副）、上谕档、剿捕档、方略馆全宗的《钦定剿平粤匪方略稿本》（简称方略稿本）、宫中全宗的朱批奏摺（简称朱摺）、内阁全宗的题本，以及京城巡防处档等各档册。从道光三十年五月（初六日军机大臣寄谕广西巡抚郑祖琛督率员弁查拿广西各股会众毋任裹胁蔓延）编至同治五年二月（十四日谕内阁粤东军务告竣著将剿捕出力之康国器等将弁分别奖赏鼓励）。第1、2册原由光明日报出版社于1990年开始出版，但不久就改由社会科学文献出版社出版，从1992年起到2001年第26册出版，计约1400万字。

## 第六节　21世纪以来的太平天国史研究

按照南京大学教授方之光的说法，2001—2008年，也就是在他担任太平天国史研究会会长的八年间，是太平天国史研究的低潮期。但就在此低潮或困难的时期，依然有一批学者坚守在学术研究的前沿，为太平天国史的研究和传承作出了自己的贡献。

复旦大学中文系教授潘旭澜于2000年出版了他论述"太平军"的杂文汇集《太平杂说》，总计35篇短文，从头到尾充斥了对太平天国的攻击。① 2001年4月在上海举行的"太平天国与江南社会学术研讨会"上，太平天国历史博物馆研究员张铁宝对潘旭澜全面否定洪秀全与太平天国进行了中肯的学术批评，他指出：太平天国资料浩如烟海，仅仅根据《贼情汇纂》《李秀成供辞》和英国人写的《太平天国天京观察记》等三种资料，"就可以了解太平天国本来的面目"，显然是片面的，是不可能得出正确结论的。潘旭澜的这部仅15万字的杂文汇集，共有19处称太平天国的宗教为"邪教"。②

无独有偶，史式也在其《让太平天国恢复本来面目》③一文中称太平天国为"邪教"或"邪教集团"。他从古今中外的各种邪教归纳出五大共性，大致是：1. 常以世界末日来吓人，并许诺信教可以逃避灾祸，进入天国；2. 装神扮鬼，特别是吹嘘教主能知天意，能与天神沟通；3. 都需要敛财；4. 为了保证自身的生存和发展，无不对入教者加以严格控制；5. 教主都是淫棍，年轻的女教徒都是他们的猎物。该文最后的结论是：

> 对于太平天国可以称之为一场流产了的革命，一场失败了的起

---

① 潘旭澜：《太平杂说》，百花文艺出版社2000年版。
② 潘旭澜：《其兴也勃》，载其所著《太平杂说》，香港天地图书公司2001年版，第58—59页。
③ 史式：《让太平天国恢复本来面目》，《开放时代》2001年1月号。

义，一个不应该长期延续却可悲地一直延续到覆亡的邪教集团。

如果说潘旭澜作为"隔行论史"者对太平天国仍有较多的隔膜，史式作为研究太平天国多年的学者而持此说就颇具杀伤力了。

其他研究者都不赞成"邪教"之说。

戴逸认为：判断拜上帝会是不是邪教，不能只看它的外部特征，还要看它当时所发生的历史作用。当时社会上阶级关系十分紧张，下层人民不能照旧生活下去，迫切需要一种思想武器和组织工具来动员和凝聚分散的人民群众，参加斗争，促进农民起义的顺利发展。拜上帝会起了这样的历史作用。不是宗教制造了农民战争，而是农民战争的到来利用宗教加速和促成了起义。因此判断宗教的性质必须根据当时农民战争的性质。凡是承认太平天国是一场正义的反压迫的农民战争的，就不能把拜上帝会视为邪教。①

李文海在其《为什么不能把太平天国的上帝教看作"邪教"》一文中较为系统地评介了夏春涛《天国的陨落——太平天国宗教再研究》一书，他指出：要能正确地、客观地评价太平天国，首先要辨清太平天国的上帝教究竟是不是"邪教"？正因为这样，《天国的陨落》在对上帝教的各个方面进行全面剖析的基础上，作为全书总结的"结束语"只集中写了一个问题，问题叫作"太平天国宗教'邪教'说辨正"。该书首先从讨论"邪教"的定义入手，认为应该分清楚现今所界定的"邪教"同历史上封建统治阶级对民间宗教贬称为"邪教"的区别。按照我国权威的法律文书的定义，"邪教"不是宗教的某个教派，而是冒用宗教名义、披着宗教外衣的非法组织、犯罪集团。《天国的陨落》在回顾了历史之后指出，"邪教"是"一个在我国沿用已久的传统概念，旧时是对民间宗教的一种贬称"。"民间宗教之所以被指斥为'邪教'，主要有宗教和政治两方面的因素，而以政治因素为主。""统治者历来重视对正统宗教的利用，以钳制人们的思想和行为，强化宗教对社会的控制功能。也正因为如此，在正统宗教与民

---

① 戴逸：《太平天国拜上帝会不是邪教》，该文由《中华文史网》首发，见其"清史研究·专题研究·太平天国"网页。以下所引各文，凡未标明出处者均同此。

间宗教的所谓门户之争中，官方通常站在前者的立场，斥民间宗教离经叛道的教义为异端邪说，视以结社拜会形式组建的民间教门为煽惑叛乱的异己力量，采用严刑峻法来加以取缔和镇压。"该书指出："上帝教是较为典型的一种民间宗教，但同时又具有与以往迥然不同的一些特点，标志着在西方基督教的渗透下，近代民间宗教所发生的新与旧的代谢。"该书强调指出："与清代民间教门和秘密会党相比，上帝教所信奉的独一真神信仰无疑是一种历史进步。正是借助于威严刚烈、权能无限的上帝形象，洪秀全才得以有效地统一号令，汇聚力量，整肃军纪，使金田起义的星星之火迅速形成燎原之势。"

李文海的评介文章最后说：

《天国的陨落》对太平天国宗教的辩证分析，特别是对上帝教是否"邪教"的有力辨正，具有重要的理论意义和方法论意义。因为弄清这个问题，不仅关系到对太平天国运动如何评价，更关系到如何看待封建时代农民群众的反封建斗争问题。……如果我们按照封建统治阶级的立场和观点，对民间宗教一概以"邪教"目之，通过民间教门组织的反封建斗争一概视作是邪恶的、祸国殃民的作乱，那末，整个封建时代的反封建斗争便被一笔抹煞了，这岂不是重新陷入了历史的大颠倒？

章开沅在其《从清史编纂看太平天国》一文中亦有专节谈及邪教的争论。他指出：宗教区分正邪是一个十分复杂的问题。基督教的办法曾经非常简便，就是由教廷说了算；但只有异端与异端分子之称，并无邪教的说法。"邪教"是中国历史文献上的固有名词，中国传统所谓"邪教"，与欧洲中世纪基督教所谓"异端"大体相近，即主要还是从政治方面着眼。凡被认为对其统治（包括教权与治权）构成威胁者，均称为"邪教"。至于现时人们对"邪教"的定义，即邪教对正常社会秩序造成严重威胁和破坏，是披着宗教外衣，带有强烈政治色彩，具有反科学、反社会、反人类、反政府性质的犯罪集团。这种表述含糊不清之处太多。首先是反科学，试问世上哪有什么不反科学的宗教，因为宗教信仰从终极而言必然是与科学相对立的。其次是反社会、反政府，问题是反什么样的社会和什么样的政府？如果是黑暗社会和反动政府，难道不应该反吗？所以真正可以辨别正邪的依据只剩下一个无所不包的反人类，而反人类一词本身应该也是必须有严格界定的。

章开沅的结论是：不赞同把邪教一词引入宗教性质判断，因为它本来就是一个政治性词语；更难以苟同把上帝教贬为邪教。上帝教虽然受基督教很多影响，而且大量利用基督教的许多教义与仪式，然而却很难把它视为基督教的一支，它无非是带有某些基督教色彩的中国土生土长的民间宗教之一。

张海鹏在其《关于太平天国是否邪教的一点思考》一文中强调：关于太平天国是邪教的说法，只是近年以来所出现的历史虚无主义和否定思潮的一种表现。他个人尊重这些研究者发表自己见解的权利，但是不能赞同他们的观点。他认为：洪秀全往往有很多宗教语言，但是太平天国的政治行为往往体现出更多的世俗倾向。太平天国的政治理想是斩邪留正，把天上的天国搬到地上，建设地上的小天堂，建设新天新地新社会。因此，对太平天国在历史上的作用的估计，不能被其宗教外衣蒙蔽了。单纯地用"洪秀全的政治性邪教"的说法，完全曲解了洪秀全的本意，也曲解了太平天国的本质。

在笔者看来，指斥太平天国为"邪教"，其实对太平天国本身并无伤害。因为对于统治者来说，作为叛逆的造反者的太平天国，其"罪行"要远较所谓的邪教大得多。仍以清王朝为例，还在嘉庆十九年，刚刚镇压下天理教起事的嘉庆帝，即曾下诏强调，"但诛叛匪，不诛邪教。……其平日虽系习教，而此次并不谋逆，亦不深究"，并要求"刊刻简明告示，广为晓谕"[①]。由此可见清王朝对待造反的"叛匪"和并不造反的所谓"习邪教者"在政策上是有着根本的区别的。

除了所谓的"邪教"说而外，潘旭澜还有一个新奇的观点，概括起来大意是：只有太平军，没有"太平天国"。他在题为《应当正名》的文章中说：

---

① 《清仁宗实录》卷282，嘉庆十九年正月丙寅。

> "太平天国"是什么呢？是洪秀全及其太平军自称的"国号"。蒙上一层宗教色彩，起初是为了诱惑、煽动百姓参加造反。
>
> 洪秀全为首的太平军，十余年里主要的活动，是军事行动及准军事行动。在它所占领的地方，没有建立完整的政治机构。……许多具体制度、组织、条规，如圣库制、供给制、诸匠营、百工衙等，在南京执行了一些时候的夫妻分居、禁止私有财产、取消商业贸易等，都是军事化的办法，不具有政治建设的意义。它没有得到任何一个外国的承认……只占据全国少数地方，没有完整行政体系，没有得到全国多数百姓和国际社会承认，当然不能算国家。①

《应当正名》是其《太平杂说》一书的第一篇文章，它和收入此书的其他34篇文章，目的只有一个，就是全盘否定洪秀全和太平天国。

夏春涛为此十分愤慨地批驳道：

> 太平天国占有东南半壁江山，其中央政权存世达14年之久，地方行政建制共分省、郡、县3级，县以下还设有乡村基层政权（乡官），如今却被潘先生轻描淡写地一笔勾销了，这岂不成了咄咄怪事？②

其实早在太平天国存在的当时，就已有英国外交官批驳了类似潘旭澜的见解：

> 由于内部原因，这个存在已久的由满族统治的大清帝国政府早已日趋衰颓，接着又由于外来的军事行动（起初由于英国武装力量的单独行动，如今则由于英法两国武装力量的联合行动）而受到致命的打击。目前中国根本不存在一个强有力的驾驭全国的政府，而在这个国家的绝大部分地区（对我们来说，无疑是极其重要的地区），普遍处

---

① 潘旭澜：《应当正名》，载其所著《太平杂说》，第1—4页。
② 夏春涛：《太平天国宗教"邪教"说辨正》，载方军主编《中国社会科学院青年学术报告》第1卷，社会科学文献出版社2004年版。

于混乱和没有生命财产安全保障的状态。

　　因此，环顾左右，在这个国家内发现某种可以用来代替大清政府的其他政权已成为极端重要的事情。果真发现了这样一个政权，我们非但不要向它发动进攻，而且还必须恳切地期望它迅速成长，坚持不干涉原则，并且切实遵守我国同清政府所签订的条约。这不仅是公道的，而且也是明智的，虽然这会阻挠我们采取任何旨在促进那个政权成长的步骤。但就我所指的那些重大权益而论，假若我们先行摧毁现存的政府，然后又着手阻挠任何其他政府的产生，那也必然是一种带有极端自杀性的行动方针。

　　现在我们已经发现太平天国正是这样一个政权，而且看到太平天国在南京建立的政府正是这样一种政府。①

夏春涛《天国的陨落——太平天国宗教再研究》一书出版于2006年，是迄今对太平天国宗教考察分析最为详尽深入的学术论著。② 王庆成为该书所写的"序言"指出：这部著作"并不单纯地就宗教论宗教，而是透过宗教对太平天国的政治、经济、文化、外交等方面的影响，对宗教与太平天国的兴起和失败的关系，都作了相应的连带研究，有较充分较深入的论述。所以，这本书实际上超过了它的书名所示的范围，在一定程度上是涉及太平天国全部主要历史的著作"。

　　夏著所提出的一些论点也引起了争论。比如"拜上帝会"问题，夏著坚持认为"拜上帝会"说不能成立。他分析简又文所据韩山文原文，以及其他外文报道多作"上帝会"的记载，推断"拜上帝会"含义与"上帝会"是一致的，他得出的结论是：冯云山创立的宗教组织名为"上帝会"而非"拜上帝会"。③

　　夏著显然回避了茅家琦早就指出的"拜上帝会"不是太平天国的自称而是他称的事实。笔者于此问题的看法是：不管是"拜上帝会"还是"上

---

① 《密迪乐领事致罗塞尔勋爵函》（1861年2月19日于上海，伦敦4月12日收到），中国近代史资料丛刊续编《太平天国》第10册，广西师范大学出版社2004年版，第151页。
② 夏春涛：《天国的陨落——太平天国宗教再研究》，中国人民大学出版社2006年版。
③ 同上书，第30—35页。

帝会",都没有任何太平天国自身文献的支撑,因而不可能是自称而只能是他称。之所以有加动词"拜"和不加动词的区别,是因为广西当地人对于加入会党者,向有"拜会"之说。如加入天地会,便说是"结拜添弟会(天地会)"①;加入三点会(天地会的别称),通常也说成是"拜三点"②。而对于在会之人,通常在后面再加一"的"字,如《太平天国起义调查报告》中,即记有老人讲"拜上帝的"与"拜三点的"区别。《李秀成自述》中,也多次提及"拜上帝人"或"拜上帝之人"。笔者在有关太平天国的论著中对于这一"他称"的处理办法是从习惯,在提及拜上帝之人的组织时,仍称其为"拜上帝会"③。

路遥在《关于太平天国宗教研究的几点思考》一文中也对"拜上帝会"有所辨析。他说:

> 从洪秀全于1843年开展"拜上帝"活动起,是否就创立了"拜上帝会"组织?现在大致已有了共识:多认为"拜上帝会"之名不是太平天国之"自称",而是"他称"。我个人也大体倾向于此说,因为现在所能见到的洪秀全及太平天国官方文件都未提及有此组织之名。信仰"上帝""拜上帝"活动,乃由洪秀全提出,他不可能将自己所倡之组织冠以"会"之名。道理很明显,清政府一直对民间聚会严加禁止,只要未经认可的聚众活动都以非法之"会"目之,并与"匪"相连定为"会匪"。……"拜上帝"乃由洪秀全首倡,他又是太平天国宗教思想、理论的制造者,既然太平天国所有官方文件都未出现"拜上帝会"之名,所以我还是同意太平天国并没有"自称"其宗教组织为"拜上帝会"之名。④

---

① 道光元年《乡约条规》,《太平天国革命时期广西农民起义资料》,中华书局1978年版,第18—26页。

② 参见《太平天国起义调查报告》,三联书店1956年版。

③ 参见《清代全史》第7卷,辽宁人民出版社1993年版,第139页注。笔者在这一注释中指出:"太平天国自身文献中,从无'拜上帝会'的提法,可见,所谓'拜上帝会'是他称,而不是自称。本文从习惯,在提及拜上帝之人的组织时,仍称其为'拜上帝会'。"后来笔者在《中国近代通史》第2卷,江苏人民出版社2009年版,第241页的注释中重申了这一认识。

④ 该文由《中华文史网》首发,见其"清史研究·专题研究·太平天国"网页。

太平天国宗教与基督教既有联系又相区别。其至为关键的转捩点是 1848 年冯云山被羁押桂平县狱。在此之前，洪秀全还是只想做个正统的传道牧师，他所传播的教义至多不过是较《圣经》稍有"走形"而已；而在杨秀清、萧朝贵相继假托天父天兄下凡之后，他们便共同携手，从此走上了有自己特色的"地上天国"的道路。

太平天国宗教到底是叫"拜上帝教"还是"上帝教"？路遥的论证另辟蹊径，使读者颇受启迪。他说：

> 社会人类学、宗教人类学十分重视从信仰、仪式、象征三者互联之系统去认定宗教，我认为对太平天国宗教亦应从这个视角去探析。信仰属于观念形态，洪秀全深信"上帝"，其"上帝"概念主要来自基督教，虽然它也有中国上古之"上帝"观念；仪式，指行为状态，太平天国宗教仪式有基督教礼拜形式，也有来自"降僮"的降神附体形式，但以后者为主导；象征，按宗教人类学的解释：宗教必须有象征，所谓象征是把文化（包含宗教文化）当成符号。象征通过符号呈现，而符号一般说来不是单一性而是多维性，"集体表象"首先进入人们的视野。太平天国的宗教符号象征很多：有中国传统的，也有西方外来的，但最突出的群体是"拜上帝"，它把信仰与仪式都融合在一起。象征既可以是有组织形态，也可以是非组织形态。信仰、仪式、象征三者不可分割，但信仰是核心。这样，不论太平天国宗教是否有"会"之名，只要有宗教信仰、仪式之象征体系，即可称之为"宗教"。
>
> 据此，称太平天国的宗教为"拜上帝"的宗教似乎要比"上帝"的宗教更确切些。多一个"拜"或少一个"拜"字，从社会和文化人类学角度看是有些区别的。称"上帝"教，只象征其信仰的观念形态；而称之为"拜上帝"教则兼具信仰与仪式之形态。①

但夏春涛仍坚持称其为上帝教。他对上帝教与基督教的区别有如下解释：

---

① 路遥：《关于太平天国宗教研究的几点思考》，中华文史网。

上帝教的源头虽然来自西方基督教，但它并不等同于基督教或属于基督教的某一教派，而是一种别具特色的新型宗教，两者在宗教仪式、宗教节日、宗教经典等方面迥然不同，在教义上更是大相径庭。……与基督教相比，上帝教具有鲜明的形而下色彩，它完全从属于世俗的政治斗争运动，是太平天国的指导思想和理论基础，其主旨并不是追求个人的精神超脱、灵魂不朽或实现无区分的人类博爱，而是以斩邪留正、营建人间天堂为己任。①

王国平研究基督教及太平天国宗教亦颇有心得。针对史学界有学者提出：应该根据太平天国的自称，将"上帝教"（或"拜上帝教"）改称为"天教"。② 他在《太平天国的"天"和"天教"》一文中对所谓"天教"问题进行了认真的梳理。在考察了各种有关太平天国宗教的文献之后，他总结道：

第一，天主教、上帝教、太平基督教、拜上帝教和"拜上帝会"宗教等五种名称是太平天国宗教的"他称"，太平天国文献在说到自己的宗教时使用的是名词是真道、真教和天教。第二，太平天国文献中的真道、真教和天教意即太平天国所崇拜的天父的宗教、教道，实际上就是包括基督新教、天主教和太平天国宗教在内的广义的基督教，而不是太平天国自己对太平天国宗教的"命名"或"自称"。

最后他援引洪仁玕亲书供词中"虽敬奉耶稣，却与外洋的天主教、辨正教微有不同，究有孔孟敬天畏天一样道理"的说法，得出结论："尽管上帝教含有儒学'敬天畏天'的'道理'，但也只是使上帝教与基督教'微有不同'而已，而不是相反。说到底，上帝教仍然只是基督教的一个异端派别或边缘教派。"③

---

① 夏春涛：《天国的陨落——太平天国宗教再研究》，第445页。
② 参见张英明《太平天国宗教正名》，《江西师范学院学报》1990年第2期。
③ 王国平：《太平天国的"天"和"天教"》，并参见其《太平天国上帝教对基督教的认同》，均已收入其所著《太平天国史论》，苏州大学出版社2011年版。全书计38万字。

王国平对太平天国政体是否为神权政治也有所辨析。他的《太平天国政体与"神权政治"》① 一文就所谓的神权政治问题对太平天国前后期政权结构发展变化的影响作了进一步的论证。文章认为：

由于特殊的历史条件所决定，从形式上看，太平天国前期确实表现出神权政治的特点，其主要特征和表现就是东王握有神权，而天王为一国之君，东王所掌握的神权却凌驾于天王代表的政权之上；但就政权的日常运作而言，太平天国又表现出非神权政治的特点，其主要特征和表现就是东王府的政权功能，政权实际运作全在东王府。所谓"虚君制"的说法正表明这一关键点，即东王既掌握着最高神权，又实际上掌握了最高政权，神权与政权合一，掌握于一人之手，就实质而言，太平天国前期又确实表现出非神权政治的特点。

1856 年的天京变乱解构了太平天国前期的神权与政权结构，太平天国后期，神权握于洪秀全一人之手，天朝宫殿（俗称天王府）成为中央政府所在地。这样，天王既掌握着最高政权，又掌握了最高神权，神权与政权合一，依然掌握于一人之手，在这个意义上说，太平天国后期完全表现为非神权政治的特点。因而从总体上说，"无论是在太平天国前期还是后期，太平天国的政体都不是神权政治，它所表现出来的复杂现象，不过是扑朔迷离的神权政治的幻影"。

这一时期出版的有关太平天国史的论著，除了上述夏春涛、王国平的两种外，较为重要的还有：崔之清主编的《太平天国战争全史》全 4 卷，南京大学出版社 2002 年版，计 216 万字。崔著的若干内容，原已纳入茅家琦主编的《太平天国通史》，因逢南京大学百年校庆而得以全貌出书。但因出自多人之手，该书的风格前后并不完全一致，作者的功力也各有高下。姜涛主编的《中国近代通史》第二卷，江苏人民出版社 2007 年 1 月初版，2009 年 9 月重版，计 61.5 万字。姜著为张海鹏主编的 10 卷本《中国近代通史》中的一卷，内容为两次鸦片战争与太平天国革命。其中的太平天国史部分由姜本人撰写，约占全书篇幅的三分之二。该书虽为通史性

---

① 王国平：《太平天国政体与"神权政治"》，原载《史林》2002 年第 4 期。已收入《太平天国史论》。

质，但融入作者多年研究的心血，亦颇有其心得和创获。此外，朱从兵撰著的《太平天国文书制度再研究》，亦于2010年10月由合肥工业大学出版社出版。

这一时期出版的还有两种重要的太平天国文献资料。一是由王庆成主编的《影印太平天国文献十二种》，中华书局2004年版。该书收入英国图书馆收藏的太平天国文献10种和台北故宫文献馆收藏的干王洪仁玕亲笔文书、幼天王洪天贵福亲书自述等，其中对研究其早期历史最为重要的是《天父圣旨》与《天兄圣旨》。而于研究太平天国败亡时的历史有重要价值的无疑是洪仁玕的亲笔文书和洪天贵福的亲书自述。一是罗尔纲、王庆成主编的《中国近代史资料丛刊续编：太平天国》（共10册），广西师范大学出版社2004年版，全书计354.3万字，分为太平天国文献、清方记载和外人记载等3个部分。这部"续编"的太平天国文献部分，收录了到当时为止所有新发现的太平天国自身文献。清方记载部分，实际上是罗尔纲所主持的《太平天国资料汇编》的延续。出版时虽删去了捻、回和小刀会起事等资料，但汇编的若干精华得以保留。外人记载部分，除翻译了英国议会文书中有关太平天国的史料外，更全文翻译编入了克拉克等人（P. Clarke & J. Gregory）编辑的《西方关于太平天国的报道》（*Western Reports on the Taiping*）一书。

2011年，在罗尔纲（1901—1997）诞辰110周年之际，《罗尔纲全集》由社会科学文献出版社出版，全书共22卷22册，计1055.3万字。其主体是太平天国史研究的成果（约占15卷），计有《太平天国史纲》等26种。收入全集的这些著作，一般采用作者亲自修订过的最后版本。作者倾其一生精力、先后修订多次的《太平天国史》（原题作《太平天国史稿》）占了其中的3册。

罗尔纲的《太平天国史稿》，本有文白两种版本体系。1951年由开明书店出版的文言版《太平天国史稿》，有其自身的风格特色。如其叙述杨秀清伪称上帝降托显圣事的以下文字，即为后来的白话文本所未载，而其语言的魅力亦为后来的白话文本所不具备：

> 降托显圣者，即降僮之术。盖浔州尚存越人好鬼遗风，民间流行

降僮之术。降僮者，乃神灵附于人体使为灵媒也。此种人善预言，能治病与解答疑难，盖交感巫术一种，浔州民间笃信之。①

大概是格于体例吧，全集未收入这一文言文的《太平天国史稿》，这未尝不是一件憾事。

在"低潮期"举行的太平天国史学术研讨会，多以中小型为主，不图场面的风光热闹，而求学术的实质进展。但2011年12月于洪秀全的故乡广州市花都区（原花县）举办的"纪念太平天国起义160周年学术研讨会"，却是一空前的盛会。原本为农业小县的"天王故里"已发展成为现代化的广州副中心，成为广州经济发展最具活力的区域之一，因而完全有实力举办这次多达100余人的大型学术研讨会。与会的学者来自北京、上海、江苏、山东、河北、河南、安徽、四川、湖南、广西、广东11个省、自治区、直辖市。虽未打出国际学术讨论会的旗号，但也有日本、韩国学者应邀与会，并发表论文。会后出版的题为《太平天国与中国近代社会——纪念太平天国起义160周年学术研讨会论文集》共收入论文近80篇，计100万字。② 这些论文研究领域广泛，有不少跨学科的探讨，对太平天国研究的广度和深度也有不同程度的推进。

## 第七节 对进一步研究的展望

回顾太平天国研究的历史，展望今后的发展之路，首先有一条是十分清楚的，这就是绝不可能再回到1976年粉碎"四人帮"后的那种盛况。那一盛况其实是由多种因素而促成的机遇，是可一而不可再的。

作为研究对象的太平天国，尽管有着"农民政权""革命运动"等提法，但毋庸置疑的是，它是一个"造反者的失败了的事业"。太平天国的

---

① 罗尔纲：《太平天国史稿》，开明书店1951年版，第74页。
② 《太平天国与中国近代社会——纪念太平天国起义160周年学术研讨会论文集》，广东人民出版社2012年版。

领袖人物乃至很多普通群众，其结局都极为悲惨。从其领袖人物看，除洪秀全因病死而得"善终"外，只有少数投降将领以及极个别"漏网之鱼"得以保全首领，其余的绝大多数，或是战死在疆场，或是被俘后惨遭杀戮。太平天国的文献，也在其失败后遭到清朝方面毁灭性的破坏。但太平天国史的研究又是幸运的。不仅重新积累起丰富的史料乃至实物，出版发表了大量的研究成果，而且培养锻炼了研究队伍——很多近代史学界的专家都是从太平天国史的研究走上其学术道路的。更为可喜的是，有了许多列为各级重点文物保护对象的纪念地，有了专门的太平天国历史博物馆，太平天国造反者的形象还公开出现在人民英雄纪念碑的大型浮雕上。这要感谢以"洪秀全第二"自居的孙中山先生。他所领导的辛亥革命，不仅一举推翻了清王朝，而且使得洪秀全和他的事业得以被正面宣传。更要感谢继承孙先生事业的中国共产党人，尤其是它的领袖毛泽东。他用极其明快而简练的语言阐述了马克思主义的道理千条万绪，归根到底，就是一句话："造反有理！"在毛泽东的大力提倡下，作为中国近代革命先驱的太平天国造反者，理所当然地得到了中国共产党人的高度肯定和重视。而上述太平天国史研究的深入开展和大量研究成果的取得，也正是在中华人民共和国成立后才得以实现的。一个造反者的失败了的事业，能够得到这样广泛深入的研究，研究能够取得这样丰硕的成果，应该说是十分难得的机遇。

现在看来，仅从"革命先驱"的角度来研究太平天国，容易将其过于拔高，过分强调其破坏旧世界的贡献。在中国社会开始转入以经济建设为中心之后，人们理所当然地要进行反思，于是又往往过多地看到了它的阴暗面。我们对社会大环境的变化应该要有足够清醒的认识。从以前的"过热"冷却下来是正常的，反思并检讨多年来研究的得失也完全是应该的。不管别人怎么说，走我们自己的路。但只有清醒地认识到太平天国只是一个造反者的失败了的事业，才能将其准确定位，从而将研究继续深入地展开。

其次，今后的太平天国史研究，需要研究者有着更高的专业化研究水准。对于一个业已相当成熟，所有重要课题都有人涉猎的研究领域，要想取得新的研究成果，要在学术上有所突破，必须花费更大的气力。隔行评史,以文乱史,虽能赢得一时的眼球,图得短暂的热闹,但并非严肃的学术研究。一些拥有众多"粉丝"的时髦作品其实是看不得的,它们所传播的只会是错误的信息,最终败坏读者的胃口。事实上,现时的年轻读者对这类读物已经有了警觉。从我们的研究者来说,一方面需要提高自己的专业化水准,另一方面,也要做好普及的工作。从研究队伍来说,高校和社会科学研究部门的研究力量依然是主力,而文博系统近年来也增添了生力军。一些受过较为严格科班训练的硕士乃至博士已被吸收进文博系统,这是十分可喜的现象。这些部门既有高学历的新生力量,又有大量的文献实物资料,有望在学术研究方面取得新的进展。

最后,太平天国史的研究若要真正在学术上取得进步或突破,避免低水平的重复,必须脚踏实地地在文献史料(包括实物)上下功夫,关键是要让史实说话。现在的太平天国史料,可谓汗牛充栋。要系统地掌握并熟练地加以运用,仍需多年的冷板凳功夫。即使在当下互联网已十分发达,个人电脑业已普及的所谓的"e时代"依然是这样。

以前常有这样的说法,即对于相同的史实之所以得出不同的结论,主要是由于立场和世界观的问题、方法论的问题,因而必须要有正确的观点来统帅,总之是以正确的观点相标榜。但曾经的若干争论热点,许多"一论""再论"的问题,乃至一些时髦的跟风之作,却耗散了人们太多的精力,作了大量的"无用功"。而真正促使研究取得实质性进展的,还是一些重要史料的发现,比如《李秀成亲供手迹》全文的公布,《天父圣旨》和《天兄圣旨》的发现,等等。现在这种发现的几率是越来越小了,虽不能完全排除,但是可望而不可求。而重新梳理以前的文献,也会有新的心得,比如1954年在广西调查时,即曾有人提及太平天国有蔡姓首领。据原书记载,瑶族自治区区干部赵文福(瑶族)说:"杨秀清和萧朝贵在鹏隘、紫荆起义时,还有其他两个头领,其中一个姓蔡的。"[1] 以前的研究者对这种说法只会一笑置之,因为无从考证。但记载萧朝贵假托天兄下凡的《天兄圣旨》中却明确提及"番郭"(番国)亦有一蔡姓军师,这就将口碑传说与文献记载联系起来了。由此亦可见赵姓干部的前人应是知晓萧朝

---

[1] 《太平天国起义调查报告》,生活·读书·新知三联书店1956年版,第38页。

贵"下凡"的相关内容的。

  历史学作为一门求真务实的学科,关键是要弄清楚史实,而不一定非得去做什么结论,争论某些所谓是非。"如何""怎样"的史实问题真正弄清楚了,蕴含于其中的是非问题实际上也就迎刃而解了。

# 第 四 章

# 洋务运动史研究

发生在19世纪60—90年代的洋务运动，又称自强运动或同光新政，是晚清史的一个重要内容，也是中国近代史的一个重要内容。以1860年《北京条约》的签订、1861年恭亲王奕䜣掌握实权和总理各国事务衙门的成立为标志，清王朝统治集团在"内忧外患"压力相对缓解的形势下，高举"自强""求富"的旗帜，一路高歌却又步履维艰地开启了近代化的进程，并且一度出现了难得的中兴局面，直至1895年甲午海战战败、北洋水师全军覆灭、《马关条约》签订，洋务运动遭受重创，宣告破产，前后历时30余年，几乎占据70余年晚清史、80年中国近代史的一半时间。本章从政治史角度，将国内的洋务运动史研究概分四个时期加以介绍。①

---

① 本章的撰写，主要参考了以下论著：章鸣九、徐泰来的《洋务运动研究的回顾》(《历史研究》1982年第4期)，夏东元、刘学照的《洋务运动史研究述评》(载《近代史研究》编辑部《中国近代史专题研究述评》，人民出版社1986年版，第57—117页)，章鸣九、张亦工的《近几年国内关于洋务运动的研究》(《历史研究》1985年第3期)，吴安家的《中国大陆历史学者对洋务运动的评价》(《清季自强运动研讨会论文集》，"中研院"近代史研究所1988年版，第43—64页)，乔还田、晋平编著的《洋务运动史研究叙录》(天津教育出版社1989年版)，张海鹏的《中国近代史研究的回顾》(《近代史研究》1989年第6期)，孙占元的《十年来洋务运动研究述评》(《东岳论丛》1990年第4期)，李时岳的《洋务运动研究四十年》(《历史教学》1991年第5期)，李占领的《近年来洋务运动史研究综述》(《文史知识》1993年第6期)，姜铎的《洋务运动研究的回顾》(《历史研究》1997年第2期)，姜涛的《50年来的晚清政治史研究》(《近代史研究》1999年第5期)，李细珠的《近五年来晚清政治史研究述评》(《教学与研究》2006年第10期)，崔志海的《近三年来晚清政治史研究回顾》(《史林》2012年第5期)等，以及1979年以来《中国历史学年鉴》中刊发的洋务运动相关年度专题述评与研究动态。

## 第一节 1949年之前的洋务运动史研究

严格意义上的专门系统的洋务运动史研究是在新中国成立之后才正式起步的,而此前已有学者从不同角度对洋务运动这段史事展开过评述。目前学界公认最早对洋务运动进行历史考察与评议的是梁启超。早在洋务运动宣告破产后不久,维新派人士梁启超就在1898年戊戌变法前夕的上谕批注中对同光年段的这段历史有过这样简要的描述:

> 我国迫于外侮,当变法者,盖六十余年矣。然此六十余年中,可分为四界。……同治初年,创巨痛深。曾国藩曾借洋将,渐知西人之长,创制造局以制器译书,设方言馆,创招商局,派出洋学生。文祥亦稍知时局,用客卿美人蒲安臣为大使,徧交泰西各国,变法之事,于是荜路开山矣。……至于光绪甲申,又二十年。朝士皆耻言西学,有谈者诋为汉奸,不齿士类。盖西法萌芽,而俗尚深恶,是为第二界;马江败后,识者渐知西法之不能尽拒,谈洋务者亦不以为深耻,然大臣未解,恶者尚多。议开铁路,犹多方摈斥。盖制造局译出之书,三十余年,而销售仅一万三千本,京师书肆尚无地球图,其讲求之寡可想矣。盖渐知西学,而肯讲求,是为第三界。[1]

梁启超在爱国—救亡—维新的思想脉络下,以中法战争为界,把同光年间的洋务运动作为一个历史时段构成了其构建的鸦片战争后60年间中国"变法"历程"四界"中的第二阶段和第三阶段。可以说,梁启超的"四界说"是明确将洋务运动置于近代中国接受西学、变法图强的思想启蒙过程之中加以肯定,甚至视其为维新运动的先导。

同样在近代思想启蒙意义上讨论洋务运动的还有何干之。在1937年12月出版的《近代中国启蒙运动史》一书中,何干之形塑出近代中国启

---

[1] 梁启超:《戊戌政变记》,中华书局1954年版,第21—22页。

蒙运动的谱系，洋务运动则被置于这个谱系的起点，被认为是"最初的思想运动"。书中何干之用一专章讨论"新政派的洋务运动"，不仅首次明确提出、使用"洋务运动"这个概念，同时对李鸿章、曾国藩、张之洞、王韬、薛福成等人的洋务思想也作了梳理和探讨，指出："曾国藩、李鸿章、张之洞等新政派所提倡的洋务，是吃了帝国主义的大亏以后的自我觉醒，不论他们的眼光是如何短视，容量是如何狭隘，也不能不对妄自尊大的天朝，起了一个重新估定的观念。"① 值得注意的是，《近代中国启蒙运动史》是何干之运用马克思主义唯物史观系统研究中国近代思想史的作品，他从思想运动与社会的经济结构、政治形态相结合的角度，对洋务运动及其洋务派进行了中肯的评价与分析，既指出洋务派在理论和实践上客观存在的不足，又肯定了他们在一定历史条件下所具有的进步作用。故而今天重新审读这部著作，仍会引发我们不少有启发性价值的思考。

运用马克思主义唯物史观观察近代中国尤其是洋务运动这段历史的学者，何干之并不是第一位。早在1929年，李达就在《中国产业革命概观》一书中，开始运用马克思主义经济学原理研究近代中国的工业及其发展趋势的特殊性问题。他指出：

> 数千年来的中国封建社会，自从前世纪中叶被国际帝国主义的政治力经济力侵入以后，就开始踏入产业革命的过程，渐次脱去封建的外衣，而向着近代社会方面运动了。②

这个被国际帝国主义的政治力经济力入侵的时代，就是洋务运动时期，也是李达认为的中国近代工业开始"发达"的时期。李达又进一步将其划分为创办军用工业与官办事业、官督商办事业两个时期。这就从产业革命的角度，对洋务运动时期的洋务企业给予了比较肯定的评价，同时，他也指出这些洋务企业的结果都是失败的，成绩"很不足观"。在1935年

---

① 何干之：《近代中国启蒙运动史》，《何干之文集》第2卷，北京出版社1993年版，第4页。
② 李达：《中国产业革命概观》，《李达文集》第1卷，人民出版社1980年版，第392页。

发表的《中国现代经济史概观》一文中，李达又从中国半殖民地资本主义化的历史进程角度出发，通过论述洋务时期的经济活动进一步揭示封建势力与外国资本主义之间的关系，认为兴办军用工业时期封建势力对资本主义是试图反抗的，及至官营事业和官商合办事业时期，则进入了"封建势力开始投降于资本主义而自动的兴办新式产业的时代"①。

同样也是将洋务运动同中国资本主义发生发展联系起来考察的年轻的马克思主义学者邓拓，对洋务运动的评价则与李达截然相反。在20世纪30年代发表的《近代中国资本主义发展的曲折过程》一文中，邓拓将洋务时期的经济表现用"新工业的畸形发展"来概括。他认为洋务派创办的官办军事工业"完全表现出封建的军事工业的性质，对于社会经济基础的生产方法，仍然没有发生直接的变革作用"，"实际上都只是旧的'官局工业'的延续，它和一般正常发展的大机器工业是背道而驰的。这些新式的军事工业的兴起，完全是清朝封建政权受鸦片战争失败教训和内战经验的刺激的结果"；洋务活动没有使中国发展起商品性工业，"官局工业"仍占优势地位，"就是一般官督商办的工业经营，仍然也是包含浓厚的封建作用在内"，"中国新工业的基础，始终还没有建立起来"。②进而，邓拓认为洋务运动时期的经济活动并未对中国资本主义的发展产生过促进作用：

> 在外国资本主义打进来了以后，中国还没有迅速地接受资本主义的生产方法，实行自身的经济变革。从一八四〇年鸦片战争至一八九六年中日战后，其间有整整五十多年。在这半个世纪的时间内，中国自己的机器工业，仍然不能建立，仍然不能自动转向产业资本主义的发展道路。③

虽然前述何干之已经在近代中国启蒙思想史的谱系中强调了洋务运动作为最初的思想运动的开端意义，但他的这一见解并未得到当时大部分学

---

① 李达：《中国现代经济史概论》，《李达文集》第1卷，第633页。
② 邓拓：《近代中国资本主义发展的曲折过程》，《邓拓全集》第1卷，花城出版社2002年版，第520—521、523页。
③ 同上书，第516—517页。

者的认同与响应。同样也是马克思主义学者的吕振羽，在比何著稍晚一些发表的《创造民族新文化与文化遗产的继承问题》一文中，从中华民族文化发展脉络的角度，对洋务运动时期文化与政治关系的本质进行了探讨与批判。他指出，在吸收世界文化进步成果方面，"洋务运动时，一部分官僚认为只须把'西洋'的自然科学贩运进来，给'天朝'封建主义糊上一点'物质文明'的颜色，中国就会'富强'"。进而犯了文化贩运主义的错误，而"中学为体、西学为用"论则又属于文化"半闭关主义或半国粹主义"的偏向范畴。①

吕振羽的这篇文章写作并发表于毛泽东的《新民主主义论》之后，正如他自己所说："本文系一九四〇年在重庆学过毛泽东同志的《新民主主义论》以后所写，主观上并试图从一个角度来宣传毛泽东同志的伟大思想。"文章对毛著所提出的新旧民主主义革命、新旧民主主义文化理论进行了进一步解释和阐发，指出"作为民族民主革命一个构成部分的文化革命运动，也显示为'五四'运动以前和以后的两个不同的历史时期"。五四运动之前的旧民主主义文化"包括戊戌运动、辛亥革命诸时期，其斗争的对象是或基本是封建阶级的旧文化，所谓新文化则是旧民主主义的文化、资产阶级的文化"②。可见吕振羽在从革命的角度建构近代中国的文化运动谱系时，是以戊戌运动为起点的。正是根据这一前提，吕振羽提出了洋务运动是"自救运动"这一著名论断：

> 所谓以"中学为体，西学为用"的洋务运动，在本质上并非一种革命运动，而是封建统治阶级的一种自救运动。在外国资本主义侵略和人民革命运动交迫的形势下，一部分封建官僚，如曾国藩、左宗棠、李鸿章、张之洞等，企图输入一点资本主义血液，来延续中国封建主义的生命。……洋务运动在"西学为用"方面，在学习和设立资本主义性质的事业方面，客观上是进步的；而在"中学为体"、在维

---

① 吕振羽：《创造民族新文化与文化遗产的继承问题》，《中国社会史诸问题》，生活·读书·新知三联书店1961年版，第114页。

② 同上。

护封建统治方面,则是保守的、反动的。但由此而开展了"学校与科举之争,新学与旧学之争,西学与中学之争"。洋务运动是失败了,但它替戊戌运动开辟了道路。①

吕振羽在20世纪40年代就能够如此中肯地评价洋务运动,不可不谓富有远见卓识。他的这一论断,基本上也为现代很大一部分学者所赞成或是沿用。

值得注意的是,吕振羽在论证新民主主义建设问题的同时,还对近代以来中国的史学研究状况作了初步的探讨与反思。那么,在20世纪30年代以来逐渐形成的"近代化"与"革命"两种中国近代史话语体系中,洋务运动又是如何被历史学者所书写的呢?

深受马士《中华帝国对外关系史》（*The International Relations of the Chinese Empire*）"西力冲击与中国回应"分析框架模式影响的陈恭禄《中国近代史》与蒋廷黻《中国近代史》便属"近代化"典范的表率。陈著成书于1934年,是以中西冲突背景下的中国政治嬗变为轴心,论述鸦片战争以来中国政治领域发生的重大事件和重要人物的近代史著作。其中用两章的篇幅讨论了同光时期"内政外交"的历史,对于总理衙门之设立、机器局招商局之成立、铁路之兴筑、电报电话邮局之设立以及新教育等,凡此洋务新政事业都有所言及,进而肯定了洋务运动学习西方、顺应近代中国社会发展潮流方面的积极意义。但他同时也认为,所谓"中兴期内之政治",实际上仍毫无进步可言,"依然使人失望"②:

(同光之际)皇帝冲幼,太后专政,亲贵用事,宦官乱政,实清季政治上重要之变迁也。其时国内于大乱死亡之后,人口锐减,生活稍易于前,对外则于败辱之下,外人之势力锐进,正宜研究外国政治之情形,海陆军之实力,工商业之进步,而可有所比较,取其所长,矫正固有之弱点。不幸朝廷上无富于经验刚毅果决之皇帝,强有力之

---

① 吕振羽:《创造民族新文化与文化遗产的继承问题》,《中国社会史诸问题》,第115页。
② 陈恭禄:《中国近代史》,商务印书馆1935年版,第240页。

政府，而能有所改革与建设也。……处于世界交通便利之世，列强竞争市场与海外，而图恢复昔日闭关之情状，事实上既不可能，其一二因时制宜之制，均非彻底之改革，乃粉饰苟安，贫弱如故，外交依然失败，终遂败于日本。①

以"近代化"作为核心概念来诠释近代中国历史的分析框架，在1938年问世的蒋廷黻《中国近代史》里得到进一步发挥。蒋氏在全书开篇的总论问道："中国人能近代化吗？"② 走向近代化成为贯穿蒋著全书的主线，正是在这个意义上，蒋廷黻惋惜同光之际的改革发生得太晚，如果移至道、咸年间，则"我们的近代化就要比日本早二十年"③。蒋氏将"同治年间起始的自强运动"视为鸦片战争以来中国近代史上第一个应付大变局的救国救民族的近代化运动，也是国防近代化的开始，在"向近代化方面走了好几步"。这是蒋氏对洋务事业积极方面的肯定。与此同时他也指出，由于"近代化的国防不但需要近代化的交通、教育、经济，并且需要近代化的政治和国民，半新半旧是不中用的。换句话说，中国到了近代要图生存非全盘接受西洋文化不可"，所以自强运动这个近代化运动很不彻底，仅是实现了低度的西洋化、近代化，最终在甲午海战时败在高度西洋化、近代化的日本人手里。④ 蒋廷黻"近代化"话语体系中有关洋务运动的见解，代表了当时中国主流学者的意见，在今天来看，仍不失为持平之论。

比陈恭禄《中国近代史》稍早一年问世的李鼎声《中国近代史》⑤ 不仅是目前所见第一部以"中国近代史"命名的中国近代通史著作，也是最早运用马克思唯物史观系统研究中国近代历史的专著。虽然李著也是以鸦片战争以来中国社会的政治递嬗变迁为研究主旨，但他强调中国近代史的主要任务是要"说明国际资本主义侵入中国以来，中国社会、经济、政治，所引起的重大变化，中国民族的殖民地化的过程，以及在此过程中所

---

① 陈恭禄：《中国近代史》，第221—222页。
② 蒋廷黻：《中国近代史·总论》，武汉出版社2012年版，第2页。
③ 蒋廷黻：《中国近代史》，第17页。
④ 同上书，第57、60页。
⑤ 初版于1933年5月由上海光明书局印行。

发生的社会阶级之分化与革命斗争的发展起落"[1]。因此，李著紧紧围绕帝国主义侵略这条主线，进而构建出"革命"的中国近代史分析框架。对于同光之际的历史，李著以论述这一时期中国面临的外患为重点，内政变革则较少着墨，如详述日并琉球、俄占伊犁、法夺安南以及英侵缅甸的过程，以便揭示"帝国主义之对立与阴谋"[2]。但李著在分析戊戌变法的背景时发现"在中日战争之前，清政府在进步的新官僚的建议之下，已经逐渐注意到新的事业之建设"，虽然这种新事业主要体现在军事工业方面，但"此等建设"仍"构成了中国幼稚的资本主义组织之前身"[3]。从而肯定了洋务运动作为戊戌变法酝酿准备阶段的积极意义。

如果说李鼎声《中国近代史》构建的中国近代史分析框架，更侧重于对帝国主义侵略过程的考察，对人民群众反侵略过程的研究尚不充分的话，1947年范文澜《中国近代史》上编第1册与1948年胡绳《帝国主义与中国政治》这两部马克思主义中国近代史研究巨著问世，均以毛泽东提出的"两个过程"论[4]作为解释研究中国近代史的基本线索，奠定了以"阶级斗争""革命"为主题的马克思主义中国近代史研究学科体系的雏形。在这个叙述框架下，站在人民群众反侵略的立场上重新梳理与认识洋务运动史成为有关洋务运动书写的基本内容。

相对来说，范著的民族主义色彩更为浓厚，内容上更倾向于细述帝国主义对中国的侵略史实，以凸显对满族统治者的揭露和批判，这一点在叙述同光之际这段历史时有很明显的反映。如范著用相当篇幅描述了洋务派的"自强""新政"活动，并最终得出结论说，洋务派是从顽固派中转化出来的一个统治派别，是集军阀、买办、官僚成分于一身"与顽固派平分

---

[1] 李鼎声：《中国近代史·绪论》，上海书店1941年版，第2页。
[2] 李鼎声：《中国近代史·编辑凡例》。
[3] 李鼎声：《中国近代史》，第154—155页。
[4] 毛泽东"两个过程"论的完整表述为"帝国主义和中国封建主义相结合，把中国变为半殖民地和殖民地的过程，也就是中国人民反抗帝国主义及其走狗的过程。从鸦片战争、太平天国运动、中法战争、中日战争、戊戌变法、义和团运动、辛亥革命、五四运动、五卅运动、北伐战争、土地革命战争，直至现在的抗日战争，都表现了中国人民不甘屈服于帝国主义及其走狗的顽强的反抗精神"。毛泽东：《中国革命和中国共产党》，《毛泽东选集》第2卷，人民出版社1991年版，第632页。

政权的统治者";洋务派推行"新政"的目的在于壮大本集团的力量、镇压人民革命;他们所谓的"自强",一个是"满洲自强",另一个是"军阀自强","实际上是分裂割据";正是"顽固派的愚蠢,洋务派的自强,把中国推进半殖民地的深渊里";虽然他们创办了一些新式企业,但其实他们"并不是欢迎资本主义,而是害怕资本主义";比如同文馆施行的是"崇拜洋人、贱视汉人、放任满人骄傲的教育",其实质是为满人和外国人的利益服务的帝国主义侵华工具;琉球事件是洋务派"新政"事业破产的"第一次宣言",到中法战争时"新政"事业"破产了一半",表现"在'自强'上是不堪一战,在政治上是造成湘淮军阀割据对立,在外交上是割地丧权",最终在甲午中日战争时,"新政"受到彻底破产。洋务运动的结果,加深了中国殖民地化的进程,加深了人民的灾难,同时也加深了满汉统治阶级的裂痕,实质上是一场取得了外国人支持的"反革命"①。

　　胡著对洋务运动的评价基本相似,但更加注重强调帝国主义与封建主义相互勾结的层面,如认为"所谓的同治中兴,不过是可耻可卑的纸老虎",是"向外国侵略者屈膝""借外国力量镇压人民"的结果;曾、左、李等洋务派官僚"是想以洋务的皮毛来维持旧社会秩序、旧统治秩序的实质,他们也只是在当时列强侵略者所允许,所给予的范围内从事洋务运动,只是尽着为侵略者开辟道路的任务而已";李鸿章是列强侵略者"满意的高才生","纵然在他的努力下使中国开始有了近代工业和交通事业,但完全在买办的官僚资本控制下,他的官督商办一开始就没有好成绩,成为阻止民间资本自由发展的镣铐";他在军事上的洋务建设,"完全是靠向外国人买武器,并靠外国军官们直接帮助的",虽然他"口口声声说是为了加强海防,预防洋人侵犯,实则只是为外国的军火商人开辟了市场,使外国人能控制中国军事"②。这样,洋务运动便被描述成清政府与列强的相互勾结,处在人民群众的对立阵营而被完全否定。

---

①　范文澜:《中国近代史》上编第1册,新华书店1949年订正第1版,第238、243、247、248、247、240、274、296页。

②　胡绳:《帝国主义与中国政治》,生活·读书·新知三联书店1949年版,第85、60、97、100、102页。

应该说，范著和胡著中对洋务运动史的考察，无论是从史料运用还是宏观分析，都是较为全面和充分的，对同光之际军事、外交、经济、思想等层面的内容，均有一定涉及。只是阶级斗争史观下的洋务运动，从政治层面便被定下"反动的卖国的运动"的基调而被全面否定和批判，遑论积极因素可言。

注目近代历史上重要政治事件的递嬗变迁，以此作为叙述自鸦片战争以来中国近代历史基本脉络的叙事方式，几乎为20世纪三四十年代无论是持进化史观还是唯物史观的历史学者所普遍接受与采用，而这种叙事模式一定程度上又是受李剑农之成名作《最近三十年中国政治史》的启发。该书初版于1930，1942年在此基础上补写合刊的《中国近百年政治史》①，进一步接续严复"社会进化论"、梁启超"新史学"的近代史研究路径，系统完整地描绘出鸦片战争至北洋时代终结这近百年内中国政治风云变幻的历史图景。在其勾勒的外力入侵、新思想酝酿时代，革命势力进展、清皇位颠覆时代以及革命势力与清残余军阀势力斗争时代这三大历史阶段谱系中，同光之际的洋务运动被置于第一阶段的最末环节，"洋务讲求"就是"西法模仿"，也是1864—1894年的政治中心问题，只是这种皮毛上的西法模仿，最终不能发生抵抗外力的效能，而让位于维新变法。②李著从外部世界之刺激与清廷朝局之变化的角度观察洋务运动，既有对外患入侵和时代心态的客观讨论，也有对统治集团内部权力斗争的翔实分析。几乎同一时代采用这种立论角度观察洋务运动失败原因的还有就读于燕京大学研究院的石泉，在其1948年完成的硕士论文《中日甲午战争前后之中国政局》中，通过对甲午战争前及战争过程中清廷内部人事变动、政治因素对事态发展的作用及其影响的阐释与解析，特别强调"洋务运动与守旧势力之冲突"，"满洲统治者对汉人新兴势力之猜防"，"宫廷矛盾与朝臣党政"构成了洋务运动失败的三大

---

① 李剑农的《最近三十年中国政治史》1930年由太平洋书店出版，1942年整理补写的《中国近百年政治史》由湖南蓝田师范学院史地学会出版，后多次再版。本书采用复旦大学出版社2002年重排本。

② 李剑农：《中国近百年政治史：1840—1926年》，复旦大学出版社2002年版，第107页。

线索。① 这样的研究视角与观点，对今天的洋务运动史研究仍不乏有启示作用。

整体来说，晚清民国时期学者们在不同的叙述脉络中对洋务运动书写了不同的主题，系统的洋务运动史研究并未展开。然则，与洋务运动史相关的一些专题类考述文章，此一时期已经出现不少，比如《同治新政考》《同治的中兴》《福建船政厂考》《述汉冶萍产生之历史》《江南织造局之简史》《福州船厂之沿革》《京师同文馆略史》等，② 凡此种种，均显示了时辈学人对于洋务运动史最初的专注与兴趣点所在，文中所廓清的一些史实或引人发省的论断，直至今天尤为很多治洋务运动史者常备做基础资料所征引参考。

## 第二节 1949—1978年的洋务运动史研究

从1949年新中国成立到改革开放前这30年间的洋务运动研究史上，有两件事情值得重点提出。一是在50年代中后期出现了以"洋务运动"命名的第一本研究专著和第一部研究资料集；二是在此基础上60年代初出现了第一个洋务运动研究小高潮。

前述范著和胡著对洋务运动的描述与评判，在新中国成立后很长一段时间内，都是学者们进一步展开研究工作具有指导性、经典性、权威性意见的理论基础和依据。尤其是1954年胡绳以阶级斗争为标志的"三次革命高潮"论③被提出后，旋即引起近代史学界广泛的赞誉与认同，随之而

---

① 石泉：《甲午战争前后之晚清政局》，生活·读书·新知三联书店1997年版，第3页。石泉原名刘适，师从陈寅恪先生，《中日甲午战争前后之中国政局》系先生毕生指导的唯一一篇近代史领域的学位论文，原稿在"文化大革命"时不幸被焚毁，1991年北京大学图书馆在接收燕大图书馆的资料堆中发现论文缮本后，于1997年以《甲午战争前后之晚清政局》之名付梓问世。

② 论文详见《文史杂志》1941年第4、5期；《华北日报史学周刊》1935年1月30日；《地学杂志》1910年第5期；《东方杂志》1912年第3期；《东方杂志》1914年第5、6期；《清华学报》1932年第8卷第1期；《读书月刊》1933年第2卷第4期。

③ 胡绳：《中国近代历史的分期问题》，《历史研究》1954年第1期。相关问题讨论可参见赵庆云最新的研究成果《"三次革命高潮"解析》，《近代史研究》2010年第6期。

来的便是太平天国运动、戊戌维新变法和义和团运动以及辛亥革命这"三次革命高潮"事件成为学者们蜂拥而上的研究热点，作为人民革命斗争的对立面而产生的封建统治阶级的洋务运动，自然被打入学术研究领域的"冷宫"①，处于边缘位置，乏人问津。笔者根据《中国近代史论文资料索引（1949—1979）》所列各研究专题论文进行统计后得出的数据（见表4-1），似乎能从一个侧面反映出新中国成立后30年间近代史研究领域"旱涝不均"的状况。姜涛先生根据历年《历史研究》刊载论文的情况，也指出在"文化大革命"前的晚清政治史各研究专题中，洋务运动是位居最末位的。②

表4-1　《中国近代史论文资料索引（1949—1979）》所列各研究专题论文情况　　　　　　　　　　　单位：篇

| 研究专题 | 1949—1959 年 | 1949—1978 年 |
| --- | --- | --- |
| 两次鸦片战争 | 137 | 286 |
| 太平天国 | 284 | 722 |
| 洋务运动 | 20 | 94 |
| 中法战争 | 13 | 32 |
| 中日甲午战争 | 33 | 51 |
| 戊戌变法 | 65 | 96 |
| 义和团运动 | 119 | 287 |
| 辛亥革命 | 191 | 614 |
| 清末立宪 | 13 | 22 |

资料来源：徐立亭、熊炜编：《中国近代史论文资料索引（1949—1979）》，中华书局1983年版。

---

① 李时岳在回顾洋务运动研究史时用"三十年冷宫"概括了1949—1978年这30年的研究状况，笔者深表赞同，这里亦借用这一概念。参见李时岳《洋务运动研究四十年》，《历史教学》1991年第5期。

② 姜涛在文中列举了两次鸦片战争、太平天国、洋务运动、戊戌变法、义和团运动（及其他）、辛亥革命及帝国主义侵华7个专题。姜涛：《50年来的晚清政治史研究》，《近代史研究》1999年第5期。

如果再仔细检视一下新中国成立后前10年间发表的这20篇讨论洋务运动的文章，真正学术意义上的论文其实并不多见，大多是应近代史教学需要而作兼及特定政治宣传之类性质的短文，如《清末的洋务运动对中国资本主义的发展有什么作用与意义？》《说满清同光时代的"洋务运动"——讲堂讲授内容纪要》《洋务运动（历史教学小词典）》等，① 对洋务运动评价也是基本沿袭范、胡的立场与标准。

正是在这个意义上，1956年牟安世的《洋务运动》出版，虽然作者自称是本"小册子"，仍不失为系统研究洋务运动史的拓荒之作。必须承认，牟著将"洋务运动"置于毛泽东从政治角度提出的近代史发展规律权威论断框架内进行研究，得出的结论无疑仍是当时主流意识形态下的产物，具有典型的时代特色。② 这一点，牟安世在书末作了明确表述：

> 我们从洋务运动的历史中，既然认识到中国的工业化乃是中国人民近百年的理想，并一直为它奋斗而没有成功，只有今天才有实现的可能，那么，我们就应当虚心学习，克服困难，加倍努力地在中国共产党和毛主席的领导之下，为实现国家的社会主义工业化和实现国家对农业、对手工业和对资本主义工商业的社会主义改造而奋斗，把我们的祖国建设成为一个伟大的光辉灿烂的社会主义国家。③

在对洋务运动的整体评价上，牟著继承并进一步阐释了胡绳"洋务运动为外国侵略者开辟道路"的观点，强调它是以军事为中心的反动卖国运动，是封建官僚在向西方帝国主义屈膝投降外交政策的产物，其实质是助长了西方帝国主义国家在政治、经济、文化方面对中国的多重侵略。④

---

① 论文详见《学习杂志》1950年第4期；《历史教学》1951年第2期；《历史教学问题》1958年第11期。
② 1959年3月13日郭廷以读完牟著后在日记中写道："阅牟安世《洋务运动》，完全为共党观点。"参见郭廷以《郭量宇先生日记残稿》，"中研院"近代史研究所2012年版，第113页。
③ 牟安世：《洋务运动》，上海人民出版社1956年版，第219页。
④ 同上书，第31—60页。

与此同时我们也应看到，牟著引用大量的原始史料特别是外文资料以及统计数字作为分析研究的基础，相较于之前或同时期有关洋务运动的泛泛之论，无疑还是有了很大的进步，显示了作为第一本洋务运动史著作应有的学术生命力。牟著中还提出了一些有价值的论断，值得重视。如牟著强调以军事建设为中心，将1860—1894年的洋务运动划分为三个阶段，即1860—1872年的建立军事工业阶段，1872—1885年的围绕军事工业建立其他企业阶段，以及1885—1894年的北洋海军成军和建立炼铁厂阶段，从而突破了以往笼统以"自强""求富"为划分洋务运动阶段标准的研究框架，代表了一家之言。牟著虽然批判洋务运动对中国资本主义发展的阻碍作用，但也承认初期的官营军事工业已经具有一定的资本主义性质。[①]这些见解在其对洋务运动强大的政治定性的批判下反而被后世学者给忽视了。

值得注意的是，牟著中引用的统计数据已经包括最新出版的《中国近代经济史统计资料选辑》中的资料。该书初版于牟著问世的前一年，也是新中国成立后中国科学院经济研究所集体编纂的第一部专业工具资料书。[②] 随后，到了60年代，经济史领域整理汇编了十几种资料集，相继以"中国近代经济史参考资料丛刊""中国资本主义工商业史料丛刊""帝国主义与中国海关资料丛编"系列的形式出版，其中很多都涉及洋务运动时期的工业、企业等内容，从而大大弥补了以往研究中史料匮乏的缺陷。

然而这一时期真正推动洋务运动研究史料建设工作的还是"中国近代史资料丛刊·洋务运动"的编纂与出版。它是在中国史学会的提倡与主持下，以马克思主义唯物史观为指导，对洋务运动历史文献资料进行的第一次，也是迄今为止唯一一次大规模、系统的科学整理的成果。承担编纂任务的中国科学院近代史研究所史料编辑室和中央档案馆明清档案部编辑组相关研究人员，历时数年之功，最终在1959年编纂完成8册共计320余万字的资料集，两年后出版。毛泽东"两个过程"论中述及的"八大事

---

① 牟安世：《洋务运动》，第188、175页。
② 严中平等编：《中国近代经济史统计资料选辑》，科学出版社1955年版。

件",本是不包括洋务运动的。50年代先后编成的"中国近代史资料丛刊"系列包括《义和团》《太平天国》《回民起义》《捻军》《戊戌变法》《鸦片战争》《中法战争》《中日战争》《辛亥革命》以及《洋务运动》10种资料,从某种意义上说,标志着洋务运动正式跻身中国近代史学科"八大事件"序列。洋务运动在近代中国的历史地位与作用越来越成为学者关注的议题。

"中国近代史资料丛刊·洋务运动"开篇的"序例",集中反映了资料汇编的选编者——其本身首先也是研究者——对待洋务运动的基本看法与认识。他们承认洋务运动的封建性、买办性和政治上的反动性,认为洋务运动是封建统治者与帝国主义列强相互勾结的自救运动,为的是对内镇压人民,对外妥协。但同时他们也注意到洋务运动某些积极的方面,比如"它给中国资本主义的发生与发展,造成了某些有利条件。并且,使中国的无产阶级获得了一些发展。同时,清政府既办理洋务……栽植了一些通达外情、理解科学的技术人员。这些人中,一部分在洋务派官僚集团中做了走卒,但也有些人因接触西洋事物而接触了新的思想,对资本主义思想在中国的传播,起了桥梁作用"[①]。姜涛认为这种看法与认识代表了50年代近代史学界对洋务运动的一种"经典性表述"[②],笔者深以为然。这种对洋务运动相对来说较为全面的定位,可能更为同期研究者所乐于遵循,姜铎、黄逸峰在60年代提出的观点就是在此基础上形式上走向极端的阐发。

"中国近代史资料丛刊·洋务运动"资料汇编共分12编,包括综合编、育才编、海防海军编、练兵编、制械编、马尾船政局、轮船招商局、铁路编、电报编、矿务编、纺织制造编以及传记编,涵盖了洋务运动的大部分主题,书末附录的"洋务运动书目解题"篇,详细提供了研究洋务运动可资利用的基本史籍线索。这套大型资料汇编为洋务运动史研究的开展创造了极其重要的条件,具有里程碑的意义。60年代初学界围绕洋务运动性质和作用问题展开的第一次较为活跃的学术争鸣,便是在上

---

① 中国史学会主编:《洋务运动·序例》,上海人民出版社1961年版,第3页。
② 姜涛:《50年来的晚清政治史研究》,《近代史研究》1999年第5期。

述背景下发生的。这次争鸣的核心人物，研究经济史的姜铎后来回忆说：

> 我在1957年才从机关调到上海经济研究所从事科研工作，当时正在主持编写《江南造船厂厂史》，并负责执笔撰写江南制造局的一章，由此我开始接触到洋务运动和洋务派问题。由于对洋务运动素无谓研究，所以我在从事这项工作的初期只能依据范文澜、牟安世等人的全面否定观点，竭力贬低江南制造局在近代中国的历史地位和作用。后来，我认真翻阅了1959年由中国史学会主编、上海人民出版社出版的8册中国近代史资料丛刊《洋务运动》，在史实面前，我开始对全面否定论有所怀疑，逐步形成了自己的看法。①

姜铎的看法也就是他后来一直坚持的所谓基本否定基础上的"两点论"，即在近代中国社会经济发展的历史进程中，洋务运动同时存在着反动与进步、消极与积极的双重作用，不应偏废或忽视任一方面，当然前提是反动和消极作用是主要方面。应该说，姜铎的"两点论"并不是什么石破天惊之语，在前述著作如吕振羽《创造民族新文化与文化遗产的继承问题》和"中国近代史资料丛刊·洋务运动"的"序例"中，都可找到相似的思想因子，只是他将研究重心放在了前人或当时学界没有充分展开的进步与积极方面，并作了集中讨论。他从分析洋务运动的经济活动入手，提醒学界要"全面地对待历史事实"，"全面地"研究与认识洋务运动的性质与作用。他特别强调洋务运动对中国早期民族资本主义经济的发生和发展同时存在着"刺激和促进"作用，洋务企业的经济活动"和外国资本还存在着显著的矛盾，对外国资本的侵略，还起着一定的抵制作用"，"洋务派所进行的仿效西方资本主义的经济活动，尽管它的政治动机和目的是反动的，力量是微弱的，效果也是不大的，但在一定程度上，它是反映和代表了当时中国社会发展的新方向，因而在改变古老落后的封建经济，促进中国近代生产方式的发生和发展方面，不能不在客观上起着一定的积极

---

① 姜铎：《洋务运动研究的回顾》，《历史研究》1997年第2期。

作用"①。

　　姜铎毫不讳言洋务运动的进步因素，为了论证自身的观点，甚至不惜过分强调、突出乃至放大洋务运动在经济活动方面的积极作用，这在当时以阶级斗争为纲，重视政治层面判断与主流意识形态的近代史研究框架中就显得是异军突起，一时间成为近代史学界"商榷"话题最多的活跃人物，批评他孤立地、片面地放大洋务运动的经济效果，没有"从当时阶级斗争的全局出发"，没有"放在民族斗争和阶级斗争的总体中"加以考察的意见纷至沓来。② 在此基础上，洋务运动史上的许多重要问题，如洋务运动的目的、分期、失败的原因，洋务企业的性质、与民族资本和官僚资本的关系、与外国资本主义的关系，洋务派与顽固派的论争等，也进一步引起了研究者的关注与兴趣。上述1949—1978年发表的94篇有关洋务运动主题的论文中，仅1961—1964年就有57篇，其中姜铎发表的文章有6篇，③ 与姜铎商榷的文章多达10余篇。长期饱受冷遇的洋务运动史研究领域终于迎来了一次难得的小高潮。

　　除了对洋务运动宏观意义上的性质讨论之外，具体史实和相关洋务人物的研究在这次小高潮中也取得一定进展，邵循正和汪敬虞二人在不同观点的交锋中对上海机器织布局的筹办、改组、人事更动等关键性史实的考

---

① 姜铎：《试论洋务运动对早期民族资本的促进作用》，《文汇报》1961年12月28日第3版；《试论洋务运动的经济活动和外国侵略资本的矛盾》，《文汇报》1962年1月12日第3版；《试论洋务运动中洋务、顽固两派论争的性质》，《文汇报》1962年1月21日第3版。参见《姜铎文存——近代中国洋务运动与资本主义论丛》，吉林人民出版社1996年版，第17、27、39页。

② 金冲及、赵亲：《洋务运动代表了什么方向——与姜铎同志商榷》，《文汇报》1963年7月11日第4版；章开沅：《洋务派的经济活动有进步作用吗》，《光明日报》1963年12月4日第4版；李国俊：《关于洋务派与顽固派论争的性质问题——与姜铎同志商榷》，《江海学刊》1964年第2期；祁龙威（汉声）：《怎样认识"洋务运动"的性质与作用》，《江海学刊》1964年第4期；牟安世：《关于洋务运动对中国早期民族资本主义的作用问题》，《文汇报》1962年5月17日第3版。

③ 除前文提到的《文汇报》连载的三篇文章之外，还包括署名"经江"的《论清朝官办近代军事工业的性质》（《学术月刊》1961年第10期）、《略论洋务运动经济活动的若干特点》（《学术月刊》1962年第8期）及与黄逸峰合著《中国洋务运动与日本明治维新在经济发展上的比较》（《历史研究》1963年第1期）。

订与阐发;① 邵循正通过主持《盛宣怀未刊信稿》对盛宣怀作为淮系洋务派人物代表的评价与分析,对郑观应与洋务派特别是与盛宣怀的关系及分歧的梳理与探究;② 戴逸对慈禧、奕䜣集团、顽固派等晚清统治阶级集团内部派系纷争和同光之际政治格局的考察与解析等,③ 均是之前学界没有重视或研究不够充分的内容,从而在一定程度上丰富了人们对洋务运动史事的了解与认识。另外,戴逸强调具体问题具体分析的研究方法,对洋务派及其活动的两面性、动机和效果辩证关系的探讨,对洋务运动三阶段分期的论断,④ 也对重新认识洋务运动具有一定的启发意义。

然而,学界对洋务运动研究的小高潮仅是昙花一现,随着政治形势的不断恶化,真正学术意义上的洋务运动研究又陷入了冰点,有价值的研究成果几乎付诸阙如。

总之,新中国成立后,系统的洋务运动史研究有所起步,虽然没有成为中国近代史研究专题领域中的"热点",但学者们在史料整理、理论论辩以及史实考证方面,仍然作出了积极的努力和可贵的探索,其学术价值不可忽视,成为以后开展深入研究的基点。

## 第三节 1979—1999年的洋务运动史研究

"文化大革命"结束、中共十一届三中全会确定"改革开放"这一基

---

① 邵循正:《洋务运动和资本主义发展的关系问题——从募集商人资金到官僚私人企业》,《新建设》1963年第3期;汪敬虞:《从上海机器织布局看洋务运动和资本主义发展关系问题——与邵循正先生商榷》,《新建设》1963年第8期。

② 邵循正(执笔):《盛宣怀未刊信稿·说明》,中华书局1960年版;《论郑观应》,《光明日报》1964年4月22日、5月6日。

③ 戴逸:《第一个洋务派集团(奕䜣集团)的兴衰》,《光明日报》1962年8月22日第2版;《关于同文馆的论争》,《光明日报》1962年8月23日第2版;《慈禧、奕䜣斗法记》,《光明日报》1962年8月27日第2版。

④ 戴逸将洋务运动的起始结点定为1864年太平天国运动失败到1894年中日甲午战争爆发,其中1864—1873年是第一阶段,1874—1885年是第二阶段,1886—1894年是第三阶段。这种分期法和胡绳《帝国主义与中国政治》中洋务运动的相关表述有些接近。戴逸:《洋务运动试论》,《人民日报》1962年9月13日第5版。

本国策和重新确立"解放思想、实事求是"的思想路线以后,长期被"左"倾思想禁锢,"文化大革命"中又被冠以"洋奴哲学"与"崇洋媚外路线"而遭批判的洋务运动,在史学界被提上了重新探讨和认识的日程,特别是受"以经济建设为中心"的影响与带动,从1979年起,洋务运动史研究始获新生,并呈现出厚积薄发的姿态,在中国近代史特别是晚清政治史领域逐渐成为"热门"议题。不仅十几年前被迫中断的洋务运动研究小高潮再次以理论争鸣①的形式活跃一时,拓展了对中国近代史基本线索等问题的理解与认识,也促使洋务运动跻身晚清政治史乃至中国近代史研究的中心位置;另外,洋务运动专史②及相关专题新的研究论著也不断涌现,形成蔚为大观的研究局面。正如前文显示,"文化大革命"前洋务运动虽列入中国近代史"八大事件"序列,但就晚清政治史各专题研究状况而言,却几乎是敬陪末座,然而到1984年后,它已经跃居第2位,仅次于辛亥革命。③ 另据笔者不完全统计,1979—1999年的20年中,学界发表洋务运动史的专论不下623篇,④ 综合性专著、论文集(包括学术讨论会论文结集、集中反映学者洋务运动史研究体系的论文结集以及论文选编)、史料资料集、工具书,等等,举凡也有数十种之多,如果加上洋务企业、洋务人物、洋务思潮等相关的论著资料等,数量则更为壮观。此外,全国性乃至国际性洋务运动史学术讨论会的相继召开,也对推进和深化洋务运动史的研究发挥了积极的作用。自1980年12月在长春召开首届洋务运动史学术讨论会后,致力于洋务运动史研究的学者们基本形成两年

---

① 黄逸峰、姜铎:《重评洋务运动》,《历史研究》1979年第2期;徐泰来:《也评洋务运动》,《历史研究》1980年第4期;黄逸峰、姜铎:《要恰当地评价洋务运动的积极作用——答徐泰来同志》,《历史研究》1980年第6期,等等。
② 张国辉:《洋务运动与中国近代企业》,中国社会科学出版社1979年版;夏东元:《郑观应传》,华东师范大学出版社1981年版;孙志芳:《李鸿章与洋务运动》,安徽人民出版社1982年版,等等。
③ 姜涛:《50年来的晚清政治史研究》,《近代史研究》1999年第5期。
④ 笔者统计的数据系根据中国社会科学院近代史研究所图书馆发表于《近代史研究》的历年《中国近代史论文资料书目索引》中洋务运动专题部分,其中1997年后辑录的论著篇目因为一改之前"事件史"的分类方式,洋务运动史相关论著分散至政治、经济、社会、思想文化、军事、外交、人物等各专题,致使笔者的统计难免有所疏漏。但此数据基本亦能反映出这一时期洋务运动史研究的大致状况。

一聚的学术传统,直至 1994 年福州第 7 届亦首届国际洋务运动史学术研讨会才基本告一段落。①

整体而言,在 1979 年到 1999 年的 20 年间,洋务运动史研究取得了长足进展,并集中体现在以下三个方面。

其一,对洋务运动史的历史地位和作用作了重新评价,并对研究范式进行了再探讨。毋庸讳言,姜铎、黄逸峰 1979 年的《重评洋务运动》,其相对保守的"两点论"观点是引发这一时期学界围绕洋务运动展开"商榷"热潮的导火线,但真正将洋务运动的讨论引向理论高度,特别是将其纳入近代史发展基本脉络从而进一步引发整个中国近代史学界关于中国近代历史基本线索大讨论的则是李时岳,他的《从洋务、维新到资产阶级革命》一文对之前否定洋务运动的理论模式——人民和统治者根本对立的政治路线进行了检讨,认为史学界长期存在的片面强调阶级斗争、简单而不加分析地贬低资产阶级历史作用的这些"先验的原则窒息了人们的思想,研究工作只能在固定的框框内弥缝补苴"。他从中国社会经济发展的角度寻找到评价洋务运动新的突破口,即把洋务运动和中国资本主义的发生发展联系起来观察,洋务运动与太平天国农民战争、戊戌变法维新运动、辛亥资产阶级革命是"前后紧相连接"的四个重要政治活动阶段,这四个阶段"反映了近代中国社会的急剧变化,反映了近代中国人民政治觉悟的迅

---

① 表 4-2 历届全国洋务运动史学术讨论会一览:

| 全国洋务运动史讨论会 | 时间 | 主题 | 论文集 |
| --- | --- | --- | --- |
| 第一届·长春 | 1980 年 12 月 16—19 日 | 洋务运动的历史地位和作用 | 论文结集《洋务运动讨论专辑》作为"吉林大学社会科学论丛第 2 辑"于 1981 年出版 |
| 第二届·上海 | 1982 年 10 月 26—30 日 | 洋务运动的历史地位和作用 | |
| 第三届·兰州 | 1985 年 8 月 26—31 日 | 洋务企业的性质和作用 | |
| 第四届·汕头 | 1987 年 12 月 12—16 日 | 洋务派及其反对者 | |
| 第五届·东营 | 1989 年 10 月 23—26 日 | 洋务运动与中国近代化进程 | 论文结集《中国近代化与洋务运动》于 1992 年出版 |
| 第六届·宜昌 | 1992 年 5 月 4—11 日 | 洋务运动时期的区域社会环境 | |
| 第七届·福州 | 1994 年 12 月 2—4 日 | 洋务运动与晚清政局演变 | |

速发展,标志着近代中国历史前进的基本脉络",都是为了阻止中国向半殖民地、殖民地的方向沉沦。救亡亦是洋务运动时期的时代主题,它对中国民族资本主义的发生和发展所起的促进作用是主要的,限制作用是次要的。① 李时岳"四个阶梯论"中对洋务运动的肯定,与稍后徐泰来从"是否促进社会生产力发展"的标准强调洋务运动"在中国近代史上是一个具有进步性的运动"② 前后呼应,大大充实和发展了李达、何干之等前辈学人肯定洋务运动的观点,将学界对洋务运动的认识和评价整体上向前推进了一大步。在随后展开的围绕洋务运动历史地位、作用、性质的大讨论中,研究者从洋务运动的目的与结局、洋务运动的多边关系、洋务企业、洋务人物、洋务思想等专题,对洋务运动史展开新一轮多方向、多角度深入的探究,既有宏观的概述式综合研究,也有具体的个案式实证研究。关于洋务运动总评价,大致形成以李时岳、徐泰来、胡滨、余明侠为代表的基本肯定派,以黄逸峰、姜铎、张海鹏、张国辉、樊百川为代表的基本否定派,以及以夏东元为代表的发展论派。这些不同观点的学术争鸣和不同角度的学术探讨,极大地丰富了人们对洋务运动史的认识,推动了新时期洋务运动史研究的发展。

在对洋务运动历史地位和作用进行重新评价的同时,国内学者从80年代中后期开始,还从方法论角度对洋务运动史研究现状,特别是研究者们热衷于洋务运动的定性与评价之争这一现象进行反思,承认目前的成绩只能表明洋务运动史的研究刚刚起步,这片亟待深入开拓的处女地,仍有许多问题,比如洋务运动时期社会经济、政治结构、社会意识、国际关系等方面,缺乏相应的研究或揭示得不够,从而呼吁要加强史料整理的工作和多进行具体问题的研究。③ 这表明部分研究者已经清醒地认识到洋务运动史研究中存在的问题,并积极寻找新的突破。有研究者在对洋务运动史既有的研究范式进行检讨后指出,打破洋务运动史研究和整个中国近代史

---

① 李时岳:《从洋务、维新到资产阶级革命》,《历史研究》1980年第1期。
② 徐泰来:《也评洋务运动》,《历史研究》1980年第4期;《关于洋务运动评价的几个问题》,《人民日报》1981年7月20日。
③ 李平生:《如何研究洋务运动——访李时岳教授》,《文史哲》1988年第1期;乔还田:《洋务运动史研究如何深入之浅见》,《史学情报》1988年第2期。

研究既有的"两条路线""三次革命高潮""四个阶梯"等所谓"线性发展观"的束缚，进行研究方法和思想形式上的进一步开拓和调整，是实现洋务运动史研究新的突破的关键。① 这种检讨和意见与当时中国近代史学界"告别革命论"思潮相呼应，代表了洋务运动史研究的一种新动向，即摆脱传统"事件史""革命史"的研究路径，转向"社会史""专题史"研究的路径。1989年东营第五届全国洋务运动史学术讨论会便是展示这种新动向的标志。从前文我们列出的各届讨论会主题可以看出，之前的研究整体上是围绕洋务运动的性质和作用的讨论，在进行总体研究—个案研究—总体研究这样的往复循环，此次会议则以"洋务运动与中国近代化进程"为主题，对洋务运动与中国近代化，洋务运动与社会环境，洋务运动与近代经济、外交、文化等方面进行专题性的全面探讨。② 鉴于此，有研究者不无见地地指出："这表明洋务运动史研究已开始突破以政治评判为价值指向，以描述事件本身因果关系为主要旨趣，以'短时段'式的研究方法分析和处理人的历史活动这样一个传统的史学研究框架，而转向对与事件、运动、人的活动相关的社会环境作'中时段''长时段'的整体综合性研究。由于这种研究的目标指向不是指出'是什么'而是探究'为什么'，因此，它从很大程度上纠正了以往热衷于给人物、事件贴标签、戴帽子的简单化研究倾向，而将学者们的注意力引向规范洋务运动产生、发展趋向的深沉力量——中国传统和近代社会文化结构和社会文化环境作社会学、文化人类学、历史哲学等多方位的思考和探索。"③

洋务运动史研究的这种新动向在进入90年代以后终于形成趋势。在1992年宜昌第六届全国洋务运动史学术讨论会上，学者们就如何推进洋务运动史研究提出了切实的富有建设性的意见。有研究者明确指出洋务运动史推向深入的两个方向：一是彻底摆脱"事件史"的传统研究框架，从研究事件转向研究社会；二是重视跨学科的研究，在发扬历史学原有的、行

---

① 姜进：《历史研究的非线性化及其方法论问题——对近年来洋务运动史研究的一个检讨》，《历史研究》1986年第1期；王也扬：《期待洋务运动史研究的新突破》，《社会科学评论》1986年第7期。

② 张业赏：《全国第五届洋务运动史学术讨论会综述》，《山东师大学报》1990年第4期。

③ 涂文学：《加强对洋务运动时期的社会环境研究》，《社会科学》1992年第12期。

之有效的理论概念和研究方法的基础上，积极吸收和利用其他学科的研究成果及理论概念和研究方法。有研究者呼吁在研究洋务运动的社会环境时，应注意从城市文化史的视角切入，研究城市社会文化环境对洋务运动的认同和制约，以及洋务运动对城市近代化的带动作用。还有研究者倡议从城市化和城市近代化的视角来观照洋务运动的历史价值，把洋务运动放到世界现代化大潮中、放到整合的世界史视野中，对洋务运动所达到的近代化水平进行整体把握和考察。①

　　研究者们在 20 世纪 90 年代初提出的这些见解，比较准确地反映了这一时期洋务运动史研究，甚至是整个近代史研究的范式转向，也明确了洋务运动史研究进一步发展的新方向。随着研究方法、研究视角的更新，洋务运动社会史、区域史、专题史的研究得到明显重视和加强，90 年代召开的两次全国性学术讨论会明显地体现出这一特征，体现出研究者深化洋务运动史研究的自觉与努力。② 在加强洋务运动时期社会环境的研究方面，夏明方有关自然灾害群发期与洋务运动的一系列专论是其中颇有参考价值的代表性成果，为认识洋务运动提供了新的视角。③ 对之前被批判的统治集团及其人物的研究也得到进一步加强，力图从统治集团派系纷争的角度揭示晚清政局的走向等议题，更加引人注目，并逐渐成为举足轻重的研究对象。与此同时，洋务运动史研究中的重头戏，洋务企业、洋务人物等个案实证研究在稳步推进的同时，研究视野也进一步拓宽。④

　　其二，出版了三部具有代表性的洋务运动史研究专著。第一部为李时

---

① 姜鸣九：《洋务运动研究如何深入》，《文史哲》1992 年第 5 期；涂文学：《加强对洋务运动时期的社会环境研究》，《社会科学》1992 年第 12 期；李策：《第六届全国洋务运动史讨论会综述》，《文史哲》1992 年第 5 期。

② 参见李策《第六届全国洋务运动史讨论会综述》，《文史哲》1992 年第 5 期；涂文学《第六届全国洋务运动史讨论会述评》，《历史研究》1992 年第 6 期；罗肇前、王恩重《洋务运动史国际学术讨论会综述》，《历史教学问题》1995 年第 3 期。

③ 夏明方：《从清末自然灾害群发期看中国早期现代化的历史条件——灾荒与洋务运动研究之一》，《清史研究》1998 年第 1 期；《中国早期工业化节点原始积累过程的灾害史分析——灾荒与洋务运动研究之二》，《清史研究》1999 年第 1 期。

④ 洋务人物群体研究方面代表性成果如李长莉《先觉者的悲剧——洋务知识分子研究》，学林出版社 1993 年版。

第四章　洋务运动史研究　145

岳、胡滨著《从闭关到开放——晚清"洋务"热透视》（人民出版社1988年版），该书是系统反映李时岳、胡滨等人[①]基本肯定洋务运动观点的著作，旨在系统讨论19世纪60—90年代洋务运动从兴起、发展到衰微的历史过程，重点分析讨论洋务热兴起的原因和随之产生的新式工业、新式海防、新式教育以及它们的特点、作用、意义等问题。全书除导论、结束语之外，共分7章23节，即第一章讨论"洋务运动兴起的历史背景"，包括世界资本主义潮流的冲击，太平天国战争和经世派的崛起，以及第二次鸦片战争与"中外和好"；第二章"洋务派创建的军事工业"，重点剖析江南制造总局、金陵机器局、福州船政局、天津机器局、山东机器局、湖北枪炮厂六个典型局场以及军事工业的性质和历史作用；第三章"洋务派倡设的民用企业"，以轮船招商局、开平矿务局、电报总局、漠河矿务局、上海机器织布局、湖北铁政局为中心，考察官督商办企业的特点与历史作用；第四章"洋务派建立的近代海军"，重点讨论从早期购买船舰、筹议海防和设立海军，及至洋务派建立广东水师、福建水师、南洋水师、北洋水师等近代海军的历程与意义；第五章"洋务派与兴办的教育事业"，对北京同文馆、上海广方言馆、求实堂艺局、天津水师学堂和武备学堂这几所洋务派兴办的新式学堂以及幼童赴美留学、船政学堂留欧等留学教育进行讨论，兼及探讨洋务学堂与科举制度的关系；第六章"洋务派和顽固派的斗争"，从洋务派与顽固派展开的关于同文馆、制造轮船以及修筑铁路三次大争论入手，分析其斗争的性质；第七章"洋务思想"，从爱国和卖国、官办和民办以及君权和议院三个层面讨论洋务思想的特点，并重点对"中体西用"思想进行历史的考察。

作为基本肯定洋务运动派的代表，作者在书中对其关于洋务运动总体评价的观点进行了系统阐释，指出：

　　洋务运动是在世界资本主义潮流冲击下，地主阶级改革派为了挽

---

[①] 第二章的"山东机器局"部分由孔令仁执笔；第三章的"漠河矿务局"部分由赵矢元执笔。参见李时岳、胡滨《从闭关到开放——晚清"洋务"热透视》，人民出版社1988年版，第433页。

救民族危亡而倡导的"富国强兵"运动；随着运动的发展，日益显示出运动的资本主义倾向，所以，也可以说它是地主阶级开明派的改良主义运动或救亡运动。①

质言之，洋务运动是"近代中国向西方学习的必经阶段"；是"近代中国民族资本主义产生的重要途径"；是"近代中国民族觉醒的低层次的体现"；是"近代中国历史从单纯农民战争向资产阶级政治运动发展的不可缺少的中间环节"。②

作者在尽量充分占有、客观解读史料的基础上，对洋务运动史研究中存在的史实误解作了力所能及的澄清，如洋务运动并非"华洋会剿"的产物，还没有任何具体事实材料可以证明是英国侵略者策动发生了"辛酉政变"；福州船政局实为帝国主义侵略的对立物；徐润并非轮船招商局的最大股东；郭嵩焘的《条议海防事宜》在筹办海防和筹建海军的"廷议"中发挥了重要作用等。作者还就学界共同关心的问题，如官督商办企业的性质，建立近代海军的目的、与外人的关系，洋务派与早期维新派的关系等，与相关论者展开学术对话，多有新义发明，自成一家之言。特别是作者用"从闭关到开放"来概括洋务运动时期社会变化总体特征的观点，亦具有相当的启发意义。这些努力对于深化洋务运动史的研究起了积极的作用。

第二部代表性著作为夏东元著《洋务运动史》（华东师范大学出版社1992年初版、2009年修订版）③。该书是作者积近40年之功，在完成《郑观应传》《郑观应集》《晚清洋务运动研究》《盛宣怀传》等成果的基础上，推出的系统研究洋务运动史的佳作，也是集中反映其"洋务运动发展

---

① 李时岳、胡滨：《从闭关到开放——晚清"洋务"热透视》，第413页。
② 同上书，第416、424页。
③ 2009年的修订本除加入《洋务运动发展论》作为序言、台湾学者吕实强的书评节选之外，基本保持初版整体样貌。而吕实强的书评对夏著作了极其详细的评议，包括具体的史实讨论与概括的问题讨论，以至于夏东元认为过于"琐碎"，不过对于了解该书之学术价值及洋务运动史之最新进展，实极具参考意义，有兴趣的读者可以参阅。见台湾"国史馆"编印《中国现代史书评选辑》（18），台湾"国史馆"1997年版，第1—28页。

论"观点和研究体系的代表性著作。

夏东元对洋务运动的认识，既不同于基本否定派，也不同于基本肯定派，而是自成体系。虽然他同徐泰来等人一样，也是从经济入手考察洋务运动的历史作用，认为洋务运动是在中国社会资本主义必然代替封建主义的条件下兴起，在变落后为先进、变封建主义为资本主义、变贫弱为富强的变革思潮中发生发展，在清政府受到英法入侵和太平天国革命两重压力而"两害相权取其轻"的中国早期的近代化运动。但他强调要将洋务运动放在历史长河的发展脉络中进行观察与评价，即19世纪60年代初洋务运动兴起时在政治上是反动的，却掀起了让资本主义车流通过的绿灯的电钮，促进了资本主义近代工业的迅速发生，从而又是顺应了历史发展的趋势；19世纪70年代，随着人民起义被镇压，资本帝国主义对华侵略加强，国内阶级矛盾相对缓和，民族矛盾上升为社会主要矛盾，洋务运动由制内为主转变为以御外为主，军事上大办海军海防和装备新式陆军以御外寇，经济上大办民用工业企业以与洋商争利，这一时期也是具有进步性的，但维持封建专制统治反动目的并未改变；当80年代资本主义有所发展需要变专制制度为君主立宪制，以与它的发展相适应时，洋务官僚却仍坚持封建专制的反动政治制度，并将其渗透到洋务企业和新式海军内部，从而违反了历史潮流而失败了。总之，夏东元认为从"阶级观点和历史主义相结合的方法"来评价洋务运动，它是"以应该变而变从而顺应历史发展趋势开始，以应该变而不变从而违反历史潮流结束"，要分时期、分层次地评估其贡献与弱点。此即其所谓洋务运动"发展论"[1]。

该书即是按照这一观点和体系进行系统阐发。除前言、附录《我和洋务运动史研究》以及后记外，共分19章。第一章至第三章从"中国社会的资本主义历史趋势""适逢经济和思潮变革之会的洋务运动的兴起"以及"'借师助剿'及其洋务运动兴起的作用"三方面讨论洋务运动的兴起及其背景。第四章至第六章，以江南制造局、马尾船政局、金陵机器制造局、天津机器制造局、山东机器局及兰州机器制造局为个案，探

---

[1] 夏东元：《我和洋务运动史研究》，《洋务运动史》，华东师范大学出版社1992年版，第488—507页。

讨近代军用工业的性质和作用。第七章分析"洋务文化教育的开端"。第八章综论"洋务路线的改善及战略性转变"。第九章至第十六章,则具体讨论洋务路线改变后的洋务举措,包括轮船、电报、采煤、金属的开采与冶炼,以及铁路修建、纺织工业等能源、冶金、交通、电讯行业的创办与发展,其中第十四、十五两章,专门探讨了近代海军海防和陆军的改造与加强。第十七章讨论为了适应新式工矿、交通、电讯等事业的需要而举办的以科学技术为主的务求实用的"洋务教育的发展"。第十八章综论洋务运动与太平天国、中国资本主义、洋务派、外交、中法中日战争以及半殖民半封建社会六个方面的关系。第十九章论述甲午战争失败后洋务运动走向"尾声",1901年总理衙门的撤销,标志着洋务运动的结束。

和李著相比,该书在讨论的主要内容和题材方面并无太大超越,框架方面则较为完整和系统,对史实的解释,如对洋务运动的发展脉络、成败得失以及李、曾、左等重要人物的论析等,则自成体系。最重要的是在史料利用方面,因为作者对郑观应和盛宣怀的研究用力最勤,上海图书馆所藏的盛档资料和作者多年搜集所获的未刊资料等,成为该书最大的亮点。如果说1985年的论文集《晚清洋务运动研究》是将"走进死胡同"的洋务运动史研究"救活"的话[1],《洋务运动史》以其成熟且平实的研究,将此专题领域的学术水平提升到一个新的高度。

第三部代表性著作为樊百川著《清季的洋务新政》(上海书店出版社2003年版)。该书是中国社会科学院近代史研究所的樊百川先生之遗作,虽然出版于2003年,书稿实际上成于20世纪80年代末,反映了80年代洋务运动史研究的水平。樊先生长期致力于中国近代经济史的研究,对中国轮船航运业史、中国资本主义的发展[2]等问题素有研究。虞和平根据樊先生生前设计的章节结构,在保持其原有思路的前提下,将其未完成的3

---

[1] 前四川人民出版社编辑蔡济生语。参见夏东元《洋务运动史·修订本前言》(修订本),华东师范大学出版社2009年版。

[2] 樊百川:《中国轮船航运业的兴起》,四川人民出版社1985年版;《中国手工业在外国资本主义侵入后的遭遇和命运》,《历史研究》1962年第3期;《二十世纪初期中国资本主义发展的概况与特点》,《历史研究》1983年第4期。

卷本书稿改编调整成现在 2 卷本的框架与内容。① 除序言和结语外，该书共分 10 章 29 节，约计 125 万字。第一卷分别从"外国侵略者在中国培植代理人""洋务派的产生和形成""洋务派的主体""洋务派思想及其与清流派之争""总理衙门的设立和洋务新政的推行"五个主题详细阐述"洋务新政的兴起和推行"；第二卷重点讨论"洋务新政的半殖民地军事设施"，依次从"陆军的采用西方近代武器与近代兵制的变革""近代海军的筹建与覆败""北洋舰队的建立与覆灭""半殖民地近代军火工业的畸形建设"以及"近代船舰制造工业的兴衰"五个方面展开。此外，结语部分对"半殖民地的官办近代工业"进行了专门探讨。

该书的观点大致还是属于较为保守的基本否定派。如称买办是依附外国侵略者为生存条件的新的反动阶级力量，是"中外反动统治者之间进行勾结、出卖中国利益的桥梁"，进入中国政治舞台后，扮演的是"亘古未有的反革命角色"。② 诸如此类的判断俯拾皆是。根据樊先生的研究，洋务派的所谓"洋务新政"，几尽为西方"冲击""刺激"的结果，总理各国事务衙门的设立，海军的建立等，"差不多都是靠外国侵略者诱导以至逼迫出来的"。在如何看待洋务运动这一关涉宏旨的问题上，樊先生在全书首篇代序的《洋务新政正名议》一文中，开宗明义便对"洋务运动"这一学界约定成俗的概念提出质疑。他在追溯"洋务"一词出现、使用、嬗变的历史脉络后指出，"洋务"是指"外国侵略"或"外国侵略事情"，并不含有"借法自强"等向西方学习的词义，二者一指外事，二指内政，不能混为一谈。再者，洋务派因办理外国侵略事情，即"办洋务"而引发的"借法自强"活动，无论从执行者的危机感、主动性，活动的规模乃至群众性方面，都没有造成"运动"的形势，加之洋务派借法 30 余年并未使中国或清朝统治者"自强"或"富强"起来，用"自强"来概括其"借法"活动也是不妥。因此，他主张将因"办洋务"而引发的"借法"活动定名为"洋务新政"③。

---

① 虞和平：《编后记》，载樊百川《清季的洋务新政》，上海书店出版社 2003 年版，第 1579—1580 页。
② 樊百川：《清季的洋务新政》，第 64、66 页。
③ 樊百川：《洋务新政正名议（代序）》，《清季的洋务新政》，第 1—33 页。

樊先生所论或有可商榷之处，最简单的反证便是他通篇使用的"洋务派"这一词汇按照他的观点就已大成问题，这一点他反而轻易地给忽略了。但他注意从概念本身意蕴的演变以及时人使用、议论"洋务"的历史语境中，区分"洋务新政""外事"与"内政"的不同层面，这种思考是很具有启发意义的。

樊先生以研究中国近代经济史见长，书中对洋务运动时期近代军工企业与民用企业的具体建设用力甚勤，提供的各种统计数据如"总理衙门经费估算表""洋务新政人才培养和雇用经费统计""陆军改用近代装备统计""兴办海军统计"等，对研究者亦极具参考价值。

其三，新专题的拓展。由于洋务运动时期的经济、思想、外交等相关研究在经济史、思想史等领域内已有不少学者进行过专题论述，这里不作细述，仅就和晚清政治史密切相关的专题，即洋务运动时期派系纷争与晚清政局进行重点评述。

在很长一段时间内，研究者对洋务派和顽固派斗争的讨论较为充分，但基本也是集中在对这两个政治派别在洋务活动方面的论析，以此讨论洋务运动的性质、作用等问题，对由此引发的晚清政局的演变却较少涉及。即便是一些讨论同光之际派系的研究论著，多数也是以考察洋务事业的主要内容为核心，对政局发展规律与特点的检视和论析只是居于附从地位。

随着研究的深入和研究视野的开阔，将洋务运动时期统治集团的派系纷争与政局联系起来考察，逐渐成为这一时期学者较为关注的议题。宝成关的《奕䜣慈禧政争记》是80年代较早系统讨论晚清统治集团内部派系纷争的专著，其中对同光之际统治集团内部的矛盾斗争、权力分配和人事变动也有很具体的揭示与剖析。宝著紧紧抓住奕䜣与慈禧这两个晚清统治集团内部重要的代表人物，以他们之间长达40年的明争暗斗为主线，揭示了这一时期纵横交错、互相利用、互相排挤的各种政治势力之争。如奕䜣集团、慈禧与肃顺集团之间的矛盾，奕䜣集团与慈禧之间的矛盾，洋务集团与顽固守旧势力之间的矛盾，慈禧慈安两宫皇太后之间的矛盾，奕䜣与奕譞两党之间的矛盾，清流派与重臣、慈禧之间的矛盾，湘淮系之间的矛盾，等等。特别是对同光之际各个政治势力、政治集团的兴起，各个政治势力间的政争过程、各自得失以及对政治格局的影响等内容,作者都有很明确的梳理和交代。作者指出,洋务时期统治集团内部最主要的派系矛盾体现在洋务派和顽固派的斗争上。慈禧作为最高统治者,基本上是超脱于洋务派和顽固派之上的,她是以最高决策者的身份驾驭、利用各个派别。奕䜣是洋务派的有力支持者,慈禧一方面利用洋务派,另一方面又操纵顽固派对奕䜣及洋务派进行牵制。顽固派之所以气焰嚣张,是因为有慈禧当后台,洋务派能针锋相对,一半是由于他们有一定的实力,另一半是引奕䜣为奥援。宝著中对此间各种政治势力此消彼长、相互牵制的剖析,颇见功力。①

苗长青的《晚清官僚派别派系研究》,是从官僚派系的角度论述晚清政局的一篇力作,也是讨论同光之际派系纷争的代表性著作。作者首揭"官僚派系"这一核心概念,并以此贯穿自鸦片战争以降,历经同治、光绪两朝,终至宣统初期,由中央到地方,各个派系发展与对抗的历程。集中在同治和光绪朝初期的政治格局中,以肃顺为代表的肃党集团,以奕䜣为代表的恭党集团,以李鸿章为代表的淮系集团、洋务派、顽固派、清流党、帝党、后党,先后粉墨登场。在这些派系的相互纷争与对抗过程中,不少人同时具有两种身份,个别的还发生派别的转化,对此,作者称之为官僚派系派别的"丰富多彩性"。②

丁名楠的《十九世纪六十至九十年代清朝统治集团最高层内部斗争概述》一文,围绕慈禧从初次垂帘听政,代掌皇权,到最终登上个人权力最高峰这条主线,论述了慈禧对待奕䜣集团经历了当政之初依靠其巩固地位,后来因其"功高盖主"而对其折辱立威的过程,其中利用蔡寿祺的奏折打击奕䜣,为后来的恭醇之争埋下伏笔;之后,又利用奕譞、李鸿藻打压奕䜣,彻底击垮恭党势力。丁文认为,无论是恭醇之争,还是南北之争,实际上都是洋务派与保守派之间的纷争。军机处南北之争的主要分歧,在于政见的不同,实则代表了洋务派与顽固派的政争。而秉政几十年的慈禧,作为清朝的最高统治者,其本身既不是洋务派,也不属于顽固

---

① 宝成关:《奕䜣慈禧政争记》,吉林文史出版社1980年版。
② 苗长青:《晚清官僚派别派系研究》,辽宁大学出版社1993年版。

派，她只不过是在利用各派的互相牵制来控制整个朝政。① 丁先生的分析，代表了当时大陆学界对这一问题的基本看法，影响了一代学人。但非黑即白的道德评价，明显地留下了学术研究的时代痕迹。限于篇幅，丁文并未对官僚体系内复杂的政治运作进行更深入和充分的剖析。

陈梅龙在《十九世纪后半期洋务派与各派政治势力的关系及其内部矛盾》一文中，将洋务运动时期清政府内部的政治派别分为洋务派、顽固派和从洋务派自身分化出来的早期改良派。作者指出，同光新政时期统治阶级营垒中，呈现的是一幅洋务派、顽固派和早期改良派之间既对立又联系，既斗争又统一，各派自身又充斥着争权揽肥，多种矛盾相互交织的复杂的政治图景。在派别的人事分化上，与前述丁文认为奕譞一开始是奕䜣的支持者和追随者观点不同的是，陈文直接就将奕譞归入了奕䜣代表的洋务派的对立面——顽固派阵营。即便是洋务派内部，也存在着以奕䜣为首的中央洋务派与以曾国藩、李鸿章为代表的地方洋务派之间的矛盾，同时曾国藩的湘系势力与李鸿章的淮系势力彼此势均力敌，为争夺洋务企业的控制权，充满了竞争与对立。早期洋务派与以张之洞为代表的后期洋务派之间资源、权力的争夺，同样构成洋务派内部纷争的一个面相。此外，早期改良派与洋务派有实质性的思想分歧，但还未从洋务运动中分化出来。②

陈勇勤通过对清流成员身份、出身、籍贯的考订，指出清流党是一个由进士出身组成的政治集团。但是这个政治集团既无纲领，又无计划，因此并没有确切的形成标志，至迟在光绪三年（1877）时，已经出现在晚清政坛。清流党实际上是"思想保守"的李鸿藻与"洋务派重要人物"沈桂芬权力之争的工具。③ 赵慧峰探讨了清流派与湘、淮两派之间的关系，认为清流派影响了湘、淮两系的力量消长。在与湘、淮两系的关系中，一般说来，清流对淮系多有不满，特别不满其对外妥协。故清流诸人多与李鸿

---

① 丁名楠：《十九世纪六十至九十年代清朝统治集团最高层内部斗争概述》，《近代史研究》1982年第1期。
② 陈梅龙：《十九世纪后半期洋务派与各派政治势力的关系及其内部矛盾》，《嘉兴师专学报》1984年第1期。
③ 陈勇勤：《清流党成员问题考议》，《近代史研究》1992年第4期。

章交恶，对淮系常有抨击；湘系与淮系相争，对外多主战，清流与之较接近。清流派的亲湘抑淮，对甲午战争中湘军的东山再起起到了不可忽视的作用。①

以上的研究推动了20世纪八九十年代洋务运动研究"热"的繁荣，代表了这一时期洋务运动史研究的最新进展，深化、丰富了人们对洋务运动史乃至整个中国近代史的认识与探讨。

## 第四节　21世纪以来的洋务运动史研究

进入21世纪以来，受20世纪90年代以降史学界研究范式与学风转向之影响，洋务运动史的研究开始面临新的挑战。首先，整个晚清政治史研究的大气候已大不如前，近代史研究领域重心后移引起"民国热"的勃兴，"到民国去""民国范儿"成为研究时尚，加之社会文化史等新学科方兴未艾，致使晚清政治史的研究渐趋沉寂。其次，晚清政治史领域内亦出现重心后移，清末新政成为新的研究热点，伴随历史研究中"历史周年意识"的强化，学界对太平天国、义和团运动，特别是辛亥革命研究的注目程度，仍持续不下。再次，洋务运动史研究自身的消解与分化。以事件史为中心研究取向的式微，以及专门史研究取向的加强，导致本身从"八大事件"分析框架中产生出来的洋务运动史本身被解构成两方面的意蕴，一是"洋务运动本身的历史"，即洋务运动从兴起、发展到结束30多年的历史，包括洋务派的各种洋务举措、与顽固派的各种论争，等等；二是"洋务运动时期的中国历史"，即19世纪60—90年代清廷开展洋务运动时期中国的政治、经济、外交、文化、教育、军事等。重视实证性的"洋务运动时期中国历史"的研究渐成为新的趋向，而对洋务运动本身的研究，却在逐渐淡出研究者的视野。

其实，从20世纪90年代中期开始，洋务"热"就已呈现出消退的迹象，定期召开全国性学术讨论会的学术传统，继福州第七届讨论会之

---

① 赵慧峰：《晚清清流与同光政局》，《烟台师范学院学报》1996年第1期。

后中断，首届国际性的学术讨论会亦成为时代绝响。为研究洋务运动奉献毕生的姜铎，在1997年时殷殷期许的三个愿望，即召开天津第八届全国洋务运动史学术讨论会，筹建研究洋务运动的正式组织，成立"洋务运动研究基金会"，最终成为未竟之事业。① 21世纪以来的十多年间，洋务运动史方面的专史著作除了夏东元的修订版之外，几乎付诸阙如。

值得注意的是，洋务"热"的消退并非代表洋务运动史研究走向了尽头，恰恰是为研究者们提供了以一种更加冷静、更加学术的眼光审视这段历史的距离和契机，并以扎实的实证研究切实推进这一专题的进展。检视21世纪以来的洋务运动史研究，在新的起点重新出发，取得的成绩亦是有目共睹，具体体现在以下六个方面。

其一，对洋务运动的整体认识取得较一致的共识。研究者们普遍倾向于使用现代化叙事和年鉴学派的"长时段"视角考察洋务运动，即将洋务运动放在近代化或早期现代化的历史脉络和长时段中加以审视，并以同情之了解的态度观察洋务运动，特别是其失败的结局。如夏明方指出："洋务时期的中国近代化运动，是近代中国在遭际数千年未有之大变局的情况下，围绕着如何回应外国列强挑战这种中心线索而展开的以求强求富为目标的改造传统社会的历史实践。"② 郭世佑、邱巍从学术史的梳理与总结中，将洋务运动视为早期现代化研究的基石。③《中国近代通史（第三卷）》将1865—1895年的历史命名为"早期现代化的尝试"，认为洋务运动时期的早期现代化尝试，主要是早期工业化的尝试，或称为早期工业化的开端，而且是一种缺乏前提条件的工业化尝试，是一种局部的、初步的和畸形的早期现代化尝试。④ 彭正波认为轰轰烈烈的洋务运动因为固守传

---

① 姜铎：《洋务运动研究的回顾》，《历史研究》1997年第2期。
② 夏明方：《洋务思潮中的荒政近代化构想及其历史地位》，《北京档案史料》2002年第2期。
③ 郭世佑、邱巍：《突破重围：中国早期现代化研究》，河南大学出版社2010年版，第87页。
④ 虞和平、谢放：《中国近代通史·早期现代化的尝试（1865—1895）》，江苏人民出版社2009年版。

统文化，过分迷恋科学技术，忽视制度的变迁与革新，无法突破传统轨迹的路径依赖，导致其必然失败。①

其二，伴随革命史研究范式的淡化和边缘化，重视清朝统治集团派系及权力之争对洋务运动时期内政外交和晚清政局的影响，成为学者普遍关心的议题。在既有研究成果的基础上，研究者们对这一议题的讨论又取得了新的进展。马平安从中央与地方权力之争的角度，剖析同光之际地方督抚专政和清廷"外重内轻"局面的形成及其影响，指出咸同后的督抚专政仅是造成中央政令不行的局面，但同光之际随着地方督抚在创办洋务事业的过程中军事、政治、外交、财政、教育等权力的不断膨胀，他们对清末朝局的影响与日俱增，最终形成地方督抚专政的局面，而此局面的形成，从某种程度上说，又是肇始于镇压太平天国有功的曾国藩的湘系势力。②戴东阳以晚清驻外使臣群体为研究个案，对晚清政治派系对驻外使臣群体的影响予以了观察和探析，指出，在甲午之前的几十年间，左右晚清政局的政治势力，主要是湘军、淮军、清流以及满人统治集团。其中湘系在曾国藩去世后已经大为沦落，政坛主角的纷争是以主张洋务的李鸿章为首的淮系，与以反对洋务的李鸿藻为核心的清流集团的对峙。这种政治派系的角力，在驻外使臣群体政治身份的认同上有很明显的反应。甲午之前对出使大臣影响最大的就是淮系李鸿章，早期清流派对其有一定的牵制作用。③王瑞成从"权力转移"的视角检讨了1855—1875年中国内部纵向上下之间权力关系的变化，并对同一时期外部势力冲击之下产生的体制内外之间横向权力的关系变动进行了整体性考察，指出从湘、淮集团到洋务集团的权力演变的过程中，以总理衙门成立为代表，呈现出权力外移的主导趋势，最终形成以整合了由内转外各种新势力和新制度的洋务体制，与王朝旧体制并存，这种双轨制结构在与外国势力抗衡中又形成了相对稳定的权

---

① 彭正波：《制度变迁与中国早期现代化——兼论洋务运动的发展困境》，《山西师大学报》2011年第5期。

② 马平安：《洋务运动时期中央与地方的权力之争——兼论其对清末政局走向的影响》，载中国社会科学院近代史研究所编《中国社会科学院近代史研究所青年学术论坛（2001年卷）》，社会科学文献出版社2002年版，第1—16页。

③ 戴东阳：《晚清驻外使臣与政治派系》，《史林》2004年第6期。

力架构。① 王维江等学者有关"清流"人物的新近研究,丰富、深化了学界对清流党或清流派与晚清政局的认识与了解。② 大陆出版印行的台湾学者林文仁从地缘关系和派系分合的视角观察1861—1898年晚清政局走向的两部大作,势将进一步推动两岸学术对话与交流的趋势,并引发大陆学界对洋务运动史研究进行新的思考。③

其三,洋务企业、洋务人物等研究渐趋成熟。对于江南制造局、福州船政局、轮船招商局等洋务运动中的典型企业,以及曾国藩、李鸿章、左宗棠、郑观应、盛宣怀等人物的研究,一直是洋务运动史研究中的重头戏,研究成果丰硕而突出。21世纪以来,在轮船局史研究会(2004年成立)、曾国藩研究会(2006年成立)、李鸿章研究会(2005年成立)的支持下,这些企业与人物的研究继续风生水起,渐成规模。④ 新编《李鸿章全集》、新版《曾国藩全集》《张之洞全集》《左宗棠全集》⑤ 等煌煌史料巨著的问世,在引发知识界学术"地震"的同时,也为探讨洋务运动时期人物与社会的互动等问题,提供了翔实的史料与崭新的视角,相关的研究亟待进一步深化和细化。借助上海图书馆盛宣怀档案的整理与披露,21世纪以来夏东元又陆续推出了一系列有关盛宣怀的研究成果⑥,对洋务运动时期盛宣怀的事功给予了积极的评价和肯定。朱浒的研究则将盛宣怀的人物研究纳入社会史的脉络,通过对学界较少注意的盛宣怀在光绪四年(1878)办理河间赈务的探讨,认为盛宣怀正是通过河间赈务为后续的洋务事业积累了必要的社会资源,成为其洋务事业脱困的序曲,由此才有了

---

① 王瑞成:《"权力外移"与晚清权力结构的演变(1855—1875)》,《近代史研究》2012年第2期。

② 王维江:《"清流"研究》,上海书店出版社2009年版,第7页。

③ 林文仁:《南北之争与晚清政局:1861—1884:以军机处汉大臣为核心的探讨》,中国社会科学出版社2005年版;《派系分合与晚清政治:以"帝后党争"为中心的探讨》,中国社会科学出版社2005年版。

④ 代笔性成果如:胡政主编《招商局与上海》,上海社会科学院出版社2007年版;胡政主编《招商局画史:一家百年民族企业的私家相簿》,上海社会科学院出版社2007年版等。

⑤ 顾廷龙、戴逸主编:《李鸿章全集》,安徽教育出版社2008年版;《曾国藩全集》,岳麓书社2011年版;《张之洞全集》,武汉出版社2009年版;《左宗棠全集》,岳麓书社2009年版。

⑥ 夏东元:《盛宣怀年谱长编》,上海交通大学出版社2004年版;《盛宣怀传》(图文版),上海交通大学出版社2007年版。

光绪七年（1881）办理电报事业扭转洋务事业颓势转机的出现，进而揭示了河间赈务与盛宣怀洋务活动之间的复杂关系。① 这种别开生面的研究，既弥补了学界以往相关研究的薄弱环节，又进一步推动了洋务运动史研究的深入。

其四，洋务运动史研究向社会史领域进一步渗透和扩展。上述朱浒的专论已经是这方面很好的代表。他的另外一篇文章则聚焦在洋务企业中一个活跃的群体——江南绅商上。通过对江南绅商（还有与之关系密切的郑观应）在"丁戊奇荒"中义赈举措的梳理，指出江南绅商借由义赈参与到洋务企业建设，涉足矿业、纺织业、电报业以及航运业等，并成为其中坚力量。朱浒的研究在对以往关于中国近代绅商阶层和中国近代工业化进程的研究进行某些拾遗补阙贡献的同时，其学术价值还在于为学界提供了观察这两个历史事件新的视角与反思。② 邱捷以同光之际广东南海知县杜凤治的日记为主要史料，以一个知县的视角，窥视同光之际清朝吏治、地方行政机构和晚清官场规则运作，特别是广东开展洋务运动的若干细节，指出杜凤治的日记中有其大量参与"洋务"的记载，主要体现在跟随督抚查看机器局、炮台、军舰，以及以首县知县的身份参与同外国人的交涉活动。③ 此外，刘慧君在考察了制约洋务运动历史进程的灾荒后指出，洋务时期的灾荒虽成于洋务期间，但却是封建矛盾长期积累的必然结果，既是天灾，亦是人祸，并同当时社会法律之间有着十分密切的关系。④

其五，洋务运动制度史研究得到重视和加强。夏东元在20世纪90年代就曾提出撰写教育制度变革、军事制度改进、政府机构变化等专史著作的设想。⑤ 伴随21世纪以来晚清政治史领域制度史的回归，关注洋务运动时期的制度建设与顿挫亦逐渐引起研究者的关注。周建波运用现代企业和

---

① 朱浒：《从插曲到序曲：河间赈务与盛宣怀洋务事业初期的转危为安》，《近代史研究》2008年第6期。
② 朱浒：《从赈务到洋务：江南绅商在洋务企业中的崛起》，《清史研究》2009年第1期。
③ 邱捷：《同治、光绪年间广东首县的日常公务——从南海知县日记所见》，《近代史研究》2008年第4期。
④ 刘慧君：《洋务期间的灾荒与社会法律因素》，《晋阳学刊》2009年第3期。
⑤ 夏东元：《洋务运动史》，第506页。

管理学理论分析了官办企业制度存在的问题，并从股份融资、技术人才引进、经营理念以及组织建设等方面，对洋务运动官办企业制度建设思想的内涵和特征进行了考察。① 王小侠采用制度经济学的分析方法，对"官督商办"的制度框架进行解析，认为其在投资者的经济行为、企业的效率以及近代化进程方面的缺陷，成为影响社会变革的制度障碍。② 谢俊美从近代政治制度演变与社会变迁的关系中考察总理海军事务衙门，认为1885年总理海军事务衙门的成立，标志着清朝军队已由单一兵种发展成为陆、海军两个兵种，同时表明清朝在军事制度建设方面有了历史性突破。③

其六，洋务运动专题史研究继续深化与拓展。以洋务思想为例，贾小叶认为指导洋务运动的纲领并非学界惯常以为的"中体西用"，而是遵循鸦片战争后"师夷长技以制夷"的思路。时间上"中体西用"产生于甲午战后，内容上突破了洋务派单纯学习"西技西艺"的限度，容纳了学习"西政"的内容，所以与其说它是洋务运动的指导思想，毋宁说是清末新政的思想先导。④ 邹小站从思想史的脉络中梳理国是、议论、风气三者对洋务运动时期西学东渐的影响，认为洋务运动时期的西学输入运动，是在国是未定，议论、风气未变的情况下展开的，西学输入仅限于局部，传统的取士制度阻碍洋务人才进入政府高层，高级官僚结构的固化，使得洋务人才的建言无法真正成为影响政府的决策，西学大规模、全社会性的输入，直到庚子后始得实现。⑤ 谢放注意从"自强"含义的演变及时人议论"自强"的语境中对曾国藩的自强观进行重新审视，指出"自强"一词在同光之际经历了前期的侧重"制外"与后期侧重"治内"的变化，因此曾国藩的自强观亦在同治年间多表现为强调"师夷长技"，以练兵、制器为

---

① 周建波：《洋务运动与中国早期现代化思想》，山东人民出版社2001年版，第59—182页。
② 王小侠：《晚清洋务运动"官督商办"制度探论》，《社会科学辑刊》2002年第5期。
③ 谢俊美：《总理海军事务衙门论略》，《江西师范大学学报》2003年第4期。
④ 贾小叶：《"中体西用"论不是洋务运动的指导思想》，《北京师范大学学报》2001年第5期。
⑤ 邹小站：《国是、议论、风气与西学东渐——以洋务时期为例》，载中国社会科学院近代史研究所编《中国社会科学院近代史研究所青年学术论坛（2007年卷）》，社会科学文献出版社2009年版，第92—121页。

先，光绪年间开始强调以修政事、求贤才等"治内"举措为自强之本。从这个视角亦可对曾国藩的洋务思想及举措给予同情之理解。① 李彬彬则从洋务时期士林的儒学观角度对洋务派与守旧派文化论战的中学根源进行剖析。② 夏明方的研究指出，洋务派与顽固派围绕修建铁路的论争，除了学界通常认为的军事因素外，源于大灾奇荒的残酷现实刺激，提升救荒能力的交通条件，将铁路建设和救济灾民有机联系起来的民生思想，亦是洋务派据理力争的利器之一，然而这种民生思想亦仅限于一种思考，并未付诸有效的实践，最终成为顽固派进行攻击的立论依据。③ 此外，李青的研究围绕洋务派法律思想及实践亦进行了有益的尝试。④

通过以上评述的这些成果可以看出，21世纪以来洋务运动史研究突破了以往就洋务运动研究洋务运动的局限，随着研究范式的转换和综合、比较研究方法的使用，一些更加广泛、更加深入的问题得到研究者的注意和讨论，从而使洋务运动史研究获得了更加广阔的研究空间，昭示了未来洋务运动史大有可为的研究方向。

---

① 谢放：《曾国藩自强观之再考察》，《广东社会科学》2008年第3期。
② 李彬彬：《洋务运动时期士林的儒学观》，载唐仕春主编《近代中国社会与文化流变》，社会科学文献出版社2010年版，第58—65页。
③ 夏明方：《洋务思潮中的荒政近代化构想及其历史地位》，《北京档案史料》2002年第2期。
④ 李青：《洋务派法律思想与实践的研究》，中国政法大学出版社2005年版。

# 第 五 章

# 中法战争史研究

中法战争是近代以来中国与列强间的第三次战争，中法之间的第二次战争。它不仅改变了中国与越南传统的宗藩关系以及中国和法国在越南的地位与影响，同时进一步加深了 19 世纪 70 年代以来晚清帝国的边疆危机，中国的西南门户由此洞开，而且对清朝的内政也产生了深刻的影响。正是鉴于它在晚清历史上的重要地位，学界对中法战争予以较多的关注和研究。不过，与晚清史上其他重要事件相比，中法战争史研究还比较薄弱，还有不少问题有待拓展和深入。本章将对 1949 年来的国内中法战争史研究情况作一综述，并就今后的研究趋向提出几点建议，以期对推进中法战争史研究有所裨益。

## 第一节 研究概述

新中国成立以来国内学界对中法战争的研究大致可以 1978 年为界，分为两个时期，为了统计的方便，我们姑且以 1949—1979 年为第一阶段；1980—2012 年为第二阶段。

据不完全统计，第一阶段发表的论文及各类文章约 55 篇、专著 1 部、通俗读物 8 种[①]、资料汇编 2 种、中法战争形势图 3 种。[②] 其中，牟安世的《中法战争》，特别是中国史学会主编的《中国近代史资料丛刊·中法战争》和中国近代经济史资料丛刊编辑委员会主编的《中国海关与中法战争》，为新中国的中法战争研究作了奠基工作，迄今仍广为学者所沿用。

牟安世的《中法战争》，1955 年由上海人民出版社出版，是新中国成立后出版的第一本有关中法战争的专著，全书共 138 页，9.6 万字。该书分 3 章共 12 节，依次叙述了法国侵略越南与黑旗军的抗法斗争、中法战争的爆发及其经过、中法会订越南条约与越南人民反抗法国殖民者的斗争。该书主要参考马、恩、列经典著作、中文文献资料和少量英文著作写成，出版后曾遭到学界的质疑，[③] 但这并不影响它在中法战争研究领域的地位，它的多次再版和很大的发行量就是一个很好的证明。

这一阶段的中法战争研究成果影响最大、最深远的是在资料的整理与出版方面，先后出版两种。一是《中国近代史资料丛刊·中法战争》。该书由邵循正、聂崇岐、张雁深、林树惠、单士魁等学者编纂，1955 年由新知识出版社出版，1961 年上海人民出版社再版。全书共 7 册，计 278 万字。其中，第一册包括《中法兵事本末》《刘永福历史草》以及中法开始交涉以前的文献资料如《越南世系沿革》《安南通史摘译》和法越间所订各项条约；第二册收录翁同龢与唐景崧日记、张树声与徐延旭来往函牍等，内容偏重越南北圻、云南、两广，也涉及福建、台湾和其他地方；第三册为战纪；第四册是文集，依撰者与中法战争关系的紧密和轻重排序；第五册汇辑中国人民反侵略斗争的资料，以及部分档案或者接近档案的资料；第六册和第七册前一部分为档案；第七册中间部分是中法间关于越南的各项条约，最后部分为附

---

① 叶国品：《中法战争》，通俗读物出版社 1956 年版；任强：《中法战争的故事》（插图本），上海人民出版社 1958 年版；章回：《中法战争》（工农通俗文库），上海人民出版社 1962 年版；中国近代史丛书《中法战争》，上海人民出版社 1972 年版；吉林师范大学历史系编：《中法战争》（中国近代史丛书），吉林人民出版社 1973 年版；沈奕巨：《镇南关大捷》，广西人民出版社 1975 年版；林仙根等：《刘永福》（广州文艺丛书），人间书屋 1951 年刊行；毛健予：《冯子材》，湖北人民出版社 1958 年版；马允伦：《冯子材大败法军》，浙江人民出版社 1958 年版。

② 地图出版社出版，1958 年中小学历史挂图各 1 种，1978 年 1 种。

③ 张振鹍：《评〈中法战争〉》，《光明日报》1956 年 2 月 2 日；沈奕巨：《评牟著〈中法战争〉——和牟安世同志商榷中法战争的几个问题》，《学术月刊》1961 年第 6 期。

录，收录越南人民的抗法斗争和法国对这些斗争的镇压。此外，该书还加入两个表："大事表""固有名词对照表"，前者简单罗列300年来的中越法关系，后者是西文人名、地名、船名的译音；4种图：人像、战利品、战绩图、地图；以及书目解题，分"中文之部"和"西文之部"，后者只列选译的书，前者分"征引书目"和"参考书目"（其中参考书目所列的书是没有选录的）。这套书长期以来成为我国学者从事中法战争研究的基本史料。

二是《中国海关与中法战争》。该书1957年由科学出版社出版，1983年中华书局再版。全书20.9万字，共5章，根据资料来源，可以分成3组。第一组即第一章越南问题始末，译自马士《中华帝国对外关系史》第2卷第17章，中法战争期间马士担任天津海关税务司德璀琳的秘书，使他得以了解李福天津谈判的一些机密内容。第二组资料包括第二、三、四章，这是本书的精华所在。其中，第二章是赫德与中国海关驻伦敦办事处税务司金登干往来电报的译文，起自1883年4月，至1885年6月止；第三章是赫德致金登干书简的译文，起讫时间与第二章相同，它们与电报互相补充；第四章收录金登干备忘录的译文，这些文件记述了他代表中国政府在巴黎与法国外长谈判和约的经过。第三组资料是各口税务司的报告。本书对深入研究中法战争具有重要的史料价值。

这一阶段里发表的论文数量有限，论题主要涉及镇南关大捷、马江战役、刘永福与黑旗军、冯子材、刘铭传、李鸿章、邓世昌、周玉泉、黄守忠、1884年的香港罢工运动、法国天主教的活动、中法战争前法国对中国西南的侵略扩张、中法战争期间美国的活动等。其中，关于刘永福与黑旗军的文章有23篇，约占总数的一半。比较重要的论文有司绶延的《中法战争》（《历史教学》1951年第2卷第5期）、刘汝霖的《六十年前刘永福黑旗军在越南的反帝斗争》（《历史教学》1951年第1卷第3期）、丁名楠的《关于刘永福的评价问题》（《大公报》1952年1月4日）、万次夏的《1884年的马江战役》（《历史教学》1964年第10期）、赵捷民的《刘铭传在台湾的抗法问题》（《新史学通讯》1955年第1期）、陆方的《试论刘铭传》（《吉林师大学报》1979年第1期）、郑逸梅的《中法战役炮击孤拔之周玉泉》（《社会科学战线》1978年第2期）、李明仁的《1884年香港罢工运动》（《历史研究》1958年第3期）、王崇武的《中法战争时法国天主教在中越两国的活动情形》(《进步日报》1951年10月12日)、胡益祥的《中法战争前法国企图从越南向中国进行扩张的阴谋活动》(《历史教学》1958年第3期)和《中法战争期间美国的阴谋活动》(《史学月刊》1964年第9期)、沈奕巨的《评牟著〈中法战争〉——和牟安世同志商榷中法战争的几个问题》(《学术月刊》1961年第6期)等。

除了上述这些以中法战争为研究对象的论著和资料汇编外，一些中国近代史和帝国主义侵华史著作也有专门的章节论述中法战争，有些书的篇幅和研究深度并不亚于上述论著。在此不一一列举。此外，张雁深的《中法外交关系史考》(史哲研究社1950年版)也有一章论述中法越关系的变化。总的来说，第一阶段的中法战争研究尚处于起步阶段，另外，受革命史观的影响，对于一些人、事的评价带有感情色彩。

1978年召开的党的十一届三中全会，不仅在中共党史和中华人民共和国历史上具有划时代的意义，中国进入了改革开放时代，而且对我国的学术研究和人们的思想解放均产生前所未有的影响。国内史坛出现了空前活跃的学术争鸣的良好风气，中法战争研究与其他重大历史问题研究一样出现了一个崭新的局面。

据本人粗略统计，1980—2012年的30余年里，国内学界发表的有关中法战争的论文和文章约有300篇、论文集8本[1]、专著14种、通俗读物9种[2]、史料5种、地图1种[3]、铜版画1种[4]。

---

[1] 福建社会科学历史研究所编：《中法战争史学术讨论会论文集——纪念马江战役一百周年》，福建论坛杂志社1984年版；《中法战争论文集》第4集，广西人民出版社1986—1992年版；《中法战争史专集》，《广西社会科学》增刊，1986年版；《中法战争镇海之役110周年学术研讨会论文集》，人民出版社1996年版；龙永行：《中法战争论丛》，东南亚杂志社1994年版。

[2] 齐亚明绘：《刘永福和黑旗军》(连环画)，上海人民美术出版社1985年版；施宣圆、吴树扬：《刘永福》，上海人民出版社1986年版；陈书麟编著：《中法战争》，海洋出版社1988年版；夏良才、谢维：《中华历史名人刘永福》，新蕾出版社1993年版；周志初：《不败而败：中法战争》，江苏人民出版社1998年版；徐航：《血涛军魂：一百多年前发生在福州马尾的中法战争》，海峡文艺出版社2003年版；陈安信：《铁血将军刘永福》，中共中央党校出版社2006年版；宋莉莉：《中国古代战役战争——中法战争》，吉林文史出版社2011年版；汪衍振：《中法战争》，中国青年出版社2012年版。

[3] 《中法战争形势》(教学挂图)，地图出版社1993年版。

[4] 中国闽南台缘博物馆：《西洋铜版画与中法战争》，福建教育出版社2008年版。

其中，黄振南的《中法战争史热点问题聚焦》，1994年由广西人民出版社出版，计30.3万字，分8章，介绍了中法战争研究中有争议的65个问题，书末附有一个详尽的论著索引，为中法战争研究者和有兴趣的读者提供了极大的便利，是中法战争研究中不可缺少的参考书。《中法战争诸役考》，1998年由广西师范大学出版社出版，计26.3万字。作者利用法国档案，结合中越文献资料，对山西战役、基隆战役、淡水战役、镇海战役的经过作了考证，提供了大量不为人知的细节，澄清了某些史实错误，纠正或推翻了前人的一些结论，在中法战争军事史研究方面取得了突破性进展。《中法战争管窥》，2005年由中国文史出版社出版，是黄振南先生的论文结集。

廖宗麟的《抗法名将刘永福》一书，1991年由广西人民出版社出版，22.4万字，分13章，附录《刘永福抗法大事记》。作者在占有大量第一手资料的基础上，通过认真考订，纠正了广为学者引用的《刘永福历史草》的讹误，在中越两国政府对法政策的大背景下考察刘永福和黑旗军的抗法斗争，披露了不少鲜为人知的史实，在刘永福与黑旗军研究方面取得了突破性进展。1997年，作者在修改、扩充此书的基础上，完成了《民族英雄刘永福》一书，由广西人民出版社出版。2007年，廖宗麟在对中法战争进行多年专题研究的基础上，撰成《中法战争史》一书，由天津古籍出版社出版。全书共55.7万字，分10章，书末附有《中法战争大事记》和《中法战争形势图》。作者在充分占有资料的基础上，对战争、战役的进程，以及相关人物、事件等都作了认真的考证，并得出一系列新的结论。

除了上述两位学者的6本专著外，在这一阶段，还出版了其他学者的研究成果：杨万秀、吴志辉的《刘永福评传》（河南教育出版社1985年版），刘子明的《中法战争始末》（江西人民出版社1988年版），田心的《中法战争与云南》（云南大学出版社1990年版），郑剑顺的《甲申中法马江战役》（厦门大学出版社1990年版），龙永行的《苗族抗法英雄项从周》（云南人民出版社1990年版），杨法慧和李坚的《抗法英雄项从周》（云南大学出版社1991年版），李峰的《曾纪泽与中法越南交涉》（中国华侨出版社1991年版），唐上意的《中法战争与张之洞》（暨南大学出版社 2004 年版）。它们都在一定程度上拓宽和加深了中法战争的研究。

这一阶段，论文数量也大为增加，研究领域得到拓展，对清朝统治阶级的研究显著加强。李鸿章、岑毓英和中法战争的结局成为学界探讨的热点。从过去的简单否定到重新认识与重新评价。这是思想解放、实事求是以及"双百"方针在中法战争研究领域的反映。与此同时，学者的视野扩展到以往被忽视的一些人物与问题。在人物研究方面，拓展到慈禧、张之洞、曾纪泽、彭玉麟、张佩纶、潘鼎新、唐景崧、薛福成、左宗棠、翁同龢、陈宝琛、刘璈、徐延旭、盛宣怀、杨玉科、唐炯、蔡希邠、李秉衡、杨昌魁、丁宝桢、周德润、项从周等。在清朝内政外交方面，学界探讨了清流派、主战派、洋务派对中法战争的态度；甲申政变与中法战争；清政府在中法战争中的外交策略、清政府的对法政策、对越政策。在中法战争军事史研究方面，涉及历次战役的考证、战略问题、清廷的作战指导思想和清军的战术思想、军事成败、中法战争中的台湾保卫战、北圻清军的防御与进攻、中法战争后期南关边军的军事作用。在中法战争对边疆与国防的影响方面，涉及中越边务规制、中法战争后的广西边务与边疆、中法战争后的云南边防建设、中法对两广与越南边界的勘定、清政府对西南边疆危机的态度、中法战争期间的广东防务、中法战争与晚清国防政策的转变、台湾建省、中法战争对台湾防务的影响、中法战争前后的台湾海防等。在中法战争对西南地区的影响方面，涉及中法战争与云南、两广地区的半殖民地化和近代化、中法战争后广西农业的变化。在群体研究方面，涉及中法战争期间民众动向、中法战争中的广西边疆少数民族、壮族人民的卓越贡献、中法战争期间的会党、滇军、华侨、客家人。在列强方面，涉及日本与中法战争、英国对法政策、列强的"调停"活动、列强的干预与中法战争的结局、中法战争前后的法俄关系、殖民主义强权外交、中法战争后法国金融资本对我国的侵略等。在贸易、财政与军费支出方面，涉及中越边境贸易、中法战争前夕滇边通商之争、桂越边境贸易、中法战争前厘金与子口税的消长变迁、中法战争外债、中法战争前后的海防支拨、中法战争后十年的南洋海军经费、中法战争与清廷财政、清政府筹措中法战争军费。在宗教与文化思想方面，涉及基督教会与中法战争、教案与文化问题、法国的宗教侵略与中法战争、中法战争对中国思想界的影响、国际法问题、中法战争与晚清国家观念的变迁。在媒体研究方面，涉及《申报》与中法战争、《点石斋画报》与中法战争。在研究领域拓展的同时，对前期已有一定研究的问题更加深入、细致，或者用新的视角进行研究。

除了上述论著外，第二阶段在资料整理与出版方面也取得一定成果，如广西壮族自治区通志馆编的《中法战争调查资料实录》（32万字，广西人民出版社1982年版）、炎明主编的《中法战争镇海之役史料》（42万字，光明日报出版社1988年版）、《福建文博》（中法战争闽、台战场专辑，1985年版）等。其中，张振鹍主编的《中国近代史资料丛刊续编·中法战争》，原计划出版8册，1996—2006年中华书局已陆续出版5册，第3—5册选译了部分法国档案。另外，国家图书馆缩微复制中心编《光绪中法战争奏稿函电》（全国图书馆文献缩微复制中心2010年版），收录1883—1885年中法战争相关奏稿函电，共4种、附一种，依时间顺序，分别收录总理衙门、北洋大臣李鸿章、云贵总督岑毓英、云南监察御史邓承修、粤督、苏督等中央机关军政要员因中法战争战事、清廷与法国议和、会勘中越边界等事，上呈光绪皇帝密奏各方战事请示通报往来函电。附一种为广西梧州知府徐延旭关于中越法关系、中法战事及清军行动等的函电。这些资料的出版有助于中法战争史研究的深入。

为了更好地反映国内中法战争史的研究成果，以下我们从专题史角度，就一些研究热点问题分别作一介绍。

## 第二节　相关战役研究

中法战争期间，中法之间进行了一系列交战，这些战役一定程度上决定了中法战争的走向，成为国内中法战争史研究的一个重要对象。

关于山西之战和北宁之战。山西之战为中法战争的起点，清军首次以公开身份与法军作战。对于清军在这次首战中败北的原因，黄振南认为除了清政府避战态度束缚守军手脚以及山西守军力量单薄和缺饷少械等原因之外，也由于越南阮氏王朝拒绝抗法救国、越军倒戈相向。① 关于紧接山西之役后的北宁之役失败的原因，黄振南认为客观上固然由于法军整体上优于清军，但更主要的还是以黄桂兰为首的军官腐败无能，这些军官生活腐化，荒淫糜烂，粉饰太平，蒙骗上司，盲目虚骄，不谙戎机，胡乱布防，调度失灵等。②

关于基隆、淡水之战。一些学者认为台湾是中法战争的主战场，基隆首战是台湾军民和法国侵略者的首次较量。它的规模虽然很小，但中方的胜利对于加强台湾军民乃至全国人民的抗法决心，打击法军的士气，挫败法国据地为质、勒索赔款的阴谋，起了重要作用。因而它在中法战争中占有一定的地位。③ 对于法军进攻基隆的战略目的，国内学者认为一是据地为质，以此胁迫清政府承认法国吞并越南合法化；二为控制煤矿和关税；三为夺取战略要地。对于第一次基隆之役的结局，有些学者认为中方取得"大捷"，称法军阵亡百余人；但也有学者认为清军在此役中并未取得大捷，实际情况是清军的损失远远超过法军，是役法军仅阵亡2人，重伤4人，轻伤6人，且均为普通士兵，而清军则伤亡70人左右。④

与第一次基隆之役相关，国内许多论著对淡水之战清军的胜利也是大加称赞，誉之为"淡水大捷"或"沪尾大捷"。这次战斗的规模虽然不大，但对于挫败法军占领台湾，向中国勒索赔款的阴谋起了很大的作用，在台湾抗法战争和中法战争中占有重要的地位。据事后法方统计，法军死49人，伤17人，清军死80人、伤200人。不但完全抵消了法国占据基隆的胜利，使之变成不能扩大战果的徒劳之举，更因为沪尾清军的威胁，基隆变成套在法国远东舰队脖子上的大石，牵制了它的进一步行动。此战改变了中法外交谈判的形势。⑤ 但也有学者指出淡水之战的重要性及战果不

---

① 黄振南：《中法山西之役始末》，《广西社会科学》1997年第2期；《中法战争诸役考》，广西师范大学出版社1998年版，第134—149页。
② 黄振南：《北宁之役中清军将领之劣迹》，《安徽史学》2004年第6期；《中法北宁之役的历史考察》，《军事历史研究》2002年第1期。
③ 林其昌、廖宗麟：《试论中法基隆首战》，《南宁师范高等专科学校学报》2000年第4期。
④ 黄振南：《中法战争诸役考》，第152—159、180—188页。
⑤ 廖宗麟：《试论沪尾大捷在中法战争中的地位和作用》，《广西广播电视大学学报》2000年第1期。

宜夸大，淡水并非法军进攻的主要目标，攻打淡水只是法国发动第二次基隆之战的伴生物，法军参战兵力有限，仅派600名军人登陆作战，伤亡人数并非中方夸大的数百人或千余人，实际伤亡为60余人，其中阵亡9人左右，失踪8人左右，负伤49人，而清军的伤亡大于法军，为300人左右。①

关于马江之战。马江战役是中法战争中的一次重要战役，也是近代中国始建海军以来首次较大的战役。此战以清军失败告终，福建水师几乎全军覆没，福建船政局也遭严重毁坏。传统的观点都把马江战役的惨败归罪于福建的诸大吏即闽浙总督何璟、福建巡抚张兆栋、会办福建海疆事宜的张佩纶、福建船政大臣何如璋，尤其是后两人，认为他们是导致战败的罪魁祸首。现在学界对此有不同看法，一些学者认为战败的主要原因在于清政府采取了对外妥协、退让方针与避战求和政策。② 另一些学者坚持认为张佩纶等主要官员临阵怯战失措是导致战败的重要因素③。关于马江战役争论较多的另一问题是，法军是"偷袭"还是"公然挑战"？过去的论著多主张前说，但现在一般认为不是偷袭，法军向清政府提交了宣战照会。④ 但也有人认为法军是精心策划，假宣战之名，行偷袭之实。⑤ 关于法军司令孤拔是否在此战中被击毙，学界存在分歧。一些学者根据采樵山人的《中法马江战役之回忆》等资料认定孤拔在马江战役中应弹身亡，让孤拔毙命的是民族英雄杨金宝。⑥ 有人对此提出质疑，因为马江战役发生在1884年8月23日，此后孤拔一直在指挥法舰队的活动，他死于停战条约

---

① 黄振南：《中法战争诸役考》，第195—219、231—240页。
② 戴学稷：《清政府与马江战役》，《内蒙古大学学报》1985年第3期；林庆元：《中法马江战役及其历史教训》，《福建论坛》1984年第4期；刘子明、丛培欣：《中法马江战役军事部署初析》，《福建论坛》1984年第6期。
③ 郑剑顺：《关于中法马江战役的几个问题》，《学术月刊》1985年第2期；马洪林、亓曙冬：《试论马江之战福建水师失败的原因》，《上海师范大学学报》1985年第3期；龙永行：《马江海战疑难考辨》，《大同高专学报》1997年第1期。
④ 俞政：《马江宣战考》，载福建社会科学院历史研究所编《中法战争史学术讨论会论文集》，福建论坛杂志社1984年版，第75—94页；郑剑顺：《关于中法马江战役的几个问题》，《学术月刊》1985年第2期；龙永行：《甲申中法马江之役析疑三题》，《思想战线》1992年第2期。
⑤ 郑师渠：《甲申马尾之役法国宣战史实辨误》，《福建论坛》1983年第3期。
⑥ 吴瑞虎：《侵华法国远东舰队司令孤拔毙命之谜》，《军事历史》1998年第2期。

签订之后，其死因不是单一的，与受伤、染疫、愤恨几个方面都有关系，孤拔于1885年6月1日死于澎湖。①

关于镇海之战。一说镇海保卫战是中法战争中的一次重要战役，也是近代海战史上唯一取得全面胜利的战役。它和镇南关大捷、临洮大捷一起组成了一曲中国南北军民胜利抗击法国侵略者的凯歌，在中国近代史上写下了光辉的一页。镇海保卫战以击沉法军舢板船两艘，击伤法军舰数艘和毙伤数十名法国官兵而告终。孤拔想消灭南洋三舰，破坏炮台，占领镇海的计划失败。在四个月中，他们始终未能越雷池半步，却反而陷入了进退维谷、旷日持久、折舰损兵的困境。而中国军民却在此役中一雪国耻，取得了全面的胜利。② 另一种观点结合法文资料，认为法国军舰闯入镇海的目的并非据地为质，而是为了追歼三艘南洋军舰；镇海之战的规模和战果不宜轻信清军的报告，实际情况是镇海之战的战事主要集中在3月初和中旬，战事并不激烈，法方并不存在中方所说的伤亡，镇海之战对清军来说只是打了一场防御战，成功阻止了法军闯入镇海；镇海之战的意义在于拖住了法国有限的兵力，保住了中方的五艘军舰。③

关于宣光、临洮之战。有的学者将宣光、临洮之战与镇南关之战相提并论，认为对清军转守为攻、由败而胜具有重大意义，是中法战争的一个转折点，宣光之战清军最终虽因法国援军的到来未能攻克宣光，但是役清军围攻宣光历时73天，从1884年12月11日至次年的3月3日，伤亡不下4000余人，而法军的损失约为此数的一倍，不失为中国军队的一大胜利。④ 但也有学者对宣光、临洮大捷提出质疑，认为在宣光之战中清军和法军都损失惨重，清军并没有达到攻克宣光城的目的，因此没有取得这次战役的胜利；清军在临洮之战中的战果亦不像人们所说的那样辉煌，收复

---

① 林其泉、张步奇：《关于孤拔之死》，《厦门大学学报》1983年第4期。按：关于孤拔之死，还有另一些说法。一种认为孤拔是在台湾澎湖列岛病死的。许多中国历史文献和口碑传说称孤拔在镇海之役中受伤或阵亡。黄振南在《中法战争诸役考》中经过翔实的考证，指出后一种说法不可靠。洪余庆根据最近在该战役发生地发现的两件时人文书说明孤拔在镇海伤亡之说值得怀疑，认为此说不但可疑，而且子虚乌有。

② 龙永行：《镇海战役述评》，《军事历史研究》1991年第4期。

③ 黄振南：《中法战争诸役考》，第242—284页；《中法战争管窥》，第192—218页。

④ 龙永行：《宣光、临洮战役初探》，《东南亚》1985年第1期。

的失地仅 1 府、1 县和 4 隘而已。① 有些学者甚至认为根本不存在临洮大捷，所谓"临洮大捷"，只是云贵总督岑毓英的个人杜撰。②

关于镇南关—谅山大捷。新中国成立以来，大多数学者都充分肯定和高度评价镇南关大捷的历史意义，认为这是中法战争的一个转折点，中国军民打出了国威和军威。③ 有人则对这一传统观点提出不同看法，认为 1884 年夏季以后法国的战略目的还是夺取越南，为此，法国采取了转攻中国东南沿海，通过夺取"担保品"来换取越南殖民地化的确立的战略方针，镇南关大捷并未从根本上改变中法双方在谈判中的地位，法国占领基隆实现了担保品政策，奠定了中法战争的结局，这个结局不会为清军在越南战场的胜利所左右。④

## 第三节　外交问题研究

中法战争期间，鉴于交战双方面临的错综复杂的国内外形势，战争时断时续，外交斗争与军事进退共同影响了战争的走向与最后结局。因此，外交史研究也是国内中法战争史研究的重点内容之一。

关于李鸿章及其主持的历次谈判和条约的评价。一种观点总体持否定态度，批评李鸿章与宝海、脱利古、福禄诺、巴德诺的谈判，执行的都是卖国投降路线，战争的结局与李鸿章的投降活动密不可分。⑤ 持这种观点的学者认为，李福《简明条款》明显违背了中越两国人民的根本利益，并

---

① 黄铮：《关于宣光、临洮之战的评价问题》，《印度支那》1986 年第 1 期。
② 刘君达：《"临洮大捷"质疑》，《学术论坛》1985 年第 9 期。
③ 沈奕巨：《镇南关大捷》，广西人民出版社 1982 年版，第 54 页；廖宗麟：《论镇南关大捷的历史意义》，《学术论坛》1995 年第 3 期。
④ 杨志本、王苏波：《镇南关大捷不是中法战争的转折点》，载《中法战争论文集》第 2 集，广西人民出版社 1986 年版。
⑤ 毛健予：《中法战争中李鸿章怎样始终主张投降？为什么竟会在胜利的局面下签订卖国条约？》，《新史学通讯》1956 年第 3 期；中国社会科学院近代史研究所编：《中国近代史稿》第 2 册，人民出版社 1984 年版，第 226 页；王承仁、刘铁君：《李鸿章与中法战争》，载《中法战争论文集》第 1 集，广西人民出版社 1986 年版，第 257—272 页。

自动向侵略者打开西南的大门；李巴条约承认越南为法国的保护国，又使法国侵略者打开中国西南边境大门的目的如愿以偿。①《李宝协议》是"使法国在侵略越南与侵略中国两方面都得到实际利益的协议"，而李福协议达成之迅速，在历史上是很少见的，表明了清朝统治者迫切求和的心态，该协议与清政府原来规定的条件是有距离的，不仅越南被放弃了，李鸿章所谓的"上国体制"也没有保住，法国从中满足了它侵吞越南并窥伺中国的全部愿望。② 李鸿章只凭宝海的空口许诺就迫不及待地单方面请旨撤军，是不择手段的谋求妥协，李鸿章坐失戎机之责难逃，李宝谈判是一次外交欺诈，产生了不能忽视的影响。③

另一种观点对李鸿章主持的中法外交谈判并不一概否定，既有否定，也有肯定，认为李鸿章并非始终主和，而是不同阶段有不同的态度和表现。如有的学者认为李鸿章的态度及变化与朝廷的态度有密切关系，他不是决策者，而是执行者。《李宝协议》对中国有损害，李是有责任的，这与他持妥协求和态度和外交斗争策略不当有直接关系。关于李、脱谈判，法国实际上是用来作为烟幕，掩护它在越南的攻势，在谈判过程中，李鸿章注意与总理衙门和曾纪泽保持经常的联系，其策略基本得当。李福《简明条款》的核心是清政府承认法国控制全部越南，这比起《李宝协议》放弃了更多的权利。李鸿章作出这样的妥协，根本原因是中国军事上的失利，是一种无奈的选择。李巴《中法新约》内容与李福协定大体相同，中国放弃在越南的权利，法国的赔偿要求终未得逞，这就使中法战争成为近代一次没有赔款的中外战争。④ 有的学者指出李鸿章在清政府对法宣战以前在法国侵略者步步紧逼面前一再妥协退让，与法国签约出卖主权，犯下了不可饶恕的罪行。但在清政府对法宣战后，李鸿章的态度有所变化，为

---

① 胡绳：《从鸦片战争到五四运动》上册，人民出版社1981年版，第401—406页。
② 丁名楠、余绳武等：《帝国主义侵华史》第1卷，人民出版社1973年版，第279—292页。
③ 庚裕良：《李宝谈判的由来、实质和影响》，载《中法战争史论文集》第4集，广西人民出版社1992年版，第168—182页。
④ 关威：《中法战争中李鸿章的外交活动》，《清史研究》2001年第1期；《中法战争期间李鸿章对外交涉述论》，《历史教学》2002年第6期；《中法战争前李鸿章与宝海、脱利古谈判述论》，《韩山师范学院学报》2005年第5期；《主和还是主战：析李鸿章对中法战争的态度》，《华中师范大学学报》2012年第S1期。

守疆土,替在台湾进行抗法斗争的刘铭传筹兵筹饷,并授以在越南指挥清军作战的潘鼎新作战方法。① 也有学者认为在中法战争中李鸿章不是真心卖国,而是无心误国。② 或曰李鸿章的"主和"韬略实质上源于他的实力外交思想,这种主张有一定的合理性和积极意义,但李过于注重和拘泥于实力,导致了他的主和思想在中法战争中趋于僵化。③

关于曾纪泽及其进行的对法交涉的评价,学界大多持肯定态度,认为曾纪泽是爱国外交家,与当时李鸿章所奉行的妥协退让政策形成鲜明的对照。曾纪泽在中法交涉中面对法国侵略者的威逼利诱,敢于力争,揭露法国当局对中越两国的殖民扩张野心,极力主张援越抗法,体现了中华民族敢于斗争的英雄气概,维护了国家尊严和民族利益,促进了清政府的抗法斗争;曾纪泽有效的外交斗争打乱了法国的殖民计划,推迟了越南殖民地化的进程,维护了中国西南的领土主权。④ 有些学者则不停留于对曾纪泽外交的定性评价,而是就曾纪泽在中法战争期间的某一方面的外交活动进行具体的考察。比如曾纪泽对黑旗军的处置问题,有人认为曾纪泽在极为险恶的局势下仍坚持选择解决黑旗军及中法分护越南问题为突破口,作不懈的外交努力,有利于扭转中法交涉的僵持局面。他的外交努力虽然最终没有实现对刘永福黑旗军问题的和平解决,但他对刘永福黑旗军始终如一地主张和平、安置生活去处的解决方案是理性的、客观的。刘永福能成为抗法民族英雄,除了他自身的奋斗和客观环境外,还应该归功于曾纪泽等一批历史人物的努力。⑤ 还有学者就曾纪泽与英国的调停作了考察,认为中法战争期间英国的数度调停,目的在于操纵中法和议,维护英国在华优势地位及列强共同侵华的统治秩序。曾纪泽维护国家利益和尊严的外交立场和活动及其对清政府政策的影响,是英国调停未能成功的重要因素。⑥

---

① 陆方:《中法战争中的李鸿章》,《东北师大学报》1985 年第 5 期。
② 杨全顺:《李鸿章和局思想与中法战争中国不败而败》,《湖北社会科学》2004 年第 1 期。
③ 储立新:《中法战争中李鸿章主和动机试析》,《历史教学问题》1992 年第 6 期。
④ 杨立冰等:《中法战争中的曾纪泽》,载《中法战争论文集》第 2 集,第 266—281 页;黄庆鸿:《论曾纪泽在中法战争时期的外交活动》,《广东教育学院学报》1994 年第 2 期。
⑤ 郑正伟:《中法交涉曾纪泽对红江通商与黑旗军处置议案的策略》,《史学月刊》2004 年第 3 期。
⑥ 李峰:《曾纪泽与中法战争时期的英国调停》,《安徽史学》2004 年第 3 期。

有人对于曾纪泽由战初的主战到镇南关大捷后的力倡主和的转变及其原因作了探索,指出曾纪泽主战既是基于他对国内海防力量的了解,也是基于他对法国社会内部矛盾和内外交困情况的掌握上。镇南关大捷后曾纪泽主张体面议和,是在分析中法双方实力对比和权衡利弊后提出的明智之举。对于曾纪泽的主战转而主和、以战求和的思想应当予以肯定。① 对于清政府屈服法方的要求,撤换曾纪泽驻法公使的职务,学界一般都认为是失策和软弱的表现,它意味着撤除了中法外交斗争的一道坚固防线,此后清政府中法交涉权便落在李鸿章等人手中,他们一味妥协退让,助长了侵略者的气焰,这标志着清政府在越南问题上由干预向"脱身"的政策性转变。②

中法战争后期实际主持谈判的中方代表是海关总税务司英国人赫德。他究竟是为英国的利益服务还是双重效忠,如何看待他所操纵的中法议和,这也是学界较关注的问题。一种持否定态度,认为赫德通过为法国尽力谋取实利,给清政府以虚名,进而操纵了中法新约的谈判与签约大权。根据片面最惠国待遇的原则,以英国为首的其他列强不难从中获得间接利益。在战场上并未最终失败的中国却在谈判桌上可悲地失败了,中华民族的利益被出卖了。所以,赫德的操纵中法谈判和签约不能不说是近代中国畸形的半殖民地半封建外交的典型一例。③ 另一种认为赫德在和约谈判中在充当法国帮凶的同时,也照顾了中国的利益;赫德干预中法纠纷的过程可以分为三个阶段,在不同阶段赫德都有不同的表现;赫德的努力,对于中法双方最终达成和约,结束战争,还是起了积极的作用。④ 还有一种则肯定赫德对中法和约的签订所起的积极作用,认为尽管赫德在参与中法谈判的过程中更多地考虑英国在华利益不受影响,但也应看到,正是赫德及金登干的从中斡旋,促成了中法停战协定的最终签订,赫德对尽快结束中

---

① 王澈:《中法战争期间曾纪泽由主战转而主和原因初探》,《中法战争史论文集》第 4 集,第 208—220 页。
② 杨立冰等:《中法战争中的曾纪泽》,载《中法战争论文集》第 2 集,第 266—281 页;李峰:《曾纪泽解职与〈李福协定〉的订立》,《忻州师范学院学报》2003 年第 1 期。
③ 段国正:《赫德操纵中法谈判的原因探析》,《西北师大学报》(社会科学版)1999 年第 2 期。
④ 廖宗麟、张壮强:《赫德和中法和约》,《湛江海洋大学学报》2002 年第 2 期。

法战争起了积极的推动作用。① 也有学者不赞成将中法战争的失败归咎于中国的外交操纵在赫德等英国人之手，指出当时的中国是个半殖民地半封建的国家，它的外交大权并未完全丧失，中国的主要决策者还是慈禧太后等少数统治人物。在整个中法外交中，清政府是主体，是政策的制定者，她在外交上的失败，乃是中国半殖民地外交的必然结果。②

除了上述三位人物的外交活动外，学界对李鸿章的幕僚薛福成在中法战争期间的外交思想与活动也有一定的关注。尤其值得注意的是，在和战问题上，薛福成与李鸿章的主张并不完全相同。有人指出，中法战争时期是薛福成人生中的一个重要阶段，其对外思想和斗争策略逐渐成熟，并在浙东抗法战争中付诸实践。作为一个外交家、思想家，薛福成在外交领域为国作出的贡献是不可磨灭的。他具有近代化的外交理念，提出"敌外必先强内"的外交思想；主张运用多样化的外交斗争策略，"让以虚而不让以实"，坚决维护国家利益。③ 另有学者认为薛福成是援越抗法的积极主张者和宣传者，他反对将滇粤清军仓促撤回，他对刘永福及黑旗军的评价很高，将扶助刘军当作援越抗法的重要途径。他提出"以和为体，以作可战之势为用"的方针来处理中法交涉，这在当时来说很高明，今天也有一定的参考意义。④

关于中越关系。越南问题是引发中法战争的直接原因，关于中法战争时期的中越关系，国内学者的研究存在两种倾向。一种强调中越两国人民传统的友谊关系，称"中越两国国境毗连，在历史上具有悠久的和深厚的关系。从公元前三世纪末期间开始直到现在，两千多年来不曾中断过的关系，使中越两国人民无论在历史上、地理上和文化上都一直休戚相关。中法战争乃是中越两国人民共同反抗法国侵略者的正义战争，这次战争虽然由于两国封建统治阶级的卖国投降而没有赢得最后胜利，但是却充分表现了两国人民共同抵抗侵略者的英勇斗争的精神，这种英勇斗争精神在两国

---

① 曹必宏：《赫德与中法谈判（1884—1885 年）》，《历史档案》2005 年第 3 期。
② 龙永行：《赫德的调停与中法和约的签订》，《云南社会科学》1989 年第 5 期。
③ 郑捷：《论李鸿章幕府及中法战争时期薛福成外交策略与理念》，《湖北经济学院学报》2008 年第 7 期。
④ 邬秋龙：《薛福成与中法越南交涉》，《无锡教育学院学报》1999 年第 1 期。

人民的历史上是屡见不鲜的"①。或曰中法战争"也是中越两国人民齐心协力共同反抗帝国主义的一页光辉历史"②;"在中法战争前夕,中国与越南有着山水相连的地域关系、血缘相通的民族关系、唇齿相依的宗藩关系,以及中国军队五次应邀入越援剿和留兵越境等特殊关系,这就为日后中国出兵助越抗法提供了基本条件"③。他们将刘永福领导的黑旗军援越抗法看作中法战争期间中越两国人民战斗友谊的一个具体见证,④ 并认为中国的抗法斗争"得到了越南人民的积极支持"⑤。另一种观点则如实揭示中法战争期间越南阮氏王朝奉行对法亲善政策,采取敌视中国态度。当法国挑起中法战争、向中国进攻时,阮氏王朝不但不帮助中国,反而助纣为虐,听命法国殖民当局,将与援越清军有联系的官员革职,并配合法军驱逐黑旗军,援助法军,背弃中国,违反中越两国人民团结战斗反对外来侵略的愿望。⑥ 此外,国内学界比较一致认为中法战争是中越关系的一个转折点。

关于列强对中法战争的态度。一些学者认为英国在中法战争期间的外交活动最频繁,所起的作用亦最大。英国政府希望战争在无损于英国利益的前提下尽早结束,赫德和金登干所进行的调停活动,即代表了英国的利益和要求,并对促成中法停战起了重要作用。⑦ 也有学者认为中法战争期间英国的态度是在变化的。在越南问题发生初期,英国政府并没有尽力帮助法国,而是采取观望态度,并趁机巩固自己在埃及的统治。随着法越冲

---

① 牟安世:《中法战争》,第2页。

② 王绳祖:《中法战争期间英国对华外交》,载《中英关系史论丛》,人民出版社1981年版,第196—236页。

③ 廖宗麟:《中法战争史》,第41—42页。

④ 参见梁志明《刘永福黑旗军与中越人民的战斗友谊》,载《中法战争论文集》第1集,第191—201页。

⑤ 中国社会科学院近代史研究所:《中国近代史稿》第2册,人民出版社1984年版,第224页。

⑥ 萧德浩:《中法战争时期越南阮朝的态度》,《广西社会科学》增刊《中法战争史专集》,广西社会科学杂志社1986年版,第56—66页;黄杰:《越南阮氏王朝是怎样对待黑旗军的》,《中法战争论文集》第1集,第291—298页;袁仕仑:《越南阮氏王朝对黑旗军"河内大捷"的出卖》,《学术论坛》1981年第3期。

⑦ 中国社会科学院近代史研究所:《中国近代史稿》第2册,第248—252页。有关中法战争期间列强的外交态度和动向及影响等更为详细的论述,可参见丁名楠等著《帝国主义侵华史》第一卷第二编第二章第二、三节"中法战争"中的相关论述。

突发展为中法战争，英国才倾向于积极调停，以使战争不致拖延，影响其在华的商务主要是鸦片贸易和加剧中国人民的反帝斗争。到法国宣布封锁台湾全岛和禁运大米的时候，英国就急切希望并尽力促成中法战争的结束，以消除战争对其商务的影响，且有利于它对俄斗争。① 也有学者认为英国对中法两国采取不同的态度和策略，一方面反对法国野心无限扩大，在中国取得独占性特权，同时又与法国沆瀣一气，遇事偏袒法国；另一方面对中国则不断施加压力，迫使中国对法国让步，但也注意投清政府所好。②

德国对中法战争的态度，中国学者多认为德国是赞同法国对越南的殖民扩张活动的，这种怂恿和鼓励解除了法国的后顾之忧。③ 有的学者还进一步指出，在1884年6月之前，德国在列强调停中扮演主要角色。法国之所以决心发动战争，与德国在幕后对法国的保证分不开。德国还为法国的军事行动出谋划策，提议法国派遣更多的军队到远东。德国选择不公开支持法国的政策是为避免与英国的公开对抗。德国借此控制局势朝着它所期望的方向发展，并有效抵消了英美对法国远东行动的压力和影响。中法战争爆发后，德国通过李鸿章亲信德籍海关税务司德璀琳操纵中法议和，促使中法双方迅速签订《简明条约》。这一调停活动扩大了德国在华势力和影响。④

关于美国与中法战争的关系，国内学者认为，美国也插手中法战争，进行调停活动，同样站在侵略的立场上，承认法国可以向中国勒索赔款。⑤ 也有学者通过对中法战争期间美国所进行的三次调停活动的考察，对美国调停的动机作了分析，认为美国的动机在于：一是赢得清政府的好感，扩大在华影响；二是谋取商业利益，争取美国资本和美国人在中国修建铁路

---

① 王绳祖：《中法战争期间英国对华外交》，载《中英关系史论丛》，第196—236页。
② 覃艺：《英国与中法战争》，载《中法战争论文集》第2集，第185—204页。
③ 熊志勇：《对英德两国关于中法战争态度的考察》，载《中法战争论文集》第1集，第41—54页。
④ 方堃：《试论列强在中法战争中的"调停"活动》，《中法战争史论文集》第4集，第99—119页；龙永行：《列强的干预与中法战争的结局：中国不败而败，法国不胜而胜》，《东南亚研究》1989年第3期。
⑤ 中国社会科学院近代史研究所：《中国近代史稿》第2册，第248—252页。

中发挥作用;三是保护美国利益,以免战争危及美国人的生命财产。总之,争取和平环境,推行经济扩张,是美国在中法战争期间的对华政策。①

俄国担心法国在远东的战争会削弱其在欧洲牵制德国的力量,因此希望及早结束战争。日本则趁火打劫,乘机插手朝鲜内政,扩充日本在朝鲜的势力,并故作与法国联合的姿态,诱迫清政府签订《中日天津条约》,不但为后来日本进一步侵略朝鲜埋下伏笔,而且加强了清政府在中法战争中的求和态度。② 总之,在中法战争中,列强之间虽然存在矛盾,态度各异,但他们利用中国的困难谋取利益,则是共同的。

## 第四节 清政府的战争对策研究

对于中法战争期间清政府的态度和反应,国内学者普遍认为存在主战和主和两个派别,但在如何评价问题上则众说纷纭。一派对清政府内部的主和派持否定和批评态度,认为以李鸿章为首的主和派唯武器论,高估法国的侵华力量,低估中国的抵抗力量,企图以"柔、忍、让"来乞求法国侵略者的宽容,结果上了侵略者的圈套,批评主和派为维护自身利益和统治妥协求和,损害民族利益,挫伤军民的抗战热情,助长法国侵略气焰;批评主和派在战争中拒绝赴前线督师抗法,消极避战,畏敌怯战,反对福建海军先发制敌,热衷于谈判议和,一味顺应法国侵略扩张需要,丧失民族气节。而主战派则力主抗法,在战争中英勇无畏,抗敌御侮,尽心尽力捍卫国家和人民利益,体现了崇高的民族气节,有利于维护民族利益,激扬士气和民心。③

---

① 熊志勇:《中法战争期间美国的三次调解》,载《中法战争论文集》第2集,第174—184、216页。另参见方堃《试论列强在中法战争中的"调停"活动》,《中法战争史论文集》第4集,第99—119页。

② 中国社会科学院近代史研究所:《中国近代史稿》第2册,第248—252页;钟康模:《日本与中法战争》,《汕头大学学报》1986年第3期。

③ 唐上意:《中法战争历史人物评价的几个问题》;张壮强:《论主战、主和派的实质和影响》(《中法战争论文集》第2集,第60—70页)、《简论中法战争中的主战派》(《玉林师专学报》1983年第2、3期合刊);施渡桥:《论中法战争中的主战派和主和派》,《军事历史研究》1999年第3期。

另一派认为中法战争期间主和与主战并非爱国和卖国的路线之争，两派均有合理成分，并且主和较诸主战更值得肯定。其主要理由是主战和主和两派的分歧源于对"理"与"势"的判断，并非截然对立，都是从挽救边疆危机和维护清朝统治出发，所不同的是主战派从愿望和道义出发，立足点在"理"，不曾考虑中国的实力，认为有战的必要性，他们考虑的是该不该打；主和派也不否定抗法保越的正义性，但他们的立足点在"势"，从现实和能力出发，认为主战不可行，他们考虑的是行不行。并且，从两派的分野和所持理由来看，主战派多为清朝统治集团内的保守派和清流派及部分湘系军阀，他们虽然对列强的侵略野心有较为清醒的认识，但他们的主战理由深受儒家"守在四夷""仁者无敌"等传统观念的影响，建立在对中法两国基本状况错误估计的基础上，具有很大的盲目性，空谈误国，当战局发展到由胜至败时，他们就会从一定程度的主战变成主和。①

除以上两派对立观点之外，另有学者独辟蹊径，跳出主战与主和之争，从斗争方略角度探讨清政府在中法战争期间的对策，从而得出不同的见解，认为清政府在中法战争期间的对策根据形势的变化，大体经历了三个发展阶段。第一阶段自1881年12月总理衙门上对法"豫筹办法"奏折起，至1882年10月清政府获悉"法越和约"条约内容止的近一年内，清政府的战略目标是"保护越境"以"屏蔽吾国"；其斗争方略是外交和军事威慑并用，企图达成"消弭衅端"之结局。第二阶段自1883年10月清政府获悉"法越和约"内容后发出上谕起，至1884年8月法海军突击福建水师止的10个月间，清政府的战略目标是"因势利导，保境息民"；其斗争方略是军事上越境抗击，守御中土，外交上以"不损国体，不贻后患"为原则展开对法交涉，企图达成"保全和局"之结局。第三阶段自1884年8月下旬清政府对法宣战起，至1885年8月清政府发出"和局既定""通谕中外"上谕止的一年里，清政府以"保全疆土"为目标，军事

---

① 俞政：《中法战争初期和战之争的形成》，《近代史研究》1987年第6期；章鸣九：《洋务派官僚对中法战争的不同态度说明了什么》，《汕头大学学报》1988年第3期，苑书义等：《中国近代史新编》中册，人民出版社1986年版，第259—262页。

上实行沿海反击，越境陆路进攻之策；外交上以不赔款为原则，展开对法交涉。最后，在军事上实施"乘胜即收"方针，在外交上进行和谈，达成了"弃藩保台"之结局。①

对于清政府在战争最后阶段所采取的"乘胜即收"的政策，国内学界大致有三种观点。第一种也是传统的观点，持否定评价，认为这一政策导致中法战争不败而败，清政府与李鸿章以中国军队的胜利作为求和的资本，投降卖国。第二种观点对清政府的"乘胜即收"的政策给予肯定评价，认为清政府在中国军队取得镇南关大捷等军事胜利的情况下，决定乘胜即收，与法国结束战争，是鉴于当时中国面临着比较困难的局面：战争的整体军事形势不容乐观，法国方面并没有改变对华战争政策，中国的周边形势非常严峻。乘胜即收是清政府迫于当时各方面的不利形势而采取的明智决策。② 或曰"乘胜即收"政策是在正确分析中外形势后作出的决策，目的是为中国的自强争取时间，创造条件，而不是投降卖国。③ 第三种观点也偏向于肯定，认为"乘胜即收"似乎比在其他不利情况下收稍微有利。④

另外，还有学者在对清政府在马尾惨败后对法宣战与镇南关大捷后却乘胜议和这两个迥然不同的策略进行具体分析后指出，不能像以往的中国近代史论著那样将它们作为批判清政府投降卖国的典型罪证，清政府既然曾在"列强环伺、危机四伏"的艰难情况下勉力援越抗法，并起了一定作用，在批判它的昏庸无能、妥协投降等错误的同时，应恰如其分地肯定这些正确的决策、措施的积极作用，如实反映异常复杂的历史真相，总结和吸取教训。实际上，这一时期清政府在外交、军事上的决策，失误虽多，但内中也有力不从心的难言之隐，还有避

---

① 季云飞：《中法战争期间清政府对法斗争方略演变之探析》，《军事历史研究》2000年第4期。

② 关威：《中法战争乘胜即收问题论析》，《暨南学报》2002年第6期；王洁军：《试析中法战争后期清政府的"乘胜议和"》，《镇江师专学报》1994年第3期；张梅：《中法战争中清政府"乘胜而收"原因新探》，《学术界》1990年第4期；闻陈捷、宋严萍：《关于中法战争结局问题的再探讨》，《徐州师范学院学报》1996年第3期。

③ 陈文华、陈奇：《李鸿章与中法战争"乘胜即收"》，《贵州文史丛刊》2008年第1期。

④ 关威：《中法战争乘胜即收问题论析》，《暨南学报》2002年第6期。

狼驱虎的缓急之分,失中有得。不宜将通过外交途径谋求某种缓和、军事上为避免某种不利局势而作出的退让,统统加上投降、妥协罪名,加以批判。①

## 第五节 相关人物研究

在中法战争研究中,相关人物与历次战役是学界最关注的对象,这方面的成果也是最多的。

关于刘永福。学界对于刘永福援越抗法战绩基本都持肯定态度,但在一些具体问题上的评价存在分歧。其一,关于他脱离吴亚忠率军转入越南的问题。一种观点将之视为一种背叛,认为这种行动在客观上对革命起了分裂和破坏作用,加速了吴亚忠的败亡。另一种观点认为刘脱离吴是一个严重的错误,但刘永福出走越南也是吴对刘妒忌和不满的结果。② 第三种意见认为刘永福脱离吴部的直接原因是吴亚忠使两人矛盾激化,而且刘一再向吴亚忠协商不果,因此不属于背叛、失节。刘永福为了克服困境,避开强敌自保,无疑是正确的。③ 其二,关于黑旗军与黄旗军火拼的问题。一种认为黑旗军是阶级斗争中的变节者,他们与越南、清朝统治者站在一起共同消灭黄崇英的黄旗军,刘永福的阶级本色已经起了变化。④ 另一种认为应该分阶段来看黄黑火拼问题,在初期,冲突是由争夺保胜引起,双方都有错误,反映了农民阶级的狭隘和猜疑。在后期,法国向越北发动进攻,针对中国而发,民族矛盾上升,黄崇英却与法国侵略者发生暧昧关

---

① 庾裕良:《败后宣战与乘胜议和——试论清政府在马尾、镇南关战役后的策略》,《近代史研究》1985年第5期。

② 司马骅:《刘永福在历史上的作用与地位》,载《中法战争论文集》第1集,第330—338页。

③ 庾裕良:《评价黑旗军历史功过的几点意见》,《东南亚纵横》1983年第2期,载《中法战争论文集》第1集,第69—82页;杨万秀:《评刘永福入越抗法的几个问题》,载《中法战争论文集》第1集,第202—210页。

④ 司马骅:《刘永福在历史上的作用与地位》,载《中法战争论文集》第1集,第330—338页。

系，客观上起了配合作用，刘永福攻打黄崇英，乃是巩固抗法后方的必要行动，后果是积极的。① 还有一种认为黑旗军被黄崇英逼得走投无路，与越南阮朝及清朝的合作随着战争规模的扩大而日益加强，这种合作既符合阮朝和清朝的利益，也符合黑旗军的利益，更符合中越两国人民的利益。黄崇英是民族败类，而刘永福是抗法民族英雄，两者的是非界限应该分清。② 其三，关于刘永福从越南回国的问题。新中国成立以来很长一段时间内，许多论著都把刘永福回国看成为了个人名利，贪图官禄，抛弃患难战友的不义行为。③ 但也有学者持相反观点，认为刘归国不是贪图清朝的功名利禄，刘入关归国是十分勉强的，甚至可以说是为了顾全祖国大局（使法人退出澎湖）才归国的；再从时间来看，清政府赐给刘永福名号，授给他"南澳总兵"，及领饷银四万均是入关以后的事，说他为了个人利禄才入关回国是不符合事实的。另外，南澳总兵的官衔比他在越南的"三宣提督"的官小得多，实际上刘入关后是降职降级使用了，不能说是为了"官爵诱惑"而入关。至于奉命入关，不能说是刘永福历史上的一个"污点"，只能说他在当时的具体历史条件下，受到历史的和阶级局限性的束缚。④ 另一种观点认为刘永福黑旗军回国守边，是民族斗争中联合的继续，不是阶级斗争中投降的结局；既有个人的名利欲望，更有时代的爱国热情；他并不愿意离越入关，离开战友，面对各种压力，作了力所能及的抗争和相当周全的部署。⑤

关于冯子材。对中法战争时期冯子材的评价，集中在两个问题上：一是关于他与镇南关大捷的关系；二是他在镇南关—谅山战役中的组织指挥

---

① 沈奕巨：《给刘永福应有的历史地位》，载《中法战争论文集》第1集，第309—329页。龙永行：《"渊翁风骨自雄奇"——二论刘永福》，载《中法战争论文集》第2集，第240—257页。

② 庾裕良：《评价黑旗军历史功过的几点意见》，《东南亚纵横》1983年第2期，载《中法战争论文集》第1集，第69—82页。

③ 丁名楠：《关于中法战争几个问题的初步探索》，《历史研究》1984年第2期。

④ 龙永行：《试论刘永福的归国》，《昆明师范学院学报》1983年第3期；沈奕巨：《给刘永福应有的历史地位》，载《中法战争论文集》第1集，第69—82页，载《中法战争论文集》第1集，第309—329页。

⑤ 庾裕良：《评价黑旗军历史功过的几点意见》，《东南亚纵横》1983年第2期。

问题。鉴于冯子材是清朝将领,因此"文化大革命"期间,对他的评价多为负面,强调他对农民起义的镇压。但其他时期,学界多肯定冯子材坚强的抗敌意志和决心以及出色的军事指挥才能对赢得镇南关—谅山大捷所起的重要作用,认为他是民族英雄和爱国将领。① 有学者提出,在镇南关战役,冯子材并不是主帅,但他爱国热诚不减,充分发挥卓越的军事才能,说服主帅,动员全军,终于取得了这场名震中外的大捷。② 也有一些学者认为过去对冯子材的评价存在神化的倾向,忽略了潘鼎新、苏元春等人的功劳,不符合历史的本来面目。③ 有人甚至提出夺取镇南关—谅山大捷的奠基人是李秉衡。④ 关于冯子材的组织指挥才能,一些学者从军事的角度进行了阐析。多数人认为冯子材出色的指挥才能是取得镇南关大捷的一个重要原因。⑤ 有学者提出冯子材是中国近代著名的军事家,他有一套制胜的军事艺术:招募军队有严格的准则;重视军队装备和训练士兵;善于团结不同派系的将帅;集中兵力对敌;悬示重赏,振作士气;出兵诱敌。⑥ 有人认为,在镇南关战役中清军之所以能连战连胜,除了兵力优势外,还取决于冯子材对优势兵力的正确运用,冯善于利用地形,合理布防,活用战术等。⑦ 但也有学者认为冯子材虽然有较丰富的作战经验,但缺乏洞察时局的政治眼光。⑧

关于李鸿章。改革开放后,在中法战争人物研究中,李鸿章是一位备受学界关注的人物。对他的评价也由过去的"卖国贼"而变为局部肯定,

---

① 毛健予:《抗法名将冯子材在睦南关前的英勇战绩》,《新史学通讯》1956年第5期;牟安世:《中法战争》,第85—93页;吴国强:《论冯子材》,载《中法战争论文集》第1集,第244—256页;马鼎盛:《镇南关大捷初探》,载《中法战争论文集》第1集,第159—169页;彭大雍、范宏贵:《冯子材的一生应如何评价》,载《中法战争史专集》,第198—205页。

② 张壮强:《冯子材是指挥镇南关大捷的主帅吗?》,《学术论坛》1999年第4期。

③ 廖宗麟:《中法战争史》,第682—752页;《冯子材史事考证数则》,《河池学院学报》2007年第4期。

④ 天贵:《夺取镇南关到谅山大捷的奠基人是李秉衡》,《辽宁大学学报》1995年第6期。

⑤ 刘子明:《论冯子材镇南关战役的组织指挥》,载《中法战争论文集》第2集,第46—59页。

⑥ 廖宗麟:《冯子材指挥镇南关大捷的军事艺术》,《社科与经济信息》2000年第1期。

⑦ 徐永汉:《冯子材在镇南关战役中的用兵特点》,《军事历史》1987年第6期。

⑧ 庾裕良:《镇南关—谅山战役刍议》,载《中法战争史专集》,第29—55页。

甚至全盘肯定。即使在认为他对中法战争不败而败的结局负有责任的人中，也认为他不是真心卖国而是无心误国。鉴于李鸿章的活动主要是负责谈判签约，因此关于他的评价，详见本节外交问题研究部分，在此不再赘述。

关于张佩纶。对中法战争时期的张佩纶，过去一般都认为他是马江战役前敌指挥的主要负责人之一，他执行李鸿章的投降卖国政策，与船政大臣何如璋等几位福建地方大吏任虎入室、不作战备、临阵脱逃，对战败负有直接责任。① 另一种观点持中间立场，认为视张佩纶为马尾战败的罪魁祸首，与史实不符，张之谬误，不在于无备，实在于让敌先机。张佩纶身临前敌，以会办大臣专任船局，马尾战败难逃其咎，但不能因之否定他所做过的努力，更不应就此概其生平。② 但也有人认为张佩纶并不是马尾战败的罪魁祸首，作为马尾地区水陆防务的统帅，在战斗打响后退到制高点进行观战是必要的，起到了督战和稳定军心的作用。他与李鸿章虽然私交密切，但在对外态度上是截然不同的，他是有名的主战派。马尾海战失败的责任在清政府决策者。③ 有人则认为张并没有"轻敌怯战"，而是知难而为，张佩纶对马江战败是负有直接责任，但战败的根本原因在清政府的投降卖国。张的错误在于部署失宜，对清政府的乞和抵制不力，缺乏魄力和实战的经验与指挥艺术。④ 对于张佩纶的主战言论，学界多持肯定态度，认为在中法战争前后张佩纶作为清流派的重要代表人物活跃在晚清政坛，对于清政府处理中法问题提出了很多建议，主张加强军事部署，发展海军以备战事，在与法国谈判中反对妥协，主张以战求和，对于清政府的对法

---

① 牟安世：《中法战争》，第79—80页；陈舍：《从马江战败看福建地方大员》，载《中法战争史学术讨论会论文集》，福建社会科学院历史研究所1984年编印，第95—103页；郑剑顺：《"将士英雄吏未醒"——关于中法马江战役的几个问题》，载《中法战争史学术讨论会论文集》，第104—118页；龙永行：《马江海战疑难考辨》，《大同高专学报》1997年第1期。

② 郑师渠：《论张佩纶与马尾海战》，《史学月刊》1983年第4期。

③ 杜江南：《张佩纶在中法马江战役中几个问题的辨析》，载《中法战争史学术讨论会论文集》，第123—130页；俞政：《张佩纶是马江战败的罪魁祸首吗？》，《福建论坛》1985年第5期；徐如：《张佩纶与中法马江之战》，载《中法战争史学术讨论会论文集》，第131—145页。

④ 陈赛惠：《马江海战中的张佩纶》，载《中法战争史学术讨论会论文集》，第149—164页。

决策产生了重大影响。① 也有学者从张佩纶的性情、品格、人际脉络等角度探讨其由辉煌至悲凉的仕途悲剧。②

关于欧阳利见。浙江提督欧阳利见是中法战争镇海之役的统帅，对于他的评价，一种肯定他对镇海之役的胜利所起的重要作用，认为欧阳利见积极备战，亲临前敌，指挥、激励将士军民，团结一致，抗敌御侮，是一名爱国将领。③ 另一种观点认为，欧阳利见并不是什么抗法民族英雄，镇海之役的胜利，是中方士卒奋勇实行民族自卫，抗御外来侵略的结果。在这个战役中，吴杰、周茂训等中下级军官，利用炮台、地形等优势，积极防御，屡屡击中敌舰，消灭敌人的攻击力量，致使法国舰队的旗舰受创，舰队司令孤拔中炮重伤，他们是立了大功的。而欧阳利见战前怯战，临战退守，冒功讨封，而且迫害真正的英雄吴杰，为自己树碑，极为恶劣。④

关于岑毓英。岑毓英是中法战争中的一个重要人物，但与清朝统治阶级其他人物一样，新中国成立以来很少受到学界的关注和研究，有的也是一笔带过或负面评价。有人认为他在外国侵略者面前望风而逃；⑤ 他指挥的临洮大捷则是刘永福的黑旗军在越南人民的支援下取得的。⑥ 改革开放后，多数学者在指出他镇压人民起义的同时，基本上都肯定中法战争时期岑毓英对国家和人民所作出的贡献。有人认为，中法战争期间，岑毓英的主流是应该肯定的，他联络黑旗军，资助刘永福军械粮饷，利用黑旗军阻止法帝国主义侵入滇境；组织领导了由滇军、黑旗军、桂军及越南抗法武装力量所组成的西线联军，在宣光、临洮战役中给了法国侵略者以沉重的

---

① 张成、陈九如：《中法战争时期张佩纶主战思想探析》，《重庆交通大学学报》2010 年第 5 期；李明伟：《略论中法战争时期张佩纶的战略思想》，《辽宁大学学报》1993 年第 5 期。
② 王维江：《张佩纶：悲情"清流"》，《史林》2008 年第 5 期。
③ 世博、伯钧：《欧阳利见与镇海口战斗》，《历史教学》1983 年第 4 期；欧阳友徽：《论欧阳利见督师镇海之役》，《零陵师专学报》1986 年第 2 期；洪余庆：《欧阳利见抗法史绩》，载《中法战争论文集》第 2 集，第 318—326 页；炎明：《欧阳利见功过考评》，载《中法战争史专集》，第 191—197 页。
④ 姚辉：《欧阳利见是抗法民族英雄吗？》，《浙江学刊》1985 年第 3 期。
⑤ 胡绳：《从鸦片战争到五四运动》上册，第 404 页。
⑥ 中国近代史编写组编：《中国近代史》，中华书局 1983 年版，第 206 页。

打击；中法战争后参加中越划界，力争收回具有战略意义的都奄等要地。①有人认为岑毓英是清朝统治阶级中难得的能主动站在抗法战争最前线的一员，他在指挥作战的过程中，对敌斗争的态度比较坚定。他指挥的西路军，有效地阻挡了敌人的前进，使法国侵略者始终无法达到其在北圻的主要作战目的——打通红河航路，作为西路军的总指挥，岑毓英功不可没。②有人指出岑毓英作为陆路西线战场的统帅是有一定贡献的，他在抗法斗争中虽有过兴化撤师和宣光撤围，但毕竟与东线的昏帅徐延旭、懦将潘鼎新不同。③

关于潘鼎新。潘鼎新在中法战争期间曾担任广西巡抚，但长期以来他在我国的史书中一直以"主帅脱逃"的负面形象出现。改革开放后，史学界对他的评价也有所改变。一种肯定他是抗法功臣，指出潘鼎新不仅在当时是"有功不赏"、最受委屈的人，而且后人也把他描绘成一个狼狈的逃兵，这是中法战争史上的一桩大冤案。实际上，潘鼎新在冯子材的影响下，曾参与支持、组织和指挥取得镇南关大捷，是抗法有功之臣。潘鼎新之所以被长期湮没，含冤蒙垢百年之久，是因为潘鼎新无意中得罪了一些权贵，包括他的顶头上司、两广总督张之洞，从而埋下他日后遭受厄运的祸根。镇南关大捷冯子材固然起了重要作用，但也离不开全体广西边军的努力，其中也有潘的作用。④另有学者指出，在观音桥冲突前后潘鼎新由动摇状态逐渐转向坚定抗法，从清政府对法宣战到镇南关失守期间，潘鼎新对待战争的态度是积极的，在镇南关一度失守至潘的革职令下达前线的一个多月当中，潘鼎新仍是广西各军的主帅，冯子材不过是潘手下的一个将领，就是镇南关大战，也没有脱离潘鼎新的指导。全面衡量，潘鼎新仍

---

① 龙永行：《评中法战争中的岑毓英》，《中央民族学院学报》1987年第4期；《评中法战争后期和战后的岑毓英》，《云南社会科学》1988年第3期；施铁靖：《试论中法战争中的岑毓英——岑毓英研究之二》，《广西民族研究》2009年第4期。

② 蓝阳：《岑毓英在中法战争中的态度和作用》，《广西师范大学学报》1990年第4期。

③ 孔祥祚：《中法战争中的岑毓英》，《云南师范大学学报》1987年第3期；邱展雄：《岑毓英在中法战争中的作为述议》，《益阳师专学报》1987年第1期。

④ 廖宗麟：《潘鼎新和镇南关大捷》，《广西社会科学》1997年第2期；廖宗麟：《中法战争史》，天津古籍出版社2002年版，第749—751页。

不失为一个抗法将领。①

  关于苏元春。苏元春在中法战争期间曾任广西提督。关于他在中法战争中的表现，当时清政府给予了高度的评价，但新中国成立后30年里我国史学界对他关注不够，他的作用，要么被忽视，要么就是负面评价。改革开放后，苏元春也引起了学界的注意，对其在中法战争中的作用，大多持肯定意见，认为苏元春主动协助冯子材，密切配合，取得了镇南关大捷。② 有人甚至提出，夺取镇南关大捷主要功绩应归苏元春，其次才是冯子材。把冯摆在苏之前是不合适的，理由有二：一是"督办军务"即前线总指挥是苏元春；二是作战开始和中途的主要局面，是苏元春指挥打开的。③ 另有学者表示苏元春绝对不可能是一个临阵逃亡者，在中法战争中他英勇善战。④

  关于刘铭传。刘铭传是中法战争期间闽台战场的一位重要人物。改革开放前国内学界对他并不重视，评价也是负面的。改革开放后，尤其是随着中国大陆与台湾地区关系的改善和交流的日益频繁，对刘铭传的关注和研究大为加强。刘铭传的故乡安徽学术界于1985、1995、2005年举办了三次纪念刘铭传的学术研讨会，极大地推动了刘铭传研究。关于中法战争中的刘铭传，学界的研究热点集中在两个问题上：一是刘铭传对抗法保台斗争的功过；二是如何看待刘铭传的撤师基隆问题。一种持否定意见，认为刘铭传执行李鸿章的投降政策，窃取人民抗敌功劳。刘铭传撤退基隆，使台湾的战事处于不利的地位，其目的是借刀伤人，打击政敌湘系军阀。⑤ 多数人持肯定意见，认为刘铭传的反对外国侵略立场是鲜明的，同洋务派对外妥协投降形成鲜明对照，他是抵抗派人物。他在抗法保台斗争中为国家和民族作出了贡献。撤师基隆是出于战略考虑，起到了稳定全局的作

---

  ① 陆方：《中法战争中的播鼎新》，《吉林大学社会科学学报》1984年第4期。
  ② 吴国强：《苏元春》，《学术论坛》1983年第2期；廖宗麟：《中法战争史》，第751页；钟文典：《勿忘提督军门苏元春》，《南宁师范高等专科学校学报》2008年第1期。
  ③ 张天贵：《镇南关——谅山大捷主要历史人物别议》，《大同高等专科学校学报》1997年第3期。
  ④ 萧德浩、蔡中武：《苏元春评传》，广西人民出版社1990年版，第51—57页。
  ⑤ 赵捷民：《刘铭传在台湾的抗法问题》，《新史学通讯》1955年第1期。

用，为沪尾大捷创造了条件。① 还有一种虽然没有完全否定刘铭传在抗法保台战争中的作用，但是对撤师基隆问题基本上持否定意见，或认为刘铭传的撤兵是由于判断失误造成的；或认为刘撤师基隆的目的是保全实力，但这与存心卖国无关，也非假洋人之手打击湘系军阀。基隆撤军给中法战争带来消极的影响，致使清廷在陆路大捷的情况下，也不敢将对法战争进行下去，其中一个重要原因就是法国占据了基隆。②

## 第六节 关于中法战争的背景、性质和影响问题

关于中法战争的时段，国内学界主流观点多将之定格在1883年12月山西之战到1885年6月中法签订《越南条约》（又称《中法新约》）。但国内也有学者提出应以1873年12月刘永福领导的黑旗军与法军发生的第一次纸桥之战作为中法战争的起点，指出如果不把中国近代史看作清朝政府的历史，那么，刘永福领导的中国民间武装力量完全有资格在第一次纸桥之战中代表中国政府，开始了援越抗法、保家卫国的战争。③ 乍一看来，这一观点颇为有理。但正如反对这一观点的学者所指出的那样，第一次纸桥之战的性质只是法越之间的战争，当时刘永福领导的黑旗军受雇于越南国王，与越军一同作战，系为越南而战，而与10年之后发生的刘永福配合清军抗击法军有着本质区别，前者为法越之间的冲突和战争，而后者则为中法两国之间的战争；并且，从1873年第一次纸桥之战到1883年中法

---

① 陆方：《试论刘铭传》，《吉林师大学报》1979年第1期；李俊山：《刘铭传在台湾的抗法斗争》，《辽宁大学学报》1982年第2期；韦庆远：《论1884—1885年反法侵略的台湾保卫战》，《台湾研究集刊》1984年第1期；戚其章：《刘铭传撤基援沪与沪尾大捷述论》，《台湾研究集刊》1992年第2期；何秉：《中法战争台湾保卫战中的刘铭传》，《大同高专学报》1996年第1期；戴逸：《从大清史角度看待刘铭传保台建台的意义》，《学术界》2006年第1期；何平立：《是"弃基保沪"还是牵制战略——略论刘铭传撤沪战役战略意义》，《军事历史研究》2006年第1期。
② 杨彦杰：《刘铭传在台湾领导抗法斗争的几个问题》，《近代史研究》1985年第4期；黄振南：《刘铭传撤师基隆之我见》，《近代史研究》1992年第3期；孔祥吉：《是避敌自保还是高明战略——刘铭传撤守基隆新史料辨析》，《清史研究》1997年第1期。
③ 牟安世：《论中法战争与云南及黑旗军的关系》，《浙江学刊》1987年第5期。

之间爆发大规模战争的 10 年里,黑旗军和清军与法军都未发生过战斗,将第一次纸桥之战与 10 年之后的中法战争联系在一起,未免过于牵强。①应该说,后一种观点是客观的、符合历史实际的。事实上,1883 年中法战争爆发之前的相关历史可当作中法战争的历史背景,而不宜混同于中法战争;否则,我们就很难对不同时期的历史进行严格和客观的分格。

  关于中法战争的性质,国内学界虽有不同表述,但认识实际上是一致的,都认为中法战争是中国援越抗法、保家卫国的正义之战。早在 1955 年中国史学会编辑出版中国近代史资料丛刊《中法战争》时,国内学者就在阅读大量历史资料的基础上,对这场战争的性质作了定性,指出"中法战争是指十九世纪八十年代中国人民为了反抗法国资产阶级的侵略越南和中国各地而进行的正义战争"②。这一定性是符合历史实际情况的,为国内学者普遍接受。在这个问题上,一些越南和国外学者受政治和意识形态的影响,将中法战争说成中法两国为争夺越南发生的不义之战③,这是有悖学术客观性的。正如国内学者所批评的,这一观点违背中、越、法三国关系基本历史事实,即 19 世纪后期清军援越抗法,系基于中越传统宗藩关系,受越南阮氏王朝之邀,维护阮氏王朝统治,避免越南沦为法国殖民地,并非出于占领越南领土,而事实也未占领越南领土;越南学者出于政治目的,将中法战争说成是中法为争夺越南而进行的"狗咬狗"之争,这是歪曲历史,颠倒黑白。④

  对于法国发动战争的背景和战略目的,国内学者有不同观点。传统观

---

① 唐上意:《也谈中法战争起于何时》,《历史研究》1990 年第 1 期。
② 中国史学会主编:《中法战争》(一),《中法战争资料叙例》,新知识出版社 1955 年版,第 1 页。
③ [越] 杜文戎:《十九世纪末清朝对越南的扩张野心和手段》,转引自野粟《歪曲历史帮不了地区霸权主义的忙——驳越南杜文戎的谬论》,《印支研究》1983 年第 2 期。
④ 有关中国学者对越南学者在中法战争性质问题上所进行的批驳,参见庾裕良《论中法战争的性质和失败原因》(《学术论坛》1982 年第 4 期)、野粟《歪曲历史帮不了地区霸权主义的忙——驳越南杜文戎的谬论》(《印支研究》1983 年第 2 期)、龙永行《驳越南陈辉燎等人对中法战争性质的歪曲》(《学术论坛》1983 年第 3 期)、黄振南和庾裕良《试论中法战争的性质》(《学术研究动态》1983 年第 8 期)、张胤《抗法战争的正义性不容歪曲——驳越南某些史学家的谬论》(《学术论坛》1985 年第 4 期)、杨遵道《关于中法战争的性质》(载广西中法战争研究会编《中法战争论文集》第 3 集,广西人民出版社 1989 年版)等文。

点根据列宁帝国主义理论，简单和机械地将法国发动中法战争的背景归咎于法国资本主义经济的发展开始进入垄断阶段，认为法国发动中法战争的战略目的，旨在变越南为其殖民地，并进而侵略中国，以迎合法国大资产阶级掠夺原料和输出资本的要求。[①] 而另一种观点则认为，法国发动中法战争的背景与法国资本主义进入垄断阶段之间并没有必然联系，而与当时法国的政局有密切关系，主要是法兰西第三共和国当政的甘必大、格列维、茹费里等共和派领袖亟思建功立业，希望通过建立一个海外殖民帝国，洗刷普法战败之耻，以重振法国民心和国威。[②] 也有学者指出，法国固然有将越南变为其殖民地的战略目的，但当时法国政府并没有直接把侵略中国作为战略目标，当时法国所处的国内和国际状况都不允许法国发动一场大规模的、以中国为直接目标的侵略战争，而事实上法国政府也没有进行战争动员，在中法战争中实际动用的兵力和军费都十分有限，根本无意发动一场针对中国的战争。

  对于中法战争的结局及评价，国内一直存在两种截然对立的观点。传统观点认为中国在中法战争中是"不败而败"，清政府于战争后期在越南陆路东、西两线战场上分别取得打败法军的战果下，乘胜即收，与法国签订和约，满足法国的侵略要求，这是清政府投降卖国政策的一个恶果，"中国在中法战争中的失败，不是败在军事上，是败在地主阶级、买办阶级求和投降的卖国主义路线上"[③]。或曰"中国在这一次反侵略战争中，本来有可能取得最后胜利，只是由于清统治者的罪恶政策，胜利的成果才被葬送"[④]。这种观点如果再具体一点地说，就是中国在军事上胜利，外交上失败了。但也有学者认为中国在军事上也以失败告终，或者说从战争全局而言，中国在军事上并未取得胜利，这成为外交上妥协的重要原因。[⑤] 不

---

[①] 牟安世：《中法战争》，第11—28页；刘子明：《中法战争始末》，第5—8页。
[②] 何东、鲜于浩：《中法战争缘起再探》，《安徽大学学报》2002年第3期；崔晓东、何东：《中法战争缘起新探》，《广西社会科学》2004年第3期。
[③] 中国社会科学院近代史研究所：《中国近代史稿》第2册，第253页。
[④] 中国社会科学院近代史研究所：《帝国主义侵华史》第1卷，第319页。
[⑤] 何平立：《略论中法战争之军事成败》，《军事历史研究》1988年第3期；闻陈捷、宋严萍：《关于中法战争结局问题的再探讨》，《徐州师范学院学报》1996年第3期。

过，有些学者认为中法战争并没有失败，而是近代中外战争中唯一一次既不割地也不赔款，没有签订不平等条约的战争。①

至于导致中国失败的原因，则存在不同意见。有的认为在于列强的干预，指出这次战争实际上是帝国主义列强瓜分中国的前奏，是西方国家既争夺又勾结的一次恶劣表演，它们的目的都是要从中国的身上割取一块肥肉，帮助法国打败中国。② 有的学者认为阮氏王朝的投降附敌是抗法战争失败的主要原因，指出清王朝在援越抗法过程中确有动摇妥协、贻误战机等严重错误，这固然出自封建王朝的腐朽本质及当时复杂的国际形势，但促使清廷妥协的更为重要的原因，则是阮氏王朝萎靡不振，首鼠两端，以致投降附敌。③ 有的认为李鸿章的和局思想是导致中法战争中国不败而败的直接原因，不过李鸿章不是真心卖国，而是无心误国。④

关于中法战争的影响，传统的观点认为它加剧了中国的边疆危机，加深了中国社会的半殖民地半封建化，同时也催生了改良主义思想，为后来的变法运动作了思想上的准备。⑤ 近年有人提出新观点，认为中法战争在政治、经济、军事、外交、思想等方面影响了中国近代史的发展，政治上改变了中国的政局，1884年的甲申政变，撤换了以奕訢为首的全班军机大臣；经济上开始借用外债支持战争；军事上影响了海陆军对外战争的战略战术和海军建设，清政府及时加强了台湾防务；外交上出现了新变化，打破了中国外交上的孤立状态，创立了以战争解决藩属国被侵的模式；思想上树立起刘永福、冯子材、刘铭传等爱国英雄的形象。⑥ 有人认为中法战争的失败促使中华民族初步觉醒，先进的中国人更加急迫地在黑暗中寻求救国救民的道路；中国人民的反帝反封建斗争进入了一个新的阶段；清王

---

① 廖宗麟：《试论中法战争在中国近代史的地位和作用》，《学术论坛》2000年第6期。
② 龙永行：《列强的干预与中法战争的结局：中国不败而败，法国不胜而胜》，《东南亚研究》1989年第3期。
③ 庾裕良：《论中法战争的性质和失败原因》，《学术论坛》1982年第4期。
④ 杨全顺：《李鸿章和局思想与中法战争中国不败而败》，《湖北社会科学》2004年第1期。
⑤ 牟安世：《中法战争》，第104—115页；胡绳：《帝国主义与中国政治》，人民出版社1952年版，第53—54页；丁名楠等：《帝国主义侵华史》第1卷，第319页。
⑥ 廖宗麟：《试论中法战争在中国近代史的地位和作用》；《中法战争史》，第779—786页。

朝为了维护统治,加强了新式海陆军的建设,特别是扩建现代化海军。[①]有学者就中法战争与晚清国防政策的转变作了考察,认为晚清国防政策的转变与中法战争的催化有密切关系,清政府在中法战后普遍的边疆危机面前加强了全方位的国防建设,结合对周边形势的分析,正确认识到日本将成为中国主要的、直接的威胁,将战略重点转向北方、转向海防,设立海军衙门,加强海防建设,而且不再固守传统的耕战思想,大力发展工商业。虽然中法战后国防政策的改变还停留在表层、有限的方面,还缺乏对国防体制等本质问题的思考,但它对甲午战争、辛亥革命后建设新型国防的高潮具有筚路蓝缕之功。[②] 有学者探讨中法战争对孙中山思想的影响,认为中法战争的失败加深了中华民族的危机,列强的欺凌激发了孙中山的爱国主义思想,投身"少年中国党",开始进行以改造中国为宗旨的政治活动。[③]

中法战争不仅对中国全局产生影响,对毗邻越南的中国西南地区和台湾更是产生了直接的和深远的影响。有学者撰文探讨中法战争后法国对云南的侵略,指出中法战争后法国凭借一系列不平等条约,打开了中国西南边疆的大门,控制了云南重镇蒙自、思茅及滇越交通孔道——河口,扼住了云南进出口的咽喉,而且掌握了滇越铁路,方便了法国对云南进行经济、政治、军事和文化的全面侵略。[④] 有学者从近代化的角度分析中法战争对广西的影响,指出中法战后法国势力大规模向广西渗透,并由此引起列强间的竞争,广西的大门被打开后,列强以通商口岸为基地,在不平等条约的保护下,大肆向广西倾销商品和掠夺原料,自然经济加速解体,近代商业网络开始形成,轮船运输业兴起,为广西近代化奠定了物质基础。而外国资本主义的侵略,又促使广西人民的思想观念发生变化,由闭关自

---

① 杨遵道:《中法战争与中华民族的初步觉醒》,载《中法战争论文集》第2集,第1—24页。
② 刘庆:《中法战争与晚清国防政策的转变》,载《中法战争史论文集》第4集,第62—73页。
③ 黄国安:《中法战争的结局与孙中山爱国革命思想的形成》,载《中法战争史学术讨论会论文集》,第334—341页。
④ 孔祥祚:《中法战争前后法国侵略云南的罪行》,载《中法战争论文集》第1集,第273—290页;《中法战争与云南的半殖民地化》,载《中法战争史专集》,第84—95页。

守到自强求富，为近代化奠定了思想基础。虽然列强侵入广西的目的是把广西变成他们的半殖民地，但在客观上还是促进了广西近代化的发展。① 有人认为中法战争使广西原有的经济格局被打破了，发生了一系列的变化：外国商品涌入，自然经济开始解体；外国金融势力进一步深入。但是，这一变化是初步的、不全面的，桂东南地区变化较显著，桂西北地区变化有限；进出口贸易发展不平衡；战后几年间变化较快，以后趋于和缓；外国列强对广西的经济侵略主要是商品输出。② 另有学者通过台湾建省探讨中法战争的影响，指出中法战后清政府在吸取战争教训的基础上对加强海防有了进一步的认识，设立海军衙门和台湾建省就是两个直接的结果。台湾建省是在中法战争后特定的历史条件下展开的，与其他和平时期的分官设治不同，带有明显的筹防性质；台湾建省也不是单一的闽台分省，而是与筹防、建设紧密相连。③

## 第七节　对进一步研究的几点思考

通过对 60 年来国内学界关于中法战争史研究的纵横两方面的梳理，不难发现，中法战争史研究取得不俗成果，从资料整理、出版到专题论著的发表。但既往的研究也存在一些偏颇，研究对象集中于历次战役和中方人物，对于这场战争的另外一个主角法国和配角越南，尚缺乏一个比较客观和具体细致的考察，更谈不上深入的研究。即便是对中方的研究，也有进一步拓展的空间。具体言之，为进一步推进中法战争史研究，可从以下几个方面着力。

第一，加强对外方资料的挖掘和整理。中法战争是一场国际战争，直接涉及中、法、越三国，间接涉及东西方列强，如要研究法国的政策、态度、民间舆论，或研究中越关系、越南在战争期间的反应、动向及其对战

---

① 石立民：《中法战争与广西近代化》，载《中法战争史论文集》第 4 集，第 74—87 页。
② 唐凌：《中法战争与广西社会经济》，载《中法战争论文集》第 2 集，第 161—173 页。
③ 杨彦杰：《中法战争的影响：台湾建省》，载《中法战争史专集》，第 97—111 集。

争进程的影响，或其他列强的真实态度和反应，则须参阅法国、越南、日本和欧美的档案与文献资料，这样才能对有关各方有更全面和更正确的了解，才能较为真实地反映历史的原貌，接近历史真相。虽然，《中国近代史资料丛刊·中法战争》和《中国近代史资料丛刊续编·中法战争》两套资料，尤其是后者选译了一部分法国档案文献，但这与这场战争所留下来的大量外文档案相比，是远远不够的。至于越南方面的档案资料，我国学者就更少利用。著名外交史家蒋廷黻曾说过："研究外交史者必须搜集凡有关系的各方面的材料。根据一国政府的公文来论外交，等于专听一面之词来判讼。"① 因此，今后我们应在这方面投入更多的物力与人力，为中法战争研究的深入奠定必要的资料基础。

第二，拓宽研究领域，加强对法方和越方的研究。从60年来的中法战争史研究来看，国内学界的论题主要集中在具体的战役和中方人物上。中法战争涉及中、法、越三国关系，仅研究中国一方，不但不足以说明中法战争全局，而且也无法完全说清中国自身，因为它的政策和行动也要受制于法、越两方。这方面有待探索的问题不少。比如，法国政府对于和战的态度究竟怎样，影响法国政府决策的国内外因素有哪些，它想通过这场战争达到什么目的，想走得多远？法国是怎样组织和进行战争的，中法战争对法国的政局和它与其他列强的关系产生什么样的影响？这场战争对法国远东战略和中法关系产生何种影响，再比如，战争期间越南的态度和动向如何？越南的态度对中法两国的决策究竟产生了何种影响？又如何影响了战争的进程？这场战争对印度支那地区和有关国家有哪些长远影响？对远东国际关系和列强对华政策、东南亚政策有何影响？等等。就中方而言，也还有进一步研究的空间。有学者提出中法战争在近代五次中外战争中刚好居中，那么中法战争究竟在哪些方面吸取了第二次鸦片战争的教训，又为甲午战争提供了哪些经验，三次战争之间存在什么样的关系？中法战争对晚清帝国的政局和军事产生什么样的影响？

第三，加强研究队伍建设。中法战争史研究之所以相对落后于晚清史上的其他重要事件的研究，除了资料的局限外，一个很重要的因素是缺乏

---

① 蒋廷黻：《近代中国外交史料辑要·自序》上卷，上海商务印书馆1930年版。

掌握法语、越南语的专业研究人员。这也是造成研究对象集中于中国一方的主要原因之一。为了改变这一状况，亟须培养一些掌握法语的历史专业研究生，对于在职的中外关系史研究人员，应提供法语培训的机会，使之能够阅读和利用法文资料从事研究。当然，这是一项长期的工作，需要有关研究机构的重视和支持。

第 六 章

# 中日甲午战争史研究

　　1894—1895年的中日甲午战争,作为中日两国三百年来的第一战,对于中国社会造成的震动之大、影响之深,是鸦片战争以来的历次战争都无法比拟的。它不仅从根本上改变了中、日、朝三国的历史发展进程,也在相当程度上重塑了远东的国际关系面貌。中日两国的国际地位,从此发生革命性逆转,此后接踵而来加诸中国之上的,还有列强层出不穷的持续侵略,与日本长达半个多世纪的血腥掠夺和肆意宰割。但就另一层面而言,甲午战争也从根本上刺激了中华民族的觉醒,证明洋务运动那种表面上的现代化,根本无法引领中国走向新生,政治改革思潮、武力革命以至下层民众的自发反帝斗争,同步肇兴。

## 第一节　研究概述

　　中日甲午战争史研究是一片较为古老的学术园地。早在这场战争结束后不久,时人就已经对这场战争展开认真检讨。不过由于缺乏近代学术理论和广阔的世界史眼光,相关研究长期是以资料汇编或回忆录的形式呈现的,勉强可称为战史著作者,唯姚锡光《东方兵事纪略》[①]、洪弃

---

[①] 光绪二十三年(1897)武昌刻本。

父《台湾战纪》（又名《瀛海偕亡记》）[1]、池仲祐《海军实纪》[2] 等。其中，姚著因其亲历、亲见、亲闻，参以中外记载，描述了日本肇衅至台湾沦亡的这段历史，文字精练，叙事详赡，为早期甲午战争史研究的权威之作。洪著分上、下两卷记载了 1895—1901 年台湾军民抗击日军侵占实况，歌颂了台湾军民可歌可泣的爱国精神。池著"述战篇"之《甲午战事纪》，以大量事实揭露了日本侵吞朝鲜、侵略中国的阴谋，叙述了丰岛、黄海、威海诸役的主要情节及北洋海军的覆灭，并附有死难将领事略。

20 世纪 30 年代至新中国成立前，尽管国内外环境长期动荡不安，但无论从史料建设层面，还是从学术论文、论著、译著的出版发表情况来看，甲午战争史研究都取得相当突出的成绩，是为其开创与奠基时代。史料刊印方面，中文资料，如故宫博物院编《清光绪朝中日交涉史料》、王彦威、王亮辑《清季外交史料》，皆卷帙浩繁，价值巨大；外文资料，主要为外国人士有关甲午战争的见闻和回忆，如张荫麟译泰莱（W. F. Tyler）《甲午中日海战见闻记》[3]，李鼎芳译肯宁咸（A. Cunningham）《乙未威海卫战事外纪》[4]，费青、费孝通译艾伦（James Allan）《中日战争目击记》[5]，陈德震译司督阁（Dugald Christie）《甲午之战时辽居忆录》[6] 等。专著方面，以王芸生《六十年来中国与日本》（第 1—3 卷）[7]、王信忠《中日甲午战争之外交背景》[8] 为代表作。两书大体皆以时间为序，以事件为经，后者尤侧重于分析甲午战争爆发的外交背景，尤其是对壬寅事变至中日宣战之间的这段历史作了详细说明，书后还附有大事日志、相关条约等。论文方面，则有张忠绂《甲午战争与远东国际关系之变化》[9]，陈恭禄

---

[1] 1906 年撰就，1922 年始交北京大学付梓。
[2] 京师海军部印刷所，1926 年。
[3] 《东方杂志》1931 年第 28 卷第 6、7 期。
[4] 《大公报·史地周刊》1935 年 5 月 3 日。
[5] 《再生》1932—1933 年，第 7、8、9 期。
[6] 《大公报·史地周刊》1937 年 6 月 11 日。
[7] 天津《大公报》馆 1932 年版。
[8] 《国立清华大学研究院毕业论文丛刊》之二，1937 年。
[9] 《武大社会科学季刊》1931 年第 2 卷第 3 期。

《甲午战后庚子乱前中国变法运动之研究》[①]，张荫麟《甲午战前中国之海军》[②]、《甲午中国海军战迹考》[③]，陈烈甫《甲午以前的中日邦交》[④]，冯节《甲午战争之检讨》[⑤]，千家驹《中国财政史上的一页重要教训——甲午战争与中国财政》[⑥]，魏建猷《朝鲜问题与甲午之役》[⑦]，翦伯赞《论甲午中日之战》[⑧]等，皆属佳作。其中，《甲午中国海军战迹考》一文，应用传统的考证学方法，对丰岛海战衅自日开、方伯谦冤案、刘步蟾与黄海海战等问题多有新见，在学术界影响颇大。翦伯赞一文则是采用马克思主义史学观点研究甲午战争的代表作，尤其是对甲午中国战败的原因作深刻剖析。

新中国成立后的60余年间，受国内外政治外交形势的影响，甲午战争史研究同近代史其他研究领域一样，虽然也经历了起伏波折的过程，但整体趋势还是不断向前深化发展的。总体而言，可以划分为三个阶段：新中国成立初期、"文化大革命"时期及"文化大革命"之后。

新中国成立初期，即1949—1965年，是甲午战争史研究的恢复发展期，主要体现在以下三个层面。

一是史料编纂工作的系统化。其中最具影响的是由中国史学会主编的《中国近代史资料丛刊·中日战争》[⑨]，凡7册、300余万字，分为三编：第一编综述类，收录《东方兵事纪略》《盾末拾余》《中东战纪本末》等5种时人记述；第二编收录甲午战前的相关史料，包括《清光绪朝中日交涉史料》《李文忠公全集》《翁文恭公日记》等的相关记载；第三编为记录战争及战后状况的资料，既有中方的文牍档册，也有外文资料的译编，书末还附有"书目解题"。这套丛书的出版，为甲午战争史研究提供了莫大

---

① 《武汉大学文哲季刊》1933年第3卷第1期。
② 《大公报·史地周刊》1934年9月21日、28日。
③ 《清华学报》1935年第10卷第1期。
④ 《新亚细亚》1934年第7卷第3、4期。
⑤ 《新亚细亚》1935年第10卷第6期。
⑥ 《中山文化教育馆季刊》1937年第4卷第2期。
⑦ 《国专月刊》1937年第5卷第4期。
⑧ 《群众》（重庆）1945年第10卷第2期。
⑨ 新知识出版社1956年版。

方便。此外，比较重要的还有朱寿朋编、张静庐等校点《光绪朝东华录》①，中国近代经济史资料丛刊编辑委员会主编《中国海关与中日战争》②，阿英（钱杏邨）编《甲午中日战争文学集》③，张蓉初译《红档杂志有关中国交涉史料选译》④，孙瑞芹译《德国外交文件有关中国交涉史料选译》（第1卷）⑤等，都有相当重要的学术价值。《近代史资料》也有选择地刊布了一些与甲午战争相关的史料，如《丘逢甲信稿》，徐庆璋《辽阳防守日记》《长顺函稿》《张荫桓等致翁同龢函》，吴质卿《台湾战争记》《甲午战时东北清军一览表》等，多为珍贵的第一手资料。⑥

二是对于地方文史资料及口头史料的抢救整理。新中国成立初期，山东、辽宁等地方与军队的文史工作者，曾对当地甲午战争的遗迹和这场战争的参加者、目击者或其后裔，进行过广泛的调查取证，获取了不少珍贵的文字、口头史料，如陈兆锵《战时日记》、李锡亭《清末海军见闻录》《丁汝昌遗墨》《威海海防统领绥巩军戴（宗骞）示》、孙宝田《甲午中日战争旅顺虐杀始末记》等，都有很高的史料价值。⑦ 其中，依据当事人回忆整理而成的文章，有赵泮馨《甲午战争志略》、王可举《甲午之战日军在荣成湾登陆攻陷威海军港事略》。⑧ 依据相关人物的生平事迹撰写的文章，有于飞《甲午之战中的左宝贵》⑨、中原《怀念甲午海战的民族英雄——访邓世昌长孙》⑩、廉成灿《左宝贵生年调查》⑪。将调查史料与文献资料相结合撰写的文章，有李时岳《甲午战争期间辽东人民的抗日斗争》⑫、威海市志编辑委员会（戚其章执笔）

---

① 中华书局1958年版。
② 科学出版社1958年版。
③ 中华书局1958年版。
④ 生活·读书·新知三联书店1957年版。
⑤ 商务印书馆1960年版。
⑥ 《近代史资料》1958年总20号、1962年总28号。
⑦ 参见戚其章《甲午战争史研究的世纪回顾》，《历史研究》2000年第1期。
⑧ 皆收入《山东省志资料》1958年第1期。
⑨ 《北京晚报》1960年10月19日。
⑩ 《新民晚报》1961年1月7日。
⑪ 《北京日报》1962年2月22日。
⑫ 《光明日报》1958年9月15日。

《甲午战争期间威海军民的抗日斗争》[①]、金纯泰《甲午战争旅顺抗日轶闻》[②] 等。

三是相关出版物的数量明显增多，选题趋向多样化。专著方面，以贾逸君《甲午中日战争》[③]、郑昌淦《中日甲午战争》[④]、陈伟芳《朝鲜问题与甲午战争》[⑤]、戚其章《中日甲午威海之战》[⑥] 等影响较大，各具特色。其中，贾著从战前的国内外背景、主要战役、清政府的内外政策和战争结局等方面，对甲午战争的历史作了大致勾画和初步探讨。郑著重点阐述了日本发动侵略战争的原因和经过、清军失败的原因及列强的阴谋伎俩，强化了对于战争场面和人民反侵略斗争的描述。阮著以朝鲜问题为核心，重点从外交史的角度，剖析了甲午战争为何以朝鲜问题为爆破点。戚著将文献记载与口碑史料相结合，系统分析了威海战役的过程及其失败原因，对于各场战役的描述，甚至地形的分析，都十分详尽。此外，为纪念甲午战争60周年，《历史教学》月刊社还于1954年推出《中日甲午战争论集》，是新中国成立后第一部甲午战争史专集。[⑦] 这部专集共收入周一良、丁则良、来新夏等先生的7篇文章，主要涉及朝鲜东学党起义、反割台运动、战后大借款、中美关系四个层面，可谓代表了当时甲午战争史研究的最高水平。同时还出现了一批面向青少年和工农群众，以普及历史知识、宣传爱国主义教育为目的的小册子，如周继仁《甲午中日战争》[⑧]、章回《甲午战争》[⑨]、戴逸《北洋海军》[⑩] 等，大都篇幅不大，带有较为明显的时代烙印。

论文方面，除被《中日甲午战争论集》收录者之外，富有开拓性的作

---

[①] 《山东省志资料》1960年第4期。
[②] 《辽宁日报》1963年1月7日。
[③] 新知识出版社1955年版。
[④] 中国青年出版社1957年版。
[⑤] 生活·读书·新知三联书店1959年版。
[⑥] 山东人民出版社1962年版。
[⑦] 五十年代出版社1954年版。
[⑧] 通俗读物出版社1955年版。
[⑨] 上海人民出版社1962年版。
[⑩] 中华书局1963年版。

品，还有司绶延《第一次中日战争（1894—1895）》①，缪楚黄《五十年前台湾人民的抗日游击战争》②，魏建猷《甲午战争中日寇对华暴行》③，胡滨《一八九五年俄、德、法三国干涉日本退还辽东的内幕》④，卿汝楫《甲午战争期间美国的侵华政策》⑤，金冲及《论1895年至1900年英国和沙俄在中国的矛盾》⑥，徐义生《甲午中日战争前清政府的外债》《从甲午战争到辛亥革命时期清政府的外债》⑦，严启祥《中日甲午战争前中日在朝鲜的矛盾和斗争（1884—1894年）》⑧，郭毅生、池汤安《论甲午黄海大战与中国北洋海军》⑨，陈诗启《中日甲午战争中国际资本主义在中国的干涉活动和矛盾斗争》⑩，胡昭曦《从甲午战争到辛亥革命时期帝国主义对四川的经济侵略》⑪，祁龙威《从〈张謇日记〉看中日战争时的帝后党争》⑫，李鼎文《评介甘肃举人〈请废马关条约呈文〉及其他》⑬，孙克复《美国在中日甲午战争中玩弄的和平骗局》⑭等，涉及政治、经济、军事、外交等诸多层面。此外，值得注意的是，学术争鸣的动向在这一时期已经有所崭露，如陈东《评介贾逸君著〈甲午中日战争〉》⑮、贾逸君《关于〈甲午中日战争〉的几个问题（并答陈东同志）》⑯、赵捷民《"卖国贼李鸿章"一书值得讨论的地方》⑰、张世永《对郑昌淦著"中日甲午战争"的几点

---

① 《历史教学》1951年卷第6期、1952年第1期。
② 《新建设》1951年第3卷第4期。
③ 《解放日报》1953年3月16日。
④ 《光明日报》1953年12月12日。
⑤ 《世界知识》1954年第15期。
⑥ 《复旦学报》（人文社会科学版）1955年第2期。
⑦ 《经济研究》1956年第5期，1957年第4、6期。
⑧ 《史学集刊》1957年第1期。
⑨ 《文史哲》1957年第6期。
⑩ 《厦门大学学报》（社会科学版）1959年第2期、1960年第1期。
⑪ 《历史教学》1961年第11、12期。
⑫ 《江海学刊》1962年第9期。
⑬ 《西北师大学报》（社会科学版）1963年第1期。
⑭ 《史学月刊》1965年第9期。
⑮ 《光明日报》1956年2月2日。
⑯ 《光明日报》1956年3月15日。
⑰ 《读书月报》1957年第4期。

意见》[①] 等，基本上都在正常的学术讨论范围内展开。

综观此一时期的甲午战争史研究，与新中国成立前相比，无论是就各类成果的数量来看，还是就研究队伍的日益壮大、选题范围的多样化和史料运用的深入程度而言，都取得相当进步。不过，受革命史观和阶级史观的影响，与太平天国、辛亥革命等近代史研究的热门领域相比，甲午战争史研究还是显得相对冷清，在选题范围、史料运用上，也不无局限。就战争史本身而言，多数研究者都关注海战，忽略陆战，叙述过程大多集中于战争本身，对于影响战争的各种具体因素如交通运输、信息机制、后勤装备、社会基础等，缺乏有意识的观照。就相关人物研究而言，只着眼于很有限的若干人物，分析视角也较为单一。在史料运用上，偏重中文史料，对于外文资料，尤其是日文资料，未能充分运用。在理论方法上，单一强调马克思主义的史学方法，对于中国传统的治史方法，缺乏有选择的传承，对于西方的年鉴史学，也基本不予了解。商榷文章虽然有之，但整体学术氛围尚不够活泼。此外，受制于当时整体的政治外交环境，在相关的国际关系史研究上，过多偏重中美关系，对于英、法、俄等国列强的表现，缺乏细致的把握。至于学术交流的空间，更是极其狭窄。

第二阶段，即1966—1976年的"文化大革命"时期。当时，在"左"倾思想主导下，正常的学术研究几乎难以开展，甲午战争史的研究也随之陷入停顿。在此10年间，全国几乎没有发表一篇有关甲午战争史研究的专题论文，仅于1973年出现过两本分别由《中国近代史丛书》编写组和吉林师范大学历史系编写的同名小册子《甲午中日战争》。前者共78页，后者共47页，都以普及历史知识，而非学术研究为旨趣。[②] 史料方面，差可提及者，仅有几所大学历史系自行编印的、以"中国近代史参考资料"为题眼的资料选编类书籍，但所收资料的数目和种类均属有限。[③]

---

[①] 《史学月刊》1958年第3期。
[②] 分别由上海人民出版社及吉林人民出版社于1973年出版。
[③] 如北京大学历史系中国近代史教研组编《中国近代史参考资料》，编者刊，1972年版；南京大学历史系中国近现代史教研室编选《中国近代史参考资料选辑》，编者刊，1973年版；云南大学历史系编《中国近代史参考资料》上册"从鸦片战争至甲午中日战争"，编者刊，1973年版；中山大学历史系中国近代史教学组编印《中国近代史参考资料》，编者刊，1974年版。

第三阶段，即"文化大革命"之后的 1977 年至今，特别是改革开放以来，本着"解放思想、实事求是"的政策方针，甲午战争史研究空前繁荣，呈现百家争鸣的积极气象。其中，最为突出的表现是史料建设的大踏步发展、大型专题丛书的组织编纂、学术讨论会的频频举办以及相关论文论著的大量问世。

一是史料建设的大踏步发展。其中，最重要的是由戚其章主编的《中国近代史资料丛刊续编·中日战争》，共 12 册、约 400 万字，主要收录原《中国近代史资料丛刊·中日战争》未曾编入的档案史料。其中前 6 册主要为中文档案（第 6 册也包含少量日文和英文的零散史料），分别选编自中国第一历史档案馆馆藏朱批奏折、军机处录副奏折、电报档、上谕档、总理各国事务衙门档，以及盛京将军衙门档、吉林将军衙门档、黑龙江将军衙门档、山东巡抚衙门档、江苏巡抚衙门档等，总数超出原丛刊所收档案史料数目的 4 倍，大多为首次刊布；第 7 册披露日本方面预谋挑起和发动战争的相关材料（包括西方人士对战争的评论）；第 8—11 册分别选译自《日清战争实记》《日本外交文书》《英国外交文件》；最末 1 册收录与台湾人民反割台斗争相关的史料和甲午战争时论、甲午人物传记等，并有全书征引书目解题。① 此外，比较重要者，还有张侠等编《清末海军史料》，② 陈旭麓等主编《盛宣怀档案资料选辑之三·甲午中日战争》③，陈义杰整理《翁同龢日记》④，陈霞飞主编《中国海关密档——赫德、金登干涵电汇编〈1874—1907〉》⑤，苑书义和赵德馨分别主编《张之洞全集》⑥，戚其章辑校《李秉衡集》⑦，汪叔子编《文廷式集》⑧，丘晨波主编《丘逢甲文集》⑨，谢忠岳编《北洋海军资料

---

① 中华书局 1989—1996 年版。
② 海洋出版社 1982 年版。
③ 上海人民出版社 1980 年版。
④ 中华书局 1989—1998 年版。
⑤ 中华书局 1990—1996 年版。
⑥ 前者由河北人民出版社 1998 年出版；后者由武汉出版社 2009 年出版。
⑦ 齐鲁书社 1993 年版。
⑧ 中华书局 1993 年版。
⑨ 花城出版社 1994 年版。

汇编》[1]，中国第一历史档案馆编《清实录》[2]、《光绪朝朱批奏折》[3]、《光绪宣统两朝上谕档》[4]、《清代军机处电报档汇编》[5]，戚俊杰、王记华编校《丁汝昌集》[6]，张本义等编《甲午旅大文献》[7]，谢俊美编《翁同龢集》[8]，易家胜等主编《清季名人禀牍奏稿函札——甲午中日战争新史料》[9]，顾廷龙、戴逸主编《李鸿章全集》[10]，广西师范大学出版社编《马关议和中之伊李问答》[11]，全国图书馆文献缩微复制中心编《中日甲午战争奏稿》[12]等。此外，各地的文史资料选辑，也有以甲午战争为主题者，如《大连文史资料》第4辑"甲午战争在大连专辑"[13]，《威海文史资料》第8辑"北洋海军的兴衰"[14]，《鞍山文史资料选辑》第10辑"中日甲午陆战辽海战事纪"[15]，《锦州文史资料》第24辑"昭忠祠碑与甲午陆战纪略"[16]等。此外，《近代史资料》总第57、87、97号，也披露过一些与甲午战争相关的史料。

二是大型专题丛书的编纂。其中，最具代表性的是由关捷主编的"甲午国耻丛书"和戚俊杰、刘玉明主编的"勿忘甲午"丛书。"甲午国耻丛书"凡6册，包括关捷《觉醒——甲午风云与近代中国》，杨惠萍等《国殇——从甲午战争至甲辰战争》，李晓菲、邵龙宝《忠魂——甲午战争的故事》，郭铁桩《恨海——甲午大连之战》，韩俊英等《史鉴——甲午战争

---

[1] 全国图书馆文献缩微复制中心1994年版。
[2] 中华书局1986—1987年版。
[3] 中华书局1995年版。
[4] 广西师范大学出版社1996年版。
[5] 中国人民大学出版社2004年版。
[6] 山东大学出版社1997年版。
[7] 大连出版社1998年版。
[8] 中华书局2005年版。
[9] 江苏人民出版社2006年版。
[10] 安徽教育出版社、安徽出版集团2008年版。
[11] 广西师范大学出版社2008年版。
[12] 全国图书馆文献缩微复制中心2008年版。
[13] 中国人民政治协商会议辽宁省大连市委员会文史资料研究委员会1988年版。
[14] 威海市政协文史资料委员会1994年版。
[15] 中国人民政治协商会议辽宁省鞍山市委员会学习宣传和文史委员会1997年版。
[16] 锦州市政协学习宣传与文史委员会2005年版。

研究备要》，日本学者龟井兹明著、高永学等译《血证——甲午战争亲历记》，1997年由中央民族大学出版社出版。"勿忘甲午"丛书，是为纪念甲午战争爆发110周年而作，2004年由天津古籍出版社出版。与前者相比，该丛书在研究主题上衔接更为紧凑，撰著者的阵容也更显整齐，凡9册，分别为王如绘《甲午战争与朝鲜》，戚其章《甲午日谍秘史》，王家俭《洋员与北洋海防建设》，孙占元等《甲午战争的和战之争》，苏小东《甲午中日海战》《甲午日军罪行录》，王记华、董进一《甲午辽东鏖兵》，戚海莹《甲午战争在威海》，柯平《反割台抗日运动》。其中，戚其章一书分析了明治维新以来（尤其是甲午战争期间）日本的对华谍报活动，总结了其对华谍报活动的四大特点，即侦查目的的明确性、组织形式的系统性、活动方式的灵活性、间谍培养的就地性；王家俭一书则深入探讨了外国洋员与北洋海防建设之间的关系，既肯定这是一种国际间的互利合作，也揭示了洋员问题的复杂性。

三是大型学术讨论会的频频举办。1984年，山东社会科学院、《历史研究》《近代史研究》编辑部等单位在山东威海联合举办甲午战争90周年学术讨论会，可谓对新中国成立35年来甲午战争史研究状况的一次大检阅。与会学者80余名，比较集中地探讨了帝后党争、甲午战争与洋务运动的关系、甲午战争的历史地位等问题，后结集为《甲午战争九十周年纪念论文集》。[①] 1994年，为纪念甲午战争100周年，山东省委宣传部、中国史学会、山东社会科学院等再次于威海举行"甲午战争与近代中国和世界"国际学术讨论会，来自海内外的120余名学者出席了会议，提交论文近百篇、著作10余种。无论从会议的规模，还是从提交论文的质量、议题范围的广泛及讨论的深度来看，这次会议都可称代表了当时甲午战争史研究的最高层次，对于推动海峡两岸、中外之间的学术交往也起到十分积极的作用。相关文章后收入戚其章、王如绘主编《甲午战争与近代中国和世界——甲午战争一百周年国际学术讨论会文集》。[②] 同年，北京、大连、成都、长沙等地也举办了类似的学术研讨会。2004年，中国史学会、山东省

---

[①] 齐鲁书社1986年版。
[②] 人民出版社1995年版。

历史学会又携手在威海举行纪念甲午战争110周年学术讨论会，主题为"勿忘甲午，以史为鉴"，到会的专家学者有80余位。此外，重要的讨论会及其结集还有为纪念甲午海战95周年出版的《甲午海战与中国近代海军》（张炜主编）[1]，海军军事学术研究所等编《甲午海战与中国海防——纪念甲午海战一百周年学术研讨会论文集》[2]，关捷主编《海峡两岸〈马关条约〉百周年学术研讨会论文集》[3]，政协广州市委办公厅等编《回顾与反思——"纪念甲午海战一百一十周年学术研讨会"论文集》[4]，戚俊杰、郭阳主编《北洋海军新探——北洋海军成军120周年国际学术研讨会论文集》[5]。为纪念甲午战争人物而举办的研讨会及其专集，则有吴宏聪等主编《丘逢甲研究》《丘逢甲研究——1984年至1996年专集》[6]，周军等主编《李鸿章与中国近代化》[7]，林伟功等主编《中日甲午海战中方伯谦问题研讨集》[8]，常熟市人民政府、中国史学会编《甲午战争与翁同龢》[9]等。

四是除大型丛书、会议论文集等研究成果之外，还有大量与甲午战争史研究相关的论文论著相继问世。鉴于其中内容极为丰富，在此先将相关论著分类列举如下。

第一，多角度探讨甲午战争史的，如戚其章《中日甲午战争史论丛》[10]、《走近甲午》[11]、《甲午战争新讲》[12]，孙克复《甲午中日战争史论集》[13]，杨念群主编《甲午百年祭——多元视野下的中日战争》[14]，寇伟

---

[1] 中国社会科学出版社1990年版。
[2] 解放军出版社1995年版。
[3] 大连海事大学出版社1997年版。
[4] 广东人民出版社2006年版。
[5] 中华书局2012年版。
[6] 广东人民出版社1986年版、1997年版。
[7] 安徽人民出版社1989年版。
[8] 知识出版社1993年版。
[9] 中国人民大学出版社1995年版。
[10] 山东教育出版社1983年版。
[11] 天津古籍出版社2006年版。
[12] 中华书局2009年版。
[13] 辽宁大学科研处1984年版。
[14] 知识出版社1995年版。

《甲午战争史话》①，关捷等总主编《中日甲午战争全史》②，刘玉明、戚俊杰《辨证看"甲午"》③，宗泽亚《清日战争》④等。其中，《中日甲午战争全史》代表了中国学界对于甲午战争进行全方位研究的最新成果，凡5篇、380余万字，分别为战前篇、战争篇（上、下）、战后篇、思潮篇、人物篇。"战前篇"，论述了19世纪中叶后半期东亚的格局形势，重点阐明了日本的崛起和中国的衰败；"战争篇"，翔实叙述了甲午战争的序幕、日本建立战时最高指挥机构——大本营，中日两国的宣战，各大小战役的战备、战略、战术情况，兼及战争期间的中日外交、国际关系；"战后篇"，包括俄、法、德三国干涉还辽，保台运动和甲午战争的历史地位；"思潮篇"，主要记述日本自明治维新以来的对外扩张思潮和中国的爱国改革思潮；"人物篇"，分别叙述了与甲午战争相关的各类中外人士，在战争期间的政治、军事和文化活动。《甲午战争新讲》则会聚了该领域的领军人物——戚其章先生半个世纪的研究心得，篇幅不大却信而有征，并且不乏新史料的披露和最新研究成果的展示。《清日战争》一书通过系统利用日本的档案材料，对中日两国当时政治、军事、经济及其制度组织等诸方面作了全面对比，其中穿插的许多图、表、数据，是此前较为少见或不为人们所关注的。

第二，侧重研究甲午战争国际关系史的，如戚其章《甲午战争国际关系史》⑤、《国际法视角下的甲午战争》⑥，王如绘《近代中日关系与朝鲜问题》⑦，孙克复编著《甲午中日战争外交史》⑧，戴逸等《甲午战争与东亚政治》⑨，季平子《从鸦片战争到甲午战争——1839年至1895年间的中国

---

① 社会科学文献出版社2000年版。
② 吉林人民出版社2005年版。
③ 海洋出版社2005年版。
④ 世界图书出版公司2012年版。
⑤ 人民出版社1994年版。
⑥ 人民出版社2001年版。
⑦ 人民出版社1999年版。
⑧ 辽宁大学出版社1989年版。
⑨ 中国社会科学出版社1994年版。

对外关系史》[1]。其中,《甲午战争国际关系史》一书引用了大量中外文档案,从日本蓄谋发动侵略战争与挑起战端的外交策略、清政府乞保和局与列强调停、战争爆发后的国际外交、清政府加紧乞和与美国居间周旋、马关议和前后的国际关系五个方面,探讨了甲午战争对于中国乃至远东的深远影响及其历史意义。《国际法视角下的甲午战争》则从国际法的角度,重新审视了甲午战争期间的国际关系史,尤其对"陆奥外交"的侵略本质,作了透彻揭露。

第三,侧重探讨甲午战史的,如戚其章《北洋舰队》[2]、《甲午战争史》[3]、《晚清海军兴衰史》[4],孙克复、关捷《甲午中日海战史》《甲午中日陆战史》[5],姜鸣《龙旗飘扬的舰队——中国近代海军兴衰史》[6]、《中国近代海军史事日志(1860—1911)》[7],林濂藩《中日甲午海战百年祭》[8],王守中《威海卫与甲午战争》[9],王家俭《李鸿章与北洋舰队:近代中国创建海军的失败与教训》(校订版)[10] 等。其中,戚著《甲午战争史》考订精严,史料渊富,对于甲午战争发生的经过始末,叙述十分详尽,对于相关战术动作的描述,细致到营一级。《甲午中日陆战史》是国内第一部系统完整的甲午中日陆战史专著,内容涉及平壤战役、鸭绿江战役、金旅之战、海城反攻战、山东半岛之战等,而对于与战争相关的历史背景、海战史、国际关系史及中日和谈等也作了简要交代。《龙旗飘扬的舰队》详细记录了中国近代海军创建发展的曲折历史,着力挖掘了北洋海军失败的历史教训。《李鸿章与北洋舰队》再现了近代海军的兴衰始末及其历史教训。此外,近代军事史、海军史著作,也往往论及甲午战争,如张玉田、

---

[1] 华东师范大学出版社 1998 年版。
[2] 山东人民出版社 1981 年版。
[3] 人民出版社 1990 年版。
[4] 人民出版社 1998 年版。
[5] 黑龙江人民出版社 1981 年版、1984 年版。
[6] 上海交通大学出版社 1991 年版。该书后又有生活·读书·新知三联书店 2002 年版。
[7] 生活·读书·新知三联书店 1994 年版。
[8] 中国社会科学出版社 1994 年版。
[9] 山东文艺出版社 2004 年版。
[10] 生活·读书·新知三联书店 2008 年版。

陈崇桥等编著《中国近代军事史》[1]，张墨、程嘉禾《中国近代海军史略》[2]，吴杰章等主编《中国近代海军史》[3]，胡立人、王振华主编《中国近代海军史》[4]，海军司令部《近代中国海军》编辑部编著《近代中国海军》[5] 等。

第四，相关人物研究，如孙克复、关捷《甲午中日战争人物传》[6]，杨万秀、吴志辉《刘永福评传》[7]，河北省政协文史资料委员会等编《民族英雄邓世昌》[8]，威海市政协文史资料委员会编《邓世昌》[9]，刘敬坤《丁汝昌》[10]，夏良才、谢维《刘永福》[11]，陆方、李之渤《晚清淮系集团研究：淮军、淮将和李鸿章》[12]，广州市政协文史资料委员会等编《气壮山河——纪念民族英雄邓世昌殉国一百周年》[13]，广州市海珠区委宣传部等编《光照古今——纪念民族英雄邓世昌殉国一百周年专辑2》[14]，王兆春《聂士成》[15]，廉成灿等主编《民族英雄左宝贵》[16]，刘功成《李鸿章与甲午战争》[17]，孙洁池等主编《甲午英烈》[18]，马昌华主编《淮系人物列传——文职·北洋海军·洋员》[19]，徐博东、黄志平《丘逢甲传》[20]，王宜林《甲午

---

[1] 辽宁人民出版社1983年版。
[2] 海军出版社1989年版。
[3] 解放军出版社1989年版。
[4] 大连出版社1990年版。
[5] 海潮出版社1994年版。
[6] 黑龙江人民出版社1984年版。
[7] 河南教育出版社1985年版。
[8] 中国民间文艺出版社1989年版。
[9] 编者刊，1990年版。
[10] 新蕾出版社1993年版。
[11] 新蕾出版社1993年版。
[12] 东北师范大学出版社1993年版。
[13] 编者刊，1994年版。
[14] 编者刊，1994年版。
[15] 军事科学出版社1994年版。
[16] 陕西人民出版社1994年版。
[17] 大连出版社1994年版。
[18] 山东大学出版社1994年版。
[19] 黄山书社1995年版。
[20] 时事出版社1996年版。

海将方伯谦》[1]、陈明福《海疆英魂——记甲午海战中的邓世昌和致远舰》[2]、重庆市涪陵区政协文史资料委员会编《甲午抗日名将徐邦道》[3]、孙建军《丁汝昌研究探微》[4]、康化夷、康咏秋《黎景嵩与乙未反割台斗争》[5]、戚海莹《北洋海军与晚清海防建设——丁汝昌与北洋海军》[6] 等。以上著作，或是对于甲午战争人物群像的逐一勾勒，或是对于某位相关人物生平事迹的详细铺陈，或是选取若干集团作了重点介绍，或是凸显对于甲午英烈的纪念与缅怀。其中，《甲午中日战争人物传》一书共收录中外相关人物170人，在学术界影响较大。

第五，其他专题类作品，如论及甲午战争与清朝政局的，首推石泉（刘适）《甲午战争前后之晚清政局》。该书完成于1948年，历经沧桑始得问世，其主旨系从内政角度探求中国甲午战败的原因，尤其是对李鸿章集团由盛而衰的演变过程做了细致论述。全书分6章，第1章为甲午战争前30年间清朝政局之概观，第2—5章叙述甲午战争期间清廷内部政局的演变，第6章总括战后政局的新形势。[7] 侧重研究甲午战争与近代中国社会变迁的，如戚其章《甲午战争与近代社会》。该书不只把甲午战争当作一场战争进行描述，而且把这场战争放在更加广阔的历史背景下进行宏观考察，从政治、军事、经济、外交诸层面深入探讨了甲午战争前后中国社会的变迁，拓展了甲午战争史的研究视域。[8] 论述乙未反割台运动的，如刘雄《乙未割台与台湾抗日反割台斗争新探》。该书对于乙未割台的历史责任、"台湾民主国"成立的历史背景、政权性质及其历史作用、刘永福"矢穷内渡"等问题，都提出了自己的看法。[9] 讨论钓鱼岛归属问题的，如吴天

---

[1] 海潮出版社1997年版。
[2] 人民文学出版社2003年版。
[3] 编者刊，2003年版。
[4] 华文出版社2006年版。
[5] 湘潭大学出版社2011年版。
[6] 齐鲁书社2012年版。
[7] 生活·读书·新知三联书店1997年版。
[8] 山东教育出版社1990年版。
[9] 台海出版社2005年版。

颖《甲午战争前钓鱼列屿归属考》①、郑海麟《钓鱼岛列屿之历史与法理研究》②。控诉日本侵华暴行的，如关捷总主编《旅顺大屠杀研究》③。总结甲午战争影响与启示的，如孙克复、焦润明主编《甲午战争启示录》。④

第六，图集图志、工具书及相关译著。

图集图志方面，有关捷、刘志超编《沉沦与抗争——甲午中日战争》⑤，柯平编著《威海甲午战争遗址》⑥，林声主编《甲午战争图志》⑦，戚俊杰主编《中国甲午战争博物馆摄影集》⑧，戚俊杰、郭阳编著《为了历史的重托——中国甲午战争博物馆二十年》⑨，陈悦《北洋海军珍藏图片集》⑩。

工具书方面，有关捷《甲午中日战争史论著目录》⑪，中国甲午战争博物馆、北京图书馆阅览部编《中日甲午战争研究论著索引（1894—1993）》⑫，韩俊英等编著《史鉴——甲午战争研究备要》⑬。此外，还可参考华东师范大学历史系编《中国近代史报刊论文与资料篇目索引》⑭，复旦大学历史系资料室编《中国近代史论著目录，1949—1979》⑮，徐立亭等编《中国近代史论文资料索引（1949—1979）》⑯，张海鹏主编《中国近代史论著目录，1979—2000》⑰，《近代史研究》编辑部编《中国近代史专题研

---

① 社会科学文献出版社 1994 年版。
② 中华书局 2007 年版。
③ 社会科学文献出版社 2004 年版。
④ 辽宁人民出版社 1995 年版。
⑤ 文物出版社 1991 年版。
⑥ 文物出版社 1991 年版。
⑦ 辽宁人民出版社 1994 年版。
⑧ 山东大学出版社 1995 年版。
⑨ 海洋出版社 2007 年版。
⑩ 文汇出版社 2011 年版。
⑪ 东北地区中日关系史研究会 1984 年版。
⑫ 齐鲁书社 1994 年版。
⑬ 中央民族大学出版社 1997 年版。
⑭ 华东师范大学 1959 年版。
⑮ 上海人民出版社 1980 年版。
⑯ 中华书局 1983 年版。
⑰ 上海人民出版社 2005 年版。

究述评》[1]，林增平、林言椒主编《中国近代史研究入门》[2] 等。

译著方面，有日本学者藤村道生著，米庆余译《日清战争》；[3] 法国驻华公使施阿兰（A. Gérard）著，袁传璋、郑永慧译《使华记（1893—1897）》[4]；英国学者杨国伦（L. K. Young）著，刘存宽、张俊义译《英国对华政策（1895—1902）》[5]；英国学者迪肯（R. Deacon）著，姜文灏、赵之援译《日谍秘史》[6]；美国学者罗林森（J. L. Rowlinson）著，苏小东、于世敬译《中国发展海军的奋斗（1839—1895）》[7]；刘广京等编，陈绛译《李鸿章评传》[8] 等。

此外，还要指出的是，同近代史其他研究领域有所不同的是，除以上这些专业性较强的学术论著外，另有一大批以甲午战争为主题的通俗文史类作品，数量多达数十部，如刘培华《台湾人民反割台斗争》[9]，潘兴富编著《中日甲午战争》[10]，杨峰编著《中日甲午战争》[11]，杨东梁《气壮山河的甲午海战》[12]，乔还田、马宗平《马关奇耻》[13]，周源《春帆楼的迷梦：马关条约》[14]，董志正《东方风云》[15]，丛笑难《甲午战争百年祭》[16]，袁定基《虎头蛇尾——中日甲午战争实录》[17]，苗培时《甲午雄魂》[18]，郝瑞庭

---

[1] 人民出版社1986年版。
[2] 河南人民出版社1990年版。
[3] 上海译文出版社1981年版。
[4] 商务印书馆1989年版。
[5] 中国社会科学出版社1991年版。
[6] 世界知识出版社1984年版。
[7] 海军军事学术研究所1993年版。
[8] 上海古籍出版社1995年版。
[9] 中华书局1982年版。
[10] 辽宁人民出版社1982年版。
[11] 山东人民出版社1983年版。
[12] 书目文献出版社1985年版。
[13] 中国华侨出版社1991年版。
[14] 中国人民大学出版社1993年版。
[15] 大连出版社1994年版。
[16] 华夏出版社1994年版。
[17] 四川人民出版社1995年版。
[18] 团结出版社1996年版。

《甲午战争全景纪实》[1]，许华《甲午海祭》[2]，张永枚《黑旗！黑旗！——刘永福拒日保台传奇》[3]，郑彭年《甲申甲午风云》[4]，刘玉明、戚俊杰《甲午风云——中国甲午战争博物馆》[5]，张明金《落日下的龙旗：1894—1895年中日战争纪实》[6]，王明皓《沧海苍天：北洋水师覆灭记》[7]，王俊彦、王意书《掠夺的开端——日本侵略中国的甲午战争》[8]，双传学、李信《甲午悲歌——中日战争》[9]，李延筌等编著《军费花园——甲午战争实录》[10]，郑彭年《甲午悲歌——北洋水师的覆灭》[11]，丁炜编著《世界著名海战系列——甲午风云》[12]，杨筱憬《兵殁威海》[13]，吴果迟《李鸿章·海祭》[14]，舟欲行、黄传会《梦断龙旗——清末北洋海军纪实》[15]，弘治等编著《盛世之毁：甲午战争110年祭》[16]，王树强主编《甲午战争始末》[17]，崔光弼编《中日第一战：甲午战争全景纪实》[18]，陈斌《李鸿章：甲午残梦》[19]，张鸿福《末路王朝——中日甲午战争报告》[20]，王林、姜鸣撰稿，《探索·发现》栏目编《甲午中日大海战》[21]，舟欲行、黄传会《龙旗——清末北洋

---

[1] 世界知识出版社1996年版。
[2] 华夏出版社、广东人民出版社1996年版。
[3] 长城出版社1997年版。
[4] 复旦大学出版社1997年版。
[5] 中国大百科全书出版社1998年版。
[6] 北京燕山出版社1998年版。
[7] 作家出版社1998年版。
[8] 花山文艺出版社1998年版。
[9] 江苏人民出版社1998年版。
[10] 军事谊文出版社1999年版。
[11] 中国社会科学出版社2000年版。
[12] 新世纪出版社2000年版。
[13] 学苑出版社2000年版。
[14] 湖南文艺出版社2002年版。
[15] 解放军文艺出版社2003年版。
[16] 华文出版社2004年版。
[17] 中国文史出版社2004年版。
[18] 天津教育出版社2005年版。
[19] 中国戏剧出版社2005年版。
[20] 中国文联出版社2005年版。
[21] 中国民主法制出版社2006年版。

海军纪实》[1]，李剑桥等主编《甲午战争》[2]，乔洪明《甲午海战》[3]，刘军伍《跨世纪寻访——北洋海军将士的后裔们》[4]，陈桦、李景屏主编《永远抹不去的印记：从发动甲午战争到参拜"靖国神社"》[5]，雪儿简思《大东亚的沉没：高升号事件的历史解剖》[6]，红将编著《甲午年的狼烟》[7]，胡为雄《帝制的终结：甲午之殇》[8]，邓加荣编著《揭开甲午海战的黑匣子》[9]，陈悦《碧血千秋——北洋海军甲午战史》[10]、《沉没的甲午》[11]、《北洋海军舰船志》[12]、《北洋海军舰船志——龙旗飘扬的年代》[13]，雪珥《绝版甲午》[14]，陈明福《沧桑旅顺口》[15]，师永刚、张凡编著《首败：甲午年的中日决战》[16]，金满楼《北洋水师的最后一百天》[17]等。这一则显示了中国社会各界对于甲午战争的浓厚兴趣；二则也彰显了甲午战争史研究的广阔空间，充实了该领域的学术视野。不过，其中固然不乏佳作，却也有若干作品滥竽充数，肆意歪曲史实，校对印刷质量欠严格。

至于与甲午战争史相关的研究论文，更是以惊人速度持续增长，据粗略估计，其数量已超过千篇。选题范围涉及甲午战争的历史背景及其起因，甲午海战史与北洋海军史，甲午陆战史，甲午战败的原因，甲午战争与洋务运动、戊戌维新的关系，甲午战争与清朝高层政局，甲午战争前后

---

[1] 学苑出版社2007年版。
[2] 辽海出版社2007年版。
[3] 中国文史出版社2007年版。
[4] 黄河出版社2008年版。
[5] 江西人民出版社2008年版。
[6] 中华书局2008年版。
[7] 海洋出版社2009年版。
[8] 当代中国出版社2011年版。
[9] 文汇出版社2010年版。
[10] 吉林大学出版社2008年版。
[11] 凤凰出版社2010年版。
[12] 山东画报出版社2009年版。
[13] 航空工业出版社2009年版。
[14] 文汇出版社2009年版。
[15] 人民文学出版社2010年版。
[16] 凤凰出版社2011年版。
[17] 商务印书馆国际有限公司2011年版。

的国际关系史,《马关条约》的签订及其影响,清朝上下的拒约运动与"公车上书",割台与反割台斗争,甲午战争与社会思想文化领域的变化,甲午战争的历史地位及其影响,甲午战争与山东大刀会的关系,甲午战争与日俄战争的关系,甲午战后清朝改革运动的重启,甲午战争与战后政治、军事、经济、教育领域诸改革的关联,以及相关的人物研究等。

为推动甲午战争史研究的深入发展,学界还开辟了若干与甲午战争史相关的专刊。如1999年,戚俊杰等人创办的《北洋海军研究》,迄今已出3辑,颇多收录与甲午战争相关的文章。① 2001年,又有《中国甲午战争博物馆馆刊》(主编戚俊杰)问世,大量刊载甲午战争史、北洋海军史方面的文章。至于中国社会科学院近代史研究所主办的《抗日战争研究》,大连近代史研究所主办的《大连近代史研究》,也经常刊载与甲午战争相关的研究论文。

综上所述,在改革开放之后的30余年间,甲午战争史研究跨入长足发展的新时期。无论是整体治学环境、治学条件的改善,治史群体的不断扩大,还是研究成果种类、数量的日益增多,研究深度、广度的持续拓展,以及学术交流的空间范围和频繁程度上,都远远超过此前的任何一个时期。在选题方向上,既延续了前一时期宏观研究的理路,也加深了对于微观问题的探讨。过去备受关注的战争史环节,依然是本研究的热门,而且学者们对于己方的失败,有了相较以往更为清醒的认识;对于相关历史事件和历史人物的评价,很多学者也能够以更加全面、更为理性的态度去对待。在研究主题上,国际关系史、经济和财政问题、反割台斗争、改革与革命团体的萌生、政治思想的变迁,获得持续关注;此前一直未能纳入学者视野的社会文化史,和长期被简单化处理的清政府及其政治高层,也获得更为系统深入的研究。不过,在该领域相关成果大量涌现的同时也存在质与量严重不相称的现象,原创性的、有分量的学术论著并不易觏。不少文章粗制滥造、毫无新意,甚至剽窃抄袭,不仅严重败坏了学术风气,也造成国家资源的巨大浪费。此外,该领域的研究,目前虽然基本摆脱了阶级分析的固定范式,但在借鉴历史学的最新理论方法,开展与其他学科

---

① 天津古籍出版社1999、2001、2006年版。

的交叉研究，以及与外国同行的互动方面，还是稍显滞后。未来拓展的空间依然相当巨大。

## 第二节 相关战役和清朝将领研究

### 一 关于丰岛海战

丰岛海战作为甲午海战的序曲，虽然规模不大，却对整个战争的进程有着重大影响。关于海战爆发的具体时间，日本军方报告及官私著作，一向宣称是中方的"济远"舰于1894年7月25日上午7时52分首先开炮轰击日舰。对此，许多中国学者都给予了反驳，不过在具体说法上有所不同。孙克复、关捷《甲午中日海战史》称，7时52分，中日双方军舰相距3000米时，日舰"吉野"突然以左舷炮火向我舰"济远"轰击。接着，日舰"秋津洲""浪速"也分别在7时55分、7时56分，用左舷炮火向"济远"猛射。[①] 季平子援引日本"浪速"号舰长东乡平八郎的日记，称日方是在7时55分发动攻击。[②] 戚其章则通过查阅《济远航海日志》，证实日舰"吉野"于7时45分首先发射了甲午战争的第一炮，从而推翻了所谓的中方挑衅说。[③] 此外，还有学者通过对比丰岛海战前，中日双方舰队的出行目的及其各自指挥官的态度，认定中国海军是绝不会先开第一炮的，而只可能是在遭到日舰的无理挑衅后，才被迫还击。[④]

另外，围绕"济远"舰在丰岛海战中的表现，学界迄今存在四种不同意见：一说否认"济远"舰的战绩，批评其管带方伯谦临战脱逃；[⑤] 一说肯定"济远"舰一度参与作战，批评方伯谦贪生怕死；[⑥] 一说称"济远"

---

[①] 孙克复、关捷：《甲午中日海战史》，第87页。
[②] 季平子：《丰岛海战》，《历史研究》1980年第4期。
[③] 戚其章：《甲午战争史》，人民出版社1990年版，第54页。
[④] 关捷等总主编：《中日甲午战争全史》第2卷，第205—206页。
[⑤] 范文澜：《中国近代史》上册，人民出版社1962年版，第252页。
[⑥] 郑昌淦：《中日甲午战争》，第42页。

舰是中炮后退却；① 一说称"济远"舰虽因力不能敌而逃遁，但在逃遁途中仍能击伤日舰吉野，保全舰只，应属有功。② 戚其章认为，"济远"舰在遭遇敌舰突袭时，确曾抵抗一个多小时，不过当敌舰追来时，即挂白旗逃跑，因此不应对"济远"舰和方伯谦在丰岛海战中的表现持全面肯定态度。③ 另外，当时社会上曾风传"济远"舰在回驶途中，一度树起白旗或日旗。不过方伯谦本人从未承认，学界的看法也不一致：或曰"济远"舰的确曾畏敌示弱，树起白旗或日旗；或曰"济远"舰是故意诈降，而树白旗或日旗；或曰根本没有此类举动。④

还有丰岛海战发生前一天，北洋舰队为何未派出大队接应？一些学者认为责任在北洋大臣李鸿章，丁汝昌原本曾电请李鸿章派出主力舰队接应，却遭到拒绝，以致未能成行。对于李氏拒绝增援的原因，或曰李氏没有认清敌情，麻痹大意；或曰李氏原本曾命丁派兵增援，但因后来收到的丁氏电文中有"大队到彼，倭必开仗"之语，李认为"大队到彼，倭未必即开仗"，且其听信了叶志超所谓"尚能自固"的表态，以及寄望于俄舰出手援助，所以临时改变了派队接应的主意；或曰李一心想仰仗列强调停，断定日军不敢真的挑起战争，所以拒绝派兵增援。⑤ 另一些学者则认为丁汝昌负有不可脱卸的责任。理由有三：一是丁如果真拟率海军大队接应，为何当舰队"已升火将起航"时，才仓促"告行期"；二是李鸿章不一定因为刘步蟾在丁汝昌所致电文中私加"遇倭必战"四字，而电止他的行动；三是丁电请启程时，已然贻误了战机，即使接应，也失之晚矣。⑥

日本击沉英轮"高升号"的问题，也是与这场战争相关的一个重要争

---

① 丁明楠等：《帝国主义侵华史》第1卷，人民出版社1961年版，第342页。
② 季平子：《丰岛海战》，《历史研究》1980年第4期；徐彻：《方伯谦被杀一案考析》，《辽宁师院学报》1981年第3期；郑守正：《方伯谦与丰岛海战》，《史学月刊》1994年第5期。
③ 戚其章：《方伯谦被杀是一桩冤案吗？——与季平子同志商榷》，《历史研究》1981年第6期。
④ 参见《中日甲午战争全史》第2卷，第211—212页。
⑤ 参见季平子《丰岛海战》，《历史研究》1980年第4期；戚其章《中日甲午战争史研究述评》，载《近代史研究》编辑部编《中国近代史专题研究述评》，第137—138页；孙克复、关捷《中日甲午海战史》，第102页；韩俊英等编著《史鉴——甲午战争研究备要》，第17—18页。
⑥ 参见关捷《觉醒——甲午风云与近代中国》，第27页。

议点。戚其章从国际法的角度,反驳了日本及欧美的一些法学权威为日本的残暴行为做出的辩护,指出:第一,作为对方立论基础的是日方对事实的种种编造,如编造中国军舰在此前的丰岛之战中首先炮击日舰,又将本来毫无关系的丰岛之战与击沉"高升号"拉扯到一起,再将单独航行的"高升号"说成与中国军舰同行云云,从而为其击沉"高升号"寻找借口;第二,日本军舰炮击无防卫能力的抛锚商船以及向落水士兵射击的行为,是公然蔑视和违反国际法的暴行;第三,当时中日尚处和平时期,英国也正在中日之间进行斡旋,日本即挑起战端,同样与国际法格格不入;第四,中国向朝鲜运兵,是应朝鲜政府的请求,并非针对日本的敌对行动。总之,从法理上来讲,日本的开战依据是虚假的,它要行使交战权的前提也不是真实存在的。[1] 郭渊也通过分析中、日、英三国对待国际法的不同态度,谴责了国际法背后的强权逻辑。[2] 关于"高升号"的殉难官兵人数,学者们也曾作过细化研究。范文澜《中国近代史》称溺死千余人,郑昌淦《中日甲午战争》称约1000人壮烈殉国,林增平《中国近代史》则称淹死700余人。戚其章通过考察"高升号"原载官兵人数,及其被击沉后的幸存人数,指出殉难官兵应为850人。[3] 季平子则援引盛宣怀档案,证实"高升号"所载确切人数为950人。[4] 此外,还有学者就"高升号"遇袭,源于天津电报生向日本人出卖其开船时间一说,进行过辨析。[5]

**二 关于黄海海战**

黄海海战是甲午中日战争期间双方海军的一次主力决战,战争规模大,持续时间长,由此引发的学术争论也颇为庞杂。关于中日双方在这场海战中的力量对比,新中国成立初一般认为,双方在船速、炮位上各有千秋,实力不相上下。20世纪80年代以来,学者们的看法出现分歧,一说认为日舰不仅在数量和吨位上超过北洋舰队,而且在速度、装甲和各式配

---

[1] 参见戚其章《国际法视角下的甲午战争》,第288—328页。
[2] 郭渊:《近代国际法视野下的中日丰岛海战》,《东北史地》2007年第5期。
[3] 戚其章:《高升号殉难爱国官兵人数考》,《近代史研究》1984年第2期。
[4] 季平子:《丰岛海战》,《历史研究》1980年第4期,第47页。
[5] 参见韩俊项等编著《史鉴——甲午战争研究备要》,第12—14页。

备上也占有明显优势；① 一说则称中日双方参战舰队的装备互有长短，各有所长，至少也是实力相当。②

　　北洋舰队在黄海海战中以何种阵型迎敌？学界的说法长期不一。有人援引英国人泰莱（Taylor）《甲午中日海战见闻记》说法，认为北洋舰队是排成"一字形"阵势；还有人认为北洋舰队采用了"二列横队的一种交错配置"；另有人根据德国教习汉纳根（Hanneken）的报告，认为北洋舰队是采用后翼梯阵迎敌。戚其章、孙克复等反驳了以上三种说法，指出北洋舰队在发现敌舰后，先是将十舰呈夹缝鱼贯小队阵朝敌舰航进，待了解了对方的进攻意图后，又下令改成夹缝雁行小队阵迎敌，但及至两军交锋，变阵尚未完成，故实际上是以"接近于人字形"接战。③ 与之相应，对于人字阵（或称"横阵"）迎敌的优劣问题，学者们也看法对立。否定者认为北洋舰队之所以采取类似横阵的形式迎敌，是建立在它战前对海战理论的研究和战役战术操练严重准备不足这一特定基础之上的；这一阵型背离了海战战法，无法实现舰队机动与舰炮火力运用的高度有机结合，不利于行动自由和维持队形，不利于舷侧炮火的发挥和集中优势火力，并进而不利于舰船总体火力的发挥；正确战法应该是采用最有利的单纵阵。④ 还有人指出，北洋舰队采用横队意在充分发挥火力，但这完全是一个似是而非的想法，横队不仅保持队形难，作整体的转向更难，也远不如纵队机动灵活。⑤ 肯定者则认为这一阵型有利于舰首重炮火力的发挥，又利于保护两翼弱舰。如戚其章提出，北洋舰队舰型、火器陈旧，缺少速射炮，这是众

---

　　① 戚其章：《甲午黄海海战始末》，《历史教学》1981年第2期；关捷：《甲午战争前中日海军力量之对比》，《东北师大学报》1982年第1期。
　　② 皮明勇：《晚清海战理论及其对甲午海战的影响》，载《甲午战争与近代中国和世界》，第211—224页；关捷等总主编《中日甲午战争全史》第2卷，第446—447页。
　　③ 戚其章：《英人泰莱〈甲午中日海战见闻记〉质疑——兼与董蔡时同志商榷》，《近代史研究》1982年第4期；戚其章、孙克复、关捷：《甲午黄海海战北洋舰队阵形考》，《辽宁大学学报》（哲学社会科学版）1983年第1期。
　　④ 杨志本、许华：《论丁汝昌海上战役指挥失误问题——兼与戚其章等同志商榷》，《近代史研究》1988年第1期；皮明勇：《晚清海战理论及其对甲午海战的影响》，载《甲午战争与近代中国和世界》，第211—224页。
　　⑤ 关捷等总主编：《中日甲午战争全史》第2卷，第524—527页。

所公认的。它的主力舰与日本的最新军舰相比，在形制上要落后整整一代。不过，北洋舰队以重炮见长，拥有25厘米口径以上的重炮25门，是日本的两倍多。显而易见，当时如此布阵，是要扬长避短，发挥舰首重炮的威力。连敌人也判断出北洋舰队"之所以构成雁行阵，因彼之重炮皆配备于舰首"。若采取单行鱼贯阵，更不会成功。至于北洋舰队缺乏机动的症结，也不是没有采取单行鱼贯阵，而是未能处理好布阵中合与分的关系。①

对于黄海海战后期的作战形势，也存在两种不同意见：一种认为，日本联合舰队本队聚攻"定远""镇远"，日第一游击队则专门对付"靖远""来远"②；另一种认为，日本联合舰队本队围攻"定远""镇远"，同时日第一游击队4舰一分为二，"吉野""高千穗"二舰夹攻"经远"，"秋津洲""浪速"合力追击"济远"。迨"经远"沉没后，4舰又合力追击"济远"，"济远"以一抵四，奋力开辟了黄海海战后期的"西战场"，直至海战结束。③但后一种说法，并没有得到多数学者的认同。如有学者通过查阅日方海战报告，指出"致远"舰沉没后，"济远"舰首先退出战场，是确凿无疑的事实；整个黄海海战中第一游击队从未分兵作战，它的作战对象是"靖远"舰和"来远"舰，根本不存在所谓"济远"舰开辟"西战场"的问题。④还有学者毫不客气地称，所谓"西战场"说，"纯属主观臆造，毫无史料根据"⑤。

最关键的，围绕黄海海战的胜负问题，同样众说纷纭。传统说法是北洋舰队遭到了惨败。不过新中国成立之初，即有学者提出异议，认为北洋舰队可谓小胜，至少是未分胜负。⑥戚其章也认为，就中日舰队各自的损失来看，中方固然大为失利，但经过近5个小时的激战，是日方势穷力

---

① 戚其章：《论北洋海军战役指挥问题》，《近代史研究》1989年第3期。
② 参见戚其章《甲午战争史》，第157—163页；戚其章《晚清海军兴衰史》，第424—425页。
③ 王琰：《大东沟海战与方伯谦冤案》，载林伟功等主编《中日甲午海战中方伯谦问题研究集》，第76—107页。
④ 孙克复、张立真：《甲午黄海海战"西战场"说质疑》，《近代史研究》1997年第1期。
⑤ 戚其章：《论方伯谦被杀是否冤案问题》，《东岳论丛》2000年第1期。
⑥ 郭毅生、池汤安：《论甲午黄海大战与中国北洋海军》，《文史哲》1957年第6期。

尽、率先逃离战场的,而且中方顺利完成既定的出行任务,日本舰队聚歼清舰的目的则遭到破产,单就这场海战本身的结局来看,可谓胜负未决。①不过,更多的论者认定北洋舰队在此次海战中是失利的。如有学者从三个方面反驳了戚其章的说法:第一,单以中日双方舰队是否实现各自出航黄海的目的来评判其得失,欠妥;第二,以日方先行脱离战场证明其是败逃者,是缺乏必要的军事观念;第三,应将北洋舰队的损失与整个中日战局的变化结合起来分析。②或曰如果把这次海战的结局放到整个战局上去考察,称之为"大败"或"惨败"也是可以理解的。③还有学者称,就中日双方海军的损失情况来看,北洋海军无疑是海战的失败者,但一开始中方并没有认识到这一点,直至不久之后才意识到败绩。④相较之下,《中日甲午战争全史》罗列的史实,似乎更足以说明问题:"在这次海战中,双方参战的军舰均为12艘,但中国方面投入的是北洋舰队的全部实力,日本方面投入的是联合舰队的主力。结果,北洋舰队有4艘军舰被击沉击毁,另有1艘自毁,牺牲官兵600余名,实力折损近半;日本舰队则一艘未沉,仅有4艘受重伤,整体实力基本上没有削弱。而北洋舰队遭此重创之后,损失的战舰和官兵已无从补充,从此无力也不敢再与日本海军争夺黄海制海权,使日军得以从海陆两路侵入中国本土。"⑤

关于北洋海军此役失利的原因,迄今为止,主要存在政治制度腐败、战术运用失误、战场指挥中断、战场纪律差、技术装备落后、管理训练松懈、官兵素质差、缺乏实战经验、后路保障不足(主要涉及炮弹供应、煤炭补给、装备维修)、综合因素等种种说法。不过,新近"炮弹供应不足说",引起若干研究者的质疑。如有学者通过考察直隶候补道徐建寅对于北洋舰队的调查报告,指出当时北洋海军的弹药储量相当可观,其中一部

---

① 戚其章:《中日甲午战争史研究述评》,载《中国近代史》编辑部编《中国近代史专题研究述评》,第124页;戚其章:《甲午战争研究一百年的回顾》,《历史教学》1994年第7期,第11页。
② 杨志本、许华:《论丁汝昌海上战役指挥失误问题——兼与戚其章等同志商榷》,《近代史研究》1988年第1期。
③ 参见郭铁桩《试论黄海海战北洋舰队胜负问题》,《军事历史研究》2008年第1期。
④ 苏小东:《甲午中日海战》,第126页。
⑤ 关捷等总主编:《中日甲午战争全史》第2卷,第523—524页。

分还是在黄海战前就交付北洋海军的，所谓机械局或军械局没有给北洋海军供足弹药的说法，不过是揣测和传闻，造成北洋海军在黄海之战中弹药不足的原因，完全是丁汝昌没有带足弹药。① 还有学者指出，此说主要出自当时的几个来华西人，然证诸丁汝昌等中方参战将士的说法，并不成立，更最关键的问题，不是数量不足，而是质量低劣。②

### 三 关于威海海战

尽管北洋舰队在黄海海战中损失惨重，但并没有完全丧失机动作战能力，其最具威慑力的"定远""镇远"两舰犹存，所以日本海军还不敢肆无忌惮地向渤海湾输送日本陆军。因此，歼灭移驻威海卫的北洋水师，就成为黄海海战后，日本舰队的最大作战目标。就军事形势而言，旅顺与威海卫同样重要，北洋海军为何弃旅顺而守威海？一些学者将之归罪于李鸿章、丁汝昌的"避战自保"政策；另有学者则援引丁汝昌的分析，认为当时日军以长驱之势入辽东，旅顺之失只是旦夕之事，海军若守此港，瞬息即有受水陆加攻之危，而旅顺尚无敌踪，还可暂时保全，尽管其战斗力已十去其七。③

关于北洋海军在此战中全军覆灭的原因，戚其章、何力的初步研究认为，是由于清政府一意求和、李鸿章执行"避战保船"的消极防御方针、北洋舰队官兵的求战积极性遭到打压，以及内部敌人的破坏，倘若北洋海军主动出击、拼死一战，还是有可能与日军一决胜负的。④ 但有学者很快提出异议，认为黄海海战后，北洋海军的战斗力已大为削弱，所谓"主动出击，尚可与日舰决一胜负"的说法，完全脱离实际，而且依据日军的作战部署，如果我方出港作战，一定会坠入敌人圈套；威海防

---

① 苏小东：《甲午年徐建寅奉旨查验北洋海军考》，载戚其章、王如绘主编《甲午战争与近代中国和世界》，第517—531页。
② 潘向明：《甲午黄海之役北洋海军缺乏炮弹说质疑——兼论其失利原因问题》，《清史研究》2009年第1期。
③ 张荫麟：《甲午中国海军战绩考》，《清华学报》1935年第10卷第1期。
④ 戚其章：《甲午威海海战始末》，《东岳论丛》1981年第5期；何力：《威海卫和威海之战》，《历史教学》1983年第6期。

御战最主要的失败之处在于南北岸炮台失守,致使北洋海军腹背受敌。① 另一些学者也认为,当时北洋舰队的机动力和攻击力都远逊于日本舰队,根本不存在进行机动攻击作战的可能性,退守威海卫军港,虽属下策,却是唯一可能保全自己的选择,只是未料到山东半岛的守军不堪一击,援军也迟迟不至,导致北洋舰队最终全军覆灭。② 杨志本、许华的看法与以上学者都有所不同,他们将责任归结到丁汝昌的战场指挥失误上,认为株守军港,等待援兵,实为最下策;以袭击战战法打击敌方登陆输送队,在近海区域,在海岸炮火的掩护下,积极机动,寻机击敌,可谓上策。理由是:海军舰队就是一支海洋上的野战军,它的主要作战形式是海上机动作战,它的主要威力是攻击。所以即使是在防御作战中,舰队也应积极寻找敌人的弱点,捕捉有利战机,以袭击战战法和机动的攻击去打击和歼灭敌人的海上力量。反之,如实行消极防御,就必然会使舰队丧失机动力和攻击力,其结果只能是失败,这是被海战史屡验不爽的一条真理。③ 此外,有学者概括了威海之败的四点原因:第一,清廷重京畿轻山东的错误战略,造成威海后路空虚;第二,清军指挥不统一,内部不团结;第三,陆路守军缺装备,少训练,多不能战;第四,北洋舰队株守待援,错过了突围时机。④《中日甲午战争全史》对威海之役做出的总结论述是:北洋舰队自黄海之战后损失惨重,无论从数量上还是从舰船素质上,都丧失了进攻的能力,但是面对日舰的围攻,他们并没有"避战保船",而且不畏强敌,英勇奋战,屡次挫败对方的正面进攻,最后在没有援军解围,以及清政府指挥失误、弹尽粮绝的情况下,才遭到失败。⑤

---

① 穆景元:《甲午威海海战北洋海军失败原因探》,《锦州师范学报》1987年第4期。
② 苏小东、马骏杰:《试论海军、海战在中日甲午战争中的地位和影响》,《福建论坛》(文史哲版)1991年第5期。
③ 杨志平、许华:《论丁汝昌海上战役指挥失误问题——兼与戚其章等同志商榷》,《近代史研究》1988年第1期。
④ 王国洪:《论甲午威海之战中国军队战败的原因》,《烟台师范学院学报》(哲学社会科学版)1991年第1期。
⑤ 关捷等总主编:《中日甲午战争全史》第3卷,第184、283页。

### 四 关于陆路战役研究

北洋海军的战况，惨淡如上，陆战方面，中方同样是节节失利。不过，相较于海战史，陆战牵扯的战线更长、头绪更加纷繁，涉及平壤、辽东、辽南、辽海、山东半岛几大战场，十余次较大规模的战役，学界对陆路战场的研究不及海战研究深入。目前来看，争议最多的问题主要集中在平壤战役、海城战役及旅顺大屠杀上。

平壤战役是甲午战争中首次较大规模的陆战。孙克复、关捷介绍了平壤战役的经过及其失败原因，指出守城清军与进攻日军的兵力相差无几，装备亦无大的差异，其之所以遭到惨败，主要是由于清军素质低下、纪律败坏，将领指挥无能，以及李鸿章采取消极避战方针。[1] 另有学者认为，仅就清朝官军的表现，尚不足以说明平壤保卫战失败的原因，应从双方战略态势的形成、战役目标的实施，以及战斗的客观进程，加以认真的分析。[2] 戚其章提出，日军发动平壤战役，其实是冒着很大风险的，中日双方各有其有利的因素和不利的因素。清军平壤之败，与其说是败在力量不敌，不如说是败在战争指挥者缺乏坚强的战斗意志和敢于胜利的勇敢精神。中方的失误，还表现在"有将无帅"、对于平壤之战的重要性认识不足、消极防御思想、布防上的缺陷和主将的失败主义。[3] 而最系统深入的研究当推《中日甲午战争全史》第2卷，该书对清军在平壤的布防、日军的推进及具体的交战环节，均有详细交代；对于平壤战役失败的原因，也提出独到见解。著者从中日双方实际战斗力的比较出发，认为将日军进攻平壤说成冒险行动，是值得商榷的，日军实际上并没有受到多大阻力，中日双方的军事实力着实悬殊。[4]

海城战役为甲午战争中持续时间最长、动用兵力最多、波及地区较广

---

[1] 孙克复：《甲午平壤之战》，《辽宁大学学报》（哲学社会科学版）1981年第4期；孙克复、关捷：《甲午中日陆战史》，第152—157页。

[2] 宋楚良：《试论平壤保卫战失败的原因》，《吉林师范学院学报》（哲学社会科学版）1984年第4期。

[3] 戚其章：《甲午战争史》，第127—134页。

[4] 参见关捷等总主编《中日甲午战争全史》第2卷，第330—436页。

的一场战役。张玉田分析日军的战略目的，是守御其在奉天的既得成果，牵制清军，以确保它在山东战场上的顺利进攻；清军从整个战略上看处于防御，而在具体战役上属于进攻。① 孙克复认为，日军进攻海城是由于山县有朋的军事冒险，并非有计划的牵制作战；清军五复海城失败的原因，在于清军将领指挥无能，各军互不统属；战前准备不充分；军纪败坏，训练废弛，编制不足；武器窳劣，后勤落后。② 关捷等否认清军统帅存在准备不足、指挥无能、纪律松弛等方面的问题，建议将着眼点放在整个清王朝的政治腐败、军队抽调艰难、枪炮落后上。他们并以"析木城之战"为例，指出清军虽来自各部，没能协同作战，却不能因此简单地说清军"毫无战斗力"，"军纪荡然"，也不应该称丰升阿、聂桂林"闻风即溃，骚扰不堪"。③ 另有学者分析了日本在海城之役中的军事冒险主义，以及指挥上的一些失误。④

关于旅顺大屠杀，尽管日本方面始终矢口否认，中国学界的研究却给出了确切证明。戚其章依据西方船员、记者的记载，中方目击者的口述及日本参战人士的日记和记述，证实日军占领旅顺后，曾连续四天屠杀清朝军民（后者占六分之五）两万余人，其最高指挥官大山岩是此次大屠杀的元凶，日本政府的辩解纯属一派谎言。⑤ 孙克复、关捷也通过举证旅顺"万忠墓"中清理出的老幼遗骨和大量百姓日用品，证实日军屠杀了众多手无寸铁的中国平民。⑥《旅顺大屠杀研究》一书更是详细论述了"旅顺大屠杀"惨绝人寰的历史情景，断定它是在日本侵华军事当局同意和批准

---

① 张玉田：《甲午战争中的海城之役》，载《中日关系史研究》编辑组编《中日关系史研究》第 1 辑，编辑刊，1981 年版，第 41—45 页。
② 孙克复：《略论甲午清军五复海城之役》，《辽宁大学学报》（哲学社会科学版）1986 年第 2 期。
③ 关捷、关伟：《甲午清军五复海城失败原因新探》，《大连民族学院学报》2001 年第 1 期；关捷、关伟：《甲午析木城之战探微》，《东方论坛》2007 年第 4 期。
④ 吕万和：《甲午海城之役与日本的军事冒险主义》，《近代史研究》1982 年第 2 期。
⑤ 戚其章：《旅顺大屠杀真相考》，《东岳论丛》1985 年第 6 期；《旅顺大屠杀真相再考》，《东岳论丛》2001 年第 1 期；《西方人眼中的旅顺大屠杀》，《社会科学研究》2003 年第 4 期。
⑥ 孙克复：《旅顺大屠杀惨案新证》，《清史研究》1994 年第 4 期；关捷：《日军旅顺大屠杀新论——兼论"万忠墓"清理出的新罪证》，《齐齐哈尔师范学院学报》（哲学社会科学版）1995 年第 5 期。

下进行的一次有预谋、有计划、有组织的大规模屠城暴行。①

此外，还有学者专文考察了鸭绿江江防之战、金州保卫战、成欢之战、盖平之战、辽阳保卫战、营口之战、缸瓦寨之战、白马河之战、羊亭河之战等，不再一一展开。

**五 相关将领研究**

与相关战役研究相关，国内学者还就相关清朝将领在各个战役中的表现及其责任问题进行了热烈的探讨。这些争议较大的将领主要有"济远"舰管带方伯谦、"定远"舰管带刘步蟾、北洋舰队提督丁汝昌、直隶提督叶志超、甘肃宁夏镇总兵卫汝贵、钦差督办北方军务大臣刘坤一、山东巡抚李秉衡。

关于方伯谦，早在方氏被杀后不久，社会上就存在两种对立说法，一谓罪有应得，二谓实属冤案，百年来一直聚讼不断。20世纪80年代，以季平子、徐彻为代表，主张肯定方氏在黄海海战中的功绩，理由有二：1. 方氏在激战基本结束后，才率舰退出战场，其首先逃走的罪名不成立；2. 方氏最终保全了"济远"舰，且在逃遁途中仍能击伤日舰"吉野"②。不过，戚其章很快撰文反对，认为：1.《冤海述闻》出于方氏亲信何广成之手，真假掺杂；2. 方在黄海海战中首先逃跑，以致将队伍牵乱。③ 随后孙克复、关捷也纷纷撰文声援，反对为方翻案。不过，随着方氏后裔及一些非专业人士的加入，为方伯谦翻案的势头还是越来越猛，《方伯谦问题研讨集》集中反映了这一趋向。

几十年来研究和讨论的结果，方氏当初被杀的三条罪状之二——牵乱船伍、撞伤"扬威"似乎已被学界不少人否定，但对其是否系临阵脱逃，学者们依然说法不一。2000年戚其章曾就此总结称：就目前情况看，双方

---

① 关捷总主编：《旅顺大屠杀研究》，社会科学文献出版社2004年版。
② 季平子：《丰岛海战》，《历史研究》1980年第4期；《论方伯谦被杀问题——答戚其章同志》，《上海师范大学学报》（哲学社会科学版）1983年第3期。徐彻：《方伯谦被杀一案考析》，《辽宁师院学报》1981年第3期。
③ 戚其章：《方伯谦被杀是一桩冤案吗？——与季平子同志商榷》，《历史研究》1981年第6期。

的争论主要集中于两个问题：1.《冤海述闻》《卢氏甲午前后杂记》两书在关键问题上的记述有多大程度是可信的？2. 方伯谦在黄海海战中是否首先驶逃？如果这两个问题弄清楚，对方氏的评价问题也就迎刃而解了。① 不过，就其 2009 年的最新观点来看，戚氏仍倾向于认定方是临阵脱逃。② 刘申宁的看法是：方伯谦在黄海海战中临阵脱逃，被清廷处以极刑，并不冤枉，人们之所以对其报以过多怜悯的眼光，主要是因为他独自一人做了那个时代北洋海军诸多弊端的牺牲品。③ 另有一些学者称，方伯谦固然触犯了军法，但罪不容诛，是李鸿章、丁汝昌出于自保和转移朝廷注意力的目的，故意夸大了事实。④ 还有学者也认为，方伯谦的罪名未经查核就被处决，实在太过草率，所以在当时就引起北洋海军部分官兵，尤其是"济远"舰的反弹。⑤ 目前来看，要进一步澄清相关史实，还有待于新史料的挖掘和新视角的介入。

关于刘步蟾，一些学者采信英国人泰莱、张百熙、姚锡光、罗惇曧等人的说法，认为刘平时唯利是图、唯权是争，在黄海海战中畏缩怯懦，为了躲避炮火，贪生怕死，擅自下令改变阵形，致使北洋海军陷入不利地位。⑥ 另一些学者则肯定刘步蟾是一位具有民族气节、为国家献出宝贵生命的爱国将领，力主为其恢复名誉。他们指出，泰莱、张百熙等人的说法不足凭信，尤其泰莱，平时因谋夺北洋海军权力，遭到刘的反对，故在其回忆录中对刘肆口诋毁；刘同英人总教习琅威理及泰莱的斗争，具有反对洋人控制北洋海军的意图，是具有民族自尊心的表现；北洋舰队虽在黄海海战中改变过队形，但并非刘擅作主张，而是遵照提督丁汝昌的命令；在

---

① 戚其章：《中日甲午战争史研究的世纪回顾》，《历史研究》2000 年第 1 期。
② 戚其章：《方伯谦甲午海战临阵脱逃真相考实》，《北京日报》2009 年 3 月 16 日第 19 版。
③ 刘申宁：《论方伯谦问题》，《近代史研究》2000 年第 3 期。
④ 叶昌友、刘向东：《方伯谦被杀罪名质疑》，《社会科学辑刊》2004 年第 5 期；关国磊：《论方伯谦被杀》，《大连近代史研究》第 3 卷，辽宁人民出版社 2006 年版，第 185—190 页。
⑤ 关捷等总主编：《中日甲午战争全史》第 2 卷，第 502—507 页。
⑥ 范文澜：《中国近代史》上册，第 258 页；郑昌淦：《中日甲午战争》，第 65 页；董蔡时：《也论应该正确评价刘步蟾》，《江苏师院学报》1978 年第 1 期；吴如嵩：《浅析刘步蟾改阵》，《江苏师院学报》1979 年第 4 期；董蔡时：《有关甲午中日黄海海战的两种史籍记载的考释——再论刘步蟾在海战中的表现》，《江苏师院学报》1981 年第 2 期。

黄海海战中，"定远"舰位置居前，并且当先迎敌，所谓刘"企图居中躲避炮火"的罪名不成立；在战斗过程中，刘多谋善战，率舰冲锋在前，立下卓越战功，最后与船偕亡，英勇牺牲。① 就目前来看，后一种观点基本获得史学界的认同。

关于丁汝昌，新中国成立之初，学者们因其自杀殉国，对其多持肯定态度。20世纪80年代之后，出现两派不同声音：一派褒扬丁是一位有气节的爱国将领，自北洋舰队筹建到其全军覆没，先后十余年与舰队相终始，尽管他对于北洋海军的惨败负有一定责任，但这相当程度上是受当时政治体制的制约，其本人毫无怯敌惧战、擅离职守的表现；② 另一派则谴责丁在战场指挥上犯有许多严重错误，没有尽到保卫国家的责任，不应当作爱国将领加以颂扬。③ 而具体到丁汝昌在金旅战役期间的表现，也存在两种截然不同的看法：一种认为，丁主张积极援救旅顺，然受制于李鸿章的命令，被迫束手远观；④ 另一种认为，丁对援救旅顺始终态度消极，无所作为。⑤ 此外，学者们争议较多的还有丁汝昌作为海军统帅的资格。一些学者认为丁以陆将出任海军统帅，对于海事不精通，并犯有军事指挥上的诸多失误。另有学者则认为，丁虽然在海军专业方面存在某些局限，但能够团结年轻的海军将领群体，率军迎战强敌，并在最后关头宁死不降，有值得肯定的大节。⑥ 或曰应切实考虑到丁所处的时代境遇，历史让一个

---

① 参见以下论文。郭毅生、池汤安：《论甲午黄海大战与中国北洋海军》，《文史哲》1957年第6期。戚其章：《应该为刘步蟾恢复名誉》，《破与立》1978年第5期；《刘步蟾黄海战绩考》，《北京师范大学学报》1982年第2期；《刘步蟾冒功说质疑》，《探索与争鸣》2005年第1期。孙克复、关捷：《再论应该正确评价刘步蟾——兼答董菜（蔡）时同志》，《辽宁大学学报》（哲社版）1979年第1期；《甲午战争海战中的几个问题》，《中学历史教学》1980年第3期。

② 戚其章：《谈丁汝昌的〈致戴孝侯〉书》，《历史知识》1982年第1期；孙克复：《丁汝昌与甲午中日战争》，《史学月刊》1980年第3期。

③ 孙克复：《丁汝昌与甲午中日战争》，《史学月刊》1980年第3期；廖宗麟：《丁汝昌和旅顺之役——从一则史料的辨伪谈起》，《复旦学报》1982年第1期；梁世灿：《论甲午战争时期的丁汝昌》，《松辽学刊（社科版）》1985年第4期；杨志本、许华：《论丁汝昌海上战役指挥失误问题——兼与戚其章等同志商榷》，《近代史研究》1988年第1期。

④ 孙克复：《丁汝昌与甲午中日战争》，《史学月刊》1980年第3期。

⑤ 参见吕良海《丁汝昌甲午年援旅问题探讨》，《近代史研究》1989年第3期。

⑥ 戚俊杰："序一"，载戚其章《甲午日谍秘史》，天津古籍出版社2004年版，第5页。

并不称职的海军提督担起了他无法承受的重任,以致最终自杀了结,但这绝不仅仅是丁的个人悲剧。①

关于丁汝昌之死,学界也有过一些不同看法。当年丁氏死后,署理北洋大臣王文韶奉旨查明其死时情形,曾据主降的经办官员牛昶昞所呈,谓1895年2月12日下午,丁先降后自尽。但不久就有人出面为丁辩冤,并获得朝廷昭雪。20世纪80年代,张凤翔又旧事重提,指出北洋舰队的投降书不是丁氏死后,其余将领冒写,而是出自丁氏亲裁;待收到日将伊东同意投降的回书后,丁又作书回复,待送信人启程后,才自杀。② 但这一说法随即遭到戚其章的驳斥,他利用新发现的《丁汝昌传》《丁氏族谱》及其他中外史料,证明丁是在得知刘步蟾殉国后,于2月11日凌晨自杀,北洋舰队与敌议降,和丁无关。③ 目前来看,学术界多数都认为丁是英勇殉国的。

关于叶志超,他在朝鲜战场上怯敌畏战、指挥无能,造成平壤溃败,这在史学界几成定论。不过,20世纪80年代之后,以廖宗麟为代表,主张重新评价叶志超。他认为,姚锡光《东方兵事纪略》不足凭信,整个平壤战役中,叶力疾视事,一直在前线指挥作战;他和诸将商议冒围北归,是在左宝贵牺牲之后,而非左氏战死之前;叶之所以主张冒围北归,是由于军中缺乏枪炮子弹、粮草,为了保存实力而撤退,并非胆怯畏敌。④ 郭毅生也认为清军在牙山、成欢等战役中处于劣势,叶的撤退在一定意义上保存了清军实力。⑤ 但曾明对此提出了不同意见:1. 叶最早提出弃城北退,确为日军总攻平壤前夕;2. 左宝贵派亲兵监视叶以防其"遁去",确有其事;3. 所谓"枪炮子弹粮草均无",完全是叶编造的谎言。结论是:

① 苏小东:《丁汝昌与甲午海战》,《安徽史学》2005年第3期。
② 张凤翔:《丁汝昌之死考析》《再析丁汝昌之死》,《内蒙古大学学报》(哲学社会科学版)1986年第3期、1994年第1期。
③ 戚其章:《关于丁汝昌之死的几个问题》,《日本研究》1989年第2期;《解开丁汝昌自杀的谜团》,《广东社会科学》2005年第2期。
④ 参见廖宗麟《叶志超和平壤之役》,《历史知识》1984年第5期;《实事求是地评价平壤之役中的叶志超》,《安徽史学》1989年第3期。
⑤ 参见董建中、黎烈军《北京市中日甲午战争100周年学术研讨会综述》,《清史研究》1994年第4期。

叶志超畏敌如虎,是毫无抗敌决心的懦夫,清军在溃退中死二千余,被伤被俘五百余,叶不能辞其咎。①

关于卫汝贵,他作为逃将而被清政府斩杀长期以来并无争议。直至20世纪90年代初,戚其章首先撰文为卫汝贵翻案,列举其三大战功:1. 抢先进入平壤,避免了该城提前陷落;2. 在1894年9月12日的战斗中,指挥果决,粉碎了日军的冒险进军计划;3. 在9月15日之战中,打得英勇顽强,取得重大成果,唯其赞成叶志超放弃平壤,却是错误的。他还指出,盛军的纪律也不像传说中的那样糟,问题主要出在后路押运的弁勇身上。② 廖宗麟也断言:"在甲午战争中,卫汝贵勇赴国难,力挫强寇,不失一个爱国军人的本色,其功不可没,应予肯定。他的死,完全由于清政府推卸战败责任和受盛宣怀兄弟倾轧诬陷的结果,是一桩冤案。"③ 陈悦同样认为卫无罪,并将他的死归结为主战派借故打击李鸿章所致。④ 另有学者也指出,清廷仅凭宋庆一面之词和刑部想当然的做法,就给卫汝贵定罪,的确有些轻率。⑤ 张剑的意见,则与以上各家相左,认为卫虽然在平壤之战中立有战功,但也负有"城池失陷"之责;刑部定谳,理由虽大多不合实际,但盛军军纪败坏,实无异议;卫汝贵被杀虽有种种政治原因,但归根结底在于他统兵无方,罪有应得。⑥

关于刘坤一,早期学界对他的表现往往不甚关注而且评价颇低,甚至有人将其形容为"日吸鸦片二三两"、闻风丧胆的胆小鬼。20世纪80年代之后,开始出现一些同情论调。如有学者指出,刘坤一在受命督办东征军务期间,未能正确处理各方面的关系,集中军权,以致湘军在辽东陆战中节节溃败,但是牛庄失守后,刘主张对日持久作战,又表态支持刘永福抗日,应该予以肯定。⑦ 或曰刘坤一在节制关内外军务期间,恪

---

① 曾明:《评叶志超甲午平壤溃围》,《近代史研究》1989年第1期。
② 戚其章:《甲午战争中最大的一桩冤案——卫汝贵被杀案考析》,《安徽史学》1990年第1期。
③ 廖宗麟:《卫汝贵被杀是一桩冤案》,《安徽史学》1991年第4期。
④ 陈悦:《沉没的甲午》,第114—141页。
⑤ 关捷等总主编:《中日甲午战争全史》第2卷,第424页。
⑥ 张剑:《卫汝贵是被冤杀的吗?》,《探索与争鸣》2011年第12期。
⑦ 商鸣臣:《刘坤一与甲午战争》,载《甲午战争与近代中国和世界》,第540—553页。

尽职守，为抗击日军尽了最大努力，包括归并各路行营，建立营务处；调兵遣将，巩固山海关防务；亲临山海关指挥前敌军事等。此后，刘又反对签署《马关条约》，反对割台，支持台湾军民的抗日斗争。① 窃以为对刘坤一的评价，既不能过度拔高，也不该全面否定，关键还是要具体问题具体分析。

关于李秉衡，主要涉及他在山东半岛战役中的表现，如其在战役之前是否着力于增强山东半岛的防务？在战争中的指挥调度如何？对于援救北洋舰队持何种态度，等等。张红军认为，李秉衡先是极力加强山东半岛防务，继而调兵助守威海，后又力争援救北洋舰队，其积极作用是不可否认的。尽管其在兵力调度上存在失误，但功过相较，仍不失为一个值得肯定的人物。② 简珺则通过考察李秉衡对于烟台守将孙金彪部的使用、调遣情况，以及山东河防营副将阎得胜被杀事宜，批评李持有畛域之见，没有及时救援北洋海军威海卫基地。③ 另有学者通过罗列史实，也证实李秉衡在山东半岛之役中仅派兵扼守威海西路，对于威海的战事不闻不问。④

此外，围绕湖南巡抚吴大澂、盛京将军依克唐阿、帮办北方军务宋庆、牛庄守将李光久在甲午战争中的表现，学界也有过一些不同的看法，不再详细展开。

## 第三节　甲午战争与国际关系研究

### 一　甲午战争的爆发与西方列强

甲午战争的爆发，并不单纯是中日两国之间的对立与交锋，而是与欧

---

① 关捷：《刘坤一与甲午中日战争》，载《甲午战争九十周年纪念论文集》，第210—223页。
② 张红军：《李秉衡与甲午山东半岛之战》，《山东社会科学》1992年第5期。
③ 简珺：《李秉衡是如何自扫门前雪的——从孙金彪一军的使用观察李秉衡"援威"之真相》，《大连近代史研究》第5卷，辽宁人民出版社2008年版，第128—144页；简珺：《破解阎得胜被杀之谜》，《大连近代史研究》第6卷，辽宁人民出版社2009年版，第53—72页。
④ 关捷等总主编：《中日甲午战争全史》第3卷，第236—237页。

美列强在东亚的利益和矛盾紧密联系着。它们的表现，从不同方向和角度，左右着战争的发生、发展及其结果。卿汝楫指出，甲午战争，就日本来说，是对中国进行的第一次帝国主义性质的侵略战争；就其他欧美列强来说，又是两次鸦片战争的继续，是这些侵略者利用日本来达到其侵华目的的战争。① 戴逸等认为，甲午战争不仅与中、日、朝等当事国的命运息息相关，也调动了英、俄、美、德、法等主要西方强国的神经，配置着这一地区政治、军事力量的组合，给20世纪东亚和世界的历史进程以直接影响。② 夏良才分析，甲午战争前后，日本与列强之间，各帝国主义国家之间，在外交上的相互算计，有时比中日之间的交涉和军事较量更为复杂。复杂、紧张和诡谲多变的国际关系，对中日甲午战争的爆发、经过和结局，起了不可忽视的制约作用。③ 戚其章总结甲午战争虽然是中日两国之间的战争，但西方主要列强几乎都介入了这次战争，为了各自的利益，施展外交手段，不重视甲午战争时期国际关系的研究是绝对不行的。④ 还有学者强调日本从这场战争中获得的任何特权，西方列强都可以凭借"最惠国条款"，均沾其利。⑤

甲午战争不仅造成中、朝两国命运的转折，对于日本而言，也有着划时代的巨大意义。它是近代日本由"被压迫者"变为"压迫者"的转捩点，也是日本迈向军国主义的标志性事件。针对不少学者认为"明治维新"以后，日本即以大陆政策为其基本国策的看法，傅玉能分析，明治维新以来，日本对华政策，经历了一个由以政治联合政策为主，向以军事侵略政策为主的转变，直至甲午战前，"大陆政策"才被确立为其基本国策。⑥ 金基凤强调，日本发动甲午战争，是得到其他列强援助与支持的，

---

① 卿汝楫：《甲午战争期间美国的侵华政策》，《世界知识》1954年第15期。
② 戴逸、杨东梁：《甲午战争与东亚政治格局的演变》，《抗日战争研究》1995年第1期。
③ 夏良才：《日英、日俄关系与甲午战争》，载《甲午战争九十周年纪念论文集》，第277—297页。
④ 戚其章：《研究中日甲午战争史的体会》，载中国史学会《中国历史年鉴》编辑部编《习史启示录——专家谈如何学习中国近代史》，天津教育出版社1988年版，第184页。
⑤ 孙克复、焦润明：《甲午战争启示录》，第139页。
⑥ 傅玉能：《论甲午战争前日本对华政策的演变》，《近代史研究》1995年第1期。

并从俄国的挑拨、德法的怂恿、英美的支持三个方面进行了论证。① 此外，针对日本学界对于"陆奥外交"存在的四种不同见解，即"二元外交说""和平外交说""时代外交说""开战外交说"，戚其章通过分析甲午战前日本在朝鲜采取的一系列行动，指出陆奥外交的精髓和灵魂是"运用权变策略"或"采取狡狯手段"，而"压""拖""稳""拉"四个字，是其分别对付朝、中、俄、英四国的主要手法。② 还有学者强调了日本在甲午战争期间取得的军事胜利，相当程度上得益于其外交策略的成功。如戴逸指出，19 世纪后期的东北亚，存在着中、日、英、俄四种力量，和中日、英俄两对矛盾。日本巧妙地利用英俄矛盾，并得到美国支持，遂很快趁朝鲜东学党起义之机，向中国挑起战端。③ 另有学者概括了日本外交策略的几个层面，包括战前违反《天津条约》，寻找借口派遣大量兵力进驻朝鲜；之后以改革朝鲜内政案为名，制造事端，把发动战争的责任推给中国，同时又以"利益均沾之说牢笼各国"，利用列强之间的矛盾，化列强干涉于无形；开战以后，分别对欧美各国，尤其是英、俄两国，进行拉拢利用，争取列强的同情，几度避免了列强对其行动的联合干涉。④

对于此前长期在中国乃至远东独大的英国而言，甲午战争的爆发，显然也给予其巨大触动。大陆学界早期曾有过一流行看法，即认为英国出于牵制俄国和维护自身远东利益的需要，在甲午战争前后，始终纵容日本的侵华政策，并以英国在 1894 年同意日本修改不平等条约，作为其纵容日本发动侵略战争的重要证据。⑤ 洪邮生则对此提出反驳，认为英国并非一开始就支持日本，因为一则它担心俄国借战争之机趁火打劫，二则当时俄国在远东的侵略还处于酝酿期，英国也未曾指望通过支持日本发动战争来达到钳制俄国的目的。至于英日修约事件，更是酝酿已久，也不能作为英国支持日本发动战争的证据。他的看法是，英国出于维护其远东利益的需

---

① 金基凤：《关于中日甲午战争的起因问题》，《世界历史》1981 年第 6 期。
② 戚其章：《甲午战争新讲》，第 17—18 页。
③ 戴逸：《中日甲午战争的前因与后果》，《历史教学》1994 年第 7 期。
④ 张红、蔡泽军：《日本甲午战争时期的外交策略》，《云南教育学院学报》1991 年第 4 期。
⑤ 叶昌纲：《中日甲午战争与英国》，《晋阳学刊》1987 年第 3 期；高鸿志：《英国与中日甲午战争》，《安徽大学学报》1994 年第 4 期。

要，一开始曾极力阻止战争爆发，但当劳而无功时，便转而采取坐视旁观的消极态度了。① 王银春也强调英国在甲午战争前后的远东政策，经过了一个由不希望战争爆发到调处中日矛盾，再到支持日本发动战争，这样一个曲折变化的过程。② 王晓秋分析，在整个甲午战争中，英国的基本态度，是既不愿战争损害自己的商业利益，又通过偏袒日本，压迫清政府作出更大的让步。③ 戚其章也通过查阅英国外交部档案，证实英国转为倾向日本是有一个发展过程，其远东政策的根本点，是维护英国在远东的既得利益和优势地位，尽一切努力防止俄国南下的扩张政策的实现。无论它起初反对日本挑起侵华战争也好，还是之后支持日本提出媾和条件也好，都不违背其远东政策的根本点。④

相较于英国，俄国与中、日、朝三国有着更加密切的地缘关系在远东的利益更加直接。围绕俄国在甲午战争中的表现，尤其是其对日态度上，学者们也是各抒己见：一种认为俄国对日本发动战争，采取了"纵容""不干涉"乃至"支持"的政策；⑤ 一种认为俄国采取了"抵制""干涉"乃至"反对"的政策；⑥ 一种认为，俄国对日本既有支持、利用的一面，也有反对、抵制的一面；还有一种认为，俄国采取了中立旁观的态度。戚其章认为以上这些见解无疑都有一定的合理性，但如果研究者的结论仅是从过程的某个阶段引出来的，反映的只是整个事物的某个部分或片断，那就把问题简单化了。事实上，俄国并不是一开始就有一套成熟的对日方针，俄国政府内部的意见在很长时段内也并不一致，直到《马关条约》签订前，俄国政府才就要求日本放弃占领辽东半岛问题作出最终决定。所

---

① 洪邮生：《英国在中日甲午战争中的立场》，《历史教学》1988年第12期。
② 王银春：《甲午战争前后英国远东政策的变化》，《宁夏大学学报》（社会科学版）1993年第1期。
③ 王晓秋：《从甲午战争到抗日战争——两次中日战争比较研究》，《北京大学学报》（哲学社会科学版）1995年第4期。
④ 戚其章：《甲午战争国际关系史·前言》，第4页。
⑤ 米庆余：《沙俄在甲午战争中充当了什么角色》，《历史研究》1979年第8期；王少普：《沙俄与中日甲午战争》，《社会科学》1981年第3期；张富强：《"三国干涉还辽"与日本军国主义的外交转折》，《社会科学战线》1997年第2期等。
⑥ 刘恩格：《试论甲午战争期间沙俄对日本的基本态度》，《近代史研究》1988年第3期。

以，笼统地说俄国支持或反对日本，都是不恰当的。① 戴逸则认为，俄国对日本的扩张虽有顾虑，但当时西伯利亚大铁路尚未筑成，它在远东的军事力量不足，而且它一开始曾低估了日本的作战能力和高估了清朝的抵抗力，所以对于战争的爆发听之任之，直至清朝战败，日本企图割取中国的辽东半岛，严重触犯俄国的利益，它才慌忙纠集法、德两国出面干涉。②

此外，不可不提的还有美国。美国当时在远东国际格局中的地位，虽然无法与英、俄两国媲美，却因其高调标榜的中立立场，在甲午战争中发挥了其他列强未曾起到的作用。围绕美国与甲午战争的关系，早期学界存在三种不同看法：一种认为甲午战争是美国利用日本人打中国人③；另一种批评美国充当了日本的帮凶；还有一种认为就美国当时的综合国力、国际地位和战略重心来看，尚不能称之为日本的帮凶，它对中日双方均无明显的倾向性。崔志海的最新研究表明，美国政府在甲午战争中始终声称奉行"中立"政策，实际上却偏袒日本。在中日两国正式开战前，美国政府一方面以日本不会发动战争和本国奉行中立政策为由拒绝斡旋，同时又欣然接受战时保护人角色，这说明它当时已经意识到战争不可避免，并且乐于看到中日交战。战争爆发后，美国受中日两国的委托，代为保护中日两国在对方国家的侨民，但美国外交官一再逸出国际法范围，曲意保护日本在华间谍，进一步暴露了其袒护日本的立场。战争后期，美国政府一方面以保持中立为由，拒绝与欧洲国家联合调停，为日本继续发动战争减轻国际压力；另一方面又单方面劝说清政府接受日本的各项侵略要求，帮助日本达成发动战争的目的。而美国所以偏袒日本的原因，主要是希望借日本之手废除中朝宗藩关系，进一步打开中国大门，同时利用日本削弱英、俄等国在东亚的影响力。而美国的国内舆论和偏见，也影响到该国政府所采取的立场。④

围绕甲午战争前后东亚国际关系的演变趋势，学者们也从不同角度进行过阐述。丁名楠总结称：甲午战前，中、日、朝三国都不同程度地受到

---

① 戚其章：《甲午战争国际关系史·前言》，第5页。
② 戴逸：《中日甲午战争的前因与后果》，《历史教学》1994年第7期。
③ 卿汝楫：《甲午战争期间美国的侵华政策》，《世界知识》1954年第15期。
④ 崔志海：《美国政府与中日甲午战争》，《历史研究》2011年第2期。

不平等条约的桎梏,都是半殖民地,这个地区国际形势的显著特点是英俄的争霸以及它们的尖锐对立,而英国占据上风;甲午战后,日本的国势直线上升,中、朝两国的地位急遽下降,俄国加强了在远东的侵略,德国开始参与到这一地区帝国主义的角逐,美国也独立提出对华门户开放政策,凡此种种,破坏了战前相对稳定的远东国际形势,也削弱了英国传统的优势地位。① 张寄谦指出,甲午战后,日本取代中国成为东亚的领袖,国际事务的天平向日本倾斜,以后历史发展就是英、美等国庇护日本,共同欺压中国。② 臧运祜分析,甲午战争期间,日本初步取得从北、南两个方面踏向亚洲大陆及南方海洋地区的基地,为其称霸亚太开辟了道路。甲午战后,日本进一步实施其亚太政策;日俄战争就是甲午战争的继续。③ 还有学者指出,甲午战争"极大地改变了东亚国际关系的原有格局,使得日、俄争夺东北亚的斗争更加突出,日俄矛盾遂成为国际帝国主义在东亚角逐的主要矛盾"④。崔志海认为,随着日本跻身东亚霸主,中朝之间的宗藩关系被彻底解除。从此,东亚进入一个新的多事之秋,各国围绕争夺东亚展开新的角逐,直至第二次世界大战和1950—1953年的朝鲜战争结束之后,东亚地区才重新达成新的均势。⑤

## 二 关于列强与马关议和

1894—1895年冬春之交,随着清军在海陆两路的节节溃败,对日议和问题随之提上议程。为此,清政府先后有过三轮尝试,即德璀琳东渡,张荫桓、邵友濂广岛求和,以及李鸿章马关议和。德璀琳奉使日本出自李鸿章的策划。王芸生认为,李之所以选中德璀琳,是鉴于日方气焰方盛,若遽派大员赴日,易为所轻,遂以德璀琳前往,开中日议和"非驴非马"之

---

① 丁名楠:《略论日本发动甲午战争的背景、过程及其影响》,《中国社会科学院研究生院学报》1985年第2期。
② 参见董建中、黎烈军《北京市中日甲午战争100周年学术研讨会综述》,《清史研究》1994年第4期。
③ 臧运祜:《甲午战争与近代日本的亚太政策》,《社会科学研究》2006年第3期。
④ 戴逸等:《甲午战争与东亚政治》,第333页。
⑤ 崔志海:《美国政府与中日甲午战争》,《历史研究》2011年第2期。

一幕。① 关于张荫桓等广岛求和被拒，戚其章认为这是日方精心策划的预谋，其目的一是等待日军占领刘公岛，并最终消灭北洋舰队；二是迫使清政府改派更高级别的恭亲王奕䜣或李鸿章前往，以举行一次"真正能够实现对中国最大限度地掠夺的和谈"②。季平子也认为张荫桓等无功而返，是日方蓄意制造了令谈判失败的借口，以争取更加优厚的媾和条件。此外，他还专文论述了马关议和前夜清政府与列强的表现，包括政府高层对于割让土地的态度，他们之间的争论和为此进行的求助强援交涉，列强间分占中国领土的商谈，以及日本为避免列强干涉而进行的外交活动等。③

美国作为中日两国唯一的调停者，对于议和进程曾有过重大影响。戚其章指出，日方最初虽拒绝了美国单独调停的建议，却又感到美国有可用之处，这便使美国政府居间成为可能：一则日本可借机排除其他列强的介入；二则可通过美国探听欧洲列强的动向；三则可利用美国人科士达等的亲日情绪，促成和约的达成。④ 崔志海的研究揭示，在中日议和过程中，美国实行一边倒的单独调停，除了为清政府和日本政府转达信息外，无论是政府层面，还是科士达以私人身份，对于清政府都没有提供什么实质性帮助，反而在许多方面帮了日本政府的忙，缓解了日本来自欧洲国家联合调解的压力，为日本继续按计划发动战争、实现侵略要求，提供了有利的国际背景。在清政府和李鸿章是否接受日本提出的割地条件上，作为调停者的美国驻华公使田贝，还单方面作了大量的说服工作。⑤

此外，崔丕考察了《马关条约》的形成过程，指出日方媾和草约的准备工作，分两条线索进行，一由陆奥宗光主持，二由伊藤博文主持，这两条线索共同构成日方炮制《马关条约》的基本过程。而在条约炮制过程中，朝鲜独立，割占中国辽东半岛、台湾全岛、澎湖群岛和赔偿军费这几

---

① 王芸生：《六十年来中国与日本》第 2 卷，生活·读书·新知三联书店 2005 年版，第 200 页。
② 戚其章：《论张、邵东渡与日本广岛拒使》，《齐鲁学刊》1989 年第 5 期。
③ 季平子：《甲午战争后期的议和活动》，《社会科学战线》1983 年第 4 期；《马关议和前夜的清政府与列强》，《近代史研究》1985 年第 6 期。
④ 戚其章：《美国居间与马关议和》，《聊城师范学院学报》（哲学社会科学版）1990 年第 4 期。
⑤ 崔志海：《美国政府与中日甲午战争》，《历史研究》2011 年第 2 期。

则，尽管在顺序和内容上有所调整，但始终没有发生根本性变动，特别是有关割占旅顺口、大连湾的核心腹地，不论在哪一方案中都置于首要地位。反之，有关获得在华通商行船、陆路贸易特权的条件，在内容上则被不断充实和扩大。这种演进趋势，昭示了日本外交企图谋求的最大利益所在，同时也说明，在19世纪末远东错综复杂的国际帝国主义角逐中，日本为确保向东亚大陆扩张的战略，在外交策略上是企图以绥靖英国来防止列强争夺其已到口的肥肉。① 还有学者分析了马关议和期间中日全权大臣的交涉术，指出日方倚仗战场上的绝对优势，颐指气使，漫天开价，间以战争恫吓，胁迫中方就范；中方代表李鸿章则鉴于战场上的劣势，奉行"委曲求全"的"软弱外交"，希冀以"少失为赢"的原则，"争得一分有一分之益"，努力与之辩争，但最后，仍不得不屈从伊藤、陆奥的步步进逼，代表清政府签署了丧权辱国的《马关条约》。②

### 三 关于三国干涉还辽问题

尽管甲午战争期间，列强们曾多次商议采取联合行动，但由于各怀鬼胎，始终未能联合成功。随着《马关条约》的签订和日本割占辽东半岛意图的显露，俄、德、法三国出于自身利益的需要，终于结成联合阵线，共同干涉日本还辽。与之相对，英国则持旁观态度，并在事实上支持日本。王翔分析了三国同盟成立的动机，指出：沙俄视中国东北为禁脔，不容他人染指，因此决定不惜一战也要把日本逐出辽东，同时也可借此加强对清政府的影响与控制；德国在中国的政治和商业利益不断增长，唯恐辽东一旦落入日人之手，日本将由岛国一跃而为陆上强国，危及其在华利益，同时也想借此将沙俄的注意力移向东方，以及趁机离间俄法同盟；法国在远东的政策视俄国为转移，兼且也想借此向清政府邀功索偿。③ 戚其章指出，英国之所以拒绝参加干涉还辽，一是基于抵制俄国南下的远东战略；二是对当时的形势估计不足，误以为日本一定会拒绝俄、法、德三国

---

① 崔丕：《中日〈马关条约〉形成问题研究》，《近代史研究》1987年第4期。
② 张富强：《试论马关议和期间中日全权大臣的交涉术》，载《第二届近百年中日关系史国际研讨会论文集》，中华书局1993年版，第19—27页。
③ 王翔：《简述"三国干涉还辽"》，《历史教学》1986年第12期。

的提议。①

围绕中、日两国在"三国干涉还辽"事件中的应对及其得失，就中方而言，主要存在两种对立观点：一说认为中国始终处于受人摆布、宰割的地位，以此为由头，列强瓜分中国的狂潮兴起了；②另一说则强调"三国干涉还辽"毕竟在客观上暂时挫败了日本独吞辽东半岛的阴谋，算是清政府"以夷制夷"外交政策的一点成果，尽管从更长远的眼光来看，清政府是"以夷制夷"反而"为夷所制"③。就日方而言，戚其章总结了日本反干涉的三项措施：一是离间俄、德、法之间的关系，试图拆散三国同盟；二是拉拢英、美、意三国，构建反干涉的联合阵线；三是以退为进，变相实现永久占领辽东半岛，唯最终皆未奏效。④另有学者解释了日本最终屈从三国干涉的原因，一则当时的日本已经十分疲惫，不堪再战；二则三国干涉是以武力为后盾的真正干涉，势头咄咄逼人。⑤还有学者注意到日本在与三国谈判过程中的态度演变，认为其经过了由部分让步到完全让步的曲折过程。⑥

三国干涉还辽的后果不仅影响到当时的东亚格局，也影响到未来东亚国际关系的走向。杨遵道指出，三国干涉还辽是清政府在政治上由英国控制变为主要由沙俄控制的转折点，是远东国际关系变化的一个转折点，它为1896年中俄密约的签订奠定了基础，更进一步刺激了战后列强瓜分中国的狂潮。⑦张富强分析，在这一事件过程中，德国虽然成功诱导俄国的对外政治轴心从巴尔干转向远东，但是并未达到离间俄法同盟

---

① 戚其章：《中日〈辽南条约〉与俄德法三国同盟》，《东岳论丛》1988年第5期；《走近甲午》，第483页。
② 戚其章：《中日〈辽南条约〉与俄德法三国同盟》，《东岳论丛》1988年第5期。
③ 刘明翰、陈月清：《甲午战争时期的欧洲列强和日本》，《湖南师范大学社会科学学报》1995年第1期；段国正：《俄、德、法三国干涉还辽与"以夷制夷"》，《甘肃社会科学》1999年第4期。
④ 戚其章：《中日〈辽南条约〉与俄德法三国同盟》，《东岳论丛》1988年第5期。
⑤ 郭洪茂、郑毅：《试析三国干涉还辽事件对远东国际关系的影响》，《外国问题研究》1990年第1期。
⑥ 关捷等总主编：《中日甲午战争全史》第4卷，第8页。
⑦ 杨遵道：《三国干涉还辽的实现及其影响》，载《甲午战争九十周年纪念论文集》，第313—316页。

的目的，而且还为该两国将政治、经济合作扩大到亚洲创造了机会。① 冯玮提出，三国干涉还辽使日本深刻认识到扩充军备的必要，而中方支付的巨额战争赔款则为此提供了可能，因此日本在战后开展了以大规模扩军备战为核心的"战后经营"，推动其国内的产业结构和经济体制发生深刻变化。② 此外，很多学者都注意到三国干涉还辽与日俄战争的重要关联，认为俄国是三国干涉事件的最大受益者，日本则蒙受了莫大耻辱，此后十年，日俄两国围绕争夺中国东北进行的明争暗斗，就成为远东地区国际政治斗争的主旋律，而日俄矛盾的日益激化，也促使日本逐渐与英国相攀援，并最终缔结了日英同盟，为其发动对俄战争，提供了重要帮助。

## 第四节　清廷政局与相关人物研究

### 一　帝后党争与和战之争问题

甲午战争期间的帝后党争，直接关系到清朝对日战略的确定，与战争胜败关系甚大。早期论著大多认为，以光绪帝、翁同龢为代表的帝党主战，以慈禧、李鸿章为代表的后党主和，二者界限分明，"帝后党争"与"和战之争"是一回事。不过20世纪八九十年代，围绕帝后党争与和战之争的关系问题，学界出现三种不同看法：一说认为在甲午战争的整个过程中，以光绪为首的帝党主战，以慈禧为首的后党主和，在某种意义上，清廷内部的和战之争，可以说就是帝后两党之争；③ 一说认为甲午战争时期确曾存在和战之争与帝后党争，不过帝后党争演变为和战之争是黄海大战后至清政府遣使议和这段时间的事，在此前后的两个时期都难以称得上帝

---

① 张富强：《"三国干涉还辽"与日本军国主义的外交转折》，《社会科学战线》1997年第2期。

② 冯玮：《论甲午战争对日本产业结构和经济体制的影响》，载莽景石主编《南开日本研究》，世界知识出版社2010年版，第85—105页。

③ 吴廷桢、何玉畴：《试论甲午战争中和战之争的性质》，《西北师大学报》（社会科学版）1981年第4期。

党主战、后党主和的斗争;① 一说认为不宜将帝后党争与和战之争混为一谈。光绪帝、翁同龢等主战是其主流，但战中有和的因素，慈禧太后、李鸿章等主和是其主流，但和中亦有战的因素。不但光绪帝等的主战可以依内外条件的变化而转为主和，慈禧太后等人的主和亦可依内外条件的转化而变为主战，二者并非完全对立，水火不容。② 2005 年又出现第四种不同声音，即认为甲午和战之争的情况相当复杂，不是帝后党争所能概括得了的。和战之争的发生要早于帝后党争，早在战争爆发之前，清廷内部已然出现主战、主和两种言论。帝后党争则是在战争爆发后，围绕枢臣与疆臣的人事去留问题才公开化的，并以和战之争的形式表现出来。甲午年底，帝后党争以帝党的失败告一段落，但和战之争还在继续，并随着对日乞和与《马关条约》的签订达到高潮。③

与之相应，围绕帝党主战、后党主和的评价问题，也存在三种不同说法。一说认为，当时日本发动侵略战争已不可避免，除了发兵反抗，别无出路，帝党主战虽然有争取人心、提高自身地位，以摆脱后党控制的企图，却是符合国家和民族利益的；相比之下，慈禧太后、李鸿章，却更多着眼于个人权利的考虑，总是不愿开罪外国侵略者，力主避战求和。④ 另一说认为，帝党虽然主战，但不能做到知己知彼，一味只讲进攻，却拿不出切实可行的克敌制胜方针，而且不大讲究斗争策略，乱加攻击，甚至天真地认为换掉几个人即可解决问题，表现出十足的书生气；后党则主张单纯防御、消极防御，而不讲反攻和进攻的防御，同样只能导致失败。⑤ 还有一说认为，帝后两党在和战问题上既有互相对立的一面，也有相通统一的一面。光绪帝、翁同龢等更多看到战胜日本侵略的有利因素与可能，因

---

① 江中孝：《试论中日甲午战争时期的帝后党争与和战之争》，载《甲午战争九十周年纪年论文集》，第 147—160 页。
② 章开沅：《甲午战争历史意义的再认识》，载《甲午战争九十周年纪念论文集》，第 5 页；吴民贵：《"帝党主战，后党主和"质疑》，《学术月刊》1984 年第 8 期；王开玺：《帝党主战析辨》，《历史档案》1991 年第 1 期。
③ 参见苏小东、陈美慧《甲午战争 110 周年学术讨论会综述》，《学术界》2005 年第 1 期。
④ 吴雁南：《中国近代史纲》上册，福建人民出版社 1982 年版，第 267 页。
⑤ 戚其章：《论甲午战争初期的帝后党争》《论甲午战争后期的帝后党争》，《山东社会科学》1987 年第 2 期、1990 年第 6 期。

而立足于战,但不排斥议和;而慈禧太后、李鸿章等更多看到了中国积弱不振和失败的可能,因而立足于和,但也不是无条件地排斥战,其最大的悲剧或错误在于过分相信、依赖外国的调停,而外交上的一系列失败,导致、加剧了军事上的失败。①

紧扣帝后党争的问题,有学者曾详细考察了帝后党争的发展过程,将其划分为三个阶段:1894年7月28日至9月16日,是帝后两党初步较量的阶段;9月17日至10月26日,是后党公开推行和议方针和帝党抵制未成的阶段;10月27日至12月28日,是帝后党争走向激化的阶段。② 在帝后两党奉行的外交路线上,学者们也发表过不同看法:一种认为,后党倡导"联俄拒日",固然无异于引狼入室,而帝党主张"联英伐俄",也并不比前者高明;③ 另一种认为,帝党求助于英德,虽然是不切实际的幻想,但其出发点是想利用列强之间的矛盾,较之后党一味依赖列强保持和局,还是有根本区别的;④ 还有一种指出,"联英伐倭"与"联俄伐倭"二策,不能单从字面上来看,而是要具体考察所处的历史背景。当战争爆发之初,帝党是反对依赖列强调停的,而其提出联络英德的时间是在光绪二十年九月上旬,乃是针对慈禧太后和李鸿章的议和行动而发的,目的仍然是着眼于"战",与后党一味着眼于"和",有着根本区别。⑤

围绕帝后党争的性质,历来学者也是多有评说。传统观点往往将其归结为宫廷内部的权力斗争。如范文澜《中国近代史》写道:"中日战争与清政府帝后党争有密切关系。帝党主战,要在战争中削弱后党;后党主和,要保存自己的实力。两党借和战争夺权利,随着军事的惨败,后党在政争上反取得胜利。"⑥ 20世纪80年代之后,一些学者对此提出质疑,反对将帝、后两党等量齐观。他们认为,帝后两党在甲午战争中的主战、主

---

① 王开玺:《帝党主战析辨》,《历史档案》1991年第1期。
② 戚其章:《走近甲午》,第394—403页。
③ 范文澜:《中国近代史》上册,第264页。
④ 任茂棠:《试论甲午中日战争时期的帝党》,《晋阳学刊》1980年第2期;吴廷桢、何玉畴:《试论甲午战争中和战之争的性质》,《西北师大学报》(社会科学版)1981年第4期。
⑤ 戚其章:《中日甲午战争史研究述评》,载《中国近代史专题研究述评》,第149—152页。
⑥ 范文澜:《中国近代史》上册,第263页。

和问题，固然包含宫廷内斗的成分，但从当时国内外斗争的基本形势、两党的具体分歧，以及其对于战争过程的影响和结局来看，和战之争的本质是投降与抵抗之争、爱国与卖国之争，是维护或放弃国家民族利益的问题。此外，他们还引入阶级分析的观点，指出光绪帝代表地主阶级中的爱国人士和民族资产阶级上层的利益和要求，本质上是爱国的、追求变革的；后党则代表大地主、大买办阶级的利益，对内因循守旧，对外屈膝投降。① 新近出版的《甲午战争中的和战之争》一书，已经抹去了以上学者有关阶级分析的说法，而强调帝后之间矛盾和斗争的关键在于对待侵略者和侵略战争立场的不同。②

在主战与主和的问题上，学者们基本上认同，甲午战争期间的帝党多为主战论者，后党成员则多为主和论者，不过在对主战、主和二者的评价问题上，却意见不一。或曰翁同龢等主战派仅凭虚骄之气，不能做到知己知彼，纯属误国；或曰所谓"主战误国"实属本末颠倒，甲午战败的原因并不在主战，而在于战而不力，缺乏将战争进行到底的决心；③ 或曰无论主战、主和，战争都已不可避免，但对于主战抵抗也要具体分析，其中的一些消极成分不能一概予以肯定；④ 或曰无论主战、主和，都是针对国家忧患而提出的挽救之方，唯前者着眼于近忧，后者放眼于远患；⑤ 或曰主和不一定全错，主战也不一定全对，判断其性质对错，须考虑到时间与条件，并以实践效果作为标准；⑥ 或曰甲午"主战"舆论取向，虽然存在缺失和阴暗面，但就其实质而言，是一种基本正确的对日态度和社会意见，应该充分肯定其历史地位，不仅如此，它还是戊戌维

---

① 祁龙威：《从〈张謇日记〉看中日战争时的帝后党争——张謇甲午日记笺余》，《江海学刊》1962年第9期；陈旭麓：《中国近代史上的爱国与卖国问题》，《光明日报》1980年1月8日；孔祥吉：《试论甲午战争的帝后党争》，《光明日报》1980年7月8日；杨光媚：《光绪和慈禧矛盾性质剖析》，《历史教学》1980年第12期。

② 孙占元等：《甲午战争的和战之争》，第45—88页。

③ 参见正平《甲午战争与翁同龢学术研讨会综述》，载《甲午战争与翁同龢》，第319页。

④ 参见董建中、黎烈军《甲午战争的历史影响·北京》，《抗日战争研究》1994年第4期。

⑤ 彭南生：《甲午战争时期主战官僚心理探析》，《华中师范大学学报》（哲学社会科学版）1994年第5期。

⑥ 参见苏小东、陈美慧《甲午战争110周年学术讨论会综述》，《学术界》2005年第1期。

新思潮的重要源头。①

关于和战之争的性质，学者们也是见仁见智：或曰两派观点本质上都是统治者维护其反动统治的手段，没有什么爱国与卖国之分；或曰面对日本的战争侵略，主战是符合国家民族根本利益的爱国行动，反之则是卖国的；或曰对于和、战两派要具体问题具体分析，既不能是非不分，各打四十大板，也不能将帝、后两党简单地以主战、主和划线；或曰甲午和战之争是不容否认的客观事实，"和战之争也确实包含争权夺利的成分，但后者是手段，前者才是目的"，不能把帝后两党的和战之争简单地归结为权力之争。至于说和战之争是一场爱国与卖国之争，这种非此即彼的绝对化思维方法也是不能真正解决问题的。首先，并不是在任何历史条件下主和都是错误的。甲午战争爆发前，聂士成主张班师回朝，李鸿章主张和平解决中日争执，都是正确的。但当日本已经挑起战端之后，尤其两国宣战之后，还去奢求和局，则是异想天开。②此外，还有学者综合分析了主战派的三种论点：速战论、暂时相持论、久持论，认为唯有第三种，才不失为正确的战略思想。③

## 二 相关政治人物研究

甲午战争中，中方的表现如此之被动，战败的后果如此之严重，作为当权者的清朝高层，显然责有攸归。其中最具争议性的人物是慈禧太后、李鸿章和翁同龢。

虽说甲午战争爆发时，慈禧太后已然撤帘归政，但作为国家实际上的最高统治者，她与甲午战争的成败依然有着重大关联。学界讨论的焦点主要集中在慈禧太后挪用海军经费的问题，慈禧六十庆典，以及其对待甲午

---

① 黄兴涛：《甲午战争时期主战舆论三题》，《清史研究》1994年第4期；苏小东、陈美慧：《甲午战争110周年学术讨论会综述》，《学术界》2005年第1期。

② 以上参见吴廷桢、何玉畴《试论甲午战争中和战之争的性质》，《西北师大学报》（社会科学版）1981年第4期；《关于甲午战争中帝后和战之争问题歧见》，载张岫峰等编《中国史论文摘要汇编》，河南省社会科学情报研究所1984年版，第225—226页；戚其章《翁同龢与甲午和战之争》，载《甲午战争与翁同龢》，第55—57页。

③ 戚其章：《翁同龢与甲午和战之争》，载《甲午战争与翁同龢》，第55—57页。

和战的态度。

关于慈禧太后挪用海军经费的问题,早期学者如梁启超、池仲祜、张荫麟、萧一山等一度认为海军衙门用于颐和园工程之费,达两三千万两,是造成甲午战败的重要原因之一。20世纪80年代以来,学者们开始质疑这一数额的准确性。邹兆琦通过分析慈禧太后移用海军军费修造颐和园的类项及其数额,估计其挪用军费的总数为1200万—1400万两。① 王庆成通过查阅清宫档案及相关史料,指出慈禧太后修造颐和园总共花费银五六百万两,而这五六百万两白银是在1886—1895年陆续支出的,对于海军建设影响不大。他认为,与其说修颐和园影响了海军建设,还不如说她对李鸿章的疑忌影响了海军建设。② 还有学者注意到与修造颐和园同一时期的、另一规模更大的"三海"(指南海、中海、北海)修缮工程,指出从光绪十一年四月起至光绪二十一年四月止的10年中,整个三海工程(包括大修、岁修及庆典工程)共计挪借海军经费436余万两,占同期海军经费收入的10%略多些,所以不应过分强调挪借海军经费所造成的影响。北洋海军全军覆没的根本原因,并不是海军经费被挪用,而是整个清朝统治集团的腐败。③ 陈先松的最新统计也表明,甲午战前海军衙门可能挪用的海防经费总额约为175万两,且大部分从各省土药税厘项下得到偿还,对于北洋海军的发展谈不上有多大的负面影响。④

甲午战争的爆发,几乎与慈禧太后光绪二十年的60寿诞如影随形,学界都普遍公认慈禧太后的大兴土木、铺张挥霍,对于甲午战争的进程和士气军心,曾造成极其恶劣的影响。李鹏年依据清宫档案指出,当年慈禧太后表面上虽然也曾明降懿旨,要求"务当撙节",但实际上此次庆典她总共挥霍的白银总数不下1000万两。纵使对日战事激烈之时,她仍下令动用饷需和边防军费100万两,挪用铁路工程经费200万两,专供庆寿所用;还向各省和京内各衙门摊派强征290多万两供其挥霍。为她做寿应用的龙袍、衣物、缎疋、金辇照做不误,宫廷点缀、陈设和修缮工程照常进

---

① 邹兆琦:《慈禧挪用海军费造颐和园史实考证》,《学术月刊》1984年第5期。
② 王庆成:《中日甲午战争与慈禧太后》,《清史研究》1994年第4期。
③ 叶志如、唐益年:《光绪朝三海工程与北洋海军》,《历史档案》1986年第1期。
④ 陈先松:《也谈三海工程与海军衙门经费》,《近代史研究》2010年第4期。

行，铺面修葺、街道点景加紧施工，贺礼筵宴、演乐唱戏如仪举行。正因为如此，慈禧祝寿之举在当时就激起广大民众的唾弃。可以说，慈禧的60庆典，是凝聚着前线将士和劳动人民血泪的庆典，也是一场一人庆寿、举国遭殃的灾难的庆典。① 王庆成统计，抛开万寿之前长达两年余的种种筹备不提，仅从当年九月二十五日各地开始呈进万寿贡物，至十月十七日庆典表面上结束，前后将近一个月，就耗去白银541.6万余两，而在战争过程中户部供给前线的战争筹款却仅有250万两，不足庆典的一半。② 此外，很多学者也都指出，慈禧太后的避战主和态度与她的60寿诞有着重要关联。

在慈禧太后的和战态度上，早期论者往往将其定性为"主和派"，谴责其对待外国侵略者一味妥协退让、避战求和。20世纪80年代前后，学者们开始注意到，慈禧太后对待甲午和战的态度经历过一个逐渐转变的过程，在甲午战争爆发之前及战争初期，她也曾有过主战的表示，并命臣下"不准有示弱语"。但对其之所以主战的原因，学者们却说法不一：或曰由于轻敌思想的影响，慈禧太后开始是主战的，当清军在朝鲜战场上连连失利后，她才倾向于主和；或曰慈禧太后是迫于主战派和全国舆论的压力，故意耍弄两面手法；或曰慈禧是要维护其封建统治、上国尊严和个人面子，加之不了解日本的实力，初期主和是真心的。③ 但无论如何，学界都普遍认定，慈禧太后对于和战的态度，直接影响到甲午战争的发展进程。

作为甲午战争中中方的主要决策者和军事统帅，李鸿章与这场战争的成败有着莫大关联。长期以来，学者们一直在从不同角度反复研究李鸿章在这场战争中的表现。其中，争议最多的问题主要集中在以下三个方面：一是李鸿章的主和问题；二是李鸿章对于北洋舰队的战时指挥；三是李鸿章执行的外交路线，以及其与马关议和的关系。

新中国成立之初，受"左"倾思想影响，史学界一致将李鸿章定性为

---

① 李鹏年：《一人庆寿举国遭殃——略述慈禧"六旬庆典"》，《故宫博物院院刊》1984年第3期。
② 王庆成：《中日甲午战争与慈禧太后》，《清史研究》1994年第4期。
③ 参见吴民贵《"帝党主战，后党主和"说质疑》，《学术月刊》1984年第8期；王庆成《中日甲午战争与慈禧太后》，《清史研究》1994年第4期。

"主和派""卖国贼",进行全面否定。20世纪80年代之后,开始有学者提出质疑,认为李不能算是纯粹的主和派,他和翁同龢在甲午战前总的态度是基本一致的,都寄希望于谈判,但在战局无可挽回的情况下,又很快通过调遣军队、布置防守等,"比较积极地指挥全面对日作战"①。不过这一说法随即遭到一些学者的反驳,或曰判断李是否为主和派的标准,首先要看他在这场战争中的主要实践与基本倾向,李在战前幻想列强调解,战争中避战求和,战后死心塌地签约,所以不能轻易否定李的主和派身份;②或曰从档案记载来看,李在甲午战争中绝不是一个要真正抗击日本侵略的人物,而是与清廷中部分主张避战求和的权贵们一脉相通,否认李在甲午战争中主和的事实,是违背历史本来面貌的;③或曰李在战争中虽然也有抵抗的一面,但其妥协性大于抗争性;④或曰李在甲午战争中的指导思想,大体经历了"一意主和""以战促和""罢兵乞和"三个阶段,而"和"是占主导地位的;⑤或曰李对时局的清醒认识,是他和局思想形成的根本原因,就和局思想本身来说虽有一定的合理性与积极性,但在客观上却导致了甲午战争的失败。⑥关于李鸿章主和的原因,大体可以概括为如下几种:一是基于对中日军事实力对比而作出的判断;二是对日本发动大规模侵华战争的战略意图和侵略野心迟迟没有摸透;三是寄望于西方"调停"及迷信"万国公法";四是秉承清廷圣谕的结果;五是为了保存实力。⑦

关于李鸿章对于北洋舰队的战时指挥问题,争执点主要集中在"避战保船"的方针政策上。早期学者大多谴责李鸿章畏敌如虎,为保存北洋舰

---

① 夏冬:《中日甲午战争中的李鸿章与翁同龢》,《北方论丛》1984年第1期。
② 戚其章:《正确评价甲午战争中的李鸿章》,《光明日报》1984年6月13日。
③ 宋秀元:《从档案记载看甲午战争中的李鸿章》,《甲午战争九十周年纪念论文集》,第200—209页。
④ 苑书义:《载湉、李鸿章与甲午战争》,载《甲午战争九十周年纪念论文集》,第161—185页。
⑤ 马敏:《甲午战争前夕李鸿章对局势的判断论析》,《社会科学研究》1995年第5期。
⑥ 杨全顺:《李鸿章和局思想与甲午中国战败》,《广西社会科学》2003年第7期。
⑦ 任鸿章:《中日甲午之战与李鸿章的误国外交》,《日本研究》1985年第2期;马敏:《甲午战争前夕李鸿章对局势的判断论析》,《社会科学研究》1995年第5期;赵丕强:《论甲午战争中李鸿章"主和"的原因》,《广东职业技术师范学院学报》(社会科学版)1999年第2期。

队的实力而"避战保船",致使北洋舰队一味消极防御,处处受制于人,卒致陷入全军覆没的悲惨境地。20世纪80年代之后,一些学者就此提出质疑,认为李鸿章主张"避战保船"之说,见于姚锡光《东方兵事纪略》等私家著述,而非与当事人相关的第一手资料,综观甲午中日海战的全过程及《李文忠公全集》等相关史料,可以发现,李鸿章在海战的任何一个阶段都未指示过北洋舰队通过"避战"而"保船",反而一再命令北洋舰队主动"出击""截击"敌舰,即使在威海被围,北洋舰队危急存亡之际,李鸿章还数次命令丁汝昌迅速修理战舰,与敌舰"拼死一战",因此主张"避战保船"的不是李鸿章,而是北洋舰队提督丁汝昌。① 另有一些学者反对将责任归诸丁汝昌,认为丁的战略指导思想不能用"避战"来概括,在战争中,他是主张积极出击的,只不过在旅顺战役那种特殊情况下,执行了保船的命令而已,李鸿章才是"避战保船"之策的制定者和推行者;② 或曰李鸿章在甲午战争中宣扬的"保船制敌",实质就是"避战保船"的代名词,毫无疑问是消极恶劣的,其原因要归结到北洋舰队发展后期,李鸿章所奉行的消极防御政策,致使北洋舰队被日本舰队迅速超越。③ 笼统来看,造成双方见解歧义的原因,既牵涉他们各自对于李鸿章、丁汝昌的不同评价,也牵涉他们对于史料的不同解读。既有成见的打破和新史料的发掘,才是解决双方分歧的钥匙。

李鸿章奉行的外交路线,直接影响到他对于战争局势的判断和战时指挥。整体来看,学界的意见仍以批评者居多:或曰李鸿章在甲午战前一意求和,专恃外国公使调停,不作积极战备,是造成甲午战败的重要因素;④ 或曰甲午之败,首先败于李氏外交,而李氏外交的发生,又有其历史的必

---

① 何平立:《论甲午海战中李鸿章"保船制敌"策略》,《军事历史研究》1989年第3期;许华:《李鸿章"避战保船"新探》,《福建论坛》1989年第4期;季云飞:《李鸿章甲午海战作战指导方针探析》,《安徽史学》1995年第1期;张凤翔:《李鸿章"保船制敌"新议》,《内蒙古大学学报》(哲社版)1995年第2期;杨晓伟:《是丁汝昌"避战保船"还是李鸿章"保船制敌"》,《陇东学院学报》2009年第4期。

② 孙峰:《丁汝昌"避战保船"辨》,《东岳论丛》1992年第3期。

③ 施渡桥:《论李鸿章海防战略思想的变化》,《近代史研究》1993年第4期。

④ 郭墨兰:《中日甲午战争中清政府上层不存在战和两派吗?——与夏冬同志商榷》,《东岳论丛》1984年第4期。

然性，是一种典型的半殖民地型的外交；① 或曰战前一味依仗强俄、低估日本的力量和决心，特别是战争爆发后"有武器而不能战"的失败主义指导，才是李鸿章真正误国之处。② 围绕李鸿章在马关议和中的表现，学者们起初一致斥之为"卖国贼"，而后又转为一定程度的同情。如有学者通过分析李鸿章此期致总理衙门的电报，指出李当时签订《马关条约》，的确是情势所迫，有其不得已的苦衷，并非甘心卖国。③ 还有学者指出，马关谈判是在大军压境的局势下开场的，《马关条约》是在日本作出较大让步后签订的，而且是在清廷的授意下签订的，不能因此斥责李鸿章是"卖国贼"④；另有学者认为，签订《马关条约》的主要罪责在清政府，不应由李鸿章一人来承担，李氏无罪、无错、无责，罪在国弱，错在清廷，责在当权。⑤

总之，围绕李鸿章与甲午战争的关系问题，学者们的看法逐渐由"卖国说"转向"误国说"，在分析方法上也由阶级分析法转向具体问题具体分析，在整体评价上由全面否定转向有条件的肯定，都普遍认为李鸿章应对甲午战争的爆发及其失败负有主要责任，也都普遍认为他是甲午战争中的一个悲剧人物。

帝师、户部大臣翁同龢是甲午战争中主战派的领袖，并且在相当程度上影响了光绪帝的主战立场及其政治表现。不过，新中国成立之初，受阶级斗争思想的影响，翁被定性为"封建官僚"基本遭到否定。20 世纪 80 年代之后，学界对翁的研究才真正展开，不过对他的评价，也是褒贬异词：或曰翁昧于形势，却为了维护帝党利益，又误信一班放言高论的书生的意见，一味盲目主战，是导致战败的罪魁祸首；或曰翁主战夹杂着攻击政敌和私人报复的心理，是欲借机与李鸿章为难，动机不良，兼且还有从

---

① 任鸿章：《中日甲午之战与李鸿章的误国外交》，《日本研究》1985 年第 2 期。
② 参见刘学照《"甲午战争与近代中国和世界"国际学术讨论会综述》，《学术月刊》1995 年第 3 期。
③ 姜铎：《略论李鸿章》，载周军等主编《李鸿章与中国近代化》，安徽人民出版社 1989 年版，第 14 页。
④ 张礼恒：《评马关谈判中的李鸿章》，《齐鲁学刊》1989 年第 5 期。
⑤ 王金香：《〈马关条约〉卖国求和的罪责应由谁来承担》，《山西师大学报》（社会科学版）1995 年第 4 期；周彦：《李鸿章与中日马关议和》，《历史档案》2009 年第 2 期。

个人名节考虑的成分；或曰翁等主战首先是基于爱国主义的正义立场，同时也从当时敌我双方军力对比方面考虑，认为尚可一战，这较之不战求和，总是上上之策，只是没料到清军如此不堪一击，将这样一场如此重大的战争的发生和失败都归咎于翁，未免过于简单化，也不符合历史实际；或曰对翁的表现要一分为二，既要肯定其主战的基本立场，也要分析其时代局限性，实事求是地指出翁身上存在的种种失误和不足。①

具体到翁同龢在甲午战争中的作用与表现，肯定者认为翁在甲午战争期间积极主战，并且向光绪皇帝提出一系列意见和建议，如建议起用恭亲王奕䜣；建议加强海防，与外商洽购新式战舰；大力筹措战费，开拓饷源，甚至犯颜进谏奏请"停止庆典寻常工程"；支持湖南巡抚吴大澂请缨杀敌行动；建议裁撤练军，仿照德国军制，编练新式军队等；战败之后，又为《马关条约》的签订与台湾的割让，抱恨不已。② 反对者则谴责翁处事圆滑，当李鸿章因签订《马关条约》遭到举世唾骂时，他却因未直接参与，显得清清白白，甚至因为反对签约，获得不少赞誉。③ 还有学者通过查阅翁同龢档案，发现翁当时摘录了许多"速战论"者的主张，而唯独不涉及"持久战"的言论，翁的这一思想倾向，对战争初期清廷的御日方针产生决定性影响。④ 亦有学者通过查阅日本外务省档案，特别是《马关条约》签订期间，作为中国外交官的伍廷芳与日本人交谈的档案资料，披露了甲午战争期间翁同龢与李鸿章之间的政见分歧。⑤ 此外，不少学者都谴责翁在北洋海军创建过程中曾在财政环节予以掣肘，认为甲午战败，翁无

---

① 夏冬：《中日甲午战争中的李鸿章和翁同龢》，《北方论丛》1984年第1期；戚其章：《翁同和（龢）与甲午和战之争》，《山东社会科学》1994年第2期；沈缙：《翁同龢与中日甲午战争》，《社会科学》1995年第11期；朱金甫：《也论翁同和（龢）在甲午战争中的作用与责任》，《清史研究》1994年第4期；谢俊美：《二十世纪翁同龢研究述评》；龚书铎：《翁同龢与甲午战争》，载翁同龢纪念馆编《二十世纪翁同龢研究》，苏州大学出版社2004年版。

② 谢俊美：《翁同龢与甲午战争》，载《甲午战争九十周年纪念论文集》，第186—199页；孙克复：《翁同龢与甲午战争》，载翁同龢纪念馆编《二十世纪翁同龢研究》，第202—211页。

③ 张凤翔：《甲午战争中的翁同龢》，《内蒙古大学学报》1994年第4期。

④ 戚其章：《〈翁同龢文献〉与中日甲午战争研究》，《广东社会科学》2003年第1期。

⑤ 参见沈潜、陆玉芹《"纪念翁同龢逝世一百周年学术座谈会"综述》，《学术月刊》2004年第12期。

从辞其咎。

## 第五节　甲午战后相关问题研究

### 一　关于对日赔款问题

日本通过发动甲午战争，究竟捞到多少好处？一般认为，《马关条约》第四款规定中国赔偿日本军费库平银2亿两；其《另约》规定，赔款未付清前，日军驻守威海卫，清政府每年向其支付军费50万两（共3年）。又，《辽南条约》规定，中国向日本支付赎辽费库平银3000万两。三项合计共库平银2315亿两。然而实际情况远没有如此简单。

1993年谢俊美通过查阅翁同龢未刊档案，指出日本借支付问题，采用各种手法，将中国赔款由2.3亿两变成2.8亿两，加上它对军事占领区及台、澎地区的抢掠搜括，日本通过甲午战争，从中国勒索掠夺的财富至少在3.3亿两白银以上。① 随后戚其章也根据从翁同龢档案中查到的日本公使林董致总理衙门函，指出日本为从中国多勒索赔款，曾采取过两种手法：一是以"库平足色"为名，强行将库平银每千两定为纯银988.89两（而非清政府默认的935.374两），从而变相地多勒索银1325万两；二是要求用英镑在伦敦支付赔款，也由日方定镑银折价标准，又变相地多勒索库平银1494万两。这样，中国的实际赔款数不是人们熟知的2315亿两，而是2597亿两，相当于日本实际军费支出（不超过1.5亿日元，即折合库平银1亿两）的2.6倍、日本年度财政收入的4.87倍。赔款以外，日本还从中国掠夺了大量的舰船、武器、弹药、机器及金银货币等，价值约为库平银8000万两，折合日金1.2亿元。这样，日本通过这次战争从中国得到的现金及财物，总计库平银3.4亿两，折合日金5.1亿元，是当时日本全国年度财政收入的6.4倍。②

---

① 谢俊美：《再论中日甲午战争的赔款问题》，载《第二届近百年中日关系史国际研讨会论文集》，第28—36页。
② 戚其章：《甲午战争赔款问题考实》，《历史研究》1998年第3期。

新近又有蒋立文通过结合甲午战争前后与赔款有关的几种货币兑换关系，并综合考虑战争前后日元的币值变动，日元与中国库平银、英镑的比价关系，对赔款数额提出修正：从甲午开战到马关议和前，日方军费开支总额不超过1.25亿日元，约合库平银8000余万两；中国被勒索战争赔款实足库平银2.315亿两，折合38082881英镑，相当于康熙库平银2.597亿两或战前的日金3.895亿日元；日本实际得到战争赔款38082881英镑，折合已升值的日金3.5836亿日元；扣除战争所用军费开支1.25亿日元，日本从中国强行掠夺资金高达2.3336亿日元，相当于其年度财政总收入的3倍。[1]潘家德则通过查阅《清光绪朝中日交涉史料》《清季外交史料》中有关清朝支付、日方接受战争赔款的相应记载，得出《马关条约》及赎辽费二项，共计36575121镑，合库平银约221783300余两，比条约所定还要低出820余万两。[2]不过该项统计依据的只是收录进这两种史料集的交割记录，所得结论难免以偏概全。

## 二 反割台斗争研究

面对战无一胜的惨淡败局和日本咄咄逼人的嚣张气焰，清政府最终冒天下之大不韪，将宝岛台湾割让给日本。这在中国国内造成的震动，较之巨额赔款，来得似乎还要激烈。反对割让台湾，几乎成为中国朝野的一致呼声。而在台湾岛内，则掀起旷日持久的反割台抗日斗争。目前学界的讨论主要围绕着"台湾民主国"、台湾义军的统领问题及对刘永福、丘逢甲的相关评价展开。

关于"台湾民主国"。尽管有大量史料确切证明，"台湾民主国"的成立，是为了避免让日本有所借口，导致朝廷为难，以及争取列强的同情和支持，绝非意在脱离祖国而独立。但仍有一些别有用心的人，将"台湾民主国"视为独立国家，甚至将其鼓吹成台湾民主独立运动的"先驱"。新中国成立之初，受阶级斗争思想的影响，大陆学者也一度对"台湾民主国"作出

---

[1] 蒋立文：《甲午战争赔款数额问题再探讨》，《历史研究》2010年第3期。
[2] 潘家德：《关于中日甲午战争赔款数目的再探讨》，《西华师范大学学报》（哲学社会科学版）2010年第5期。

过不公的评价，认为它不过是以唐景崧、丘逢甲为首的一群官绅统治阶级导演的一场欺骗人民的丑剧。20世纪80年代之后，这一问题引起了更大范围的讨论，多数研究者都倾向于肯定"台湾民主国"的存在价值。或曰"台湾民主国"的成立，是为了保全国土，而非创立新国。[①] 或曰这是在台湾成为朝廷弃地的情况下，为守土保疆而采取的一种积极的爱国行动，其国号"永清"，正是为了表明台湾隶属清廷，正是忠于国家的标志。[②] 或曰所谓"民主"，是取"台民自主"之意，是在台湾被清政府许诺割让的情况下，被迫采取的以"暂行自主"来抗日保台的临时应变措施，其动机是爱国的，作用是基本积极的，绝不是搞分裂。[③] 还有学者通过分析"台湾民主国"所发表的各种宣言乃至其具体行动，褒扬"台湾民主国"实际是抗日保台的战旗。[④] 另有学者通过比较"自立""自主"与"独立"的原则性区别，指出成立"台湾民主国"的目的，正是为了拒日割台，以待挽回之机。[⑤]

关于"台湾民主国"的性质，主要有过两种不同意见：一说认为它依然是地主阶级政权，另一说则认为它带有资产阶级民主共和国的色彩。如有学者断言，"台湾民主国"是资产阶级化的绅民要求发展民族工商业、追求资产阶级民主的产物，它是作为清廷与洋务派官僚李鸿章等的妥协外交路线的对立面来到近代历史上的，是中国乃至亚洲出现的第一个民主共和政体。[⑥] 还有学者指出，"台湾民主国"不仅基本上按照"由民公举"原则产生，而且其政权机构大体拟仿西方资产阶级国家三权分立的模式，残缺不全地建立起来：设有最高行政机构总统、副总统；设有最高立法机关议院"以议军国大事"；最高司法机构未能设立。尽管当时这个想法还很粗糙，很不完备，还只是一个雏形，但就其政治制度的实质方面来说，不能不承认是"一个大胆的创造"[⑦]。不过，柯平却对此提出质疑，认为

---

① 林其泉：《试析一八九五年的"台湾民主国"》，《厦门大学学报》1981年增刊。
② 张九洲等：《爱国志士丘逢甲》，《河南师大学报》（哲学社会科学版）1982年第2期。
③ 戚其章：《关于台湾民主国的评价问题》，《北方论丛》1984年第4期。
④ 李明：《略论丘逢甲抗日保台》，《暨南学报》（哲学社会科学版）1985年第2期。
⑤ 柯平：《反割台抗日运动》，第129—130页。
⑥ 陈彪：《洋务运动与维新运动的交合点——台湾民主国》，《社会科学战线》1986年第2期。
⑦ 邱远猷：《台湾民主国简析》，载《甲午战争九十周年纪念论文集》。

"台湾民主国"之改官制，主要是迫于当时形势的需要，或改变一下衙门名称，或改变一下官员职称，并不意味着原先封建衙门的性质发生根本变化；而所谓"议院"，也不过是企图对外争取列强的同情，实际上只是一个空架子，并未真正成立起来。①

"台湾民主国"成立后，究竟起到何种作用？学者们各执一词。一说对其评价甚低，认为"台湾民主国"的寿命不过12天，"实在是一幕滑稽戏"②；或曰"台湾民主国"覆亡后，后面的抗日斗争已与之无关。③ 另一说则对"台湾民主国"的存在作出较高评价。或曰"台湾民主国"是日本帝国主义侵占台湾时，最先出现在日本侵略者面前的第一个有组织、有影响的直接对立物，在集结抗日力量、动员抗日斗争方面起到某些推动作用。④ 或曰"台湾民主国"实际上是抗日保台的战旗，在安定人心、组织领导台湾人民抗日方面，起到一定的积极作用，纵然这杆战旗随着台南的陷落而倒下了，但它所播下的斗争火种，却继续鼓舞着台湾人民反对日本殖民统治的斗争。⑤ 还有学者总结"台湾民主国"曾在四个方面起过积极作用：一是维系人心、稳定局势；二是使台湾抗敌的新体制得以形成；三是充当了台湾义军的发动者与组织者，并建立了义军与清军联合作战的体制；四是播下反抗的种子，促成了全岛的抗日武装斗争。⑥

台湾义军的统领究竟为谁，学界的说法长期不一：一说称台湾义军编成后，推徐骧为首领⑦；一说丘逢甲是义军统领，或曰"义军大将军"⑧；一说则推吴汤兴为统领⑨。戚其章通过综合分析以上三种说法，指出徐骧为义军首领的说法，不能成立；吴汤兴则只是台湾府（台中地区）的义军

---

① 柯平：《反割台抗日运动》，第129—130页。
② 王芸生：《台湾史话》，中国青年出版社1978年版，第43页。
③ 林其泉：《试析一八九五年的"台湾民主国"》，《厦门大学学报》1981年增刊。
④ 孙克复、关捷：《甲午中日陆战史》，第356页。
⑤ 张九洲等：《爱国志士丘逢甲》，《河南师大学报》（社会科学版）1982年第2期；李明：《略论丘逢甲抗日保台》，《暨南学报》（哲学社会科学版）1985年第2期。
⑥ 戚其章：《甲午战争与近代社会》，第327—330页。
⑦ 施宣圆：《台湾人民反割台斗争》，《人民日报》1981年10月15日。
⑧ 张九洲等：《爱国志士丘逢甲》，《河南师大学报》（社会科学版）1982年第2期。
⑨ 曾乃硕：《吴汤兴事迹考证》，《台湾文献》1958年第9卷第3期。

统领,而非台湾全省的统领;丘逢甲可称为台湾省的义军统领,然而"义军大将军"这一称谓并不存在。①

关于刘永福的评价问题,学界的认识分歧主要集中于他在抗日保台期间的表现。一则是刘永福主动向日军提出议和的问题。早期研究者多认为,这是刘经不起考验、胆怯投降的表现。20世纪80年代之后,学者们的态度发生转变。不少学者认为,当日军被阻于新竹之初,刘曾严词拒绝日方的劝降,显示出可贵的民族气节,后来刘之所以主动向日方下书议和,是迫于当时反割台斗争败局已定,为官民利益着想,才以有条件(要求日军厚待百姓及将刘部人等安全送回内地)的"和",换取最小程度的牺牲,并非乞降。② 二则是关于刘最终离台内渡的问题。一说批评刘临阵脱逃,认为这对台湾的抗日斗争造成很大损失,不可原谅;③ 另一说认为在当时的情况下,刘氏只有壮烈牺牲、投降日寇、内渡大陆三条路可走,他最终选择内渡,实属被逼无奈;④ 还有一说称,在当时除内渡外,还有进入台湾内山一条路可走,那样台湾抗日运动可能呈现另外一种局面,因此对于刘最终选择内渡,虽不必过分苛责,但也不能否认这是他的一次"重大失误"⑤。

围绕丘逢甲"未战先走"及其挟持巨款的问题,学界同样有过不少争议。早期学者从阶级分析的角度出发,多认为丘氏内渡是其封建绅士阶级的局限性使然,是缺乏真正与台湾共存亡决心的表现。20世纪80年代之后,一些学者对此提出反驳。或曰丘氏是在遭到日寇重赏严索,又有奸细告密的恶境中,知道事不可为,才接受部将的建议,被迫内渡的,与唐景崧的内渡不能一概而论。⑥ 或曰丘若真存内渡之心,有很多机会,不必等唐景崧等人内渡数日之后,才离台内渡,其离台实属

---

① 戚其章:《中日甲午战争史研究述评》,载《中国近代史专题研究述评》,第128页。
② 施宣圆、吴树扬:《试论反割台斗争中的刘永福》,《社会科学研究》1983年第2期;戚其章:《中日甲午战争史研究述评》,载《中国近代史专题研究述评》,第141—143页。
③ 卢特:《刘永福是爱国者不是民族英雄》,《广西日报》1961年7月5日。
④ 肖世荣:《刘永福是一个民族英雄》,《广西日报》1961年7月24日。
⑤ 戚其章:《中日甲午战争史研究述评》,载《中国近代史专题研究述评》,第145—146页。
⑥ 李明:《略论丘逢甲抗日保台》,《暨南学报》1985年第2期。

形势所迫。① 与之相应，丘内渡之际"卷饷十万"一说，也流布颇广。汪叔子通过考察乙未保台之役中台省军饷源流及战后台省军饷下落情形，指出丘"卷饷"的可能性微乎其微。② 戚其章也根据新发现的资料，证实当署理台湾巡抚唐景崧接手时，藩库中有银40万两，劫余后存24万两。其余16万两，便是被指为丘内渡所挟之款。但实际上这16万两已由唐景崧汇往日本，换成银票。唐内渡时，又被定海营统领王佐臣索去，与丘毫无关系。③ 近来还有学者通过解读丘逢甲在抗日保台期间撰写的19封信稿，披露了丘在组织义军抗日保台初期的一些情况。④

此外，还有学者分别探讨了乙未割台的历史背景、甲午战争时期朝野内外保卫台湾的努力、台湾人民的抗日游击战争，以及张之洞在反割台问题上的表现等。

### 三 关于甲午战争与钓鱼岛问题

通过发动甲午战争，日本不仅大发战争横财，攫取了中国的台湾岛及澎湖列岛，还趁清政府节节败北之际，于1895年1月14日擅自窃取中国领土钓鱼岛列屿，划归冲绳县。这一问题在当时中国虽然反响不大，却牵涉到未来数十年中日两国的战争历史，关乎中日两国当下的现实利益及地缘政治、资源能源、台湾问题、民族感情等种种敏感问题，所以理所当然地成为历史学界、国际法学界和国际关系史学界共同关注的焦点。碍于主题所限，本书不便在此作过多展开，而只紧扣甲午战争与钓鱼岛的关系作一简要说明。

关于钓鱼岛的主权，大陆学者一致认定属于中国，不过在论证视角上还是各有侧重。其中不少学者是从历史地理的角度进行论证，如吴天颖

---

① 戚其章：《走近甲午》，第526—540页。
② 汪波子：《丘逢甲"卷饷十万"传谣考辨》，《广东社会科学》2000年第2期。
③ 参见戚其章《走近甲午》，第526—540页。
④ 郭华清、朱西学：《丘逢甲筹组台湾义军抗日期间书信考论》，《五邑大学学报》（社会科学版）2011年第2期。

《甲午战前钓鱼列屿归属考——兼质日本奥原敏雄诸教授》①，鞠德源《日本国窃土源流——钓鱼列屿主权辨》②、《钓鱼岛正名》③ 诸书，依据我国历代以来有关"钓鱼岛列屿"的相关史料，以及中国各朝代及西方各国（包括日本）所绘海图，雄辩地证明了是中国（而非琉球、日本）最早发现、命名和利用钓鱼岛，并对该岛进行了适度有效的管辖。另有学者援引国际法原理，反驳了日本方面宣称的所谓"无主地先占"的原则。他们指出，在甲午战争之前，钓鱼岛主权属于中国，在相当时期内不仅没有受到任何质疑和干扰，还得到了国际社会的普遍承认，日本对于钓鱼岛的占领不具备"无主地先占"的权利；在甲午战争期间，日本将钓鱼岛划归日本之际，也没有向中国及世界作出公开声明，不符合"无主地先占"的前提；当《马关条约》签订生效后，日本政府也没有按照先占的规则，走完公示"先占"钓鱼岛的必要程序。所以日本趁甲午战争之际窃取钓鱼岛，不构成先占，是非法的、无效的。④ 至于郑海麟《钓鱼岛列屿之历史与法理研究（增订本）》一书，则是将历史学、地理学与国际法原理等结合研究的。⑤

针对日本方面宣称的，当其 1885 年调查后确认钓鱼岛没有"清朝统治的痕迹"一说，刘江永依据《日本外交文书》，指出早在甲午战争前 10 年，日本已知钓鱼岛列屿属于中国。⑥ 李理也依据日方记载，指出迟至 1894 年，不论日本中央政府，还是冲绳县厅，对钓鱼岛及其附属岛屿是否属于日本，还均不确定。⑦ 白皋也披露，1885—1894 年日本内务省两任大臣和冲绳县三任知事用了 10 年的时间，也始终未能找到能够说明钓鱼岛属于日本或是无主岛的证据，相反，各种史料都证明钓鱼岛是中

---

① 社会科学文献出版社 1994 年版。
② 首都师范大学出版社 2001 年版。
③ 昆仑出版社 2006 年版。
④ 陈本善：《日本政治右倾化和钓鱼岛问题》，《东北亚论坛》1997 年第 1 期；吴辉：《从国际法论中日钓鱼岛争端及其解决前景》，《中国边疆史地研究》2001 年第 1 期；管建强：《国际法视角下的中日钓鱼岛领土主权纷争》，《中国社会科学》2012 年第 12 期。
⑤ 中华书局 2007 年版。
⑥ 刘江永：《论中日钓鱼岛主权争议问题》，《太平洋学报》2011 年第 3 期。
⑦ 李理：《近代日本对钓鱼岛的"踏查"及窃取》，《中国边疆史地研究》2012 年第 4 期。

国所属岛屿。这是长期以来日本当局迟迟未敢对钓鱼岛公然侵夺的重要原因。[①] 刘江永还指出，钓鱼岛问题的产生与日本吞并琉球后向中国大陆侵略扩张有关，其远因可以追溯到1872年日本吞并琉球，把琉球国改为琉球藩，然后向中国扩张，其直接原因是1894年日本发动甲午战争。[②]

在《马关条约》与钓鱼岛被占二者的关系问题上。1972年日本外务省曾发表声明称："该列岛向来构成我国领土西南诸岛的一部分，而根据明治二十八年五月生效的《马关条约》第二条，该列岛并不在清朝割让给我国的台湾、澎湖诸岛内。"但这一说法在中国学者看来完全立不住脚。首先，日本声称的钓鱼岛列屿属于琉球，没有任何史实根据。其次，当年日本在处理"台湾全岛及所有附属岛屿"的问题上，就曾刻意作了模糊处理，这种别有用心的态度，其一，是因为从法理上来说它无法阻止台湾所属岛屿领属的变更，以及钓鱼岛属于台湾的事实；其二，是避免中国方面发觉和干扰，确保马关谈判从速进行；其三，钓鱼岛列屿由于台湾渔民经常出没作业的关系，习惯上将该列屿视为台湾附属岛屿，这是一种历史的自然形成，中日两国的文献史料对此皆有反映；其四，钓鱼岛列屿在行政上虽从未划入台湾附属岛屿的范围，但从中方的官方文献来看，事实上是将其置于东南沿海军事管辖的行政管制之内，也即丝毫不会改变列屿领土属于中国的性质；其五，从地理位置和地理构造上看，钓鱼岛列屿为台湾附属岛屿，也可以获得现代科学的验证。其六，在对于"割让台湾全岛及所有附属各岛屿"的理解，自1895年《马关条约》生效后，中日双方长期都没有发生过意见分歧。[③] 因此，依照1941年中国政府宣布废除《马关条约》，以及《开罗宣言》《波斯坦公告》有关战后处置日本的相关公告，都意味着钓鱼岛应该回归中国。

---

[①] 白皋：《甲午战争前后日本政要如何看待钓鱼岛归属》，《人物》2010年第10期。
[②] 《钓鱼岛争议与中日关系面临的挑战》，《现代国际关系》2012年第8期。
[③] 郑海麟：《钓鱼岛列屿之历史与法理研究》（增订本），第118—120页；刘春明：《〈马关条约〉与钓鱼岛列岛》，《太平洋学报》2012年第7期；张海鹏、李国强：《论〈马关条约〉与钓鱼岛问题》，《人民日报》2013年5月8日。

## 第六节　关于甲午战争起因、战败原因和影响问题

### 一　关于甲午战争的起因

甲午战争是日本为满足本国利益，蓄意对邻国发动的一场侵略战争。这点在大陆学界毫无疑义。关于战争爆发的起因，学者们的看法基本上可以概括为以下几种：1. 近代天皇制的确立与日本国内资本主义的发展，是日本挑起战争的根本原因；2. 日本长期以来奉行的大陆政策，是其武力扩张的理论根据；3. 开拓原料产地、商品销售市场和投资市场，是日本挑起战争的经济动因；4. 1890 年起发生在日本国内的政治、经济危机，刺激日本通过发动战争转移国内矛盾；5. 清政府的妥协退让，欧美列强的怂恿、挑拨，以及日本国内甚嚣尘上的战争舆论，是促成日本率先开战的直接契机。[①] 具体观之，王美平着重考察了甲午战争前后日本对华观的变迁，认为甲午战争前夕日本政府及精英舆论有关中日两国之对比评估的逆转，是日本敢于发动甲午战争的精神驱动[②]；戚其章通过解析陆续发现的日本"征清"方案，否定了日本部分学界和政界人士所宣扬的甲午战争"偶发说"[③]；戴东阳澄清了日本出兵朝鲜及挑起中日甲午战争，与金玉均被刺没有事实上的关联[④]；吴松芝通过解读《马关条约》，指出领土扩张、谋取霸权地位以及缓和国内的经济及社会矛盾，是日本发动侵华战争的动机与目

---

[①] 参见刘亚夫、赫崇旺《甲午中日战争原因浅析》，《学习与探索》1985 年第 5 期；张志宇《甲午战争的背景及其对中日关系的影响》，《日本问题研究》1994 年第 3 期；施亚英《中国的觉醒与甲午战争——中日甲午战争研究综述》，《世界历史》1994 年第 5 期；于春梅《日本发动甲午战争的经济原因》《论日本发动甲午战争的政治原因》，《大连近代史研究》2006、2007 年；关捷等总主编《中日甲午战争全史》第 1 卷。

[②] 王美平：《甲午战争前后日本对华观的变迁——以报刊舆论为中心》，《历史研究》2012 年第 1 期。

[③] 戚其章：《日本"征清"方策的陆续发现是对甲午战争偶发说的否定》，《历史教学》2001 年第 1 期。

[④] 戴东阳：《中国驻日使团与金玉均——兼论金玉均被刺与甲午战争爆发之关系》，《近代史研究》2009 年第 4 期。

的。① 另有学者详细介绍了日本自 1879 年以来，以中国为假想敌的总体备战，包括军事演习，制订作战计划，思想、物力、兵力各方面的动员，等等。② 总之，这场战争绝不是如日本方面所宣扬的"文明与野蛮之战"、拯救亚洲之战，而是对邻国的一种赤裸裸的侵略和欺压。

那么甲午战争究竟始于何时？迄今大陆学界主要存在三种意见：一种认为始于 1894 年 7 月 25 日的丰岛海战；另一种认为始于 1894 年 8 月 1 日中日两国正式宣战；还有一种意见认为，应以"七·二三"事件，即 1894 年 7 月 23 日日本围攻朝鲜王宫，建立朝鲜傀儡政府，作为甲午战争的起始时间。就目前来看，学者们大多赞成第一种意见。戚其章还从学理和法理的角度作了系统论证，他逐一反驳了日本与西方史学界对于甲午战争开战时间存在的 6 种不同说法，指出"日本对朝鲜的实际战斗只是甲午战争的序幕，而日本对中国的实际战斗才是甲午战争的主体"，日本应对这场战争的爆发负有直接责任。③

## 二 关于甲午战败的原因

甲午战败给当时的中国带来前所未有的、始料未及的巨大冲击，未来的历史走向很快证明，这场战争将会给中日两国的前途命运乃至整个东亚的国际格局注入怎样全面深刻而又影响深远的历史变数。由此也促使人们百余年来一直反复不断地追问：一个拥有广袤国土、人口众多的泱泱大国，为何会被其一向目为"蕞尔小国"的东邻日本打败，乃至被迫签订城下之盟，割地赔款？

就整体观察而言，学者们普遍认定清朝政治制度的腐朽落后是导致中国甲午战败的根本原因，不过在具体观察视角上，还是存在一定差异。戴逸强调，日本厉兵秣马、运筹已久，清政府却漫不经心、自大轻敌，导致其在甲午战争中处处被动。④ 姜铎总结清政府在甲午战争中犯有七误：一

---

① 吴松芝：《从〈马关条约〉看中日甲午战争爆发的原因》，《求索》2012 年第 2 期。
② 关捷等总主编：《中日甲午战争全史》第 1 卷，第 277—316 页。
③ 戚其章：《从甲午战争的开始时间看日本侵朝侵华的战争责任问题》，《抗日战争研究》1995 年第 1 期。
④ 戴逸：《中日甲午战争的前因与后果》，《历史教学》1994 年第 7 期。

误于战前对朝鲜问题始终犹豫不决；二误于日军大举入侵朝鲜时，仍无备战决心；三误于平壤战役的用人不当和调度无方；四误于国境线上的仓促布防；五误于大连、旅顺口的迅速陷落；六误于北洋舰队困守威海；七误于不敢坚持长期抗战。① 或曰国力上中强日弱，中国利在久战，却未能坚持下去，以致失败。② 或曰和战两歧、消极防御是中国战败的缘由。③ 或曰轻视日本，政治上的二元体制，高层腐朽、主和避战和军队不堪一击是导致中国战败的主要原因。④ 还有学者援引梁启超、胡燏棻等时人著述，指出学习西方而不明根本，变法而不知本原，决定了中国甲午战败的历史命运。⑤ 另有学者分门罗列了四大项，认为：武器装备的相对落后是清军战败的重要原因；兵将腐败、战斗力低是清军战败的直接原因；清廷腐败、昏聩，对国防建设重视不够，对战争准备严重不足，是清军战败的主要原因；清政府政治制度、经济制度落后，人民群众整体素质低下，是甲午战败深层次乃至根本的原因。⑥

就军事政治原因而言，学者们曾从多方面进行过反复检讨。或曰清朝武器装备的落后，是中国战败的主要原因之一。或曰甲午战争中，清军的装备在总体上是占有优势的，但由于清政府的腐朽无能，清军的腐败和缺乏训练，缺少合格的、懂得近代战争的指挥官等不利因素，这种优势在战争初期即在很大程度上被抵消了。以后随着战争的进行，日军缴获了清军大量武器，使双方的装备发生了逆转，清军不断削弱，日军逐渐加强，终于导致了甲午战争的最后失败。⑦ 或曰清政府在影响战争的六个重要方面都存在严重的失误或缺陷，即国防发展战略失误，战备工作迟缓，战略谋划不善，海军使用不当，军官素质低下及国防体制陈旧，没有健全的参谋

---

① 姜铎：《论甲午战争的历史教训》，《史林》1993 年第 2 期。
② 迟云飞：《从国情、国力、军力的对比看中日甲午战争》，载《甲午战争与近代中国和世界》，第 422—437 页。
③ 郭毅生：《中日甲午战争刍议》，载《甲午战争与近代中国和世界》，第 805—816 页。
④ 谢俊美：《甲午战败再反思》，《广东社会科学》2004 年第 6 期。
⑤ 袁伟时：《中国现代思想散论》，上海三联书店 2008 年版，第 120—121 页。
⑥ 关捷等总主编：《中日甲午战争全史》第 3 卷，第 681—713 页。
⑦ 董蔡时、王建华：《浅议甲午陆战中清军的武器装备》，载《甲午战争与近代中国和世界》，第 473—487 页。

机构和后勤供应机构，最终导致了其在甲午战争中"战无一胜"的惨败。[1] 还有学者从军队的编制和领导体系、官僚作风、军火供应、封建保守思想的束缚等方面，检讨了导致军事战败的浓厚封建成因。[2] 或着重探讨了清政府战备思想的失误，包括缺乏抗战的信心和决心，海防上"以守为防"而非"以战为防"，既欲保护朝鲜又疏于援朝的军事准备，既不研究敌情又不制订作战预案等。[3] 或重评了清廷在甲午战争中的"海守陆攻"战略，认为"海守陆攻"汲取了以往反侵略战争的教训，注意发挥（对清军海军而言）陆军的相对优势，把主要战略方向放在朝鲜是对的，但清军在实际作战中并未真正执行该战略方案，而且在具体的作战部署上犯有许多致命性失误。[4] 或着重分析了清政府作战指导思想的失误，主要表现在寄望于外国"调停"，忽视战争准备；实行消极防御的战略方针；忽视侦察敌情，对敌人的主攻方向判断失误；指挥不统一，水陆不协同；习惯于分兵守点，不善于集中兵力机动作战；提出持久战思想而无法实施等。[5] 又，清军缺乏谍报机制，也是不少研究者提及的因素。

具体到北洋海军连遭败绩乃至全军覆没的原因，郭毅生等认为，中国海军之败，根本上不是败于海军本身，而是败于清朝腐朽统治集团失败主义的领导，败于北洋大臣与海军衙门对海军的钳制和束缚。[6] 另有学者谴责李鸿章推行的消极防御方针，是甲午战争中海军兵力运用的最大失策。[7] 皮明勇提出，北洋海军之所以接连战败，确有清政府战略指导失误的原因，但更关键的原因在于其海战理论准备不足。[8] 王家俭分析，北洋海军

---

[1] 张一文：《清军甲午战败军事原因析》，载《甲午战争与近代中国和世界》，第817—831页。

[2] 戚其章：《中日甲午战争史研究述评》，载《中国近代史专题研究述评》，第155—156页。

[3] 王楚良、施渡桥：《清政府的战备与甲午战争》，载《甲午战争与近代中国和世界》，253—268页。

[4] 刘庆：《重评清廷在甲午战争中的"海守陆攻"战略》，《安徽史学》2001年第3期。

[5] 施渡桥：《清政府在甲午战争中作战指导思想的失误》，《军事历史研究》1998年第1期。

[6] 郭毅生等：《论甲午黄海大战与中国北洋海军》，《文史哲》1957年第6期。

[7] 方坤、张炜：《海军学术的视角与近代海防的理论和实践——纪念甲午海战100周年学术研讨会综述》，《近代史研究》1995年第1期。

[8] 皮明勇：《晚清海战理论及其对甲午海战的影响》，载《甲午战争与近代中国和世界》，第211—224页。

之败有内、外两层面的因素：内在层面为中国重陆轻海的传统保守思想，外在层面为建立一支具有高科技装备与专业训练的近代化海军有许多难以克服的困难。此外，清廷在创建海军时还犯有政策性错误，主要体现在海军未能中央化、任用统帅失当、经费滥拨滥用三个方面。① 还有学者特别强调了制海权的问题，认为正是由于北洋海军采取了消极防御的方针，将制海权拱手让人，才落到招招落后、被动挨打的境地。② 孔祥吉通过研读北洋水师营务处总办罗丰禄的家书，指出当时弥漫在北洋上下的畏惧、自私、不负责任的心理状态，是导致清廷在与日军的较量中惨败的重要原因。③ 苏小东检讨了北洋军队管带群体作为军事指挥官的素质缺陷④。此外，还有学者从海军制度的滞后、舰船建设的缺陷、作战指挥与后勤指挥互相脱节、经费困扰、作战训练不足、派系集团制约、战时医疗保障不力、伤亡恤赏标准过低、备补兵勇数额不足、煤炭弹药供应不足、海军官兵劳务繁重等方面，分别探讨了影响北洋海军战斗力的原因所在。

就外交上而言，学者们的立论角度也有所不同。或曰清政府对朝鲜的"干涉政策"，是其外交上最大的失策。⑤ 或曰袁世凯战前的种种错误判断和错误措置，与甲午战败有一定关系，但主要责任不应由他来承担。⑥ 或曰清朝当局一味依赖列强调停，不知依靠本身的努力和发挥自身的潜在优势，以致迁延时日，走上步步挨打的地步。⑦ 还有学者逐一分析了清朝外交上的四大失误：一是朝鲜"东学党事件"基本平定后，未听从聂士成的撤军建议，以争取主动和堵塞日方的借口；二是对日本的侵

---

① 王家俭：《甲午海战挫败的几点反思》，《甲午战争与近代中国和世界》，第488—502页。
② 戚其章：《从制海权看甲午海战的结局》，《东岳论坛》1996年第4期；《甲午中日海上角逐与制海权问题》，《江海学刊》2002年第4期。张红军：《甲午战争中日双方海军战略比较考察》，《齐鲁学刊》1998年第5期。
③ 孔祥吉：《甲午战争中北洋水师上层人物的心态——营务处总办罗丰禄家书解读》，《近代史研究》2000年第6期。
④ 苏小东：《北洋海军管带群体与甲午海战》，《近代史研究》1999年第2期。
⑤ 陈伟芳：《甲午战前朝鲜的国际矛盾与清政府的失策》，载《甲午战争九十周年纪念论文集》，第24—50页。
⑥ 侯宜杰：《袁世凯与甲午战争小议》，载《甲午战争九十周年纪念论文集》，第123—133页。
⑦ 戚其章：《甲午战争新讲》，第30页。

略野心始终估计不足；三是一味依赖列强调停；四是不敢采取持久战，求和心切。①

此外，学者们也从财政、灾荒、民众动员、交通落后、信息闭塞、文化传统、满汉矛盾、民族心理等角度，检讨了甲午战败的原因，不再一一展开。

### 三 关于甲午战争的历史地位及其影响

1840年以来，中国虽然迭遭鸦片战争、第二次鸦片战争和中法战争的洗礼，被迫割让土地、赔偿战费和签订一系列不平等条约，但总的说来，列强的政治、经济影响力主要集中在沿海、沿江地区和沿边数省，在当时许多人看来，尚未撼动国家的根本。甲午战争给予中国的打击却是空前沉重和全面深刻的，其遗患甚至直到今天也没有被完全清除。正因为如此，学者们长期以来一直在从不同角度反复剖析这场战争的历史地位及其巨大影响。

就甲午战争对中国社会的整体影响而言，学者们大多采用历史辩证的方法，既强调这场战争带给国人的巨大灾难，也肯定其振聋发聩的巨大激励作用。戴逸指出：一方面，甲午战争比中国此前经历的历次对外战争规模更大、损失更重、失败更惨。割地赔款，丧权辱国，随之而来的是列强争夺势力范围，掀起瓜分中国的浪潮，国家和民族的生存面临严重威胁。但另一方面民族危机又带来新的转机，它激发了全民族的觉醒，一种要求改革和进步的觉醒、富强意识的觉醒、爱国主义和民族自救的觉醒。② 茅家琦等认为，甲午战败虽然使中国蒙受了巨大耻辱，却成为中国近代化的重要契机，中国在此后短短几年内所取得的近代化成果，比战前半个多世纪里所取得的成就还要丰硕得多。③ 另有学者总结道：一方面，甲午战争对中国历史发展的进程和中日关系的发展所产生的影响是极其深远的，它严重损害了中国的主权独立，加剧了中国的财政枯竭和人民的生活贫困；

---

① 姜铎：《评〈甲午战争国际关系史〉》，《学术月刊》1995年第8期。
② 戴逸：《中日甲午战争的影响和意义》，《齐鲁学刊》1991年第1期。
③ 茅家琦等：《甲午战争与中国近代化》，载《甲午战争与近代中国和世界》，第149—163页。

但另一方面，它也刺激了中华民族的觉醒，加速了中国改革（维新）和民主革命的进程。① 还有学者分析称，甲午战争的失败是一次深重的民族灾难，然而从另一方面来说，它又给中华民族带来了精神上的刺激，促成了自鸦片战争以来前所未有的民族群体的觉醒，并促使落后的中国加快了走向近代的步伐。② 金冲及则概括为：如果用短近的眼光来看，甲午战争对中国似乎只是一场备受屈辱的悲剧；但以更长远的眼光来看，却又是一个新的起点。屈辱迫使人们重新思考，屈辱又催促人们猛醒，发奋图强，从而揭开中国近代历史上新的一页。③

甲午战后，最触目惊心的是民族危机的急遽加深。在这点上，学者们的看法并无多大分歧，基本上都可以囊括为如下几点：1. 帝国主义群起瓜分中国，中国面临亡国危机；2. 攫取中国铁路的筑路权，控制交通运输；3. 攫取中国的矿山开采权，控制中国矿业；4. 大量投资以控制中国全部经济命脉。④ 就甲午战争对于中国内政的影响而言，曾琦指出，甲午战后的中国政局更加动荡不安，各种新兴势力为了实现自己的政治主张而展开角逐，清流势力的重新崛起、帝后分歧突出、淮系失势、新兴势力出现等变化，给晚清社会带来了极大影响。⑤ 吴心伯概括称：甲午战争刺激了以光绪帝、翁同龢为代表的一批开明官僚士大夫，与以康、梁为代表的维新变法势力，在一定程度上形成呼应之势；帝后两党之间的分野与对立，引起朝局极有意义的变革，而时局的发展，又赋予它新的内涵，即以帝党为核心的革新派与守旧派的形成和抗衡，最终促成戊戌变法的出台。⑥ 此外，不少学者都注意到官绅士大夫们为反对《马关条约》而发起的拒和运动，这是近代以来中国规模最大、持续时间最长、阵容最为齐整的一次政治动员。王如绘集中探讨了马关签约后清朝官员的谏净活动，指出多数封疆大吏、前敌将领和京官遥相呼应参加谏净，由此而出现的集会议政之风，为

---

① 《中日甲午战争一百周年·前言》，《抗日战争研究》1894年第4期。
② 关捷等总主编：《中日甲午战争全史》第4卷，第521页。
③ 金冲及：《二十世纪中国史纲》（简本）上册，社会科学文献出版社2012年版，第7页。
④ 关捷等总主编：《中日甲午战争全史》第4卷，第521—544页。
⑤ 曾琦：《论甲午战争后晚清政局的变化》，《学术论坛》2005年第11期。
⑥ 吴心伯：《甲午战争至戊戌变法前清廷朝局初探》，《安徽史学》1990年第2期。

思想解放创造了条件。① 茅海建提出两种不同概念的"公车上书"：一是由政治高层发动、京官组织的成功上书，数量多达31件，签名举人约1555人次；一是由康有为组织的18行省举人联名上书，那是一次流产的政治事件。其中，最重要且最具影响力的角色，并非举人，而是各级官员；翰林院、总理衙门、国子监、内阁、吏部皆有大规模的联名上书；各省封疆大吏上奏拒和者也已过半。②

清政府的对立面——革命派的诞生，当然也是战后中国的一件大事。不过，相较于革命派，维新派在战后几年间所造成的声势和影响显然更为巨大。围绕甲午战败与维新运动的关系，学者们曾发表过不少看法。或曰甲午战败和甲午战后的民族危机，是维新运动兴起发展的强大动力。③ 或曰正是甲午战败，才使得中国的改良思潮和革命浪潮以前所未有的程度迅猛发展。④ 或曰甲午战败促进了中国社会从上到下堪称民族性的深刻反思，使近代以来就涌动不息的维新思潮由思想启蒙的形态向政治运动发展，对维新变法起到了催化和催生的作用；甲午战争促成了民族的深刻反思内省，为维新运动提供了坚实的思想理论基础，并选择了突破口；甲午战争从反面造成了近代中国历史进步的一个转机，为维新变法运动造就了一批实践者和广泛的支持者。⑤ 还有学者专门分析了甲午"主战"舆论与维新运动的关联，认为甲午"主战"舆论，始终贯穿着雄浑的爱国主义旋律，为戊戌维新思潮的兴起传导了一股强大的精神动力；甲午"主战"舆论广泛而深切地揭露了当时中国社会的种种腐败情形，极大地渲染了一种浓烈的忧患意识和民族危机感，从而制造了必须改弦更张且刻不容缓的社会紧迫氛围与舆论导向；甲午战争后期的"主战"舆论，提出了不少变法自强主张，为不久以后勃发的维新思潮，作了初步的思想准备。⑥

---

① 王如绘：《马关签约后清朝官员的谏诤活动》，载《甲午战争与近代中国和世界》，第750—765页。
② 茅海建：《"公车上书"考证补》《近代史研究》2005年第3、4期。
③ 涂鸣皋：《甲午战争与维新运动》，载《甲午战争与近代中国和世界》，第1037页。
④ 李伟：《甲午战争与中国近代改良运动》，《山东师大学报》（社会科学版）1995年第2期。
⑤ 熊宗仁：《甲午战争与维新运动》，《贵州文史丛刊》1998年第6期。
⑥ 黄兴涛：《甲午战争时期主战舆论三题》，《清史研究》1994年第4期。

就甲午战争对于中国经济领域的影响而言，有学者指出，深刻的政治经济危机、洋务运动破产和人民反帝救亡运动的勃兴，是推动甲午战后清政府经济政策转变的重要原因。① 另有学者通过系统研究晚清政府的经济政策与改革措施，指出近代中国社会在许多领域中明显出现从传统向近代的过渡转化，实际上始于 19 世纪末 20 世纪初，而这种转化与清政府实施的新政策与改革措施有着密切联系，包括制定相关政策，设立商务局、农工商局，筑路开矿，发展纺织业，创办银行，整顿官办企业，劝办商会，提倡农工商学等。② 或曰甲午战后清政府经济政策变化的主要内容为：维持、改造和扩张国家资本；倡导、宽允和扶持民间资本；推行路矿要政。③ 或曰甲午战后清政府兴办企业的指导思想，从洋务运动时期的以"师夷长技以制夷"为主转向以"振兴实业"为主，其直接投资开设官办企业出现了新的工业化发展意义，表现为工矿企业数量的较多增加、规模的扩充和产业种类的扩大；作为国民经济基础产业的交通通信产业的较快发展；军用企业的民用化倾向；官办企业的商办（民营）化倾向。④ 还有学者分析了甲午战后中国财政领域的深刻变化，指出其一方面表现为清政府财政危机的加重，表现为中国与帝国主义侵略势力、清朝统治者与人民、中央与地方、统治阶级内部各利益集团之间矛盾冲突的激化；另一方面，财政体制以近代化为取向的改革也在这时开始酝酿。⑤ 也有学者系统梳理了甲午战后清政府财政危机的主要表现、成因及其对内、对外的筹款措施等。⑥ 此外，学者们还分别探讨了甲午战后中国铁路、矿务诸领域发生的深刻变化，杭州、湖北等区域性经济的变动，以及帝国主义对中国经济权益的掠夺等，不再一一展开。

---

① 李刚：《试论甲午战后清政府经济政策的转变》，《西北大学学报》（哲学社会科学版）1986 年第 4 期。

② 朱英：《晚清经济政策与改革措施》，华中师范大学出版社 1996 年版，第 7—14 页。

③ 徐卫国：《论甲午战后清政府经济政策的变化》，《历史教学》1998 年第 3 期。

④ 虞和平：《辛亥革命的经济基础——甲午战争后中国资本主义经济的走向》，载"辛亥革命与 20 世纪中华民族振兴"学术研讨会论文集，广州，2001 年，第 17—38 页。

⑤ 汤可可、周力：《甲午战后的清朝财政问题》，载《甲午战争与近代中国和世界》，第 903—917 页。

⑥ 周育民：《晚清财政与社会变迁》，上海人民出版社 2000 年版，第 315—378 页。

甲午战争对于中国军事领域的冲击无疑也是十分直接和巨大的。有学者指出，甲午战败证明了勇营制度在领导体制、部队编制、军事训练、军官培养、后勤保障和武器装备等各方面，都远不能适应近代战争发展的需要。① 还有学者通过分析甲午战后清政府的军制改革，指出正是甲午战败，推动了中国陆军的近代化。无论是官兵的挑选和训练，新军都远较湘、淮军严格，更为重要的是，新军兵种已开始模仿德国炮队、工程队、步队、辎重队的综合编制，统一指挥，协同作战。② 或曰甲午战后清军按照西方模式对军制、装备、训练、战法、管理等进行全面改革，初步确立了资产阶级式的建军指导思想。③ 另有学者集中探讨了甲午战后以胡燏棻编练定武军和张之洞编练自强军为起始的清军陆军近代化，认为新军为一些旧式人物所掌握，是导致兵制改革失败的重要原因。④ 金冲及强调：甲午战争导致战前30年间用来支撑清朝统治并可捍卫国家的主要武力崩解，清朝的军事统治出现一个短期内无法填补的实力真空，义和团运动的爆发及其迅速蔓延，与此不无关系。⑤ 此外，袁世凯小站练兵，甲午战后军事学堂的大量涌现，国人"重文轻武"观念的转变，也是不少学者着重论述的对象。

对于社会思想文化领域而言，甲午战争同样为其注入了前所未有的崭新意义。丁伟志指出，甲午战后，救亡的号召一呼百应，成为最强劲、最有感召力的时代思潮。它的出现，在当时发挥出的激励人心士气的作用是不可估量的，在中国近代思想史上的进步作用也是不可估量的。⑥ 刘桂生

---

① 张红军：《甲午战争与清军勇营制度》，载《甲午战争与近代中国和世界》，第462—472页。
② 林庆元：《甲午战争与清政府的兵制改革》，载《甲午战争与近代中国和世界》，第595—608页。
③ 刘子明：《甲午战争与中国近代军事思想》，载《甲午战争与近代中国和世界》，第1129—1141页。
④ 林庆元：《甲午战争与清政府的兵制改革》，载《甲午战争与近代中国和世界》，第595—608页。
⑤ 金冲及：《二十世纪中国史纲》（简本）上册，第5—6页。
⑥ 丁伟光：《从国难中觉醒——试论甲午战争的历史作用》，载《甲午战争与近代中国和世界》，第988页。

认为正是甲午战争的烽火照亮和扩大了中国人民的文化视野,促使国人找到日本这一面镜子来反省自己,日本也随之成为中国革命的海外基地。而在对西学的认识上,国人也由简单的军事层面,上升到制度和文化等较深层面。以严复的翻译为代表,戊戌的新文化以至后来的新文化运动,意义更为重大。① 还有学者指出,甲午战后,张之洞、陶模、胡燏棻、盛宣怀等后期洋务派人物,在自我反思的基础上,提出了既不同于战前的洋务思潮,又有别于同时期维新思潮的"洋务变法"思潮:它从横的方面,与维新变法思潮,共同构成了戊戌思潮的主体;从纵的方面,它上承洋务思潮,下启立宪思潮,为 20 世纪初期洋务派向立宪派的转化奠定了思想基础。② 另有学者研究了甲午战争与战后教育改革、赴日留学的促动,以及其对于康有为、孙中山、梁启超、谭嗣同、严复、黄遵宪等先进中国人的巨大冲击。

就甲午战争对于日本的影响而言,学者们也从不同角度做过简要评述,大体可以概括为如下几种:1. 甲午战争使日本一举实现了"脱亚入欧"的夙愿,极大提升了日本的国际地位,从此它开始取代中国成为东亚的领袖,国际力量的天平也迅速向日本倾斜;2. 来自中国的巨额赔款及其捞到的其他种种侵略权益,使日本迅速实现了原始资本的大量积累与集中,顺利实现了产业结构和经济体制的近代化转型,为其跻身世界强国奠定了坚实的经济基础;3. 甲午战争使日本迅速打开了在华投资的大门,为其进一步巩固、扩大乃至独占中国市场提供了有利条件;4. 战争的巨大胜利,大大助长了日本上下的侵略野心和军国主义的扩张情绪,同时军部地位上升,左右政治,为其日后持续发动侵略战争埋下了种子;5. "三国干涉还辽"激化了日俄之间的矛盾,也使日本统治者深刻认识到扩充军备的必要,从此它开始以俄国为假想敌,大举扩兵备战,一场大规模的争霸战即将在十年之后的东亚打响;6. 相近的对华、对俄立场,以及英国在"三国干涉还辽"中的不干涉政策,使日本与英国越走越近,并最终缔结了英

---

① 参见董建中、黎烈军《北京市中日甲午战争 100 周年学术研讨会综述》,《清史研究》1994 年第 4 期。

② 梁义群、宫玉振:《试论甲午战后的洋务变法思潮》,载《甲午战争与近代中国和世界》,第 1048—1063 页。

日同盟，扫除了日本在外交上的后顾之忧；7. 甲午战争使日本人的自我意识得到空前强化，对外形成了对朝鲜和中国的优越感和蔑视感，对内达成了对天皇和国家的认同，军人被英雄化、神圣化，甲午战争成为近代日本国民"民族"特质形成和升华的重要标志。①

## 第七节　未来研究的展望

甲午战争迄今，已经时逾百年，以这场战争为标志，国人从此踏上一条寻求富国强兵、独立自主、民族复兴的路，一条迄今还在延伸、延长的路。也正是由于这种共同的历史使命和不甘落后的奋勇追求，注定了这场战争在连接昨天和今天的时间链条上历久弥新的研究价值。综观新中国成立60年来甲午战争史的研究历程，总的趋势是良好的，成绩是引人注目的，尤其是在注重史料选编、强调学术交流、培养专业队伍等方面，它都走在近代史诸研究领域的前列。不过，同时我们也要看到，目前的学术研究仍存在若干层面的不足，资料扎实、观点有力且富有原创性的著作并不易觅，老一辈学者始终都在打前站，年轻学者进取性和创新性不足，还有一些薄弱乃至空白环节，亟须进一步的探索和填补。此外，受后现代思潮的影响，传统的政治史、军事史趋冷，以及许多学者的研究视野滑向清末民国，也对甲午战争史研究产生一定程度的负面影响。窃以为未来研究中

---

① 孙石月、宋守鹏：《甲午战争对日本在华投资的影响》，《山西大学学报》（社会科学版）1989年第1期；陈海宏：《甲午战争与日本资本主义的发展》，《兰州学刊》1991年第3期；董建中、黎烈军：《甲午战争的历史影响·北京》，《抗日战争研究》1994年第4期；张志宇：《甲午战争的背景及其对中日关系的影响》，《日本问题研究》1994年第3期；田久川：《甲午战争赔款与日本经济近代化》，《日本学刊》1997年第3期；王文英：《试论中日甲午战争对日本政治和国民意识的影响》，《苏州大学学报》1997年第4期；刘承斌、赵文亮：《甲午战争对日本全面侵华战争的影响》，《河南师范大学学报》（哲学社会科学版）1997年第4期；车维汉：《甲午战争对日本经济的影响》，《社会科学辑刊》1998年第6期；高启荣、冯晓琴：《试论中日甲午战争与英日同盟的建立》，《延安大学学报》（社会科学版）1998年第3期；冯玮：《论甲午战争对日本产业结构和经济体制的影响》，《南开历史研究》，第85—105页；田雪梅：《甲午战争与近代日本国民的形成——近代媒体的发展与作用》，《外国问题研究》2010年第3期。

需要特别注意以下几点。

第一，继续深入开展相关史料的发掘梳理工作。史料建设是历史研究的前提和基础。就甲午战争史研究而言，无论是《中国近代史资料丛刊·中日战争》的出版，还是《中国近代史资料丛刊续编·中日战争》的出版，都对推动甲午战争史研究，产生了划时代的重大意义。正是史学家们在这一基础环节的不懈努力，才有了后世一系列的丰硕成果。很多关键性问题，也是依靠新史料的发现，才得以柳暗花明。如《卢氏甲午前后杂记》、方伯谦亲书《益堂年谱》的发现，不仅印证了《冤海述闻》中的许多说法，也使学界对于方伯谦案的研究，取得一些重要进展。又如，翁同龢家藏文献的问世，也大大丰富了学界对于甲午战争相关问题（如赔款问题、战后改革问题等）的研究。由此以观，当时的很多官私档案文书还有可能存世，待有心人留意发掘。此外，甲午战争还具有相当程度的国际性，努力搜集日本、朝鲜及英、俄、法、德、美等国的档案，并组织力量进行翻译整理，也是未来研究中不可或缺的题中之义。

第二，加强对于史料的鉴别。史料是历史研究的基础，但又有真、伪、精、粗之分。正如郭沫若先生所指出的，"无论作任何研究，材料的鉴别是最必要的基础阶段。材料不够固然大成问题，而材料的真伪或时代性如未规定清楚，那比缺乏材料还要更加危险。因为材料缺乏，顶多得不出结论而已，而材料不正确便会得出错误的结论。这样的结论比没有更要有害"①。这在甲午战争史研究中，同样不乏相关事例。例如，英国人泰莱在回忆录里诬陷刘步蟾擅改阵形，本属不实之词，却长时间被史学界所采信。又如有人根据牛昶昞编造的丁汝昌先降日后自杀的谎言，断定丁汝昌是投降后自杀，严重诬陷了前人。再如丰岛海战中日本旗舰"吉野"向我舰"济远"发炮攻击的时间是1894年7月25日7时45分，日本海军司令部受命编写的《二十七、八年海战史》却故意将7时52分我舰"济远"发炮还击的时间说成最先开炮时间，意图将首先开战的罪名嫁祸中国。如果我们继续根据这些不实不真的史料进行研究，显然不可能得出符合历史事实的结论。所以，在进行历史研究之前，我们必须要对史料进行考证辨

---

① 《古代研究的自我批判》，郭沫若《十批判书》，科学出版社1956年版，第2页。

伪，对于那些不真实、不准确甚或伪造的材料，必须弃而不用。无论是中方材料，还是外文材料，概莫能外。

第三，注意微观研究与宏观研究的结合。宏观研究与微观研究是历史研究中的两种主要方法，不可或偏。所谓宏观研究，就是把研究对象放在与历史全局的总联系中进行考察，并把历史发展看成一个不断运动变化的过程，不仅要采用历史主义的态度与方法审视历史事件本身，还要考察与之相关的其他事件，分析其前因后果，进而得出具有规律性的、可供人们借鉴的结论。倘若只是就事论事，急于求成，就很容易得出片面的见解。不过，如果仅仅着眼于宏观研究，所论又极易流于空疏，而且一些重大历史问题的解决，也往往需要通过细节研究，才能找到突破口。如方伯谦在丰岛海战中坚守岗位，竟长期被看作藏匿在"铁甲最厚舱处"的贪生怕死行为。又如在海战研究中，煤炭问题会直接影响舰船的行驶速度及被敌舰发现的机率。这些细节问题的发现，意义不容小觑。不过微观研究的根本目的，还是为解决具有重大意义的宏观历史问题服务。只有将二者有机结合起来，才能得出全面深刻而又正确无疑的历史结论。

第四，坚持历史主义的治史理念，尤其是在人物研究方面。人物研究向来是甲午战争史领域的重头戏。过去受"左"倾思想影响，学界对于历史人物的考察，往往侧重于定性分析，改革开放之后，学界对此展开重新反思，推翻了不少成案。如戚其章写的《应该为刘步蟾恢复名誉》一文，以及围绕翁同龢、李鸿章等相关研究所引发的热潮，都有效推动了甲午战争史研究的深入开展。但与此同时，也有部分研究者为了追新逐异，抑或表彰乡贤、亲族的心理，在人物评价上过度拔高，甚或凭空臆断，信口雌黄。这在为方伯谦、叶志超等人所做的翻案文章中，问题尤其突出。有鉴于此，我们认为在人物研究中，本着对历史负责、对古人和今人负责的精神，必须坚守历史客观主义的立场，端正态度，实事求是，通过对史料的分析考证，去伪存真，还原历史人物的本来面目，而绝不能将其看成求名求利的捷径，抑或是有关个人感情、家族名誉的私人问题，既要预防地方主义的偏见，又要克服固执己见的立场，摆脱人物研究中的"脸谱化""标签化"倾向。此外，各类期刊和出版社也要洁身自爱，谨慎行使出版权利，不为学术不端提供机会和土壤。

第五，进一步扩宽研究范围。甲午战争史研究，不单单是战争史、军事史，也涵盖政治、经济、外交、文化和社会变迁、国际关系等诸多方面的内容。就目前来看，该研究领域在研究视野和研究内容上的确呈现不断拓宽的态势，如早期的甲午战争史研究，往往偏重军事、政治和外交层面，后期研究逐步深入经济、文化、社会等更加广阔的领域；早期的军事史研究，往往只侧重北洋海军及海战史的研究，近期研究逐渐强化对于陆战、陆军的探讨，并且延伸到信息、交通、谍报机制等相关层面；在人物研究上，早期研究多拘泥于对邓世昌、丁汝昌、李鸿章、方伯谦等几个热点人物的评价，后期研究则开始发掘其他在甲午战争期间有过重要影响的中高层乃至下层人物。尽管如此，宏观来看，甲午战争史研究还是有着可供拓展的广阔空间。展望下一步的研究趋向，是否可以考虑从以下两大方面着手：一是继续拓展研究对象的内涵、外延，开辟新的研究领域；二是转变视角，从新的角度研究旧问题，进而得出新观点、新认识。具体似乎可以考虑以下内容，如日本是如何组织和发动这场战争的，在日本国内产生了怎样的舆论反响，而国内舆论又如何反作用于政府决策？各列强政府驻华、驻日、驻朝的外交官，与其本国政府，在对待中、日、朝三国的态度上是否存在区别，在战争的不同阶段有何具体表现，造成这些不同的原因及其作用如何？甲午战争是一场必输的战争吗，清政府在应对这场战争的过程中，是否真的一无是处？面对这场胜算不大的战争，中国如果早日妥协退让以换取和平，较之战败投降，对于国家利益的损害是否会更小一些？甲午战争同鸦片战争、第二次鸦片战争、中法战争这前三次对外战争相比，是否可以析出一些具体面相，进行纵向比较？甲午战争与洋务运动、戊戌变法、义和团运动、清末新政乃至辛亥革命之间具体存在怎样的关联，是否可以抓住一些重要线索，进行深入挖掘？亚洲其他国家（如越南、暹罗、缅甸）是如何看待中日之间的这场战争的，其国内舆论和政府反应如何，等等。

第六，加强理论学习和借鉴其他学科的研究方法，提高研究水准，做到史论结合。史料的搜集、整理与辨伪，具体史事的考订，固然都是十分必要的，但不能将目光仅仅停留在这些层面。对于历史研究者而言，特别是近代史领域的研究人员而言，理论和方法的问题显得尤其重要。由于材料丰富，背景复杂，倘若没有一定的理论和方法上的自觉，简直无从下手。所以在具体的历史研究中，必须随时注意吸收理论思维的最新成果，包括积极借鉴其他学科领域的理论和研究方法，并且自觉运用到历史研究中去。只有这样，才能更好地提升自己的研究境界，更好地总结和反思历史，使历史的现实借鉴性得到更加充分的释放。

# 第七章

# 戊戌变法史研究

在中国近代史的叙述体系中,戊戌变法史从时间上通常是指从1895年春甲午战争结束、《马关条约》签订到1898年9月戊戌政变爆发为止,历经三年多的历史。这个阶段的历史主题是变法维新,在一场政治改革兴起的同时,也伴随着一次规模空前的思想启蒙运动,并引起过深刻的社会震荡。可以说,从洋务运动到辛亥革命期间,戊戌变法是一个重要的转折点。1949年新中国成立以来,学界对戊戌变法的研究可谓硕果累累。从50年代在唯物史观指导下的史学研究,到80年代拨乱反正、恢复唯物史观科学研究方法,再到90年代后研究视角和史学方法的多元化,学界对戊戌变法的研究,从内容到形式都有明显变化,一定程度上呈现出当代史学发展演化的基本脉络。

## 第一节 研究概述

### 一 新中国成立初期至"文化大革命"开始前(1949—1966)

1949年中华人民共和国的成立是中国历史的重要分水岭,不仅在政治、经济上如此,在学术、文化上也是如此。就史学研究来说,20世纪的上半叶,中国史学的主流是近代实证史学;下半叶的主流则是以唯物史观为指导的马克思主义史学。[1] 1949年新中国成立后,唯物史观逐步为大多

---

[1] 林甘泉:《二十世纪的中国历史学》,《历史研究》1996年第2期。

数学者所学习和接受，对戊戌变法的研究基本上是在这个指导思想下展开的。在唯物史观指导下研究近代史，使学界拥有了共同的尺度和评判标准，有了一致的立场、观点和方法。

事实上，1947 年刊行的范文澜著《中国近代史》上册，作为第一部近代史领域的马克思主义通史著作，在学术界已经很有影响。它以中国人民的反帝反封建斗争为主要线索，给予戊戌变法正面的评价。在唯物史观的指导下，学界对戊戌变法的研究，开始超越了单纯宫廷派系斗争的层面，将其置于整个近代中国社会发展的大背景下，作为一个重要环节来研究，开始探讨这些历史现象背后的经济因素，并用阶级斗争理论对戊戌历史予以解释。新中国成立后的戊戌研究正是承续了这些理论和观点。

1953 年，中国史学会主编的《中国近代史资料丛刊·戊戌变法》（共 4 册）由神州国光社出版，这是史学家翦伯赞与一批学养深厚的专家从大量公私藏家所集有关戊戌变法的中外历史资料中精选出来的，包含 173 种文献。这套资料是迄今为止最为详备的有关戊戌变法的基本史料。内容包括少量官方档案史料、外国传教士回忆录和外国政府外交文件，以及康有为、梁启超等当事人的政论、奏议、回忆录等（对于康有为在戊戌年的变法奏议，这次编辑直接采信康有为及其门人在日本编辑的《戊戌奏稿》）。1958 年，中华书局又出版了由国家档案局明清档案馆选编的《戊戌变法档案史料》，按照举荐新政人才、添裁机构与官制改革、文武科举改制、办学堂、编练新军、开矿筑路、设报馆等类别，选录了戊戌期间京内外各级官员及举贡生监等所上的折件、条陈，以及清廷对各项改革建议的讨论、辩驳情况，内容远远超过《戊戌变法》资料丛刊选录官方档案的数量，弥补了过去以当事人的追忆和私家著述为主进行研究的缺憾，为研究者提供了可靠的第一手资料。

研究工作也在不断推进。同年 9 月，科学出版社出版了侯外庐主编的《戊戌变法六十周年纪念集》，收入张岂之、李学勤、杨超等学者撰写的《康有为的变法思想》《论谭嗣同》《关于康有为"大同书"思想实质的商榷》等文章。该书对戊戌变法的思想和人物作了比较具体的探讨，肯定"戊戌维新变法运动是中国近代革命史的一页里程碑。百日维新的领导人物——康有为、梁启超、谭嗣同等是近代中国人民向西方寻求'真理'以谋维新中国的先进者。他们代表了中国自由派资产阶级的利益，从历史的、社会的、政治的以及哲学的各个角度，表白了这个阶级的态度、理想、观点。他们的爱国主义思想曾经起过觉醒人民的作用，他们是十九世纪末叶中国杰出的思想家、政治家"[1]。这个结论大体反映了当时学界对戊戌研究的基本看法。同时，北京学界举行学术讨论会，纪念戊戌变法60周年。吴玉章、范文澜、刘大年、戴逸、邵循正等学者撰写的论文，分别发表在《人民日报》《光明日报》和《历史研究》等重要报刊，后汇编为《戊戌变法六十周年纪念论文集》出版（中华书局1958年版）。这次讨论会，再次肯定戊戌变法是旧民主主义革命时期中国资产阶级在政治上所做的第一件大事，虽然属于改良主义范畴，但在当时的历史条件下，仍然代表社会发展的趋势，具有进步性质。

戊戌变法60周年前后的资料编纂和学术讨论对戊戌变法史研究起了巨大的促进作用。从50年代到1966年"文化大革命"爆发为止，先后出版的有关戊戌研究的著作有汤志钧《戊戌变法史论》（群联出版社1955年版）、《戊戌变法史论丛》（湖北人民出版社1957年版）、《戊戌变法简史》（中华书局1960年版）、《戊戌变法人物传稿》（中华书局1961年版），胡滨《戊戌变法》（新知识出版社1956年版）、《中国近代改良主义思想》（中华书局1964年版）；王栻《严复传》（上海人民出版社1957年版），李泽厚《康有为谭嗣同思想研究》（上海人民出版社1958年版）等，这些著述代表了1949年后戊戌研究的最新学术水平。

## 二 "文化大革命"时期的戊戌变法研究的停顿（1967—1979）

众所周知，"文化大革命"十年，由于极左路线的干扰，整个学术思想界万马齐喑，处于病态的沉寂之中。极左理论禁锢了学术自由，戊戌研究也处于停滞状态。不仅如此，既有的研究也遭到了粗暴的否定。1967年4月1日，戚本禹在《人民日报》发表《爱国主义还是卖国主义？——评反动影片〈清宫秘史〉》，称"《清宫秘史》是一部所谓历史题材的影片，写的是清代末年戊戌变法运动和义和团斗争。它公开站在帝国主义、封建

---

[1] 侯外庐主编：《戊戌变法六十周年纪念集·序言》，科学出版社1958年版。

主义和反动资产阶级的立场上，任意歪曲历史事实，美化帝国主义，病态化封建主义和资产阶级改良主义，歌颂保皇党，污蔑革命的群众运动和人民反帝反封建的英勇斗争，宣扬民族投降主义和阶级投降主义"。文章以批判影片《清宫秘史》为手段，却有现实政治目的，这是当时的特定环境所决定的。文章称戊戌变法的代表人物"本身就是剥削压迫劳动人民的统治者"，支持变法的光绪皇帝"崇帝、亲帝、恐帝"，而实行变法的目的是"阻挡人民革命运动，把革命消灭于无形之中"。这些披着学术外衣的论断是片面的，反映的是历史虚无主义和文化虚无主义的态度，从而开创了颠倒黑白、随意践踏历史乃至歪曲历史为现实政治服务的恶例。历史学的正常研究状态就此中断，学者们的科研活动也无法进行，历史研究被"儒法斗争"等影射史学所取代，戊戌变法史研究自然也跌入了低谷。

### 三 戊戌变法研究的繁荣时期（1980—1999）

十年浩劫时期的历史研究是非颠倒，黑白不分，影射史学大肆流行，严重影响了历史学的科学性和声誉。中共十一届三中全会的召开结束了"文化大革命"，给学术领域也带来了勃勃生机。学界也开始拨乱反正，批判极左思潮，倡导"解放思想、实事求是"，贯彻"百花齐放，百家争鸣"的学术方针，史学研究出现了空前的繁荣景象。80年代戊戌变法史研究成果丰硕，专家辈出，研究达到了前所未有的高峰阶段。

随着改革开放的深入和推进，社会现实对学者们转换视角，更新观念，从不同层面、不同主题切入，重新认识戊戌维新的历史价值和现实意义，也起了至关重要的启发作用。受其影响，戊戌研究的对象、领域也随之发生了变化，学者们开始从近代民族觉醒、民族国家与近代化、思想启蒙、近代文化转型等不同角度，对戊戌变法进行多层次的研究；同样，对康有为经学、儒教、孔教思想的研究也都跨越了康氏变法活动理论基础的界限，进入了一个更深厚的学术史研究领域。

首先，学术组织活动有力促进了戊戌变法研究的开展和深入。广东省是戊戌变法领袖康有为、梁启超的家乡，也是改革开放的前沿地区。1983年，为纪念戊戌变法85周年，广州举行了"纪念戊戌维新运动85周年和康、梁思想研究学术讨论会"；1988年戊戌变法90周年之际，在南海、新会举行了第二次戊戌变法研究国际学术讨论会,会议主题是"戊戌维新与中国近代化";1993年11月在广州举行"戊戌后康有为、梁启超与维新派国际学术研讨会",研讨戊戌变法失败后康梁与维新派的政治活动和思想发展;1998年又举办"康有为与戊戌变法"学术研讨会。连续几次大型学术会议后都有文集出版。① 特别是1998年纪念戊戌变法100周年之际,各地学界有不少学术活动,前身为京师大学堂的北京大学联合中国史学会举办了纪念戊戌变法100周年的大型国际学术研讨会,使得学界对戊戌的会议研讨达到了顶峰。会后出版了王晓秋主编《戊戌维新与近代中国的改革——戊戌维新一百周年国际学术讨论会论文集》。② 纪念性质的学术会议连续举行,为学界建立了可以就共同话题展开讨论的平台,同时也扩大了戊戌研究的学术影响力。

其次,资料文献的整理出版成绩斐然。从1979年到1999年,一些历史人物的函电、书牍、笔记、日记、年谱、回忆录得到整理刊行,为戊戌变法史的研究提供了丰富的文献支持。史料是史学研究的基础保障,新材料的发现和出版是推动研究深入的重要动因之一。

1981年,中华书局出版了汤志钧编《康有为政论集》上下册(中华书局1981年版),选收反映康有为政治、学术思想的重要论文、信函、序跋、诗歌等,约86万字。上海市文物保管委员会从康有为后人捐赠的遗稿中选出部分未刊手稿和抄件,编辑出版了"康有为遗稿"系列之《康有为与保皇会》《戊戌变法前后》《列国游记》及《万木草堂诗集》(上海人民出版社1982—1996年版),还影印了《康有为〈大同书〉手稿》(江苏古籍出版社1985年版),为研究康有为生平及其政治活动与思想提供了更完善的资料。1984—1992年,中华书局陆续推出由楼宇烈整理的"康有为学术著作选"10种,包括《论语注》《孟子注》《礼运·中庸注》《长兴

---

① 这4册文集是广东康梁研究会编:《论戊戌维新运动及康有为、梁启超》,广东人民出版社1985年版;李时岳、方志钦主编:《戊戌维新运动研究论文集》,广东康梁研究会,1988年;广东康梁研究会编:《戊戌后康梁维新派研究论集》,广东人民出版社1994年版;方志钦、赵立人、林有能主编:《康有为与戊戌变法学术研讨会论文集》,《学术研究丛刊》之一,1999年。

② 王晓秋主编:《戊戌维新与近代中国的改革——戊戌维新一百周年国际学术讨论会论文集》,社会科学文献出版社2000年版。

学记·桂学答问·万木草堂口说》《诸天讲》《康子内外篇·实理公法全书·民功篇》《春秋董氏传》《康南海自编年谱（外二种）》等，这套丛书编选精审，翔实可信，有很高的史料价值。1988年由中山大学出版社出版《康有为早期遗稿述评》第一次将《杰士上书汇录》及《日本变政考》序跋、按语等整理刊布，使广大研究者得以看到康有为在戊戌年当时的真实思想。由姜义华、吴根樑编校的《康有为全集》也出版了前3卷（上海古籍出版社1987—1992年版）。成书于30年代的梁启超《饮冰室合集》在1987年再次由中华书局重印，为研究者提供了便利条件；20世纪30年代丁文江所编《梁任公先生年谱长编初稿》（未刊油印本），经赵丰田补充后，也于1983年由上海人民出版社印行。此外，还有李国俊《梁启超著作系年》（复旦大学出版社1986年版），王栻主编《严复集》（中华书局1986年版）等。

戊戌时期是近代报刊兴起发展的重要阶段。1991年中华书局陆续影印出版了戊戌时期著名的报刊《强学报》《时务报》《昌言报》《集成报》《实学报》及《清议报》；《知新报》则由上海社会科学院出版社于1996年影印出版。这些报刊的集中出版对于研究戊戌启蒙思想和近代社会史、新闻史都有极大的促进。1995年，中华书局出版了《光绪朝朱批奏折》120册，1998年广西师范大学出版社出版《光绪宣统两朝上谕档》，连同50年代出版的《戊戌变法档案史料》，将有关戊戌变法的上谕、奏折等官方文献基本上被搜罗殆尽。1998年，朱育和、蔡乐苏、王宪明主编的《戊戌变法文献资料系年》也由上海书店出版社出版，该书逐日排比史事，裁剪精当，通过史料系年的方式揭示了涵盖广泛的戊戌变法背景。

此外，夏晓红编《追忆康有为》《追忆梁启超》对康、梁传记文献作了较为广泛的收录[1]；陈义杰整理的《翁同龢日记》第5册、第6册，也在戊戌变法百周年之前出版。[2] 同年，由翁同龢后裔、旅美学者翁万戈辑录的翁同龢文献第一编《翁氏家藏文献·新政变法》也由台北艺文印书

---

[1] 夏晓红编：《追忆康有为》《追忆梁启超》，中国广播电视出版社1997年版。
[2] 陈义杰整理：《翁同龢日记》第5、6册，中华书局1997、1998年版。

馆出版，该书集中收入与戊戌维新关系密切的一些未刊文献，诸如翁同龢所录康有为《第一书》之原件，就曾引起学者的关注。此外，戊戌变法中的重要人物张荫桓的戊戌日记，经收藏者王贵忱整理，在澳门出版。①

最后，研究著作和人物传记大量出版。王栻的《维新运动》（上海人民出版社1986年版）是中国一部全面论述戊戌维新的论著，肯定戊戌维新是在帝国主义掀起瓜分中国狂潮的背景下发生的一场爱国救亡运动。汤志钧的《戊戌变法史》（人民出版社1984年版）是作者多年研究成果的集中体现，比较全面地展示了作者的主要学术观点。吴廷嘉的《戊戌思潮纵横论》（中国人民大学出版社1988年版）着重以维新救亡向西方寻求真理为标志的社会思潮为研究对象，并把它概括为"戊戌思潮"，同西方启蒙思潮以及日本明治维新进行比较，提出了一些与传统看法不同的观点，是戊戌维新研究的新收获。郑海麟著《黄遵宪与近代中国》（生活·读书·新知三联书店1988年版）把黄遵宪的思想和活动置于近代中国剧烈变动的大背景下，对其早年的外交经历、变法活动、著书立说及其在近代诗歌革命中的突出作用，都进行了扎实缜密的论述。1994年，费正清、刘广京编《剑桥晚清中国史》中译本出版，介绍了海外学界研究晚清政治史（包括戊戌变法）的基本看法。② 1998年，蔡乐苏、张勇、王宪明所著《戊戌变法史述论稿》③，关注到维新变法方案的多样性及百日维新时期中央高层、地方士绅与维新志士三者之间的分化、结合、排斥的复杂关系。王晓秋、尚小明主编《戊戌维新与晚清新政——晚清改革史研究》（北京大学出版社1998年版）将戊戌维新放在晚清三次改革高潮的背景下进行考察，同时又把戊戌维新放在中西改革的多角度比较中进行定位，无疑为戊戌研究提供了新的视野。

90年代后，一些前辈学者也相继推出自己的新作和旧作修订本。汤志钧出版文集《乘桴新获——从戊戌到辛亥》及《维新·保皇·知新

---

① 王贵忱整理：《张荫桓戊戌日记手稿》，澳门尚志书社1999年版。
② ［美］费正清主编：《剑桥晚清中国史》，中国社会科学院历史研究所编译室译，中国社会科学出版社1994年版。
③ 蔡乐苏、张勇、王宪明：《戊戌变法史述论稿》，清华大学出版社2000年版。

报》，前者收入了作者根据在日本、新加坡等地新发现的资料所做的最新研究。① 1997 年，石泉的《甲午战争前后之晚清政局》这本完成于 1948 年的研究生论文，当年是由著名史学家陈寅恪指导，历经沧桑，得以重新发现并出版。② 该书将戊戌变法放在晚清政局变迁的历史进程中予以研究，虽史料条件与认识水平都不免有时代的局限，但传统的治史传统和优良学风对学界启迪尤不可小视。此外，中国台湾前辈学者王树槐、黄彰健等人研究戊戌变法的力作《外人与戊戌变法》与《戊戌变法史研究》也在大陆先后出版③，这无疑对促进戊戌变法史研究大有助力。

这一阶段研究的特点是人物传记出版多。仅康有为的传记就有林克光《革新派巨人康有为》（中国人民大学出版社 1990 年版），萧公权著、汪荣祖译《近代中国与新世界：康有为变法与大同思想研究》（江苏人民出版社 1992 年版），董士伟《康有为评价》（百花洲文艺出版社 1994 年版），何一民《维新之梦——康有为》（四川人民出版社 1995 年版）。这些新的传记很大程度上采用了新资料，吸收了最新的研究成果。有关梁启超的传记，主要有孟祥才《梁启超传》（北京出版社 1981 年版），李喜所、元青《梁启超传》（人民出版社 1994 年版），耿云志、崔志海《梁启超》（广东人民出版社 1994 年版），杨天宏《新民之梦——梁启超》（四川人民出版社 1995 年版），列文森《梁启超与近代中国思想》（刘伟译，四川人民出版社 1986 年版），张灏《梁启超与中国思想的过度（1890—1907）》（崔志海、葛夫平译，江苏人民出版社 1993 年版）等。这些人物传记同样是了解和研究戊戌的重要组成部分。

## 四　21 世纪的戊戌变法史研究（2000—2012）

进入 21 世纪后，戊戌研究仍然呈现出繁荣的景象。2003 年，汤志钧

---

① 汤志钧：《乘桴新获——从戊戌到辛亥》，江苏古籍出版社 1990 年版；汤志钧、汤仁泽：《维新·保皇·知新报》，上海社会科学院出版社 2000 年版。
② 石泉：《甲午战争前后之晚清政局》，生活·读书·新知三联书店 1997 年版。
③ 王树槐：《外人与戊戌变法》，上海书店出版社 1998 年版；黄彰健：《戊戌变法史研究》，上海书店出版社 2007 年版。

《戊戌变法史》修订本出版①，作者吸收了在海外访查获得的新材料，重申了自己在某些问题上的见解，是对50年戊戌研究的一次总结。2007年，张海鹏主编《中国近代通史》出版，其中马勇所著《从戊戌变法到义和团运动》第8卷吸收了近年来的新成果，为近年来研究戊戌的一部力著；郑大华主编的《戊戌变法与晚清思想与文化转型》（社会科学文献出版社2010年版）则汇集了从思想史和文化史视角研究戊戌的最新成果。人物研究与传记的新成果包括：廖梅《汪康年：从民权论到文化保守主义》（上海古籍出版社2004年版），钟家鼎《李端棻评传》（海南出版社2004年版），贾维《谭嗣同与晚清士人交往研究》（湖南大学出版社2004年版），郑海麟《黄遵宪传》（中华书局2006年版），左鹏军《黄遵宪与岭南近代文学论丛》（中山大学出版社2007年版），赵立人《康有为》（广东人民出版社2012年版），王莲英《张荫桓与晚清外交》（光明日报出版社2011年版），王夏刚《戊戌军机四章京合谱》（中国社会科学出版社2009年版），李提摩太《亲历晚清四十五年：李提摩太在华回忆录》（李宪堂、侯林莉译，天津人民出版社2005年版），李春馥的《戊戌时期康有为议会思想研究》（人民出版社2010年版）等。

同时，国家清史工程的启动也推动了一批资料书的出版，如汪叔子、张求会编《陈宝箴集》（全3册，中华书局2002—2005年版），谢俊美编《翁同龢集》（上下册，中华书局2005年版），陈铮编《黄遵宪全集》（上下册，中华书局2005年版），《康有为全集》（全12册，中国人民大学出版社2007年版），赵德馨主编《张之洞全集》（全12册，武汉出版社2008年版），顾廷龙、戴逸主编《李鸿章全集》（全39卷，安徽教育出版社2007年版），杨琥编《夏曾佑集》（上下册，上海古籍出版社2011年版）相继出版。此外尚有任青、马忠文整理的《张荫桓日记》（上海书店出版社2004年版），汪林茂编校的《汪康年文集》（浙江古籍出版社2011年版），《清代维新变法档案——〈校邠庐抗议〉百官签注》（全30册，线装书局2011年版）等。这些文献的整理出版，为推动戊戌研究的深入提供了坚实的基础。

---

① 汤志钧：《戊戌变法史》，上海社会科学院出版社2003年版。

## 第二节 维新派与维新运动研究

### 一 康有为的评价问题

康有为是维新派的领袖。康有为历史评价问题自50年代起，学界就有争论。但通常是将其早年的维新活动与民国初年的复辟活动关联起来说的，评价颇为复杂；而且康、梁在革命成为时代主题后，其落后性不言而喻。也有论者主张分阶段评价康有为。[①] 不过，90年代的研究已经大大推进了一步，用更加实证的方法对这个问题展开了新的讨论，当时颇具影响。

一般论者认为康在戊戌新政中有举足轻重的地位：康的奏议成为变法上谕的张本，康本人更是左右朝政达百日之久。康氏门生徐勤更是将康比拟成王安石，将光绪帝比拟为宋神宗，将戊戌变法比拟为熙宁新政。邝兆江对这种戊戌变法研究中流行的以康有为为中心的解析提出了质疑。他认为，康氏在戊戌年只是六品主事，在朝的地位根本不能与入朝拜相的王安石比；康有为奏议与变法上谕的关系，也不能仅从内容的相似性去分析，还应注意到清廷处理公文和制定决策的程序，康的建议经过军机处和总署大臣的复议，是否还能完全视为康的主张？何况，有些主张早已是戊戌时期具有革新思想的人士的共识，未见得出现在康的条陈中，就是康氏的创始建议；而康有为替杨深秀、宋伯鲁、徐致靖等人代拟奏折的做法，也增加了问题的复杂性。此外，光绪帝对康有为是否已经到了言听计从的地步，也是可以再讨论的；历来认定光绪帝与康有为紧密合作的看法，其实包含不少推想、假设的成分。当然，上述意见并不是否定康对戊戌变法的贡献。在甲午战争后掀起的变法活动中，康有为代表了一股来自既有权力构架外缘的政治势力，他们试图开辟途径，直达当政的光绪皇帝，以实现自己的政治理想，为此，康党甚至采取了操纵言官等超越常规的举措，并导致敌对势力的反扑，后来文悌、许应骙参劾康有为与杨崇伊吁请慈禧重

---

[①] 汤志钧：《论康有为与保皇会》，《近代史研究》1981年第3期。

行训政，正是沿着这条线索发展而来的。因此，邝兆江认为，康有为与百日维新不可分割的关系，不表现于他身膺高位，统筹变法，也没有确凿证据说明光绪帝要大用他。但康氏的言论和活动对戊戌新政的进程及政变的发生确实都有直接关系。政变后康有为在英国人营救下逃往香港，实由当时环境促成，与康氏在百日维新期间的活动无关，更不是英国人出于对康的偏袒或好感。当时外国人对康的态度都基于一个假定，即康在新政期间曾是皇帝的亲信谋臣，终因位高势危，遭到顽固派、亲俄派的倾轧。遭到通缉的康有为正是利用外国人对中国内情的隔阂，极力树立自己皇帝近臣、流亡政要的形象。康有为从吴淞口被英国人营救的那一刻开始，便急于整理出一套有关中国政情的解释，用以说服英国人以换取他们的信任和继续庇护，从奉诏求救的说辞到保皇宗旨的确立，使康有为找到了他日后政治活动的基本方向，这也是他能够得到华侨捐款并游历列国、周旋于国家元首、政要中间的原因。[①]邝兆江还以康有为《请开制度局折》的议复过程为例，说明康氏只是在外围利用上书、人事关系等途径，试图影响清廷的最高决策，然而成功与否，却不是他能够预知和掌控的。百日维新一定程度上说，是康派与清廷的行政、权力结构接触、相互作用出来的结果。康的积极活动不应是戊戌维新唯一重要的线索。[②]

汪荣祖不赞成邝兆江对戊戌变法所做的翻案观点，批评邝氏观点受到黄彰健的影响，逐一予以反驳。他认为，戊戌年的康有为官职虽小，并不妨碍其开风气之先，成为戊戌变法的精神领袖，仅此即可与熙宁变法中的王安石相比拟；康氏未居高位，除了体制约束、保守派的阻力，以及光绪权力不足外，还因康在新政前已是极具争议的人物，涉及非圣（反孔）与以夷变夏等文化层面的纷争。另外，再次强调《戊戌奏稿》不能视为伪作，从康氏思想的整体性和一贯性看，即使戊戌年的奏折原件也不能完全反应康的变法思想。一贯主张民权的康氏，在戊戌年为了推行变法，不得不强调君权，暂时不谈议院，这是一种务实的策略论运

---

[①] 邝兆江：《戊戌政变前后的康有为》，《历史研究》1996年第5期。
[②] 邝兆江：《上谕档戊戌史料举隅》，《明清档案与历史研究》下册，中华书局1988年版，第1118—1122页。

用，到辛亥年编辑《戊戌奏稿》时回到民权主张，也是顺理成章之事。奏稿对于康氏变法思想研究之价值并未"锐减"。作者又批评"光绪对康的态度暧昧不清"的说法，认为光绪派康办《时务报》是政局紧张的情况下令其脱离险境，出于保护康氏的考虑。基本而言，作者仍维护传统看法，认为戊戌政变后康成为第一号政治流亡分子与其政变前官位的高低、身份的尊卑，毫不相干，而与其对戊戌变法及政变的重要性相应。①

房德邻也对邝兆江"重新评估康作为戊戌变法核心人物的历史形象"的观点提出异议，坚持康氏是戊戌变法的核心人物，认为虽然新政来自多源，"绝非康有为一派所能垄断"，但强调那些不出洋务范畴的新政诏令是否出于康氏没有什么特别新鲜之处，关键是康有为提出的先开制度局以变法律这种政治层面进行的变革才是贯穿变法始终的一条主线。无论建议开设制度局，还是议政处、议政院、立法院，或懋勤殿，虽名目不同，实质则一，都是从权力分立角度设计的议政机构；而光绪皇帝对这种可以任用新人、摆脱慈禧"懿旨"和守旧大臣"议复"束缚的机构，表现出异乎寻常的热情。自康有为提出开制度局的建议后，新旧斗争的焦点就集中在他身上，他也就成为戊戌变法的核心人物之一。而康通过上章奏和进呈所著书籍，为皇帝统筹变法大局，影响了变法的步骤和进程，甚至影响了皇帝的思想和性格。虽然不能说光绪皇帝的变法思想都来自康的影响，也不能说他对康言听计从、全无分歧，但比较而言，他受康有为的影响最大最深，对康的意见最为重视。光绪帝是变法的主持者，康则是他的主要顾问。房德邻认为，康氏作为维新派的领袖地位及其影响在变法时期已经形成，并获得社会的承认，即使政变发生时也将康作为"结党营私、莠言乱政"的祸首，可见政变后康在海外活动时产生"流亡政要"的影响并非偶然，康的作用和地位是历史形成的，不能全数归结于康利用（改窜、假造）密诏在海外的宣传。②

---

① 汪荣祖：《也论戊戌政变前后的康有为》，《历史研究》1999 年第 2 期。
② 房德邻：《论维新运动领袖康有为》，《清史研究》2002 年第 1 期。

## 二 关于公车上书的争论

发生于光绪二十一年的公车上书,一直被认为是戊戌变法史上的重大事件。自1998年以来,围绕"公车上书"的真伪等问题,学界屡有争论。1999年7月,姜鸣在《光明日报》撰文,根据黄彰健、孔祥吉、汪叔子、王凡等质疑康有为发动"公车上书"问题的研究成果,指出当时举人上书也未受到阻碍,康有为所说都察院拒收其万言书不实,康有为根本没有去上书,而且当时官员才是反对马关议和有影响力的主体。因而作为历史事件的"公车上书"并不存在。① 同年12月,汤志钧针对姜鸣的观点,引用《汪康年师友书札》、天津《直报》等材料,指出当时确有康有为领导举人进行"公车上书"一事。② 2003年,汤志钧出版《戊戌变法史》(修订本),对于"公车上书",坚持自己在初版本中的观点,认为都察院以清政府已在《马关条约》上签字,无法挽回,拒绝接受康有为的上书。2006年,姜鸣著《天公不语对枯棋》出版,③ 仍然不同意汤志钧的观点,坚持认为康有为发动"公车上书"是一场大骗局的观点。

2005年,茅海建在分析黄彰健、孔祥吉、汪叔子、王凡、姜鸣、欧阳跃峰等研究的基础上,发表《"公车上书"考证》,利用中国第一历史档案馆所藏的档案文献,从政治决策的角度,对公车上书的背景、运作过程及其影响重新进行了考察,认为当时的"公车上书"可以分为两种理解。一种是由政治高层发动的、文廷式等京官组织的上书,上呈的折件达31件,签名的举人有1555人次,且上书已达御前,对政治决策有所作用;另一种是由康有为组织的18省举人的联名上书,那是一次半途而废的上书活动,对当时的政治并未产生实际的影响。只是后来康有为混淆视听,将后一种意义上的"公车上书"夸大,将自己描述成上书活动的领袖,才造成了不少误解。④ 2007年,房德邻撰文对此作出有针对性的辩驳,认为茅文所说翁同龢、李鸿藻等高层人物通过向外泄露消息、鼓动京官和举人

---

① 姜鸣:《真有一次"公车上书"吗》,《光明日报》1999年7月24日。
② 汤志钧:《公车上书答客问》,《光明日报》1999年12月14日。
③ 姜鸣:《天公不语对枯棋》,生活·读书·新知三联书店2006年版。
④ 茅海建:《"公车上书"考证》,《近代史研究》2005年第3、4期。

上书反对议和、利用舆论逼迫皇帝拒和再战的观点，并没有直接的史料支撑；"公车上书"也非京官策动和组织的，第一批举人上书系由康有为鼓动而起，时间比其他京官大规模上书略早，后又联络18省举人上书，是"公车上书"当之无愧的领袖；康氏到都察院上书被拒是有可能的，都察院曾有拒收上书的记录，而拒绝康氏的理由可能是万言书言辞过激。① 贾小叶也根据刘坤一、王文韶的电奏提出了与茅文不同的商议。② 对此，茅海建又撰文回应，从史料的主观解读与史家的价值判断的角度，引用《退想斋日记》《康有为自写年谱手稿》等材料再次申说，坚持自己的观点。③

### 三 关于强学会、强学书局与京师大学堂的关系

强学会、强学书局、京师大学堂与北京大学有着直接的渊源关系。在1998年北大校庆百周年之际，学者们对这个问题的探讨又深入了一层。闫小波从各类文献的异同出发，梳理了强学会成立前后名称的变化及原因。在光绪二十一年（1895）七八月间康有为倡议设立强学会时，拟议中称为"会"，但是其他京官唯恐有干禁令，极力避免称会，待康有为出京南下，十月正式成立时是强学书局，以译书、办报为主。但康、梁后来的文字中仍称强学会，而不提"局"，故"会"的影响更为广泛。康有为受张之洞支持在上海设立变法组织，直接称上海强学会，正反映了康的本来意图。后来强学书局被查封，官书局正是接续强学书局而恢复的机构。因此，从官书局和戊戌年梁启超奉旨办理的译书局并入京师大学堂的事实，可以看出北京大学的源头所在。④

汪叔子研究了文廷式与京师强学书局成立的关系，指出文氏虽居副董之名，实为强学书局的实际领袖。书局仿照近代股份制公司制度，又采取

---

① 房德邻：《康有为与公车上书——读〈"公车上书"考证补〉献疑》，《近代史研究》2007年第1、2期。
② 贾小叶：《也谈刘坤一、王文韶的两件电奏》，《近代史研究》2007年第3期。
③ 茅海建：《史料的主观解读与史家的价值判断——复房德邻先生兼答贾小叶先生》，《近代史研究》2007年第5期。
④ 闫小波：《强学会与强学书局考辨——兼议北京大学的源头》，《北京社会科学》1999年第1期。

西方议院"公举""公议""择众而从"的原则,以政治维新为宗旨,拟建立包括博物院、图书馆、译著局、学校、报馆为一体的文化企业,招集股友,以京官为主,同时不拘官生,股友除了通信议事外,可以到局看书、观器,参加会课、讲求学问,已经具备了政治社团的意义。①

王晓秋分析了甲午战败后维新派呼吁变法、兴学校、育人才社会思潮及其影响,对京师大学堂从酝酿倡议到创办的历史过程进行了梳理,强调了康有为、梁启超等维新志士对创办京师大学堂的重要作用。② 巴斯蒂通过对创办大学堂的奏折、大学堂章程中对科学给予的地位,以及大学堂实际的科学教学活动的考察,指出京师大学堂的科学教育中,科学并不与西学相等同;科学被当作同属中学和西学、本身不能分割的一门学问;而且教学实行专业分科,每科内部又实行基础知识与应用技术的结合。这些反映了近代中国人求知目的与知识标准的一次彻底变革。③ 此外也有学者对孙家鼐、李盛铎与京师大学堂的关系进行了专门考察。④

### 四 有关保皇会研究

对康、梁在戊戌后的政治活动尤其是保皇会研究的深入是 90 年代戊戌研究的一大特点。既往对保皇会的研究大多从政治层面予以评判,对于其内部运作及分歧关注不够。90 年代,由保皇会成员谭良保存下来的有关康、梁与保皇会活动的资料的刊布,改变了这种情况。由谭氏后人谭精意提供的这批资料,先由《近代史资料》发表部分内容⑤,后由方志钦、蔡惠尧编辑为《康梁与保皇会——谭良在美国所藏资料汇编》(天津古籍出版社 1997 年版)出版。⑥ 他们还依据上述资料,研究了康有为在美洲利用华侨捐款进行保皇政治活动的同时投资实业、经商盈利的活动,如谭良负

---

① 汪叔子:《京师强学书局的性质》,《江西社会科学》1999 年第 11 期。
② 王晓秋:《戊戌维新与京师大学堂》,《北京大学学报》1998 年第 2 期。
③ [法]巴斯蒂:《京师大学堂的科学教育》,《历史研究》1998 年第 5 期。
④ 参见孔祥吉《李盛铎与京师大学堂》,《晚清史探微》,巴蜀书社 2001 年版。
⑤ 谭精意供稿,阮芳纪、黄春生、吴洁整理:《有关保皇会十件手稿》,《近代史资料》总 79 号。
⑥ 该书修订本于 2008 年由香港银河出版社出版。

责经营的琼彩楼及欧榘甲、叶恩等负责的振华公司即是保皇会名下的商务机构。但是，由于康、梁师徒、党徒渐为利欲所迷，钱财纠纷接二连三发生，在内讧外患困扰之下，康有为和保皇会在海内外华人心目中的声望江河日下，最后蜕变为时代的落伍者。① 谭精意则研究了流亡海外的康、梁筹措经费，派遣保皇会子弟出国留学，以培养将来改革中国的领导力量的宏图远虑，并具体考察了保皇会会员动用各种资源，安排学生出国、办理移民、择校、选择专业的各个环节，虽然少数学生担负暗杀慈禧与"贼党"的秘密任务，但总体上保皇会派遣留学生的进步意义是可以肯定的。②

迟云飞考察了康、梁在"己亥建储"事件中与地方实力派人物李鸿章、张之洞、刘坤一等人的联络，在预备立宪过程中与清廷大臣端方、戴鸿慈、善耆、溥伦等人的联络，在倒袁斗争中与少壮亲贵集团成员载涛、载洵等人的联络。过去的研究认为，康、梁等人与清政府官员的关系，是他们在政治上倒退和堕落的标志。迟云飞认为实际上并非如此。他们与清廷官员的联络，基本上是为了促进维新，推动改革，加快实行立宪和开设国会的步伐，这种联络对清末政局、清政府的政策及某些官员的政治态度都产生过一定影响。③

## 第三节　相关人物研究

### 一　翁同龢开缺原因

翁同龢在百日维新开始后不久被开缺回籍，对戊戌政局影响至为重要，但是，究竟翁氏开缺是慈禧还是光绪决定的一直有所争论。谢俊美根

---

① 方志钦、蔡惠尧：《评康有为的商务活动》，《广东社会科学》1997年第2期；蔡惠尧：《试论保皇会失败的内部原因》，《近代史研究》1998年第2期；蔡惠尧：《康有为、谭张孝与琼彩楼》，《历史档案》2000年第2期。

② 谭精意：《关于保皇会派学生出国留学的运动——以谭良档案为中心》，载王晓秋主编《戊戌维新与近代中国的改革》，第473—485页。

③ 迟云飞：《戊戌后康梁与清廷官员的联络活动》，载广东康梁研究会编《戊戌后康梁维新派研究论集》，广东人民出版社1994年版，第323—333页。

据翁氏家藏文献中所藏翁斌孙撰《翁同龢列传》及王崇烈《翁文恭公传书后》，指出翁同龢因援引维新派、支持光绪帝变法而被开缺，其次也有刚毅衔怨报复的因素。① 在 1994 年纪念甲午战争 100 周年之际，学界在关注翁同龢与甲午战争研究的同时，也对戊戌年四月翁氏遭到开缺的原因进行了讨论。

戴逸对萧一山据翁同龢日记的记载，认为翁氏开缺出于光绪帝旨意的说法提出异议，以为证据不充分。除了翁日记曾经删改的因素，翁氏与其他后党重臣关系不洽也是事实。因此，翁同龢开缺仍是由于后党排斥和遵循慈禧的旨意。

俞炳坤也认为，罢黜翁同龢是慈禧一手策划和决定的。当戊戌年三四月间光绪帝向慈禧摊牌索权，慈禧表示"不内制"后，康、梁发动保国会活动，引起顽固守旧势力的反扑，并将矛盾指向同情维新派的翁同龢、张荫桓。因此，翁氏开缺代表了慈禧的旨意，光绪帝颁发朱谕是无奈之举，是慈禧用以欺世惑众的计策；选择在翁氏生辰这天将其罢官，更是后党的卑劣伎俩。

侯宜杰则提出不同看法，认为翁氏开缺是由多种因素促成的，不能仅仅归结于举荐康有为，或归咎于刚毅陷害。其实，翁与康在思想认识上原有差距，并不认同康派激进的政治主张，戊戌年四月翁氏屡次抗命，不遵旨意，并遭到中外官员参劾，光绪帝出于政治上的考量，才将翁氏开缺。②

孔祥吉、村田雄二郎则根据日本外交档案中所存张荫桓与日本公使矢野文雄的密谈记录，研究翁氏开缺的内幕，认为导致翁被开缺的原因是他在甲午中主战，随后办理内政外交活动中又出现种种失误，其"专权骄恣"引起了其他官员的反对；在接待德国亲王访华过程中反对皇帝与外人握手等礼节，表现出守旧的态度，也引起了皇帝的不满。③

---

① 谢俊美：《关于翁同龢开缺革职的三件史料》，《近代史研究》1993 年第 5 期。
② 戴逸：《戊戌变法时翁同龢罢官原由辨析》；俞炳坤：《翁同龢罢官原由考辨》；侯宜杰：《略论翁同龢开缺原因》，载常熟市人民政府、中国史学会合编《甲午战争与翁同龢》，中国人民大学出版社 1995 年版，第 163—208 页。
③ 孔祥吉、[日] 村田雄二郎：《翁同龢为什么被罢官——张荫桓与日本公使矢野文雄密谈理读》，《光明日报》2003 年 10 月 14 日。

杨天石也认为，不能从一种固定的思维模式出发认定慈禧是守旧的，便认定翁氏开缺出于慈禧的决定。其实，慈禧并非从一开始就处心积虑地反对变法，只是后来维新活动超越了她许可的底线，触犯了满洲贵族集团的利益和慈禧的权威，才导致慈禧的干预。晚清文献中有关翁氏开缺出于慈禧旨意的各类记载，多出于传闻或猜测，并无确据。相反，由于翁氏办理借款及中德交涉举措不当遭受官员弹劾，以致舆情不洽；而积极变政的光绪皇帝也觉得翁同龢过于持重，故将其开缺，并得到慈禧太后的批准。①

## 二 袁世凯告密问题

由于与政变相关的直接证据很少，相关记载往往彼此矛盾，学者对于政变发生的真正原因各有解释。相比而言，政变因袁世凯告密而起的观点由来已久，并成为评价袁世凯历史功过的重要依据。直到20世纪六七十年代，台湾学者吴相湘、黄彰健提出与传统说法不同的观点，认为政变发生与袁告密无关；房德邻、孔祥吉、林克光等大陆学者也认为在袁世凯告密之前，因御史杨崇伊呈慈禧太后的密折，慈禧一派已经开始行动，而刘凤翰仍坚持旧说。90年代后，大陆学者又对此问题展开激烈讨论。

骆宝善认为，八月初六政变起于袁世凯告密有悖于史实。慈禧训政经过了周密的部署，政变借八月初三杨崇伊疏请训政为契机而发；引发政变的导火线并非袁世凯告密，但袁的自首作为硬证据，坐实了维新党人的罪状，在深层意义上改变了政变的性质。袁世凯戊戌日记的内容基本可信。②赵立人则重申袁世凯告密是慈禧训政、政变发生的原因，不能过于相信袁世凯的《戊戌日记》。③戴逸认为，袁世凯在变法期间一度倾向维新派，通过徐世昌与维新派保持联系，与闻和支持他们的密谋，并且作出了使用兵力的承诺，当时机紧迫时又不敢作出杀荣禄、围颐和园、劫持慈禧太后的冒险举动。八月初五回津尚未告密，初六日晚听到杨崇伊带来的政变发生消息，袁世凯以为事情败露，为保全自己遂合盘端出围园劫持太后的密

---

① 杨天石：《翁同龢罢官问题考察》，《近代史研究》2005年第3期。
② 骆宝善：《袁世凯自首真相辨析》，《广东社会科学》1994年第2期；《再论戊戌政变不起于袁世凯告密——兼与赵立人先生商榷》，《广东社会科学》1999年第5期。
③ 赵立人：《袁世凯与戊戌政变关系》，《广东社会科学》1996年第2期。

谋,致使事态扩大,大批维新派被捕,六君子被杀。袁的告密是被动告密。①

2002年,郭卫东发表文章,提出慈禧太后八月初四日从颐和园回西苑发动政变,是由袁世凯告密所引起,并推测袁世凯告密地点不在天津而是在北京,时间是八月初四。② 刘路生则认为,袁世凯八月初四没有在北京告密的必要与条件,推测徐世昌初四告密说也没有根据。奕劻亦非接受袁世凯告密之人,荣禄才是告密的最佳人选。袁世凯并未党附维新派,光绪帝对袁世凯的知遇之恩远早于维新党人,而保全光绪帝,是袁世凯保全自己的必然选择。袁氏后来的飞黄腾达,正是慈禧对其告密的酬劳。③

与该问题相关,2000年,房德邻发表《戊戌政变之真相》对戊戌政变原因和过程提出了一个重要思维,即"政变经历了一个过程"④。茅海建利用档案材料,精确地考证出慈禧决定离开颐和园是八月初三戌时(晚上八点半至九点钟之间)。⑤ 马忠文认为,这是在收到杨崇伊奏折后作出的决定。而此前,慈禧已知道八月初五光绪帝将在西苑接见伊藤博文,而且在礼部六堂官事件发生后,太后对皇帝是否会再次作出越格的事情——聘请伊藤为顾问官,实在没有充分的把握,只有亲自回宫坐镇,才能让她放心。可以断定,慈禧不仅决定初四回宫,同时也认为宣布训政的时机已经成熟,初五日伊藤觐见光绪帝的外事活动一经结束,初六慈禧便宣布训政,并下密令逮捕康有为、康广仁兄弟。可见,训政上谕与逮捕康有为兄弟的密旨也不会是初六日才会起草的,训政的理由与康有为的罪名很早已经是慈禧及后党人物关注的问题了。总之,政变是在充分准备后发生的。⑥

---

① 戴逸:《戊戌年袁世凯告密真相及袁和维新派的关系》,《清史研究》1999年第1期。
② 郭卫东:《再论戊戌政变中袁世凯的"告密"问题》,《清史研究》2002年第1期。
③ 刘路生:《戊戌政变袁世凯初四告密说不能成立——兼与郭卫东先生商榷》《清史研究》2005年第1期。
④ 房德邻:《戊戌政变之真相》,《清史研究》2000年第2期。
⑤ 茅海建:《戊戌变法史事考》,第87页。
⑥ 马忠文:《戊戌政变研究三题》,《福建论坛》2005年第10期。

### 三　梁启超、黄遵宪、严复的办报活动

甲午战后维新运动的兴起与近代报刊的诞生和发展是息息相关的。近年有关《时务报》《国闻报》及维新派办报活动与政局的关系，都得到关注。

崔志海针对既往研究突出梁启超、黄遵宪在《时务报》办报过程中的重要作用，而有意无意贬低汪康年地位的做法提出商榷意见，认为汪氏作为报馆名副其实的总理，在募集款项、物色人才、确定体例，乃至文字宣传方面都作了大量工作，所谓"投间伺隙、窃取权力"的说法并不公允，不足为凭。汪康年虽然是张之洞的幕僚，但与张在改革思想和政治问题上的看法有很大分歧，并非属于洋务派阵营，而是维新派的一员。《时务报》内部的汪梁之争属于维新派内部因地域和门户之见的权力之争。①

黄升任研究了黄遵宪在《时务报》创办、发展及其在汪康年、梁启超之争中的作用与影响，认为黄氏开始与汪、梁全面合作对报纸的开办至关重要，后来由于理念不同，在报馆管理上与汪康年发生严重分歧。黄遵宪有意将三权分立的法治理念应用到报馆管理中，提议设立董事，议政、行政分开，以图报馆的长久发展。但汪康年误以为是要夺取其总理的职权，终于导致《时务报》内部分裂，梁启超离沪前往湖南时务学堂任教，戊戌年康、梁又请将《时务报》改为官报，维新阵营彻底分化，折射出晚清倡导变法维新的知识群体自身的矛盾性和悲剧性。②

马勇认为，《时务报》创刊伊始黄遵宪以政界大员的身份掌控大局；汪康年协调内外，负责经营和运作；梁启超则以笔端常带感情的如椽之笔负责政论文字，堪称最佳组合。然而，随着戊戌政治进程的展开和《时务报》声名鹊起，黄、汪、梁三人的处境开始变化，丢弃了共患难的创业精

---

① 崔志海：《论汪康年与〈时务报〉——兼谈汪梁之争的性质》，《广东社会科学》1993年第3期。
② 黄升任：《黄遵宪与〈时务报〉》，《学术研究》2006年第6期。

神,导致关系发生逆转,最终分道扬镳,使刊行两年的《时务报》就此结束。从维新运动的宏观进程观照《时务报》创立、发展及消亡的历史,可以折射出近代中国知识分子的一些基本特征。①

黄旦、詹佳如也从报刊史的角度展开研究,认为《时务报》创刊之时即由不同群体共同参与,且各有打算。康有为师徒较之汪康年等人更具有自己的身份认同和鲜明的政治主张,始终有借助报纸宣扬康学的意图,康门弟子试图将《时务报》变为党派宣传工具的做法,最终危及了同人合作。《时务报》悲剧是"文人论政"型的同人报刊因部分成员政治派别角色凸显而导致内部分裂的典型案例。② 也有论者对吴德潇、吴樵父子与《时务报》的关系进行了专门探讨③。

潘光哲则从《时务报》读者群体的反映予以考察,注意到每位读者在阅读报刊时个人关怀的不同与思想立场的差异,和《时务报》与读者之间的互动,提出《时务报》作为传播媒介引发的读者的喜恶乐怒,其实质是思想观念体系/价值系统在公共场域里的趋同或冲突。晚清以降中国"公共空间"的打造、公共论域之形成,抟成中国国族的"想象共同体"之过程,正是以《时务报》为重要的起点。④

孔祥吉、村田雄二郎则利用日本外务省藏外交档案,研究了《国闻报》由严复等维新派出资创办,到被迫挂上日本人旗号,再到最后完全卖给日方的曲折历程。同时,说明清朝统治者与新闻自由格格不入,和中俄在中国的争斗对《国闻报》的影响,其中揭示了以往很少注意到的细节。⑤ 段云章则研究了新加坡华人维新志士邱菽园在新加坡创办《天南新报》,与国内维新人士相呼应,宣传维新救亡思想,和政变后批评顽固派、同情康、梁,以及参与支持唐才常勤王起义的活动,指出《天南新

---

① 马勇:《近代中国知识分子的悲剧——试论〈时务报〉内讧》,《安徽史学》2006 年第 1 期。
② 黄旦、詹佳如:《同人、帮派与中国同人报——〈时务报〉纷争的报刊史意义》,《学术月刊》2009 年第 4 期。
③ 高茂兵、刘伟航:《吴氏父子与〈时务报〉》,《玉林师范学院学报》2006 年第 4 期。
④ 潘光哲:《〈时务报〉和它的读者》,《历史研究》2005 年第 5 期。
⑤ 孔祥吉、[日]村田雄二郎:《从中日两国档案看〈国闻报〉之内幕》(上、下),《学术研究》2008 年第 7、8 期。

报》不仅对研究戊戌变法有所助益，而且对于研究海外华人报刊史也具有重要意义。①

### 四 康有为奏稿的篡改问题

70年代，中国台湾学者黄彰健将《戊戌变法档案史料》与康有为的著述进行比对研究后，推断康有为在戊戌年并非主张"开国会、行宪法"，现在看到1910年出版《戊戌奏稿》中的相关奏折内容曾篡改过。②黄先生的观点得到了大陆学者的响应和重视。80年代，果然在北京故宫博物院发现的《杰士上书汇录》《日本变政考》进呈本、《列国政要比较表》及《波兰分灭记》进呈本，都是康有为戊戌年间奏折与呈书的原本或原始抄件。陈凤鸣认为，《戊戌奏稿》所载部分奏稿都不是康有为当时呈递的真折，"其中有的可能是当时的草稿，或后来根据当时的提纲、摘记等追记重写的，有的则是后来适应新的形势伪作的"③。稍后，孔祥吉又在中国第一历史档案馆发现了康有为《上光绪帝第三书》原折。为此，孔祥吉参酌中国第一历史档案馆光绪二十四年军机处档案和《杰士上书汇录》等原始资料，考订异同，认为《戊戌奏稿》"在许多地方有原则性的改篡，不能反映维新派在变法时期的政治主张"。康有为在《戊戌奏稿》中加进了"制定宪法，立行立宪"的内容，将维新派的政治纲领由开制度局改为开国会，并竭力掩饰其尊君思想，不能代表戊戌时期康有为政治思想的真实面貌。④ 这是对戊戌维新运动史研究的一次重大突破，成为80年代近代史研究的一大亮点。孔祥吉在此基础上写成了《康有为变法奏议研究》一书⑤，进一步澄清了康有为刊布《戊戌奏稿》这桩学术公案的原委，以康氏多次向清廷上书为主要线索，深入探

---

① 段云章：《戊戌维新在新加坡的反响——以〈天南新报〉与邱菽园为中心》，载王晓秋主编《戊戌维新与近代中国的改革》，第457—472页。
② 黄彰健：《戊戌变法史研究》，《"中央研究院"历史语言研究所专刊》，1972年。
③ 陈凤鸣：《康有为戊戌条陈汇录——故宫藏清光绪二十四年内府抄本〈杰士上书汇录〉简介》，《故宫博物院院刊》1981年第1期。
④ 孔祥吉：《康有为〈戊戌奏稿〉的改篡及其原因》，《晋阳学刊》1982年第3期。
⑤ 孔祥吉：《康有为变法奏议研究》，辽宁人民出版社1988年版。此外，还有《戊戌维新运动新探》（湖南人民出版社1988年版）一书。

讨了戊戌维新的曲折进程。林克光、房德邻也就戊戌政变发生的时间等问题进行了探讨。① 此后，充分利用档案文献成为戊戌研究的重要方向，康有为"作伪"的内情逐步得到澄清。

## 第四节　史料与史实研究

### 一　对清宫档案的系统整合与利用

自从 50 年代《中国近代史资料丛刊·戊戌变法》《戊戌变法档案史料》出版后，有关戊戌的基本档案已经被提供出来，可惜，在当时的环境下大陆学界并未认真利用。中国台湾学者黄彰健在 1972 年出版的《戊戌变法史研究》以确凿的证据指出，康有为在 1910 年出版《戊戌奏稿》有编造的嫌疑，强调使用档案研究戊戌的重要性。沿着这个思路，80 年代，大陆学者孔祥吉在中国第一历史档案馆和故宫博物院图书馆发现了康有为《上光绪帝第三书》及《杰士上书汇录》等珍贵文献，推动利用档案研究戊戌进入了新的阶段。同时，房德邻也是这一时期利用档案研究戊戌的学者之一。② 进入 90 年代后期，茅海建开始对戊戌变法进行研究。他不仅将中国第一历史档案馆所藏甲午战争至戊戌政变期间的清宫档案作了全面梳理，还利用了台北故宫及台北"中央研究院"近代史所藏的清代档案，彼此参照，实现了先前学者无法做到的档案整合工作。正是在此基础上，从 2001 年至 2008 年，他先后完成了《戊戌政变的时间、过程与原委——先前研究各说的认知、补正、修正》③、《戊戌变法期间光绪帝对外观念的调适》④、《日本政府对于戊戌变法的观察与反应》（与郑匡民合作）⑤、《戊

---

① 胡绳武主编：《戊戌维新运动史论集》，湖南人民出版社 1983 年版。
② 房德邻：《戊戌政变史实考辨》，载胡绳武主编《戊戌维新运动史论集》，湖南人民出版社 1983 年版。
③ 茅海建：《戊戌政变的时间、过程与原委——先前研究各说的认知、补正、修正》，《近代史研究》2002 年第 4、5、6 期。
④ 茅海建：《戊戌变法期间光绪帝对外观念的调适》，《历史研究》2002 年第 6 期。
⑤ 茅海建、郑匡民：《日本政府对于戊戌变法的观察与反应》，《历史研究》2004 年第 3 期。

戌变法期间司员士民上书研究》①、《戊戌变法期间的保举》②、《救时的偏方——戊戌变法期间司员士民上书中军事外交论》③、《京师大学堂的初建——康有为派与孙家鼐派之争》④、《"公车上书"考证补（一）》《"公车上书"考证补（二）》⑤ 等一系列论文，后收入《戊戌变法史事考》与《戊戌变法史事考二集》。⑥ 这些文章以翔实的档案文献，重新核订旧说，研究戊戌年政治改革的环境、康梁与各派政治力量的关系、清廷高层内部的决策程序及帝后关系、光绪试图摆脱传统外交束缚、拓展自己权力的努力等。由于材料的扩充和细化，戊戌研究的面相得以扩大，相关细节得以澄清。

同时，康有为及其活动仍然是茅海建研究的重心。作者利用档案文献和其他私家著述及康有为自编年谱的不同抄本，对藏于国家博物馆的康有为《我史》（即康有为自编年谱）手稿本进行了细致的鉴注。⑦ 这本著作同样体现出材料丰富、考辨细致的特点。康有为的变法奏疏也是学者始终关注的对象。关于康氏奏疏的真伪及代拟条陈的问题，黄彰健编有《康有为戊戌真奏议》（《"中央研究院"近代史研究所专刊》之一，1974年版），孔祥吉编有《救亡图存的蓝图：康有为变法奏议辑证》⑧，后来又出版了《康有为变法章奏辑考》一书⑨，茅海建结合自己的发现和研究对该

---

① 茅海建：《戊戌变法期间司员士民上书研究》，《近代史研究》2005年第1期。
② 茅海建：《戊戌变法期间的保举》，《历史研究》2006年第6期。
③ 茅海建：《救时的偏方——戊戌变法期间司员士民上书中军事外交论》，《历史教学》2005年第4期。
④ 茅海建：《京师大学堂的初建——康有为派与孙家鼐派之争》，《北大史学》第13辑，北京大学出版社2008年版。
⑤ 茅海建：《"公车上书"考证补（一）》《"公车上书"考证补（二）》，《近代史研究》2005年第3、4期。
⑥ 茅海建：《戊戌变法史事考》《戊戌变法史事考二集》，生活·读书·新知三联书店2005年、2011年版。
⑦ 参见茅海建《从甲午到戊戌——康有为〈我史〉鉴注》，生活·读书·新知三联书店2009年版。
⑧ 孔祥吉编：《救亡图存的蓝图：康有为变法奏议辑证》，《台北联合报系文化基金会丛书》，1998年。
⑨ 孔祥吉编：《康有为变法章奏辑考》，北京图书馆出版社2008年版。

问题提出自己的不同看法。① 概言之,这个时期研究者对清宫档案的研究更加系统、全面,像内务府档案和军机处随手登记档、早事档等小种档案都得到充分使用。

## 二 国外新史料发掘与应用

首先是对以日本档案文献的系统发掘。学界利用的国外新史料主要是日本外务省外交史料馆馆藏档案及日本政治家的私藏文献。其中外交史料馆馆藏未公开出版的史料中存有不少涉及中日关系及戊戌变法的材料。中日学者合作,利用这些日文材料,与中国史料互证,取得了学界注目的新成就。

2004年,茅海建和郑匡民合作发表《日本政府对于戊戌变法的观察与反应》一文,对1896年《中俄密约》签订后,日本政府为对抗俄国,开始对华"修好"外交,关注清朝内部的各政治力量消长,注重培养联日、亲日力量,尤其注重联络实力人物和新派人物等情况作出深入探讨。认为当时的改革派,无论是主张激进改革的康有为及其党人,还是主张渐进改革的张之洞等官员,思想上都有很大变化,大多倾向于联日。

在研读日本外交文献的基础上,邱涛、郑匡民认为,甲午战后至戊戌政变发生前夕,日本联华势力在中国展开了多方活动,其内部各支力量在华联结活动及其工作对象之间虽存在区分,但同时也有交流、协作和整合;中国维新力量在呼应日本联华活动中也存在区分和异同,并逐步形成一个颇为广泛的、复杂的日中结盟的组织圈。以此为核心开展的日中结盟活动,在中国的改革问题上形成针对现行体制的激烈指向,中日结盟观对光绪皇帝产生影响并为其所接受,以及维新势力与日本关系的互动与演变等情况,日益引起慈禧及清政府部分官员的警惕,对戊戌政变的发生产生影响。②

孔祥吉和日本学者村田雄二郎合作,利用日本外务省外交史料馆所藏

---

① 茅海建:《康有为与"真奏议"——读孔祥吉编著〈康有为变法奏章辑考〉》,《近代史研究》2009年第5期;《康有为、梁启超所拟戊戌奏折之补篇——读宋伯鲁〈焚余草〉札记》,《近代史研究》2011年第3期。

② 邱涛、郑匡民:《戊戌政变前的日中结盟活动》,《近代史研究》2010年第1期。

的《清国兵制改革》《清国亡命政客渡来之件》《各国内政关系杂纂（支那支部）》及中岛雄所著《随使述作存稿》等文献研究了刘学询受命前往日本暗杀康梁的种种内幕；戊戌期间光绪帝联合日本大举新政的外交政策的确立情况；翁同龢被罢官的原因；戊戌前后的张之洞、康有为、梁启超与日本的关系演变等问题。引用材料有不少是日本驻华使馆给东京的各类报告，直接反映了当时日本外交官对中国政局的判断。①

此外，德国学者费路利用德国外交档案研究了戊戌变法期间及政变后德国外交官对中国政局的观察，指出德国公使海靖对中国的改革有自己的判断。海靖认为戊戌年最重要的两个新政措施是创办京师大学堂和成立京师路矿局的。他向总理衙门提出京师大学堂必须要有三名德国教员。在德国人看来，中国改革派的主要人物都是广东人，他们头脑中形成了一种"欧洲化的自由主义"，这个强有力的广东帮的首领到政变发生时可能一直是张荫桓。不过，海靖对改革派的态度与英、日外交官不同，当英、日公使希望他一起干预中国人处死张荫桓的行动时，遭到海靖拒绝。英国人的营救康有为、干涉张荫桓的死刑判决，表明张荫桓就是英国人在清政府中的代理人。②

### 三　私家档案的利用

茅海建根据中国社会科学院近代史研究所图书馆所藏"张之洞档案"，对甲午至戊戌时期的史实进行了系列研究。这批档案共计490多函，2000多册，作者将其中关于戊戌变法的文献进行了系统梳理和研究，力图展示戊戌变法的另一个侧面。其研究成果包括：1. 通过对档案中所藏张之洞之子张权，侄子张检、张彬由京中发来的密信，以及张之洞发出的密电底稿，揭示出戊戌变法中的许多鲜为人知的核心机密。2. 根据档案所藏电报、信件，全面考察了张之洞与杨锐之间的关系，揭示了光绪二十一年三月至戊戌年八月，杨锐即常住北京充当张之洞的"坐京"，

---

① 孔祥吉、[日]村田雄二郎：《罕为人知的中日结盟及其他——晚清中日关系史新探》，巴蜀书社2004年版。

② [德]费路：《德国对戊戌变法的反应》，载王晓秋主编《戊戌维新与近代中国的改革》，第427页。

为张提供政治情报、办理各种交代事务的详情。同时指出孔祥吉发现的《百日维新密札》的作者并非李熅瀛（符曾），而是杨锐。3. 根据档案中所藏往来电报，考察了张之洞戊戌前后搜集政治情报的情况，奉命或受雇为他提供各类情报的，除了杨锐，还有在京的至亲至朋，以及部分入京的湖北官员。其亲信赵凤昌则坐镇上海，搜罗各类情报。由此不仅可见当时的政情与舆情，也可见作为地方督抚的张之洞行政决策的一个面相。4. 围绕《时务报》《昌言报》对张之洞与汪康年、黄遵宪等的关系，以及康梁争夺《时务报》前后的情况进行了钩沉。因为利用了张之洞档案中的机密电报、书信，还原了不少内幕，展示了许多以往不清楚的细节，并说明黄遵宪政治地位的盛衰与张之洞甚有关联。5. 考察了戊戌时期张之洞与陈宝箴的交谊，认为陈、张不仅是志同道合的政治盟友，学术、政治思想也大体一致。在干预《湘学报》及湖南维新运动事件中，陈宝箴与张的立场是一致的。两人共同上奏了废八股的科举改制奏折，有抵制康有为学说之意。① 上述研究以张之洞应对时局的视角，通过机密电报、家书等珍贵文献，披露了诸多鲜为人知的内情，丰富了学界对戊戌变法史的认知。

汤志钧先生则利用新加坡邱菽园家藏文献研究了戊戌政变后康有为在新加坡从事保皇活动的一些细节。② 茅海建又据张之洞档案，分析了光绪二十六年至二十七年新加坡侨领邱菽园与康有为决裂的原因，指出张之洞通过清朝驻英公使罗丰禄、驻新加坡领事罗忠尧、两广总督陶模对邱菽园进行了劝说的工作。迫于压力，邱菽园被迫选择纳金免灾的办法，公开登报与康有为决裂。③

---

① 参见茅海建《戊戌变法期间张之洞之子张权、之侄张检、张彬的京中密信》《戊戌变法期间张之洞与杨锐的关系——兼谈孔祥吉发现的百日维新密札作者》《戊戌政变前张之洞与京津沪密电往来》《张之洞与〈时务报〉〈昌言报〉——兼论张之洞与黄遵宪的关系》《张之洞与陈宝箴及湖南维新运动》，上述文章作为"张之洞档案阅读笔记"系列，连载于《中华文史论丛》2010年第3、4期至2011年第1、2、3期。另有《戊戌前后诸政事》（上下），系作者对张之洞档案中其他相关资料的解读，见《中华文史论丛》2011年第4期、2012年第1期。

② 汤志钧：《自立军起义前后的孙、康关系及其他——新加坡丘菽园家藏资料评析》，《近代史研究》1992年第2期。

③ 茅海建：《张之洞策反邱菽园》，《四川大学学报》2012年第1期。

## 四　史料文献考订的主要成果

这个研究特点也是从 90 年代的研究延续而来的。有关文献的版本、形成过程、删改、篡改以及价值评判，都成为研究的课题，并涌现出不少有分量的论著。

### （一）《戊戌政变记》

梁启超的《戊戌政变记》是研究戊戌维新经常引用的资料，事实上也是第一本对戊戌维新从整体上进行描述的著作，他作为当事人的身份，更容易使这本书受到重视。书中以康有为的活动为主线展开的维新运动宏观叙述，迄今已经得到学界的普遍认同，主要观点也被近代史教材和相关专著所承袭。不过，很早就有论者对《戊戌政变记》的记载产生过质疑。为此，学界针对这部著作的形成过程进行了细致的研究。

日本学者狭间直树研究了《戊戌政变记》从报章连载到成书印制的复杂过程。梁启超在《清议报》开始连载《戊戌政变记》的部分篇章时，又在《东亚时论》第 1 号至第 4 号登载相关内容，彼此内容不尽相同，时间大致相同。后因康有为离日问题，梁启超与东亚同文会的部分会员之间发生摩擦，加之文章重复交错，遂停止在《东亚时报》登载。1899 年 5 月下旬，九卷本的《戊戌政变记》出版，其中第 5 篇"政变后论"的部分内容，采用了《东亚时报》创刊号登载的梁启超的寄稿，并删节了《清议报》上连载时攻击、谩骂慈禧等人的语词。《戊戌政变记》九卷本曾有小的修订，一直到 1906 年夏季《新民丛报》停刊后不久，才由广智书局出版八卷本的《戊戌政变记》，新版本删去了九卷本的第 5 卷（第 5 篇），这部分内容恰恰曾发表在《东亚时论》创刊号上。这些请英国和日本对控制慈禧和满洲守旧派的俄国予以抵制的言论，在日俄战争后显然不合时宜；而称满洲人不具备改革能力、慈禧破坏变法的记述也被删去，因为 1906 年清政府已经派出五大臣考察欧洲宪政，八卷本的改订一定程度上可以看作梁向清政府"靠拢"的一个隐讳的证明。[①]

戚学民则解释了《戊戌政变记》初版九卷本的成书过程，重点考察了

---

[①]　[日]狭间直树：《梁启超〈戊戌政变记〉成书考》，《近代史研究》1997 年第 4 期。

该书两个组成部分（新政"本末"与政变"原委"）的主要观点或基本结构的形成、变化和定型过程，证明此书与康、梁师徒 1898 年末至 1899 年初流亡日本时的政治活动密切相关，书中有关戊戌变法的宏观陈述框架和关键细节在形成过程中受到了作者政治活动和当时舆论的影响。《戊戌政变记》不过是以局内人身份申说戊戌政变的真相，是为康、梁达到争取外援、反击舆论等现实目的一个政治工具。① 作者还对《戊戌政变记》从九卷本变为八卷本的时间及背景进行了考察，认为梁启超之所以删削该书，与 1908 年光绪、慈禧先后去世，袁世凯被罢官后的政治形势有关。当时康梁上书摄政王载沣，谋求"赦罪复出"，故将戊戌"围园"密谋隐讳不言，全部归罪于袁世凯的虚构，指陈一切所谓阴谋全部是袁世凯为自保而虚构的。而删去的内容多为批评慈禧和攻击满洲人的言论，与此背景也是吻合的。②

汤志钧也比较了《东亚时报》与《清议报》所载《戊戌政变记》的篇目、编次、章节之异同，《东亚时报》作为日文报刊，在发表梁文时，将攻击慈禧、刚毅等人的词句用空格代替，以避免引起清廷的争议；并对梁启超在出版单行本之前匆忙刊布《戊戌政变记》的动机进行了分析，强调近代史研究要注意版本校勘和档案资料的意义。③

**（二）《康有为自编年谱》**

关于康有为自编年谱成书的时间，学界通常认为撰写于 1899 年年初，康氏自己还有起稿于乙未（1895）的说法。马忠文撰文认为，所谓从乙未年开始撰写年谱的说法应不可靠；年谱的主体内容撰写于 1899 年年初，大致无疑问，但需要说明的是，此后康氏对年谱仍有修订和增删，将其视为康逝世前定稿，可能更为合理一些。把年谱看作 1927 年时康氏内心世界与思想状态的反映，应该是相对准确的。定位于此，更易于把握该年谱的价值。④

---

① 戚学民：《〈戊戌政变记〉的主题及其与时事的关系》，《近代史研究》2001 年第 5 期。
② 戚学民：《〈戊戌政变记〉八卷本作年补正》，《史学月刊》2003 年第 2 期。
③ 汤志钧：《近代史研究和版本校勘、档案求索——〈戊戌政变记〉最早刊发的两种期刊》，《历史档案》2006 年第 2 期。
④ 马忠文：《康有为自编年谱的成书时间及相关问题》，《近代史研究》2005 年第 3 期。

茅海建在对康有为《我史》手稿本进行笺注的基础上，对《我史》的书名、写作时间及其各抄本与刊本的关系进行了考订，确定其写作时间为光绪二十四年，认定各抄本、刊本在文字上与"手稿本"并无大的差异，通过对"手稿本"上康有为本人修改手迹的辨认，发现《我史》已经过康有为事后的修改，内容有不小的变化，其中《民苏篇》应写于光绪十三年，《人类公理》《公理书》属后来的添加，而大同思想、诸天讲的思想也属后来的添加。①

**（三）《诡谋直纪》**

《诡谋直纪》是20世纪80年代发现于日本外交档案中一篇关于戊戌政变的重要文献，是日本驻上海领事小田切万寿之助给外务省寄来的毕永年所写的《诡谋直纪》，涉及戊戌政变时维新党人是否有过"兵围颐和园捕杀西太后"的密谋问题。

逃亡海外的康有为、梁启超对此毫不承认，而维新党人毕永年的《诡谋直纪》中却详细记录了康有为劝其带兵围园的内情。房德邻经过研究认为，其实，毕永年所记并不是很可靠的，围园密谋仍有进一步讨论的必要。② 最早发现该文献的汤志钧则对房德邻的观点提出了反驳意见，认为这篇文献反映的情况是可信的。③

有鉴于此，孔祥吉、村田雄二郎对日本外务省外交史料馆所藏毕永年戊戌政变日记，从字体入手进行全面考察，说明《诡谋直纪》既不是像小田切万寿之助所称系毕永年本人"记述"，也不是由毕永年本人提供草稿，再由日本驻上海领事馆代为誊录的，而是由日本人根据与毕永年谈话整理而成的一篇文献。小田切万寿之助向日本外务省呈递《诡谋直纪》的目的，则是受张之洞的请求，为了丑化康、梁等维新派在政变过程中的形象，以图迫使康有为早日离开日本。将维新派在万般无奈的情况下策划对付慈禧等人的活动称作"诡谋"，可证实此文之作者及代递者的立场并不

---

① 茅海建：《"康有为自写年谱手稿本"阅读报告》，《近代史研究》2007年第4期。
② 房德邻：《维新派"围园"密谋考——兼谈〈诡谋直纪〉的史料价值》，《近代史研究》2001年第3期。
③ 汤志钧：《关于〈诡谋直记〉》，《清史研究》2002年第5期。

客观，故不可简单视为信史。①

### （四）《翁同龢日记》与袁世凯《戊戌纪略》

《翁同龢日记》是研究戊戌变法的重要文献，但是历来因翁氏生前曾经删改日记的问题，使得学界对该日记的史料价值将信将疑。孔祥吉、村田雄二郎将已刊翁氏日记与现藏美国的翁氏日记原稿本进行了比对，对于翁氏自己挖补、修改之处，以及20世纪20年代影印者出于为尊者讳的目的对部分内容的遮盖和删节之处，都分别作了细致研究。他们认为翁氏对有关康有为的记载做过一些改动，但都是只言片语，而且非常有限，对整个日记的价值影响并不大。②

另一种极具争议的文献是袁世凯的《戊戌纪略》。因为袁世凯并无记日记的习惯，论者对袁氏仅有的日记性质的《戊戌纪略》可靠性极为怀疑。日记中对戊戌年八月初三日谭嗣同夜访袁世凯的情节有细致记述，且与梁启超的《戊戌政变记》有所不同。以往由于袁世凯属于被否定的历史人物，这份写于光绪二十四年八月十四日的文献虽然离政变发生相隔不远，但还是不如《戊戌政变记》那样更为世人所相信。杨天石研究后认为，其实，袁氏的《戊戌纪略》所记载的内容更符合事实。③

## 第五节 关于戊戌变法的性质和历史评价问题

### 一 早期关于戊戌变法评价与性质的争论

新中国成立初对戊戌研究的主要目标都集中在对戊戌的整体评价上，即对戊戌变法性质、历史作用等理论问题的具体评价。戊戌变法代表着时代发展的方向，是进步和爱国的，在这一点上，学界并无分歧。但是在具体表述方面，学界也有细微差别，并产生了相应的学术争鸣。

---

① 孔祥吉、[日]村田雄二郎：《对毕永年〈诡谋直纪〉疑点的考察——兼论小田切与张之洞之关系及其进呈〈诡谋直纪〉的动机》，《广东社会科学》2008年第2期。

② 孔祥吉、[日]村田雄二郎：《〈翁文恭公日记〉稿本与刊本之比较——兼论翁同龢对日记的删改》，《历史研究》2004年第3期。

③ 杨天石：《袁世凯〈戊戌纪略〉的真实性及其相关问题》，《近代史研究》1998年第5期。

对于戊戌变法的性质，邵循正认为是资产阶级改良主义运动，因为维新派虽然主张在政治上进行资产阶级性质的一些改革，却不触及封建统治阶级的政治基础，形式上基本采取和平的、自上而下的方式进行逐渐变革。因此，"它是地主阶级中有一部分人企图使自己转化为资产阶级这一事实而发生的政治运动。他们企图在封建主义的基础上，利用原有的政权力量来发展资本主义。因此，就其本质上看，它只能是资产阶级改良主义运动"[①]。黎澍则强调，"当时中国农村中已有许多征象足以表明农民革命运动可以再起，但维新派是站在反对农民革命立场上的，他们的全部希望寄托在皇帝一人身上，这正是改良主义思想的必然表现"[②]。汤志钧在分析了戊戌变法时清朝统治阶级内部各派系的主张和动态后，也认为甲午战后统治阶级出现分化，由顽固派和洋务派形成的后党把持着政权，而光绪帝身边则聚集了一些没有实权的官僚形成帝党。维新派要求进行从上而下的改革，遂与帝党结合，主张在皇帝的独断下改革某些弊政，基本上还是拥护封建制度的。但是，"从本质上看，这是改良主义运动，他是向封建专制要民主，他的目的是要达到君主立宪"[③]。

刘大年从维新派的阶级基础和政治构成，论证了戊戌维新是改良主义运动的根源。在他看来，维新派的成员是从地主官员转化而来的资产阶级的代表者，他们"主要是半封建、半资本主义的知识分子，国内新式企业的创办者，不满现状的中小官吏和地方绅士"。他们不是当权派，又要求发展资本主义，与封建主义有千丝万缕的联系，没有革命的要求，因此，只能选择"在他们看来是最可行的改良主义道路"[④]。尽管表述各有侧重，但改良主义的定性是一致的。

---

① 邵循正：《戊戌维新运动的积极意义》，载吴玉章等《戊戌变法六十周年纪念论文集》，中华书局1958年版，第41页。

② 黎澍：《关于近代中国历史上的改良主义》，载黎澍《近代史论丛》，学习杂志社1956年版，第73页。

③ 汤志钧：《戊戌变法时清朝统治阶级内部各派系的分析》，载《戊戌变法史论丛》，湖北人民出版社1957年版，第26—27页。

④ 刘大年：《戊戌变法六十年》，载吴玉章等《戊戌变法六十周年纪念文集》，第13—14页。

另一个讨论较为激烈的问题是康有为《大同书》的成书年代及其评价问题。李泽厚认为,《大同书》是"通过乌托邦的方式比较集中和没有掩盖地表达了康有为前期反封建的资产阶级进步思想"①。汤志钧则认为评价过高,指出该书成书年代较晚,大约在1901—1902年,反映的是康氏晚年"反对民族民主革命","主张保皇复辟的理论基础"②。为此,李泽厚写了反驳文章,继续申述自己的见解。③

## 二 80年代之后关于戊戌变法的性质和历史评价问题的探讨

80年代初期学者们回到唯物史观的立场,坚持实事求是的态度,揭露"文化大革命"中颠倒是非的错误做法,倡导恢复历史本来面目。同时,对于"文化大革命"前研究中所存在的忽略中国历史自身的特殊性,将马克思主义理论简单化、公式化,过于强调阶级斗争的分析方式,动辄给历史人物"贴标签"的非历史主义倾向,以及庸俗化地理解阶级斗争的历史作用,夸大太平天国、义和团运动等农民起义和战争的历史作用等问题进行了全面反思和总结。正是在这样的背景下,80年代对戊戌变法的性质、历史作用这些老问题的讨论和争鸣又有了新的高度。

首先,学者们纷纷撰文,反对强加给戊戌维新以"改良主义"的恶谥,力主肯定戊戌变法的积极作用,充分肯定戊戌变法对封建专制主义的猛烈的冲击,是中国近代史上一次救亡爱国运动,也是中国近代史上一次资产阶级思想启蒙运动。林增平认为,把戊戌变法定性为"资产阶级的改良主义"很不妥当,导致人们对其评价偏低。其实,称戊戌变法为改革、改良均可,称作改良主义则是错误的。④ 陈旭麓也认为,改良主义是19世纪西方社会主义运动中"一种很不光彩的政治思想和政治流派",维新派实行的改革,虽然没有发动群众,也没有触动旧的社会基础,却要求做较大的社会革新,与改良主义迥然不同,他们遭到封建顽固派的镇压也可说

---

① 李泽厚:《论康有为的〈大同书〉》,《文史哲》1955年第2期。
② 汤志钧:《关于康有为的"大同书"》,《文史哲》1957年第1期。
③ 李泽厚:《"大同书"的评价问题与写作年代》,《文史哲》1957年第9期。
④ 林增平:《近代中国资产阶级略论》,载《中华学术论文集》,中华书局1981年版,第374页。

明这一点。①

叶林生也认为，改良主义是马克思主义对社会主义运动中的机会主义的一种"恶谥"，用这个概念硬套戊戌变法和维新派，同样违背了历史唯物主义。何况，维新派策划杀荣禄、围颐和园等行动多少带有阶级斗争的性质，具有明显的进步意义。②另外，汤志钧、苑书义等学者，坚持认为将戊戌变法确定为改良主义是适宜的，称其为改良主义，也不意味着会贬低其进步作用；况且，改良主义也非专指工人运动中以不触犯资本主义制度基础的少许改良来代替无产阶级革命的政治潮流，列宁对改良主义特征的论述对研究中国的戊戌变法也有指导意义。③

李时岳的评价更鲜明一些。他认为百日维新"是资产阶级夺取政权的初次尝试。维新派和守旧派的斗争，实质是新兴资产阶级和封建顽固势力之间的阶级斗争"。把中国半殖民地半封建的中国，变为独立的、民主的、资本主义的中国，具有明显的反封建主义性质，绝非改良主义。④杨立强也提出戊戌变法要求君主立宪，已经是资本主义的政权形式了，将其说成仅仅要求改变旧事物的某些枝节方面，显然不符合历史实际。尽管维新人士有过无意从根本上推翻旧制度的言论，但事实上变法过程中激烈的斗争已经昭示出它是"一场真真实实的资产阶级社会变革运动"⑤。更有论者认为"戊戌维新的中心内容是要向封建顽固派夺权，实质是资产阶级向地主阶级夺权，是辛亥革命的一次预演"⑥。对此，陈锡祺表示异议，认为可以给予戊戌维新以较高的评价，但称之为"资产阶级革命"还不能令人信服。从理论准备和当时的国情分析，都不具备通常我们所理解的"革命"的意义。⑦ 上述讨论在当时颇为

---

① 陈旭麓：《中国近代史上的革命与改良》，《历史研究》1980年第6期。
② 叶林生：《戊戌变法是改良主义运动吗？》，《人民日报》1980年7月10日；《关于戊戌变法的评价问题》，《群众论丛》1981年第1期。
③ 汤志钧：《戊戌变法与改良主义》，《学术月刊》1982年第1期；苑书义：《论近代中国的进步潮流》，《近代史研究》1984年第2期。
④ 李时岳：《从洋务、维新到资产阶级革命》，《历史研究》1980年第1期。
⑤ 杨立强：《民族觉醒的一块里程碑》，《复旦学报》1979年第5期。
⑥ 钟珍维：《坚持马克思主义，重新研究维新运动》，《学术研究》1982年第3期。
⑦ 陈锡祺：《关于戊戌维新与辛亥革命》，《中山大学学报》1983年第4期。

热烈。

对于戊戌维新的历史作用及其评价问题，50年代学界普遍认为，维新派指望光绪皇帝自上而下进行变法来摆脱封建主义束缚，实在近乎幻想，而百日维新自身的彻底失败更加证明"改良主义的破产"不可避免。① 到了80年代，仍有类似的评价，而且表述更为严谨全面。胡绳指出，维新派要求变法，要求上层建筑发生某些有利于资产阶级的变革，但对于封建制度的批判是肤浅的，也不是站在封建制度的对立面进行批判，恰恰相反，维新派面对封建制度的灭亡，抱着一种"无限悼惜的心情"，唱着"绝望的挽歌"。可见，戊戌维新运动客观上起到了促进资本主义发展的作用，但主观上不过是想为旧制度注入新的"生机"而已。② 与此相比，李时岳的观点有所不同，他将戊戌维新与太平天国、洋务运动、辛亥革命相并列，作为中国近代史基本线索的四个阶梯，认为戊戌维新的历史意义"不在于'特殊的历史条件下'的'客观作用'，更不在于它的失败'证明了改良主义道路走不通'，而在于它点燃了爱国、民主的火炬，召唤着一代仁人志士为救国救民的真理而献身，召唤着资产阶级革命的到来"③。相比而言，对戊戌变法的评价似乎更高一些。

关于戊戌变法与洋务运动的关系，20世纪50年代的基本看法是二者不存在承继关系，因为，洋务运动是"反动的"，推行的是半殖民地半封建的近代化路线，与具有进步意义的戊戌变法不可同日而语。④ 到了80年代，随着对二者的重新评价，资产阶级的历史地位得到提升，学界开始认为，洋务运动与戊戌维新，洋务派与维新派之间，存在着既否定又肯定的继承关系；二者是前后交错、互相联系的两个阶段，代表了历史前进的方向，是近代中国学习西方、实现资本主义生产方式不同阶段的代表。李时

---

① 参见郭沫若《中国史稿》第4册，人民出版社1962年版，第134页；《中国近代史稿》第3册，人民出版社1984年版，第108页。
② 胡绳：《从鸦片战争到五四运动》，人民出版社1980年版。
③ 李时岳：《从洋务、维新到资产阶级革命》，《历史研究》1980年第1期。
④ 王其榘：《戊戌政变在近代革命史上的贡献》，《历史教学》1953年第2期；汤志钧：《洋务运动与戊戌变法》，《戊戌变法史论》，群联出版社1955年版，第91—100页。

岳、陈旭麓、徐泰来等先后撰文对此进行了新的阐释。① 同样，戊戌变法与辛亥革命的关系，以前过于强调彼此对立的一面，而其相通之处未能引起足够的重视。从运动的性质来看，二者有鲜明的继承关系，同属于资本主义范畴的，只是程度不同而已。②

有关戊戌维新与帝国主义的关系，50年代普遍一边倒地认为维新派对帝国主义抱有幻想，对如何摆脱帝国主义侵略无计可施，没有把帝国主义视为造成中国贫困的最大根源，相反却把这种侵略活动看作可以刺激中国"奋发图强的一副良药"，最终导致变法的失败。③ 这些结论与抗美援朝前后高涨的反帝斗争气氛是有直接关系的。当然，这样的分析不免片面之处。80年代后，学界主张具体分析问题，在一些学者看来，帝国主义当时并未公开反对变法，有些言论还是有利于维新派的；无论其主观动机如何，客观上也还有利于维新运动。即使外国人中也有外交官、传教士的区别，所以，评价也要具体研究，不宜泛泛而论。④ 至于戊戌时期传教士在西学宣传和中西文化交流方面的积极作用，也不可一概抹杀。⑤

关于维新派的政治纲领问题，80年代学界也曾有过讨论。刘大年认为，"设议院""兴民权""立宪法"是戊戌年四月以前维新派的政治纲领，实际上百日维新中康、梁等改良派争取到接近光绪帝的机会后，就抛弃了建立"立宪政体"的政治理想，背弃了自己的政治纲领。⑥ 宋德华则

---

① 李时岳：《从洋务、维新到资产阶级革命》，《历史研究》1980年第1期；陈旭麓：《中国近代史上的革命与改良》，《历史研究》1980年第6期；徐泰来：《戊戌变法与洋务运动》，《史学集刊》1983年第1期。

② 刘曜：《中国近代史研究中的几个问题》，《社会科学战线》1980年第6期；方志钦：《从变法的演变看维新运动》，《学术研究》1983年第3期。

③ 王崇武：《戊戌变法与英帝国主义》，《历史教学》1952年第2期；沈镜如：《戊戌变法与日本》，《历史研究》1954年第6期；林树惠：《戊戌变法前后英帝在华人员的操纵干涉》，《历史教学》1952年第10期；李文海、罗明：《戊戌时期维新派如何认识帝国主义》，《新建设》1964年第5、6期。

④ 王栻：《维新运动》，上海人民出版社1986年版，第379页；徐泰来：《戊戌变法与洋务运动》，《史学集刊》1983年第1期；叶林生：《关于戊戌变法的评价问题》，《群众论丛》1981年第1期。

⑤ 参见梁碧莹《美国传教士与近代中西文化交流》，《中山大学学报》1989年第3期。

⑥ 刘大年：《戊戌变法的评价问题》，《近代史研究》1982年第4期。

认为"背弃"说有失公允，维新派其实一直坚持"革弊政、变成法、去尊隔、通下情、改官制"的政治纲领，其核心是"立制度局以议宪法"，试图依靠君权来推行变法，而非"尊君权"①。房德邻重申"兴民权、设议院、立宪法"作为维新派的政治纲领不容置疑，康有为提出的"设议郎"可视为近代议院的初阶；维新派不提开议院而提出设制度局是因为受到阶级力量薄弱条件的限制，与"开国会、定宪法"的目标相比，只是在实行立宪步骤的迟速上不同而已，不可说维新派"背弃"了自己的政治纲领。②虽然，上述讨论立论各异，却明确了康、梁曾调整政治纲领和目标的实际情况。

此外，自80年代末，起源于文化评价中的"保守主义"思潮，逐渐渗透到史学研究领域。有学者一反学界对戊戌的积极评价，认为戊戌时期乃至整个近代中国，"救亡压倒了启蒙"，因而延误了本来可以正常发展的中国现代化进程，对戊戌变法的激进主义倾向提出了批评。到底是救亡唤起启蒙，还是救亡压倒启蒙，金冲及以为，恰恰是前者而不是后者，这是近代中国国情所决定的。他认为，"救亡不是启蒙的对立物。如果没有救亡这种燃眉之急的强烈推动，中国的民主启蒙运动要在全国范围内达到如此广泛的程度，可能还要经过漫长得多的路程"③。本来，随着研究的深入，学界已认识到"革命"与"改良"二者既能互相兼容，又可彼此牵动，基本上已经抛弃了关于戊戌变法是保守主义与改良主义的评判，予以了实事求是的评价。不料，又出现了视其为"激进主义"的观点。马洪林认为，对同一个历史事件，前有"保守反动"的恶谥，后有"激进主义"的鞭挞，这种反差现象说明，仅仅用现代观念去解释戊戌变法，很容易偏离历史真实、历史文献和学术规则，这种研究方法是不可取的。不可用简单化、绝对化的"保守"与"激进"来概括戊戌变法。④

---

① 宋德华：《戊戌维新派政治纲领的再探讨》，《历史研究》1985年第5期。
② 林克光：《戊戌政变史实考实》，《近代史研究》1987年第2期；房德邻：《维新派政治纲领的演变》，《历史研究》1989年第6期。
③ 金冲及：《救亡唤起启蒙——对戊戌维新运动的一点思考》，《人民日报》1988年12月5日。
④ 马洪林：《略谈戊戌变法的"保守"与"激进"》，《文史哲》1998年第5期。

从 1949 年新中国成立至今，是中国社会主义革命和建设迅速发展的时期。以 1979 年为界，又分为两个明显不同的历史时期。史学研究也不可避免地带有了鲜明的阶段性特征。就戊戌变法研究而言，80 年代及 80 年代以前学界的讨论主要集中在戊戌变法的性质、历史作用、历史地位，以及主要历史人物的评价等问题上，理论色彩强，问题讨论集中，形成了热烈的学术争鸣；90 年代后，这种活跃的氛围已经很少，研究热点比较分散，学者关注的研究对象往往很具体细微，缺乏理论关怀，考据与实证研究更加受到推崇。这种现象已到了值得反思的时候。尽管我们对历史细节的了解增多了，并且纠正了不少既往的谬误，但对整体戊戌变法史的宏观思考可能削弱了，对于目前戊戌变法叙述体系存在的偏颇缺乏整体反思。究其原因，或在于既有研究对康、梁在戊戌变法中的实际影响有夸大的嫌疑；相反，对于清政府在甲午后的整体改革评价过低。如何将康、梁的变法思想及活动与清政府的改革进程协调起来，找到其中的契合点和区别，反映一个改革时代真实全面的历史场景，应是今后戊戌变法史研究的努力方向之一。

# 第 八 章

# 义和团运动史研究

义和团运动是晚清历史上一场十分独特的农民运动。它既是 19 世纪末中国人民反抗外来侵略、保卫社稷家园的一场战争，也是近代中国历史上一场盲目的排外运动；它既曾打出拥护清朝统治的"扶清灭洋"口号，又曾打出主张推翻清朝统治的"扫清灭洋"口号。这场运动没有像太平天国农民战争和辛亥革命那样具有统一组织和领导，它基本上是在 19 世纪末特殊的民族和社会矛盾背景之下从下层民众中迸发的运动，具有很大的自发性和分散性。由于义和团运动所独有的复杂性、多面性及其世界影响，人们对这场运动的认识和评价长期以来众说纷纭，对它的研究不但受研究者的立场的影响，而且深受研究者所处时代背景——国内的和国际政治形势的影响。本章以时间为经，以专题史研究为纬，就新中国成立以来的义和团运动史研究作一回顾。

## 第一节  研究概述

义和团运动作为晚清历史上一场反帝爱国的农民运动，它在新中国的革命史观和中国近代史学科之下，曾与太平天国农民战争和辛亥革命一道，被誉为中国近代史上的"三次革命高潮"之一而受到国内学界的高度重视。回顾 1949 年新中国成立以来的国内义和团运动史研究，随着时代的演变及学术研究的不断推进，大致经历了 1950—1966 年、1967—1976 年、1977—1990 年和 1991—2012 年四个发展阶段。

第一阶段，1950—1966年为义和团运动研究的起步阶段。这一阶段，国内学者发表的与义和团有关的文章和论文近200篇，包括1956年生活·读书·新知三联书店出版的由史学双周刊社编辑的《义和团运动史论丛》和1961年中华书局出版的由中国科学院山东分院历史研究所编的《义和团运动六十周年纪念论文集》。出版的小册子近10种，其中重要的有金家瑞的《义和团运动》（上海人民出版社1957年第1版、1959年第2版）和骆承烈的《从"巨野教案"到山东义和团》（山东人民出版社1959年版）。在史料的搜集和出版方面也取得可喜成绩，如中国史学会主编的中国近代史资料丛刊《义和团》（1—4册，神州国光社1951年版、上海人民出版社1957年版）、国家档案局明清档案馆主编出版的《义和团档案史料》（上、下册，中华书局1959年版）、北京大学历史系中国近现代教研室主编的《义和团运动史料丛编》（第一、二辑，中华书局1964年版）等，为国内义和团运动史研究奠定了基本史料。

这一时期国内义和团运动史研究的一个最大特点是，受当时国际冷战格局和国内掀起的反帝斗争的影响，强调义和团运动是一场伟大的反帝爱国运动，充分肯定义和团运动在抗击帝国主义侵略中所表现的革命精神和正义性。在这方面，最具有指导性和代表性的是1954年周恩来总理在欢迎德意志民主共和国代表团大会上对义和团所作的经典评价，他将义和团运动与50年后新中国的诞生联系在一起，称赞"义和团运动正是中国人民顽强地反抗帝国主义侵略的表现。他们的英勇斗争是五十年后中国人民伟大胜利的奠基石之一"[①]。

这一时期国内学者对义和团的评价基本都持与周总理相同见解。如范文澜称赞义和团运动"充分表现出中国人民坚强的反抗精神""阻止了各侵略国的瓜分野心，这一功绩是不可磨灭的"[②]。翦伯赞称赞义和团运动"是中国历史上最后一次大规模的自发的农民战争，是一次自发的农民反帝爱国运动"[③]。刘大年也认为义和团运动"是一个反帝国主义侵略的爱国

---

① 周恩来：《在北京各界欢迎德意志民主共和国政府代表团大会上的讲话》，《人民日报》1955年12月12日第1版。
② 范文澜：《中国近代史》上册，人民出版社1959年版，第398页。
③ 翦伯赞：《义和团运动》，《历史教学》1958年第5期。

运动，义和团进行的战争是反对帝国主义的、革命的、进步的战争"，称赞义和团的"爱国热忱，它的赴汤蹈火的斗争精神，不愧为中国民族觉醒的代表，反侵略斗争的先河"①。

不但如此，这一时期的国内学者还运用阶级分析和阶级斗争理论，认为义和团运动同时也是一场农民反封建斗争，指出"以农民为主力的民族解放斗争自然不能不同时也具有反封建的意义。因为封建地主阶级是帝国主义统治殖民地半殖民地的社会支柱，因为不和封建统治阶级作斗争就不能展开和推进民族解放运动。义和团对清朝统治集团和封建地主阶级也曾有过斗争和冲突"②。或指出义和团反抗清朝统治的原因，一是"反抗满清政府卖国"，二是"反抗满洲贵族的民族压迫、恢复汉族的政权"，三是"反抗满清封建统治"。③

从反帝和无产阶级立场出发，国内学者对新中国成立之前国内外一些学者对义和团所持的各种否定观点也加以纠正和批判，指出那些将义和团运动看作基督教徒与非基督教宗教信仰之间的冲突，看作中西文化的冲突，看作中国传统盲目排外和愚昧迷信的结果，看作野蛮与文明的战争等观点，都是对中国人民的诬蔑，都是在为帝国主义侵略服务，抹杀殖民地半殖民地人民与帝国主义侵略者之间的矛盾，缓和反殖民主义斗争，是极端反动的；指出爆发义和团运动的根本原因是19世纪末帝国主义和清朝政府对中国人民的残酷剥削和压迫。④

然而，难能可贵的是，尽管这一时期国内学界对义和团的研究带有明显的政治色彩，但还是保留了一份学术理性，并未站在革命的立场上对义

---

① 刘大年：《义和团运动说明了什么?》，《人民日报》1960年8月30日第7版。
② 李时岳：《论义和团运动的性质和"扶清灭洋"口号》，《光明日报》1960年10月27日第3版。
③ 荣孟源：《义和团的揭贴》，《进步日报》1952年5月9日第7张第4版。
④ 参见周本仁等《从陈恭禄先生对义和团革命运动的态度看他的反动立场》（《史学战线》1958年第2期）、刘瑜《批判陈恭禄先生"中国近代史"中有关义和团性质的错误论点》（《史学战线》1958年第3期）、孙淑等《批判王栻先生关于义和团运动的反动历史观点》（《史学战线》1958年第3期）、李润苍《批判资产阶级学者对义和团运动的歪曲和诬蔑》（《四川大学学报》1960年第2期）、陈月清《批评义和团运动史研究中的资产阶级观点》（《山东大学学报》1960年第2期）、陈华炎等《驳周谷城对义和团运动的诬蔑》（《江汉学报》1965年第2期）等文。

和团运动完全肯定，而是实事求是地承认义和团作为农民运动也存在落后的一面。如翦伯赞在《义和团运动》一文中指出由于义和团是一个自发的农民反帝运动，因此，"它就不可避免地要带有一些幼稚的、落后的历史传统——宗教迷信。这种现象，表现在它的组织形式上，表现在它的宣传鼓动的方式上，也表现在它的革命信条上"。荣孟源则在《义和团的揭帖》一文中批评义和团的反对机器生产表现了"农民的保守性、落后性"，并指出"正因为义和团有这一种落后性，这一点落后和清朝政府极端顽固的官僚地主有相同之处，所以义和团反帝运动可以被顽固派所利用"。此外，范文澜、刘大年、李时岳等在论著中也都指出由于义和团自身的局限，由于没有先进阶级的领导，因此只能以失败告终。

再者，配合当时国际和国内形势，在充分肯定义和团反帝爱国精神的同时，国内学界还着重揭露帝国主义特别是美国的侵华政策。这一时期发表的文章和论文几乎一半都以帝国主义的侵略和中国人民反抗帝国主义的侵略为主题。以这一时期出版的两本论文集来说，《义和团运动史论丛》共收录论文15篇，除1篇论文外，其余均以侵略和反侵略为主题；而在14篇论文中，专门揭露义和团时期美国侵华政策的占了4篇。同样，《义和团运动六十周年纪念论文集》共收录论文16篇，全部以侵略和反侵略为主题，并指出本论文集收录论文的内容分为两个部分："第一部分共六篇，主要是发扬义和团反帝爱国的斗争精神，论述义和团运动的性质和历史意义，揭露帝国主义特别是美帝国主义的侵略本性。第二部分共十篇，主要记录各地义和团斗争的英勇事迹。"[1] 而在研究过程中，国内学者一定程度上又将美国看作镇压义和团运动的最凶恶敌人，称"美帝国主义是参加这次武装镇压的主要刽子手之一"，"滔天的罪行证明美帝国主义一贯是中国人民的死敌"。[2]

第二阶段，1967—1976年为国内义和团运动史研究遭受挫折阶段。这

---

[1] 中国科学院山东分院历史研究所编：《义和团运动六十周年纪念论文集》，中华书局1961年版，第1页。

[2] 参见丁名楠、张振鹍《从义和团运动看美帝国主义的侵略本性》和朱活、史森钦《揭露美帝国主义在义和团运动期间的血腥罪行》（《义和团运动六十周年纪念论文集》，第19—29、49—58页）。

一时期受"文化大革命"影响,义和团运动史的研究陷入停顿状态,虽然发表文章和论文约40篇,但这些成果偏离学术轨道,缺乏学术性,沦为"影射史学"的奴婢和工具。

首先,受极左思潮影响,历史成为现实政治斗争的工具,义和团的性质和历史作用进一步被拔高,强调义和团不但是一场反帝爱国运动,同时也是一次伟大的"反封建的革命群众运动",甚至将义和团的"灭洋"举动与当时的红卫兵造反有理联系在一起。① 为此,许多报纸杂志将义和团特别是本来并不重要的红灯照,描绘成与红卫兵风暴相似的"革命群众运动",宣传造反有理,将义和团运动中两个并不太重要的人物王聪儿和林黑儿塑造成革命精神的代表,称女红卫兵为"毛泽东时代的红灯照"②。有关义和团局限性的评论,则在学术界被当作反革命言论而销声匿迹;对义和团运动的评价,完全是赞美之词。

70年代初,为配合"四人帮"发动的"批林批孔"运动,一些报刊又将义和团运动说成一场"反孔"运动,声称义和团运动"用革命暴力粉碎了帝国主义尊孔亡华、瓜分中国的阴谋,打击了清王朝尊孔卖国的活动,横扫了以孔孟之道为核心的封建主义和帝国主义文化的反动同盟,为挽救中华民族的危亡立下了不朽的功勋"③。

此外,伴随中苏关系的紧张,国内学者在揭露和批判义和团运动时期帝国主义的侵略过程中转而着重揭露沙俄对中国的侵略,并对一些苏联学者否定义和团和美化沙俄的观点展开批判。如有的学者批评苏联学者齐赫文斯基在《中国近代史》一书中渲染义和团的"迷信和无知""保守和落后""神秘主义""蒙昧主义"违反了"马列主义经典作家的指示","是

---

① 戚本禹:《爱国主义还是卖国主义?——评反动影片〈清宫秘史〉》,《红旗》1967年第3期。
② 参见《赞"红灯照"》(社论),《文汇报》1967年4月14日第3版;《"红灯照"赞》和《红灯照杀洋毛》,《解放日报》1967年4月23日第6版;赵菁《义和团是革命的!》,《光明日报》1967年4月24日第4版;孙达人《"红灯照"革命造反精神颂》和农民战争史组编《"红灯照"的革命造反精神万岁》(资料选编),《光明日报》1967年4月27日第3、4版。
③ 历史系七二级工农兵学员:《反帝反封破纲常——义和团的反孔斗争》,《中山大学学报》1975年第1期;天津铁路第一中学理论研究小组:《义和团反帝扫清朝,红灯照批儒破礼教》,《天津日报》1974年9月24日第2版。

对无产阶级国际主义的无耻背叛";批判齐赫文斯基之流如此卖力地诽谤义和团运动,"无非是反对第三世界广大人民起来造超级大国霸权主义的反""直接影射和污蔑中国共产党和中国人民继承了'排外'的历史'特点'"[①]。有的批判苏联学者诽谤义和团是"替老沙皇的侵略罪行辩护",是当时"苏修反华大合唱的重要组成部分"[②],等等。

第三阶段,1977—1990 年是作为事件史和政治史的义和团运动研究趋于成熟阶段。这一时期国内学者对义和团运动的兴起、发展及其失败过程作了全面系统的研究,与义和团相关的问题都得到探讨,内容涉及各个方面,义和团运动史的研究取得突破性进展。

据不完全统计,在 1977—1990 年的 14 年里,国内公开发表的论文和文章总计 900 余篇。国内相关学术单位和组织编辑出版论文集 5 部,第一部论文集为义和团运动的发源地山东大学于 1980 年出版的《山东大学文科论文集刊·义和团运动史研究专辑》,收录专题论文 9 篇、1 篇回忆录和 1 篇义和团调查资料选编,内容涉及山东义和团运动史研究和义和团运动时期的中外关系问题;此外,还刊载徐绪典的《义和团运动史西方参考书目》和美国学者周锡瑞的《义和团运动论著(英文、日文本)简介》两文,为国内学者了解国外义和团运动史研究提供了一个重要线索。齐鲁书社编辑部编辑的《义和团运动史讨论文集》(齐鲁书社出版社 1982 年版),系 1980 年由山东大学、山东社会科学院、山东师范大学、吉林社会科学院、天津社会科学院 5 家单位共同举办的义和团运动史讨论会的论文选编,共收录 33 篇高质量的会议论文。义和团运动史研究会主编的《义和团运动史论文选》(中华书局 1984 年版),则收录了从新中国成立初期至 1982 年国内 31 篇有代表性学者的论文,书后还附录了吴士英编辑的《义

---

① 石岚:《无耻的背叛——斥齐赫文斯基之流对义和团运动的诽谤》,《历史研究》1975 年第 5 期。

② 钟锷:《谎言掩盖不了历史——驳苏修诬蔑义和团和美化老沙皇的谬论》,《理论学习》1975 年第 5 期。另参见北京师大历史系二年级开门办学小分队整理《伟大的反帝革命斗争不容诬蔑——河北省廊坊地区工农兵和义和团运动参加者怒斥苏修攻击义和团的谬论》(《北京师大学报》1975 年第 2 期)、孙克复《义和团的光辉永存——三评齐赫文斯基主编的〈中国近代史〉》(《辽宁大学学报》1975 年第 6 期)、魏宏运《独有英雄驱虎豹——驳齐赫文斯基对义和团革命精神的诽谤》(《南开大学学报》1976 年第 3 期)等文。

和团运动史报刊文章索引》。路遥主编的《中国史专题讨论丛书·义和团运动》按义和团研究中所争论的问题，收录了新中国成立以来36篇专题论文，涉及以下6个专题：新中国成立以来义和团运动研究回顾、义和团运动性质与评价、组织与源流、政治口号与思想、清政府与义和团的关系、义和团运动时期帝国主义的侵略活动。中国义和团运动史研究会主编的《义和团运动与近代中国社会》（四川省社会科学院出版社1987年版）系1986年6月在天津召开的全国义和团运动史学术讨论会的论文结集，收录会议论文39篇，涉及以下7个专题：义和团运动的社会基础、义和团运动的组织基础、教案与义和团运动、清朝统治者的政策与"东南互保"、义和团的思想及其他、清方人物与武卫军的作用、义和团运动史的研究趋向和史实辨析。这些论文集很大程度上反映了80年代乃至新中国成立以来国内学界义和团运动研究的最新进展。

除论文外，国内学者还出版了10部比较有学术价值的专著。其中，由廖一中、李德征、张旋如等编著的《义和团运动史》（人民出版社1981年版）是国内第一部比较完整的义和团运动通史性著作，历时3载，共有13位学者参加撰写，全书共分13章，对义和团兴起的原因、组织源流和成员，以及在山东、直隶、京津等地区的发展状况和义和团时期列强的侵略和中国人民的反侵略斗争，作了系统的考察和论述。李文海、林敦奎、林克光合编的《义和团运动史事要录》（齐鲁书社1986年版）则以编年体方式，以时为经，以事为纬，按历史顺序，对义和团运动时期各派政治力量的重要活动逐日做简要叙述，并于正文之后选择若干典型资料，以按语形式加以具体说明，时间起于1896年3月山东曹、单大刀会酝酿起义，讫于1901年辛丑条约签订，对义和团发生、发展、进入高潮直至最后失败的过程作了具体完整的反映，与《义和团运动史》一书互为补充，相得益彰。

除上述两本综合性义和团运动史研究著作外，国内还出版了多部比较有学术价值的专题研究著作。陈振江、程歔等编著《义和团文献辑注与研究》（天津人民出版社1985年版）是国内第一部专门整理和研究义和团本身文献资料的专著，该书由两部分组成：上编为"义和团文献辑注"，将各种义和团文献加以汇集，按类条分，并作考证和诠释，共辑义和团文献

179件，计分"揭帖、告白类""书信类""碑文类""坛谕、乩语类""诗歌类""咒语类""旗书类"和"其他类"8个类别。下编为"义和团文献研究"，依据义和团文献，同时与有关史乘、口碑等资料相参证，对相关问题进行了专题研究，内容涉及义和团反帝舆论宣传的形式和义和团的阶级结构、风俗信仰、爱国和排外、义和团与清政府的关系等问题。

路遥、程歗合著的《义和团运动史研究》（齐鲁书社1988年版）系两位作者对60年代以来他们所作研究的一个阶段性总结，着重就义和团研究中的一些重大难点问题作了比较深入的专题研究，内容涉及义和团运动首先从山东和直隶交界一带爆发的原因、义和团的组织源流、清政府与义和团运动的关系、义和团运动中的民众意识。路遥主编的《义和拳运动起源探索》（山东大学出版社1990年版）则将义和团研究的视角移向区域性考察，聚焦于直、东交界的几个县在直隶威县辖区内形成的被称为"飞地"的村落群，对从1887年梨园屯所爆发的反教会斗争，进而发展为"十八魁"的出现，1898年又发展为以威县沙柳寨赵三多的梅花拳为核心的义和拳起事，至1902年再由赵三多率领拳民参加景庭宾起义的发展过程，作了具体深入的考察和分析，不但揭示了直、东交界地区在义和团运动中的重要地位，并且就义和团起源和发生原因提出富有说服力的见解。陈贵宗的《义和团的组织和宗旨》（吉林大学出版社1987年版）就义和团的组织源流及政治口号的演变作了较为深入的考察和论述，提出自己的见解。

李德征、苏位智、刘天路合著的《八国联军侵华史》（山东大学出版社1990年版）是国内第一部专门系统研究义和团运动时期八国联军侵华历史的著作，全书共分11章，37万余字，依次论述了八国联军侵华的背景和列强策划武装干涉、西摩联军的出动与溃败、联军夺取大沽口炮台、八国联军进犯天津与津城蒙难、八国联军侵占北京与京都悲剧、列强的新矛盾及《英德协定》、联军的骚扰报复和扩大侵略、《辛丑条约》的谈判和签订。该著征引资料翔实，直接利用的中外文档案材料多达800多条，迄今仍是国内这方面研究的一部代表作。

除以上专著外，这一时期国内学界还出版了一些区域性义和团运动史著作，如黎光、张璇如的《义和团运动在东北》（吉林人民出版社1981年版)、张力的《四川义和团运动》(四川人民出版社1982年版)和公孙訇的《义和团运动在河北》(河北人民出版社1990年版)。

第四阶段,1991—2012年为国内义和团运动史研究的拓展时期。这一时期的义和团运动史具有以下三个特点。

其一,作为政治事件史的义和团运动研究继续得到学界重视,这一时期国内公开发表的论文多达千余篇。[①] 与此同时,还出版了一系列会议论文集。其中,中国义和团研究会和齐鲁书社主编的《义和团运动与近代中国社会国际学术讨论会论文集》(齐鲁书社1992年版)系1990年在山东济南召开的义和团国际学术研讨会的论文结集,收录会议论文69篇,大致涉及以下6个主题:义和团运动评价、义和团运动的社会和文化背景、义和团运动和秘密社会、义和团运动与西方在华教会和教案、义和团运动与国内政治、义和团运动和世界。苏位智、刘天路主编的《义和团运动一百周年国际学术研讨会论文集》(山东大学出版社2002年版)收录会议论文81篇,其中内地学者论文62篇,香港地区学者论文4篇,外国学者论文15篇;论文主题与90周年会议论文相近,大致涉及以下8个专题:义和团运动评价和影响、义和团运动的社会和文化背景、义和团运动与教会和教案、义和团运动的发展、义和团运动与清政府、义和团运动与世界、义和团运动百年研究述评、义和团人物及史料。中国义和团研究会主编的《义和团运动110周年国际学术讨论会论文集》(山东大学出版社2012年版)收录会议论文50篇,论题主要涉及义和团运动的起源、性质和影响,人物个案及群体派别,基督教会与反教运动,报刊舆论和话语转换,史料挖掘与史实重建以及军事等内容。

除三次由史学会组织编辑的义和团逢十周年学术讨论会论文集之外,学界还出版了具有地域性的义和团专题讨论会议论文集。如王广远主编的《义和团廊坊大捷》(中国文史出版社1992年版)系1991年6月在河北廊坊市举办的义和团廊坊大捷学术研讨会的论文结集,收录论文39篇,主要涉及廊坊大捷的称谓、史实、特点、历史地位及评价。黎仁凯、成晓军

---

① 按:在"中国知网·期刊网"中输入中文关键词"义和团运动",显示的论文总数计1157条。

等主编的《义和团运动·华北社会·直隶总督》（河北大学出版社 1997 年版）系 1996 年 10 月在保定市河北大学召开的义和团运动与华北社会暨直隶总督学术讨论会的论文结集，收录论文 39 篇，主要围绕以下两个主题：义和团运动和华北社会、直隶总督与义和团运动的关系。中国史学会、山东省历史学会和政协山东省平原县委员会主编的《义和团平原起义 100 周年学术讨论会论文集》（齐鲁书社 2000 年版）系 1999 年 9 月在山东平原召开的学术研讨会论文集，收录会议论文 34 篇，主要涉及平原起义的历史背景、史实、特点、历史地位和影响、相关历史人物的评价。这些专题会议论文集从地方史研究角度，丰富和深化了义和团运动史的研究。

除论文外，伴随出版事业的繁荣，学界继续出版了多部研究义和团运动的著作，比较重要的著作有林华国《义和团史事考》（北京大学出版社 1993 年版）和《历史的真相——义和团运动的史实及其再认识》（天津古籍出版社 2002 年版）、牟安世《义和团抵抗列强瓜分史》（经济管理出版社 1997 年版）、相蓝欣《义和团战争的起源》（华东师范大学出版社 2003 年版）、马勇《从戊戌维新到义和团（1895—1900）》（中国近代通史第四卷）（江苏人民出版社 2006 年版）、陆玉芹《穿越历史的忠奸之辨——庚子事变中"五大臣"被杀研究》（中国社会科学出版社 2010 年版）。

与此同时，一些国外研究义和团运动的优秀著作也在这一时期被翻译成中文出版，比较有影响的译著如美国学者周锡瑞的《义和团运动的起源》（江苏人民出版社 1995 年版，张俊义、王栋译）、柯文的《历史三调：作为事件、经历和神话的义和团》（江苏人民出版社 2000 年版，杜继东译）、何伟亚的《英国的课业——19 世纪中国的帝国主义教程》（社会科学文献出版社 2007 年版，刘天路、邓红风译）和日本学者佐藤公彦的《义和团的起源及其运动》（中国社会科学出版社 2007 年版，宋军、彭曦、何慈毅译）及德国学者狄德满的《华北的暴力和恐慌——义和团运动前夕基督教传播和社会冲突》（江苏人民出版 2011 年版，崔华杰译）。

其二，义和团运动史的研究逐渐由政治事件史向社会史、文化史和地域史研究转向，这在 1986 年 6 月在天津召开的全国义和团运动史学术讨论会和 1990 年举办的义和团运动 90 周年学术讨论会上得到充分体现，这两次会议都以"义和团运动与近代中国社会"为主题。而就研究义和团运动的社会史和文化史学者来说，程歗教授可谓其中一位领军者。他在80年代后期发表的《论晚清教案中的多层矛盾》①《民族意识与晚清教案》②和《民间宗教与义和团揭帖》③等文，就开始从社会文化史和思想史角度解读义和团运动现象。进入90年代，程歗教授又作了进一步探索，如他的《拳民意识与民俗信仰》④一文，从天运观念与"灭洋"意识、全神崇拜与集群意识、附体时尚与传播意识、拳民禁忌与防御意识四个方面，论述了华北地区民俗信仰与拳民意识两者之间的关系。他的《晚清乡村社会的洋教观》⑤和《晚清教案中的习俗冲突》⑥两文，从晚清乡村社会的洋教观和习俗文化角度探讨了19世纪民教冲突的缘由。他的《时代与信仰的困惑——晚清华北基督教民政治意识浅析》⑦、《中国近代天主教民信仰研究》⑧和《灵魂与肉体：1900年极端情境下乡土教民的信仰状态——以直隶为中心的考察》⑨等文，则反映了一直作为反面群体的中国教民信仰状态和政治意识的真实状况。这些研究成果最后都汇集在他的论文结集《文化、社会网络与集体行动——以晚清教案和义和团为中心》（巴蜀书社2010年版）一书中。程歗指导的博士论文、张鸣和许蕾合著的《拳民与教民：世纪之交的民众心态解读》（九洲图书出版社1998年版）则对义和团时期团民和教民的意识史进行了比较系统的考察和论述。此外，黎仁凯教授主持的国家社科基金项目《直隶义和团运动与社会心态》（河北教育出版社2001年版）上篇从区域社会史和文化史角度，探讨了直隶义和团的起源；下篇从社会史和心态史角度，对清朝统治集团、士绅、团民和教民的社会心态分别作了考察和论述。刘洪的博士论文《义和团迷信及其社会反应考察》（河北人民出版社2011年版）对义和团的迷信事象及非团民

---

① 《历史教学》1988年第7期。
② 《开放时代》1988年第10期。
③ 《历史研究》1983年第2期。
④ 《中国社会科学》1991年第3期。
⑤ 《历史研究》1995年第5期。
⑥ 《历史档案》1996年第4期。
⑦ 《历史教学》1997年第5期。
⑧ 《湖北大学学报》1996年第6期。
⑨ 《文史哲》2003年第1期。

众、清廷守旧派、一般官绅和报刊舆论对义和团迷信的认识和态度作了较为系统的考察和论述。姚斌的博士论文《拳民形象在美国：义和团运动的跨国影响》（世界知识出版社2010年版）则运用比较文学方法，从跨文化角度对不同时期和不同群体美国人心中的拳民形象及拳民形象对美国人中国观的影响进行了长时段的考察和分析，同时该著也是国内后义和团运动史研究中一个比较有代表性的成果。这些研究成果的出版，极大地拓宽和深化了作为单纯政治史和事件史的义和团运动史的研究。

其三，随着义和团运动史的研究日趋成熟，这一时期国内学者还加强了后义和团运动史的研究，这具体体现在以下几个方面：一是加强了对义和团历史作用和影响的再研究；二是加强了对义和团运动史研究的学术总结和回顾，这方面的一个代表性成果是中国义和团研究会编《义和团研究一百年》（齐鲁书社2000年版）一书；三是加强了报刊舆论及各政治派别对义和团运动的观察、反应和评价的研究。

当然，以上对国内义和团运动史各个阶段的划分只是相对的，并不是绝对的，但其中的一些基本趋势和特点还是客观存在的。为了更好地展现国内义和团运动史的研究成果，以下我们从专题史维度，就60年来国内义和团运动史研究中的一些热点问题择要作一介绍。

## 第二节　关于义和团组织源流和兴起原因的讨论

义和团组织源流问题事关义和团运动的起因、性质及历史评价，因此一直受到学界的广泛重视。但由于义和团运动的自发性、分散性及神秘性，义和团组织源流问题长期成为学界的一个不解之谜。

大致说来，在研究的起步阶段，可能是为了证明义和团系农民革命，国内学者多沿袭1899年吴桥县令劳乃宣所撰《义和拳教门源流考》中所谓义和拳"乃白莲教之支流，其源出于八卦教之离卦教"的说法，认为义和团源于具有反清传统的白莲教，如翦伯赞在《义和团运动》一文中即据此推论，指出："大家都知道义和团是从白莲教的一个支派八卦教发展而来的，而白莲教就是带有浓厚宗教色彩的农民的秘密组织。义和团在组织上就是继承八卦教的形式，例如八卦教是按照具有神秘意义的八卦来编制它的队伍，义和团也是如此。"① 范文澜的《中国近代史》、胡绳的《帝国主义与中国政治》和金家瑞的《义和团运动》，也均采此说。虽然邵循正、陈庆华在1964年出版的《中国史纲要》第4册中指出清朝官员劳乃宣等将义和团与白莲教联系在一起，是出于怂恿清政府进行严厉镇压的政治目的，"他们报告的内容许多是不可信的"，义和团"和八卦教是有区别的"②，但在当时国内学术界犹如空谷足音，没有引起反响。

1979年之后，国内学者就义和团组织起源问题进行了持久、深入的探讨，形成许多种不同观点。

有的坚持义和团源于白莲教，并做进一步具体分析。如李世瑜利用故宫所藏乾嘉时期的档案，根据乾隆年间清水教起义的领导人王伦和嘉庆年间天理教起义的领导人冯克善均为梅花拳拳师，而梅花拳与义和拳实为"一个拳种的两种称谓"，由此说明义和团系白莲教的一个支派。③ 也有学者根据调查和档案资料，指出义和团源于八卦教外围组织的"武场"，其信仰和风俗与白莲教多有继承关系。④

有的认为义和团为民间秘密结社，与白莲教之间不存在直接关系，其理由是两者在组织、宗教信仰和斗争目标上都不相同，而义和团时期发生的义和团屠杀白莲教事件也说明了义和团不是白莲教，它们属于两个不同系统。⑤

有的认为义和团组织起源于民间习武团体。如郭沫若主编的《中国史

---

① 《历史教学》1958年第5期。
② 邵循正、陈庆华:《中国史纲要》，人民出版社1964年版，第96—97页。
③ 李世瑜:《义和团源流试探》，《历史教学》1979年第2期。
④ 周海青:《山东义和团组织的源流及其发展》(《破与立》1979年第6期)和《山东义和团是由八卦教"武场"演变而来》(《东岳论丛》1982年第4期);程歗:《乾、嘉朝义和拳浅探》(《义和团运动史讨论文集》，第41—64页)和《民间宗教与义和团揭帖》(《历史研究》1983年第2期)。
⑤ 徐绪典:《义和团源流刍议》，《山东大学文科论文集刊》1980年第1期;方诗铭:《义和拳(团)与白莲教是两个"势同仇火"的组织》，《社会科学辑刊》1980年第4期;金冲及:《义和拳和白莲教的关系》，《义和团运动史讨论文集》，第27—33页。

稿》第 4 册即谓"义和团是以民间流行的操演拳术的结社和信仰白莲教的群众为基础而发展起来的"①。陈振江也在他的著作中指出，1898 年在直、东交界普遍建立的义和团或义民会，是"以村落为基础的习武团体，成为义和团运动的主要组成部分"②。

有的认为义和团为农民结社和民团的结合。如陈贵宗和冯士钵即持此说，认为义和团系在民族危机极其严重的特殊历史条件下，由义和拳等农民结社与民团这两种本来性质不同的组织广泛结合而成的一个新型的反帝爱国团体。③

在以上诸说的基础上，有的学者另辟蹊径，认为义和团是各种宗教化拳会或具有教门信仰的众拳会的混合。此一观点以义和团运动史研究专家路遥和程歗教授为代表，他们在 1988 年合著的《义和团运动史研究》一书中明确指出，在义和团组织源流问题上，任何一种单一不变的组织形式，都不可能容纳像义和团那样庞杂而广泛的反侵略人群。他们的共同结论是"义和团组织源多流杂，最后汇聚于反帝爱国的'义和团'团体之中"，是传统农民战争中教门和拳会相结合的结果。具体言之，在义和团运动初期阶段，它上承白莲教余绪，下与诸拳会及八卦教分支相结合，具有鲜明的旧式农民斗争特征；后来随着义和拳的发展，其组织进一步扩大，来源也更复杂，既有秘密宗教、会社，又有许多习拳练武的自卫团体，甚至还有为统治阶级所允许的私团进入；进入北京后，义和团的成分虽然更加复杂，但仍不难看出有的拳团依然具有秘密宗教和会社的特征。④

程歗教授在 2000 年为纪念义和团运动 100 周年而作的《义和团起源研究的回顾与随想》一文中对这一观点又作了进一步阐述，指出义和团起源问题具有"地区性"和"多源性"，"义和团不仅是带有不同地区特色的多种民间组织的总汇合，而且在某一特定地区（如直、东交界），也是

---

① 郭沫若主编：《中国史稿》第 4 册，人民出版社 1962 年版，第 135 页。
② 陈振江：《简明中国近代史》，天津人民出版社 1983 年版，第 262 页。
③ 陈贵宗：《义和拳·民团·义和团》，《史学集刊》1982 年第 1 期；冯士钵：《义和团源流质疑》（《社会科学辑刊》1980 年第 4 期）、《义和拳·义和团·"扶清灭洋"》（《历史教学》1980 年第 7 期）和《义和团源流杂议》（《史学月刊》1986 年第 3 期）。
④ 路遥、程歗：《义和团运动史研究》，齐鲁书社 1988 年版，第 3—4、137 页。

当地的多层组织和多种文化因素撞击交融的结果",并进而提出那些以士绅、商人、体制内外的民间组织领袖及各村镇能人为代表的"社区精英群",在促进义和团的形成中扮演了关键作用,不失为进一步勾画义和团起源的一个"衔接点"①,断言义和团并非既往的某一种社会组织的直线延续,"联系历史悠久的民间组织和义和团之间的中介,是那些在变动了的晚清政治秩序中参与反洋教的乡土社会的精英群。他们的联合和行动重塑了各自主导的那部分组织和文化,并经由相互关系的复杂错动,通向了义和团的起源并进而规定了运动自身的逻辑"②。

在有关义和团组织源流问题的讨论中,路遥和程歗教授所提出的"多源说"既建立在他们长期深入研究的基础上,同时也充分考虑和吸收了以往学界的研究成果;既注意到义和团组织的地区性,同时也注意到义和团组织的形成是一个动态过程,为以往学界关于这个问题的讨论作了一个总结,并为解决这个问题指明了一个方向,已经或正在成为学界的一个共识。

与义和团组织源流问题相关并同样吸引学界关注的是,关于义和团运动兴起原因问题的讨论。国内学界有关这个问题的讨论,大致也经历了两个阶段。

第一阶段,从新中国成立一直到20世纪80年代初,国内学者一般都从民族和阶级矛盾角度解读,认为义和团运动的兴起与甲午战争之后列强对华北地区的侵略和民教矛盾的加深,以及清政府的残暴统治、统治阶级内部的矛盾和华北社会经济所发生的急剧变化等因素有关。如范文澜在《中国近代史》第八章第一节绪言中就指出"触发义和团运动的原因,无疑是甲午战后的外国侵略和满清暴政",认为甲午战后列强在华北地区的领土和经济掠夺、享受特权的教士和教民,以及清政府对华北人民的无情搜刮和广泛的水旱灾等,都是触发义和团运动的具体因素。廖一中等编著的《义和团运动史》也从民族矛盾和阶级矛盾两个视角分析义和团运动兴

---

① 中国义和团研究会编:《义和团研究一百年》,齐鲁书社2000年版,第93页。
② 程歗:《社区精英群的联合和行动——对梨园屯一段口述史料的解说》,《历史研究》2001年第1期。

起的原因，将"列强掀起瓜分中国的狂潮""华北经济急剧变化，人民日益贫困""洋教侵略的加深""清廷的内部矛盾"和"以农民为主体的反帝斗争"等，列入义和团运动爆发的原因。

这种从民族和阶级矛盾对义和团运动爆发原因所作的解读，总体来说不无道理，但同时又过于笼统和表面，是有欠缺的。例如为什么义和团运动发生在华北而没有发生在中国一些洋教和外国资本主义势力更为强大的地区？而就山东义和团运动来说，它为什么不是开始于帝国主义军事、经济势力庞大的山东半岛沿海各地，而是开始于帝国主义势力还没有大规模渗透的鲁西南和鲁西北地区？要回答这些问题，显然需要做进一步的研究。

第二阶段为20世纪80年代中期之后。这一时期国内学者一方面继续从民族矛盾和阶级矛盾角度进行解读，但更多地从地方史、经济史、社会史和文化史等角度探讨义和团运动产生的原因。如程洪从19世纪末直鲁豫三省经济结构、社会结构、政治结构和文化结构的变化及不平衡发展等方面，深入探讨了它们与义和团运动兴起之间的关系，指出"社会的经济结构变动是义和团运动兴起的基本原因，社会的文化结构则规定了义和团运动采取的方式，而社会的组织结构和政治结构又决定了义和团的归宿。几种结构的不平衡发展，是中国近代半殖民地半封建社会的特有标志，也导致义和团运动最终成为一场悲剧"[1]。周育民具体剖析了19世纪末山东嘉祥县社会结构中家族组织的松散对该地民教冲突的影响，指出由于山东农村的社会结构中没有强有力的家族组织，山东地区乡村的家庭血缘关系因社会贫富分化而相当松弛，使民教冲突得以在家族内部乃至家庭内部这样深刻的社会层面上展开。[2] 张思则从19世纪末洋纱、洋布等洋货对直鲁农村传统经济所造成的冲击和破坏，揭示其与义和团运动之间的直接关系。[3] 胡绳武和戴鞍钢也通过他们的研究，指出义和团运动期间，江南地

---

[1] 程洪：《直鲁豫社会的结构变动与义和团运动》，载《义和团运动与近代中国社会》，第26—61页。
[2] 周育民：《义和团兴起初嘉祥县民教冲突形态研究》，《历史档案》1997年第2期。
[3] 张思：《直鲁农村手工纺织业的破产与义和团运动》，载《义和团运动与近代中国社会》，第62—84页。

区之所以没有发生像华北地区出现的义和团反帝风暴，实与南方经济发展水平有着密切关系。① 也有学者探讨了由灾荒和社会经济变动所造成的大量流民如何影响了义和团运动的发生，认为这两者之间有着密切关系。② 另有不少学者考察和分析了华北地区特殊民俗、文化及社会心理与义和团运动之间的关系。③

除了这些专题论文外，路遥主编的《义和拳运动起源探索》一书从地方史角度，同时运用社会学、生态学、民俗学和宗教学知识，对直、东交界的几个县在直隶威县辖区内形成的被称为"飞地"的村落群进行深入和多方面的解剖，从中揭示义和团运动在该地爆发的内外原因及相互关系，指出"义和拳运动所以能在冠县十八村酝酿发端，它的社会经济结构变化仅为这场运动所出现的阶级力量配备提供了客观的社会基础。而诱致运动的爆发，则是植根于外国天主教会势力的压迫及其所引起的民、教矛盾，又由于民间秘密结社的组织、发动以及发生胶州事变这样特定历史契机的刺激，才演化形成为义和拳运动"④。

黎仁凯、姜文英等合著的《直隶义和团运动与社会心态》一书则在上篇"19 与 20 世纪之交的直隶社会"中，从"灾荒、社会变迁和流民""民间社团和秘密社会""基督教在直隶的传播与分布"和"中西文化差异"四个方面，对直隶义和团运动爆发的原因作了综合分析，指出直隶是基督教传播与分布范围较广、教会势力十分强大的省区，也是民间社团、秘密社会层出不穷的省区，这使得这一地区的民教矛盾特别尖锐；义和团运动的兴起，既与晚清直隶社会变迁特别是基层社团和秘密社会密切相关，也与直隶地方官、士绅的对策和心态休戚与共，并深受燕赵文化的影

---

① 胡绳武、戴鞍钢：《义和团运动期间江南的社会环境》，《东岳论坛》1991 年第 1 期。
② 陈振江：《华北游民社会与义和团运动》，《历史教学》1991 年第 6 期；林敦奎：《社会灾荒与义和团运动》，《中国人民大学学报》1991 年第 4 期；池子华、李红英：《灾荒、社会变迁与流民》，《南京农业大学学报》2004 年第 1 期。
③ 李文海、刘仰东：《义和团运动时期社会心理分析》，《近代史研究》1986 年第 5 期；程歗：《拳民意识与民俗信仰》；严昌洪：《义和团运动与民间风俗》，《史学月刊》1993 年第 1 期；张红军：《略论民俗信仰与义和团运动的关系》，《民俗研究》1992 年第 1 期；杨天宏：《义和团"神术"论略》，《近代史研究》1993 年第 5 期。
④ 路遥主编：《义和拳运动起源探索》，山东大学出版社 1990 年版，第 16 页。

响,"从断断续续的仇洋、仇教风潮演变成规模宏大的义和团反帝运动,既是外国教会势力在直隶加紧侵略、冲击渐趋加深和直隶民众仇洋、仇教势力逐渐发展壮大的结果,也包含燕赵文化对西方文化在世纪之交的激烈碰撞和冲突"①。

这一时期国内学界对义和团发生原因所作的探讨,很大程度弥补了前一时期研究中所存在的缺陷,使我们清楚看到义和团运动之所以发生在鲁西南、鲁西北和直、东交界等地,除了帝国主义的侵略和民教矛盾这些大背景之外,实与这些地区脆弱的经济、社会、政治和家庭结构,以及这些地区独特的民俗、文化传统、生态和地理环境等,有着千丝万缕的关系。

当然,导致义和团运动爆发的原因自然是多方面的。因此,国内学者在讨论义和团爆发的原因时,各种观点彼此并不完全排斥,分歧在于各种原因之间的相互关系,孰轻孰重,这是一个有待继续探讨的问题。

## 第三节 义和团运动与国内政局关系研究

义和团运动的发生和发展除了有着深刻的社会经济和地域文化及国际背景之外,它与中国国内政局也有着十分密切的关系,其中,又与清朝政府的关系最为密切,这是国内史学界比较一致的共识。

就清朝政府与义和团的关系来说,大致说来,在1950—1966年义和团研究起步阶段,国内学者从义和团反帝反封建的革命性出发,强调清政府与义和团之间的对立关系,比较倾向认为清政府对义和团一开始就采取镇压政策,只是在义和团力量越来越大、剿不胜剿的情况下,清政府才改剿为抚,不赞同清政府在反对西方列强中与义和团存在同盟或合作关系。②

与此相一致,国内学者对义和团"扶清灭洋"口号也极力作正面诠释,认为这个口号具有策略意义,"是农民善于用计策的高度表现",利用

---

① 黎仁凯、姜文英等:《直隶义和团运动与社会心态》,河北教育出版社2001年版,第128页。

② 金冲及、胡绳武:《义和团运动时期的各阶级动向》,《学术月刊》1960年第11期。

清朝政府与帝国主义之间的矛盾,吸引反教群众加入,便于进行斗争,"是革命人民解决当时最主要的民族矛盾在斗争策略上的大胆创举,它促进了革命高潮的到来,使人民反帝斗争运动踏上了一个新的阶段"①。

在这个问题上具有指导意义的是,范文澜在《中国近代史》一书中颇有见地地将清朝统治者对义和团运动的态度具体细分为以下几派:1.以袁昶、许景澄等为代表的反对派;2.以载漪、刚毅、徐桐等为代表的赞成派;3.以荣禄和奕劻等为代表的反复派;4.以慈禧太后为代表的动摇派;5.以李鸿章、刘坤一、张之洞、袁世凯等代表买办地主阶级的实力派疆吏。但站在义和团农民阶级立场上,范著与这一时期国内学者一样,对各派清朝统治者都持否定态度。②

进入20世纪80年代之后,国内学界的观点发生明显转变,趋于客观,比较一致倾向于认为清政府对义和团开始时采取了"以抚为主"的政策,或认为清政府实行"剿抚兼施的政策",或谓实行"一种有限度的镇压"政策,或曰摇摆在"武力镇压"和"以民制夷"之间,或曰奉行"以弹压解散为第一要义"的政策。并且,国内学界在讨论中还比较一致地认为清政府对义和团的政策前后有所变化,经历了由剿抚兼施发展到招抚,最后又转向坚决剿办的演化过程。③ 围绕清政府与义和团的关系,国内学界还就慈禧太后,山东巡抚毓贤、袁世凯、荣禄,湖广总督张之洞、两广总督李鸿章等清朝官员对义和团运动的态度,进行了广泛持续的讨论。因限篇幅,兹不做具体介绍。

而在如何看待清政府剿抚政策及清朝官员对义和团态度的问题上,国内学界也趋于理性和客观,不是站在义和团的立场上进行简单的肯定和否定,而是从统治阶级政策的动机和后果进行判断,还原当时的历史场景,进行具体分析。如林敦奎和李文海在1981年发表的《封建统治阶级与义

---

① 参见毛健予《义和团"扶清灭洋"的策略意义》(《新史学通讯》1953年第2期)、赵宗诚《义和团革命运动的发展规律》(《四川大学学报》1960年第2期)、李俊虎《试论义和团的"扶清灭洋"口号》(《历史教学》1963年第2期)等文。
② 范文澜:《中国近代史》上册,人民出版社1955年版,第355—363页。
③ 路遥:《建国以来义和团研究概述》,《中国史专题讨论丛书·义和团运动》,第79—81页;吴士英:《义和团与清政府及其他派别关系研究》,《义和团研究一百年》,第158—163页。

和团运动》一文中就明确指出："不能简单地以对待义和团的态度作为判断当时某个政治派别和政治人物是非好恶的唯一标准。不能认为，凡是支持义和团的，都是爱国的、进步的；凡是反对并主张镇压义和团的，都是卖国、发动的。当然也不能反过来，如解放前大多数论述和研究义和团运动的著作那样，认为支持义和团的一律都是昏昧顽固之徒，而反对义和团的则统统都是明达有识之士。历史的真实要比这个远远复杂得多。"①

具体说来，国内学界对载漪、刚毅、徐桐等顽固派支持义和团运动基本都持否定态度，认为他们鼓动义和团排外，完全出于私利，达到拥立载漪之子大阿哥继承皇位目的，不但不是爱国者，反而是中国历史的罪人②；或认为他们鼓吹和崇尚迷信，与中国近代进步潮流背道而驰。③ 对于袁昶、许景澄等主张镇压义和团的反对派，不但不再简单斥为帝国主义的"奴才"或"卖国贼"，并且认为是出于理性，"应属于近代爱国主义的范畴""应归于爱国者行列"，体现了传统士大夫的理性与激情。④ 对于如何看待清政府政策和慈禧太后态度的反复与变化，虽然存在一些分歧，但基本都认同系由以下几个因素决定：1. 受义和团运动发展状况及清政府和西太后对义和团认识的影响；2. 受西太后在训政和废帝立储等问题上与列强矛盾的影响；3. 受中华民族与帝国主义之间矛盾的影响，承认清政府和慈禧太后支持义和团一定程度上也有抵御外侮的动机。⑤ 这较诸80年代之前一味强调义和团与清政府之间的阶级对立，是一个重大进步。

---

① 齐鲁书社编辑部编：《义和团运动史讨论文集》，齐鲁书社1982年版，第299页。
② 周育民：《己亥建储与义和团运动》，载《义和团运动一百周年国际学术研讨会论文集》下册，山东大学出版社2002年版，第839—859页。
③ 黄庆林：《神话鼓吹的背后——义和团运动时期清政府守旧派对待义和团的态度透视》、刘宏：《清廷守旧派对义和团迷信的认可和利用》，载《义和团运动110周年国际学术讨论会论文集》，山东大学出版社2012年版，第538—560页。
④ 祖金玉：《士大夫的理性与激情——许景澄在义和团运动中》，载《义和团运动一百周年国际学术讨论会论文集》下册，第1385—1391页；陆玉芹：《穿越历史的忠奸之辨——庚子事变中"五大臣"被杀研究》，中国社会科学出版社2010年版，第217页。
⑤ 廖一中：《论清政府与义和团的关系》，《历史研究》1980年第3期；刘天路：《清政府的政策与义和团运动的兴起》，《中国人民大学学报》1991年第4期；李喜所、刘保刚：《慈禧太后与义和团》，陈贵宗：《论清朝地方官中的主抚派》，载《义和团运动与近代中国社会国际学术讨论会论文集》，齐鲁书社1992年版，第625—639、704—717页。

关于民族资产阶级和义和团运动的关系，国内学者在前期的研究中多站在义和团的革命立场上，比较笼统地批评民族资产阶级对义和团运动持轻蔑和敌视态度。① 而在80年代之后，国内学者对这个问题的认识趋于客观和全面，有的学者指出民族资产阶级内部对义和团的态度和评价其实并不一致，既有持肯定或同情态度的，也有持否定态度的，"认为民族资产阶级对义和团一概持否定态度是不符合历史事实的"②；有的学者则指出民族资产阶级对义和团的态度并不是一成不变，而是前后有所变化的，他们在义和团运动初期和高潮时采取了敌视和批判态度，但在义和团遭列强和清政府残酷镇压之后，他们又较多地谴责帝国主义的侵略，对义和团给予了一定的同情和肯定，并指出一些民族资产阶级反对和批评义和团的反洋教，并非他们对外国教会的侵略活动和危害缺乏认识或不思抵制，也不存在所谓对帝国主义软弱或仇视人民群众的问题，而是由于义和团本身浓厚的反维新色彩及其宗旨的盲目性和落后性，由于维新派在反对帝国主义侵略和处理中西文化关系问题上，已基本摆脱了中国传统封建主义和落后意识的束缚及影响，由自发的因应抗拒转变到了较自觉的调适和斗争，因此，维新派批判和否定义和团反洋教，不但不具有反动性，而且恰恰相反，表现了作为新兴资产阶级代表的维新派在思想意识和政治行动上的进步性。③

此外，学界对义和团运动时期南方发生的"东南互保"和"勤王运动"（又称自立军起义）也分别作了较为深入和持久的研究。

对于在清政府对外"宣战"之后由两江总督刘坤一、湖广总督张之洞、两广总督李鸿章、山东巡抚袁世凯和督办铁路事务大臣盛宣怀等策划的"东南互保"，国内学界存在两种截然对立的评价。

一派完全持否定态度，认为刘、张等人策划"东南互保"，投靠侵略者，目的在于维持和发展个人及小集团权势，是十分卑鄙无耻的行为，是刘、张等人推行对内镇压、对外投降路线的一个必然结果，不但严重阻碍

---

① 金冲及、胡绳武：《义和团运动时期的各阶级动向》，《学术月刊》1960年第11期。
② 骆宝善、桑兵：《民族资产阶级与义和团运动》，《近代史研究》1983年第4期。
③ 详见赵春晨《资产阶级维新派与教案及义和团》（《汕头大学学报》1991年第1期）和《论康梁维新派对义和团运动和八国联军侵华战争的态度》（《广东社会科学》1994年第5期）。

了东南地区各地人民的反帝爱国运动的发展,而且为列强集中兵力入侵华北、镇压义和团,提供了有利条件,从而给华北地区义和团斗争带来严重困难。①

另一派则持肯定态度,认为刘、张策划的"东南互保",不但没有丧失新的国家主权,而且以地方外交形式阻止了列强对东南和长江流域的武装入侵,这在一定程度上既维护了中国国家的领土和主权,也在客观上对稳定东南社会秩序、维护东南和沿江地区社会经济的发展,起到了积极作用;表示对"东南互保""应该予以正确的正面评价,赋予其应有的历史地位"②。有的虽然承认"东南互保"对列强集中兵力镇压华北义和团运动有负面影响,但同时不赞成将"东南互保"完全看作卖国和分裂中国之举,指出刘、张等策划"东南互保"的目的主要为维护东南地区免受战乱之苦和力保国土再遭列强践踏,不能一概以对外"主战"和"主和"作为区分爱国和卖国的标准。③ 有的则对"东南互保"进行中性分析,认为刘、张等策划"东南互保",源于对清廷"招抚"政策的彻底失望、外国的军事压力和政治诱惑及来自东南社会精英阶层的强烈要求;指出"东南互保"有着深厚的社会基础,是晚清东南社会特殊的政治、经济和文化场域在受到外部挑战过程中萌发的一种自觉的集体政治行为。④

大致说来,前一派的观点代表了90年代之前国内学者对"东南互保"的认识水平;后一派观点代表了90年代之后国内学者的最新认识,折射了不同时期学界两种不同史观。

关于义和团运动时期南方发生的"勤王运动"或"自立军起义"事件,国内学界主要对这一事件的性质存在分歧。

第一种观点认为,自立军起义具有资产阶级革命性质,是辛亥革命的

---

① 廖一中、李德征、张旋如:《义和团运动史》,第237—243页;金家瑞:《论"东南互保"》,《福建论坛》1989年第5期。

② 谢俊美:《"东南互保"再探讨》,《档案与历史》1986年第2期;史全生:《论"东南互保"》,载《义和团运动110周年国际学术讨论会论文集》,第417—428页。

③ 孙孝恩:《张之洞与"东南互保"》,载《义和团运动与近代中国社会国际学术讨论会论文集》,第668—677页。

④ 彭淑庆:《从"自保"到"互保"——庚子"东南互保"缘起探析》,载《义和团运动110周年国际学术讨论会论文集》,第429—443页。

先声或序幕。他们的主要理由是自立军起义的主要领导者都是从维新派中分化出来的革命分子和兴中会会员，它的基本队伍是具有反清传统的哥老会，它的政治纲领为爱国救亡和反清革命，起义得到孙中山的支持，已经超出资产阶级改良的范围。①

第二种观点认为，自立军起义属于资产阶级改良主义性质，是戊戌变法的继续或尾声，他们的理由是自立军起义受康梁保皇派领导，它的直接目的是"勤王"，迎光绪复位，抵制当时势如燎原的义和团运动和方兴未艾的资产阶级革命派的活动。②

第三种观点认为，自立军起义是当时政治局势、阶级力量、社会意识的综合产物，既有保皇勤王色彩，也有反清革命的基本特征，是一个由保皇走向革命的过渡性事件，革命或保皇都不足以准确概括其性质，它具有复杂的两重性。③

鉴于19世纪和20世纪之交中国国内的许多先进分子的思想正处在改良和革命的抉择之中，革命和改良的分野尚不像稍后那样泾渭分明，同时也鉴于革命和改良两派的政治势力都参与了对自立军起义的领导，以及自立军起义表现出来的矛盾纲领和主张，上述第三种观点应该说更符合当时的历史实际情况。

而值得进一步指出的是，在自立军起义研究中，桑兵教授的《庚子勤王与晚清政局》（北京大学出版社2004年版）一书以详尽的史实，揭示了这场运动远较我们认识的复杂性和多面性，以及对这个复杂历史事件进行简单定性所遭遇的尴尬和窘境，并从庚子前后中国政局的演变对这一事件作了重新定位，认为勤王事件是庚子年中国趋新各派（包括海外华侨）在南方发动的一次变政救亡努力，它与北方义和团的本能反抗斗争不但相辅

---

① 蔡少卿：《论自立军起义与会党的关系》，《近代史研究》1984年第5期；刘泱泱：《试论自立军起义》，《求索》1981年第3期。

② 陈达凯：《改良派左翼与自立军起义》，《江淮论坛》1988年第2期；郑云山：《论唐才常》，《华东师范大学学报》1981年第2期；陈长年：《庚子勤王运动的几个问题》，《近代史研究》1994年第4期。

③ 徐鹤年：《唐才常自立军起义试析》，《宁波师范学报》1987年第1期；张笃勤：《关于自立军研究的几个问题》，《兰州大学学报》1989年第2期。

相成，而且更代表了中国救亡的方向，其意义远在义和团之上。该著代表了国内庚子勤王运动研究的一项最新研究成果。

## 第四节　义和团运动时期中外关系问题研究

义和团运动本质上是一场中外战争。因此，义和团运动时期的中外关系一直以来是国内义和团运动史研究的一个重要组成部分。国内学界在这一研究领域的成果，主要涉及八国联军侵华和各国对华政策两个方面。

关于八国联军发动侵华战争。在这一研究领域，由李德征、苏位智、刘天路三位同志编撰的《八国联军侵华史》一书代表了目前国内学者所达到的最高水准。该书根据各国扮演的角色，将八国联军从酝酿组建到最后撤军过程分为以下五个阶段。第一阶段从1900年1月至5月底，即从列强向清政府提出第一次严重照会到决定联合出兵，这是八国联军的酝酿组建阶段。在这一阶段里，法国是倡议列强进行武装干涉的带头者，英、美、德、意是附和者，俄国和日本则未参加列强对清政府的抗议行列。第二阶段从1900年5月底至6月中旬，即从列强"使馆卫队"进京到西摩联军北犯，为八国联军侵华的初期。在这一阶段里，英国在进京的"使馆卫队"和西摩联军中均起了主要作用与领导作用。第三阶段从1900年6月中旬至7月中旬，即从联军大规模驶抵大沽至攻克天津，这是八国联军武装侵华的第一高潮。在这一阶段里，俄国不仅出兵最多，而且是炮轰大沽口炮台的主谋者、镇压天津外围义和团的主力军、攻陷天津城的急先锋和统治天津的决策人，其作恶之甚和影响之坏，超过了联军中的任何一个国家。第四阶段从1900年7月中旬至8月14日，即从联军计划进军北京到攻克北京，这是八国联军武装侵华的第二高潮。在这一阶段里，俄国退居次位，起先锋和主力作用的是代之而起的日本。第五阶段从1900年8月15日至1901年9月，即从北京沦陷到联军最后撤兵，这是八国联军侵华的尾声阶段。在这一阶段中，德国是扩大武力侵略的主谋和元凶。

在论述八国联军发动侵华战争过程中，国内学者还对列强特别是英俄之间的关系和矛盾进行了探讨，其看法出现一些分歧。李德征认为列强在侵华过程中虽然形成了以英、美、日为一方和以俄、法为另一方的两大侵华集团，但勾结仍是其主流，它们之间的矛盾和斗争始终处于从属地位，并一直服从于它们镇压中国军民的反抗和讹诈中国的需要。① 胡滨则更加强调列强之间的矛盾，认为义和团运动时期列强在华的矛盾和斗争是十分尖锐和复杂的，以致后来爆发日俄战争，重新划分它们在我国东北的势力范围，当时并不存在以英、美、日为一方和以俄、法为另一方的两大对立集团的情况，事实是俄法结成一伙和英日结成一伙的倾向比较明显，而德、美两国则不然，态度并不固定，各列强之间始终是既有勾结，又有矛盾，应具体问题具体分析。②

在关于谁是组织八国联军侵华战争的元凶和组织者这一问题上，国内学者也有两种不同意见。一种说俄国起了主导作用，认为俄国在八国联军中充当了"主角""元凶"或"祸首"的角色。③ 但另一种更有说服力的观点认为八国联军是一个松散的军事联合体，内部矛盾重重，各国实力的消长不断变化，谁也无力总执牛耳，根本就不存在一个所谓始终如一的主谋和元凶，事实是法、英、俄、日、德分别在不同阶段扮演主要角色。④ 也有学者指出，在八国联军镇压义和团运动过程中俄国完全可以成为联军的主角，充当元凶，然而俄国政府却自动采取有限干涉政策以保持"行动自由"，这里主要是出于与英国争夺博斯普鲁斯海峡的战略考虑。⑤

关于义和团运动时期各国对华政策，国内学者的研究受现实国际政治的影响，同时也受语言和资料条件的限制，很不平衡，对义和团运动时期

---

① 李德征：《义和团时期帝国主义在联合侵华中的矛盾和斗争》，载齐鲁书社编辑部编《义和团运动史讨论文集》，第374—401页。
② 胡滨：《义和团运动时期帝国主义列强在华的矛盾和斗争》，载齐鲁书社编辑部编《义和团运动史讨论文集》，第358—373页。
③ 参见复旦大学历史系《沙俄侵华史》，上海人民出版社1975年版，第342—344页；薛衔天、李嘉谷《关于沙俄争夺八国联军统率权问题》，《中俄关系问题》1982年第2期；魏宏运、王黎《沙俄是八国联军的侵华元凶》，《南开学报》1980年第4期。
④ 苏位智：《沙俄在八国联军中扮演了什么角色？》(《义和团研究会会刊》1982年第1期)、《试论八国联军主谋和元凶的变化》(《义和团运动与近代中国社会国际学术讨论会论文集》，第786—799页)；《八国联军侵华史》，第437页。
⑤ 李节传：《俄国对义和团运动的政策与英俄关系》，《史学月刊》1986年第3期。

美、俄两个大国的对华政策作了较多探讨。

就义和团运动时期美国的对华政策来说，20世纪五六十年代国内学者多站在反对美帝的立场，一定程度上将美国看作镇压义和团运动的最凶恶敌人，称"美帝国主义是参加这次武装镇压的主要刽子手之一"，"滔天的罪行证明美帝国主义一贯是中国人民的死敌"①。同时，对这一时期美国推出的"门户开放"政策完全持否定态度，认为这是"美帝国主义侵略中国的凶狠毒辣的政策"②，"是美帝国主义为最后独占中国开辟道路的政策"③。七八十年代，随着中美建交、中美关系恢复正常化，国内学者就如何重新评价美国"门户开放"政策展开热烈讨论。一些学者指出"门户开放"政策虽然是根据美国需要提出来的，但它在客观上对抑制或延缓帝国主义对中国的侵略起过一些积极作用，不宜完全否定其历史意义。④ 进入90年代，一些学者又对"门户开放"政策进行新的诠释，认为"门户开放"政策是美国在新的历史条件下提出的一个不同于19世纪欧洲旧殖民主义的新的扩张方式，目的在于谋求美国的大国地位。⑤ 也有学者对义和团时期美国与其他列强之间的分歧和不同进行具体考察，指出义和团时期美国对华政策具有以下三个特点：对列强来说，它采取独立的、不合作的立场；对中国来说，避免她被进一步瓜分成势力范围；对美国自身来说，它追求更多的商业利益，并认为这是美国对华"门户开放"政策的一个具体体现。⑥ 有的学者认为在1898—1901年义和团运动时期美国对华政策经历了三个发展阶段，是美国对华政策承上启下的转变时期。⑦ 另有学者从

---

① 参见丁名楠、张振鹍《从义和团运动看美帝国主义的侵略本性》和朱活、史森钦《揭露美帝国主义在义和团运动期间的血腥罪行》，载《义和团运动六十周年纪念论文集》，第19—29、49—58页。

② 胡滨：《美帝国主义"门户开放"政策的内容及其侵略性》，《光明日报》1955年3月17日。

③ 丁名楠、张振鹍：《从义和团运动看美帝国主义的侵略本性》，《新建设》1960年10—11月合刊。

④ 参见汪熙《略论中美关系史的几个问题》（《世界历史》1979年第3期）、罗荣渠《关于中美关系史和美国史研究中的一些问题》（《历史研究》1980年第3期）等文。

⑤ 参见李庆余《争取大国地位——门户开放照会新论》，《南京大学学报》1999年第1期。

⑥ 夏保成：《义和团与美国对华政策》，《吉林大学社会科学学报》1992年第3期。

⑦ 王晓青：《义和团运动时期美国对华政策新探》，《历史教学》1993年第2期。

跨文化学角度，对不同时期和不同群体美国人心中的拳民形象及拳民形象对美国人中国观的影响进行了长时段的考察和分析，指出尽管拳民形象在美国延续与演变的过程中大众想象与学术研究之间有着不断对话的关系，美国的中国学专家为澄清大众有关拳民形象的误解作了不懈努力，也为美国政府的决策提供了较为全面、客观的历史，但植根在美国大众中的模式化和妖魔化的拳民形象迄今仍然深刻影响着美国对中国的认识和了解，仍然有待中美两国共同努力化解这一负面形象，以增进两国的相互理解。①

对于义和团运动时期俄国的对华政策，一方面既往研究除对俄国与英国的矛盾作了较多分析外，着重对沙俄侵占中国东北和东北军民的反抗斗争作了充分的论述，内容涉及沙俄出兵东北，制造海兰泡事件，血洗江东64屯，先后占领齐齐哈尔、吉林和奉天，揭露义和团运动时期沙俄在东北地区犯下的滔天罪行及侵略野心，指出沙俄武装占领东北，只是为把中国东北变为其殖民地的一个重要步骤，不但激化了俄国同中华民族的矛盾，同时也激化了俄国同英、日、美等帝国主义的矛盾。② 另一方面，国内学者还就中俄围绕交收东三省所进行的艰难和错综复杂的交涉过程及英、德、法、日、美等国的态度等作了深入的探讨，既肯定1902年4月8日签订的中俄《交收东三省条约》挫败了沙俄吞并东北的图谋，俄国终于同意从东三省撤军，同时也指出该条约的某些条款为俄国后来拒绝撤兵，引发1904—1905年的日俄战争埋下了伏笔。③

---

① 详见姚斌《拳民形象在美国：义和团运动的跨国影响》一书。
② 参见中国社会科学院近代史研究所《沙俄侵华史》第4卷上册（人民出版社1990年版，第219—293页），黎光、张璇如《义和团运动在东北》，吉林人民出版社1981年版，第382—413页，董万崙《"江东六十四屯"和老沙皇的侵华暴行——驳苏修为老沙皇侵华罪行的无耻辩护》（《文史哲》1976年第1期），丁名楠《老沙皇独占东北野心的大暴露》（《社会科学战线》1978年第4期），张璇如、黎光《帝俄出兵侵占东北与血洗海兰泡和江东六十四屯》（《社会科学战线》1978年第1期），黑龙江江东六十四屯调查组《沙俄霸占江东六十四屯的前前后后》（《学习与探索》1979年第1期），李嘉谷《〈辛丑条约〉与沙俄帝国主义》（《社会科学战线》1978年第4期），关捷、杨惠萍《义和团运动时期俄国对旅大地区的侵掠》（《义和团运动一百周年国际学术讨论会论文集》下册，第1132—1146页）等文。
③ 丁名楠等：《帝国主义侵华史》第2卷，人民出版社1986年版，第174—209页；中国社会科学院近代史研究所：《沙俄侵华史》第4卷上册，第294—320、350—531页；廖一中等：《义和团运动史》，第436—456页。

关于义和团运动时期英国的对华政策，国内学者认为英国作为一个老牌帝国主义国家，它在策动对华侵略和镇压义和团运动方面起了举足轻重的作用。① 有的则对义和团运动时期英国在长江流域的动向，特别是英国在策划"东南互保"中的角色进行了较为深入的考察和分析，指出英国在这一事件中的表现，充分体现了英国一贯以来对在长江流域特殊利益的关心及将长江流域看作英国势力范围的意图。② 另有学者还对英国与"门户开放"政策的关系作了深入的考察，指出该政策实由英国最先于19世纪末向列强提出，但由于英国倡导"门户开放"政策和参与瓜分活动的双重身份，导致英国对华"门户开放"政策面临破产，于是它转而向美国施加影响，促使出面争取各主要侵华国家承认"门户开放"政策，著名的海约翰照会便由此而来。③

对于义和团运动时期德国对华政策，国内学者既指出19世纪末德国在山东的殖民侵略和传教活动对义和团兴起的影响，以及德国在镇压义和团运动中扮演的角色，认为德国是八国联军的"积极参与者之一"，其陆军元帅瓦德西担任联军总司令，无数爱国同胞死于侵略军的屠刀之下，德国还伙同其他帝国主义向中国勒索巨额赔款，留下极不光彩的记录；同时也对德国人民对中国人民的同情和友谊加以肯定。④

对于法国在义和团运动时期的对华政策，国内学者一是对天主教会特别是北京主教樊国梁的侵略活动作了揭露和批判；⑤ 二是对法国政府在镇压义和团运动中所扮演的角色作了探讨。有的学者指出法国作为在中国传教势力最大的国家，它在最初促成帝国主义列强共同出兵镇压义和团运动

---

① 刘志义：《论义和团时期英国的对华政策》，《东岳论丛》1994年第3期。
② 王明中：《义和团运动中英国与"东南互保"》，《南京大学学报》1964年第3、4期；戴海斌：《"东南互保"之另面——1900年英军登陆上海事件考释》《外国驻沪领事与"东南互保"——侧重英、日、美三国》，《史林》2010年第4期、2011年第4期。
③ 牛大勇：《英国与对华门户开放政策的缘起》，《历史研究》1990年第4期；曾志：《英国与门户开放政策的提出》，《社会科学战线》1993年第5期。
④ 丁名楠：《德国与义和团运动》，载《义和团运动与近代中国社会国际学术讨论会论文集》，第774—785页。
⑤ 邵循正：《庚子年间天主教北京主教法国人樊国梁的抢劫行为》，《进步日报》1951年8月17日第2张第5版。

过程中，曾扮演了元凶的角色，在义和团运动初起时法国驻华公使毕盛率先作出反应，联络各国公使向清政府递交照会，催促清政府采取有力措施镇压义和团，同时法国政府也采取强硬的对华政策，竭力促成列强联合出兵侵华，并最先建议列强对中国实行武器禁运，以便从根本上削弱清政府的抵抗力量。在谈判签订《辛丑条约》的过程中，法国在一系列重大问题上都提出了与他国不同的主张，并始终把维护列强的联合置于对华外交的最优先地位。[1]

对于日本，国内学者揭露其对华政策的出发点是通过出兵镇压义和团运动，取得充当欧美列强承认的"远东宪兵"的资格，进而确立其在东亚的霸权，指出日本侵略军在大沽，特别是在天津、北京的战役中，成了八国联军的主力，从而取得了列强公认的"远东宪兵"的资格，第一次加入帝国主义侵华的国际"俱乐部"[2]。有的学者进一步揭露日本在义和团运动中不但将入盟八国联军镇压义和团看作日本"脱亚"进而"入欧"的跳板，而且试图利用义和团运动之机单独出兵占领福建厦门，作为其推行"大陆政策"的新起点，并通过放弃占领厦门，赢得英美的支持，由此进一步奠定日本在列强中的地位，成为帝国主义侵略中国的主要国家之一。[3]

关于中外议和谈判和《辛丑条约》的签订。国内学者对议和谈判的出台及列强围绕议和条件的矛盾和争吵作了具体考察和探讨，并且一般多认为所谓议和谈判只是列强之间的分赃会议，议和谈判并不是在列强与中国之间进行的，而是由列强自行商定，无所谓中外互议，《辛丑条约》是中华民族一个空前的大屈辱。但个别学者对此虽然也完全认同，而为说明义和团运动阻止了列强瓜分中国的图谋，却将议和谈判看作"瓜分危机已经缓解"的一个标志，指出"帝国主义列强自中日甲午战争以来五六年间瓜分中国的野心和实践已经被义和团运动所阻止。否则，他们在京、津沦陷以后完全可以由他们自己来开一个会，讨论一下那一块土地属于那个强国的势力范围，由那个强国来统治，成为那个强国的殖民地也就够了，这样

---

[1] 葛夫平:《论义和团运动时期的法国对华外交》,《近代史研究》2000 年第 2 期。
[2] 王魁喜:《义和团运动时期日本的侵华政策》,《东北师大学报》1987 年第 2 期。
[3] 刘学照、周成平:《日本的"脱亚入欧"与义和团运动》,载《义和团运动与近代中国社会国际学术讨论会论文集》,第 809—823 页。

的分赃会议根本用不着重开中外议和谈判",这说明"他们毕竟不得不承认中国为一个拥有主权的国家,作为谈判的一方对待"①。该观点的失误在于没有认识到中外议和只是列强将通过战争所攫取的各种侵略要求合法化的一种方式,并不意味着瓜分危机的缓解或对中国主权国家的尊重。

对于辛丑议和,有的学者还从国际法角度指出其非正义性,批评列强发动大规模的持久的对华战争,却不承认战争状态的存在,又要按战争法迫使中国议和,攫取大量政治、经济权益,这些都是违犯国际法规定的,充分表现了它们凭恃强权、蔑视公理的可耻面目;批评列强提出的赔款和"惩凶"等要求,完全是混淆是非、颠倒黑白。②

在过去的这些年里,国内学者对义和团时期的中外关系虽然作了一定的研究,有些不乏新见,但由于受资料和语言条件的限制,比较而言,还是国内义和团运动史研究中的一个薄弱领域,高质量、有深度的研究成果尚不多见。鉴于义和团运动本质上是一场中外战争,加强义和团运动时期的中外关系史研究,应该是未来的一个努力方向。

## 第五节 义和团运动史实考析

由于义和团运动的分散性、地域性,并涉及中外关系,相关史实的考证也是既往国内学界研究的一个重要组成部分。

关于义和团的发源地问题。传统观点都将义和团的发源地与山东联系在一起,认为义和拳最初兴起于山东,然后蔓延至直隶。③ 但自20世纪80年代以来,越来越多的学者对这一观点提出质疑,指出发生在1899年10月山东平原县的朱红灯起义并非义和团运动的开端,发生在1898年10月

---

① 牟安世:《义和团抵抗列强瓜分史》,第442页。
② 张海鹏:《试论辛丑议和中有关国际法的几个问题》,《近代史研究》1990年第6期;牟安世:《义和团抵抗列强瓜分史》,第447页。
③ 按:廖一中等《义和团运动史》仍持此说,见该书第57—114页。虽然作者在该书中也将冠县赵三多起义看作义和团运动的开端,但忽视冠县十八村的地理位置,完全将它纳入山东义和团加以论述。

直、东交界区的冠县十八村的赵三多起义才是义和团运动开始的标志；而在赵三多起义之后，直隶、山东两省的义和拳基本上是平行发展的，因此，直隶和山东都是义和团运动的发源地。①

关于庚子战前义和团实力问题。为了展现义和团运动的伟大意义，国内学者长期以来对义和团的实力多有夸大之处，但随着研究的深入和实事求是科学精神的恢复，自 90 年代以来有些学者开始对庚子战前义和团的实力提出质疑。如有些学者在考证后指出，1898 年 10 月山东冠县的赵三多起义根本没有像有些学者所说的那样，聚集了十余万拳民，这只是代理知县曹倜事后为夸大自己解散起义功劳而进行的有意杜撰，实际上此次起义持续时间很短，前后总计不过十天，斗争规模也不大，人数至多千人左右，在当时并未产生多大影响。相关论著关于 1899 年 10 月 18 日朱红灯领导义和团取得"森罗殿大捷"的描述，也与事实不相符合，并无大捷的情况，相反，却是战败，不能称平原起义为义和团运动趋于成熟的标志。而所谓的 1900 年 5 月 22 日义和团"涞水大捷"，也有夸大之处，实际情况是，是役清军计 70 余人与义和团交战，死 3 人，伤 5 人，并没有像 6 月 1 日《新闻报》报道所说的那样"全军覆没"②。

关于 1900 年 6 月间义和团大批进入北京的原因。国内学者有以下三种观点。第一种意见认为这时清政府已决意招抚义和团，以之抵御洋人，因而默许义和团进城。③ 第二种意见认为因为这时义和团力量已十分强大，清政府无力或不敢阻止义和团进入北京。④ 第三种意见认为前两种意见均不可信，义和团得以进城主要是负责把守城门的八旗亲贵主张利用义和团对抗洋人，他们趁慈禧太后限制对义和团使用武力之机，有意放宽门禁，任义和团随意进出；换言之，默许义和团进城的并不是慈禧太后，而是掌

---

① 李宗一：《山东"义和团主力向直隶转进"说质疑》，《近代史研究》1979 年第 1 期；林华国：《义和史事考》，北京大学出版社 1993 年版，第 20—22 页。
② 王守中：《平原事件研究中的几个问题》，载《义和团平原起义 100 周年学术讨论会论文集》，第 186—191 页；林华国：《义和史事考》，北京大学出版社 1993 年版，第 59—65 页。
③ 廖一中等：《义和团运动史》，第 154—156 页。
④ 中国社会科学院近代史研究所编：《中国近代史稿》第 3 册，人民出版社 1984 年版，第 188 页；胡绳：《从鸦片战争到五四运动》下册，人民出版社 1981 年版，第 584 页；金家瑞：《义和团运动》，第 56—58 页。

管城门的八旗亲贵。① 以上三说，比较而言，第二种意见应该说不大可信，过于夸大义和团的力量。第一、第三种意见比较可信，并且这两种意见实际并不完全对立。固然慈禧太后并没有亲自默许义和团进城，但她对义和团的态度无疑对掌管城门的八旗亲贵擅自默许义和团进城起了关键作用。

关于中外开战的原因。在这个问题上，国内学界有三种不同看法。第一种观点将中外开战的原因归咎于清政府怂恿义和团排外，"肆意玩火"，认为"对于战争的爆发，慈禧等人也负有不可推卸的责任"②。第二种观点则反对将中外开战的责任归咎清政府，指出中外开战的根本原因在于"列强无视中国的主权，企图用对待殖民地的方式对待中国"，清政府并没有公开支持义和团，事实是八国联军进犯迫使清政府考虑利用义和团抵御外敌，而不是清政府"肆意玩火"促使八国联军侵华。③ 第三种观点将开战的原因归咎中外双方的误解，指出之所以爆发义和团中外战争，原因在于"中外双方在交流方面的误解和一系列由此引起的非常事件"，"整个冲突的核心恰恰在于慈禧太后新政权的合法性"，当时列强并没有推翻慈禧太后政权、帮助光绪皇帝复位的考虑，而外交团的所作所为误导了清廷，以为列强有推动光绪皇帝复辟的意图，同时各国政府也对中国作了一个错误的判断，将中国国内的偶发事件视为中国政府的排外阴谋，作出派兵进京的决定，由此引发义和团中外战争，"义和团战争的起源不在义和团运动本身，而在于中外关系"④。

关于中外宣战问题。对于1900年6月21日清廷发布的"宣战"诏书，国内许多学者都指出这道被称为"宣战"诏书的上谕，实际上只是对国内发布的号召全国军民抵抗侵略的战争动员令，并不是宣布与列强进入战争状态的"宣战书"。至于6月21日清廷发布这道"宣战"诏书的原因，国内学者则有多种说法。主流或传统观点认为受列强勒令慈禧"归

---

① 林华国：《历史的真相——义和团运动的史实及其再认识》，天津古籍出版社2002年版，第96页。
② 赵春晨：《略论八国联军侵华战争的若干特点》，载黎仁凯、成晓军等主编《义和团运动·华北社会·直隶总督》，河北大学出版社1997年版，第195—197页。
③ 林华国：《历史的真相——义和团运动的史实及其再认识》，第101—113页。
④ 相蓝欣：《义和团战争的起源》，华东师范大学出版社2003年版，第358—361页。

政"的"假照会"的刺激,慈禧太后决定对外宣战,范文澜《中国近代史》和牟安世、廖一中等均持此说。① 一说清政府因受到义和团的强大压力,被迫对外宣战,以转移视线,将义和团提到与外国军队作战的第一线上,胡绳、邵循正、金家瑞等学者均持此说。② 而第三种意见认为以上"假照会"说和义和团压力说两种说法均不可信,指出最初促使慈禧考虑对外抵抗的是西摩联军的进犯,而最后促使慈禧下决心"宣战"的则是列强强索和进攻大沽口,关于宣战原因的其他解释都是不符合实际的。③

关于庚子年围攻使馆事件。国内学者在 80 年代之前出版的相关论著中,多将 1900 年 6 月下旬发生的攻打东交民巷使馆区描绘成义和团发动的一场战斗,并为义和团攻打使馆的行为辩护,指出"义和团向各国使馆进攻,是在帝国主义者为了立即实现他们瓜分中国的目标而进一步发动武装侵略的情况下才开始进行的。……是代表着中国人民挽救民族瓜分危机的正义行动"④。

80 年代之后,一些学者对这一史实作了纠正,认为攻打使馆的并非义和团,而是清政府。如廖一中等著《义和团运动史》在叙述这段历史时,明确将标题改为"清政府围攻使馆",指出"清政府组织围攻使馆事件,在国际关系史上是罕见的",并将清政府组织围攻使馆分成两个阶段:第一阶段从 1900 年 6 月 20 日到 24 日,西太后支持载漪等主战派围攻使馆,妄图实现废帝立储心愿;第二阶段从 6 月 25 日到 8 月 14 日,西太后支持荣禄、奕劻等主和派对使馆明攻暗保,作为他们向列强求和的媒介。⑤ 李

---

① 范文澜:《中国近代史》上册,第 360 页;廖一中:《义和团运动史》,第 226—231 页;牟安世:《义和团抵抗列强瓜分史》,第 320—326 页。
② 胡绳:《从鸦片战争到五四运动》下册,第 600—601 页;邵循正:《中国史纲要》第 4 册,人民出版社 1964 年版,第 101 页;金家瑞:《论义和团运动时期慈禧的对外"宣战"》,载路遥主编《中国史专题讨论丛书·义和团运动》,巴蜀书社 1985 年版,第 473—491 页。
③ 林华国:《庚子宣战与"假照会"关系考辨》(《北京大学学报》1987 年第 2 期)、《关于义和团运动高潮阶段的几个问题》(《近代史研究》1981 年第 1 期)及《历史的真相——义和团运动的史实及其再认识》第 130 页。
④ 张寄谦等:《义和团在北京的战斗》,载《义和团运动六十周年纪念论文集》,第 122 页;金家瑞:《义和团运动》,第 104—107 页。
⑤ 廖一中等:《义和团运动史》,第 296 页。

德征和丁凤麟在1981年发表的一篇论文中也持相同见解，指出发动和领导围攻使馆的并非义和团，而是被慈禧太后控制的清政府，是西太后一伙为实现废帝立储夙愿而策划的一个新阴谋，充分暴露了中国封建顽固派的极端愚昧和腐朽。①

林华国在《历史的真相——义和团运动的史实及其再认识》一书中也明确指出"进攻使馆的基本力量始终是清军，义和团所起的作用是微不足道的"，但他认为清政府围攻使馆的时间并非如有些学者所说的那样，只持续了4天时间，之后便转为明攻暗保，而是断断续续持续了20多天（6月20日至7月13日，8月10日至14日）；而西太后发动攻打使馆的原因，既不是达到列强支持她废帝立储的目的，也不是愚弄和陷害义和团，借刀杀人，而是要使各国使臣陷入危险、绝望的境地，达到"逼迫列强同意停止战争"的目的。②

关于清军和义和团在阻击西摩联军和天津战役中的作用问题。传统观点都强调义和团在阻击西摩联军和在天津反侵略战斗中的作用，将阻击西摩联军进京的功劳主要归于义和团，指出"义和团在抗击帝国主义侵略军的战斗中最为出色的一役，当推京津路上的廊坊大捷了"，③并认为义和团是天津战役的主力军，"大沽陷落之前，义和团在天津县城抗击帝国主义侵略的战争已经打响了"④。对此，近年国内学者也有所修正，指出在1900年6月10日至26日阻击西摩联军进京过程中，清军和义和团共同发挥了作用，义和团对粉碎西摩联军乘铁路进军北京计划起了关键作用，而清军则在杀伤敌军和迫使西摩联军放弃由水路进军北京计划方面起了主要作用。⑤还有学者指出在6月17日至7月14日的天津战役中担任中方主力的基本上是清军，义和团只是在最后时刻，即7月13日马玉崑率部逃

---

① 李德征、丁凤麟：《论义和团时期的围攻使馆事件》，《文史哲》1981年第1期。
② 林华国：《历史的真相——义和团运动的史实及其再认识》，第152—174页。
③ 金家瑞：《义和团保卫天津的英勇战斗》，载义和团运动史研究会编《义和团运动史论文选》，中华书局1984年版，第325页。
④ 廖一中等：《义和团运动史》，第309页。
⑤ 苏位智：《廊坊大捷的概念、称谓及其他》，载河北省廊坊市社会科学界联合会编《义和团廊坊大捷》，中国文史出版社1992年版，第5—7页。

跑后，才担当起主力的任务。①

国内学界所做的这些史实考证，有助于从不同角度破除关于义和团运动的种种神话，还原历史真相。

## 第六节　关于义和团运动的历史评价问题

对重大历史事件进行评价，这是新中国史学的一个重要传统。由于义和团运动的复杂性和多面性，同时也由于历史评价固有的主观性，有关义和团运动的历史评价问题呈现出更多的歧义。综观国内有关义和团运动历史评价问题的讨论，大致涉及以下诸问题：义和团运动的性质，如何看待义和团封建迷信和盲目排外等落后一面，如何评价义和团运动的作用和影响。

关于义和团运动的性质，既往研究比较一致承认义和团为一场反帝爱国运动，但对义和团运动是否具有反封建性质，国内学者存在严重分歧。

一派学者认为义和团运动不具有反封建性质，不足以称为"农民革命"。他们指出，义和团从来没有提出过明确的反封建纲领，没有触动封建制度一根毫毛；不但如此，义和团还打出"扶清"口号，与清朝统治阶级内部的顽固派沆瀣一气，拥护清朝统治，是一场"奉旨造反"运动；义和团所发生的抗官事件属于为了开展"灭洋反教"而被迫自卫的性质，不是出于主动对抗官军、反对官府；义和团运动与1840年的鸦片战争和1894年的中日甲午战争一样，都属于"反对帝国主义军事压迫的民族战争"，旧式农民战争在太平天国失败后就宣告终结了。②

---

① 林华国：《历史的真相——义和团运动的史实及其再认识》，第176—184页。
② 参见左步青、张鸣九《评戚本禹的〈爱国主义还是卖国主义？〉》，《历史研究》1979年第12期；李侃《义和团运动研究中的几个问题》，《历史教学》1979年第2期；廖一中《论清政府与义和团的关系》，《历史研究》1980年第3期；吴思鸥《略论义和团"扶清灭洋"口号》，载《义和团运动史讨论文集》，齐鲁书社1982年版，第255—273页；陈月清《义和团"扶清灭洋"口号剖析》，《文史哲》1980年第5期；史国瑞《评义和团"反封建说"》，《人文杂志》1980年第2期；李时岳《中国近代史主要线索及其标志之我见》，《历史研究》1984年第2期。

另一派主流学者则持相反意见，坚持认为义和团运动是一场具有反封建性的农民运动，是一场农民革命。他们的理由归纳起来主要有以下几条：1. 不能以推翻封建统治、变革封建制度、改变封建生产方式为判断义和团是否反封建的标准，这是资产阶级革命反封建标准。2. 义和团的组织源流为反清的秘密结社和秘密宗教，它的基本群众为广大农民，同时拥有大量的饥民和流民。3. 义和团所进行的抗租、抗粮斗争，以及与官府和官军展开的浴血战斗，均说明义和团运动是一场农民阶级自发的反封建斗争。4. 义和团的"扶清"口号含有保中国之意，是为"灭洋"服务的，反映了当时民族矛盾的激化，不能简单理解为拥护和维护清朝统治，义和团不是一场"奉旨造反"运动。[①]

对于义和团所表现出来的封建迷信和盲目排外等落后一面，国内学者也存在两种不同评价。

一派学者对义和团的落后一面持尖锐批判和完全否定态度，批评义和团依赖神仙符咒同帝国主义作斗争，这是一种"封建蒙昧主义"，批评义和团的"灭洋"口号盲目排外，看不出帝国主义内部和外部的各种矛盾，看不出帝国主义联合中国封建势力压榨中国人民的实质，将反帝斗争扩大到不分青红皂白地排斥和灭绝与"洋"字有关的东西，幻想用小农业与家庭手工业相结合的自然经济去抵制资本主义生产方式和近代科学技术，这不但不是革命，不是历史的进步，而且具有反动性，"是一种历史惰性力量，是封建蒙昧主义在义和团运动中的一个突出表现"[②]。

另一派主流学者虽然承认义和团运动存在宗教迷信和盲目排外等弱

---

[①] 翦伯赞：《义和团运动》，《历史教学》1958年第5期；刘大年：《义和团运动说明了什么？》，《人民日报》1960年8月30日第7版；路遥：《论义和团的源流及其他》，《山东大学论文科论文集刊》1980年第1期；戚其章：《关于义和团运动评价的若干问题》，《东岳论丛》1980年第4期；朱金甫、庄建平：《新发现的山东义和团运动史料〈筹笔偶存〉述略》，《文史哲》1980年第5期；李文海：《关于义和团与封建统治阶级关系的若干问题》，《求索》1986年第3期；季云飞：《义和团运动研究中若干问题新探》，《求索》1992年第6期；黎仁凯：《论义和团运动高潮的主要标志》，《河北大学学报》1999年第2期。

[②] 参见王致中《封建蒙昧主义与义和团运动》，《历史研究》1980年第1期；左步青、章鸣九《评戚本禹的〈爱国主义还是卖国主义?〉》，《历史研究》1979年第12期；张玉田《应当全面看待义和团运动》，《辽宁大学学报》1979年第1期。

点，但他们从历史主义观点出发，对义和团的弱点持同情理解态度，并不因此否定其革命性和正义性。他们认为义和团存在的这些弱点虽然产生过消极影响，但义和团不是将宗教迷信作为回避现实斗争的麻醉剂，而是将它作为斗争手段，抗击外国侵略，表现出伟大的自我牺牲精神，义和团的宗教色彩更多地表现为白莲教系统的宗教异端特征，具有旧式农民反封建统治斗争的传统，与以往的一般宗教有所区别，包藏着农民群众要求反抗侵略和变革现实的强烈愿望。因此，他们认为不能将义和团的宗教迷信简单斥为"封建蒙昧主义"加以彻底否定，主张称之为"神秘主义"和"异端宗教"更为合适。① 同样，他们认为对于义和团的笼统排外举动，诸如拆铁路、毁电杆和仇视洋货行为，也不能全然看作农民的蒙昧落后和排斥先进生产方式而加以斥责，指出这是当时中国人为回击帝国主义侵略所能进行的原始反抗形式，是一种保卫家园的斗争手段，是一种正义的反抗，是"符合中国人民的根本利益的"，是"一种原始的民族革命思想"，"都是农民小生产者的革命思想"，不应看作历史的反动和倒退。②

关于义和团运动的历史作用和影响。国内主流观点都认为义和团作为一场反帝爱国运动，它的一个首要历史作用就是阻止或粉碎了列强瓜分中国的图谋，中国免于被瓜分的原因并不是列强之间的矛盾，如果说列强之间的矛盾曾经有助于缓解中国当时面临的瓜分危机的话，也是以义和团的反帝斗争为前提的，"没有义和团运动这个前提，帝国主义列强之间的矛盾，不管它是多么不可克服，也不可能缓解瓜分危机，只能加速和扩大中国的瓜分危机"③。但也有学者提出异议，认为义和团运动虽然对帝国主义瓜分中国的企图有打击作用，但断定义和团运动"粉碎了""打碎了""阻止了""挫败了"甚至还迫使帝国主义从此"放弃了"对中国的瓜分，

---

① 参见路遥《建国以来义和团研究概述（1949—1983）》（《中国史专题讨论丛书·义和团运动》第23—24页）；程歗《义和团思想述评》（《文史哲》1981年第1期）和《民间宗教和义和团揭贴》；孙祚民《关于义和团的"奉旨造反"及其他》（《历史研究》1981年第1期）；韩学儒《评义和团问题讨论中的一种倾向》（《西北大学学报》1981年第3期）等文。

② 孙祚民：《关于义和团的"奉旨造反"及其他》；朱东安、张海鹏、刘建一：《应当如何看待义和团的排外主义》，《近代史研究》1981年第2期；陈振江、程歗：《义和团文献辑注与研究》，天津人民出版社1985年版，第261—272页。

③ 牟安世：《义和团抵抗列强瓜分史》，第489—490页。

则又言过其实，与历史不相符合；事实是当时列强没有瓜分中国，主要是由于帝国主义之间的矛盾。① 其实，揆诸历史，以上两说各有偏颇，当时列强没有瓜分中国应该说是以上两种因素共同作用的结果。

90年代之后，国内学者以更为广阔的视野探讨义和团的影响，从近代化、民族主义和思想文化的演变等角度对义和团的历史意义和影响作了新的诠释。如有的学者考察义和团运动和中国近代化的关系，认为义和团运动的失败激发了清末新政改革运动②，促进了清末政治体制的近代化③，并且对孙中山领导的资产阶级民主革命也造成了重大影响，义和团的反帝斗争与中国近代化是相辅相成的。④ 有的考察义和团运动对中国近代民族主义的影响，认为义和团运动是中国由传统民族主义向近代民族主义运动转折的一个界标，促使了从传统"华夷"之辨向近代主权认同的转变，促使了从传统天朝话语向近代国家民族话语的转变，促使了从传统臣民话语向国民话语的转变。⑤ 有的认为义和团运动促进了世纪之交中国知识界国际观念的转变，加深了对国际大势的认识。⑥ 有的认为义和团运动加深了中国人民对帝国主义的理解和认识。⑦ 有的认为义和团运动促进了20世纪初中国人思想观念的更新和话语的转换，称"义和团的失败是近代中国思想运动一个重要的转折点"⑧。有的认为义和团运动促使了晚清华夷观念的最

---

① 王致中：《论义和团运动的反帝作用》，《社会科学》1983年第3期。
② 参见廖一中《义和团运动与晚清"新政"》，《历史教学》1991年第5期；郭大松《义和团运动与清末新政》《人文杂志》1992年第2期。
③ 梁严冰：《义和团运动与清末政治体制的近代化》，载《义和团运动一百周年国际学术研讨会论文集》，第220—232页。
④ 吴士英：《试论义和团运动特点及其与中国近代化的关系》，载《义和团运动一百周年国际学术研讨会论文集》，第159—173页。
⑤ 王先明：《义和团与民族主义运动的时代转型》，载《义和团运动110周年国际学术讨论会论文集》，第21—35页。
⑥ 田涛：《世纪之交中国知识界的国际观念》，载《义和团运动一百周年国际学术研讨会论文集》，第1196—1210页。
⑦ 田海林、王振：《义和团与帝国主义》，载《义和团运动110周年国际学术讨论会论文集》，第36—53页。
⑧ 刘学照：《庚子事变：话语转换与观念更新》，载《义和团运动110周年国际学术讨论会论文集》，第129—141页；田涛：《文野新界：义和团与清末知识界的文明话语》，载《义和团运动110周年国际学术讨论会论文集》，第142—158页。

后崩溃，由极端的攘夷排外走向崇洋媚外。[①] 有的考察义和团运动对中国近代外交体制的影响，认为从外交史角度看，义和团运动不仅是对此前中国传统外交形式的一次清算，并且奠定了清末最后十年清朝的外交体制，实现了由此前"总署外交"和"地方洋务体制"的双元外交体制向外务部单元外交体制的转变。[②] 而有的学者则强调义和团运动对中外关系所产生的消极影响，指出义和团的失败不但使列强对中国的政治、经济和军事控制加强，而且严重损害了中国人的民族自尊心和自信心，使中国人由仇外变为媚外。[③] 有的又考察义和团运动对中国近代外交思想的影响，认为义和团运动之前中国官方和民间在对外思想方面普遍存在和、战之争及学习西方与盲目排外之争，而在义和团运动之后上述思想分歧消失，惧外思想、对外开放思想和文明抵制思想成为清末中国对外思想的主流。[④] 国内学界对义和团历史作用和影响所做的这些多角度解读，深刻揭示了义和团运动在晚清中国历史上的独特地位，值得学界继续探讨。

综观新中国成立以来的国内义和团运动史研究，应该说已取得丰硕成果，特别在义和团运动的起源、过程和影响等方面已作了比较全面和深入的研究，并经历了一个从单纯政治事件史向社会史和文化史研究转变的过程。既往国内学界研究中存在的一个最大欠缺是对义和团运动时期列强方面的研究尚不充分和深入，诸如各国对华发动战争的决策是如何作出的；各国发动对华战争的目的和动机为何；在发动对华战争过程中列强的彼此关系到底如何，以及他们又是如何协调的；各国国内对于义和团运动是如何反应的，等等。诸如此类的问题，既往的研究虽有所涉及，但多数语焉不详，缺乏系统论述，或缺乏可靠的史料。鉴于义和团运动作为一场反帝

---

[①] 宝成关、田毅鹏：《庚子事变与晚清华夷观念的最后崩溃》，载《义和团运动一百周年国际学术研讨会论文集》，第1180—1193页。

[②] 戴海斌：《中国外交近代转型的节点——简论庚子事变前后若干外交问题（1900—1901）》，《社会科学战线》2011年第12期。

[③] 李育民：《义和团运动与不平等条约》，载《义和团运动一百周年国际学术研讨会论文集》，第1042—1063页；《〈辛丑条约〉在中外条约关系中的地位》，载《义和团运动110周年国际学术讨论会论文集》，第561—597页。

[④] 吴宝晓：《庚子事变与近代中国对外思想的形成》，载《义和团运动一百周年国际学术研讨会论文集》，第1211—1221页。

爱国运动，它本质上也是一场中外战争，因此，加强对义和团运动时期列强方面的研究，加强义和团运动时期中外关系史的研究，应该说是今后国内义和团运史研究的一个突破点；国内的义和团运史研究在进行社会史、文化史和思想史的拓展之后，有必要重新回到政治事件史的研究轨道上来。

# 第九章

# 清末新政史研究

清末新政是对清政府在其统治的最后十年（1901—1911）所进行的各项改革的总称。这次改革是继洋务运动和戊戌变法之后，清政府发动的第三次也是最后一次改革运动，其力度远远超出前两次改革，内容涉及政治、经济、军事、文化教育与社会生活等领域的变革，是晚清历史上一场比较完整意义上的现代化运动，对清末民初历史产生深远影响。由于其在晚清史上的重要地位，有关清末新政史的研究近年愈益受到国内学界的重视，成为晚清史研究中的一个"显学"。为了更好地推动国内清末新政史的研究，本章也从纵横两个维度，对1949年新中国成立以来的国内清末新政史研究做一比较系统的回顾。

## 第一节 研究概述

尽管清末新政在晚清历史上占有十分重要的地位，其意义和影响亦不在前两次改革——洋务运动和戊戌变法之下，但由于它生不逢时，其发生和发展几乎与辛亥革命同一时段，在中国近代革命史框架下，长期以来它仅作为辛亥革命的附庸或背景，被学界附带加以论述，始终无缘像前两次改革那样，被列入中国近代史"八大事件"序列，只是在20世纪90年代之后才开始作为一个独立事件受到学界的重视。具体来说，国内的清末新政史研究大体经历了四个发展阶段。

1949—1978年为第一阶段，清末新政被国内学界所忽视。在这长达

30年的岁月里，国内发表的与清末新政直接有关的专题论文只有两篇：一是王邦佐的《试论一九〇一年——一九〇五年清政府的"新政"》①；二是张天保的《清末的预备立宪》一文。② 此外，陈旭麓著《辛亥革命》（上海人民出版社1955年版）、胡绳武和金冲及著《论清末的立宪运动》（上海人民出版社1959年版）及李时岳著《张謇和立宪派》（中华书局1962年版）三本研究辛亥革命的小册子，也对清末新政特别是清政府的预备立宪历史有所论述，但内容和篇幅有限，仅作为辛亥革命的背景加以处理，并未将清末新政作为一个独立研究对象加以对待。并且，这些研究成果均出版于1966年"文化大革命"之前；"文化大革命"开始后，由于众所周知的原因，新政史研究便再也无人问津。

1979—1990年为第二阶段，是国内清末新政史研究的起步阶段。据不完全统计，这一时期国内学界发表的与新政有关的论文100余篇。此外，同期出版的三部研究辛亥革命史的通论性著作，章开沅、林增平主编的三卷本《辛亥革命史》（人民出版社1980—1981年版）、李新主编的二卷本《中华民国史》（中华书局1981—1982年版）和金冲及、胡绳武合著的四卷本《辛亥革命史稿》③，均设有章节，对清末新政作了更为详尽的论述，不但涉及新政的各项改革，还比较深入地探讨了新政与清末政局的关系。另外，这一时期出版的两部介绍清代国家机构的著作，张德泽编著的《清代国家机关考略》（中国人民大学出版社1981年版）和李鹏年等编著的《清代中央国家机关概述》（黑龙江人民出版社1983年版），对清末官制改革中的新设机关多有介绍。但总体来说，这一时期国内学界的新政史研究仍然依附于辛亥革命史研究，未能成为一个独立研究领域，不但发表的研究成果数量十分有限，与清末新政的历史地位不相称，并且，研究成果也主要集中在清末政治改革，有一半多论文是探讨预备立宪问题的。同时，也没有一本关于新政的专著问世。

1991—2000年为第三阶段，这一时期随着作为事件史和政治史的辛亥

---

① 《史学月刊》1960年第4期。
② 《历史教学》1966年第2期。
③ 上海人民出版社1980、1985、1991年版。

革命史的研究趋于成熟，以及学术研究的转向，特别是现代化史研究的勃兴，清末新政史开始脱离辛亥革命史范畴，成为一个独立的研究领域。这突出体现在新政史研究成果的大幅涌现和对新政改革的重新评价上。据不完全统计，这一时期国内发表的有关新政的论文多达400余篇，是前一阶段的四倍。并且，开始出版多本研究清末新政的专著。其中，综合性研究著作有赵军的《折断了的杠杆——清末新政与明治维新比较研究》（湖南出版社1992年版，17万字）、张连起的《清末新政史》（黑龙江人民出版社1994年版）、王晓秋与尚小明的《戊戌维新与清末新政——晚清改革史研究》（北京大学出版社1998年版）、吴春梅的《一次失控的近代化改革——关于清末新政的理性思考》（安徽大学出版社1998年版）和萧功秦的《危机中的变革——清末现代化进程中的激进与保守》（上海三联书店1999年版）。以上著作各有特色：赵著以中外比较现代化史为视角，从近代国家与国家的近代化、中日新政指导思想的异同、中日政权内部构造的异同和中日近代国家作用力的异同等四个方面，对清末新政与日本明治维新进行比较研究，从中探究新政的历史教训；张著则运用正统史学方法，对清末新政启动过程及各项改革内容作了考察和论述，并对新政的历史地位作了重新评价；王著实际上是一个论文结集，其中收录了6篇有关新政改革的专题论文及一篇晚清改革史论纲；吴著系由博士论文修改而成，从中国近代化史角度，探讨了清末新政启动的历史背景和过程，特别是清末政治体制的改革和失败，并对新政失败的原因作了分析；萧著也从现代化史角度探讨了清末新政遭受挫折的历史原因，视野开阔，颇有分析性和思想性。

除了综合性研究著作之外，这一时期还出版了一些比较有学术分量的专题性著作。其中：韦庆远等著的《清末宪政史》（中国人民大学出版社1993年版）和侯宜杰的《20世纪初中国政治改革风潮——清末立宪运动史》（人民出版社1993年版），是国内研究清末立宪运动的两部代表作。郭世佑的《晚清政治革命新论》（湖南人民出版社1997年版）也将清末预备立宪政治改革作为晚清政治革命的一个组成部分进行了论述。朱英的《晚清经济政策与改革措施》（华中师范大学出版社1996年版）则是国内第一部专门研究清末经济改革的著作，具有一定的开拓性。关晓红的《晚清学部研究》（广东教育出版社 2000 年版）是研究清末教育改革的一部重要著作。熊志勇的《从边缘走向中心——晚清社会变迁中的军人集团》（天津人民出版社 1998 年版），从长时段和社会学角度探讨了军人在晚清社会角色的变化，部分内容论及清末军事改革与军人社会角色转换的关系。

2001 年至今为第四阶段，是清末新政史研究的繁荣和发展阶段。这一时期，新政史成为晚清史研究中的一门"显学"，发表的研究成果在前一阶段的基础上又有大幅增长。据不完全统计，这一时期国内学者发表的涉及新政的论文多达千余篇，是前一阶段的两倍多，著作多达 40 余部。

其中，与清末政治改革有关的著作有马小泉的《国家与社会：清末地方自治与宪政改革》（河南大学出版社 2001 年版）、高旺的《晚清中国的政治转型——以清末宪政改革为中心》（中国社会科学出版社 2003 年版）、魏光奇的《官治与自治：20 世纪上半期的中国县制》（商务印书馆 2004 年版）、沈晓敏的《处常与求变：清末民初的浙江谘议局和省议会》（生活·读书·新知三联书店 2005 年版）、刁振娇的《清末地方议会制度研究——以江苏谘议局为视角的考察》（上海人民出版社 2008 年版）、徐建平的《清末直隶宪政改革研究》（中国社会科学出版社 2008 年版）、陈丹的《清末考察政治大臣出洋研究》（社会科学文献出版社 2011 年版）、柴松霞的《出洋考察与清末立宪》（法律出版社 2011 年版）、彭剑的《清季宪政编查馆研究》（北京大学出版社 2011 年版）、迟云飞的《清末预备立宪研究》（中国社会科学出版社 2013 年版）。

与清末法制改革有关的著作有张德美的《探索与抉择——晚清法律移植研究》（清华大学出版社 2003 年版）、卞修全的《立宪思潮与清末法制改革》（中国社会科学出版社 2003 年版）、尤志安的《清末刑事司法改革研究——以中国刑事诉讼制度近代化为视角》（中国人民公安大学出版社 2004 年版）、李启成的《晚清各级审判厅研究》（北京大学出版社 2004 年版）、张从容的《部院之争：晚清司法改革的交叉路口》（北京大学出版社 2007 年版）、高汉成的《签注视野下的大清刑律草案研究》（中国社会科学出版社 2007 年版）、谢如程的《清末检察制度及其实践》（上海人民出版社 2008 年版）、陈煜的《清末新政中的修订法律馆——中国法律近代化的一段往事》（中国政法大学出版社2009年版）等。这些成果主要出自从事法制史研究的学者。

与清末教育改革有关的著作有商丽浩的《政府与社会——近代公共教育经费配置研究》（河北教育出版社2001年版）、张亚群的《科举革废与近代中国高等教育的转型》（华中师范大学出版社2005年版）、凌兴珍的《清末新政与教育转型——以清季四川师范教育为中心的研究》（人民出版社2008年版）、关晓红的《科举停废与近代中国社会》（社会科学文献出版社2013年版）等。

研究新政人物和群体的著作有刘伟的《晚清督抚政治——中央与地方关系研究》（湖北教育出版社2003年版）、尚小明的《留日学生与清末新政》（江西教育出版社2003年版）、李细珠的《张之洞与清末新政研究》（上海书店出版社2003年版）和《地方督抚与清末新政——晚清权力格局再研究》（社会科学文献出版社2012年版）、张海林的《端方与清末新政》（南京大学出版社2007年版）、贾小叶的《晚清大变局中督抚的历史角色——以中东部若干督抚为中心的研究》（上海书店出版社2008年版）、楚双志的《变革中的危机——袁世凯集团与清末新政》（九洲出版社2008年版）、张华腾的《北洋集团崛起研究（1895—1911）》（中华书局2009年版）、马平安的《北洋集团与晚清政局》（辽海出版社2011年版）等。

研究清末地方新政的著作有赵云田的《20世纪初的中国边疆——清末新政研究》（黑龙江教育出版社2004年版）、董丛林的《清末直隶新政研究》（河北人民出版社2002年版）和《清季北洋势力崛起与直隶社会变迁》（科学出版社2011年版）。

与清末经济改革有关的著作有徐建生、徐卫国的《清末民初经济政策研究》（广西师范大学出版社2001年版）、周志初的《晚清财政经济研究》（齐鲁书社2002年版）、杨天宏的《口岸开放与社会变革——近代中国自开商埠研究》（中华书局2002年版）和唐凌的《自开商埠与中国近代经济变迁》（广西人民出版社2002年版）、刘增合的《鸦片税收与清末新政》（生活·读书·新知三联书店2005年版）、苏全有的《清末邮传部研究》（中华书局2005年版）、王奎的《清末商部研究》（人民出版社2008年版）、苑朋欣的《清末农业新政研究》（山东人民出版社2012年版）等。

涉及清末文化政策的著作有李明山主编的《中国近代版权史》（河南大学出版社2003年版）、王兰萍的《近代中国著作权法的成长（1903—1910）》（北京大学出版社2006年版）、白文刚的《应变与困境：清末新政时期的意识形态控制》（中国传媒大学出版社2008年版）、张小莉的《清末新政时期文化政策》（人民出版社2010年版）等。

这些研究成果的出版，将国内新政史研究推进到一个新的阶段，缩小了新政史研究与晚清其他重大历史事件研究的差距。为进一步显示国内新政史研究面貌，以下从专题史维度，对既往研究的学术观点择要做一具体介绍。

## 第二节 政治改革研究

在清末新政各项改革中，以政治改革最为艰难，也最受学界关注。清末政治改革以1905年为界，经历了两个阶段：前一阶段为体制内的行政改革，主要为整顿旧政，诸如裁撤冗衙、节省浮费、裁汰书吏差役、停止捐纳实官，整饬吏治，并增设督办职务处、外务部、练兵处、商部、学部等一些新机构。后一阶段以1905年清政府派五大臣出洋考察政治为契机，至次年宣布仿行立宪，进入政治体制改革阶段。

既往国内学界对清末政治改革的研究，主要集中于1905年之后的预备立宪。对1905年之前的旧政改革多局限于一般的介绍，并大致有两种不同评价。一种意见偏于否定，认为整顿旧政的改革并没有得到认真实行，该淘汰的旧衙门不仅没有裁撤，新的机构又不断出现，叠床架屋的现象比以往更加严重。[1] 另一种意见倾向于肯定，认为这一时期的行政改革是有一定成效的，为1906年的进一步政治改革创造了一定的条件，打下了一定的基础。[2]

---

[1] 李新主编：《中华民国史·中华民国的创立》上册，中华书局1981年版，第230页。
[2] 张连起：《清末新政史》，黑龙江人民出版社1994年版，第104—115页。

对于1905年之后清政府的预备立宪政治改革，传统观点多从清政府的动机出发，认为是清政府玩弄的一场政治骗局，出于以下三个目的：1. 抵制改革；2. 拉拢立宪派；3. 维护和加强统治，取悦列强。[1] 另一派学者则对预备立宪偏向于肯定评价，认为不能简单将它斥为"骗局"，指出预备立宪具有积极一面，一定程度反映了社会的客观要求和必然趋势，具有一定的人民性和社会性，为资产阶级特别是立宪派提供了舞台，加速了清朝的覆灭；或说预备立宪实质上是发自上层的近代化运动。[2] 随着研究的深入及思想的解放，后一派的观点越来越被国内学界所接受。

对于1905年清政府派五大臣出洋考察政治的意义和影响，国内学者存在两种不同评价。一派站在革命的立场上，评价比较低，虽然承认五大臣出洋考察了解了外国的政权体制，为清政府的政治决策提供了信息，但更强调和突出其负面影响，批评出洋考察大臣本质上是封建贵族官僚，多利用这次难得的出洋时机，从各方面满足自己的腐朽享受；批评五大臣出洋考察政治是清政府设置的一个骗局，借以安抚人心，拉拢立宪派以抵制革命。[3] 另一派评价比较积极，认为五大臣出洋考察不但带回来许多有关西方宪政制度和思想的资料，成为主张宪政的促进派，对清政府决定仿行立宪起了十分积极的作用，而且开阔了中国百姓的眼界和知识，同时也向世界介绍了中国文化，加深了中外文化交流。[4]

对于1906年9月清政府宣布仿行立宪之后推出的中央和地方官制改

---

[1] 张天保：《清末的预备立宪》，《历史教学》1966年第2期；章开沅、林增平主编：《辛亥革命史》中册，人民出版社1980年版，第375—380页；李文海：《论清政府的"预备立宪"》，载中华书局编辑部编《纪念辛亥革命七十周年学术讨论会论文集》中册，中华书局1983年版，第1270—1300页。

[2] 草放：《试论清末"预备立宪"的实质及其意义》，《社会科学》1981年第4期；朱金元：《清末预备立宪的发生原因及其客观作用》，《学术月刊》1985年第2期；迟云飞：《预备立宪与清末政潮》，《北方论丛》1985年第5期；郑大华：《清末预备立宪动因新探》，《求索》1987年第6期。

[3] 韦庆远等：《清末宪政史》，中国人民大学出版社1993年版，第128—132页。

[4] 朱金元：《试论清末五大臣出洋》，《学术月刊》1987年第5期；马东玉：《五大臣出洋考察与清末立宪活动》，《辽宁师范大学学报》1987年第1期；陈丹：《清末考察政治大臣出洋研究》，社会科学文献出版社2011年版，第249—333页；柴松霞：《出洋考察与清末立宪》，法律出版社2011年版，第325—336页。

革，史称"丙午官制改革"，国内学者也存两种不同观点。一派学者从革命史观出发，持否定评价，批评丙午官制改革仍然保留体现皇权专制体制的军机处和旧内阁，没有按西方立宪政治设立责任内阁，其实质就是坚持皇权专制，表明清朝最高统治者对于改行立宪毫无诚意；批评中央官制改革除了更换几个名目，合并几个次要的衙门外，整个腐败的统治机器没有任何实质的改革，并在新设的十一部尚书中加强了满人的集权，与所谓的立宪"真可谓风马牛不相及"，是一场逆时代潮流的、换汤不换药的改革。对于 1907 年 7 月清政府通过的地方官制改革方案，他们也认为因地方督抚的反对，变动不大，实质性的变动很少，有的仅改了一个名称，有的调整了一下权限，没有彻底贯彻三权分立原则，稍稍与立宪沾点边的是把地方司法与行政分开，规定在地方设立各级审判厅，在州县设立佐治员。他们批评即使这样一个改革方案清政府也没有立即全面执行，而是要求先在东三省试行，直隶、江苏两省择地试办，规定各省于 15 年内完成，缺乏改革诚意。①

另一派学者则从现代化史角度，对丙午官制改革多持肯定态度，认为具有进步意义。他们指出丙午官制改革虽然不彻底，没有设立责任内阁，但政治体制改革并非一蹴而就，官制改革还是在许多方面促进了行政制度的现代化，与旧制多有不同，为将来向责任内阁制过渡奠定了基础，是中国国家体制近代化进程中的重要一环，具体体现在以下几个方面：1. 军机大臣减少，各部尚书均充参与政务大臣，加重其权限与责任，与责任内阁制有暗合之处；2. 打破了过去各部堂官满汉各半和尚侍平等的体制，进一步明确了各机关和职官的责任，有利于消除相互推诿扯皮、无人负责的局面，从而提高办事效能；3. 增设了一些与社会经济发展相适应的机构，扩大了政府功能，适应了社会发展的需要，并且各部内部机构的设置也更趋合理和科学，促进了官僚机构的现代化；4. 确立了三权分立原则，以大理院掌司法审判权，受法部监督，与行政官对峙而不受其节制，另暂设资政

---

① 韦庆远等：《清末宪政史》，第 161—162、169 页；章开沅、林增平主编：《辛亥革命史》中册，第 391—393 页；李新主编：《中华民国史》第一编《中华民国的创立》下册，第 64—65 页；赵秉忠：《略论清末的官制改革》，《北方论丛》1985 年第 1 期。

院以为议会之预备，等等。①

对于清政府推出的地方官制改革方案，他们也持正面评价，认为虽然有不足之处，但促进了地方官制的近代化，诸如规定督抚设会议厅，定期召集司道以下官员讨论紧要事件，涉及地方，须与乡绅与议，此种办法多少可以抑制督抚专制作风，有助于决策的正确性。其次，地方官制改革方案取消佐贰杂职，一律以佐治官代之，分掌巡警、教育、农工商、交通、监狱和税收等事宜，并通过考试加以录用，不但使地方行政机构趋于合理化，符合社会经济发展的需要，并且也有助于整饬地方吏治。再者，规定于各省设立提法司，管理司法行政，并于各省设立高等、地方和初级审判厅，将地方司法行政与审判实行分离，为司法独立打下基础。此外，地方官制改革方案规定在府州县设立议事会、董事会等民意机构，为地方自治奠定了基础，② 等等。

近年来，不少学者又另辟蹊径，跳出对清末官制改革是非曲直的价值判断，具体探讨中央，特别是地方官制的落实情况及在改革中所遭遇的问题，如清末行政经费的扩张对清末官制改革的制约和影响，清末官员俸禄改革状况及对官制改革和吏治的影响，清末整顿直省公费的情况及与整饬吏治的关系，清末中央官制改革中裁撤机构人员安置情况及两者之间的互动和制约关系，清末选官制度的改革及其存在的问题，清末州县考绩制度的演变及其存在的问题，清末新政期间州县官选任制度的变革，外官制改革中直省会议厅的设置和运作情况及与谘议局的关系，外官制改革方案中幕职分科治事制度的出台和实施情况及影响，清末官制改革中对局所的归并所带来的直省行政的改变，清末府厅州县改制情况及其意义，外官制改革在东三省、直隶、江苏先行试验的情况及其成效和问题，清末朝野围绕官制改革程序和步骤的讨论及清政府的最后抉择对官制改革进程和成败的

---

① 吕美颐：《论清末官制改革与国家体制近代化》，《河南大学学报》1986 年第 4 期；侯宜杰：《20 世纪初中国政治改革风潮——清末立宪运动史》，人民出版社 1993 年版，第 82—83 页；高旺：《晚清中国的政治转型——以清末宪政改革为中心》，中国社会科学出版社 2003 年版，第 89—90 页。

② 侯宜杰：《20 世纪初中国政治改革风潮——清末立宪运动史》，人民出版社 1993 年版，第 91 页；高旺：《晚清中国的政治转型——以清末宪政改革为中心》，第 95 页。

影响，清末官制改革的教训，等等。① 这些专题研究不但推进和深化了清末官制改革研究，而且代表了国内在该领域的最新研究成果和趋势。

宪法是宪政的一个首要标志。对于1908年8月清政府颁布的《钦定宪法大纲》，国内学界也有两种不同意见。一派学者持否定态度，认为《钦定宪法大纲》首列君上大权14条，不但包括了专制政体下所有皇权，并且更加完整和明确地以法律形式将君权固定下来，而作为宪法重要组成部分的有关"臣民权利义务"内容仅9条，并以"附"的形式出现，完全是一部"巩固君权"的宪法性文件，其目就是避免预备立宪启动后出现民权干预宪法起草的局面，清政府在《钦定宪法大纲》颁布之后进一步加强皇室对修宪权的控制，也表明清政府只是将宪法当作巩固君权的工具。②

另一派学者虽然承认《钦定宪法大纲》比明治日本宪法保守，但仍然肯定它在中国近代宪政史上的积极意义，指出宪法大纲初步体现了资本主义国家宪法的主权在民原则、基本人权原则、法治原则、三权分立原则和保护私有财产原则，对君主权力作了一些限制；宪法大纲中写明的"大清帝国万世一系，永永尊戴"和"君上神圣尊严、不可侵犯"两款内容及其他条款所赋予的君主权力，都是君主立宪制国家的通例，并没有违反立宪精神；宪法大纲将一切权力纳入制度的规范，从而开了中国政治制度近代

---

① 有关这方面的专题研究，具体参见关晓红的《清末州县考绩制度的演变》（《清史研究》2005年第3期）、《从幕府到职官：清季外官制改革中的幕职分科治事》（《历史研究》2006年第5期）、《种瓜得豆：清季外官制的舆论及方案选择》（《近代史研究》2007年第6期）、《独断与合议：清末直省会议厅的设置及运作》（《历史研究》2007年第6期）、《清末官制改革与行政经费》（《学术研究》2009年第11期）、《晚清直省"公费"与吏治整顿》（《历史研究》2010年第2期）、《晚清局所与清末政体变革》（《近代史研究》2011年第5期）、《清季外官改制的试办与成效》（《史学月刊》2011年第11期）、《清季府厅州县改制》（《学术研究》2011年第9期）；鞠方安的《试论清末选官制度的改革》（《北京社会科学》2000年第2期）、《清末官制改革中官员的俸禄改革》（《中国人民大学学报》2001年第5期）；魏光奇的《晚清的州县行政改革思潮与实践》（《清史研究》2003年第3期）；刘伟的《清末州县官选任制度的变革》（《社会科学》2009年第5期）；彭剑的《清季外官制改革中幕职分科治事补证》（《历史研究》2008年第1期）、《抗衡民权与清季省会议厅的建立》（《华中师范大学学报》2010年第2期）；潘鸣的《1906年中央官制改革裁撤机构人员安置问题研究》（《首都师范大学学报》2004年第S1期）；岑红的《论清末选官制度的变革及其对时局的影响》（《江苏社会科学》2005年第4期）等论著。

② 韦庆远等：《清末宪政史》，第252—257页；彭剑：《清季宪政编查馆研究》，北京大学出版社2011年版，第67—87页。

化的先河；宪法大纲是一部立法权属于议会和君主的二元制君主立宪宪法，它宣告了君主立宪制度和中国的第一部宪法将由此产生，揭开了中国立宪史上的第一页，具有鲜明的资本主义色彩。①

谘议局和资政院是继《钦定宪法大纲》之后清末宪政改革中的一项重要制度设置和成果。对于谘议局在各省的设立和运作及资政院的开院情况，相关论著已作了比较充分的研究，国内学者在这个问题上的分歧在于对这两个机构性质的界定。传统观点认为谘议局和资政院只是清政府的咨询机构，或曰"御用机构"，并不具备地方议会和中央议会性质。② 但80年代以来，越来越多的学者不赞同此说，认为谘议局绝不是督抚严密控制下用以点缀民主的咨询机构或御用捧场机构，而是享有一定地方立法权和行政监督权的初级形态的地方议会，各省谘议局及各省谘议局联合会在振兴实业、兴办教育、改良社会、收回利权、抵制督抚专权、纠劾贪官污吏、推动地方自治和国会请愿运动中所起的积极作用，充分展示了谘议局的进步性和革命性；③ 资政院虽然没有完全立法权，较谘议局逊色，存在许多可非议之处，但也绝不是清政府的咨询机构或御用捧场机构，其结构成分、内部组织、纪律处分等，均与立宪国家的议会雷同；其会议程序、议事规则、表决方式及两届会议的实际表现，也都证实它的独立性和民主性，资政院实际上已具有一些资产阶级国家的议会色彩，属于中央立法机关。④

对于清末地方自治，国内也有两种不同认识。有的学者持否定评价，认为清末地方自治名为自治，实则官治，清末的地方自治体并不真正具有法人的地位，而是以"辅助官治为主"的非独立组织，以遏制革命潮流、

---

① 郑大华：《重评〈钦定宪法大纲〉》，《湖南师范大学学报》1987年第6期；侯宜杰：《20世纪初中国政治改革风潮——清末立宪运动史》，第209—211页；高旺：《晚清中国的政治转型——以清末宪政改革为中心》，第167—170页。

② 邱远猷：《清末立宪"改官"中的资政院和咨议局》，《社会科学研究》1984年第5期。

③ 这方面比较有代表性的论文如耿云志的《清末资产阶级立宪派与咨议局》[《纪念辛亥革命七十周年学术讨论会论文集（中）》，第1183—1230页]、《辛亥革命前夕的各省谘议局联合会》（《福建论坛》2002年第2期），余恕不一一列举。

④ 罗华庆：《略论清末资政院议员》，《历史研究》1992年第6期；尚小明：《清末资政院议政活动一瞥——留日出身议员对议场的控制》，《北京社会科学》1998年第2期。

维护清朝统治为目的，不但没有使人民在地方自治中得到一点民主自由的权利，反而加重了对人民的剥削，具有反动性和腐朽性及缓慢性、不平衡性、不可行性等特点。① 有的学者则持肯定评价，认为清末地方自治虽然存在局限，但对推动中国早期政治现代化还是起了十分积极的作用：其一，使中国传统的社会结构进一步分化，社会流动进一步增强；其二，使地方权力结构和政权功能发生某种程度的变化，逐渐改变了传统的地方政权的封建属性，为资产阶级创建新的国家政权奠定了基础；其三，促进了社会政治参与的进一步扩大；其四，为工商资产阶级提供了参政议政的孔道，对推动地方工商实业、市政建设和文化教育起了重要作用；其五，对清末反帝爱国运动起了一定的推动作用。②

责任内阁制是宪政的一项重要制度设置。对于1911年5月清政府推出的"皇族内阁"，国内主流观点多予批判和否定，但也有少数学者予以正面评价，批评立宪派反对"皇族内阁"系从狭隘的反满出发，其持论是不可取的；指出"皇族内阁"中的7名皇族，都是支持立宪的，评价"皇族内阁"，应以其是否赞成君主立宪为准，而不应以是否是皇族为准；固然从君主立宪政体的长远利益看，皇族以不担任总理大臣为好，但作为权宜之计，作为过渡内阁，俟条件成熟，或两年后召开国会时再行更换，也未尝不可。③ 也有学者从制度史角度对"皇族内阁"加以肯定，指出作为一种制度，"皇族内阁"不但确有与一般立宪国家相同之处，并且较诸军机旧制有重大进步，明确了国务大臣的责任，限制了皇帝的专制独裁，推进了行政机构的近代化，是政治体制的一次重大变革。④

综观既往国内学界的清末政治改革史研究，大致表现出三种取向。一种为革命史研究取向，多从清政府的改革动机及阶级分析出发，对清末政治改革倾向否定。另一种为现代化史研究取向，从政治现代化角度既肯定

---

① 陆建洪：《清末地方自治剖析》，《探索与争鸣》1991年第6期。
② 马小泉：《国家与社会：清末地方自治与宪政改革》，河南大学出版社2001年版，第198—208页。
③ 董方奎：《论清末实行预备立宪的必要性及可能性——兼论中国近代民主化的起点》，《安徽史学》1990年第1期。
④ 侯宜杰：《20世纪初中国政治改革风潮——清末立宪运动史》，第383—385页。

清末政治改革的积极和进步意义，也指出清末政治改革存在的各种缺陷和不足。应该说，以上两种取向各有其可取之处，但同时也存在局限，他们对清末政治改革都预设了一个价值判断标准，一个为革命史观的标准，另一个为现代化史观的标准，简单地以近代西方政治制度作为研究清末政治改革的依据，有意或无意地落入西方中心论窠臼。第三种为问题史取向，就清末官制改革的具体问题进行专题研究，诸如选官制度问题、官员俸禄改革、外官制改革中的幕职分科治事问题，等等，这是近年国内学界在清末政治改革史研究中出现的一个新的值得肯定的趋向。

## 第三节　法制改革研究

　　法律制度是国家政治的一个重要组成部分。清末法制改革范围广泛，主要涉及修改旧律、制定新律，建立近代司法制度，改良狱政，以及修订法律馆。

　　清末法制改革以1902年清廷谕令修律为肇端。对于清政府启动修律的背景和动因，相关论著作了比较全面的分析，认为动因是多方面的，有主客观和内外因素。具体而言，既由于旧法体系不能适应清末社会经济和政治发展的需要，也由于欧美资本主义法系传入的推动和外部列强的施压和要求；既出于对外交涉的需要，以收回治外法权，也出于清政府加强中央集权以巩固统治的需要。[①]

　　关于旧律的改造，国内学界着重对《大清律例》的修订过程和修订内容作了深入的考察和研究，并对1911年初修订完成的《大清新刑律》和《大清现行刑律》给予高度肯定，认为它是中国第一部具有资产阶级性质

---

[①] 参见曾宪义《清末修律初探》（载中国法律史学会主编《法律史论丛》第3辑，法律出版社1983年版，第192—211页）、林明《外来因素的冲击与回应：清末修律动因再探》（《山东大学学报》2000年第2期）、李启成《领事裁判权制度与晚清司法改革之肇端》（《比较法研究》2003年第4期）、张晋藩《综论中国法制的近代化》（《政法论坛》2004年第1期）、向仁富《清末修律原因新探》（《西南民族大学学报》2004年第2期）、张德美《探索与抉择——晚清法律移植研究》（清华大学出版社2003年版，第134—176页）等论著。

的刑律，开启了中国法制现代化，是"传统法律向现代法律过渡的分水岭"。① 有的学者还通过对《大清刑律草案》签注的研究，对由沈家本主持修订的《大清刑律草案》作了不同以往的评价，从立法基本原则、刑法基本理论、立法语言和技术等三方面，对《大清刑律草案》中存在的问题和历史缺憾作了具体分析，认为以沈家本为代表的编纂者忽视对传统法律积极价值的创造性转换，致使草案存在"食洋不化"的现象。②

同样，对于清末刑律修订过程中出现的礼法之争，近年来也有学者作了与以往不同的诠释。传统观点都将以张之洞、劳乃宣为代表的礼教派看作封建保守势力予以批判和否定，而将以沈家本为代表的法理派看作力图用西方资产阶级法律改造中国旧法的进步势力予以肯定，认为礼法之争是采用西方资产阶级法律原则与采用中国传统法律原则之争，是资本主义与封建主义之争，是进步与保守之争。③ 但进入2000年之后，国内学界改变了看法，更多学者认为礼法之争只是中西法律文化之争，或者说是外来法文化与传统法文化之争、工商文化与农业文化之争，并非资产阶级与封建阶级的两个阶级、两种法律观的斗争，并且礼法两派也并非绝对的对立，绝对地主张礼教或法理，而是各有取舍，各有长短和利弊。④

关于新律的制定，有的学者对《大清民律草案》的制定背景与原因、制定过程、内容、特点及其宗旨进行了具体考察，并予以积极评价，认为《大清民律草案》采用当时世界上普遍的立法原则和最新法理法例，影响及于民国，开了中国民法立法史的先河。⑤ 有的认为《大清民律草案》效仿的显然是"德国模式"⑥；有的却认为《大清民律草案》

---

① 费成康：《论清末的刑律改革》，《政治与法律丛刊》1983年第4期；朱昆：《〈大清新刑律〉与中国法制现代化的启动》，《河南大学学报》（社会科学版）1998年第2期。
② 高汉成：《签注视野下的大清刑律草案研究》，中国社会科学出版社2007年版。
③ 李贵连：《清末修订法律中的礼法之争》，《法学研究资料》1982年第Z1期；艾永明：《论清末修律中的礼法之争》，《苏州大学学报》1984年第4期。
④ 具体参见李贵连《沈家本传》（法律出版社2000年版，第297—356页）、柴荣《清末礼法之争背后的法律思想价值》（《广东社会科学》2007年第2期）等论著。
⑤ 华友根：《〈大清民律草案〉的修订宗旨及其思想影响》，《政治与法律》1988年第5期；俞江：《〈大清民律（草案）〉考析》，《南京大学法律评论》1998年第1期。
⑥ 李秀清：《中国近代民商法的嚆矢——清末移植外国民商法述评》，《法商研究》2001年第6期。

虽然间接受到德国法典的深厚影响，"但其母法系日本明治民法典，对其影响最大的无疑亦是日本明治民法典"①。有的对《大清商律草案》的制定始末、内容及实施过程作了考察，认为"该法的内容主要来自日本和英国的商事法律，是对日、英等国商法的移植"，虽然存在生搬硬套种种缺陷，但仍然发挥了商法应有之历史作用。② 有的对中国历史上第一部诉讼法典草案《大清刑事民事诉讼法》的制定及废止和原因作了较为深入的探讨和分析。③ 有的对《大清监狱律草案》的制定背景、理论基础及其原则和意义作了梳理，认为该法律草案引进西方先进国家的理论、体系、原则和制度，而且结合国情，"革除了封建旧狱制之积弊，孕成了近代狱法之模型"，"为以后中国监狱制度近代化的建设提供了基础"④。有的对1910年《法院编制法》的编纂过程、内容、特色及其历史地位进行了考察和分析，认为该法典作为最后一部法院组织法，整合、规范了各级法院组织机构，确立了彻底的审判独立原则，是清末司法改革的"最终的和最优的成果"⑤；或谓《法院编制法》的意义"在制度方面的价值主要表现为确认而非建构，在观念方面的价值主要表现为宣示而非启蒙"。⑥ 有的对清末报律的内容、特点、制定过程、实施情况和影响等作了具体探讨。⑦ 有的对中国历史上的第一部著作权法——《大清著作权律》的产生背景、基本内容、意义、影响及历史局限等，作了

---

① 孟祥沛：《〈大清民律草案〉法源辨析》，《清史研究》2010年第4期。
② 戴凤岐、吴峰：《大清商律及其修订始末》，《北京商学院学报》1985年第1期；徐立志：《略论〈钦定大清商律〉对外国法的移植》，《郑州大学学报》（哲学社会科学版）2005年第5期。
③ 吴泽勇：《清末修订〈刑事民事诉讼法〉论考——兼论法典编纂的时机、策略和技术》，《现代法学》2006年第2期；胡瀚：《〈大清刑事民事诉讼法〉草案的命运及其原因探究》，《法制与经济》2009年第9期；胡康：《〈大清刑事民事诉讼法草案〉搁置时间考析》，《重庆理工大学学报》（社会科学版）2010年第2期。
④ 薛梅卿、叶峰：《试谈〈大清监狱律草案〉的立法意义》，《政法论坛》1987年第1期；张琼：《浅析〈大清监狱律草案〉出台的历史背景及其意义》，《黑龙江史志》2009年第22期。
⑤ 张从容：《析1910年〈法院编制法〉》，《暨南学报》（哲学社会科学版）2003年第1期。
⑥ 吴泽勇：《清末修订〈法院编制法〉考略——兼论转型期的法典编纂》，《法商研究》2006年第4期。
⑦ 张宗厚：《清末新闻法制的初步研究》，《新闻研究资料》1981年第3期；王学珍：《清末报律的制定》（《中山大学学报论丛》1994年第1期）、《清末报律的实施》（《近代史研究》1995年第3期）。

较为充分的考察和论述。①

关于近代司法制度的建立，国内学界的研究主要聚焦以下几个问题。1. 对清末中央司法机关法部与最高审判机关大理院之间组织和职能转换及两者之间的权力之争，尤其是大理院的组织、职能及运作等，作了比较深入的考察，从中揭示清末司法改革过程中所遭遇的问题及取得的进步。② 2. 对清末筹设各级审判厅的背景和动因，以及各级宣判厅的设立过程和实际运作，法官的考试和选用，各级宣判厅的判决书及各级审判厅所遭遇的困境等作了比较系统的考察和分析。③ 3. 对清末刑事诉讼制度的建立及狱政的改良分别作了个案研究。④

此外，国内学者还对修订法律馆及沈家本、伍廷芳、张之洞、袁世凯等人在推动清末法制改革中所起的作用作了考察和评价。

这些研究成果的发表和出版，有力地推进了清末法制改革研究。但既往国内的清末法制史研究也存在一个缺陷，即研究成果多数出自法制史学

---

① 参见王兰萍《近代中国著作权法的成长（1903—1910）》（北京大学出版社 2006 年版）、李明山《20 世纪初中国版权问题论争》（《近代史研究》1999 年第 1 期）、姚秀兰《近代中国著作权立法论》（《深圳大学学报》2005 年第 4 期）、陈福初《〈大清著作权律〉的立法背景及历史意义》（《江汉大学学报》2008 年第 1 期）等论著。

② 参见张从容《部院之争：晚清司法改革的交叉路口》（北京大学出版社 2007 年版）、《清末部院之争初探》（《现代法学》2001 年第 6 期）、《晚清中央司法机关的近代转型》（《政法论坛》2004 年第 1 期）、《晚清司法改革中的两种倾向》（《学术研究》2005 年第 2 期），韩涛《晚清大理院审判官员调配及履历考论》（《历史档案》2011 年第 3 期）、《晚清中央审判中实体法的适用——以大理院司法文书为中心的考察》（《历史档案》2012 年第 3 期）等论著。

③ 参见李启成《晚清各级审判厅研究》（北京大学出版社 2004 年版），史新恒《清末官制改革与各省提法使的设立》（《求索》2010 年第 10 期）、《效法西方话语下的自我书写——提法使与清末审判改革》（《历史教学》2010 年第 10 期）、《分科改制：提法使官制向近代科层制的演进》（《求索》2011 年第 6 期）、《清末司法官制改革中的臬司甄别》（《历史档案》2012 年第 3 期）。

④ 参见尤志安《清末刑事司法改革研究——以中国刑事诉讼制度近代化为视角》（中国人民公安大学出版社 2004 年版），王春霞、王颖《试论清末监狱近代化的法制前提》（《广西社会科学》2002 年第 5 期），孔颖《论清末日本狱制考察》（《日本研究》2006 年第 4 期），黄鸿山《拯救灵魂的努力：晚清洗心局、迁善局的出现与演变》（《史林》2009 年第 4 期），蔡永明《论清末新政时期的监狱制度改革——以新式模范监狱为中心的考察》[《厦门大学学报（哲学社会科学版）》2009 年第 4 期]，马自毅、王长芬《狱务人员与清末监狱改良》（《社会科学》2009 年第 8 期），陈兆肆《清代自新所考释：兼论晚清狱制转型的本土性》（《历史研究》2010 年第 3 期），艾晶《清末女犯监禁情况考述》（《清史研究》2011 年第 4 期）等论著。

者，他们往往就法制论法制，没有将清末法制改革与晚清政治、社会和经济的变动联系起来加以考察和分析，这在一定程度上影响了清末法制史研究的深度和视野。

## 第四节　军事和警政改革研究

军队和警察都是近代国家统治机器的重要工具，也是清末新政的重要内容。但国内学界对清末军事和警政改革的研究明显滞后。以清末军事改革来说，迄今尚无一部有关这方面的专著问世。目前国内出版的两部有影响的著作都是国外学者的译著：一为1979年由中国社会科学出版社出版的美国学者鲍威尔（Ralph Powell）的《中国军事力量的兴起》（*Rise of Chinese Military Power, 1895—1912*）；二为1994年由上海人民出版社出版的澳籍华裔学者冯兆基（Edmund S. K. Fung）的《军事近代化与中国革命》（*The Military Dimension of the Chinese Revolution: The New Army and Its Role in the Revolution of 1911*）。

国内学界对清末军事改革的研究，一是体现在研究中国近代军事史的著作中，如张玉田等著《中国近代军事史》（辽宁人民出版社1983年版）第十二章就对清末军事改革作了专门论述，内容涉及"新建陆军的出现和编练""新军的扩大和北洋军阀的形成""各省的新军和巡防营""新式军事学堂的建立和陆军留学生的派遣"。施渡桥等著《中国军事通史》第十七卷《清代后期军事史》下册（军事科学出版社1998年版）对清末军事改革的论述又有较大扩充。该著第二十三章对清末新军的编练和军制改革作了系统论述，共分四节：第一节为"新式陆军的早期编练"，内容涉及"胡燏棻编练定武军""袁世凯督练新建陆军""张之洞编练自强军""荣禄编练武卫军""袁世凯增立武卫右军先锋队"；第二节为"军队体制的进一步改革"，内容涉及"武装力量体制的变化""设立练兵处""统一全国营制饷章"；第三节为"北洋军的形成及各省新军的编练"，内容涉及"袁世凯创练北洋常备军""北洋六镇的形成""各省新军的编练"；第四节为"巡防队的编练"。第二十四章对张之洞和袁世凯的军事思想分别作了归纳和分析。第二十五章对清末军事教育改革及其特点作了考察和分析。此外，海军司令部《近代中国海军》编辑部编《近代中国海军》（海潮出版社1994年版）、戚其章著《晚清海军兴衰史》（人民出版社1998年版）和姜鸣著《龙旗飘扬的舰队——中国近代海军兴衰史》（生活·读书·新知三联书店2002年版），都对清末军事改革中重振海军措施作了考察和论述，既指出其遇到的困难，同时也肯定其积极意义。而中国社会科学院近代史研究所中华民国史组编《清末新军编练沿革》（中华书局1978年版）和张侠等编《清末海军史料》（海洋出版社1982年版），则分别为研究清末新军和海军史的两本重要资料集。

除了研究中国近代军事史的著作之外，据不完全统计，国内发表的关于清末军事改革的论文有150余篇。这些论文论题较为分散，归纳起来，主要涉及以下这些内容。

其一，对清末新军的编练情况作了考察和论述。有的考察了清末北洋六镇的编练过程、沿革及其成效。① 有的探讨了清末监国摄政王载沣编练控制的禁卫军及其组织制度、演变、性质和作用。② 有的探讨了清末练兵处的设立及对推动军事改革的作用和影响。③ 有的对清末新军举行的军事训练——秋操进行具体考察和分析，从中揭示清末军事改革的绩效与不足。④ 有的则探讨了袁世凯、张之洞和其他一些重要官员在编练新军和清

---

① 任恒俊：《谈清末北洋六镇的编练》，《近代史研究》1984年第6期；陈崇桥：《北洋六镇后勤史论》，《辽宁大学学报》1985年第1期；李学通：《北洋六镇编练过程考》，《历史档案》1993年第3期。

② 吴兆清：《清末禁卫军》，《故宫博物院院刊》1985年第2期。

③ 相关论文如张华腾、苏全有《清末练兵处述略》（《光明日报》1999年5月7日），张亚斌《晚清练兵处初步研究》[《首都师范大学学报》（社会科学版）2009年第S1期]，舒习龙《晚清练兵处述论》（《东方论坛》2010年第2期）、《清末练兵处的设立及其绩效与不足》[《西华大学学报》（哲学社会科学版）2010年第1期]、《晚清练兵处经费筹措与角力》（《兰台世界》2010年第15期）、《张之洞与晚清练兵处》（《西华大学学报》2010年第6期），张季《练兵处与清廷武官新铨选制度的酝酿》（《兰台世界》2012年第15期）等。

④ 相关论文见张华腾《河间、彰德会操及其影响》（《近代史研究》1998年第6期）和《北洋军河间会操兵力考订》（《历史档案》1998年第4期），高智勇《清末"永平秋操"》（《炎黄春秋》2010年第4期）、彭贺超《1908年太湖秋操考实》（《历史档案》2012年第4期）等。

末军事改革中所起的作用及其军事思想。① 还有不少论文对清末各省新军的编练情况分别作了考察和论述。②

其二,对清末军制变革作了探讨。有的考察了清末新军的军官制度及其影响。③ 有的对以军队编制为主要形式和军官培训为核心内容的军事制度变革及其影响作了考察和分析④。有的对清末新政时期军制改革的特点加以探讨,认为具有推陈出新、深受日本军制影响,以及存在中央与地方之争和财政困难等特点。⑤ 有的对清末新军军事后勤指导思想、军事后勤体制、后勤保障内容及军事后勤教育等方面的变革作了梳理,认为此一时期是中国军事后勤从传统形态向近代形态转化的过渡阶段。⑥ 有的对清末

---

① 这方面的论文如吴兆清《袁世凯练新军改军制及其历史地位》(《历史档案》1987年第1期)、邓亦兵《论袁世凯的建军实践》(《北方论丛》1988年第3期)、徐林祥《试论袁世凯在清末军制改革中的作用》(《安徽史学》1994年第4期)、张华腾《试述袁世凯的军事思想及其特点——以清末为时限》[《河南大学学报》(社会科学版)2007年第6期]、王逸峰《直隶总督袁世凯筹集北洋军费途径分析》(《史学月刊》2009年第5期)、杨涛《袁世凯筹集北洋六镇军费途径再分析》(《史学月刊》2010年第12期)、褚超福《张之洞与清末新军的编练》(《军事历史研究》1988年第1期)、欧阳跃峰《论张之洞的军队建设思想》(《人文杂志》1989年第4期)、皮明勇《张之洞军事思想研究》(《近代史研究》1992年第2期)、李细珠《张之洞与晚清湖北新军建设——兼与北洋新军比较》(《军事历史研究》2002年第1期)、张永宝和杨振《张之洞与袁世凯编练新军思想比较研究》[《江汉大学学报》(人文科学版)2011年第4期]、张立真《冯国璋与中国早期的军事现代化》[《辽宁大学学报》(哲学社会科学版)1997年第4期]、沈晓敏《徐绍桢与清末征兵制》(《广州广播电视大学学报》2008年第5期)、汪志国《周馥与清末"新军"的编练》(《合肥师范学院学报》2010年第5期)等。

② 这方面的论文如杨启秋《广西新军述论》[《广西师范大学学报》(哲学社会科学版)1987年第2期]、程昭星《清末川滇黔的新军编练》(《文史杂志》1991年第6期)、陈珠培《清末湖南军事改革述论》(《求索》1993年第5期)、何文平《清末广东的新军建设及成就》(《中山大学学报论丛》2000年第3期)、马宣伟《清末四川编练新军》(《文史杂志》2003年第3期)、赵云田《清末新政期间东北边疆的军事改革》(《社会科学辑刊》2003年第4期)、丁海斌和韩季红《清末陪都盛京的军政改革》(《史学月刊》2007年第6期)、吴达德《清末新军的编练与教育——以云南新军为中心的探讨》[《四川师范大学学报》(社会科学版)2008年第2期]、穆键和朱寅《〈皖政辑要〉所见清末安徽新军之编练》(《天中学刊》2011年第6期)、梁斌《清末"编练新军、川军入藏"军事策略述论》(《四川民族学院学报》2011年第2期)、邢剑鸿《清末新政期间新疆军事改革述论》(《新疆广播电视大学学报》2005年第4期)等。

③ 郭亚平:《晚清新军的军官制度及其影响》,《天津社会科学》1986年第3期。

④ 张劲:《论清末军事制度变革及其影响》,《军事历史研究》2004年第1期。

⑤ 刘庆:《论清末军制改革的特点》,《山东省农业管理干部学院学报》2004年第3期。

⑥ 邰耿豪:《试论清末军事后勤近代化建设》,《军事历史研究》2009年第4期。

新军退伍制度作了考察，认为清末军事改革为初步尝试建立军人退伍安置制度的时期，退伍制度是一项有助于提高部队战斗力的制度，但清末在退伍士兵安置问题上所遇到的障碍，使得退伍制度在清末形同具文，并没有发挥应有的功用和实际效用。[①] 有的对清末新军优抚制度的演变，特别是1910年颁布的《恤荫恩赏章程》内容和特点作了考察和分析，认为其所确立的优抚制度具有待遇优渥、管理严格、重视医疗卫生和退伍军人的安置等特点，"为我国优抚事业的近代化，作了非常有益的尝试，在中国优抚史上占有一席之地，并为民国时期的优抚工作提供了重要经验和参照"[②]。另有不少论文对清末创立的各类军事学堂和留日军事教育及其影响进行了考察和论述。[③]

其三，从政治史角度对新军转向革命的原因作了考察和分析。有的强调革命形势发展对新军的影响及新军具有转向革命的"阶级基础"和"内在因素"；有的强调革命党人所做策反工作所起的关键作用；有的强调在新军选募、编制、训练等方面所实行的改革对新军可能转向革命的影响；有的归咎于清政府对新军管理的失控；等等。以上诸说，虽然人言言殊，但实则并不矛盾，只是讨论的侧重点有所不同。

此外，还有学者对列强与清末军事改革的关系作了探讨。如王建华就

---

[①] 皮明勇：《中国近代退伍军人安置问题初探》，《社会学研究》1997年第3期；赵治国：《浅析晚清新军退伍制度存在的问题》，《求索》2010年第11期。

[②] 任同芹：《论晚清新军的优抚制度》，《北京科技大学学报》（社会科学版）2003年第3期。

[③] 有关这方面的论文如姚琦《论清末的军事学校》（《社会科学辑刊》1997年第2期）、朱建新《清末陆军学堂》（《历史档案》1997年第3期）、郑志廷《二十世纪初叶保定军事教育》（《社会科学论坛论》1998年第3期）和《论保定北洋军事学堂与北洋六镇之关系》（《河北大学成人教育学院学报》2003年第3期）、杨乃良《晚清湖北的军事学堂》（《江汉论坛》2000年第12期）、张文亚《伊犁速成武备学堂简述》[《新疆大学学报》（哲学人文社会科学版）2008年第2期]、吴达德《试论清末民初的云南陆军讲武堂》[《四川师范大学学报》（社会科学版）2009年第3期]、王栋亮《清末陆军贵胄学堂述略》（《历史档案》2008年第4期）、冯月然《陆军贵胄学堂管教人员述评》（《民族史研究》2011年第10辑）、黄士芳《晚清军事留学教育述论》（《军事历史研究》1994年第3期）、虞晓波《清末留日军事教育述论》[《镇江师专学报》（社会科学版）1994年第2期]、王建华《论日本与晚清军事教育近代化》（《安徽史学》2004年第5期）和《论列强对晚清军事教育近代化的影响》（《社会科学》2004年第10期）、姚婕《清末官员对日本陆军学堂的考察和思考》[《深圳大学学报》（人文社会科学版）2010年第6期] 等文。

列强对清末军事教育近代化的影响作了考察，认为列强一方面为中国带来先进的军事教育知识和理论，对晚清的军事教育改革产生了有益和积极的影响，极大地促进了中国的军事教育近代化，但另一方面列强对中国军事教育的援助决不是为了帮助中国建设一支强大的国防力量，而是为他们控制中国的军事力量、左右中国政局进而夺取在华利益服务的。[1] 崔志海利用美国国务院档案，对1910年清朝海军大臣载洵访美和1911年中美海军合作计划作了具体考察，认为这是晚清海军史和中美关系史上的一件大事，揭示了美国在华势力开始渗透到长期受欧洲和日本影响的军事领域；同时也表明随着东亚国际格局的变化，清政府在军事上开始改变以往一味地依赖欧洲和日本的政策，转而寻求美国的合作与支持，将美国视为依靠的主要对象，体现了当时清政府意欲与美国结盟的外交意图。[2]

警察是维护国家社会秩序的武装力量。国内对清末警政改革的研究首先体现在相关的中国近代警察史著作中，如中国社会科学院法学研究所法律史研究室编著的《中国警察制度简论》（群众出版社1985年版），林维业等著《中国警察史》（辽宁人民出版社1993年版），韩延龙著《中国近代警察制度》（中国人民公安大学出版社1993年版），韩延龙、苏亦工等著《中国近代警察史》（社会科学文献出版社2000年版），孟庆超著《中国警制近代化研究》（中国人民公安大学出版社2006年版），万川著《中国警政史》（中华书局2006年版）等，均对清末警政改革有所论述。另中国台湾学者王家俭的《清末民初我国警察制度现代化的历程：1901至1928年》（台湾商务印书馆1984年版），也是研究清末警政改革的一部重要著作。其中，韩延龙、苏亦工等著《中国近代警察史》上册上卷《清末警政的创建》可以说是目前大陆研究清末警政改革的一个比较具有代表性的成果。该卷共分九章，依次对清末警政改革的思想渊源，湖南保卫局的创办、组织机构、职权及裁撤，清廷启动警政改革的动因，清末中央警察机关巡警部和民政部的组织结构及职权，京师警察机关设置的演变及其职权，各省和基层警政管理机关的设置和落实情

---

[1] 王建华：《论列强对晚清军事教育近代化的影响》，《社会科学》2004年第10期。
[2] 崔志海：《海军大臣载洵访美与中美海军合作计划》，《近代史研究》2006年第3期。

况，清末警察的种类、来源、管理及警察经费的筹措，清末警察教育和警察学术，清末几种重要警察法规和警察立法概况等，作了深入细致的考察和分析。

除中国近代警察史著作之外，另据不完全统计，国内学界还发表了60余篇与清末警政改革有关的论文。这些文章的论题比较广泛。有的考察了一些重要官员如袁世凯、张之洞、善耆、赵尔巽、徐世昌等在清末警政改革中的活动、主张及贡献。[1] 有的对绅商在警政改革中的态度与主张，以及在创办地方警政过程中官方与绅商之间的相互关系作了考察和论述。[2] 有的对清末警察制度、警务机构、警政建设及其特点、得失和意义等作了考察和分析。[3] 有的对清末警察教育改革作了考察和论述[4]。有的专门探讨了警政经费对清末警政改革的负面影响。[5] 有的对某一地方的警政建设及对当地社会的影响进行了个案考察和研究。[6] 有的探讨了日本对清末警政

---

[1] 如刘锦涛《袁世凯警政思想初探》（《历史档案》2008年第4期）、黄晋祥《直督袁世凯与清末直隶的警政》（《义和团运动·华北社会·直隶总督》，河北大学出版社1997年版，第275—283页）、李皓《浅析盛京将军赵尔巽的奉天警务改革》（《社会科学辑刊》2008年第6期）等文。

[2] 如何文平《清末广东巡警的创建与官绅关系》[《中山大学学报》（社会科学版）2006年第5期]、邱华东、史群《张謇的警政思想及其实践》[《南通大学学报》（社会科学版）2006年第5期]、迟永恒、庞虎《康有为警政思想探析》（《江西公安专科学校学报》2008年第2期），李宜超《试论绅商与清末警政改革》（《湖北警官学院学报》2011年第4期）等。

[3] 参见常兆儒、俞鹿年《中国警察制度史初探》（《学习与探索》1983年第2期），帅建祥《清末巡警制度述论》（《四川师范学院学报》1997年第2期），孟庆超《简论清末警政的创建》（《理论探索》2002年第6期），杨玉环《论中国近代警察制度的开创》（《辽宁大学学报》2003年第6期）、《论中国近代警察制度的形成》（《社会科学辑刊》2006年第2期）、《试论中国近代警察制度的特点》（《齐鲁学刊》2007年第2期）等。

[4] 如黄晋祥《清末警察教育述论》（《安庆师范学院学报》2003年第2期），刘海文、殷国辉《清末巡警部与高等巡警学堂》（《河南大学学报》2006年第1期）等。

[5] 如刘增合《鸦片税收与清末警政改革》（《江苏社会科学》2004年第4期），王良胜《扩张与困顿：从警政经费看晚清地方警政建设》（《贵州文史丛刊》2008年第1期）等。

[6] 如沈晓敏《清末广东巡警（警察）制度述略》（《政法学刊》1997年第3期），公一兵《北京近代警察制度之区划研究》（《北京社会科学》2004年第4期），王先明、张海荣《论清末警察与直隶、京师等地的社会文化变迁——以〈大公报〉为中心的探讨》（《河北师范大学学报》2005年第1期），金泽璟《清末奉天警察制度的建立与地方行政》（《清史研究》2013年第3期）等。

改革的影响。①

在清末军事和警政改革领域，既往国内学界虽然发表了上述研究成果，但相比之下，这方面的研究还是不够充分的，是目前国内清末新政史研究中的一个薄弱环节。从发表成果的数量来看，既不及清末政治和法制改革，也不如清末教育和经济改革。从研究内容来说，既往的研究大多局限于单纯的军事史和警察史，有深度的研究成果不多。其实，军队和警察作为国家统治的一个重要机器，清末军事和警政改革不仅涉及中国近代军事和警察现代化，而且对中国政治和社会都产生了深远的影响，很值得从政治史和社会史角度做进一步深入探讨。

## 第五节　教育和社会改革研究

在新政各项改革中，根据"为政之道，首在得人"的思想，教育改革迈出的步子最快，成效也最显著。在不到十年的时间里，清末教育改革不但废除了沿袭千余年的科举取士制度，并且大力兴办学堂，鼓励留学，设立教育行政机构，建立新式教育体制，初步实现了中国教育由传统向近代的转变。与此相应，国内学界对清末教育改革也作了较为深入的研究，发表了不少有分量的学术论著。

### 一　关于废科举

国内学界的研究可以归纳为以下两个方面。其一，从不同角度对清末科举制由改到废的过程和背景作了深入的考察和论述。有的从文化史角度探讨了自鸦片战争以来近代社会变迁和价值观念变化及传教士的文化活动对清末科举制改革产生的影响。② 有的从近代中国高等教育转型角度，指出清末科举考试制度的变革和废止是与近代中国高等教育转型同步的，是

---

① 如黄晋祥《日本与清末警政》（《历史教学》1998 年第 3 期），肖朗、施峥《日本教习与京师警务学堂》（《近代史研究》2004 年第 5 期）等。

② 杨齐福：《科举制度与近代文化》，人民出版社 2003 年版。

中国近代新式高等教育发展的必然结果。[1] 有的从科举制存在的固有矛盾和困境，并从"科举累人"和"人累科举"两方面揭示科举制在清末遭废除的历史必然性。[2] 有的从晚清政局角度，探讨了地方督抚和中央官僚及政局的变动在推动清末科举改革和废除中所起的作用。[3] 有的探讨了晚清科举经费从"福利教育"到"缴费教育"的转变过程对废科举的影响[4]。有的认为清末废科举与科举制度所造成的社会问题，诸如赌博现象泛滥、走私活动猖獗、社会混乱不安、仕途壅堵不堪、科场作弊成风、考生人格扭曲等，有着直接关系，使得科举制度存在的合理性荡然无存，走上不归路。[5] 有的指出清末废科举大致经过了从改革科举考试内容到及第人数渐减和完全废除三个阶段。[6] 有的批评清末的废科举并不彻底，仍旧沿用了科举制的一些做法，影响了新式教育的发展，与新政教育改革政策相矛盾，滋长了"以学干禄"的风气。[7] 但也有学者认为清末废科举后仍保留科举出身有利于缓和社会矛盾，是比较符合当时实际的做法。[8]

其二，对废科举的影响和意义作了多角度探讨，并大致形成两种不同评价。一派学者对废科举持积极评价，认为废科举对中国近代教育事业及中国社会和政治的转型均产生了积极作用，促进了中国近代新式教育事业的发展和新式知识分子群体的形成，使得清末社会阶层的垂直流动发生显

---

[1] 张亚群：《科举革废与近代中国高等教育的转型》，华中师范大学出版社 2005 年版。

[2] 何怀宏：《选举社会及其终结——秦汉至晚清历史的一种社会学阐释》，生活·读书·新知三联书店 1998 年版。

[3] 有关这方面的研究，参见李绮《地方督抚势力与晚清科举制度的改革》（《扬州教育学院学报》1999 年第 2 期），关晓红《科举停废与清末政情》（《中国社会科学》2004 年第 3 期）、《科举停废与近代中国社会》（社会科学文献出版社 2013 年版，第 83—138 页）。

[4] 徐毅：《晚清科举经费研究——兼论从"福利教育"到"缴费教育"的转变》，《历史档案》2010 年第 1 期。

[5] 杨齐福：《科举制度与清末社会问题》，《福建论坛》（人文社会科学版）2008 年第 9 期。

[6] 沈其新：《清末科举制度废止评述》，《广州研究》1987 年第 11 期。

[7] 刘绍春：《科举制废除以后遗留的问题及考试制度的重建》，《河北师范大学学报》（教育科学版）2002 年第 6 期；朱旗、张迪：《从一张"中第喜报"看"清末新政"时期的废科举》，《平原大学学报》2005 年第 4 期；左玉河：《论清季学堂奖励出身制》，《近代史研究》2008 年第 4 期。

[8] 闫明恕、刘昌玉：《对清末进士出身的探讨——以科举制废除后（1905.9.2—1912.2.12）为例》，《贵州师范大学学报》（社会科学版）2005 年第 6 期。

著变化，不仅提高了向上流动的人员素质，而且扩大了社会流动的途径，为中国早期现代化的正式启动准备和提供了大量的、多样的人才，并使清政府文官录用制度发生革命性变化，呈现出专业化、技术化的趋势，开始由儒学官僚向技术官僚转化，同时也提高了民众的参政意识，改变了传统政治权力结构和运行方式，其正面影响远大于负面影响。① 另一派学者则强调废科举对清政府和中国社会及政治所产生的负面影响，如有不少学者指出骤停科举制给应试文人带来了心理与切身利益的双重危害，增强了对清政府的离心力，使传统的社会关系遇到了前所未有的挑战，激起强烈的社会震荡，加深了清政府的统治危机，迫使传统与新式知识分子不断被边缘化，最终成为不满清统治的"叛逆者"；废除科举制使清政府在政治和思想文化上对全社会的有效控制力都有所削弱，从而进一步动摇了清政府的统治基础，为辛亥革命创造了新的有利条件，最终导致清朝的覆灭。② 还有学者认为清末废科举对中国社会和政治也产生了一些消极影响，指出废除科举制导致在传统社会中原居四民之首的士阶层不复存在，政教相连的政治传统中断，城乡逐渐分离，原处边缘的军人和工商业者等新兴权势社群因"市场需求"而逐渐掌握政治权力，乃至"游民"和"饥民"这类边缘社群也加强了对政治军事的参与，从而为民初的军阀政治埋下祸根。③ 还有学者批评废除科举制对中国乡村社会也产生了恶性影响，导致

---

① 伍茂春：《科举制的废除及社会垂直流动》，《历史教学问题》1997年第6期；刘迪香：《清末学堂选官制度述评》，《湘潭大学学报》（哲学社会科学版）1999年第2期；张晓东：《废除科举后清朝文官录用的专业化和技术化》，《临沂师范学院学报》2001年第1期；孟庆娇：《废除科举制对民众参政意识的影响》，《中共浙江省委党校学报》2002年第5期；徐辉：《废除科举制与中国社会的现代转型》，《厦门大学学报》（哲学社会科学版）2003年第5期；沈洁：《废除科举与清末社会现代化》，《光明日报》2003年2月11日。

② 郑炎：《一九〇五年废科举论》，《史学月刊》1989年第6期；王跃进：《论科举制的废除对晚清应试文人的影响》，《南京化工大学学报》（哲学社会科学版）2001年第4期；田澍：《科举的利弊及清朝废除科举的教训》，《西北师大学报》（社会科学版）2005年第1期；管延春：《1905年科举制的废除与晚清覆亡的关系探讨》，《山东社会科学》2005年第2期；关晓红：《科举停废与近代乡村士子——以刘大鹏、朱峙三日记为视角的比较考察》，《历史研究》2005年第5期；邵宇：《试论科举制的废止与清末知识分子的边缘化》，《云南行政学院学报》2006年第5期。

③ 罗志田：《清季科举制改革的社会影响》，《中国社会科学》1998年第4期；徐爽：《断裂的传统：清末废科举对宪政改革的影响》，《政法论坛》2006年第2期。

乡村教育退化和衰败，乡村社会趋于"土豪劣绅"化，拉大了城乡社会发展的差距，严重激化了乡村社会矛盾。①

## 二 关于兴办学堂

国内学者比较一致地肯定新式学堂在清末取得了重大发展，成果显著，指出新式学堂在清末最后10年的发展不但就其增长比率和绝对数而言是空前的，而且在结构和功能方面与此前相比也有了重大变化，对中国教育近代化产生更为深远的影响，具体表现在以下几个方面：普通教育的发展第一次受到重视并取得显著成果；实业教育、师范教育获得长足发展；高等教育也获得较大发展；女子教育开始受到政府注意。② 对各类教育在清末的发展及教育改革在清末各省的执行情况，国内相关论著多有探讨，兹不作具体介绍。

对清末兴办学堂中存在的问题，一个比较普遍的观点认为主要有以下几点：首先，仍保留浓厚封建色彩，以"忠君""尊孔"为指导思想，继续以各种科举功名奖励学堂学生和留学生，把科举遗毒传给新式学堂，对以后新教育的发展产生深远的消极影响。其次，学生数在全国人口所占的比例过低，且受地方督抚人为因素的影响，学堂地域分布很不均匀，从一个侧面反映了清末兴学基础的脆弱。最后，新式学堂质量与数量的增长不同步，存在严重问题，缺乏合格的生源和合格的教师，教育经费拮据。③

围绕清末兴学过程中出现的问题，国内学界还专门进行了一些比较

---

① 何怀宏：《选举社会及其终结——秦汉至晚清历史的一种社会学阐释》，生活·读书·新知三联书店1998年版，第416—424页；萧功秦：《危机中的变革——清末现代化进程中的激进与保守》，上海三联书店1999年版，第230—239页；陈庆璠：《近代新学体制与城乡分离的加剧——20世纪前期教育现代化进程中的乡村问题》，《福建论坛》（人文社会科学版）2005年第8期；罗志田：《科举制废除在乡村中的社会后果》，《中国社会科学》2006年第1期。

② 有关晚清各类学堂的发展，具体参见田正平主编《中国教育史研究近代分卷》（华东师范大学出版社2009年版）第136—141页；王笛《清末近代学堂和学生数量》（《史学月刊》1986年第2期）、《清末民初我国农业教育的兴起和发展》（《中国农史》1987年第1期）、《清末新政与近代学堂的兴起》（《近代史研究》1987年第3期）。

③ 田正平主编：《中国教育史研究近代分卷》，华东师范大学出版社2009年版，第141—145页。

深入的探讨。如有的学者对清末各地毁学现象作了比较多的考察和分析，认为毁学现象主要是教育改革超出了当时社会承受力，损害了民众切身利益。① 有的对清末庙产兴学政策及由此产生的僧俗纠纷和民变作了具体探讨。② 有的对清末兴学过程中乡村私塾教育和新式教育之间的冲突和调适进行比较系统的考察，指出清末乡村教育冲突不仅给刚刚起步的中国乡村教育近代化带来诸多负面影响，也直接或间接地造成近代乡村社会危机局面的形成。③ 还有学者不但对清末兴学的发展状况和存在的问题作了具体考察，同时还详尽探讨了清末近代学堂兴起对清末中国社会和政治产生的影响和冲击，指出清末数以万计的"洋"学堂和数以百万计的"洋"学生的涌现，强制性地改变了传统社会的结构，引起剧烈的社会震荡。④

此外，国内学者从不同角度对清末教育经费问题作了专门探讨，如有的考察了清末新政期间新式学堂的经费来源，认为有四种途径：将旧有机构经费充作校产费用；截取寺庙观庵经济款收；官款公集；私捐自立等。⑤ 有的探讨了鸦片税收增减对清末兴学的影响。⑥ 其中，商丽浩的《政府与社会——近代公共教育经费配置研究》一书从教育财政学角度，对清末中央、省级和县乡教育经费的来源和配置情况作了系统的论述，具体揭示了清末在由传统教育财政向近代教育财政转变过程中的一些特点及对中国教育财政近代化的影响，是目前国内探讨中国近代教育经费问题的一部代表作。该书指出，清末在中央教育财政方面出现的变化是，临时的专项筹

---

① 晏婷婷：《清末新政期间毁学风潮探析》，《求索》2006年第7期。
② 徐跃：《清末庙产兴学政策的缘起和演变》(《社会科学研究》2007年第4期)、《清末四川庙产兴学及由此产生的僧俗纠纷》(《近代史研究》2008年第5期)《清末庙产兴学政策方针与地方的运作》[《华中师范大学学报》(人文社会科学版)2013年第3期]；贺金林：《清末僧教育会与寺院兴学的兴起》，《安徽史学》2005年第6期；邵勇：《清末庙产兴学运动与毁学民变》，《青海社会科学》2006年第3期。
③ 田正平主编：《中国教育史研究近代分卷》，华东师范大学出版社2009年版，第145—170页。
④ 桑兵：《晚清学堂学生与社会变迁》(学林出版社1995年版)、《清末兴学热潮与社会变迁》(《历史研究》1989年第6期)。
⑤ 蕲阳侠：《清末新政时期办学经费来源及其性质初探》，《教育与经济》1989年第3期。
⑥ 刘增合：《鸦片税收与清末兴学新政》，《社会科学研究》2004年第1期。

款措施取代定项定额的传统教育财政,地方控制国家教育财政经费态势取代国家拨发地方教育经费的传统教育财政。虽然国家教育财政经费额不断扩大,但中央教育经费占国家教育财政收支的比例较封建国家时期缩小。中央教育经费主要用于在京中等以上学堂的经费、部分旗学经费及在京的各教育行政机构经费,中央教育财政尚未承担起对普通国民实施初等教育的职责。总之,清末在扩大国家教育财政过程中,国家失去了对国家教育财政进行制度化管理的能力和集中管理的能力,失去了国家以财政经费控制教育收益率的能力。就清末省教育经费来说,其特点是全国各省教育经费来源不一,各有特点;各省教育经费差距甚大,教育经费较多的省份主要集中在经济发达的沿海和长江沿岸,内陆和边疆省份教育经费严重匮乏;各省教育经费以省地方财政中的教育拨款即官款为主,省政府控制教育发展的能力大大增强。就清末县级地方教育经费来说,除学费外,主要由地方劝学所和地方自治机关以征收地方公共捐税和公产为主,用于兴办初等教育,并实行专款制,教育经费往往由一校或一区独立收支,地方财政统一拨发教育经费的制度尚未形成。总之,在教育近代化早期普遍采用的以各地之财供各地兴学之用及高等教育、中等教育、初等教育分别由中央、省、县三级负责办理的分级分区筹款制度,在清末教育改革期间已渐露端倪。①

### 三 关于清末留学教育

国内学界着重对清末教育作了比较多的考察和论述,比较一致地认为清末留日教育是中国近代规模最大的一次留学运动。对于清末留日教育热潮产生的原因,国内学者一般都认为除受民族危机的鼓荡,日本政府推行吸引中国留学生政策,以及中日两国在地理和文化上的接近等因素之外,清政府在政策上的提倡和鼓励是其中一个首要原因。而1907年之后留日学生人数发生锐减,除了受日本政府整顿中国留日学生政策的影响外,也与清政府留学生派遣政策发生转变,对赴日留学由积极提倡和鼓励转而采

---

① 商丽浩:《政府与社会——近代公共教育经费配置研究》,河北教育出版社2001年版,第95—104、125—126、188—190、220—225、233—243、252—261页。

取严格限制办法,有着直接关系。①

　　关于清末留日教育对近代中国的影响和意义,有的学者从教育史角度,强调其对促进中国近代教育所起的积极作用,指出清末留日教育"对中国教育近代化的影响是广泛而深远的,既表现在宏观方面,也体现在微观方面;既在参与现实的、改革传统旧教育的过程中发挥了巨大的主观能动作用,又为中国近代教育的长远发展做了理论上、队伍上的积蓄和准备"②。有的从留日学生与清末预备立宪、留日学生与清末教育改革、留日学生与清末新军编练、留日学生与清末法制改革等方面,比较系统地论述了清末留日教育对清末新政的影响。③ 有的从革命史角度,探讨了清末留日教育对推动辛亥革命所起的积极作用,指出"留日学生的革命活动有力地推动了中国革命的进程,促进了辛亥革命的发生"④。

　　除了留日教育外,国内学者还对1909年清政府开始利用美国退还庚子赔款,派遣留学生赴美游学运动的缘起及性质进行了探讨,并出现两种不同观点。传统观点将清末美国退还的部分庚子赔款用于派遣留学生赴美游学看作清政府的主动行为,特别是清朝驻美公使梁诚努力争取的结果,并将美国的庚款兴学看作一种文化和教育侵略加以否定。⑤ 但近年来也有学者根据美国国务院相关档案,对清末庚款留美教育的缘起和性质作了不同评价,认为清末美国退款兴学系美国政府的主动行为,是美国对华门户

---

① 参见戴学稷《清末留日热潮与辛亥革命》和李喜所《辛亥革命前的留学生运动》(分别载中华书局编辑部编《纪念辛亥革命七十周年学术讨论会论文集》上册,中华书局1983年版,第570—605、606—647页);田正平主编《中国教育史研究近代分卷》,华东师范大学出版社2009年版,第111—117页。
② 田正平主编:《中国教育史研究近代分卷》,华东师范大学出版社2009年版,第118页。
③ 尚小明:《留日学生与清末新政》,江西教育出版社2003年版。
④ 戴学稷:《清末留日热潮与辛亥革命》,载中华书局编辑部编《纪念辛亥革命七十周年学术讨论会论文集》上册,中华书局1983年版,第597页。
⑤ 徐建平:《美国退还部分庚子赔款史实考》,《华东师范大学学报》1998年第2期;张静:《美国"退还"庚款和在华"兴学"论析》,《天津师大学报》(社会科学版)1997年第6期;刘大年:《美国侵华史》,人民出版社1951年版,第83—88页;刘培华:《近代中外关系史》下册,北京大学出版社1986年版,第237页;王邵坊:《中国外交史:鸦片战争至辛亥革命时期(1840—1911)》,河南人民出版社1988年版,第355页;杨生茂主编:《美国外交政策史1775—1989》,人民出版社1991年版,第255页。

开放政策的一个具体表现,并非出于清朝驻美公使梁诚的倡议;美国退款兴学不但是对列强勒索庚子赔款正当性的一个自我否定,而且有助于中国的改革和进步,是晚清中美关系史上一件值得肯定的事情。[①] 应该说,后一观点代表了国内学者的最新研究,值得重视。

## 四 关于近代学制的建立

国内相关教育史著作着重对《壬寅学制》和《癸卯学制》两部学制尤其是后一部学制的制定过程、内容、特点和意义等作了比较充分的论述。他们透过对这两部学制制定过程和内容的考察,一方面承认《癸卯学制》学习和模仿了日本学制特别是1900年前后的日本学制,将学校系统分为三段七级:第一阶段为初等教育,分蒙养院、初等小学堂和高等小学堂三级;第二阶段为中等教育,设中学堂;第三阶段为高等教育,分高等学堂、分科大学和通儒院三级,并且指出《癸卯学制》在指导思想、立学宗旨和处理本国文化与外来文化关系上,以及在课程设置和重视普及义务教育、加强师范教育和大力发展实业教育等方面,对日本学制多有借鉴和模仿。但同时指出《癸卯学制》并非完全照抄日本学制,又有自己的特点。例如在立学宗旨上虽强调国家、社会本位,但没有日本那样浓厚的军国主义色彩;在课程设置上,突出读经讲经的地位,这是日本学制所没有的;《癸卯学制》在女子教育、奖励出身等方面表现出来的中国封建教育固有的顽疾也是日本学制所没有的;此外,《癸卯学制》在设学方式、学校管理和教育经费等方面,也有不少从中国实际出发提出的举措。

对于《癸卯学制》的意义,他们则予以充分肯定,认为《癸卯学制》的颁行标志着中国传统教育向近代教育转型的全面启动。它不仅形成了各级各类学校互相衔接、三足鼎立的近代学制系统,把学习西方教育的意识落实到学制的课程设置中,而且根据儿童、青少年的身心发展阶段,确立学校的培养目标、教学要求,在一定程度上体现了近代教育的特点。并且,《癸卯学制》的颁行还直接促成了科举制度的寿终正寝,催发了教育

---

① 崔志海:《关于美国第一次退还部分庚款的几个问题》,《近代史研究》2004年第1期。

行政管理机构的改革,使学校摆脱了附庸、婢女的地位。因此,"其历史地位应得到充分肯定"。或曰《壬寅学制》、《癸卯学制》是对鸦片战争以来中国教育改革的总结,是清末学堂的纲领性文件,第一次全面引进西方教育制度,推动了中国新式教育的发展,改变了晚清以来教育发展的重点,促进了教育内容的改革,凝聚了许多当时中国有识者的智慧,奠定了中国近代学制的基础,具有里程碑的意义。①

## 五 关于教育行政机构改革

教育行政机构改革既属于清末官制改革范畴,也是清末教育改革的一个重要组成部分。在清末 10 年教育改革过程中,从中央到地方设立了学部、提学使司、劝学所等新式教育机构,极大地推动了中国教育的发展。其中,学部是清末新政期间设立的统筹全国学务的中央教育行政机关,相关论著比较一致肯定它在中国教育行政史上具有里程碑的意义,认为学部的建立使全国的教育事务有了归口管理的专门机构和人员,使近代中国教育迈向专门化和法制化,极大推动了中国教育的发展。关晓红的《晚清学部研究》为这方面的一部代表作。该书从学部渊源、机构设置和职能扩展、人事与决策、与各方权限的关系、经费统筹与督查、教育统筹与推进、规范管理和加强控制、学部与宪政、学部与近代文化事业九个方面,对学部的创立和活动作了全方位的考察和研究,具体揭示了学部在晚清政治与教育变革中的地位和影响。②

关于清末省级教育行政机构,相关论著着重对学务处和提学使司机构的设置、职能、隶属和官员的任免等作了考察和勾勒,并对提学使司设立过程中枢臣、部臣、疆吏、学政及在野舆论的角力及学政与提学使职能衔接之间的冲突和矛盾进行了一定的分析,认为清末裁撤学政、在各省设提学使,体现了清代社会由以科举为重心向以教育为重心的转变,亦是晚清由传统教育向新式教育转型的主要一环,但对学务处和提学使司在推动地

---

① 参见钱曼倩、金林祥主编《中国近代学制比较研究》,广东教育出版社 1996 年版,第 50—127 页;田正平主编《中国教育史研究近代分卷》,华东师范大学出版社 2009 年版,第 219—232 页。

② 关晓红:《晚清学部研究》,广东教育出版社 2000 年版。

方教育中所起的作用尚缺乏具体和深入的考察。① 另有学者以直隶为例，对晚清查学和视学制度作了深入考察，并与日本进行比较，指出近代中国地方视学制度虽源于欧美、日本，但省视学的职权范围又超出监督的一般定义，体现了清政府试图通过地方视学以加强中央对地方教育控制的目的。②

关于清末县级教育行政机构，相关论著对劝学所在清末的推广情况及其活动作了比较多的研究，既有综合考察和分析，也有个案研究，并且，一般都对劝学所作用持肯定评价，认为劝学所作为管理地方教育的专职机构，是清末教育改革中的一项重要举措，它在清末最后数年间在改良私塾、规范学堂、筹措地方教育经费及推广社会教育等方面发挥了重要作用，为地方教育事务的发展奠定了基础。③ 但最近也有学者提出不同观点，注意到劝学所存在的问题和不足之处，指出劝学所督办地方学务带有很强的自治性，但"劝学所在实际运行中既无法成为完全的自治执行机构，也没有被纳入行政体系之中"，它只是一个半官治半自治的机构，劝学所制度设计的矛盾"使其在运行中的负面效应大于其正面效果"，毁学群体事件即是例证，最终成为清王朝覆亡的重要因素之一。④

对于清末社会改革，国内的研究主要集中在清末禁烟运动和化除满汉畛域政策两个问题上。对于清末禁烟运动，国内学者基本都持肯定评价，认为清末禁烟取得了重大成功。据不完全统计，国内发表的与清末禁烟运动有关的论文数十篇，论题涉及禁烟运动的背景、源起和经过，清末地方

---

① 有关这方面的研究，请参见关晓红《晚清学部研究》第二章第二节"改造地方教育行政"和第三节"提学使的任免和管理"、熊贤君《中国教育行政史》（华中理工大学出版社 1996 年版）第十章第二节"清末省级教育行政"、安东强《清末各省学政的改制方案及纠葛》（《学术研究》2012 年第 3 期）、霍红伟《清末教育转型中学政的角色转变与裁改》（《学术研究》2012 年第 3 期）等论著。

② 汪婉：《晚清直隶的查学和视学制度——兼与日本比较》，《近代史研究》2010 年第 4 期。

③ 具体参见商丽浩《政府与社会——近代公共教育经费配置研究》第四章第二节"从自治性的劝学所到官方化的教育局"，刘福森、王淑娟《劝学所沿革述论》（《重庆社会科学》2006 年第 12 期）和《劝学所与教育经费的筹措》（《中南财经政法大学研究生学报》2007 年第 6 期），高俊《清末劝学所督办地方学务述论——以宝山县为个案》（《史林》2012 年第 3 期）等论著。

④ 刘伟：《官治与自治之间：清末州县劝学所述评》，《近代史研究》2012 年第 4 期。

禁烟运动，禁烟运动与英、美等列强的关系，等等。① 另外，国内出版的关于中国近代禁毒史的著作，如王宏斌的《禁毒史鉴》②、苏智良的《中国毒品史》③和《全球禁毒的开端——1909年上海万国禁烟会》④、秦和平的《云南鸦片问题与禁烟运动》⑤和《四川鸦片问题与禁烟运动》⑥等，均对清末禁烟运动历史作了比较具体的考察和论述。

关于清末化除满汉畛域政策，据不完全统计，国内发表的论文有20余篇。有的对清政府推出平满汉畛域政策的原因作了考察和分析。⑦ 有的对清政府化除满汉畛域政策的确立过程进行了梳理。⑧ 有的就光绪三十三年七月清廷颁布化除满汉畛域上谕的背景和经过作了比较细致的考察⑨。有的对端方和张之洞等清朝官员调停满汉畛域的主张和努力，分别作了考察。⑩ 有的对平满汉畛域政策的内容及执行情况作了具体考察和分析，指出清末平满汉畛域政策的内容主要有以下四项：第一，满汉通婚；第二，任官不分满汉，中央各部废除满汉复职制，东三省裁旗官用汉官；第三，旗人自筹生计；第四，旗民同法。其中，第一、第四项的执行较为彻底，

---

① 这方面比较有代表性的论文，如王宏斌的《清末新政时期的禁烟运动》（《历史研究》1990年第4期）、《英国鸦片商、外交官与中国清末禁烟运动——以第二次〈中英禁烟条件〉谈判为中心》（《近代史研究》2011年第1期）和崔志海的《美国政府与清末禁烟运动》（《近代史研究》2012年第6期）及刘增合的《朝野禁政观念与清末禁烟激变》（《文史哲》2004年第2期）等。
② 岳麓书社1997年版。
③ 上海人民出版社1997年版。
④ 上海三联书店2009年版。
⑤ 四川民族出版社1998年版。
⑥ 四川民族出版社2001年版。
⑦ 张继格、刘大武：《试析清末化除满汉畛域原因》，《江苏科技大学学报》（社会科学版）2007年第2期。
⑧ 潘崇：《清政府立宪化除满汉畛域策略确立过程之考察》，《江苏社会科学》2013年第2期。
⑨ 李细珠：《清末预备立宪时期的平满汉畛域思想与满汉政策的新变化——以光绪三十三年之满汉问题奏议为中心的探讨》，《民族研究》2011年第3期。
⑩ 参见吴春梅《张之洞调和满汉思想述论》（《安徽史学》2001年第4期），赵可《张之洞调停满汉畛域的努力与晚清政局的演变》[《四川师范大学学报》（社会科学版）2004年第1期]，翟海涛、王建华《端方与清末的满汉政策》（《江南社会学院学报》2003年第1期），翟海涛、何英《端方与清末满汉政策的演变》（《黑龙江民族丛刊》2003年第5期）等。

而第三项因清廷的缓慢拖延少见成效，第二项因皇族集权彻底失败。① 有的探讨了化除满汉畛域政策在清末预备立宪中的积极意义，指出化除满汉畛域政策虽然没有取得完全成功，但其历史地位和作用是不应抹杀的，②等等。

此外，近年来又有一些学者开始探讨新政期间清政府的文化政策及对意识形态的控制，诸如清政府的新闻出版政策、兴办近代图书馆、对学堂和留学生的思想控制、基督教管理政策等，认为新政期间清政府对意识形态控制的失败是导致清朝灭亡的一个重要原因，并对清政府管控意识形态失败的原因作了探讨和分析。③ 有关这方面的研究不但丰富了清末社会改革政策的研究内容，并且有一定的现实关怀。

在肯定清末教育和社会改革研究取得丰硕研究成果的同时，在今后的研究中我们同样有必要注意这方面的改革与清末新政其他改革的相互关系和影响，将这方面的改革纳入新政改革史的整个过程加以考察和分析。以清末教育改革来说，虽然我们肯定它取得了显著成果，但从整个新政改革的成败来说，清政府将教育改革放在各项改革之首及所实行的一系列改革，是否超出了当时中国社会、经济、政治的发展水平和实际需要，是否与新政的其他改革相脱节并对新政改革带来负面影响，这就需要我们重新考察和思考了。同样，清末禁烟运动无疑是一场值得充分肯定的进步改革，但考虑到禁烟运动当时所造成的财税损失和社会问题以及对新政其他改革的影响，这就需要我们对清政府发动禁烟运动的时机和步骤加以重新评价了。总之，只有将各项改革纳入新政整个发展过程中加以考察和分析，才能在研究中避免出现类似盲人摸象或只见树木不见森林的窘况。

---

① 迟云飞：《清末最后十年的平满汉畛域问题》，《近代史研究》2001年第5期。
② 苏钦：《清末预备立宪活动中"化除满汉畛域"初探》，《法律文化研究》2006年第2辑。
③ 有关这方面的研究，参见白文刚《应变与困境：清末新政时期的意识形态控制》（中国传媒大学出版社2008年版），张小莉《清末新政时期文化政策》（人民出版社2010年版）及苏全有《清末的舆论失控与政府应对》（《东岳论丛》2010年第9期）、《清末官员背离政府的成因探析——以孙宝瑄为例》[《福建论坛》（人文社会科学版）2010年第5期]、《清末舆论缘何失控》（《求索》2010年第12期）等论著。

## 第六节 经济改革研究

清末10年新政除政治、法制、军事、教育改革之外，清政府为达到筹饷练兵的目的，还进行了一系列具有资本主义性质的经济改革，对近代中国社会产生深远影响。

国内学界对清末经济改革政策的研究，归纳起来，大致可分为两个方面：一是清末振兴实业政策研究；二为财政金融改革研究。

在清末振兴实业政策方面，国内学者在50年代新中国成立初期就注意到了它的影响和意义。如胡绳武、金冲及著《论清末的立宪运动》在考察清末立宪运动时，就将新政振兴实业政策作为促进部分地主阶级向资产阶级转变的一个重要背景加以论述，肯定清政府奖励工艺措施对地主阶级特别是封建官僚投资工商业起了一定的推动和刺激作用。[①]

进入80年代之后，清末振兴实业政策更是成为新政史研究中仅次于政治改革的一个热点问题，国内学者发表的论文据初步统计多达300余篇，另出版多部相关论著，涉及诸多论题。有的从宏观角度对清政府特别是商部和农工商部振兴工商政策作了综合的考察和论述，并予以积极评价，认为清政府和商部、农工商部所实行的一系列振兴农工商的政策，诸如建立各级工商管理机构、颁布经济法规、借给官款、减免税收、奖励投资、举办"赛会"、兴办实业学堂等，在一定程度上保护和扶植了民族工商业，是顺应历史发展趋势，推进我国近代资本主义化的一次重要起步，使得新政时期中国民族工商业获得较快的发展，奠定了中国社会现代转型的经济基础。这方面比较有代表性的研究成果如施仁章的《清末奖励工商实业政策及其影响》[②]、沈祖炜的《清末商部、农工商部活动述评》[③]、郑起东的《清末"振兴工商"研究》[④]、果鸿孝的《论清末政府在经济上除

---

① 胡绳武、金冲及：《论清末的立宪运动》，上海人民出版社1959年版，第4—8页。
② 《中国社会经济史研究》1982年第2期。
③ 《中国社会经济史研究》1983年第2期。
④ 《近代史研究》1988年第3期。

弊兴利的主要之举》①等专题论文及朱英的《晚清经济政策与改革措施》、徐建生和徐卫国合著的《清末民初经济政策研究》（广西师范大学出版社2001年版）、苏全有的《清末邮传部研究》（中华书局2005年版）和王奎的《清末商部研究》（人民出版社2008年版）等专著。

除综合性研究之外，有的对清末自开商埠的背景、进程、运作机制、特点、影响、意义及存在的问题等进行了考察和分析，这方面比较有代表性的论文如彭雨新的《论清末自开商埠的积极意义》②，张践的《晚清自开商埠述论》③、杨天宏的《清季首批自开商埠考》④、《清季自开商埠海关的设置及其运作制度》⑤、《清季自开商埠经费的筹措与开支问题》⑥、《自开商埠的地域分布及其对清季外贸市场网络发育体系的影响》⑦、《自开商埠近代企业的创建及工业化程度分析》⑧、《清末新政时期自开商埠的设置》⑨等专题论文及《口岸开放与社会变革》专著，唐凌等著《自开商埠与中国近代经济变迁》一书。此外，还有学者就上海吴淞口、福建三都澳、山东济南和东三省等地的自开商埠进行了个案研究，揭示了它们的不同特点，丰富和深化了清末自开商埠研究。

有的则对清末铁路政策作了重新考察和评价，认为清末铁路政策固然存在这样或那样的问题，但加快中国铁路事业的发展，抵制西方列强的占夺，收回路权，提高国力，始终是清朝政府制定铁路政策的根本宗旨。而且，清末铁路政策也并非越来越趋向反动，而是在不断地吸收和借鉴西方经验，朝着专业化、合理化、制度化和自主性的方向迈进。至于采取何种方式兴办铁路的问题，不能一概而论，认为商办便是正确的，借款官办便是反动的。其实，在国内资金缺乏又无铁路专门人才的情况下，借款官办

---

① 《中国社会经济史研究》1991年第3期。
② 载章开沅主编《对外经济关系与中国近代化》，华中师范大学出版社1990年版。
③ 《近代史研究》1994年第5期。
④ 《历史研究》1998年第2期。
⑤ 《社会科学研究》1998年第3期。
⑥ 《中国社会经济史》1999年第2期。
⑦ 《四川大学学报》1999年第2期。
⑧ 《四川大学学报》2002年第2期。
⑨ 《四川师范大学学报》（社会科学版）2002年第6期。

政策有其必然性和可行性，不失为加快中国铁路建设的一条捷径。清末商办铁路从实际效果来看是一个失败的政策。铁路国有或借债筑路政策并不是一个卖国政策，对清政府的铁路政策不能简单加以否定。①

有的对清末商品博览会活动的产生、意义、影响及存在的问题作了综合考察和分析，认为商品赛会是20世纪初中国经济领域出现的一种新事物，它是中国近代资本主义发展和国际商品博览会双重影响的产物；商品赛会活动虽然受当时国情制约，具有一系列难以克服的缺陷，但通过赛会形式而开展的大规模经济和文化交流，对中国近代化进程有着弥足珍贵的影响。② 有的指出在清政府推行新政的背景下商部于1905年颁布《出洋赛会通行简章》，鼓励商人出洋参赛，同时在国内普劝各省开设商品陈列所，这在推动中国参与世界博览会的同时也带动了国内博览会的竞相举办。③ 有的对1909年武汉劝业奖进会的举办及意义进行了分析，指出它是清末湖北地区规模最大的一次地方性商品博览会，在全国也产生了一定的影响，可以说是南洋劝业会的预演，直接为其提供了许多借鉴。④ 另有10余篇论文对1910年南洋劝业会的举办、影响及与各方的关系进行了论述，认为南洋劝业会是近代中国第一次全国规模的博览会，它是晚清社会趋新发展的结果，反过来也推动了晚清社会的发展。⑤

在清末财政改革方面，国内学者着重对清末中央和省级财政机构改革、中央对外省的财政清查、国家财政与地方财政的划分、近代西方财政预算制度的引入等问题进行了专题研究，比较有代表性的如陈诗启的《论

---

① 参见崔志海《论清末铁路政策的演变》（《近代史研究》1993年第5期）、芮坤改《论晚清的铁路建设与资金筹措》（《历史研究》1995年第4期）、马陵合《论清末铁路干线国有政策的两个促动因素》（《社会科学研究》1996年第1期）等文。
② 马敏：《中国走向世界的新步幅——清末商品赛会活动述评》，《近代史研究》1988年第1期；魏爱文：《清末商品赛会述评》，《贵州文史丛刊》2002年第3期。
③ 乔兆红：《清末新政与中国近代博览会事业》，《历史教学问题》2009年第6期。
④ 朱英：《清末武汉劝业奖进会述略》，《历史研究》2000年第4期。
⑤ 马敏：《清末第一次南洋劝业会述评》，《中国社会经济史研究》1985年第4期；朱英：《端方与南洋劝业会》，《史学月刊》1988年第1期；王翔：《中国近代化的一个里程碑——1910年南洋劝业会述论》，《江海学刊》1989年第3期。另，有关国内清末博览会研究的学术状况，可参见谢辉《中国近代博览会史研究述评》（《中国社会经济史研究》2004年第3期）、马敏《中国近代博览会史研究的回顾与思考》（《历史研究》2010年第2期）。

清末税务处的设立和海关隶属关系的改变》①，邓绍辉的《光宣之际清政府试办全国财政预决算》②，张神根的《清末国家财政、地方财政划分评析》③，张九洲的《论清末财政制度的改革及其作用》④，陈锋的《晚清财政预算的酝酿与实施》⑤，刘增合的《由脱序到整合：清末外省财政机构的变动》⑥《西方预算制度与清季财政改制》⑦和《清季中央对外省的财政清查》等系列专题论文。⑧此外，刘增合还发表专著和系列论文，对清末引进印花税、改办统捐、划分国税与地方税制的活动及其影响、禁烟运动与清末财政和新政的关系等作了深入的考察和分析，既探讨了清末中央与地方财政关系的复杂性，也揭示了在移植西方税制过程中传统旧制对新税制的制约。⑨周志初的《晚清财政经济研究》则从长时段对晚清财政规模和收支结构的变动作了考察，指出在清政府的财政收入来源中，田赋虽仍居首位，但比重呈明显下降趋势；海关税和厘金等新税在财政收入结构中的地位日趋重要；盐税虽属传统税收，但由于盐厘的开征等因素，仍保持了相当的规模。在财政支出方面，不仅支出规模和结构发生了重大变化，除军费支出仍居首位外，赔款外债、财政经济管理、近代实业、交通教育等新增项目的经费占了相当比重，反映了清末社会政治、经济、军事等各方面所发生的深刻变化。⑩

在金融货币改革方面，国内学者主要对清末银价的涨落和影响、银元制度的进步作用和缺点、货币本位问题、铜元制度、制钱制度的终结，以

---

① 《历史研究》1987 年第 3 期。
② 《历史研究》1987 年第 3 期。
③ 《史学月刊》1996 年第 1 期。
④ 《河南大学学报》2002 年第 4 期。
⑤ 《江汉论坛》2009 年第 1 期。
⑥ 《近代史研究》2008 年第 5 期。
⑦ 《历史研究》2009 年第 2 期。
⑧ 《近代史研究》2011 年第 6 期。
⑨ 详见刘增合的专著《鸦片税收与清末新政》及论文《清末印花税的筹议与实施》(《安徽史学》2004 年第 5 期)、《八省土膏统捐与清末财政集权》(《历史研究》2004 年第 6 期)、《清末禁烟时期的印花税》(《中国经济史研究》2006 年第 2 期)、《制度嫁接：西式税制与清季国地两税划分》[《中山大学学报》(社会科学版) 2008 年第 3 期]。
⑩ 周志初：《晚清财政经济研究》，齐鲁书社 2002 年版，第 139—223 页。

及信用货币制度的发展、近代银行的设立等,作了较多论述。有关这方面的研究,具体可参见魏建猷《中国近代货币史》(群联出版社1955年版)、杨端六《清代金融货币史稿》(生活·读书·新知三联书店1962年版)、石毓符《中国货币金融史略》(天津人民出版社1984年版)、王宏斌《晚清货币比价研究》(河南大学出版社1990年版)及张振鹍《晚清十年间的币制问题》(《近代史研究》1979年第1期)等论著。另,中国台湾学者卓遵宏的《中国近代币制改革史(1887—1937)》(台北"国史馆"1986年版)和李宇平的《近代中国的货币改革思潮(1902—1914)》(台湾师范大学历史研究所1987年版),也对清末币制改革多有论述。

在充分肯定清末经济改革成绩的同时,国内学者还对清末经济改革存在的问题及失败原因作了理性探讨。有的批评清末经济政策仍保留了浓厚的封建性和保守性,指出清政府虽许诺"恤商惠工"、讲求实业,但并未放弃"筹饷练兵为急务"的主要政策目标,传统的敛财政策不但没有放弃,反而变本加厉;封建经济制度的基石——地主土地所有制基本未受触动,在"痛加搜刮"之下,小农更加依赖自给自足的保护;政治体制未能实现适应资本主义经济发展的根本性转变,吏治腐败如故,资产阶级未能真正参与决策,分享国家权力,有效维护本阶级的经济利益。同时,清末经济改革受半殖民地化进程的制约,严重缺乏自主性,不能有效维护本国民族资本的利益,反而使帝国主义列强的利益需求得到了极大满足。[1] 有的认为新政期间清政府推行的新经济政策既有决策过程中的失误,也有实施过程中的缺陷;有的是客观条件与环境的限制所致,也有的由主观认识偏差所造成。除却主客观制约因素外,"清政府政权性质的局限,是导致其新经济政策在制定和实施过程中不可避免地出现诸多缺陷的根本原因"[2]。

在清末经济改革史研究领域,国内学界所取得的成绩是显而易见的,但同时也还有深化和改进之处。例如既往研究同样存在就经济论经济的倾

---

[1] 徐卫国:《论清末新政时期的经济政策》,《中国经济史研究》1997年第3期。
[2] 朱英:《清政府推行新经济政策的缺陷及其产生原因》,《中国经济史研究》1999年第1期。

向，忽视经济改革与其他改革的彼此制约和影响，没有将清末经济改革放在新政改革史的整体过程中加以考察和论述。再者，对清末各项具体经济政策的探讨也存在就事论事的现象，忽视各项经济政策之间的相互关系，未能从清末经济改革的整个大局和是否适合当时中国经济发展的实际需要角度加以把握。此外，清末经济改革的动力既来自国内发展的需要，也受当时经济国际化的驱动，来自外部列强的要求和压力，外部因素在许多方面影响了清末经济改革的进程和成效，既往的研究比较多地注意到了前一因素，而对后者的研究则显薄弱。最后，对于清末经济改革，我们固然要探讨其具体内容和出台过程，同时更要进一步考察其落实情况和效果，并从一个长时段加以把握，注意其历史连续性，从而更好地认识清末经济改革的复杂性及其在中国经济近代化中的地位和意义。

## 第七节 清末政局与新政关系研究

清末新政作为晚清的最后一场改革运动，它的产生、发展和结局既与清末政局的演变息息相关，同时又对清末政局产生重大影响。新政与清末政局两者之间有着很强的互动关系。

就1901年清政府启动新政来说，国内学者普遍认为它既是19世纪以来改革运动的继续，同时与当时义和团运动和八国联军侵华所造成的时局和民族危机有着密切关系，是以慈禧太后为首的清政府应对1900年庚子政局的一个结果。

同样，对于1905年清政府启动预备立宪政治改革，国内学者也普遍认为与当时国内和国际政局有着密切关系，既是国内立宪派和清朝一些开明官员推动的结果，也是为了缓和国内矛盾，同时受日俄战争日胜俄败的影响。

对于官制改革对清末朝政的影响，国内学者普遍认为这一改革加剧了清朝统治集团内部矛盾。对于发生在1907年春、夏之间的"丁未政潮"，国内学者就比较一致地认为这是清季统治集团内部矛盾激化的一次大爆发，是统治阶级内部的一场权力斗争，但在对这场权力斗争性质的认识上仍存在一定的差异。有的强调这次政潮体现了满族官僚和汉族官僚之间的矛盾和斗争，指出"这次政潮既包含了汉族官吏之间的矛盾，也表现了满汉之间的矛盾和斗争，但显然满汉矛盾起着支配作用"①。有的强调这是以瞿鸿禨、岑春煊为首的清流派与以袁世凯为首的北洋派之间的一场权力斗争，指出这次政潮标志着"瞿鸿禨、岑春煊的清流派彻底失败"②。

1908 年 11 月 14、15 日两宫相继去世是清末政局的一次重大变动。国内学者一般都认为清朝最高统治者慈禧太后的去世给清末新政带来了消极影响，指出慈禧之死"使本已日趋绝境的清朝政府更失去了控制局势的能力"；而光绪皇帝由于并不实际掌握权力，他的去世对清末政治的实际影响并不大，只是在清朝统治已处于摇摇欲坠的情况下"起了进一步动摇人心的作用"③。但在光绪皇帝死因问题上，目前国内学界仍有两种不同观点。一派根据宫中所藏皇家脉案和医方，认为光绪皇帝为正常病故，并非人们所谣传的那样，系被后党谋害；④ 另一派则根据现代精密仪器在光绪帝头发中发现大量的砒霜，并结合相关档案和文献资料，认为光绪帝死于急性胃肠型砒霜中毒，系被后党官僚谋害致死。⑤

1909 年 1 月 2 日的摄政王载沣罢黜袁世凯事件，是继两宫去世后不久清廷朝政所发生的又一重大变动。对于这一事件的性质，国内主流观点认为这是以摄政王载沣为首的满族官僚与袁世凯北洋政治军事集团之间的权力斗争，是"丁未政潮"的继续，是摄政王载沣加强皇室集权的一个具体

---

① 李新主编：《中华民国史》第 1 卷下册，第 75 页。
② 郭卫东：《论丁未政潮》，《近代史研究》1989 年第 5 期；侯宜杰：《二十世纪初中国政治改革风潮》，第 95 页。
③ 金冲及、胡绳武：《辛亥革命史稿》第 2 卷，第 342 页。
④ 朱金甫、周文泉：《从清宫医案论光绪帝载湉之死》，《故宫博物院院刊》1982 年第 3 期；马忠文：《时人日记中的光绪、慈禧之死》，《广东社会科学》2006 年第 5 期；王开玺：《关于光绪帝死因的思考与献疑》，《晋阳学刊》2009 年第 6 期；朱金甫：《再论光绪帝载湉之死》，《历史档案》2010 年第 4 期。
⑤ 戴逸：《论光绪之死》，《清史研究》2008 年和 4 期；钟里满：《清光绪帝砒霜中毒类型及日期考》，《清史研究》2008 年第 4 期；崔志海：《光绪皇帝和慈禧太后之死与美国政府的反应——兼论光绪死因》，《清史研究》2009 年第 3 期。

表现。① 但也有学者认为载沣驱袁,系出于对戊戌政变中袁世凯告密出卖光绪帝的行为深怀仇恨,为其兄光绪帝报仇。② 就载沣驱袁的国际背景来说,有的学者认为与当时中、美、日三国外交关系有着密切关系,袁世凯联美制日外交政策的失败是引发这一事件的导火线之一。③ 也有学者不赞同这一说法,认为载沣罢袁与联美制日外交政策无关,系由袁世凯倡议中美互派大使问题引发。④

对于袁世凯北洋军事政治集团在清末的崛起,国内学者大致有两种不同评价。一种意见坚守传统观点,认为尽管袁世凯北洋集团对推动清末新政改革起了积极作用,但他们只是通过新政扩大北洋势力,为该集团从地方走向中央打下基础;北洋集团是晚清私军化和地方督抚专权的产物,是湘军、淮军的继承者,它的崛起是对清朝中央权力的一种侵夺,加速了清王朝灭亡的步伐。⑤ 还有学者撰文批评美国学者麦金农教授(Stephen R. Mackinnon)《晚清权力与政治:袁世凯在北京和天津》(*Power and Politics in Late Imperial China: Yuan Shi-kai in Beijing and Tianjin,1901–1908*,Berkeley:University of California Press,1980)先入为主地将袁个人的集权等同于中央的集权,忽视了袁在集权和改革过程中与清朝中央政权之间存在的矛盾和冲突,指出袁在晚清权力的扩大,并不一定就意味着中央权力的扩大。袁在清末所作的改革中,首先考虑的是个人的权势,并不是从扩大中央权力出发的。袁的军事或政治权力通过北京中央政府实现,本身并不能说明他没有近代军阀主义的性质,相反,恰恰说明了袁权力扩张的分离主义性质,展现了袁个人权力对晚清中央权力构成的重大威胁。同样,袁世凯在晚清通过列强的支持扩张权力,不但没有加强清朝中央权力,反而是对中央权力的一个重大打击,使清朝中央政府丧失了维护中央权威的一个重要法宝——独立的官员任免权,正好反映了袁世凯权力兴起对清朝

---

① 金冲及、胡绳武:《辛亥革命史稿》第2卷,第343—355页;朱东安:《载沣驱袁的起因与后果》,载《晚清政治与传统文化》,百花文艺出版社2012年版。
② 李永胜:《摄政王载沣罢免袁世凯事件新论》,《历史研究》2013年第2期。
③ 崔志海:《摄政王载沣驱袁再研究》,《近代史研究》2011年第6期。
④ 李永胜:《摄政王载沣罢免袁世凯事件新论》,《历史研究》2013年第2期。
⑤ 马平安:《北洋集团与晚清政局》,辽海出版社2011年版,第228、254页。

中央权力的挑战、削弱及其军阀本质。①

另一种意见则对北洋集团在清末的崛起持肯定评价，不但认为袁世凯的北洋集团对新政改革起了十分积极的作用，影响和促进了新政的决策，推动了个别部门的近代化改革，促进了山东、直隶和东三省等地的改革，并在清末收回利权和禁烟运动中发挥了积极作用，而且不赞同将北洋集团在清末的崛起看作晚清私军化和地方督抚专权的产物，指出北洋军阀的形成有一个过程，"北洋集团开始走下坡路并逐渐成为社会发展的障碍是袁世凯称帝及其死后，此时北洋集团发展为北洋军阀"，"在清末新政中崛起的北洋集团，是统治阶级中一种新兴的政治势力，在受教育的程度、知识结构、年龄结构还是精神风貌、价值观念以及敬业精神等方面，它都与其他政治集团不同，正是他们的努力，使得清末新政取得一定的成效，他们的崛起为腐朽没落的清王朝注入了一线生机"②。

关于清末新政过程中中央与地方权力结构的变动，长期以来国内学界存在两种不同意见：一种认为是"内轻外重"；另一种认为是"内重外轻"。最近，又有学者在此基础上提出一个新的观点，认为清末的权力格局是"内外皆轻"，即中央与地方权威一并流失，中央无法控制地方，地方无力效忠中央，并指出这种"内外皆轻"的权力格局不但使清廷中央与地方均无法有效地应对革命，致使清王朝走向覆亡之路，而且还导致掌握军队尤其是新军的军人势力的崛起，出现军人干政的局面。③

关于新政与辛亥革命和清朝覆灭的关系，国内学者比较一致地认为新政加速了革命的爆发和清朝的灭亡。有的指出："没有 1901 年至 1911 年的清末新政，就不会有 1911 年的武昌起义，也就不会有辛亥革命。"④ 有的指出清末新政"为革命增加了思想基础、阶级基础、社会基础、武装力

---

① 崔志海：《关于晚清政治权力结构的另一种解释——〈晚清权力与政治：袁世凯在北京和天津〉述评》，《清史译丛》第 3 辑，中国人民大学出版社 2005 年版。

② 张华腾：《北洋集团崛起研究（1895—1911）》，中华书局 2009 年版，第 297 页。

③ 李细珠：《辛亥鼎革之际地方督抚的出处抉择——兼论清末"内外皆轻"权力格局的影响》（《近代史研究》2012 年第 3 期），《晚清地方督抚权力问题再研究——兼论清末"内外皆轻"权力格局的形成》（《清史研究》2012 年第 3 期）。

④ 张连起：《论清末新政与辛亥革命》，《学习与探索》1995 年第 2 期；《清末新政史》，黑龙江人民出版社 1994 年版，第 255—261 页。

量等,并为革命的爆发提供了导火线"①。有的指出正是清政府在新政中的种种失误,诸如官场腐败依旧且愈演愈烈、对列强的卑躬屈膝、全面铺开的新政举措与政府实际财力间的脱节、对民生的漠视和加倍的盘剥等严酷的现实,加速了清朝的覆灭,使辛亥革命成为历史的必然。② 有的则指出尽管革命者与"新政"的主持者——清朝统治者彼此是不共戴天的,但辛亥革命与"新政"是互相联系和互相依存的,无法割断彼此之间多方面的因果关系。③

对于新政改革何以未能挽救清王朝,最终随着清朝的覆灭而遭失败,国内学者从不同角度进行了诠释。萧功秦认为主要由以下三个因素所致:1. 受清末中国士绅知识分子中普遍存在的以"制度决定论"为基础的激进主义思想和行为的影响;2. 清末出现的权威危机影响了改革政策的顺利进行,并使清朝的统治根基受到前所未有的挑战;3. 随着改革推进而出现的"改革综合症",诸如地方主义的离心力量的形成、政治的腐败、利益集团的冲突、财政危机等,引起社会各阶层的普遍不满,既加剧了权威危机,又激起民众和知识分子更强烈的"制度主义"的激进主义倾向,指出清末新政的历史进程实际上"正是权威危机、改革综合症与制度主义的激进变革心态这三种因素相互激荡,并进而引发的日益深化的危机的历史过程"④。朱英认为清末推行新政过程中的民族矛盾、政治参与的迅速扩大与清政府的错误对策、中央与地方的冲突及改革者的素质等,均是导致新政失败并走向反面的深层因素。⑤ 罗志田认为清末最后 10 年所遭遇的制度转型困境致使新政带有自毁的意味,终不得不让位于被认为更迅捷更有效的革命。⑥ 也有学者认为清末新政之所以未能挽救清王朝,原因在于新政改革恶化了官民矛盾、统治阶级集团内部矛盾及清政府与民间立宪派之间的

---

① 郭绪印:《评清末新政和辛亥革命的关系》,《近代中国》2008 年第 18 辑。
② 金冲及:《清朝统治集团的最后十年》,《近代史研究》2011 年第 6 期;戴鞍钢:《新政困局与辛亥革命》,《史林》2011 年第 5 期。
③ 郭世佑:《辛亥革命与清末"新政"的内在联系及其他》,《学术研究》2002 年第 9 期。
④ 萧功秦:《危机中的变革——清末现代化进程中的激进与保守》,上海三联书店 1999 年版,第 123—125 页。
⑤ 朱英:《清末新政与清朝统治的灭亡》,《近代史研究》1995 年第 2 期。
⑥ 罗志田:《革命的形成:清季十年的转折(上)》,《近代史研究》2012 年第 3 期。

矛盾，严重削弱了清朝统治基础，同时也是由于新政本身具有颠覆清朝统治的内在动力。① 另有不少学者认为新政的失败或清朝的覆灭与财政危机和通货膨胀有着密切关系，② 等等。以上诸说都有一定道理，彼此并不矛盾。新政的失败，显然是多种原因综合所致。既有必然因素，也有偶然因素；既有国内因素，也有国际因素；既有改革者自身因素，也有当时国内客观社会因素。这些都有待我们回归清末新政的当时历史场景，作进一步具体和综合的分析。

最后，关于新政的性质和历史地位问题，国内学界的认识有一个转变过程。直至20世纪80年代初，学界多从革命史观出发，对新政持否定评价，认为新政是"假维新，伪变法"，是19世纪60年代开始的洋务运动的"翻版"或"老调重谈"，具有封建性和买办性，是清政府"进一步买办化的标志"，是清政府在镇压义和团运动之后为防止和镇压新的革命运动而采取的反动措施，不但不可能导致国家的独立和富强，也无补于民族资本主义的发展和社会的进步，或曰新政是以"慈禧太后为首的守旧地主官僚"主导的"一次自救与变革事件"，等等。③ 但80年代之后，国内越来越多的学者倾向认为新政是一场具有资本主义性质的改革，或认为这是一场比较全面的近代化运动，是中国现代化历史上一个重要的发展时期和阶段，指出经过历时十年的"新政"，近代中国社会经济、军事、教育、政治等领域的改革规模与力度均是空前的，较之所谓"同光新政"和戊戌

---

① 崔志海：《清末新政与清朝的覆灭》(《社会科学辑刊》2013年第2期)、《清末新政何以未能挽救清王朝》(《国家人文历史》2013年第3期)。

② 参见彭雨新《辛亥革命前夕清王朝财政的崩溃》(载中华书局编辑部编《纪念辛亥革命七十周年学术讨论会论文集》中册，中华书局1983年版，第1301—1330页)、蔡国斌《论财政对晚清新政的制约》(《江汉论坛》2001年第4期)、刘增合《清末"急务"与"本源"的失调——以鸦片禁政期间的财政窘况为背景》(《学术月刊》2006年第9期)、苏全有《横向与纵向：从新政看清末财政危机中的政府应对》(《江汉论坛》2011年第3期)等文。

③ 王邦佐：《试论一九〇一年——一九〇五年清政府的"新政"》，《史学月刊》1960年第4期；章开沅、林增平主编：《辛亥革命史》上册，第164—184页；郑永福：《晚清地主阶级自救运动论纲》，《河南大学学报》(哲学社会科学版)1985年第4期；乔志强：《清末"新政"的产生与性质》，《北方论丛》1986年第4期；孙占元：《论中国近代史上的三次新政》，《东岳论丛》1988年第6期。

变法，都有明显进展。① 20 世纪 90 年代之后出版的几部研究新政史的著作，也均持相近观点。可以说，新政的历史地位得到了应有的承认。

综观 60 年来特别是 20 世纪 80 年代以来的国内清末新政史研究，应该说已取得比较丰硕成果，特别是在专题史研究方面。但比较而言，国内新政史的研究尚缺乏一部与其地位相称的综合性的新政改革史著作。在以往研究的基础上，组织国内学者撰写一部综合性的、代表国内最新研究成果的新政改革史著作，这应是未来国内新政史研究的一个努力目标。

---

① 季云飞：《清末三次改革之比较研究》，《南京社会科学》1992 年第 6 期；朱英：《清末"新政"性质新探》，《湖北社会科学》1994 年第 5 期；萧功秦：《清末新政与中国现代化研究》，《战略与管理》1993 年第 4 期；张礼恒、王希莲：《中国现代化运动史上的里程碑——论"清末新政"的历史地位》，《江苏社会科学》1999 年第 3 期。

# 第 十 章

# 辛亥革命史研究

在晚清政治史上，1911年的辛亥革命无疑是具有划时代意义的历史事件。它不但推翻了清朝的统治，而且结束了沿袭两千余年的君主专制制度，在中国和亚洲历史上创建了第一个民主共和国家。自然，辛亥革命的这一重大历史功绩并不是1911年突然成就的，而是经历了一个较长时期的斗争过程。一般来说，国内学者和论著大多以1894年革命党人孙中山创立兴中会、从事反清起义，直至1911年10月10日武昌起义推翻清朝统治和建立民国这段历史，作为辛亥革命史的研究对象。[①]

对于这样一场持续十余年之久的大革命，国内学界的研究内容是极为丰富的。既涉及这一时期的经济发展和社会变动，也涉及这一时期思想、文化的流变；既研究这一时期资产阶级革命党人的革命和宣传活动，也研究这一时期立宪派的立宪活动和下层民众的反帝反封建运动及其与革命的关系；既研究这一时期民族危机的加深，也研究这一时期清朝朝政的变革及其影响，等等。鉴于辛亥革命时期经济、社会、思想和文化方面的研究另由其他著作进行介绍，本章着重从政治事件史角度对新中国成立以来的国内辛亥革命史研究作一综述。

---

[①] 有关辛亥革命史的下限，国内学界的叙述多有不同：有的止于1912年南京临时政府的成立和北迁；有的止于1913年"二次革命"的失败；也有的止于1916年袁世凯洪宪帝制的失败。笔者倾向于采纳第一说。

## 第一节 研究概述

辛亥革命作为晚清历史上一场资产阶级性质的革命,自新中国成立以来一直受到国内学者的重视。但受国内政治形势及学术思潮的影响,辛亥革命史研究也同近代史其他研究领域一样,经历了一个曲折发展过程,大致可分新中国成立初期、"文化大革命"时期,以及20世纪80年代的繁荣发展和90年代之后的守望及拓展四个时期。

新中国成立初期,即1949—1965年,为辛亥革命史研究的起步阶段。在这15年里,国内辛亥革命史研究受"历史纪念周年"的影响,曾出现两次热潮:第一次热潮受1956年纪念孙中山诞辰90周年驱动;第二次热潮则受1961年纪念辛亥革命50周年驱动。在这两次热潮推动下,国内辛亥革命史研究取得丰硕成果。据不完全统计,这一时期国内出版的有关辛亥革命的书籍50余种,资料30余种,论文500篇左右,[1]为国内辛亥革命史研究开创了一个良好的开端。

"文化大革命"时期,即1966—1976年,为国内辛亥革命史研究遭受挫折阶段。1966年适逢孙中山诞辰100周年,本应该是研究辛亥革命史的一个"大年",但在"文化大革命"开始后的特殊政治气氛下,是年除周恩来、董必武、何香凝三位国家领导人在北京纪念会上的三篇讲话和《人民日报》刊载的宋庆龄、程潜两篇纪念文章外,学术界居然没有发表一篇学术性论文。自兹之后,辛亥革命史研究即进入一个冰冻时期,直至1971年年底,出版界和报刊上有关研究辛亥革命的论著一直为零。在1972—1976年的"文化大革命"后5年里,虽然出版了20来种与辛亥革命史研究有关的著作、译述和资料书,发表了70多篇相关文章和论文,但这一时期的研究受影射史学的影响,辛亥革命史研究被纳入"儒法斗争"史的叙述范畴,学术研究横遭践踏。

改革开放初期,即1977—1991年,为国内辛亥革命史研究重新崛起

---

[1] 章开沅:《50年来的辛亥革命史研究》,《近代史研究》1999年第5期。

和繁荣阶段。在这 15 年里，国内发表的有关辛亥革命的论文逐年增加：1977 年 16 篇，1978 年 22 篇，1979 年 57 篇，1980 年 156 篇。经过 4 年的恢复，辛亥革命史研究于 1981 年迎来空前繁荣局面。是年，为纪念辛亥革命 70 周年，除 10 月中旬在武汉召开由中国史学会和湖北省哲学社会科学联合会共同主办的纪念辛亥革命 70 周年学术讨论会外，上海、湖南、广西、浙江、四川、广东、江苏、安徽、贵州、云南、河南、山西、辽宁、宁夏等省、市、自治区也先后举办纪念活动和学术讨论会；当年国内发表的辛亥革命史文章和论文多达 1200 余篇。此后，国内的辛亥革命史研究即进入一个平稳发展时期，在 1982—1991 年的 10 年里，发表的论文平均每年 450 篇。在 1977—1991 年的 15 年里，国内总计发表论文 6000 篇，著作 200 多种，特别是章开沅、林增平主编的三卷本《辛亥革命史》（人民出版社 1980—1981 年版）、李新主编的二卷本《中华民国史》第一编《中华民国的创立》（中华书局 1981、1982 年版）和金冲及、胡绳武合著的四卷本《辛亥革命史稿》（上海人民出版社 1980、1985、1991 年版）三部大型学术著作的相继问世，标志着辛亥革命史研究大体臻于成熟。而 1991 年出版的三部关于辛亥革命史研究的学术史著作，即章开沅、刘望龄、严昌洪、罗福惠、朱英编著的《国内外辛亥革命史研究综览》[①] 和林增平、郭汉民、饶怀民主编的《辛亥革命史研究备要》[②]，以及李喜所、凌东夫主编的《辛亥革命研究一览》[③]，不但对 1990 年以前国内外辛亥革命史研究的学术历程作了全面系统的回顾和总结，同时也具体反映了 80 年代国内辛亥革命史研究的空前繁荣。

1992 年之后，国内辛亥革命史研究进入守望和拓展阶段。在经历 80 年代的大繁荣和大发展之后，辛亥革命史研究在进入 90 年代之后虽然继续受到重视，但较诸 80 年代明显有所冷却。自 1992 年开始，直至 2011 年，国内发表的辛亥革命史研究论文数量明显减少，每年 200 篇左右，并且论文学术质量也有所下降，低水平的重复之作增多。同时，研究重心亦

---

① 湖北教育出版社 1991 年版。
② 湖南人民出版社 1991 年版。
③ 天津教育出版社 1991 年版。

多有转变。

90年代之后国内辛亥革命史研究出现的一个明显转向是，加强了对革命对立面清朝政府及革命派之外的社会和政治势力的研究。这在这一时期发表和出版的论文、著作和资料中得到充分体现。以发表的论文来说，1992年之前主要以革命派为研究对象，以清政府为研究对象的论文数量比重很小。在1980—1991年的12年里，前者与后者论文数量之比，除1988年达到10∶2和1990年达到10∶3之外，其余年份都在10∶1左右，平均为10∶1.3（1.267）。进入1992年之后，以清政府为研究对象的论文数量逐年上升，与以革命派为研究对象的论文数量之比，由是年的2.5∶10上升到1998年的6.3∶10，至2003年则开始反超后者，为12.8∶10。[①]

90年代之后国内辛亥革命史研究发生的另一转向是，由单纯的政治事件史转向社会史和现代化史研究。许多学者在他们撰写的辛亥革命史研究综述中多将此作为一个拓展方向。如严昌洪、马敏在2000年发表的《20世纪的辛亥革命史研究》一文中在最后谈到对辛亥革命史研究的几点展望时，即建议要自觉加强对辛亥革命的社会史研究，指出："辛亥革命固然是一个政治事件，但它涉及广泛、复杂的社会变动。因此，完全可以从社会史的角度，运用社会史的研究范式对之进行'整体''综合'的研究，使之形成'总体史''综合史'的格局。这样做的结果，并不是将辛亥革命史从政治史的范畴中剥离出来，而是进行研究范式的改造，突破仅仅从政治局面去解释历史的局限，使之在眼界、方法、材料上统统发生革命性的变革，大大丰富研究者的思想和研究的内容。回顾近20年来，辛亥革命史研究其实正在悄悄经历一场研究范式的转移，只是还没有自觉上升到理性认识的高度罢了。"[②]

在辛亥革命史由单纯政治事件史向社会史和现代化史研究转型方面，以华中师范大学历史研究所章开沅主持的商会与绅商研究最为典型。其

---

[①] 这些统计数据系根据华中师范大学学者彭剑的研究得出，详见罗福惠、朱英主编《辛亥革命的百年记忆与诠释》第3卷《历史学者对辛亥革命的研究与诠释》，华中师范大学出版社2011年版，第178页。

[②] 《历史研究》2000年第3期。

中，朱英的《辛亥革命时期新式商人社团研究》[1]《转型时期的社会与国家——以近代中国商会为主体的历史透视》[2]和《近代中国商人与社会》[3]三部著作，经由对辛亥革命时期新式商人社团的研究，进而以商会为中心探讨中国国家与社会的关系。马敏的《传统与近代的二重变奏：晚清苏州商会个案研究》[4]（与朱英合著）和《官商之间：社会剧变中的近代绅商》[5]两部著作，经由对苏州商会的个案研究，进而扩大到探讨中国近代现代化过程中官、商关系的变化及其影响。虞和平的《商会与中国早期现代化》[6]则通过对商会组织、功能及其活动的考察，既具体揭示商会组织的自身现代化历程，同时也展示商会在发展资本主义经济和推动中国近代民主政治及争取民族独立运动中的角色和作用。此外，桑兵的《清末新知识界的社团与活动》[7]和《晚清学堂学生与社会变迁》[8]两部著作，分别对辛亥时期新知识界社团的组织和活动，以及辛亥时期新式学堂学生群体的发展及他们的思维、行为倾向和政治活动等作了具体考察和分析，从中揭示辛亥时期新知识界社团与以孙中山为首的革命党人的关系，以及新式学堂学生群体在清末民初知识和社会转型过程中所扮演的角色和影响。章开沅、马敏、朱英主编的《辛亥革命前后的官绅商学》则是这时期该研究领域的一部综合之作。该著由湖北人民出版社于2000年6月出版，2011年列入"辛亥革命百年纪念文库"，由华中师范大学出版社再版。该著从晚清、民国两个时期探讨了中国近代社会中官、绅、商、学的相互关系及其角色和功能，内容涉及"社会转型中的晚清督抚群体""国民党执政时期县长的人事嬗递与群体角色""社会转型中的近代绅商""近代乡绅与宗族社会""从商会看近代中国的官商关系""近代商与学的互动及其影响""知识分子的角色与社会功能""近代官绅商学与宗教"八个论题。

---

[1] 中国人民大学出版社1991年版。
[2] 华中师范大学出版社1997年版。
[3] 湖北教育出版社2001年版。
[4] 巴蜀书社1993年版。
[5] 天津人民出版社1995年版。
[6] 上海人民出版社1993年版。
[7] 生活·读书·新知三联书店1995年版。
[8] 上海学林出版社1995年版。

这些研究成果极大地丰富和深化了国内学界对辛亥时期资产阶级和社会群体的研究。

90年代之后国内辛亥革命史研究出现的另一转向是，明显加强了"后辛亥革命史"的研究。这种"后辛亥革命史"研究根据其内容，又分为两个不同的路径。第一个研究路径基本上是以往有关辛亥革命历史地位、影响和意义讨论的一个自然延伸，只是从一个更长时段，同时结合现代化史研究视角，探讨辛亥革命对中国近代政治现代化及社会和文化历史进程的影响。如章开沅、罗福惠主编的《辛亥革命与中国社会发展道路》①一书，从辛亥革命在中国社会发展过程中的地位、资产阶级与中国资本主义、社会心态的演进和孙中山先生的继续探索、辛亥革命与新民主主义革命等方面，论述了辛亥革命对中国社会发展道路所产生的深远影响。他们主编的另一部著作《辛亥革命与中国政治发展》②则比较系统地探讨了辛亥革命对中国近代政治的影响，内容涉及"辛亥革命与中国政治思想的演变""辛亥革命与清末民初的民族国家认同""辛亥革命与民初议会政治""辛亥革命与北京临时政府的制度建设""辛亥革命与民国政权建设""训政与宪政——从孙中山到蒋介石""辛亥革命与中国政党政治""辛亥革命对中国外交的影响""辛亥革命与祖国统一大业"等政治论题。朱英主编的《辛亥革命与近代中国社会变迁》③从政治、经济、思想文化、教育、报刊舆论、城市变革、民间社会和农村社会等方面，综合考察辛亥革命对中国近代社会发展变迁所产生的影响，内容涉及"辛亥革命与近代中国社会转型""辛亥革命与中国政治发展""辛亥革命后的经济政策与经济发展""辛亥革命时期的思想文化""辛亥革命时期以《申报》为代表的报刊舆论政治倾向的变化""辛亥革命与近代教育变迁""辛亥革命与商界商会的发展""辛亥革命与近代城市变革""辛亥革命与近代农村社会变迁"等论题。这些研究成果丰富和深化了对辛亥革命历史意义的探讨和认识。

"后辛亥革命史"的第二个研究路径与前一路径不同，它更多地系受

---

① 湖北人民出版社1993年版。
② 华中师范大学出版社2005年版。
③ 华中师范大学出版社2011年版。

后现代主义史学的影响和启发，或不自觉地暗合后现代主义史学理论和方法，着重探讨辛亥革命时期一些重大史事和人物如何被后人建构并被赋予意义，对前一突出辛亥革命历史意义的研究路径实际上具有后现代主义史学所固有的"解构"和"颠覆"作用。如张海鹏的《50 年来中国大陆对辛亥革命的纪念与评价》(《当代中国史研究》2001 年第 6 期)和《五十年来中国大陆对孙中山的纪念和评价》(《党的文献》2001 年第 5 期)两文，分别考察了新中国成立之后 50 年里大陆的辛亥革命和孙中山纪念活动如何在不同时代被赋予不同意义，指出这些纪念活动固然出于辛亥革命和孙中山在近代中国的历史地位，同时也是"现实政治的需要"。上海社会科学院的王敏通过对"《苏报》案"的再研究，不但揭示了这一事件中两位主角章太炎和邹容在法庭上的真实表现，并对《苏报》案发生后一百多年间中外报刊、政治宣传读物及电影戏剧等文艺作品对章太炎和邹容英雄形象的建构过程作了系统的梳理和论述，从而说明《苏报》案这样一个历史事件是如何被赋予各种政治意义并被意识形态化的，事件的主角章太炎和邹容又是如何被神圣化的。① 南京大学的陈蕴茜更是自觉运用后现代主义史学理论和方法，发表系列论文和专著，从中山公园、中山路、中山纪念堂、中山装、奉安纪念、总理纪念周、总理遗像、谒陵仪式等方面，比较系统地探讨了辛亥革命之后的国民政府如何通过这些活动，构建孙中山崇拜以确立其统治的合法性和正统性，并为构建现代民族国家服务。②

---

① 详见王敏的专著《苏报案研究》(上海人民出版社 2010 年版)及论文《西方列强与苏报案关系述论》(《历史研究》2009 年第 2 期)和《反清·抗俄·反帝——苏报案英雄形象的建构》(《史林》2009 年第 4 期)。

② 详见陈蕴茜的专著《崇拜与记忆：孙中山符号的建构与传播》(南京大学出版社 2009 年版)及她的《纪念空间与社会记忆》(《学术月刊》2012 年第 7 期)、《地方展览与辛亥革命记忆塑造（1927—1949）》(《江海学刊》2011 年第 4 期)、《烈士祠与民国时期辛亥革命记忆》(《民国档案》2011 年第 3 期)、《光复初期台湾的孙中山崇拜》(《江苏社会科学》2010 年第 5 期)、《国家典礼、民间仪式与社会记忆——全国奉安纪念与孙中山符号的建构》(《南京社会科学》2009 年第 8 期)、《谒陵仪式与民国政治文化》(《开放时代》2008 年第 6 期)、《民国中山路与意识形态日常化》(《史学月刊》2007 年第 12 期)、《建筑中的意识形态与民国中山纪念堂建设运动》(《史林》2007 年第 6 期)、《身体政治：国家权力与民国中山装的流行》(《学术月刊》2007 年第 9 期)、《空间重组与孙中山崇拜——以民国时期中山公园为中心的考察》(《史林》2006 年第 1 期)、《合法性与"孙中山"政治象征符号的建构》(《江海学刊》2006 年第 2 期)、《植树节与孙中山崇拜》(《南京大学学报》2006 年第 5 期)、《"总理遗像"与孙中山崇拜》(《江苏社会科学》2006 年第 6 期)、《时间、仪式维度中的"总理纪念周"》(《开放时代》2005 年第 4 期)等众多专题论文。

罗福惠、朱英主编的四卷本《辛亥革命的百年记忆和诠释》（华中师范大学出版社2011年版）则是这一研究领域的一个最新代表性成果。该著第一卷对辛亥革命之后各政府和党派如何通过各种纪念活动，各自赋予辛亥革命特殊意义，以为本政府和本政党服务的过程作了系统考察和分析，具体揭示在辛亥革命之后近百年间，为达到各自的政治诉求，不同政府所展现的辛亥纪念的内涵和时间长度及所赋予的意义是各不相同的。民国初年的北京政府主要从"共和"角度纪念，强调辛亥革命对于清帝退位、建立民国的意义，意在淡化"革命"意义，排斥孙中山及其革命党人，故其纪念的时间范围仅限于1911年10月10日武昌起义至1912年2月12日的清帝逊位。广东革命政府为了确立自身政权的合法性，为建构起与辛亥革命的关系，便有意强化辛亥革命记忆，纪念从制度到内容都得到扩展。南京国民政府成立后，更是进一步将各项纪念活动制度化，将各项纪念活动与确立领袖权威和宣传国民党党国理念联系在一起，建构起一个体现国民党领导国民革命的辛亥记忆。1949年之后中国台湾"两蒋时代"的国民党，基本沿袭此前的纪念制度和内容，将辛亥记忆打造成国民党的革命斗争史。中国共产党人的纪念活动则始终将辛亥革命视为孙中山领导的一场具有资产阶级性质的旧民主主义革命，一方面肯定其历史功绩，另一方面又批评辛亥革命存在局限，它的道路走不通，从而论证中国共产党新民主主义理论的正确性，故其纪念活动主要集中于孙中山建立兴中会至1919年中国共产党成立之前所领导的推翻清朝统治和维护共和、反对军阀的斗争，并宣称中国共产党是孙中山革命事业的真正继承者。

该著第二卷对工商界、文化教育界、宗教界（主要为基督教界）、海外华人华侨等不同界别及社会团体对辛亥革命的认知、纪念和诠释，以及大众传媒对辛亥革命的书写和评价，作了初步考察和探讨。作者认为民间社会对辛亥革命的认知、纪念和诠释，以及相关方面的思想和活动，与官方、政党、政派相比较既有某些相似之处，但也有明显的不同。民间社会虽然也从政治上对辛亥革命的意义加以阐释，但更多的是紧密结合自身的利益需求，表达自己的感受和认知，包括对革命结局的失望与不满。

该著第三卷《历史学者对辛亥革命的研究与诠释》对百年来国内外的辛亥革命史研究作了比较系统的回顾，实际上是一部研究辛亥革命史的学术史著作，内容涉及1949年新中国成立之前的国内辛亥革命史研究和新中国成立之后大陆与台湾的辛亥革命史研究，以及百年来日本、美国、法国和俄国的辛亥革命史研究。

该著第四卷《纪念空间与辛亥革命百年记忆》对历史上辛亥革命纪念空间的建设，诸如烈士祠、纪念碑、墓地、纪念馆或博物馆、名人故居和革命活动旧址，以及日常生活中大量以革命先烈名字特别是以"中山"命名的公园、道路、建筑物和一些城市等，作了较为系统的考察和论述，具体揭示这些纪念空间除对塑造辛亥革命记忆和对一些城市的发展及城市认同产生影响外，还充满着各种权力和利益的冲突，并非人们想象的那么单纯。

90年代之后国内学界所出现的上述三个研究转向，既是对辛亥革命史研究的一种拓展和深化，反映了辛亥革命史研究所达到的学术高度，但同时也折射了作为政治事件史的辛亥革命研究所遭遇的学术瓶颈。

## 第二节　关于革命团体、武装起义和组建民国的研究

与以往中国历史上的农民革命不同，辛亥革命是一场由革命团体有组织领导的旨在推翻君主专制制度、建立民主共和制度的暴力革命。因此，有关辛亥时期的革命团体及其反清武装起义，也就成了国内辛亥革命史研究的一个重要内容。

在革命团体研究方面，1894年在檀香山成立的兴中会普遍被国内学者看作中国近代第一个资产阶级革命团体，是辛亥革命的一个发端。但也有少数学者对此提出异议，认为比兴中会早出世两年的以杨衢云为首在香港成立的辅仁会社，才是中国近代第一个具有反清性质的资产阶级革命团体，且杨稍后被推举为香港兴中会第一任会长，为中国近代早期民主革命

作出了重要贡献。① 另有学者认为檀香山兴中会还不能称为革命团体，一则孙中山本人此时尚未服膺革命，二则在当时海外华侨中也缺乏建立革命团体的社会和思想基础，并且在所有相关的文献资料中也未见有"驱除鞑虏"那份誓词之说。② 但遗憾的是这一派学者的观点势单力薄，始终未受到国内学界的重视。

1905 年在日本东京成立的同盟会是辛亥时期一个全国性的革命组织，国内学界比较一致地认为它是一个资产阶级政党，但关于它的组成，国内学界存在两种不同观点。传统和主流观点认为同盟会系孙中山联合兴中会、华兴会、光复会等革命团体而成立的一个统一的革命政党。如李时岳的《辛亥革命时期两湖地区的革命活动》、陈旭麓的《辛亥革命》、吴玉章的《辛亥革命》、章开沅和林增平主编的《辛亥革命史》（中册）、胡绳的《从鸦片战争到五四运动》下册等，均持此说。另一派观点始于 20 世纪 80 年代之后，认为同盟会并非由上述团体合并联合而成，事实是同盟会在东京成立时，光复会的重要领袖蔡元培、徐锡麟、陶成章等均未闻其事，在参与筹备的 79 人中，90% 与各地革命团体没有组织关系，而孙中山在 1900 年之后就已不再以兴中会身份开展活动，同盟会系孙中山联络留日学生中的革命分子、"集全国之英俊"而结合而成的革命团体。关于同盟会由孙中山联合兴中会、华兴会、光复会等革命团体而成的观点，源于冯自由等人的著述，虽"以讹传讹，几成定论"，但"并不符合历史事实"③。后一观点代表了国内学界在这个问题上的最新研究，可能更接近历史真相。

对于 1907 年同盟会会员焦达峰和日知会会员孙武等在日本东京成立

---

① 袁鸿林：《兴中会时期的孙杨两派关系》，载中南地区辛亥革命史研究会、湖南省历史学会编《纪念辛亥革命七十周年青年学术讨论会论文选》上册，中华书局 1983 年版，第 1—22 页。

② 郭汉民：《试论中国资产阶级革命派的形成》，《湖南师院学报》1983 年第 1 期；林增平：《孙中山民主革命思想的形成》，《历史研究》1987 年第 1 期。

③ 金冲及、胡绳武：《同盟会与光复会关系考实——兼论同盟会在组织上的特点》，载《纪念辛亥革命七十周年学术讨论会论文集》上册，中华书局 1983 年版，第 735—765 页；桑兵：《孙中山与留日学生及同盟会的成立》（《中山大学学报》1982 年第 4 期）、《也谈孙中山与同盟会的成立——与何泽福同志商榷》（《近代史研究》1987 年第 1 期）；郭汉民：《同盟会非"团体联合"史实考》，《湖北社会科学》1987 年第 6 期。

的共进会及其与同盟会的关系,一种意见认为共进会为同盟会的外围组织,起了联络革命党人和会党的作用,其革命活动直接导致了武昌起义,应予肯定,不能看作对同盟会的分裂。① 另一种意见认为共进会是独树一帜的革命团体,且其组织形式较多受了会党落后一面的影响,具有浓厚的分裂性质。② 第三种意见认为共进会与同盟会的关系有一个转变过程,大致以1908年5月云南河口起义为转折点,此前共进会与同盟会分道扬镳的趋势并不明显,但在河口起义失败之后,"分道扬镳的趋势就明朗化了"③。

1911年7月,宋教仁、谭人凤等在上海成立的同盟会中部总会及其与同盟会的关系,除个别学者强调它的消极影响,认为同盟会中部总会的成立是分裂同盟会的"恶劣行为",是"重拉山头""另立门户"之外,④ 国内多数学者并不将同盟会中部总会视为"分裂"活动而加以批判,反而根据实际情况,对其历史作用多持肯定态度,认为它在同盟会涣散之际成立,是迫于当时革命形势需要而采取的积极措施,不但不是分裂行为,而且对推动长江流域革命形势的发展起了十分积极作用,应予充分肯定。⑤

---

① 杨士骧:《辛亥革命前后湖南史事》,湖南人民出版社1958年版,第167页;魏建猷:《共进会的成立及其特点》,《教学与研究》1962年第1期;金冲及、胡绳武:《辛亥革命史稿》第2卷,上海人民出版社1985年版,第208页。

② 李时岳:《辛亥革命时期两湖地区的革命运动》,生活·读书·新知三联书店1957年版,第66页;吴剑杰:《论同盟会的内部矛盾及其分化》,《武汉大学学报》1978年第4期;章开沅、林增平:《辛亥革命》中册,人民出版社1980年版,第86—87页;周秋光:《共进会平议》,《纪念辛亥革命七十周年青年学术讨论会论文选》下册,中华书局1983年版,第463—469页。

③ 李新主编:《中华民国史》第一编《中华民国的创立》下册,中华书局1982年版,第137页。

④ 沈渭滨:《论同盟会中部总会的成立》,《江海学刊》1963年第8期;吴剑杰:《论同盟会的内部矛盾及其分化》,《武汉大学学报》1978年第4期。

⑤ 陈旭麓:《论宋教仁》,《历史研究》1961年第5期;赵宗颇:《论同盟会中部总会的成立》,《江海学刊》1963年第2期;杨晓敏:《同盟会中部总会的成立》(《华东师大学报》1980年第1期)、《同盟会中部与上海光复》(《史学月刊》1982年第5期);党德信:《宋教仁——中国资产阶级民主革命的卓越活动家》,载《纪念辛亥革命七十周年学术讨论会论文集》中册,第1749—1518页;王学庄、石芳勤:《略论中部同盟会的成立和历史地位》,《河北大学学报》1982年第2期;胡绳武、金冲及:《辛亥革命史稿》第3卷,上海人民出版社1991年版,第108—113页。

关于光复会的性质及其与同盟会之间的关系，国内学者的观点分歧和变化比较大。在80年代改革开放之前，有些学者以同盟会和孙中山为"正统"，对光复会持比较负面观点，认为光复会是一个地主士绅领导的反清革命组织，并不是一个资产阶级和小资产阶级革命团体；[1] 或说光复会属于较多反映农民利益的资产阶级团体；[2] 或说光复会属于同盟会中的无政府主义派别。[3] 对于1910年陶成章脱离同盟会重建光复会，学界更是斥之为"分裂主义"和宗派活动而加以批判。[4] 进入80年代之后，国内学者对光复会的看法和评价多有改变，比较一致地认为光复会是一个资产阶级革命团体，同时又具有一些自身特色。并且，对于1910年光复会的重建，学界亦不站在孙中山同盟会的正统立场上，简单斥之为"分裂主义"而加以全盘否定，而是实事求是地指出光复会诸人在思想观点和斗争策略上与同盟会领导人孙中山等存在严重分歧是其产生分裂的真正原因，导致这种分裂双方都有责任。而从同盟会分裂出来的光复会在推翻清朝统治这个根本问题上和同盟会仍然是一致的，它们之间的矛盾仍然属于革命队伍内部的矛盾，并无根本利害冲突，两派在稍后的广州"三·二九"起义中就再度携手合作，光复会还在1911年武昌起义爆发后为光复上海、南京和杭州作出了重大贡献，革命性仍是其主流。[5]

---

[1] 罗耀九：《光复会性质探讨》《光复会性质的再探讨》，《厦门大学学报》1960年第1期、1961年第2期。
[2] 李时岳：《论光复会》，《史学月刊》1959年第8期。
[3] 杨天石、王学庄：《同盟会的分裂与光复会的重建》，《近代史研究》1979年第1期。
[4] 吴剑杰：《论同盟会的内部矛盾及其分化》，《武汉大学学报》1978年第4期。
[5] 金冲及、胡绳武：《辛亥革命史稿》第2卷，第390—396页；徐和雍：《光复会的革命活动及其与同盟会的关系》，《杭州大学学报》1981年第3期；潘鹤松："光复会并入同盟会"质疑》，《浙江学刊》1982年第1期；戴学稷、徐如：《略论光复会与同盟会的分歧》，《浙江学刊》1985年第2期；姚辉：《重建光复会述评》，《浙江学刊》1985年第1期；汤志钧：《光复会的重组及其评价民国档案》2004年第4期；周雷鸣：《光复会与辛亥江苏光复——兼论光复会的消亡》，《南京社会科学》2004年第12期；冯开文：《李燮和与辛亥上海光复》，《上海师范大学学报》1993年第4期；饶怀民：《辛亥革命时期发生在上海的都督风波——李燮和与陈其美争都督辨》，《湖南师范大学社会科学学报》1998年第4期；谢一彪：《光复会史稿》，人民出版社2009年版。

关于辛亥时期革命党人的武装起义和革命方略，国内学者大致有两种不同评价。一派学者认为革命党人的武装起义没有做艰苦、深入的群众工作，仅仅依靠会党和新军，具有军事冒险主义性质，结果招致起义的失败。① 但国内主流观点多持历史主义态度，予以肯定，认为革命派发动的武装起义并不是完全脱离广大群众的军事冒险主义，即使有的学者承认孙中山领导的武装起义没有实行同工农的结合，存在急于求成和盲动主义等弱点，因此带有军事冒险主义的某些痕迹，但同时认为革命派从依靠会党和新军入手的方略在当时还是正确的，武装起义并没有完全脱离群众，指出革命党人在起义之前相当认真地考虑了事情的各个方面，做了他们自以为能做的一切，而当起义的胜利难以实现时，他们仍以大无畏的必死的决心进行发难，用自己的鲜血来鼓舞人们继续奋斗，对于这样的革命者是不能苛求的。②

对于革命党人多选择两广和云南等西南边陲地区发动武装起义，一派学者持批评态度，指出西南边陲地区虽然具有发动武装起义的一些便利条件，但在1907年这一地区人民群众的自发斗争转入低潮之后，孙中山等革命党人仍执着在这一地区发动武装起义，这是存在失误的，既不能从根本上威胁清政府的生存，也无益于在更大范围内扩大革命影响，而起义的连续失败却打击了部分革命党人的士气，成为此后同盟会上层涣散和分裂的原因之一，而且使仰赖于海外华侨的筹款活动益发困难；③ 或指出革命党人在西南边陲地区的一次次失败，证明从边境打开缺口的设想是不现实的。④ 另一派学者则对革命党人选择在西南边陲发动武装起义持肯定态度，认为这些地区当时的确具有发动武装起义的便利条件，革命党人的选择是

---

① 隗瀛涛、吴雁南主编：《辛亥革命史》中册，第308—313页。

② 金冲及、胡绳武：《辛亥革命史稿》第2卷，第487页；隗瀛涛、吴雁南主编：《辛亥革命史》中册，第308—314页；江中孝：《武昌起义前孙中山领导的反清武装起义中的军事冒险主义刍论》，《广东社会科学》1986年第3期。

③ 李新主编：《中华民国史》第一编上册，第426页；吴剑杰：《论辛亥前同盟会内部两种不同的起义战略》，载中国史学会编《辛亥革命与二十世纪的中国》上册，第265—281页。

④ 王有为：《辛亥前关于革命策略问题的一场争论——从章太炎〈中华民国开国前革命史序〉谈起》（载《辛亥革命论文集》，广东人民出版社1980年版，第226—237页）、《再论章太炎〈中华民国开国前革命史序〉中有关辛亥革命策略问题》（《江海学刊》1994年第5期）。

正确的，无可指责。①

对于革命党人采取的暗杀行动，国内学者也有两种不同评价。传统观点对革命党人的暗杀行动持批评态度，认为暗杀行动对革命事业来说，是一种消极因素，弊大于利，不但未能动摇清朝统治，而且往往会牺牲许多革命骨干，暴露革命组织，致使革命事业遭受严重挫折。②另一派学者则充分肯定暗杀活动所起的积极作用，指出暗杀行动虽然有消极作用，但它作为资产阶级革命的一种辅助手段，起了鼓舞人民革命斗志和瓦解敌人士气的作用，不宜简单地将它当作错误行动进行批判；武装起义的失败，不能归咎于暗杀行动。③

关于1911年武昌起义，国内学界就湖北成为首义之区的原因进行了比较广泛深入的探讨。个别学者认为武昌起义具有很大的偶然性，但更多学者不认同此说，认为武昌起义具有必然性，或认为武昌起义是革命党人在两湖地区长期活动和全国革命形势发展的结果，或归因于湖北特殊的政治、经济、文化、教育和舆论宣传背景，或归因于张之洞在湖北举办的新政，或指出武昌起义是主、客观两方面因素合力的结果，等等。④此外，还有学者就个别史实问题进行了有益的考辨。如有学者通过对各种史料的解读，指出宝善里炸药爆发的时间应在八月十八日（公历10月9日），而非许多辛亥革命史论著所说的八月十七日（公历10月8日）。⑤而另一个更有学术价值的史实考证是，张海鹏和吴剑杰在对相关史料进行细致的考辨和解读后，几乎同时指出"谋略处"并非一些辛亥革命史论著所说的湖

---

① 沈奕巨：《论孙中山、黄兴领导的广西边境武装起义》（《学术论坛》1980年第4期）、《同盟会在广西边境的三次武装起义》（《学术论坛》1991年第5期）；夏林根：《论资产阶级革命派反清武装起义的战略方针》，《复旦学报》1981年第5期；金冲及：《同盟会领导的武装起义二题》，《历史研究》1984年第1期。

② 戴迈（学稷）：《论清末革命党人的暗杀活动》，《江汉学报》1963年第2期。

③ 严昌洪：《辛亥革命中的暗杀活动及其评价》，载《纪念辛亥革命七十周年学术讨论会论文集》上册，第766—792页。

④ 有关这个问题的讨论，详见罗福惠、朱英主编《辛亥革命的百年记忆与诠释》第3卷《历史学者对辛亥革命的研究与诠释》，第244—256页。

⑤ 朱纯超、蔡树晖：《宝善里机关炸弹史实考》，《华中师院学报》1982年第5期；张海鹏：《宝善里炸药爆发时间考实》，《近代史研究》1987年第1期；竺柏松：《关于武昌起义的领导问题》、《辛亥武昌起义若干史实考辨》，《江汉论坛》1981年第5期、1982年第4期。

北军政府的最高权力机构,实际情况是,在首义初期只有参谋部,"谋略处"于武昌起义的次年1月才设置,并隶属于参谋部;有关"谋略处"的误说,系由辛亥回忆录作者们层层加码所致。①

关于民国的成立和组建,国内学界曾围绕南京临时政府和各省军政府的性质问题展开热烈讨论。关于南京临时政府性质,传统观点认为它是一个由资产阶级革命派和军阀、官僚、立宪党人共同领导的"联合政府"。进入80年代后,国内学界通过考察和分析南京临时政府的人员组成、权力运作,以及临时政府制定的各项政策和《临时约法》的内容,比较一致地倾向于认为南京临时政府是一个由革命派掌握实权的资产阶级政权。②

关于各省军政府的性质,主要围绕著名学者胡绳提出的四种类型的划分展开热烈讨论。胡绳将宣布独立后的各省军政府划分为以下四种类型:1. 资产阶级革命派的短命政权,如湖北、湖南、贵州;2. 资产阶级立宪派政权,如云南、浙江、四川;3. 假革命党——军阀和流氓政客政权,如陕西、山西、上海、福建、广东;4. 旧巡抚穿上新都督外衣的政权,如江苏、广西、江西、安徽和山东。③ 许多学者对此提出异议,指出决定各省军政府性质的是"占统治地位的政治集团的政治态度,特别是他们当时的政治实践",不能"仅以军政府的主要领导人所属的政治派别、个人品质及其在辛亥以后的政治立场,作为判断军政府性质的标准"。据此判断标准,他们认为各省军政府由革命派始终控制的有鄂、陕、晋、滇、黔、粤、闽、浙八省和沪军都督府;经过斗争而由革命派逐渐占据上风的有赣、皖、川三省;真正由立宪派和旧官僚掌握的只有苏、桂、湘三省。④

---

① 张海鹏:《湖北军政府"谋略处"考异》,《历史研究》1987年第4期;吴剑杰:《谋略处考》,《近代史研究》1987年第2期。
② 赵矢元:《论南京临时政府的性质》,《吉林师大学报》1979年第2期;刘桂五:《论南京临时政府》,《天津社会科学》1981年第1期;彭明:《论南京临时政府》,《近代史研究》1981年第3期;应家淦:《论南京临时政府的资产阶级性质》,《浙江学刊》1981年第4期;王天奖、刘望龄主编:《辛亥革命史》下册,人民出版社1981年版,第306—316页;李新主编:《中华民国的创立》下册,第425—447页;胡绳武、金冲及:《辛亥革命史稿》第4卷,第18—57页。
③ 胡绳:《从鸦片战争到五四运动》下册,人民出版社1982年版,第828—856页。
④ 王来棣:《关于辛亥革命的评价问题》,《近代史研究》1985年第1期;刘世龙:《辛亥各省军政府权力结构论析》,《西南师大学报》1986年第3期;吴乾兑:《上海光复与沪军都督府》,载《纪念辛亥革命七十周年学术讨论会论文集》上册,第815—838页;唐克敏:《辛亥云南"重九"起义》,载《纪念辛亥革命七十周年学术讨论会论文集》中册,第994—1008页。

与此相关，在如何看待辛亥革命中一些独立省份的"和平光复"问题上，国内学者的观点前后也有所变化。80年代之前，国内学者对"和平光复"基本否定，认为"和平光复"是立宪派破坏革命的阴谋，或者说它是"廉价"革命，换汤不换药，没有触动原有的封建统治机构。80年代之后，国内学者对"和平光复"倾向于肯定，认为"和平光复"对辛亥革命也是有贡献的，"它减少了革命的阻力，助长了革命声势，改变了阶级力量的对比，从而加速了革命的进程"，"对武装斗争起了配合和补充作用"，"是革命党人在辛亥光复中所采取的一种革命策略"，有利于革命，有利于人民，是革命党人长期宣传、策反的积极成果。①

对于民国政权被袁世凯窃取的原因，国内学者从主客观两方面作了广泛和深入的探讨。归纳起来，国内学者认为导致辛亥革命失败的主观原因是缺乏一个强有力的领导核心、组织涣散、思想混乱，缺乏一支有共同革命理想和纪律严明的革命军队，以及错误地对待农民问题，没有团结一切可以团结的力量，结成广泛的革命统一战线等。而导致辛亥革命失败的客观原因是缺乏资产阶级经济基础，反动势力的强大，立宪派和旧官僚的拆台，帝国主义的破坏，以及财政困难等。②

与既往多从革命史角度解读民国的组建与失败不同，近年来有些学者开始尝试从新的角度加以解读。如有的学者通过对民国肇建过程中出现的"合法性阙失"现象的考察，具体揭示传统因素在清末民初转型过程中所表现出来的复杂意义，认为民国政权出现的"合法性阙失"现象与民国党人未能利用旧制度的传统因素有着密切关系，指出辛亥革命的成功摧毁了清朝的统治，在表面上终止了其"正统性危机"的延续，但这并不意味着民国政府会自然而然地进入正常的秩序重建之中；民国政府迫切地吸取西

---

① 参见王来棣《立宪派的"和平独立"与辛亥革命》，李茂高、廖志豪《江苏光复与程德全》，《纪念辛亥革命七十周年学术讨论会论文集》中册，第1231—1252、972—993页；沈嘉荣等《略论江苏光复中的几个问题》，《群众论丛》1981年第5期；李希泌等《辛亥革命的两种起义方式》，《晋阳学刊》1981年第5期。

② 李新主编：《中华民国的创立》下册，第453—461、468—494页；王天奖、刘望龄主编：《辛亥革命史》下册，第317—420页。另，胡绳武、金冲及合著的《辛亥革命史稿》第4卷也对辛亥革命失败的原因作了详尽的考察和分析。

方的宪政规则建立起自身民主制度的合法性，却相对忽视了如何有针对性地吸取清朝遗留的"传统"以作为宪政改革的辅助因素，民国党人既没有考虑如何解决清帝作为多民族共主形象的作用被消解后所遗留的疆域与民族问题，也没有考虑如何解决政教关系解体后所产生的道德文化真空问题。① 也有学者对辛壬政权鼎革之际，清朝末届内阁总理全权大臣和民国临时政府大总统袁世凯如何采取暗度陈仓之策，接收和合组南京临时政府，以及在接收清朝旧署和组建国务院过程中存在的南北和新旧矛盾及问题作了较以往更具体的考察，揭示了一些更为复杂的历史细节。②

尽管有学者在组建民国的研究中开始尝试跳出传统的革命史研究窠臼，但目前国内学界有关这方面的研究基本还停留在 20 世纪 90 年代之前的水平上，特别是在辛亥革命团体及武装起义方面，以往的研究过于粗线条，偏于定性分析和是非评价，多有可深入之处。以同盟会及其组织的武装起义的研究来说，虽然相关论著不少，但对同盟会领导层的日常运作、实际会员的人数和构成、各个分会的情况，以及历次武装起义的策划及参与人员等，并不十分具体和清晰。一个明显的事实是，在已出版的众多辛亥革命史著作中，迄今还没有一部专门研究同盟会的权威性著作及系统研究历次武装起义的专著，这不能不说是一个缺陷。

## 第三节　辛亥时期的会党、新军、华侨和立宪派研究

辛亥革命推翻在中国沿袭两千余年之久的君主专制制度，并非革命党人一派之功，而是清末各派政治力量合力的结果。因此，有关清末会党、新军、华侨和立宪派在辛亥革命中的角色及其与革命党人的关系，也就成了国内辛亥革命史研究中不可或缺的一个组成部分。

---

① 杨念群：《清帝逊位与民国初年统治合法性的阙失——兼谈清末民初改制言论中传统因素的作用》，《近代史研究》2012 年第 5 期。

② 桑兵：《接收清朝与组建民国（上、下）》，《近代史研究》2014 年第 1、2 期。

关于会党在辛亥革命中的作用，国内学者大致有两派不同观点。一派比较强调它在辛亥革命中所起的积极作用，认为会党在整个辛亥革命过程中积极参加武装斗争，"造成了'山雨欲来风满楼'的形势，促进了革命高潮的到来"，并在推翻清朝君主专制统治中"发挥了颇大作用"，"成为冲锋陷阵的主力军"[①]。或说会党是"革命党的主要群众基础"，并在辛亥革命时期趋向统一组织，趋向民主革命，趋向接受资产阶级领导，其功绩不在新军之下。[②] 或将会党的作用归纳为组织群众斗争、发动武装起义、参加辛亥决战和募饷筹款等四个方面。[③] 有的学者甚至因此提出"应该为会党立一块历史丰碑——'辛亥革命时期民族民主革命旗帜下的马前卒——中国会党'"[④]。

另一派学者认为，对会党在辛亥革命中的积极作用不宜估价太高，指出从整个辛亥时期资产阶级革命党人所发动的反清武装起义来看，1908年之前主力是会党，但之后则是革命化的新军，"在对封建政权的最后一击中，主力军是革命化的新军，而不是会党"[⑤]。有些学者还以会党在辛亥革命后投靠立宪派、旧军人和袁世凯北洋势力而产生的破坏性作用，坐实会党缺乏历史进步性。[⑥] 也有学者认为会党对辛亥革命既有积极作用，也有负面作用，这种二重性贯穿始终。[⑦]

在有关会党与辛亥革命关系的讨论中，国内学者还曾就会党的性质及革命党人联络会党是否可看作革命党人与农民的一种特殊结合或联盟，进

---

[①] 李文海：《辛亥革命与会党》，《教学与研究》1961年第4期。

[②] 魏建猷：《辛亥革命前夜的浙江会党活动》（《学术月刊》1961年第10期）、《辛亥革命时期会党运动的新发展》（《上海师范学院学报》1981年第3期）。

[③] 蔡少卿：《论辛亥革命与会党的关系》，《群众论丛》1981年第5期；饶怀民、周新国：《辛亥革命时期会党运动的特征和作用》，《求索》1990年第3期。

[④] 陈辉：《论辛亥革命中会党的性质与作用》，《华中师范学院学报》1981年第4期。

[⑤] 林增平：《辛亥革命时期的资产阶级革命派、会党和农民——读"辛亥革命与会党"一文质疑》，《教学与研究》1962年第1期。

[⑥] 杜文铎：《哥老会与贵州辛亥革命》，《贵州社会科学》1983年第4期；陈旭麓：《秘密会党与中国社会》，《学术月刊》1985年第7期；沈渭滨：《论辛亥革命时期的会党》，《复旦学报》1987年第5期。

[⑦] 丁孝智、张根福：《对辛亥革命时期会党二重作用的历史考察》，《西北师范大学学报》（社会科学版）1994年第3期。

行过讨论。一派持肯定意见；另一派则持否定意见。① 现在看来，有关这个问题的争论实际上可以说是个伪问题。这不仅在于会党不能代表农民，而且更在于整个辛亥时期，革命党人始终未曾发动过农民，对清末的民变加以领导。

并且，还需要指出的是，国内既往有关会党与辛亥革命关系的研究，多从革命党人方面立论，在研究过程中实际上有意或无意地预设了一些前提和评判标准，将革命党人与会党的关系简单地看作领导和被领导、改造和被改造的关系、先进与落后的关系。这种研究视角是存在问题的，它很可能遮蔽了辛亥时期会党与革命党人之间更为复杂的双向关系，由此影响了我们对会党作用的评估。如能从会党或秘密会社角度，平等反观其与革命党人的关系及对革命的影响，或许可为研究会党与辛亥革命的关系提供一些新的识见。

在新军与辛亥革命关系研究方面，国内学者比较一致地认为新军和会党是辛亥时期革命党人依靠的现成力量，都对辛亥革命作出了贡献。他们的分歧主要在于对新军与会党作用高低的评估上，有的学者倾向会党是革命的主力军，有的学者则认为革命的主力军应该是新军，会党只起了辅助作用。此外，国内学者还对新军转向革命的原因作了较为广泛的探讨。有的强调革命形势发展对新军的影响及新军具有转向革命的"阶级基础"和"内在因素"；有的强调革命党人所做策反工作所起的关键作用；有的强调新军在选募、编制、训练等方面所实行的改革对新军可能转向革命的影响；有的归咎于清政府对新军的失控，② 等等。以上诸说，虽然人言言殊，但实则并不矛盾，只是讨论的侧重点有所不同。

既往国内有关新军与辛亥革命关系研究的盲点在于，对于截至1911

---

① 章开沅等编著：《国内外辛亥革命史研究综览》，湖北教育出版1991年版，第75—81页。
② 有关这方面论文如陈旭麓、劳绍华《清末的新军与辛亥革命》（《学术月刊》1961年第4期），陈文桂《论清末新军向革命转化》（《厦门大学学报》1980年第4期），仲华《清末新军变异之成因探析》（《南京社会科学》1994年第10期），熊志勇《浅议辛亥革命之新军》（《贵州文史丛刊》2002年第1期），苏全有《对清末中央政府军队控制失败的反思——以清末新军为考察中心》（《社会科学战线》2008年第7期）、《论清末新军的国家失控》（《学术研究》2009年第7期）、《清末新军失控现象的另类解读——以袁世凯式军队控制为视点》（《郑州大学学报》2009年第4期）等。

年武昌起义爆发时国内新军的人数迄今未有定说，有说 30 万人左右的，也有说 16 万人之多的；有说 24 万人的，也有说约 17 万人的。而对于武昌起义爆发后到底有多少新军转向革命更是一头雾水，迄今未有一个具体数字。此外，在肯定新军对辛亥革命贡献的同时，对新军在维护清朝统治中所起的作用及对晚清政局影响的研究多有忽视。既往国内学者研究中存在的这一不足，势必影响关于新军与辛亥革命关系问题的讨论。至于国内学者争论新军与会党贡献的大小及谁为革命的主力军，容易陷入盲人摸象、各持己见的窘境。历史的实际情况是，新军和会党在不同时候和不同场合，他们的作用和地位是各不相同的。简单、笼统地断论新军与会党贡献的大小、高低，难免会与实际的历史脱节，受人诟病。这不是一个可取的研究路径。

关于华侨与辛亥革命的关系，可能是受孙中山曾赞誉"华侨是革命之母"的影响及迎合现实政治的需要，国内学者基本上多是正面论述华侨对辛亥革命的贡献，认为华侨是辛亥时期一支重要的革命力量，并从组织革命团体、参加武装起义、制造和宣传革命舆论及捐款助饷等四个方面，具体阐述和论证华侨对辛亥革命的重大贡献。[①]

既往国内学者在海外华侨对辛亥革命贡献方面所作研究固然有其历史根据，但其中存在的局限也是显而易见的，忽视了华侨社会的复杂性和多面性。海外华侨社会是一个复杂的社会，他们所面对的不只是流亡海外的革命党人，同时还有以康有为和梁启超为代表的改良派政治势力及当时更为强势的清朝政府的争夺，单向度强调华侨对革命的支持，可能并不符合海外华侨的真实情况，至少是一种简单化。再者，既往国内学者关于华侨对辛亥革命贡献的研究也不深入，只是作了粗线条勾勒，而且公式化，缺乏翔实史料支撑，内容多有重复，不但对美洲、南洋、澳洲和日本等不同地区海外华侨的革命网络没有一个清晰的勾勒，并且对支持革命的海外华侨的代表人物也缺乏足够的研究。总之，有关华侨与辛亥革命的关系可以

---

① 国内学界关于华侨与辛亥革命关系的研究，详见林增平、郭汉民、饶怀民主编《辛亥革命史研究备要》第 111—118 页及任贵祥《华侨与辛亥革命百年研究述评》（《史学月刊》2012 年第 3 期），兹不具体展开。

说是目前国内辛亥革命史研究中的一个薄弱环节,有待做进一步深入研究。

关于辛亥革命与立宪派的关系,国内学者的观点随着时代的发展多有变化。大致说来,在辛亥革命研究的起始阶段,国内学者普遍将以康有为和梁启超为代表的改良派和立宪派看作革命的对立面加以否定,将革命派与改良派的矛盾和斗争看作势不两立的路线斗争。[1] 与此相一致,国内学者对立宪派也多持否定态度,认为立宪派是"官僚、地主和资产阶级的混合体",他们与清朝政府虽然存在矛盾,但这种矛盾属于统治阶级的内部矛盾,"立宪派的基本立场仍然是站在封建主义方面的",他们在清末发起三次国会请愿活动,目的是"抵制即将爆发的革命运动";立宪派在武昌起义爆发后附和革命,完全是一种"伪装"和"投机"行为,是以响应革命的名义"来腐蚀革命",是"企图站在革命方面来抵制革命","不使旧秩序遭到震撞",从而达到"破坏革命""窃取革命果实"的目的。[2]

80年代之后,国内学界对辛亥时期立宪派与革命派的关系及其评价多有改变。固然有些前辈学者依然坚持五六十年代的观点,对立宪派基本持否定态度,认为立宪派是一股"保清力量",他们"不企望国体的改变,而只要求政体的改变,就是要求继续保持以清朝皇帝为代表的大地主、大买办阶级的统治",他们与革命派是"根本对立的",是清朝政府的"同盟军",立宪派发动的国会请愿运动的方向"很难认为是正确的"[3],但越来越多的学者提出相反的观点,认为辛亥时期立宪派与革命派作为民族资

---

[1] 马天增:《康有为主张保皇、孙中山主张推翻满清政府,两者是否对立关系》,《新史学通讯》1953年第8期;段云章:《辛亥革命前资产阶级革命派与改良派在华侨中的斗争》,《中山大学学报》(社会科学版)1961年第3期;胡绳武、金冲及:《辛亥革命准备时期革命与改良两条路线的斗争》,《学术月刊》1963年第1期;章开沅:《反对资产阶级革命的资产阶级改良派》,《江汉学报》1963年第3期;陈锡祺:《二十世纪初孙中山和资产阶级改良派的斗争》,《学术研究》1965年第4、5期。

[2] 参见陈旭麓《辛亥革命》(上海人民出版社1955年版),胡绳武、金冲及《论清末的立宪运动》(上海人民出版社1959年版),何玉畴《辛亥革命与资产阶级立宪派人》(《兰州大学学报》1959年第1期)。

[3] 胡绳:《从鸦片战争到五四运动》下册,第716页;刘大年:《赤门谈史录》,第40页;金冲及、胡绳武:《辛亥革命史稿》第2卷,第459页;乔志强:《清末立宪运动的几个问题》,《晋阳学刊》1981年第5期。

产阶级内部两个不同阶层的政治代表,他们之间的矛盾和分歧只是资产阶级内部不同政治派别之间的斗争,并非两个敌对阶级之间你死我活的斗争,也不是革命与反革命、进步与反动之争;立宪派固然在革命道路和政体方案的选择等方面与革命派存在分歧,一个主张合法斗争,一个主张暴力革命,一个主张君主立宪,一个主张民主共和,但他们的基本利益和目标最终是一致的,并不存在不可逾越的鸿沟;相反,立宪派与清朝政府之间的矛盾具有敌我性质,存在根本利害冲突,因此,立宪派在武昌起义之后转向革命是顺理成章的,并非"投机"行为。与此同时,许多学者对立宪派的历史作用也作了重新评价,充分肯定立宪派在推动历史进步中所起的积极作用,指出立宪派在辛亥时期的政治宣传和立宪活动为资产阶级革命高潮的到来起到了思想启蒙和组织动员作用,清朝的覆灭是立宪和革命两派共同作用的结果;此外,立宪派在辛亥时期创办民族工商业,发动和领导抵制外货和外债、收回路权运动,从事兴学和出版工作,也对推动中国社会的进步起了十分积极的作用,应予以充分肯定。[1] 有的论著则对上述两种对立观点加以折中,主张对立宪派与革命派的关系及其历史作用应进行一分为二的具体分析,指出立宪派的历史作用是"双重"的,既有抵制和破坏革命的一面,也有要求抵抗外患、宣传民主、瓦解清朝统治的一面。[2]

在有关立宪派与革命派的关系及评价的讨论中,前一观点显然更多站在革命派一边,从立宪派的动机进行立论;而后一观点更多从立宪派所产

---

[1] 耿云志:《论清末立宪派的国会请愿运动》(《中国社会科学》1980年第5期)、《清末资产阶级立宪派与谘议局》(载《纪念辛亥革命七十周年学术讨论会论文集》中册,第1183—1230页)、《收回利权运动、立宪运动与辛亥革命》(《近代史研究》1992年第2期);杨立强:《青史凭谁判是非》,《复旦学报》1980年第5期;孔繁浩:《辛亥革命时期的立宪派》,《上海师范学院学报》1981年第3期;沈渭滨:《略论近代中国改良与革命的关系》,《江苏师范学院学报》1981年第2期;董方奎:《论梁启超的"和衷、慰革、逼满服汉"方针》,载《辛亥革命论文集》,湖北人民出版社1981年版,第217—232页;李华兴、姜义华:《梁启超与清末民权运动》,《复旦学报》1979年第5期。

[2] 李新主编:《中华民国的创立》下册,第61页;陈旭涛、吴雁南主编:《辛亥革命史》中册,第457—458页;林增平:《评辛亥革命时期的立宪派》,载《纪念辛亥革命七十周年学术讨论会论文集》中册,第1128—1152页;顾大全:《辛亥革命前后资产阶级革命派与改良派的分裂与联合》,《贵州社会科学》1984年第2期。

生的实际影响进行分析。虽然国内学界尚未就这个问题达成一个统一的定论或共识，但后一派的观点实际上被越来越多的学者自觉或不自觉地接受，逐渐成为一个没有定论的共识。

## 第四节　辛亥革命与列强关系研究

辛亥革命作为一场推翻清朝统治和专制制度的革命，虽然是一场中国内部的革命，但它同时也是一场具有世界影响的革命，曾引起许多国家的关注和反响。因此，研究辛亥革命与列强的关系也就成了新中国辛亥革命史研究中的一个重要内容。

纵观国内学界对辛亥时期列强的态度研究，直至80年代，基本上立足于批判，认为列强对辛亥革命采取了干涉和破坏活动，是绞杀辛亥革命的帮凶，具有比较浓厚的政治色彩。如吴乾兑为纪念辛亥革命50周年所作《帝国主义对辛亥革命的干涉和破坏》一文在综合考察列强对辛亥革命的反应后指出："帝国主义绞杀辛亥革命的方法，与它们绞杀太平天国和义和团的方法有所不同。它们虽然没有采取大规模的武装干涉的直接行动，但却在所谓'中立'的幌子下，积极地进行干涉和破坏的阴谋活动，显得十分狡猾、阴险和毒辣。它们在革命爆发后，首先考虑的是起用袁世凯来镇压和破坏革命以维持清政府的统治。到了革命的火焰燃遍全国时，为了保存封建帝制，还搞了一'君主共和立宪国'的阴谋。到再无法阻止中国人民建立共和时，就利用袁世凯伪装赞成共和，来代替清政府，并要挟革命方面接受让出政权的条件。于是，在中国就出现了一个'假共和'的北洋军阀反动政权，辛亥革命被帝国主义绞杀了。"① 余绳武在考察辛亥时期列强的对华政策后也指出，帝国主义列强的干涉和破坏是造成这次革命失败的一个极为重要的因素，他说："帝国主义列强为着阻止中国资本主义的发展和保存半殖民地半封建的统治秩序，为着继续保持和扩大它们

---

① 辛亥革命史研究会编：《辛亥革命史论文选》上册，生活·读书·新知三联书店1981年版，第331—351页。该文原载《历史教学》1962年第2期。

在中国的侵略权益,对辛亥革命进行了恶毒的干涉。它们利用当时革命党人幼稚软弱的缺点,在革命过程中一手举着'中立'的旗帜,借以欺骗中国人民,躲避革命洪流的冲击,另一手则紧密勾结以袁世凯为代表的中国封建买办势力,采用各种形式的压迫手段(政治阴谋、经济压力和军事威胁)来破坏革命运动,胁迫革命党人向反动势力屈服。"①

时隔20年,卿斯美提交纪念辛亥革命70周年国际学术讨论会的论文《辛亥革命时期列强对华政策初探》,用不同的表述传达了与吴乾兑和余绳武相近的观点,指出:"列强出于资本输出的巨大压力,必然要牢牢控制中国而不放,必然不会容许中国建立共和政体,走上西方式的发展道路;而是把自己的命运和以清王朝为代表的封建势力(包括后来没有清王朝的清王朝——袁世凯专制政府)愈来愈紧密地结合在一起。这是'事有必至,理有固然'的,是不以人们的意志为转移的。当年的民主革命家,恰恰没有看到这一点。他们对欧美议会制国家竟然支持专制独裁的袁世凯,反对志在共和革命的革命党,百思不得其解;他们把建立共和国的希望,寄托在列强的支持上面。这是辛亥革命失败的一个重要原因。辛亥革命的悲剧,也正在于此。"② 相关的辛亥革命史著作,在论及列强与辛亥革命关系时基本都持与此相近的观点。国内学界有关列强与辛亥革命关系的论述固然有一定的历史依据,但难免过于笼统和简单化,有失偏颇,尚需要做更为全面和更为客观的评价。

就辛亥革命与各个列强的关系来说,以与中国"同文同种"的日本最为密切。整个辛亥时期,日本都是革命党人的一个聚集地。因此,学界对辛亥革命与日本的关系最为关注,研究成果也最多。除相关论文外,还出版了多本有学术分量的专著,如赵金钰的《日本浪人与辛亥革命》(四川人民出版社1988年版)、李廷江的《日本财界与辛亥革命》(中国社会科学出版社1994年版)、李吉奎的《孙中山与日本》(广东人民出版社1996年版)、俞辛焞的《孙中山与日本关系研究》(人民出版社1996年版)和

---

① 余绳武:《辛亥革命时期帝国主义列强的侵华政策》(原载《历史研究》1961年第5期),载《辛亥革命五十周年纪念论文集》上册,中华书局1962年版,第229—258页。
② 载《纪念辛亥革命七十周年学术讨论会论文集》中册,第1372页。

《辛亥革命时期中日外交史》（天津人民出版社 2000 年版）、段云章的《孙文与日本史事编年》（增订本）（广东人民出版社 2011 年版）及赵军的《辛亥革命与大陆浪人》（中国大百科全书出版社 1991 年版）等。

综观国内学者对辛亥革命与日本关系的研究，实际上涉及两个层面：一是日本民间诸如日本浪人、志士、财界与辛亥革命的关系及日本舆论对辛亥革命的反应；二是日本政府对辛亥革命的态度和反应。

就日本民间与辛亥革命的关系来说，赵金钰认为存在两种情况：一种是极少数人真正同情并热忱支持中国革命和革命党人，如宫崎滔天、山田良政、萱野长知和梅屋庄吉等人；另一种是大多数人虽然在金钱和生活上热情援助和接待过留学或流亡到日本的革命党人，如孙中山、黄兴和宋教仁等，但日本民间人士怀有以此手段来获得中国权利的长远目标。[①] 其他学者大体也持相同观点，但在对个别日本友人判断上又有些差异。如俞辛焞在《孙中山与日本关系研究》中指出，头山满、内田良平等日本浪人及犬养毅、宫崎滔天等与孙中山革命运动的关系是在中日间侵略和被侵略的关系中产生的，因此具有两面性，既有同情和支持中国革命的一面，但在本质上他们的活动是为日本侵华服务的，只有像梅屋庄吉这样的极个别日本人士基于自己的理想和人生观支持孙中山革命运动，没有从事过有利于日本侵华的活动，并强调明治、大正年间与孙中山交往的日本友人具有一种舍己救人的侠义精神，这是今后进一步研究的课题。[②] 李吉奎在系统考察孙中山与日本民间的关系后也指出："虽然从民间来说存在友善的一面，但由于当时两国是处在不平等时期，因此，从总体上说并不是令人愉快的。"[③]

就日本政府对辛亥革命的态度和反应来说，俞辛焞认为日本政府与英美等国有很大不同，并没有采取"中立"政策，而是试图出兵干涉，以武力镇压革命；对袁世凯的态度，日本也和英美截然不同，反对袁上台掌权；在中国政体问题上，日本始终坚持君主立宪，反对共和；对于南方革

---

① 赵金钰：《日本浪人与辛亥革命》，第 1 页。
② 俞辛焞：《孙中山与日本关系研究》，第 5—7 页。
③ 李吉奎：《孙中山与日本》，广东人民出版社 1996 年版，"序"，第 4 页。

命党人，日本政府出于吞并东北和内蒙古的侵略目的，向革命党人提供武器和贷款援助，主张南北分治，以此削弱中国。① 李廷江在考察辛亥革命爆发后日本政府的动向后也指出日本政府的对华政策"无一不试图乘中国动乱之机，强化日本在中国东北的权益，进而向中国本土扩张势力"②。中国台湾学者黄自进认为辛亥革命时期日本的对华政策由于误判辛亥革命前夕的情势，经历了一个由革命初期的保皇外交到权利外交的转变过程。③ 还有学者对辛亥期间日本政府在华利益的执行机构——南"满洲"铁道株式会社（简称"满铁"）的侵略活动进行了考察和揭露。④

关于英国与辛亥革命的关系，中国台湾学者王曾才从英国在华利益概况、革命政府的外交政策和英国对辛亥革命的态度等三方面，探讨了英国与辛亥革命的关系，认为英国在辛亥革命中所采取的外交政策，一如往昔，系以保护和扩展英国在华利益为出发点。英国政府在革命中所采取的基本政策为等待尘埃落定和极力支持袁世凯。他们之所以未介入民、清争端的真正原因，系恐支持一方"其结果会引起另一方的排外，而迄今革命尚无排外色彩"。他们之所以坚持由中国人民自行解决其未来的国体问题，系恐外力干预会导致南北分裂从而损及英国的利益。总之，在辛亥革命中，英国政府大体遵守了中立，避免了干涉，安排了上海南北议和会议，坚持新的贷款必须以革命党人的同意为先决条件，并拒斥日本主张干涉的建议。同时，他们也劝阻东北的分裂活动。这些都对辛亥革命的发展有良好的影响，而有助于让中国人民得到自己决定自己命运的机会。⑤ 杨天石认为英国对辛亥革命的态度是开始时压迫清政府停战，企图在中国推行"君主立宪"制，后改变主张，赞成南北"共和"，并拒绝日本干涉主张，

---

① 俞辛焞：《辛亥革命时期日本的对华政策》，载《纪念辛亥革命七十周年学术讨论会论文集》中册，第1374—1433页。

② 李廷江：《日本财界与辛亥革命》，第182页。

③ 黄自进：《辛亥革命时期的日本对华外交》，载中国史学会编《辛亥革命与20世纪的中国》下册，中央文献出版社2002年版，第2099—2116页。

④ 里蓉、权芳敏：《辛亥革命期间满铁的侵华阴谋》，《历史档案》1999年第2期。

⑤ 王曾才：《英国与辛亥革命》（原载《香港中文大学中国文化研究所学报》第7卷第1期），载金冲及选编《辛亥革命研究论文集》，生活·读书·新知三联书店2011年版，第1254—1267页。

但在孙中山和袁世凯之间，英国则支持袁世凯，并指出辛亥革命时期英国的这一对华政策是由英国在华经济利益所决定的。① 林海龙也认为在辛亥南北议和中英国为了操纵未来中国的政局，极力扶植袁世凯，在财政和外交上压制南方革命党人，在一定程度上加速了袁世凯攫取革命的胜利果实，使辛亥革命半途夭折。② 廖大伟认为英国在辛亥革命期间的对华政策经历了从企图干涉"不干涉"的转变过程，英国的不干涉政策是以保护在华既得利益和人员生命财产安全为前提的，而在南北议和过程中，英国则明显偏袒袁世凯，向革命党施加压力，为袁世凯爬上中华民国总统的宝座创造了条件。③ 在对英国与辛亥革命关系的认识上，国内学界虽存在一定的差异，但并无本质分歧。

夏良才对1911—1914年日本和英国的对华政策进行比较研究后也得出与国内学者基本相同的看法，认为这一时期日本和英国的对华政策是有所不同的：日本政府倚仗它的军事实力和邻近中国的地理环境，在辛亥革命期间往往采取强硬的对华政策和赤裸裸的干涉行动。日本这种赤裸裸的侵略野心和动辄要用武力干涉的做法，不仅对中国政局发生影响，也使它与列强之间产生矛盾。英美等国有时不得不联合起来，对日本的过分行动采取抵制和压制的态度，这又反过来使日本大为不满。而英国对华政策的基点是建立在最大限度地保护它的在华商业和贸易利益，以维持它在华的政治和经济上的优势地位。武昌起义后，英国对革命形势的估计还是比较客观的，认为革命党人并不排外，能尊重外人在华利益，与义和团骚乱不能相比，所以它不主张武力干涉，而提出中立政策，看形势发展再作决定。④

就美国与辛亥革命的关系来说，卿斯美探讨了1908—1911年辛亥革命爆发前夕美国对华政策对中国政局特别是对清末预备立宪运动的影响，认为美国从自身利益考虑，三次拒绝支持清廷抵制日俄的请求，同时又逼

---

① 杨天石：《在华经济利益与辛亥革命时期英国的对华政策》，载中国史学会编《辛亥革命与20世纪的中国》下册，中央文献出版社2002年版，第1960—1976页。
② 林海龙：《英国与武昌起义后的南北和谈》，《华南师范大学学报》1990年第2期。
③ 廖大伟：《辛亥革命时期英国对华政策及其表现》，《史林》1992年第2期。
④ 夏良才：《1911—1914年日英对华政策之比较》，《近代史研究》1994年第1期。

迫清廷签订币制实业借款和湖广铁路借款，出卖利权，阻止了预备立宪的进程，加速了清朝的覆灭，指出预备立宪的失败"不仅仅是清王朝与立宪派之间矛盾激化的表现，而且亦是外国资本与民族资本之间的矛盾急剧发展的产物"[①]。夏良才也认为币制实业借款和湖广铁路借款是辛亥革命的重要国际背景和导火线，并对这两个借款合同签订的过程作了具体考察。[②]崔志海则利用美国国务院档案文件，从中美关系史角度对1910—1912年中国政权发生鼎革之际美国对中国政局的观察和反应及其原因作了比较系统的考察和分析，认为辛亥前夕美国驻华外交官和美国政府虽然意识到中国国内发生革命的条件已经成熟，但鉴于革命党人发动的武装起义和民众的反抗斗争都被清朝政府所镇压，以及革命党人缺乏统一领导等弱点，同时鉴于塔夫脱政府积极推行"金元外交"，发展与清朝政府的关系，因此，并没有预见到清政府会在不久的辛亥革命中很快被推翻，对中国爆发全国性的革命尚缺乏认识。在辛亥革命爆发之后，尽管美国驻华外交官对辛亥革命有不同态度，尽管美国政府拒绝承认武昌革命军政府和南京临时政府，但由于美国政府将辛亥革命定性为一场"太平天国"性质的反清革命，而没有将它定性为"义和团"性质的排外运动，因此直至清帝逊位始终奉行中立政策，并没有对孙中山领导的反清革命进行干涉和破坏，也未偏袒袁世凯，而是听任清帝逊位，主张等待一个具有合法性和权威性的新政府的产生。他还指出美国政府当时之所以在中国国内各种政治势力之间严格执行中立、采取不干涉政策，这是由多方面原因促成的：首先与当时中国国内革命形势的发展及革命党人采取的保护外人生命和财产的策略有着直接关系；其次也有国际因素，防止和避免少数国家特别是日本和俄国乘机单独干涉，谋取特殊利益；再者，既与美国外交上不干涉原则和孤立主义传统有关，同时也是美国对华"门户开放"政策的一个结果，此外还受了美国国内价值观念和舆论的影响。[③] 张小路也认为美国对辛亥革命采

---

[①] 卿斯美：《辛亥革命前夕美国对华政策研究——兼论预备立宪的失败》，载《纪念辛亥革命七十周年青年学术讨论会论文选》下册，中华书局1983年版，第463—469页。

[②] 详见夏良才《国际银行团和辛亥革命》(《近代史研究》1982年第1期)、《清末币制实业借款的几个问题》(《学术月刊》1986年第2期)。

[③] 崔志海：《美国政府与清朝的覆灭》，《史林》2006年第6期。

取了与列强合作下严守中立的政策,既没有干预中国国体问题,也没有武力干涉中国的打算和准备。① 中国台湾学者张忠正对1908—1911年孙中山与美国人荷马利和布司、艾伦联络,策划"中国革命计划"的内容、经过及其结局作了具体考察,指出这一计划最后以失败告终,既由于美国商人现实利益的考虑,不愿冒风险投资孙中山的中国革命事业,也由于支持中国革命在当时违背美国政府的对华政策。② 此外,郝平著《孙中山革命与美国》③详细论述了孙中山在美国的革命活动,以及他为争取美国政府及民间支持所做的努力,并探讨了美国对孙中山思想的影响,是一部专门研究美国与辛亥革命关系的综合性著作。

关于俄国对辛亥革命的态度和反应,中国社会科学院近代史研究所著《沙俄侵华史》第4卷下册作了详尽的论述,认为由于辛亥革命的目标是要推翻清朝统治、建立一个独立的资产阶级民主共和国,这和俄国的侵略利益是根本对立的,因此,俄国政府自始至终持反对态度,采取各种形式进行干涉,同时利用当时中国的动荡局势,在长城以北展开大规模的领土掠夺活动,带头掀起又一次帝国主义瓜分中国的狂潮。该书还对辛亥革命爆发后俄国趁机对东三省、新疆和蒙古的侵略活动分别作了具体考察和揭露,指出"沙俄是利用辛亥革命之机推行肢解中国的政策、抢到赃物最多的帝国主义强盗"④。

关于法国与辛亥革命的关系,张振鹍对武昌起义爆发后孙中山前往法国的原因活动及意义作了具体探讨,指出孙中山在巴黎接触的主要是法国

---

① 张小路:《美国与辛亥革命》,《历史档案》1990年第4期。
② 张忠正:《孙中山与美国人合作的中国革命计划(1908—1911)》,载中国孙中山研究会《纪念孙中山诞辰140周年国际学术研讨会论文集》上册,社会科学文献出版社2009年版,第312—336页。
③ 北京大学出版社2000年版。
④ 中国社会科学院近代史研究所:《沙俄侵华史》第4卷下册,人民出版社1990年版,第714—763、886—940页;另参见余绳武《沙俄与辛亥革命》(《近代史研究》1981年第3期)、吕一燃《辛亥革命时期俄国对新疆的侵略》(《西北史地》1988年第4期)、石楠《辛亥革命前沙俄对蒙古地区的经济扩张》(《西北史地》1988年第3期)、李琪《从俄文档案看辛亥革命时期沙俄对新疆的侵略——兼与俄罗斯学者E.别洛夫先生商榷》(《中国边疆史地研究》1999年第3期)等文。

在野人士，目的主要是以中国革命指导者的身份，就即将提上日程的建国任务及对外关系的某些原则作出说明，争取外国的同情和支持，特别是法国的财政支持；孙中山与法国官方的接触则授意其代表胡秉柯、张冀枢具体执行，孙本人并未见过法国官员。① 吴乾兑则从法国对华外交政策角度，探讨了1911—1913年辛亥革命从爆发到结束期间法国政府的态度与反应，认为辛亥革命之初法国政府的对华政策是反对共和、力图挽救清朝统治，并为此支持重新起用袁世凯和给予清政府贷款支持，拒绝向孙中山提供贷款和外交支持；在南北议和中，法国政府则拒不接受孙中山建立的民主共和国，主张由袁世凯来恢复中国秩序，并向袁世凯提供善后大借款，以维护其在中国的利益和特权。② 此外，还有不少学者从不同角度探讨了法国大革命对辛亥革命的影响。③

关于德国对辛亥革命的反应，肖建东认为德国是当时干涉中国政局的主要帝国主义国家之一，它一方面为维护其在华既得利益，竭力反对革命，支持清政府镇压革命，并在南北议和中帮助袁世凯篡夺革命果实，在袁世凯就任临时大总统后又为袁世凯统治的确立输血打气，支持提供善后大借款，在整个辛亥革命时期充当了极不光彩的角色。另一方面，德国为维持列强在华均势，联合美国和英国反对和抵制日、俄两国单独干涉中国和趁乱独吞中国的阴谋和企图，客观上为维护中国领土现状起了积极作用。④ 赵入坤对德国与辛亥革命关系的看法与肖建东稍有不同，他认为在南北议和、对华武装干涉、善后借款与承认民国等问题上，德国从维护自身利益出发都采取了相应的政策措施，与其他强国既有合作，

---

① 张振鹍：《辛亥革命期间的孙中山与法国》，《近代史研究》1981年第3期；《辛亥革命期间的孙中山与法国（续篇）》，《近代史研究》1983年第3期。
② 吴乾兑：《1911年至1913年间的法国外交与孙中山》，《近代史研究》1987年第4期。
③ 详见章开沅《法国大革命与辛亥革命——纪念法国大革命200周年》（《历史研究》1989年第4期）、赵复三《法国大革命与20世纪之中国》（《近代史研究》1989年第4期）、俞旦初《20世纪初年法国大革命史在中国的介绍和影响》（《近代史研究》1989年第4期）、黄振《法国大革命的历史经验与辛亥革命道路的选择》（《华中师范大学学报》1989年第4期）、乐耀湘《法国大革命与辛亥革命》（《法国研究》1989年第4期）、王振国和邢克鑫《法国大革命对中国辛亥革命的影响》（《郑州大学学报》1996年第4期）等文。
④ 肖建东：《德国与辛亥革命》，《江汉论坛》2001年第6期。

也有斗争。但在整个辛亥革命期间，德国的反应相当迟缓，它对许多重大事件的政策都是在列强改变政策后被迫制定的，因而发挥的作用比较有限。①

纵观国内学界对辛亥革命与列强关系的研究，除日本与辛亥革命关系研究外，主要聚焦于1911年武昌起义爆发前后。但如所周知，1911年的武昌起义只是辛亥革命的一个高潮，孙中山领导的辛亥革命并非在1911年一夜之间成功的，而是经历了十余年的艰苦奋斗。因此，对列强与辛亥革命关系的研究仅局限于1911年武昌起义爆发前后，这是很不够的，有必要进一步比较系统地考察自1894年孙中山从事反清革命活动以来列强的态度和反应及其变化，这可以说是目前辛亥革命史研究中的一个薄弱环节和一个有待开垦的研究领域，值得国内学者重视。

## 第五节　辛亥历史人物研究

人是历史活动的主体，历史离不开对人物的研究，政治史和事件史的研究更是如此。相关人物研究始终是国内辛亥革命史研究中的一个重要方面，在已公开发表的成果中占有相当比重。学界对辛亥时期人物的研究，大体可分三类：一为革命党人；二为立宪派人物；三为清朝官员。

在对革命党人研究方面，研究成果最多的是对孙中山的研究。据不完全统计，60年来国内发表的研究孙中山的著作有300余种，论文多达2000余篇，内容涉及孙中山的思想、文化观和革命活动。围绕辛亥时期孙中山的革命活动，国内学者主要在以下问题上存在不同意见或分歧。

其一，关于孙中山什么时候实现从改良到革命的转变。一种意见认为1894年兴中会成立前孙中山还是一个改良主义者，有的学者甚至认为直至1900年惠州起义之前孙中山都未完全放弃改良主义，仍处在从改良向革命

---

① 赵入坤：《德国对辛亥革命的反应》，《广西师范大学学报》（哲学社会科学版）2005年第1期。

的转变过程中。① 而学界主流意见认为孙中山在兴中会成立前即已完成从改良向革命的转变,反清革命已成为孙中山思想的主流,兴中会的成立和革命纲领的提出标志着"孙中山实际革命的开始";孙中山在1894年《上李鸿章书》的改良举动只是一个"插曲",是"革命时机成熟前一种试探工作",不但不是改良主义活动,并且是其全部革命活动中的一个环节,是孙中山一次大胆的策略行动。②

其二,如何看待孙中山革命方略及其与其他革命党人的矛盾问题。一种意见对孙中山持肯定评价,认为他的边陲革命方略是正确的;作为领袖人物,孙中山的历史地位和作用是其他革命党人无可比拟和无法取代的。③另一种意见则对孙中山持批评态度,指出孙中山作为一个革命领袖,他的所言所行多有不足:孙中山军事策略上偏重两广和南方边地,相对忽略了内陆地区尤其是以两湖为中心的长江流域的革命工作,主观思想上疏远与内地志士、东京同盟会总部的联系,对同盟会的领导基本上局限于南方各支部;实际行动上偏重于筹款、外交,不善于从事艰苦细致的发动、组织工作;他的偏激固执、我行我素的性格特点与同盟会上层分歧的产生和发展有着紧密的联系。④

其三,关于孙中山与武昌起义的关系问题。一种意见认为孙中山没有领导武昌起义,理由是武昌起义系由湖北革命团体组织发动,孙中山和同盟会对湖北革命团体并没有起领导作用,孙中山本人更是对武昌起义缺乏思想准备,直至1911年12月25日武昌起义爆发后一个多月才从国外回到

---

① 郑鹤声:《试论孙中山思想的发展道路》,《文史哲》1954年第4期;孙守任:《伟大的革命先行者——孙中山先生所走过的道路》,《东北师范大学科学集刊(历史)》,1957年第3期;秦如藩:《二十世纪前孙中山政治思想的发展》,《中山大学学报》1962年第1期;黄彦:《孙中山早期思想的评价问题》,《学术研究》1978年第2期。

② 陈锡祺:《同盟会成立前的孙中山》,广东人民出版社1984年版,第30—32页;金冲及、胡绳武:《论孙中山革命思想的形成和兴中会的成立》,《历史研究》1960年第5期;肖致治:《论孙中山早期思想的基本倾向——兼与黄彦同志等商榷》,《武汉大学学报》1979年第6期;耿云志:《孙中山早期思想和活动的几个问题》,《历史研究》1989年第5期。

③ 张磊:《孙中山和辛亥革命》,《近代史研究》1981年第3期;沈奕巨:《论孙中山、黄兴领导的广西边境起义》(《学术论坛》1980年第4期)、《同盟会在广西边境的三次武装起义》(《学术论坛》1991年第5期)。

④ 刘云波:《孙中山与同盟会上层分歧》,《社会科学战线》2001年第1期。

上海。① 另一种意见认为不能据此否定孙中山对武昌起义的领导作用，指出孙中山的领导作用体现在三个方面：1. 发动武昌起义的新军接受了孙中山革命思想的指导；2. 筹划和组织武昌起义的同盟会中部总会及文学社和共进会等革命团体尽管对同盟会总部和孙中山本人有意见，但他们基本仍奉行同盟会的纲领，奉孙中山为他们的领袖；3. 武昌起义以孙中山名义号召和组织群众。②

其四，关于"让位"问题。对于南京临时政府成立后孙中山辞去中华民国临时大总统、"让位"给袁世凯的原因，有的强调客观原因，认为这是客观形势所迫，由于反革命力量过于强大，或谓为经济问题所迫，缺乏争取革命胜利所必需的经费支持，不以孙中山的个人意志为转移。③ 有的强调主观因素，认为"让位"主要出于孙中山对袁世凯缺乏认识和孙中山"以和平收革命之功"的思想。④ 对于孙中山"让位"的利弊，国内学者的看法也不一致。有的批评"让位"使中国资产阶级民主革命遭受了严重的挫折，给革命造成极大的危害；⑤ 有的则称赞通过"让位"，达到了促使袁世凯胁迫清帝退位、顺利推翻帝制的目的，取得了具有历史意义的伟大胜利；⑥ 有的认为"让位"的结果"是正确与错误交织，成功与失败并存"。⑦

另外，值得指出的是，自 80 年代以来，国内一再有学者从方法论角

---

① 笠柏松：《关于武昌起义的领导问题》，《江汉论坛》1981 年第 5 期。
② 彭明：《论南京临时政府》，《近代史研究》1981 年第 3 期；陈锡祺：《孙中山和辛亥革命》，《中山大学学报》1979 年第 4 期。
③ 胡绳武、金冲及：《孙中山在临时政府时期的斗争》，《历史研究》1980 年第 2 期；徐梁伯：《应该重新评价"孙中山让位"》，《社会科学战线》1980 年第 4 期；黎澍：《辛亥革命几个问题的再认识——纪念辛亥革命七十周年》，《中国社会科学》1981 年第 5 期；杨天石：《孙中山与民国初年的轮船招商局借款——兼论革命党人的财政困难与辛亥革命失败的原因》，《中国社会科学》1997 年第 4 期。
④ 宝成关：《论南北议和与孙中山让位》，载《纪念辛亥革命七十周年学术讨论会论文集》上册，第 885 页；黄伟：《孙中山"让位"问题探微》，《学术界》1999 年第 1 期；汲广运：《论民元孙中山让位的思想根源》，《广东社会科学》2000 年第 1 期。
⑤ 尚明轩：《孙中山传》，北京出版社 1981 年版，第 174 页。
⑥ 徐梁伯：《应该重新评价"孙中山让位"》，《社会科学战线》1980 年第 4 期。
⑦ 彭大雍：《孙中山让位给袁世凯的思想基础》，《光明日报》1983 年 4 月 6 日。

度对国内的孙中山研究进行自我检讨和反思，呼吁国内的孙中山研究回归学术，避免政治化，陷入以孙中山为正统论的窠臼。如王学庄在1985年提交"孙中山研究述评国际学术讨论会"的一篇论文中专门就国内在孙中山与辛亥革命关系研究中存在的问题提出尖锐的批评，指出国内的孙中山研究纠缠于孙氏地位和作用问题的讨论，并以党和国家领导人的评论作为立论的根据，以论证孙氏为革命的第一位领导者为目的，存在明显褒扬孙中山或为孙中山辩护的倾向；在将孙中山同其他革命党人作比较时缺乏实事求是态度，贬低他人以抬高孙中山；为论证孙中山的伟大和历史地位，忽视革命运动的发展对孙中山革命活动的推动和影响；在涉及孙中山缺点问题上缺乏正视勇气；评论孙中山和其他革命党人的活动时标准不一，对孙中山的功绩阐幽发微，对他人的功绩熟视无睹，对孙中山的过失曲予原宥，对他人的过失深文周纳。他大力呼吁国内的孙中山研究应建立在科学的基础上，指出国内学者对孙中山的偏心研究"本欲爱之，适以害之"①。辛亥革命史研究专家章开沅也在2001年发表的一篇文章中对国内的孙中山研究提出批评，指出："孙中山和辛亥革命的研究，常被有些人称为'显学'（显赫的学问），不无洋洋自得之感。其实，显学在中国常有官学之嫌，甚至就是官学之别名。1949年以前，孙中山研究为国民政府所重视，1949年以后，又为人民政府所重视。这种情况，对于孙中山研究来说，既是幸运，又是不幸。"他建议国内学者要进一步摆脱"历史地位""丰功伟绩"等这种单纯的政治评价的指标体系，加强从文化史和社会环境的角度来研究，使人们心中的孙中山不再是一个抽象的政治符号，而是一个活生生的人。② 国内学界的这种自我反思和对学术真理的追求，不但维护了国内孙中山研究的学术性和客观性，并且有助于推动和深化其他辛亥历史人物的研究。

在辛亥革命人物中，黄兴是仅次于孙中山的二号人物。国内既往研究除对他的生平和活动的史实进行考证外，自80年代之后基本克服了此前

---

① 王学庄：《孙中山和辛亥革命的关系研究简评》，载孙中山研究学会编《回顾与展望——国内外孙中山研究述评》，中华书局1986年版，第267—283页。

② 章开沅：《关于孙中山研究的思考》，《郧阳师范高等专科学校学报》2001年第4期。

以孙中山的兴中会系统为正统的"扬孙抑黄"的倾向,充分肯定黄兴在促进革命力量的大联合、推动同盟会的成立和发展,以及与改良派斗争和发动并领导反清武装起义等方面所作出的重大贡献,认为辛亥革命前革命斗争的顺利发展,与黄兴密切配合孙中山是分不开的,黄兴是"孙中山的三民主义的忠实信奉者",基本上恢复了黄兴在辛亥革命中的历史地位。[①]

在对辛亥时期黄兴的研究中,国内学者主要在以下问题上存在不同看法。其一,关于黄兴在武昌起义前领导武装斗争中的作用问题。一种意见认为他组织领导的历次武装斗争都归于失败,暴露了他在反清武装起义的战略决策方面的失误,诸如将起义地点都选择在南部边境,忽视两湖地区的革命形势及有利时机,过于依赖会党,未在新军中做深入的组织工作,轻信反动军官,等等;[②] 另一派学者则完全肯定黄兴在领导武装斗争中的作用,认为黄兴的战略决策是正确的,武装斗争的失败主要是客观原因所致,黄兴领导的武装斗争虽然失败,但为武昌起义最后推翻清朝统治积聚了能量。[③] 其二,关于黄兴在汉阳战败中的责任问题。一种意见认为黄兴应为汉阳战败承担重大责任。[④] 另一种意见则认为黄兴虽然在军事指挥上有失误之处,但他的个人责任并不是主导因素,汉阳战败主要是由敌我力量悬殊所致;并且,汉阳之战也非绝对战败,同时也具有胜利一面。[⑤] 有的还进一步认为黄兴的军事部署不但没有过错,而且指挥还颇有特色。[⑥] 其三,关于汉阳战败后黄兴有无提出过放弃武昌的问题。一派认为黄兴提

---

① 有关国内黄兴研究成果介绍,可参见饶怀民《黄兴研究述评》,《湖南师大社会科学学报》1988年第6期;萧致治《黄兴的历史地位与黄兴研究的回顾》(《益阳师专学报》2000年第4期)、《五十年来黄兴研究述评》(《湖南社会科学》2003年第2期)等文。

② 章开沅、林增平:《辛亥革命史》中册,第308—313页;张海鹏:《黄兴与武昌首义》,《历史研究》1993年第1期。

③ 许洁明:《黄兴与武装起义》,《思想战线》1981年第5期;沈奕巨:《论孙中山黄兴领导的广西边境武装起义》,《学术论坛》1980年第4期。

④ 贺觉非、冯天瑜:《辛亥武昌首义史》,第334—338页。

⑤ 皮明庥:《黄兴与武昌首义》,载武汉师范学院历史系等编《辛亥革命论文集——纪念辛亥革命七十周年》,第198—216页。

⑥ 翟俊涛、苏全有:《黄兴与汉阳战役新论》,《河南大学学报》(社会科学版)1996年第3期。

出过这样的建议，① 另一派则认为黄兴没有提出过这样的建议。②

自80年代以来，国内的辛亥革命人物研究还加强了对孙、黄等正统派之外特别是江浙光复会系统的革命党人的研究，并对光复会领导人陶成章、章太炎、李燮和（湖南人）等作了重新评价，对陶、章、李等为辛亥革命所作的贡献多予肯定。③

在对辛亥革命党人的研究中，有学者还利用新发现的史料，对个别革命党人的变节或与清朝官员之间的微妙关系作了探讨。如有的学者对1907年12月章太炎为赴印度做和尚向清朝满族高官端方谋款一事作了考察和分析，认为章与端的关系仅止于此，章并未成为端方的"侦探"④。有的对汪精卫庚戌入狱后的表现作了考察，或认为汪的表现已变节，投顺清政府；⑤ 或认为汪精卫入狱后的表现只是受了感化，还未至投降变节程度；⑥ 或认为汪精卫入狱后的表现不但没有变节，并且激发了革命党人的革命精神，为催生民主共和制作出了积极贡献。⑦ 有的对刘师培从信仰无政府主义、加入同盟会、宣传革命到1908年归国后变节、投靠端方的过程及其原因作了考察和分析。⑧ 有的对辛亥革命时期著名宣传家、革命家杨毓麟

---

① 石芳勤：《黄兴在汉阳失守后是否提出过放弃武昌的主张？》，《武汉师范学院学报》1981年第2期；《再谈黄兴主张放弃武昌问题——兼评〈黄兴放弃武昌小议〉》（《历史教学》1990年第11期）。

② 薛君度：《黄兴"放弃武昌"小议》，《辛亥革命史研究会通讯》第23期；陈珠培：《黄兴主张放弃武昌吗？》，载薛君度、萧致治合编《黄兴新论》，武汉大学出版社版1988年版，第175页；苏全有：《黄兴弃武昌辨》，《历史档案》2000年第4期。

③ 有关对光复会革命党人的研究，请参见本章第二节关于光复会与同盟会关系研究介绍。

④ 杨天石、王学庄：《章太炎与端方关系考析》，《南开大学学报》1978年第6期；曾业英：《章太炎与端方关系补证》，《近代史研究》1979年第1期；沈寂：《章太炎与端方关系案》《安徽史学》2012年第3期。

⑤ 刘民山：《汪精卫在辛亥革命前后的叛变活动》，《历史教学》1985年第4期；闻少华：《汪精卫传》，吉林文史出版社1988年版，第24—27页。

⑥ 蔡德金：《汪精卫评传》，四川人民出版社1988年版，第42—46页。

⑦ 劲铭煌：《激情过后：汪精卫在辛亥革命前后的转变与历史作用》，载中国史学会编《辛亥革命与20世纪的中国》上册，第894页。

⑧ 何若钧：《论刘师培政治思想的演变》，《华南师大学报》1983年第2期；李洪岩：《刘师培何以要背叛革命》，载中国社会科学院近代史研究所编《中国社会科学院近代史研究所青年学术论坛（2000年卷）》，社会科学文献出版社2001年版，第409—432页。

与清廷高官军机大臣瞿鸿禨、两江总督端方的关系，以及他跟随驻欧洲留学生监督蒯光典赴英国的具体日期、工作性质等作了具体考证，纠正了冯自由《中华民国开国前革命史》《革命逸史》等书中的不实记述，揭示了杨毓麟这位与众不同的革命党人在主张对清王朝实行暴力革命的同时，不放弃采取改良的途径，即通过清廷上层的实权人物，推行他的教育救国，改变封建专制，使中国走出封建专制，走向民主富强的康庄大道的另一侧面。①

在对立宪派人物研究方面，国内学界的一个基本研究趋向是，随着 80 年代之后国内学者摆脱以孙中山和革命党人作为辛亥革命历史人物评价的标准，对立宪派人物愈来愈趋向于作正面和肯定评价。如 80 年代以来国内学者对立宪派两位领导人物梁启超和张謇一般都不再将他们视为清政府的帮凶加以否定，更多给予正面评价，认为他们两人领导的清末立宪运动传播了民主政治思想，揭露了清政府的反动本质，加速了清朝的覆灭，君主立宪的和平请愿运动和民主共和的暴力革命是资产阶级在推翻封建统治中所走的两条不同道路，不能将他们看作革命的死敌和绊脚石。与此相关，国内学者还进一步对一些地方立宪派领导人物如杨度、汤化龙、汤寿潜、熊希龄等人的评价进行了一定的平反。如学界对湖北立宪派领导人物汤化龙长期持否定态度，认为他在武昌起义时曾密电清政府"决不从逆"，其转向革命是伪装的，但 80 年代之后国内学者对这一观点多作了纠正，指出汤化龙并无密电"决不从逆"之事，其转向革命是基于民族资产阶级的本能，并非伪装或投机。② 对于杨度辛亥时期的君主立宪主张和活动，虽然仍有学者站在革命的立场上认为"在政治上所起的作用以消极的为主，积极的作用是次要的"③，但更多学者倾向作正面评价，认为杨度的君宪思想在中国近代宪政史上具有典型意义，他"以进化论、工具主义、权威主义体认解读西方宪政文化，进而构建起其宪政理论的基本框架，参与

---

① 孔祥吉、郑匡民：《革命先烈杨毓麟未刊函札述考》，《福建论坛》2012 年第 7、8 期。
② 杨天石、王学庄：《汤化龙密电辨讹——兼论汤化龙在武昌起义前后的政治表现》，《复旦学报》1981 年第 5 期；李育民：《试论武昌起义中的汤化龙》，《江汉论坛》1985 年第 10 期；黄德发：《汤化龙立宪活动述论》，《江汉论坛》1987 年第 10 期。
③ 赵金钰：《杨度与〈中国新报〉》，《近代史研究》1981 年第 3 期。

了近代中国宪政文化品质的塑造"①。或以 1908 年杨度入仕清朝宪政编查馆为界，认为此前他的政治主张和活动值得肯定，对反对封建专制制度和提高人民民主觉悟均有促进作用，此后则成为清政府的御用官僚。②

再者，自 20 世纪 80 年代之后，学界还加强了对辛亥时期统治阶级人物的研究，并就他们对辛亥革命的反应和关系作了重新评价，提出一些新的观点。如不少学者对武昌起义爆发后袁世凯的重新出山多予肯定，而不再将他作为革命对立面一概否定，指出袁复出后启动南北议和，并亲手修改清帝退位诏书，促成南北与清室三方达成共识，使辛亥革命进入和平轨道，使各派的政治利益得到最大满足，国民免遭战争带来的屠戮与浩劫，这是古老东方政治智慧的结晶。③ 或说袁的出山有利于革命形势的发展，为日后实现民主共和政体减少了阻力，袁世凯倡议南北议和是在当时国内外形势下达成不劳战争结束封建帝制、建立民国的有效途径，是避免和扼制帝国主义列强武装干涉的有力办法，也是当时民心所向的举动，袁世凯逼清帝退位所采取的手段使清廷自感除退位一途外别无选择，因此在辛亥革命"赶跑皇帝"的斗争中，也有袁世凯一分功劳。④ 或曰袁在汉口、汉阳战役胜利后及时调整战略，力主南北和谈，到政体选择的关键节点最终随着舆论的导向、局势的发展，赞同民主共和，顺应了时代潮流。⑤ 又如对于原清军将领黎元洪在辛亥革命中的地位和作用，固然有些学者将他在武昌起义后出任湖北军政府都督看作反革命势力篡夺了革命政权，认为黎是混进革命营垒中的旧官僚、旧军阀，对辛亥革命起了破坏作用，⑥ 但也有学者提出不同意见，实事求是地指出黎元洪出任都督虽非主动响应革命，并对后来革命的发展带来一些消极影响，但在当时群龙无首的情况下，顺应历史潮流，黎出任都督，对从内部分化清政府、争取汉族官绅响

---

① 周向阳：《杨度宪政思想略论》，《船山学刊》2006 年第 4 期。
② 侯宜杰：《清末预备立宪时期的杨度》，《近代史研究》1988 年第 1 期。
③ 骆宝善、刘路生：《袁世凯与辛亥革命》，《史学月刊》2012 年第 3 期。
④ 季云飞：《论袁世凯在辛亥革命中的作用》，《学术月刊》1989 年第 4 期。
⑤ 丁健：《辛亥武昌起义爆发后民众视野里的袁世凯》，《史学月刊》2012 年第 4 期。
⑥ 吴剑杰：《湖北军政府政权性质的转变》，《江汉论坛》1980 年第 5 期；竺柏松：《关于武昌起义的领导问题》，《江汉论坛》1981 年第 5 期。

应和支持革命,还是起了积极作用,应予肯定。① 有的对清朝海军提督萨镇冰在武昌起义中对革命军持相对同情态度的原因作了考察和分析,认为外部原因是列强干涉及革命党人的策反,内部原因系所属官兵的异动及其本人对清政府的不满。其中,内部原因起着关键性的作用。此外,袁世凯作为革命派与清廷之外的第三种势力,企图渔翁得利而制订的有关计划,也对萨镇冰产生了相当影响。② 有的对江苏巡抚程德全在武昌起义之后举义反正、宣布独立加以肯定,认为这是顺应历史潮流之举,是一种进步和倾向革命,不能说是伪装革命。③ 有的通过对清朝重臣岑春煊在辛亥革故鼎新之际如何由一位封建臣属转而"走向共和"、成为"国之公民"过程的具体考察和分析,指出在历史转折关头,有些人会从旧营垒中分化出来,归附于新兴的掌握未来的阶级,此非岑春煊独然,而是一批清朝官员的共同趋向。④ 有的对辛亥鼎革之际东三省总督赵尔巽为维护清王朝统治所采取的各种破坏革命的活动作了具体考察和揭露。⑤ 有的对辛亥鼎革之际庆亲王奕劻的动向作了具体考察和论述,认为奕劻力主清帝逊位,并不是人们通常所说,因为受了袁世凯的贿赂,而是在环视列强态度、国内舆情、清廷自身力量后,出于最大化保护自身利益考虑而作出的举措,⑥等等。

纵观 60 年来学界对辛亥历史人物的研究,大致经历了这样一个发展过程:1. 研究人物不断扩大,从研究革命派和立宪派少数领袖人物扩大到

---

① 楚任:《试论辛亥革命时期的黎元洪》,《河北大学学报》1981 年第 3 期;林增平:《黎元洪与武昌起义》,《江汉论坛》1981 年第 4 期;任泽全:《武昌起义胜利后的领导问题》,《江汉论坛》1982 年第 4 期;《黎元洪与近代中国社会(笔谈)》,《郑州大学学报》(哲学社会科学版) 2012 年第 1 期。

② 苏全有:《萨镇冰与武昌起义》,《天府新论》2010 年第 3 期。

③ 李茂高、廖志豪:《江苏光复与程德全》,载《纪念辛亥革命七十周年学术讨论会论文集》中册,第 972—993 页。

④ 郭卫东:《臣属向公民的转变——以辛亥革命时期的岑春煊为案例》,《史学月刊》2009 年第 7 期。

⑤ 刘丽楣:《赵尔巽与东三省辛亥革命活动》,《历史档案》1986 年第 4 期;李侃:《赵尔巽与辛亥革命前后的东北政局》,《历史档案》1991 年第 3 期;关捷:《赵尔巽在辛亥革命时期的政治行为》,《满族研究》1992 年第 1 期。

⑥ 周增光:《奕劻与清帝逊位》,《清史研究》2013 年第 1 期。

两派的一些次要人物，并在90年代之后不断加强了对辛亥时期一些重要的统治阶级人物的研究。2. 随着资料的不断开放和利用，对相关人物的研究不断深化。3. 自70年代末改革开放以来，对辛亥历史人物的评价不断趋向客观和理性，逐渐摆脱了简单的阶级分析方法和正统革命史观的束缚。但同时也存在比较严重的低水平重复和矫枉过正现象；另研究方法还比较单一，有待加强对辛亥历史人物群体和历史人物的比较研究。

## 第六节 关于辛亥革命性质及历史评价问题

对重大历史事件进行定性和评价，是新中国史学的一个重要传统。关于辛亥革命的性质，自新中国成立以来，国内主流观点比较一致认为是一场资产阶级革命，但同时又始终存在一些不同声音，认识也有一个不断深化过程。

在五六十年代，国内学界为说明辛亥革命是一场资产阶级性质的革命，曾就辛亥时期中国社会主要矛盾和中国资产阶级的形成问题分别作了较为充分的讨论。此外，当时有些学者还曾就辛亥革命的性质应该是"资产阶级革命"还是"资产阶级民主革命"有过争论，但实则这两个概念并无什么本质区别，这只是一个伪问题。

关于辛亥时期中国社会主要矛盾，当时大致有以下三种意见：第一种意见认为国内阶级矛盾为主要矛盾；第二种意见认为民族矛盾，即中华民族与帝国主义之间的矛盾为主要矛盾；第三种意见认为中国人民大众与帝国主义、封建主义同盟之间的矛盾为主要矛盾。[①] 以上三种意见，其实彼此并不矛盾，并无本质分歧。这种讨论，在今日已只具学术史意义。

关于中国民族资产阶级的形成时间和阶层划分问题，当时国内学者之间有以下不同观点：有的认为中国民族资产阶级形成于19世纪70年代，指出既然19世纪70年代中国资本主义经济、民族资本近代工业已经产生和存在，这就标志着中国民族资产阶级已经产生和形成了，不能以阶级力

---

① 有关这方面讨论的介绍，详见《国内外辛亥革命史研究综览》，第38—43页。

量的大小作为判断中国民族资产阶级形成的标准。① 有的则强调民族资产阶级的形成，须以近代民族资本企业数量上达到的一定规模作为依据，认为只是到了19世纪末商办企业数量增长较多的时候，中国民族资产阶级方才形成。② 有的甚至据此认为即使在19世纪末叶，独立的民族资产阶级还没有形成，指出："民族资本近代工业的发生时期是旧社会的商人、地主、官僚通过新式企业的经营开始逐渐蜕变转化为民族资产阶级的时代。这蜕变转化的过程是复杂、曲折而缓慢的。到了十九世纪末叶，这转化过程还只开始不久，距离它的完成还很远很远。"③

关于中国民族资产阶级的分层，有的主张将其分为上、中、下三层：上层"一般拥有大机器工业或投资几个工业单位"，中层"一般具有较小规模的机器工业，营业还不到兴盛的阶段"，下层"一般为手工工场的小资本家，从企业设备和营业规模来说都远不如资产阶级上、中层"④。有的主张根据民族资产阶级的来源，将其划分为上层和下层，或上层和中下层两个类别，指出："中国民族资产阶级有两个来源：一个是从民间普通工商业者上升的，因条件困难，前进缓慢，成为资产阶级的下层，在表现新社会发展的趋向上比后一个较为强烈些；一个是从地主官僚和一部分商人转化的，因政治条件较好，资金较大，得较快的发展，成为资产阶级的上层或实力派，在表现新社会发展的趋向上比前一个更软弱些。"⑤

80年代初，学界再次就辛亥革命性质问题展开比较集中的讨论。这次的讨论系由海外学者的质疑所引发。海外学者以20世纪初资本主义在

---

① 张万全、高景明、林剑鸣：《中国民族资产阶级究竟何时形成的》，《学术月刊》1963年第9期。

② 范文澜：《中国近代史的分期问题》，载中国社会科学院近代史研究所编《中国近代史分期问题讨论集》，中国社会科学出版社1979年版，第76页；范文澜：《戊戌变法的历史意义》，载《戊戌变法六十周年纪念论文集》，中华书局1958年版，第5页。

③ 孙毓棠：《中国近代工业史资料·序》第1辑，科学出版社1957年版，第50页。

④ 彭雨新：《辛亥革命前夕中国资本主义工业与工业资产阶级》，载湖北省哲学社会科学院联合会编《辛亥革命五十周年纪念论文集》上册，中华书局1962年版，第90—94页。

⑤ 范文澜：《中国近代史的分期问题》，载《中国近代史分期问题讨论集》，第127页；章开沅、刘望龄：《从辛亥革命看民族资产阶级的性格》，载湖北省哲学社会科学院联合会编《辛亥革命五十周年纪念论文集》上册，中华书局1962年版，第49—51页。

中国的发展还不足以产生一场名副其实的资产阶级革命,以及资产阶级并没有参加和领导革命等为理由,否认辛亥革命是一场资产阶级性质的革命,或说辛亥革命是一场国内民族革命,或说辛亥革命是一场全民革命,或说辛亥革命是一场士绅或精英运动,或说辛亥革命是一场"假革命""伪装的革命",等等。对此,国内学者坚持认为辛亥革命是一场资产阶级革命,并从学理和史实两方面作了论证。刘大年在《赤门谈史录》①(人民出版社1981年版)一书中就为什么说辛亥革命是一场资产阶级革命作了较为系统的、具有代表性的阐述,提出四条理由和根据:1. 辛亥革命发生时中国资本主义经济已初步成长,资产阶级尽管很幼稚,但它已经成长为一支新兴的、成熟的力量,足以使自己扮演发动和领导一场革命的角色。2. 辛亥革命的领导者完全不同于农民战争领导人物,主要为资产阶级和小资产阶级知识分子,他们最善于反映那个阶级和时代的要求。3. 革命的领导者提出了明确的资产阶级纲领,"他们以西方资产阶级的革命历史和革命学说为依据,反对清王朝的专制统治;照搬西方资产阶级的革命口号,以号召群众。他们的纲领、口号充分反映了资产阶级在政治上、经济上的要求和利益"。4. 在辛亥革命中资产阶级的领导与农民群众反封建斗争相结合,并由农民充当革命主力军,这是世界上资产阶级革命的一个通例。

章开沅在与台湾学者张玉法的辩论中,除了阐述与刘大年相近的观点之外,还特别将辛亥革命与西方资产阶级革命进行比较,认为辛亥革命时期中国不但确实形成了一个作为新兴集团的民族资产阶级,而且当时中国民族资本主义的发展水平比西方尼德兰、英、法、美、德等国的早期资产阶级革命时期还要好一些。②

与此同时,国内学者还进一步加强了对辛亥时期资产阶级的研究,1983年和1988年先后两次专门举办"近代中国资产阶级研究"学术讨论会,并出版论文集。在中国资产阶级何时形成问题上,国内学者虽然仍有不同意见,但更多倾向于中国资产阶级形成于19世纪末20

---

① 按:该著系刘大年于1979—1980年应邀到日本访学演讲结集。
② 章开沅:《就辛亥革命性质问题答台北学者》,《近代史研究》1983年第1期。

世纪初。① 在民族资产阶级阶层划分问题上,虽然一部分学者继续坚持60年代的观点,仍然以占有生产资料的多少和政治态度的不同作为标准,将民族资产阶级分为上层和中下层,并认为上层在政治上多偏向改良,反对革命,中层政治上同情革命,但同时具有较大的妥协性,下层在政治上最倾向革命。但这一时期学界的主流观点并不赞同此说,指出事实上辛亥时期民族资产阶级的上层和中下层的区分并不分明,很难划分;即使存在这种阶层的划分,也与他们的政治立场没有必然的联系,经济地位并不是决定资本家政治立场的唯一因素,事实上上层支持和参加革命者颇不乏人,中下层反对革命者也非鲜见,那种将资产阶级不同阶层作为划分政治立场的唯一决定因素的思维方式,只是一种简单化的公式,并不符合历史实际情况。② 有些学者还通过进一步研究,认为辛亥时期中国民族资产阶级的政治立场实际上与其构成有着密切关系,更多反映了商业资产阶级特点。③ 可以说,这一时期国内学者对中国资产阶级的研究较诸五六十年代有了重大进步。

在经过80年代的大讨论之后,尽管国内仍有学者继续提出各种"新说",诸如"国内民族革命运动"说④、"王朝更替"说⑤、"民主共和革命"说⑥,等等。但他们所持的理由或基本上与此前否定辛亥革命是资产阶级革命的海外学者相似,或与资产阶级革命说并无本质区别,只是用词表达有所不同而已,均不具新意,因此,这些"新说"既没有在学界产生

---

① 林增平:《中国民族资产阶级形成于何时?》,《湖南师范学院学报》1980年第1期;朱英:《从清末商会的诞生看资产阶级的初步形成》,《江汉论坛》1987年第8期。

② 杨立强、沈渭滨:《"近代中国资产阶级研究"讨论会综述》,《历史研究》1983年第6期;丁日初:《辛亥革命前的上海资本家阶级》,载中华书局编《纪念辛亥革命七十周年学术讨论会论文集》上册,中华书局1983年版,第281—321页;唐传泗、徐鼎新:《中国早期民族资产阶级的若个问题》,《学术月刊》1984年第3期。

③ 沈渭滨、杨立强:《上海商团与辛亥革命》,《历史研究》1980年第3期;朱英:《近代中国商业资本的发展特点与影响》(《华中师范大学学报》1985年第1期)、《清末商会与抵制美货运动》(《华中师范大学学报》1985年第6期)。

④ 朱榕:《论辛亥革命的实质——从清末官制、立宪运动谈起》,《江汉论坛》1989年第2期。

⑤ 朱宗震:《关于辛亥革命的新探索》,《浙江社会科学》2002年第4期。

⑥ 杨天石:《辛亥革命的性质与领导力量》,《河北学刊》2011年第4期。

影响，也不被学界接受。

相对于辛亥革命性质问题的争论，国内学界关于辛亥革命评价问题的讨论虽然表面看来并不那么彰显，但实则更尖锐、更具挑战性。国内学界对辛亥革命的评价，大致说来，有两种不同评价体系：一种为传统革命史评价体系；另一种为现代化史评价体系。

在革命史评价体系下，国内学者基本从阶级分析立场出发，对辛亥革命进行两分法评价，一方面充分肯定它是中国近代史上一场比较具有完全意义的资产阶级革命，具有反帝反封建性质，并将中国共产党领导的新民主主义革命看作辛亥革命的继续和发展，同时又站在无产阶级高度，认为辛亥革命存在软弱性，不够彻底。如陈旭麓在 1955 年所著《辛亥革命》一书最后对辛亥革命的意义作了如下总结，指出辛亥革命的意义首先使明末遗民、天地会、太平天国以来的反清斗争得到了结果，不但推翻了清朝统治，而且使两千余年来古老的封建专制制度从此结束。其次，辛亥革命不仅在政治上标志着资产阶级的民主革命，而且在经济上也为资本主义的发展带来了一些有利因素。再次，辛亥革命所进行的民主革命，对于支持旧制度的帝国主义也是一个打击。同时，他批评辛亥革命因为存在的种种局限，结果并没有完成中国民主革命的反帝反封建两大任务，最终仍归于失败，指出辛亥革命的失败证明软弱的资产阶级不能领导中国革命获得成功，只有在中国共产党的领导下，才有可能使中国民主革命获得彻底胜利。[①] 尽管后来国内学者对辛亥革命的研究多有深入和发展，对辛亥革命的意义也多有阐发，但在革命史评价体系下，国内学者对辛亥革命意义的认识基本一致，并没有太多争论或异议。

20 世纪 80 年代特别是进入 90 年代之后，现代化史评价体系则为国内学界评价辛亥革命提供了一个新的视角和认识。根据现代化史的评价标准，国内学者对辛亥革命出现两种不同的评价。

一派学者仍肯定辛亥革命对推动中国现代化具有积极意义，表示绝不能低估这场革命对于中国现代化的促进作用，指出"它不仅迈出了中国政治从专制向民主转化的重要一步，为中国的政治现代化开创了一个新的阶

---

① 陈旭麓：《辛亥革命》，上海人民出版社 1955 年版，第 121—129 页。

段，而且还对中国的经济现代化进行了强有力的政策推动，并在思想的启蒙和观念的现代化方面作出了巨大的历史贡献"①。有的学者甚至认为辛亥革命真正实现了对中国早期现代化的启动，指出"不仅仅是因为辛亥革命推翻了清王朝，建立了中华民国，实现了国家的资本主义民主制度变革和领导权力现代性转移，而且因为辛亥革命有一个为之奋斗的中国第一个资本主义现代化发展纲领——三民主义，选择了在当时历史条件下唯一行之有效的方法——暴力革命，形成了最为广泛的启动早期现代化的社会动员和资源整合，即社会支持系统。尽管辛亥革命对早期现代化的启动程度是有限的，但却是有效的，它使中国现代化形成了进入启动阶段的基本条件"②。还有不少学者特别强调辛亥革命对中国政治现代化所起的推进作用，指出辛亥革命用暴力推翻了清政府的专制统治，从而为中国政治现代化扫清了道路，它不仅宣告了封建君主专制统治时代的结束，同时还确立了民主共和政体，为中国政治现代化开创了一个崭新的局面，完成了国家政权由传统封建政治制度向现代民主政治制度的转变，实现了从"朝代国家"到"共和国家"的转变，并对中国政治思想观念产生深远影响，促进了民主共和思想深入民心和现代国家观念的初步形成及自我实现意识的萌生，等等。③

另一派学者则强调辛亥革命对中国现代化所产生的消极影响及后果，基本持否定评价。如有学者认为，辛亥革命虽然顺理成章地结束了清王朝的统治，但它并没能阻止政治衰败的进程；相反，由于革命后权威危机的出现及其应对措施的失败，这一衰败进程进一步加速，几达于政治分裂和社会解体的程度，20世纪初叶中国现代化的基本条件因之而丧失殆尽。④

---

① 李文海、颜军：《走向现代化的必由之路——纪念辛亥革命90周年》，《中国人民大学学报》2002年第1期。

② 虞和平主编：《中国现代化历程》第1卷，江苏人民出版社2001年版，第343页。

③ 参见何建娥《辛亥革命与中国政治现代化》（《社会科学家》2004年第6期）、高燕宁《辛亥革命与中国政治现代化的初步尝试》（《思想战线》2001年第2期）、张永刚《试论辛亥革命与中国政治现代化的关系》（《鄂州大学学报》2006年第1期）、周良书和汪华《辛亥革命与中国现代化》（《江海学刊》2001年第5期）等文。

④ 孙立平：《中国近代史上的政治衰败过程及其对现代化的影响》，《社会学研究》1992年第2期。

或说辛亥革命的客观效果与主观意图之间存在严重背离，辛亥革命破除旧权威是胜利的、成功的，但建立的新权威未获成功，造成政治稳定性的丧失，致使中国的现代化一再被延误。① 或说辛亥革命打断了清末新政所开启的近代化的进程，指出当时的清政府并非一无是处，正致力于中国的近代化建设，"辛亥革命前夕的清王朝，正在向立宪政体转化；而号称民国的政府大都是专制政权"，辛亥革命前夕的清政府比后来军阀统治时期的政府更容易向民主、法治体制过渡。② 有的则从现代化史角度，直言"辛亥革命是搞糟了，是激进主义的结果"，是近代中国历史的一个"悲剧"，明确提出要"告别革命"，"对辛亥革命的研究，应当摆脱原来的思路，不能老是毋庸置疑地一味歌颂，或老讲'太不彻底'那些话"，强调立宪派的改良或"调适"主张是中国现代化道路的一个更好选择。③

　　在现代化史研究范式之下，后一派学者的观点将辛亥革命与中国的现代化完全对立起来，否定辛亥革命对中国现代化的积极意义，这是缺乏历史依据的。持这一观点的主要是一些从事思想史或一些非专门从事中国近代史研究的学者，他们的观点更多出于对现实的思考，或进行的是一种逻辑推理，而非基于对当时历史进行实事求是的考察和分析。因此，这一派学者的观点在国内学界并不占主流，国内学者对此亦多有回应和批评。④ 最近，有学者提出将辛亥革命放在一个长时段和广阔的国际视野加以审视，即总结辛亥革命前 100 年的中国和世界的状况，也考察辛亥革命后 100 年来中国和世界的变化，并展望今后 100 年中国和世界的发展和人类所遇到的问题；在此宏观背景下，重新看待和评价百年前的辛亥革命和孙

---

① 马勇：《辛亥革命：现代化的主观意图与客观效果》，《近代史研究》1995 年第 1 期。
② 袁伟时：《辛亥革命的是是非非》，《二十一世纪》2001 年第 12 号。
③ 李泽厚、王德胜：《关于现状、道德重建的对话》，《东方》1994 年第 5 期；李泽厚、刘再复：《告别革命——回望二十世纪中国》，香港天地图书有限公司 2004 年版，第 63—64 页；黄克武：《一个被放弃的选择——梁启超调适思想之研究》，新星出版社 2006 年版。
④ 参见龚书铎、吴效马《革命是褒词还是贬词》(《求是》1996 年第 3 期)、张海鹏《"告别革命说"错在哪里》(《当代中国史研究》1996 年第 6 期)、崔志海《评海外三部梁启超思想研究专著》(《近代史研究》1999 年第 3 期) 等文。

中山的思想和实践。① 此说对于我们更好地认识辛亥革命的历史意义，或不无一定的指导意义。

综上所述，经过60余年的学术积累，国内的辛亥革命史研究应该说达到了相当的学术高度。而作为政治事件史的辛亥革命史研究则大体在20世纪90年代初臻于成熟，进入守望阶段。尽管90年代之后国内出现的三个研究转向对辛亥革命史研究做了有益的拓展，尽管学界在某些问题上继续发表了一些有分量的学术论著，但在事件史研究上并没有取得突破性进展，超越90年代初所达到的研究水平。就综合研究来说，未见有一部反映辛亥革命史最新研究成果的权威性著作。就各个专题史研究来说，同样也缺乏有影响的系统性论著问世。这既与90年代以来的学术发展不相称，也落后于90年代以来大量新史料的挖掘和出版。如何从政治事件史角度推进辛亥革命史研究，突破既往研究形成的学术瓶颈，这将是21世纪国内辛亥革命史研究面临的一个重大挑战和使命。

---

① 章开沅：《辛亥百年遐想》，《近代史研究》2011年第4期。另参见金冲及《一百年前和九十年前》，《近代史研究》2011年第4期；王杰《超越百年路在何方——"孙中山·辛亥革命研究回顾与前瞻"高峰论坛纪要》，《学术研究》2011年第4期。

# 第十一章

# 近十年来的晚清政治史研究
（2009—2018）

自 20 世纪 90 年代末以来，随着传统政治事件史的研究大体臻于成熟，国内晚清政治史研究呈现出由中国近代史学科向断代史清史学科回归的趋势，明显加强了对清朝政府和清朝统治阶级的研究，诸如加强了对晚清政局和相关人物的研究，加强了晚清满汉关系的研究，加强了晚清边疆和边政问题的研究，加强了晚清制度史的研究。过去的 10 年，晚清政治史研究不但沿袭这一趋势，且有加强之势，本章就此择要做一回顾和介绍。①

## 第一节  晚清政局与相关人物研究

政局与人物研究，始终是政治史中的一个核心内容。自 1840 年鸦片战争和 1850—1864 年太平天国农民战争以来，受内忧外患的冲击，清朝政局发生急剧变动。最近十年，学界对于这方面的研究多有一些新的探索。

在道咸政局研究中，有的对两次鸦片战争期间清政府"重治吸食"禁烟政策重新作了考察和评价，指出这一政策既遭英国政府的极力抵制，又遭鸦片利益集团、受贿的不法官吏、鸦片吸食者和各级行政司法官员的破

---

① 按：为避免重复，凡本书前面已提及的成果，本章概不再做介绍。

坏和阻止。在此背景之下,《查禁鸦片烟章程》对鸦片吸食者判处死刑的条款在执行过程中难以得到有力贯彻,禁烟运动也因此逐渐形成"明禁暗弛"的局面。从实施效果看,主张用死刑对付吸食者的建议并不完全可取,而反对"将食烟之人拟以死罪",主张慎刑并以"常例治之"的看法则有一定合理性。① 有的通过对第一次鸦片战争后失事官员责任追究的考察,透视清朝中央政府的战后反应及在追责过程中中央与地方督抚之间的矛盾,指出鸦片战争结束后清政府对战败责任所进行的道德和法律追究,目的是要强化政权固有的合法性,以直接当事人责任追究方式来转嫁战败的后果,寻找替罪羊,并由此重申和坚守国家之根本,将对战败的反思转变成对具体责任人的道德评判。而承担责任的地方官员,对一场力量悬殊的中外战争中职守责任的理解则与朝廷存在差异,他们更关注如何应对战后外部的压力和复杂的局面,要求朝廷能做一些变通。在责任追究过程中中央和地方所表现出的这一矛盾,实质便是根本之守与应时之变的冲突。② 沈渭滨的专著探讨了鸦片战争前夕的鸦片问题如何从中国内政演变成中英之间的两国战争,提出许多新见解。③ 张宏杰的著作《给曾国藩算算账:一个清代高官的收与支(京官时期)》④ 对曾国藩京官时期及与曾国藩同时代或稍晚时代的一些官员的收支和生活状况所做的考察,为我们观察这一时期清朝官员群体经济生活特点及财政制度、官场潜规则,提供了感性认识。

对于太平天国期间清朝政局的演变,有的对清廷和湘军集团在筹建长江水师过程中在水师统帅人员的调配任用、饷需和船炮军械的购置管理诸方面所展开的权力争夺作了考察,认为清廷虽在争夺中占居上风,但长江水师采用经制的绿营体制,导致其迅速衰弱,中国海军近代化的历程也因此被延误。⑤ 有的通过对1860年7月至1861年5月曾国藩于安徽所设祁

---

① 王宏斌:《两次鸦片战争期间禁烟的困境——以"重治吸食"为中心的考察》,《历史研究》2013年第1期。
② 王瑞成:《根本之守与应时之变——鸦片战争后失事官员责任追究透视》,《宁波大学学报》(人文科学版)2013年第5期。
③ 沈渭滨:《道光十九年——从禁烟到战争》,华东师范大学出版社2014年版。
④ 中华书局2015年版。
⑤ 邱涛:《论清廷与湘军集团的筹建长江水师之争》,《军事历史研究》2015年第4期。

门大营的考察，揭示晚清省区军事化加强，地方势力坐大，"勇营"正规军化，国家权力下移，内轻外重格局，满汉权势变迁局面的形成。① 有的对咸丰朝重臣肃顺作了重新评价，认为面对当时每况愈下的时风、政风，肃顺在咸丰帝支持下，果断敢为，维护了本朝家法的尊严，在一定程度上扭转了当时的风气。引发重大关注的耆英、柏葰之死，并非出于肃顺的挟私报复，而是清政府高层的共同决定。肃顺是咸丰的忠实臣子，受到咸丰倚重，但肃顺树敌过多，特别是长期与懿贵妃结怨，加之咸丰帝临终安排失当，肃顺最终在皇权政治旋涡中成为牺牲品。② 龙盛运的著作对咸丰朝镇压太平天国农民起义的清军江南大营作了专题研究，内容涉及江南大营的将帅、兵勇与粮饷、战争与战略，由此揭示江南大营这一经制军主力绿营失败的原因，指出虽然江南大营时期向荣及一些官僚采取了一些措施，试图转变不利形势，但治标不治本，在组织、管理、兵源补额、粮饷筹措与发放等一系列问题上，仍旧把陈规旧套视为不容改变的祖宗成法，思想僵化，生活腐败，最终导致江南大营的两次大败；江南大营的覆灭从反面为湘军的崛起提供了借鉴和机会。③

在咸同政局与人物研究领域，学界加强了对湘淮系统治集团之外问题的研究。如有的对咸同之际两宫太后的理政、听政与垂帘进行考证，认为学界所谓慈禧太后三次垂帘听政的说法不准确，指出至迟在同治九年六月，两宫太后召见大臣时即已不再垂帘；听政的地点除了养心殿的明殿或东暖阁，后来又有养心殿西暖阁、乾清宫西暖阁、西苑勤政殿的东暖阁、颐和园仁寿殿之北楹。严格说来，慈禧共有三次听政或训政，其中只有第一次是垂帘。④ 顾建娣的专著《吴棠与咸同政局》⑤ 对以往不被关注的封疆大吏吴棠作了比较全面、系统的研究，认为吴棠是咸同"中兴"时期一

---

① 郭卫东：《转折之地：曾国藩在祁门》，《安徽史学》2014年第3期。
② 王开玺：《皇权政治漩涡中的肃顺——是咎由自取？还是政治牺牲？》，《晋阳学刊》2015年第6期。
③ 《向荣时期江南大营研究》，社会科学文献出版社2011年版。
④ 王开玺：《咸同之际两宫皇太后的理政听政与垂帘》，《北京师范大学学报》（社会科学版）2018年第1期。
⑤ 中国社会科学出版社2014年版。

位重要的历史人物,其权力鼎盛时期,以漕运总督节制所有江北文、武各员及军务、地方一切事宜,掌控着淮安、扬州、徐州诸府,在曾国藩、李鸿章因镇压太平军和捻军而总督两江或巡抚江苏之时,吴棠成为清廷在江苏境内与湘淮集团抗衡的地方势力。吴棠与曾国藩、李鸿章、左宗棠等人的关系,体现了清廷与地方实力派之间争夺地方权力的复杂关系;吴棠得到朝廷青睐,一定程度上缘于朝廷视吴棠为牵制曾、李势力的一个筹码。崔岷的著作通过对清政府为镇压太平天国而设立的"团练大臣"和"督办团练大臣"的考察,具体揭示咸同之际代表中央的"督办团练大臣"与地方官员之间的事权之争,以及这一事权之争背后隐含的官员与绅士、外省与本省之间的竞争,指出:随着督办团练大臣的陆续撤回,实施十年之久的"团练大臣"策略宣告终结;相应地,团练办理模式亦完成了从"任绅"向"任官"的回归。这一结局意味着咸丰初年以来利用在籍绅士加速社会动员和强化社会控制的努力失败,标志着"地方官僚系统"和"督办团练大臣系统"并行的"双轨制"社会控制体制在晚清的昙花一现。① 他的另一篇专题论文对咸同之际山东团练的兴办及致乱之由作了考察和分析,指出引发团练与官府间的激烈冲突的原因除绅民自身的利益诉求和反抗官府盘剥外,清廷的团费自筹与"督办团练大臣"政策、官僚制度对州县官的制约同样促成了团练之乱的发生。② 张研的著作则以同治年间广宁知县杜凤治日记为案例,生动再现和分析了清代知县对乡村的控制。③

在同光政局研究领域,围绕清朝中央朝政,有的通过考察慈禧太后垂帘听政、训政、归政三个阶段奏折的不同处理方式,揭示清朝高层政治权力的分配及影响,指出:在垂帘听政阶段,内外奏折由两宫皇太后先阅,再授意议政王军机大臣拟批。同治帝亲政后,政务与文书程序"归复旧制",同治帝恢复一切权力。光绪帝登基,垂帘听政再次举行。待到光绪

---

① 崔岷:《咸同之际"督办团练大臣"与地方官员的"事权"之争》,《历史研究》2018年第2期;崔岷:《山东"团匪":咸同年间的团练之乱与地方主义》,中央民族大学出版社2018年版。
② 崔岷:《"靖乱适所以致乱":咸同之际山东的团练之乱》,《近代史研究》2011年第3期。
③ 张研:《清代县级政权控制乡村的具体考察——以同治年间广宁知县杜凤治日记为中心》,大象出版社2011年版。

帝成年，其生父奕譞因宫廷关系的微妙和敏感，不愿意光绪帝完全亲政，先是创造皇帝亲政同时皇太后训政的特殊体制，光绪帝完全处于文书和政务"训练"之中；后来又创造一种有限度的皇太后"归政"模式，光绪帝的奏折处理、上谕拟定之权大打折扣，无限期接受慈禧太后监督。奕譞这种扭曲成法先例、不按祖制的制度设计，导致后来高层权力和施政的扭曲，最终激化了慈禧太后与光绪帝的矛盾，导致后来的宫廷争权，影响了晚清的政局走向。① 有的重新考证这一时期北洋海军军费遭挪用问题，对以往认为慈禧太后修建颐和园工程的经费主要来源于海防经费，进而严重影响了北洋海军发展的观点加以修正，指出颐和园工程经费约为 8145148 两，主要出自海军衙门经费和总理衙门经费，分别为 7375148 两和 770000 两，而"挪用"的海防专款数额不会超过 668265 两；颐和园工程与北洋海军虽无直接关联，但清政府挪用大量海军衙门经费、总理衙门经费修建颐和园而非补贴北洋海防建设，显然不利北洋海军的发展。② 有的还对 1875—1894 年北洋收存海防经费的挪用问题作了考察，指出在这 20 年里李鸿章因种种原因共挪用海防经费 842875 两，相对于北洋海防经费 4321 万余两来说，仅占 1.9%，无须过于苛求。③ 有的通过比对《随手登记档》《清实录》《军机处录副奏折》等档案文献，对光绪帝亲政前的习批奏折作了探析，认为光绪帝在亲政前 5 年，就开始用朱笔批示奏折。这些朱批并非如之前学者推断的那样，是慈禧太后的手迹，而是出自少年光绪皇帝之手。这些朱批并无行政效力，是光绪帝在翁同龢、孙家鼐等帝师的指导下，为成年后亲政进行的所谓"习批折"的政务训练。这种训练起自光绪八年至光绪十三年光绪帝亲政为止。奏折内容包罗官制、农业、外交、教育等诸多方面，难度上由浅入深。朱批内容，反映了光绪帝早年的教育实况，也提示着他日后思想的部分源头。④

对于同光时期湘淮系的研究，学界出版了三部相关专著。徐锋华的著

---

① 李文杰：《垂帘听政、训政、归政与晚清的奏折处理》，《近代史研究》2018 年第 2 期。
② 陈先松：《修建颐和园挪用"海防经费"史料解读》，《历史研究》2013 年第 2 期。
③ 陈先松、陈兆肆：《北洋收存海防经费的挪用问题（1875—1894）》，《安徽史学》2013 年第 2 期。
④ 李文杰：《光绪帝亲政前的习批奏折探析》，《近代史研究》2015 年第 6 期。

作考察了李鸿章1862年率淮军东下成功抵御太平军进攻，作为上海地方官开展的各项除旧迎新活动，揭示李鸿章崛起与近代上海社会的关系及其对上海政治、经济、社会文化诸方面所产生的积极影响。① 邱涛的著作研究了同光年间湘淮分野与晚清权力格局变迁之间的关系，认为清廷通过"扶淮抑湘"到"湘淮互制"，确立了"湘淮分立"的调控路径，与湘淮集团在行政人事、财政税收、军队控制、司法外交等权力问题上展开激烈争夺。清廷与湘淮集团博弈的结果，导致湘淮集团由同治元年的全盛时期逐步进入光绪二十一年之后的全面衰落状态，并最终呈现地方实力集团从湘淮集团向北洋集团转换的格局。② 董丛林与徐建平的合著分三个阶段，考察了清季北洋势力的崛起过程及其差异和特征，以湘系大员刘长佑、曾国藩先后任直隶总督为北洋势力崛起的"前奏"，以李鸿章任直隶总督兼北洋大臣为北洋势力正式奠基和发展时期，以袁世凯北洋集团为其"新篇"，并探讨了北洋势力崛起对直隶社会变动的影响和作用。③

此外，王维江的著作对同光年间著名政治派系"清流派"的政治主张和功过是非及与清廷各派政治势力的关系作了综合考察，反对将"清流派"归入朝廷内特定的政治派别，认为清流派不是一个政治派别或团体，不是朝廷中党争的工具，只是一种意识形态或文化现象。④ 汤仁泽的著作将同光年间经办外交和洋务的"反面"的重要政治人物崇厚放在中国近代历史进程中，重新作了考察和评价，指出"崇厚遇上了'渐图自强'、实现近代化的关键时期，他有效地把握住向西方学习的机遇，做过一些有利于社会进步和发展的事，顺应了中国历史发展的潮流，其作用也应肯定"。"从崇厚的个案中，可看出中国走向近代化初期的坎坷和艰辛，可认清当时的西方列强对中国侵略和掠夺的罪恶及本质，寻求发人深省的历史教训，也能给今人提供一些有益的启示。"⑤

---

① 徐锋华：《李鸿章与近代上海社会》，上海辞书出版社2014年版。
② 邱涛：《同光年间湘淮分野与晚清权力格局变迁（1862—1895）》，社会科学文献出版社2018年版。
③ 董丛林、徐建平：《清季北洋势力崛起与直隶社会变动》，科学出版社2011年版。
④ 王维江：《"清流"研究》，上海书店出版社2009年版。
⑤ 汤仁泽：《经世悲欢：崇厚》，上海社会科学院出版社2009年版，第10页。

在中日甲午战争与人物研究领域，学界也对相关问题作了进一步探讨。如关于中日甲午战争赔款问题，尽管中日《马关条约》规定为两亿两，但对于日本在战争中消耗的实际军费开支、中国的实际支付、日本的实际接收等，中日学者之间一向存在较大分歧。蒋立文通过对中日两国现存的相关档案文献和主要论著进行分析考释，同时结合战争前后与赔款有关的几种货币兑换关系，并综合考虑战争前后日元的币值变动，以及日元与中国库平银、英镑之间的比价关系，对甲午战争赔款数额进行重新计算，确定日本在甲午战争中实际支出的军费总数不超过 1.25 亿日元，而清政府的实际支付，陆续折换成日元，却总计达 3.5836 亿日元；日本从中国强行掠夺的资金高达 2.3336 亿日元，是当时日本全国年度财政总收入的 3 倍。[1] 在人物研究方面，尚小明为甲午战败后长期受谤于世人的洪述祖辩诬，认为各种关于洪述祖甲午"丑史"的记述都是不实的。甲午期间的洪述祖虽然只是个不起眼的小人物，但其对时局的认识颇有眼光，其遭遇颇有值得深思之处，不能因其所为多为人所不齿便忽略乃至扭曲他在甲午期间的表现。[2] 又如传统观点认为甲午战争标志洋务运动的终结，张海荣通过对 1895 年 5 月互换《马关条约》之后清朝执政集团内部关于改革问题的大讨论及津芦铁路修筑过程的考察，提出相反观点，指出洋务运动在甲午战后并没有停止，而是再启。[3]

在戊戌变法与人物研究领域，茅海建、马忠文和贾小叶三位学者的研究比较具有代表性。其中，茅海建的《从甲午到戊戌：康有为〈我史〉鉴注》一书，就康有为所著《我史》从甲午（1894）至戊戌（1898）的 5 年记录，逐条进行厘订，鉴别真伪，重新厘清史实，并对康有为作伪的原因进行了分析，为读者澄清了以往许多似是而非的说法，也为研究者正确地使用《我史》乃至其他戊戌变法史料奠定了坚实的基础。[4]《戊戌变法

---

[1] 蒋立文：《甲午战争赔款数额问题再探讨》，《历史研究》2010 年第 3 期。
[2] 尚小明：《洪述祖甲午"丑史"辩诬》，《史林》2015 年第 2 期。
[3] 张海荣：《甲午战后改革大讨论考述》（《历史研究》2010 年第 4 期）、《从津芦铁路看甲午战后清朝改革的再启》（《安徽史学》2014 年第 4 期）。
[4] 茅海建：《从甲午到戊戌：康有为〈我史〉鉴注》，生活·读书·新知三联书店 2009 年版；茅海建：《康有为与他的〈我史〉》，《广东社会科学》2009 年第 1 期。

史事考初集》① 收录作者5篇专题论文，内容依次为"戊戌变法的时间、过程与原委""戊戌年张之洞召京与沙市事件的处理""戊戌变法期间司员士民上书研究""戊戌变法期间光绪帝对外观念的调适""日本政府对于戊戌变法的观察和反映"。《戊戌变法史事考二集》② 收录作者9篇专题论文，依次为《"公车上书"考证补》《"公车上书"考证再补》《戊戌变法期间的保举》《京师大学堂的初建——康有为派与孙家鼐派之争》《救时的偏方——戊戌变法期间司员士民上书中军事外交论》《记忆与记录——光绪帝召见张元济》《巴西招募华工与康有为移民巴西计划》《康有为及其党人所拟戊戌奏折之补篇》《"康有为自写年谱手稿本"阅读报告》。《戊戌变法的另面："张之洞档案"阅读笔记》③ 包含新做的六个专题研究：张之洞之子张权，之侄张检、张彬的京中密信；张之洞与杨锐；戊戌政变前后张之洞与京、津、沪的密电往来；张之洞与《时务报》《昌言报》——兼论张之洞与黄遵宪的关系；张之洞与陈宝箴及湖南维新运动；戊戌前后诸政事。这些专题研究以翔实的史料、精深的考据，展现了康、梁之外一些历史人物与戊戌维新运动的关系。马忠文利用相关档案和文献资料，分别就戊戌时期李盛铎与康、梁之间的关系，张荫桓、翁同龢与戊戌年康有为进用之间的关系，翁同龢开缺前的政治倾向，维新志士王照的"自首"问题，张荫桓与英德续借款，戊戌政变后袁世凯的政治境遇，甲午至庚子时期荣禄与晚清政局的关系等问题，进行专题研究，对戊戌维新时期人物研究多有补证。④ 贾小叶围绕戊戌政变前后"康党"这一概念的

---

① 生活·读书·新知三联书店2012年版。
② 生活·读书·新知三联书店2011年版。
③ 上海古籍出版社2014年版。
④ 详见马忠文《戊戌时期李盛铎与康梁关系补正——梁启超未刊书札释读》(《江汉论坛》2009年第10期)、《张荫桓、翁同龢与戊戌年康有为进用之关系》(《近代史研究》2012年第1期)、《寇连材之死与"烈宦"的诞生》[《清华大学学报》(哲学社会科学版)2012年第3期]、《从朝野反响看翁同龢开缺前的政治倾向》[《南京大学学报》(哲学·人文科学·社会科学版)2013年第2期]、《维新志士王照的"自首"问题》(《近代史研究》2014年第3期)、《张荫桓与英德续借款》(《近代史研究》2015年第3期)、《戊戌政变后至庚子事变前袁世凯的政治境遇》(《广东社会科学》2017年第9期)及《荣禄与晚清政局》(社会科学文献出版社2016年版)等论著。

复杂流变作了系统考察,认为"康党"指涉的流变与戊戌政局的变动有复杂关联:在变法的视野下,"康党"最初是指康门师徒,时人判分"康党"的标准主要是康门师徒由"公羊"学而来的变法理论(时人称之为"康学"或"康教")及其结党做派;随着康门师徒影响力的扩大,"康党"的指认对象逐渐向康门师徒的支持者扩张。戊戌政变后,"康党"的判分标准与指认对象再度发生变化。政变之初,政治上的"谋逆"与否,成为清廷判定是否"康党"的主要依据;之后在各种因素的交互作用下,本来被清廷判为"逆党"的"康党"却出现了与"新党"混一之势。另一方面,又对"康党"与其他变法派官绅关系的离合作了具体考察和分析,指出造成"康党"与其他政治势力离合转变的关键在于"康党"有着与其他变法派不尽相同的学术思想、变法理论和结党做派,且影响延及己亥政争。① 她的研究成果,深化和拓宽了对戊戌前后康梁维新派的研究。此外,陈忠平的论文利用在北美新发现的档案、碑文等资料,对保皇会在加拿大的创建人、诞生地、分会总数、会员构成和主要活动等作了有益的订正和补充。② 桑兵对康梁并称的缘起与流变作了考察和分析,指出尽管梁启超不喜欢康梁并称,却不得不一直笼罩在康有为的身影之下。③

在庚子事变与人物研究领域,相关学者在以往的基础上又作了一些新的探索。如有的学者利用中、日、英档案史料,对庚子事变中肃王府的战斗作了重新考察,提出新的看法,认为在这场战斗中荣禄系严格遵照慈禧意旨指挥围攻使馆,并非假攻,而是真打,战斗异常激烈,但这些战斗均服从并服务于慈禧"以战逼和"的政治决策及其变化,因此严重影响到清军进攻的路线和效率。此外,围攻使馆之役具有城市街垒攻坚战的特点,清军不具备这样的近代军事素质,军纪、训练差,对先进武器掌握差,清

---

① 详见贾小叶《"康党"与戊戌时期变法派官绅的关系离合》[《中山大学学报》(社会科学版)2013年第6期]、《梁启超出任湖南时务学堂总教习首荐人考》(《历史档案》2013年第2期)、《"新党"抑或"逆党"——论戊戌时期"康党"指涉的流变》(《近代史研究》2015年第3期)及《"康党"与戊戌时期的学术、政治纷争研究》(社会科学文献出版社2017年版)等论著。

② 陈忠平:《保皇会在加拿大的创立、发展及跨国活动(1899—1905)——基于北美新见史料的考证》,《近代史研究》2015年第2期。

③ 桑兵:《康梁并称的缘起与流变》,《近代史研究》2013年第2期。

军自身优势难以发挥,火炮的种类和性能不利于城市街垒战,也造成使馆久攻不下。① 有的对庚子年北京城失陷后留守京官群体的政治、外交活动和心态作了具体考察,揭示了这一群体和国人在面临国难时的众生相。② 有的利用新发现的中外交往信函,探讨了庚子之役中总理衙门对外交涉情况,说明总理衙门在庚子之后被裁撤的历史必然。③ 还有学者就义和团运动中亲庆王奕劻和清朝官员李秉衡两位历史人物的表现和评价问题进行了有益的探讨。一种意见认为在义和团高潮期间奕劻的表现并非以往学术所认为的那样,因主张"剿团"而与慈禧太后关系十分紧张,以至后者欲杀前者,相反,事实是从戊戌维新到义和团前后,奕劻一直为慈禧出谋策划,对慈禧言听计从,并因此一直受到慈禧的器重,在光绪二十九年荣禄去世后成为集内外大权于一身、权倾中外的领班军机大臣。④ 另一派则持反对观点,坚持认为奕劻、载漪处于"同一阵营",对义和团持反对立场,所谓慈禧在用人态度上亲奕劻而疏荣禄的观点缺乏说服力。⑤ 在李秉衡人物评价问题上,一种意见认为慈禧在决定对列强宣战后急切召李秉衡进京,缘于守旧势力的荐举;李秉衡在义和团运动中的行为,与守旧派的愚昧排外政策,有着千丝万缕的联系,不宜将李秉衡在义和团运动中的行为看作爱国之举,加以肯定。⑥ 另一派持相反观点,认为李秉衡以"纾君父之难"为要义,心怀报效之忧,反对侵略,极力主战,在因应时变的策略上,与李鸿章、张之洞等人明显拉开距离,"忠君爱国"确为其思想本质,所谓李秉衡"庇拳仇洋"未必是历史事实。⑦

在庚子事变与人物研究中,学界还对"东南互保"事件作了比较多的探讨。戴海斌就"东南互保"期间清朝中央政府与东南地方政府的关系,"上海中外官绅"和上海制造局在1900年"东南互保"中的角色及所起的

---

① 邱涛、郑匡民:《庚子肃王府之战》,《近代史研究》2014年第3期。
② 戴海斌:《"无主之国":庚子北京城陷后的失序与重建——以京官动向为中心》,《清史研究》2016年第2期。
③ 董佳贝:《庚子之役中总理衙门交涉补证》,《史林》2016年第5期。
④ 孔祥吉:《奕劻在义和团运动中的庐山真面目》,《近代史研究》2011年第5期。
⑤ 戴海斌:《也说义和团运动中的奕劻》,《近代史研究》2013年第1期。
⑥ 孔祥吉:《义和团运动中李秉衡的言行考察》,《清史研究》2011年第3期。
⑦ 戴海斌:《"误国之忠臣"?——再论庚子事变中的李秉衡》,《清史研究》2011年第3期。

作用，以及"东南互保"究竟有没有"议定"约款等问题，分别作了重新考察和论述，认为"互保"之创议和实行固然为东南自行其是，但一个不能忽视的前提是，当时中央政府仍然存在，并且不断向地方发号施令。因此，不能将"东南互保"看作中央与地方的割裂。"东南互保"最终没有"议定"所谓的约款，而是以互换照会的形式确立了某种和平性质的原则，从而达成中外保护的谅解。因此，"东南互保"的局面虽然基本维持了下来，但这一格局却并不稳固，不断面临着来自外部的冲击。① 刘芳对庚子事变期间"东南互保"的范围作了探讨，认为"东南互保"的范围以两江、两湖为中心，包括12个省份。② 冯志阳的著作对庚子国变期间东南各省官绅商民及当时朝廷重臣与疆吏领袖，如李鸿章、奕劻、张之洞、刘坤一、袁世凯等，对滞留北方险境之中的东南各省官绅商民展开的救援行动作了比较全面的考察，具体揭示救援过程中国家与社会之间的张力与角力，以及浮现出的"省籍"意识，认为这一救援行动深刻影响了新政时期的社会和政局，直接影响了清朝的覆亡，间接造就了北洋时代的社会和政局。③

关于清末最后十年政局，在过去10年里继续受到学界重视。如有的对辛丑回銮之前政务处的新政举措进行了研究，试图重建政务处在设立初期的历史图景，管窥其在清末新政中的作用。④ 有的考察了1902年载振出访与1903年商部设立的关系，指出比对《英轺日记》和商部奏折、章程可以发现，唐文治的商部设计一方面源自于他在外务部的施政经历，另一方面也源自于1902年其在外访问的见闻。此次游历和其后的商部设立，是一次全球性知识中国化的最好体现。⑤ 有的考察了1904年铁良南下的动

---

① 详见戴海斌《"上海中外官绅"与"东南互保"——〈庚子拳祸东南互保之纪实〉笺释及"互保"、"迎銮"之辨》（《中华文史论丛》2013年第2期）、《"东南互保"究竟有没有"议定"约款》（《学术月刊》2013年第11期）、《试析1900年"东南互保"中的几个问题》（《历史档案》2014年第1期）、《上海制造局：影响"东南互保"进程的一个关键因素》（《军事历史研究》2016年第2期）。

② 刘芳：《核心与外围："东南互保"的范围探析》，《江苏社会科学》2016年第4期。

③ 冯志阳：《庚子救援研究》，北京师范大学出版社2018年版。

④ 赵虎：《政务处与辛丑回銮前的新政举措》，《清史研究》2017年第1期。

⑤ 董佳贝：《两种〈英轺日记〉与1902年的载振出访——兼论晚清商部的成立》，《江苏社会科学》2016年第4期。

因及影响，认为铁良南下是为筹款练兵，但各方的反应折射出满汉矛盾加剧及清廷统治陷入困境与合法性危机。① 有的重新考察1907年清朝地方官制改革，指出清朝有意通过改革地方官制，扭转自咸丰朝出现的"外重内轻"倾向，但朝廷与督抚几经博弈，直到清亡，也未能在全国实行。② 有的以中央与直省官员在清末"裁撤驿站"改革上不同的态度，展示在清末制度转型中中央政制设计与直省新政施行之间不同步的现象及两者之间的利益冲突。③ 有的考察了清末地方自治改革与清朝灭亡的关系，认为清末地方自治具有浓厚的"官治"色彩，激化了社会矛盾，成为清朝灭亡的诱因。④ 有的对张之洞的立宪态度作了考辨，认为从张的一贯表现来看，他对立宪始终是持消极保守态度。⑤ 有的对清政府的基督教政策作了系统考察，认为庚子反教至清朝灭亡是最后一个阶段，由于双方受创皆深，促使官教合作，寻求共识，建立起区分矛盾、各负其责的制度安排，尽管无法摆脱条约束缚，但从国家治理角度初步纾解了基督教问题的困局。⑥ 有的对醇亲王载沣娶妻背后的政治联姻作了考察和分析，认为载沣娶妻原聘并非荣禄之女，慈禧太后和荣禄对于两家的联姻，也并非一开始就抱有乐观其成的态度。载沣婚姻的变故丛生，既是"戊戌政变"和"庚子事变"的共同产物，更是清末后党专权的产物。通过"指婚"这种略带温情的政治手段，慈禧太后不但举重若轻地化解了甲午战争以来帝后之间的长期对立局面，巩固和改善了统治基础，也有效避免了异日"戊戌政变"旧案重提，确保了自己与荣禄的身后之名，同时还为未来清朝的皇嗣继替指明了方向。⑦ 有的对1909年1月2日袁世凯遭清廷罢免事件作了进一步探讨，认为袁世凯遭罢免，是载沣和隆裕太后双方的共同决定，后来载沣虽倾向于起复袁世凯，但遭到隆裕阻止。武昌起义之后，袁世凯正式复出，主要

---

① 王悦：《铁良南下的棱镜：对清末政局的多面透视》，《史林》2016年第4期。
② 李振武：《清末预备立宪时期外官制改革的实施》，《广东社会科学》2016年第2期。
③ 吴昱：《直省先行：清末"裁驿"的态度、举动及反响》，《学术研究》2014年第7期。
④ 颜军：《"自治"与"官治"：从地方自治改革看清朝的灭亡》，《广东社会科学》2014年第6期。
⑤ 侯宜杰：《张之洞对立宪的态度——与孔祥吉先生商榷》，《近代史研究》2016年第6期。
⑥ 陶飞亚、李强：《晚清国家基督教治理中的官教关系》，《中国社会科学》2016年第3期。
⑦ 张海荣：《政治联姻的背后——载沣娶妻与荣禄嫁女》，《近代史研究》2017年第3期。

得益于皇族各派的支持与默许，而非列强施加的压力。① 有的对袁世凯的《请速定大计折》作了详细考辨，揭示袁世凯与清廷、拥清势力之间围绕清帝退位问题展开的博弈，认为袁世凯于1912年1月19日刊布《请速定大计折》，目的是对坚持君主制的拥清势力起釜底抽薪的作用。② 此外，学界还就清末10年期间满族官僚和亲贵的政治态度和动向进行了较为广泛的探讨。③ 总之，在过去10年里，晚清政局与人物的研究不断得到深化。

## 第二节 列强与晚清政局关系研究

晚清政局与既往历史的一个不同之处，在于它不仅是中国内政，而且深受国际形势影响。在晚清政局与人物研究中，随着国内学者有更多的机会接触和阅读外国档案资料，有关列强及一些重要外国人与晚清政局关系的研究，也越来越受到学界的重视。

在列强与晚清政局关系领域，目前国内学界主要集中在1894年中日甲午战争之后。就1894年之前的研究来说，孔祥吉和日本学者村田雄二郎合作撰写的《日本机密档案中白云观与高道士》一文，通过利用日本外务省所藏档案资料并结合相关中文档案和文献资料，具体揭示同光时期俄国和日本的外交官如何通过与白云观第二十代方丈高仁峒建立关系，利用高仁峒与清廷高层太监的关系，刺探清廷上层情报，并通过太监李莲英等人，试图对慈禧太后施加影响，为本国谋取利益的种种内幕，同时也揭示了同光时期白云观道士与清廷太监和慈禧太后之间鲜为人知的关系。④ 关于列强在晚清中国的间谍活动，这是一个很值得学界重视和研究的课题。

海关税务司作为一个由外国人把持的中国海关行政机关，在晚清内政

---

① 朱文亮：《清末皇族内争与袁世凯复出》，《历史研究》2017年第5期。
② 桑兵：《袁世凯〈请速定大计折〉与清帝退位》，《近代史研究》2017年第6期。
③ 相关研究成果，详见本章第三部分内容。
④ 孔祥吉、村田雄二郎：《日本机密档案中白云观与高道士》，《福建论坛》（人文社会科学版）2011年第1期。

和外交活动中都曾扮演重要角色。张志勇对海关税务司英国人李泰国在第二次鸦片战争中英《天津条约》谈判过程中所扮演的角色和作用作了探讨，指出李泰国的主要任务是作为英方的翻译，但也曾经单独同中方官员进行谈判，并取得很大成果。中方官员曾奢望其会帮助中国降低英方要求，但李泰国在谈判过程中嚣张跋扈，使中方官员的想法灰飞烟灭。即使如此，在上海税则谈判中，中方还是没有放弃利用李泰国，但李泰国始终为英国利益服务，且无任何遮掩。① 此外，张志勇还利用中英文档案资料，对海关总税务司英国人赫德在 1868—1869 年中英修约、中英滇案交涉、晚清驻英使馆、中英缅甸交涉及中英《藏印条约》等重大外交事件中所扮演的角色和作用作了系统考察和论述。其中，关于赫德在中法战争中的活动和作用，作者指出赫德从 1880 年到 1885 年先后向清政府提出解决办法与建议 20 多条。这些办法与建议有的对清政府有利，有的对清政府不利。不管清政府是否接受自己的建议，赫德一直不断为和平解决中法越南问题而努力。在观音桥事件发生后，赫德试图与法国代办谢满禄一起挽救中法天津《简明条款》，并赴上海会晤法国公使巴德诺，力主清政府接受法国的赔款要求。马尾海战后，赫德又力促英国调停中法矛盾。最终，在英国调停失败后，赫德派遣金登干赴巴黎，直接与法国总理茹费理进行秘密谈判。几经周折，赫德先后促成中法《停战条件》与《越南条款》的签订，中法战争结束，中法越南问题得以解决。②

1894—1895 年的中日甲午战争是近代东亚国际关系史上的一个转折点，其影响绝不限于中日两国，当时与东亚有关的列强都程度不同地卷入其中。崔志海利用公开出版的美、日、法和中、韩等国的外交文件，考察了美国在 1894—1895 年的中日甲午战争中的态度，并对其原因和影响作了分析，指出美国表面声称中立，实际却偏袒日本，战前一再拒绝中、朝两国的调停请求和英国的联合调停建议，默认或怂恿日本发动战争；战争期间，美国外交官作为中日两国侨民的战时保护人，一再逸出国际法合理

---

① 《李泰国与第二次鸦片战争》，《北方论丛》2015 年第 4 期。
② 详见张志勇《赫德与中法越南交涉》(《近代史研究》2019 年第 2 期) 及《赫德与晚清中英外交》(上海书店出版社 2012 年版) 等论著。

范围,曲意保护在华日本间谍。作为中日两国的唯一调停者,美国一方面拒绝与欧洲国家联合调停,为日本继续发动战争减轻国际压力;另一方面又单方面劝说清朝政府接受日本的各项侵略要求,逼迫清政府签订《马关条约》帮助日本实现发动战争的目的。美国偏袒日本的原因,主要是希望借日本之手废除中朝宗藩关系,进一步打开中国大门,同时利用日本削弱英国、俄国等在东亚的影响力,此外也是受了美国国内舆论和偏见的影响。[①] 葛夫平考察了法国政府对甲午战争的态度和反应,指出法国在中日甲午战争爆发前后表面上持观望态度,但实际上从一开始就将中日战争视为巩固法俄同盟和进一步侵略中国西南边疆的天赐良机,乐见中日开战,并始终与俄国保持一致立场,抵制英国在调停中扮演主导角色。在战争胜败趋于明朗和日本侵略中国的野心暴露之后,法国从观望走向干涉,先后积极参加俄、英、法和俄、法、德三国干涉行动,并希望阻止日本占领中国台湾和澎湖列岛,以维护欧洲整体利益和巩固法俄同盟,防止日本取代欧洲主宰中国,同时从中国索取回报。在还辽条件谈判过程中,法国捐弃与宿敌德国的矛盾,尽力调解德、俄分歧,维持三国的共同行动,并主张以牺牲中国的利益满足日、俄两方的要求,以促使辽东问题尽快解决。强调法国的态度及其转变始终是充分利用中日战争,最大限度地为自己谋取利益,除巩固俄法同盟,直接从中国索取回报这两个动机之外,法国的欧洲主义立场也是一个重要的出发点,迄今仍是影响法国和欧洲国家东亚政策的因素之一,值得重视。[②] 张志勇考察了赫德在中日甲午战争中的活动,指出赫德在中日甲午战争中积极参与了清政府的备战,帮助清政府筹措战争借款,帮助购买军火,支持洋员参战,并为清政府提供了各种战况与情报。在中国连连失利的情况下,他又倡议英国调停。日本拒绝调停后,他一方面建议清政府继续抵抗,另一方面却更为积极地支持中日议和,不断为促进议和与换约成功而献策,希望早日结束战争,防止日军攻陷北京,保住他的既得利益。[③]

---

[①] 崔志海:《美国政府与中日甲午战争》,《历史研究》2011年第2期。
[②] 葛夫平:《法国与中日甲午战争》,《中国社会科学》2013年第3期。
[③] 张志勇:《赫德与中日甲午战争》,《安徽史学》2016年第2期。

关于列强与甲午战后清朝政局及戊戌变法的关系，孔祥吉和日本学者村田雄二郎合作，以外务省档案为线索，并利用中岛雄编纂的《往复文信目录》，就戊戌维新期间康有为、黄遵宪等人的活动与日本的关系作了考察和探讨，指出百日维新后期光绪帝任命黄遵宪为驻日特命全权公使的直接原因并非维新派的推荐，而是日本方面的主动邀请，此举引发了光绪帝亲自书写谕、国书，并派遣军机和总署大臣与日本公使联络，试图推行联合日本，大举新政，以此来寻求变法的出路。① 邱涛、郑匡民两位作者合作，亦根据中、日两方材料，对甲午至戊戌年间日本各种势力在中国展开结盟活动、维新派和清政府部分官员对此的呼应、"中日结盟"论对于光绪帝及戊戌时期政局的影响等问题作了较为深入的考察和分析。② 陈一容对日本人古城贞吉与《时务报》的关系作了具体考察，指出古城贞吉出任《时务报》"东文报译"栏目主持人系应黄遵宪之召，他主持"东文报译"栏目56册（期），发表译文600多篇，共计34余万字，译稿内容具有更明显的广泛性与时代性，对当时中国引入大量新词汇、新概念，传递近代理论与常识，丰富国人西学知识，起到了十分积极作用。③ 陶祺谌就甲午战争后张之洞在湖广总督任上聘用的日本军人展开考论，认为受聘来华的日本军人群体不仅完成合同中所规定的工作，还大力收集情报、引荐其他日人、充当军火买卖中介等，受聘来华未必是他们的自愿选择。整体而言，他们是张之洞为推进近代化建设而引进的外国人才，但本质上是日本对华扩张的得力工具。④ 崔志海利用美国外交文件并结合相关中文档案文献，考察了美国驻华公使对维新运动的观察和分析，认为康有为和梁启超引起美国驻华公使和其他国家外交官的关注和重视，主要是在戊戌政变发生之后，清政府发布的一道道拘捕令及对著作和刊物的查封令，使他们成为北京外交官中的闻人。美国驻华公使对清朝官员守旧还是改革的判断不是以派论人，而更倾向于根据这些官员对外国人是否友好。他们对戊戌政

---

① 孔祥吉、[日]村田雄二郎：《一个日本书记官见到的康有为与戊戌维新——读中岛雄〈随使述作存稿〉与〈往复文信目录〉》，《广东社会科学》2009年第1期。
② 邱涛、郑匡民：《戊戌政变前的日中结盟活动》，《近代史研究》2010年第1期。
③ 陈一容：《古城贞吉与〈时务报〉"东文报译"论略》，《历史研究》2010年第1期。
④ 陶祺谌：《甲午战争后张之洞聘用日本军人考》，《历史档案》2015年第3期。

变始终持默认和旁观态度，以利本国利益。美国驻华公使与公使团一道就戊戌政变后北京两起排外事件向清政府交涉、施压，甚至调派军队进京保护使馆，一定程度上可以说是一年之后庚子事变的预演或序幕。美国驻华公使对戊戌变法的观察虽然有限，且带有个人色彩，但他们的观察和分析在不少方面揭示了戊戌变法与清朝最后十余年政局之间的历史连续性。①

关于列强与庚子事变的关系，戴海斌发表多篇论文，探讨了列强与"东南互保"的关系。其中，《东南互保之另面——1900年英军登陆上海事件考释》②一文具体考察了英国派军登陆上海的经过以及两江总督刘坤一和湖广总督张之洞的反应，认为英军登陆上海事件是对"东南互保"最大的一次外力冲击，这一事件体现出英国一贯以来对在长江流域特殊利益的关心，并力求将对该区域的主导权收为己有。但与上海领事当局以及商业团体始终以军事占领上海为狂热追求不同，英国政府在军事干预程度上保持了相对克制，避免惹怒其他虎视眈眈的列强国家，也防止激化本已接近临界点的中外矛盾，有自我节制的一面。尽管如此，英军登陆上海最终导致各国联合占领的局面，显然并非英政府所愿乐见。而刘坤一、张之洞等东南督抚的应对则经历了曲折和反复，比较而言，张之洞更具战斗性的独立态度；刘坤一则体现出一层"亲英"的特色。《外国驻沪领事与"东南互保"——侧重英、日、美三国》③一文认为，英国驻沪领事霍必澜是军事干预论的始作俑者，日本驻沪领事小田切万寿之助则为"互保"发轫者之一，美国驻沪领事古纳则表现出矛盾的心态。《庚子事变时期中美关系若干问题补正》④一文认为美国在庚子事变时扮演了一个比较特殊的角色。它没有参加大沽之役，因此被视为调停战事的对象，在"东南互保"交涉过程中，表现出较他国更易沟通。北京使馆被围期间，美国最早实现在京公使与外界的电报联络，其国书中对华相对缓和的表述，也被援引为"排难解纷必须由美入手"之据。事变期间，美国的形象被逐渐放大，稍后又有跌落，美国的对华政策也一度显示其重要性。此外，戴海斌还就义

---

① 崔志海：《美国驻华公使对戊戌变法的观察》，《史林》2018年第4期。
② 《史林》2010年第4期。
③ 《史林》2011年第4期。
④ 《史学月刊》2011年第9期。

和团运动时期张之洞的对日交涉和日本驻上海代理总领事小田切万寿之助的在华活动，分别撰文作了考察。①

葛夫平的论文对义和团运动时期列强在上海的驻军与撤军问题作了综合性研究，提出一些新的看法，指出义和团运动时期列强围绕上海驻军和撤军问题展开的交涉，反映了上海的重要地位，同时也具体揭示了列强之间的矛盾，是19世纪末列强争夺势力范围的一个延续。英国最早提出上海驻军问题，显然将自己视为上海和长江流域的"主人"，而德、法、日等国的驻军要求和提出的撤军条件及其他列强的反应，无疑否定了英国在上海和长江领域的特殊地位，一定程度确定了上海是列强的共同"乐园"这一事实。因此，上海驻军和撤军问题是义和团运动时期英国对华政策的一个失败之举，表明随着德、法、日、俄、美等列强在华势力的扩大，大英帝国的优势地位正在逐渐丧失，英国并不是上海和长江流域的唯一"主人"②。

关于列强与清末新政改革的关系，崔志海的两篇论文探讨了美国与清末新政改革的关系。其中，第一篇论文考察了美国政府与清末币制改革的关系，指出1904年美国货币专家精琪来华帮助清政府币制改革，双方表面都以促进中外贸易和投资相标榜，实则各有所图。清政府是要维持中外货币汇率的稳定，解决自19世纪70年代以来因国际银价跌落、金银折算亏累所造成的财政损失。美国则试图借此将中国货币纳入以纽约为中心的美元国际集团，以与长期主宰国际贸易的英镑竞争，使美国政府在国际货币事务中扮演领导角色。清政府拒绝精琪货币改革方案的主因在于该方案没有顾及中国主权和利益及相关主客观条件，而不能简单归咎于晚清"货币发行地方化"所代表的地方利益的抵制。精琪没有向外界和美国政府如实、准确传达会谈情况，既出于其邀功心理，也因中美文化和语言隔阂所致。③ 第二篇论文考察了柔克义在促成美国政府退

---

① 戴海斌：《庚子事变时期张之洞的对日交涉》（《历史研究》2010年第4期）、《义和团事变中的日本在华外交官——以驻上海代理总领事小田切万寿之助为例》（《抗日战争研究》2012年第4期）。
② 葛夫平：《义和团运动时期列强在上海的驻军与撤军》，《史林》2018年第3期。
③ 崔志海：《精琪访华与清末币制改革》，《历史研究》2017年第6期。

款兴学中所起的作用,指出柔克义在1901年代表美国政府参加《辛丑条约》谈判过程中就力主削减庚子赔款,后又极力反对列强因"镑亏"问题提出的还金要求,主张美国应退还部分赔款用于兴学,并在1905—1909年驻华公使任上代表美国政府具体加以落实,促成清政府创办清华学堂。柔克义与美国第一次庚款兴学的关系,既体现了这位汉学家出身的外交家对发展中国教育事业情有独钟,也从一个侧面说明庚款兴学主要系出于美方的决策,是美国政府的主动行为。① 孙宏云对日本人有贺长雄与清末预备立宪密切关系作了具体考察和分析,指出有贺长雄为考察政治大臣端方和戴鸿慈起草了考察政治报告,之后又为考察宪政大臣达寿和李家驹讲解欧美、日本的宪法与官制,并对清政府筹备立宪提出较为系统的建议,核心是建立"责任内阁制"。其观点与建议,在考政大臣有关预备立宪的奏折中有明显体现,与预备立宪的整体思路乃至官制编纂、宪法拟订有很大关联性。受有贺长雄、穗积八束等人影响,清末预备立宪倾向于模仿日本明治维新后的"大权政治"模式,但如何处理大权政治下君主与内阁以及满汉官僚之关系,是困扰清末官制改革的主要症结。② 桑兵综合考察了日本对清季变政的影响,指出辛亥前后是日本影响近代中国最为广泛深入的时期。留学生、游历人员和日本顾问、教习所起的作用最大,由此造成话语、学术系统和政治、社会、教育、司法、军事、财政各项制度的全面转型。明治维新后形成的知识系统和制度体系,早已让日本掌控了东亚的话语权和精神笼罩力,决定了清季以来中国人的思维和行为方式,影响极其深远。不过,这些变化未必都是进化。作为承接西学影响中国的东学,在中西两面均有格义附会的副作用,导致对于西学和中国的误读错解。③

清末禁烟运动与列强休戚相关,王宏斌探讨了英国政府与清末禁烟运动的关系,指出在各种社会力量的制约下,英国政府虽然没有根本改变其强行向中国输入鸦片的立场和政策,但在谈判桌上却不得不作出某

---

① 崔志海:《柔克义与美国第一次庚款兴学》,《史学月刊》2016年第1期。
② 孙宏云:《清末预备立宪中的外方因素:有贺长雄一脉》,《历史研究》2013年第5期。
③ 桑兵:《清季变政与日本》,《江汉论坛》2012年第5期。

些让步。① 苏智良探讨了1909年上海万国禁烟会对清末禁烟所产生的积极影响，认为该次会议公开举起反毒、禁毒旗帜，揭开了国际联合禁毒的序幕，在促进中国国内禁毒运动的同时，也为以后的海牙会议制定国际禁毒公约奠定了基础。② 崔志海对美国政府支持清末禁烟运动的原因和意义作了深入的考察和分析，指出美国政府为支持清末禁烟运动，发起上海国际鸦片会议，并与中国代表一道，促使会议通过声援中国禁烟的决议，这既与当时美国国内兴起的反麻醉品运动和治理菲律宾有着直接关系，又与美国对华鸦片政策及美国扩大对华贸易有关，同时也是因为出现了有利于中国禁烟的国际背景。美国政府在清末禁烟运动中与中国的合作，不但有力地推动了清末中国禁烟运动和国际禁烟运动，同时也是晚清中国参与多边国际外交活动的一个成功范例，是晚清中美特殊关系的一个具体表现。③

关于列强与清末政局演变的关系，崔志海发表的三篇论文，分别考察了美国政府对清末政局的观察和反应。其中，第一篇论文考察了1900—1905年美国政府对清廷朝政的观察和反应，指出1900年庚子事变后美国政府拉拢清廷内改革派势力、打击和压制排外保守势力，既是美国以往对华政策的延续，同时也是门户开放原则的一个具体体现，说明美国的门户开放原则不只局限于国际关系领域，而且直接影响美国与中国内政的关系。④ 第二篇论文考察了日俄战争之后美国政府对中国政局的观察和反应，指出美国政府一方面从对华门户开放政策出发，支持清廷内亲外的改革派势力袁世凯集团，主张清政府进行渐进的政治改革，希望中国秩序稳定、进步，并不急于向中国输出美国的民主制度和价值观。但另一方面，美国政府对中国国内兴起的民族主义运动又持敌视或漠视态度，其对贸易投资和利益的追求远远胜于其对稳定和秩序的关注，由此助长中国国内革命，导致清政府的垮台。美国政府对中国政局反应存在的这种二律背反现象，

---

① 王宏斌：《英国鸦片商、外交官与中国清末禁烟运动——以第二次〈中英禁烟条件〉谈判为中心》，《近代史研究》2011年第1期。

② 苏智良：《一九〇九年上海万国禁烟会研究》，《历史研究》2009年第1期。

③ 崔志海：《美国政府与清末禁烟运动》，《近代史研究》2012年第6期。

④ 崔志海：《美国政府对新政伊始清廷朝政的观察和反应》，《近代史研究》2010年第3期。

既是美国对华政策失败的一个重要原因，也是美国政府在许多弱小国家外交政策上的一个通病。① 第三篇论文对1909年1月2日摄政王载沣驱袁事件产生的背景及经过作了重新考察，说明载沣驱袁事件既是清廷内部的一场权力斗争，同时也受国际因素的影响，与当时中、美、日三国之间的外交有着十分微妙的关系；在载沣驱袁权力斗争的历史背后，同时也浮现出日、美两国较量的影子。② 葛夫平的论文综合考察了法国对清末最后十年中国国内政局的反应，以此说明清末政局的演变既是中国国内各种矛盾和斗争的产物，同时也强烈凸显了列强影响的痕迹，指出1901年《辛丑条约》签订后，法国作为在东亚和中国拥有巨大利益和影响的国家，如同其他列强一样，对清末政局的演变给予了极大的关注并采取了相应的措施。对于孙中山领导的革命党人在西南和法属印度支那的活动，法国政府的态度以1907年年底为界，经历了由此前的默许和容忍到与清政府合作镇压的转变过程。对于清廷朝政，一方面法国驻华外交官并不看好，意识到清政府处于一个极大的社会危机和政治危机之中；另一方面鉴于革命党人的武装起义和各地的民变都被清政府镇压，又对清政府的统治抱有希望。但在武昌起义爆发后，法国政府很快意识到清政府大势已去，在革命党人和清政府之间保持中立，同时出于对革命党民族主义的恐惧，积极支持袁世凯上台执政，并在与其他列强保持合作的同时展开竞争，以便更好地维护和扩大法国在华权益与地位。③ 桑兵考察和分析了列强对辛亥南北议和政争的态度及影响，指出在南北议和政争中列强本来赞成君主立宪的居多，随着局势的变化，英国逐渐倾向于接受由中国国民公决的共和制作为解决时局纷争的选项；与英国具有同盟关系的日本坚决反对中国改行共和制，受制于英国和其他列强，不能单独采取干涉行动，被迫袖手旁观；列强态度的转变为袁世凯转而逼迫清廷及亲贵就范，登上权力巅峰，从容施政，提供了外力支持。④

这些研究成果在晚清内政和中外关系的结合研究上作了有益探索，既

---

① 崔志海：《日俄战争后美国政府对中国政局的观察和反应》，《史学月刊》2019年第4期。
② 崔志海：《摄政王载沣驱袁事件再研究》，《近代史研究》2011年第6期。
③ 葛夫平：《法国与清末政局》，《史林》2015年第5期。
④ 桑兵：《列强与南北议和的政争》，《学术研究》2016年第7期。

有助于拓宽晚清中外关系史内容，亦有助于深化晚清内政史的研究。晚清政治与中国古代政治的一个不同之处，就在于其深受外部列强的影响。因此，对于列强与晚清政局的关系问题，还有待学界做进一步深入系统的研究。

## 第三节　晚清满族史与满汉关系史研究

清朝与以往中国封建朝代的一个重大区别在于，它是一个以少数民族统治中国的封建王朝，如何处理满汉关系始终关系清朝统治的存亡。在过去的10年里，受美国"新清史"的影响，国内学界也加强了对晚清满族史与满汉关系史的研究。

国内学界对晚清满族史与满汉关系史研究的重视，表现在这一时期举办了一些以此为主题的学术会议。其中，2010年8月9—11日由中国人民大学清史研究所主办的"清代政治与国家认同"国际学术研讨会和2010年8月28—29日由中国社会科学院近代史研究所政治史研究室举办的"清代满汉关系史"国际学术讨论会，对推动国内满汉关系史的研究起了十分积极作用。这两次学术会议会后都出版了很有学术分量的会议论文集。由中国社会科学院近代史研究所政治史研究室编辑出版的《清代满汉关系研究》（社会科学文献出版社2011年版）会议论文集共收录41篇相关论文，内容涉及有清一代不同时期满汉关系的各个不同侧面，诸如军事关系、政治关系、经济关系、社会关系和文化关系等，这是国内学术界有关清代满汉关系的第一部学术论集。由刘凤云、董建中、刘文鹏主编的《清代政治与国家认同》（社会科学文献出版社2012年版）会议论文集，共收录论文44篇，内容涉及清朝的国家与民族认同、清代政治制度、清代的官僚与政府行为、清代的政治文化及国家控制与社会变迁等。这些会议论文不少也被相关刊物公开发表，在学术界产生很好的影响。

从发表的论文来看，国内学界的满汉关系史研究主要还是集中在清前中期。就晚清满汉关系史的研究来说，国内学者又比较关注清末最后十年满汉关系出现的变动。就清末之前的满汉关系研究来说，刘小萌以清代京师（北京）内城商铺为切入点，就旗民关系的变化作了考察，指出清朝定鼎北京之初，实行旗民分治两元体制，强迫民人迁出内城，但是却无法阻碍其重新进入，迨至嘉、道以降，清政府便完全接受民人定居内城的事实。京城经商人群的最大特点，是包括旗、民两个部分；旗人经商，并与民人频繁互动，密切了彼此关系，促进了旗民分治制度的瓦解。[①] 姜涛从太平天国反满的纲领性文件、攻占南京后对旗人的屠戮以及后期反满政策的转变等三方面进行考察，认为太平天国决策者对旗人的屠杀，是出于"非我族类"的仇恨，但此举并未得到汉人的一致拥护；该项政策在攻占南京后即已有所改变，忠王李秀成已能理性对待旗员旗兵，但当时太平天国已实力大衰，难以给政策调整留下较大空间。[②] 马子木重点考察了道光以降翻译科向驻防八旗的扩展，认为翻译科在驻防八旗的开设，虽然一定程度上拓展了驻防旗人的仕进空间，但由于铨选制度的弊端，以及翻译科自身制度上的缺陷，驻防士子实际上很难通过翻译科取得理想的官职。[③] 顾建娣从旗人书院的角度，论述了晚清变革对旗人书院的课程设置、授课内容等方面的影响，认为旗人书院在晚清的快速发展与晚清允许驻防文试政策大有关系；清前期教学侧重满语骑射，晚期更重汉文，还有专为外交需要而设的外文课程，多民族文化互相交流和融合是大势所趋，限制旗人学习汉文化是行不通的。[④]

对于清末最后十年满汉关系的变动，崔志海和瞿骏的论文分别对辛亥年间思想界的排满宣传作了新的评析。其中，崔文对辛亥革命时期《民报》与《新民丛报》关于满汉问题的论战作了重新考察和评价，指出以孙中山为首的革命派和以梁启超为代表的立宪派，在关于满汉关系问题上的看法和见解各有正确和谬误之处。就革命派方面而言，他们揭露满汉之间存在不平等关系，揭露满族统治者实行种族歧视和种族压迫政策，认为种族问题与晚清政治改革之间存在密切关系，不解决种族问题就不可能建立真正的立宪政治，这些都基本符合历史事实，即使是梁启超也不能一概否

---

[①] 刘小萌：《清代北京的旗民关系——以商铺为中心的考察》，《清史研究》2011年第1期。
[②] 姜涛：《关于太平天国的"反满"问题》，《清史研究》2011年第1期。
[③] 马子木：《翻译科与清代驻防八旗的仕进》，《史学月刊》2017年第10期。
[④] 顾建娣：《清代的旗人书院》，《近代史研究》2015年第6期。

认。但革命派为达到宣传革命排满的目的，夸大满汉畛域，将满人排除在中国人之外，将满洲排除在中国之外，集中暴露了狭隘的种族主义和大汉族主义偏见，这是极端错误的。它既忽视了中国自古以来为多民族国家这样一个历史事实，也背离了中国的国家利益。就梁启超一边来说，他为达到抵制排满革命的目的，淡化或否认满汉之间存在的不平等关系，否认当时中国存在种族问题，这都是有悖事实的，致使他在论战中处于被动地位，不得不主动退出与革命派的论战。但梁启超从他的"大民族主义"思想出发，坚持满族是中华民族的一个组成部分，坚持清朝政府为中国政府，不但克服了大汉族主义偏向，而且也摒弃了近代西方一族一国的狭隘民族主义理论，体现了一种理性的国家主义思想。他的这一论点虽然当时因有悖于革命潮流而遭革命派的抨击，但最终还是被革命党人所接受；革命派在推翻清朝统治后提出的"五族共和"的主张，显然接受了梁启超的观点。不但如此，梁启超的许多观点事实上也被我们所继承和发展。① 瞿文从读者对此类言论多种多样的即时感受与评判出发，指出辛亥年间思想界排满言论的两大支柱"夷夏之辨"和"东西洋学理"中，都充斥着歧义与多义，存在着许多内在的紧张与复杂的层次。读者阅读与接受的情形，也绝非像"革命与改良"那样判然两分。② 定宜庄则从概念史角度，对清末出现的"满洲""旗族"和"满族"概念加以厘清，指出"满族""旗族"分别来自清初的"满洲"和"八旗"，在清末民初并行于世。"旗族"因八旗组织覆灭而逐渐消亡，"满族"虽然沿用至今，但在不同历史时段含义不同，未可一概而论。③

对于清末政治大变动时代满族官员、亲贵和旗人的政治动向，学界从不同角度作了广泛探讨。有的通过考察清末新政时期八旗团体的参政活动，对清末新政时期八旗团体的政治态度和思想动向提出新的评价，认为清末八旗团体的政治活动虽然未像其他立宪团体那样在历史上引起巨大的

---

① 崔志海：《辛亥时期思想界关于满汉关系问题论争的再考察——以〈民报〉和〈新民丛报〉为中心》，《史林》2011年第4期。
② 瞿骏：《歧义与多义——清末"排满"立论与接受的再考察》，《史林》2015年第6期。
③ 定宜庄：《清末民初的"满洲"、"旗族"和"满族"》，《清华大学学报》（哲学社会科学版）2016年第2期。

反响，但八旗政治团体的出现及他们对立宪政治所表现出来的热情进一步地唤醒了旗人，表达了清末旗人不再依靠政府粮饷、努力争取成为自食其力的国家公民的愿望，甚至隐然成为朝廷的一种异己因素，远非人们既有观念认知中的保守颟顸形象，既往刻意形塑的辛亥革命年代满人负面性的形象有待重新审视。[①] 有的对清末旗人军事改革作了充分肯定，指出清政府决定以十年为期裁撤驻防，妥筹八旗生计也就成了最大问题；清末军事改革，旗人作为国民的一部分参与进来，成败参半，原因不一，但它毕竟以新式军队标准要求旗人，为旗人编入新军打下基础，解决了部分旗人生计，也弥补了军事改革过程中财力人力的不足，有着特殊的意义。[②] 有的对清末咨议局中的旗籍议员群体及其作用作了考察，认为在某些省份，旗籍议员才是真正能够左右政局的关键者，他们的积极作为对清末民初的中国社会是一种进步的力量。[③] 有的考察了清末立宪中满族少壮亲贵的政治心态，认为他们一方面突破了旧体制与专制思维的束缚，但另一方面又具有极端利己主义，政治上不成熟的特点，最终满盘皆输。[④] 有的考察了宣统二年汪荣宝与亲贵大臣的立宪筹谋及运作，指出亲贵大臣与留学生小臣的结合实为光宣之交一大政象，提示出清廷在决策与行政中用人取向与知识资源的转变。[⑤] 有的考察了御史赵炳麟与宣统朝满族亲贵政治的关系，认为宣统朝亲贵秉政，御史赵炳麟实为一个重要推手之一。[⑥] 有的从心态史研究角度，通过阅读《那桐日记》，探讨清末满族权贵的心态状况、生活起居和出入行藏，指出圆融、乐观等性格因素及际遇造就的及时行乐、追新求异、气定神闲等心态，在那桐个人升迁荣辱中起过重要作用；作为清末一代重臣，他虽无政治智慧，却结交有术、擅长纳贿、精于理财；长期处于优容状态的满族权贵或对政治懵懂不觉，或自觉大势已去，以致政

---

[①] 尹立芳：《清末新政时期八旗团体的参政活动》，《满族研究》2010年第1期（总第98期）。
[②] 贾艳丽：《清末旗人军事改革与八旗生计》，《满族研究》2009年第3期。
[③] 吕柏良：《清末咨议局中的旗籍议员》，《清史研究》2014年第1期。
[④] 孙燕京：《清末立宪中少壮亲贵的政治心态》，《史学月刊》2016年第7期。
[⑤] 韩策：《宣统二年汪荣宝与亲贵大臣的立宪筹谋及运作》，《广东社会科学》2016年第5期。
[⑥] 樊学庆：《赵炳麟与宣统朝亲贵用事政治格局的出现》，《学术研究》2016年第3期。

权更迭、时局动荡对他们的生活乃至心理影响甚微。①

对于辛壬政权鼎革之际满族亲贵和旗人的动向及满汉关系的调整，有的在研究后指出革命党人的排满宣传使得满人在武昌起义爆发后产生恐慌，而部分旗人和旗人官员排汉报复措施也加剧了部分地区的满汉矛盾；虽然革命党纠正宣传中的偏颇和调整革命初期的错误做法，部分缓和了满汉矛盾，但旗人仍有恐惧和矛盾心理及反复行为；革命党人处理旗营旗产、筹划旗丁生计政策，虽然消除了旗人特权，使旗人逐步走上自食其力的道路，但由此在旗人心中留下的感情伤痛仍不容忽视。② 有的对辛亥革命期间的亲贵捐输活动作了考察，指出辛亥革命爆发后清廷为应付财政困窘和挽救危局而推出的"爱国公债"，从推行之初便演变为对亲贵们的强制捐输。固然多数亲贵对捐输敷衍了事，但也不乏少数亲贵热心捐输的事例；社会各界对满族亲贵在捐输问题上的激烈批评，实因亲贵声名狼藉而被放大，不但折射了彼时各界对亲贵弄权、国事日非的痛恨，而且还夹杂着袁世凯集团与亲贵的矛盾纠葛，借机打击满族亲贵势力，以达夺权之目的。③ 有的在考察辛壬之际旗籍权贵集团表现后指出，旗籍权贵集团鲜有"殉节死君"之士，更多的是"隐忍不发""处之泰然"，极少数人伺机东山再起。旗籍权贵在革命风暴中"不死君"的原因复杂，既有清政府内部脆弱失衡、深刻矛盾的影响，也有危机应对机制的缺乏等重要因素。辛亥革命以清帝让渡政权的形式完结，使得中国政治文明演进脱离了传统的改朝换代，走出一种新模式，与旗籍权贵集团的态度和反应有一定的联系。④ 有的通过对辛亥时任杭州驻防旗营协领贵林之死的真正起因和具体过程的史实考辨，揭示了辛壬之际中国政治和种族的复杂关系，指出贵林之死有汉人对他者的敌视，并带来满人的身份恐惧；有革命与共和作为普遍价值的一往无前，也有固执的、忠义的王朝守节者；有革命与立宪的冲突，以及新晋的军人团体与耆老旧绅之间的宿怨；有除旧布新的朝气和欣悦，也

---

① 孙燕京：《从那桐日记看清末权贵心态》，《史学月刊》2009 年第 2 期。
② 贾艳丽：《辛亥革命中的满汉冲突与调适》，《清史研究》2011 年第 3 期。
③ 王春林：《爱国与保身：辛亥革命期间的亲贵捐输》，《清史研究》2012 年第 1 期。
④ 孙燕京：《辛壬之际旗籍权贵集团的政治心态》，《历史研究》2012 年第 5 期。

有谣言、杀戮、抢掠的乱世景象。① 有的对蒙古镶黄旗升允的旗籍及辛亥革命前后的主要经历及活动作了详尽考论,不但订正了有关他的旗籍出身、活动经历上的一些错误记载,并从民族意识和国家认同视角对其辛亥革命后远赴外蒙古库伦、求助俄蒙、致函日本政府并登陆日本、回国后继续为复辟奔走等一系列重要政治活动进行解读,认为升允的活动固然表明他保有民族认同和地域认同,但这两种认同都服从于他对恢复清朝统治的政治和文化认同;他的复辟实践,不是出自一般意义上的功名利禄等个人利益,而是出自个人的政治理想,尽管这一理想与时代的潮流格格不入。②

这时期学界对晚清满族史与满汉关系史的重视,还表现在出版了多部相关著作。其中,郭晓婷的著作《子弟书与清代旗人社会研究》计分八章,既探讨了清代八旗子弟书的生成、发展、衰落过程,以及子弟书对汉族艺术的吸收、子弟书的语言艺术与八旗子弟的文化修养,也从子弟书中透视旗人不同阶层的社会状况、娱乐活动、市井百态,家庭生活、婚俗与女性形象等,揭示了子弟书作为一门艺术的盛衰与一个民族兴盛衰亡之间水乳交融的关系,首次从清代旗人社会的角度对子弟书进行互动式的系统研究。③ 邱源媛的著作通过将口述访谈、田野调查和文献考证相结合的方式,从历史学、人类学和民族学角度,对百余年来京郊地区旗人庄头社会及其后裔的生活状况作了点面结合考察,再现了满族史研究中长期被忽视的这一"无声群体",并在多学科的结合研究方面作了有益探索。④ 薛伟强的著作在吸收前人研究的基础上,结合定型分析与定量分析,以统治阶级上层为中心,对晚清满汉矛盾的演进作了一个长时段的考察和论述,计分

---

① 沈洁:《从贵林之死看辛壬之际的种族和政治》,《史林》2013年第4期。
② 张永江:《民族认同还是政治认同:清朝覆亡前后升允政治活动考论》,《清史研究》2012年第2期。
③ 中国社会科学出版社2013年。另参见其发表的相关论文:《子弟书界说》(《黑龙江民族丛刊》2009年第4期)、《清代子弟书与鼓词关系考》(《学术论坛》2010年第1期)、《从子弟书看清代旗人官吏的日常工作》(《海南大学学报》2011年第6期)、《清代北京旗人与戏曲》(《北京社会科学》2012年第2期)、《从子弟书看戏曲对说唱文学的影响》(《民族文学研究》2013年第2期)等。
④ 邱源媛:《找寻京郊旗人社会:口述与文献双重视角下的城市边缘群体》,北京出版社2014年版。

五个阶段："甲申易枢前满汉矛盾回溯""甲申至戊戌间的满汉矛盾（1884—1898）""庚子事变前后的满汉对抗（1899—1905）""预备立宪前期的满汉博弈（1905—1908）""预备立宪后期的满汉对决（1908—1912）"，依次探析了满汉矛盾与甲申易枢、甲午战争、戊戌变法、庚子事变、东南互保、清末新政、辛亥革命等诸多国政朝局嬗变之间的关系。[①] 常书红的著作《辛亥革命前后的满族研究：以满汉关系为中心》[②] 从"清代满族的地位与角色""近代社会变动与满汉关系""辛亥革命与满汉关系""辛亥革命与民族认同""民初的满族社会与满汉文化交融"五个方面，对1898—1924年满族地位、角色、民族认同和满汉关系的演变作了比较系统深入的研究，揭示了辛亥鼎革之际满汉矛盾何以得以化解、社会得以平稳过渡和发展的深层原因。连振斌的著作就镶蓝旗蒙古人锡良与清末新政的关系作了考察，内容涉及锡良在清末教育、经济、政治、社会改革及边疆边政上的主张和实践，对锡良给予了积极评价。[③] 周增光的著作对清末最后十年间满族宗室王公与新政改革的关系以及其对辛亥革命的反应作了系统考察，共分六章，内容涉及宗室王公从政与清末政治生态失衡、清末宗室王公的政治心态、宗室王公与军政变革、宗室王公与预备立宪、宗室王公与满汉权力格局变迁、武昌起义爆发后宗室王公的抉择。[④]

在满汉关系史研究中，国内学界还对美国"新清史"学派作了广泛的介绍和讨论，不但翻译出版了美国新清史学派代表人物罗友枝的《清代宫廷社会史》（中国人民大学出版社2009年版）和路康乐的《满与汉：清末民初的族群关系与政治权力（1861—1928）》（中国人民大学出版社2010年版），相关刊物还发表了许多介绍或讨论美国新清史学派的文章，如卫周安著、董建中译《新清史》[⑤]，贾建飞的《欧立德教授谈清史研究》[⑥]、

---

① 薛伟强：《晚清满汉矛盾与国政朝局（1884—1912）——以统治阶级上层为中心的考察》，中国社会科学出版社2017年版。
② 社会科学文献出版社2011年版。
③ 连振斌：《锡良与清末新政研究》，中国社会科学出版社2014年版。
④ 周增光：《宗室王公与清末新政》，华夏出版社2017年版。
⑤ 《清史研究》2008年第1期。
⑥ 《国际社会科学杂志》2009年第2期。

汪立珍的《美国著名满学家、清史专家柯娇燕教授谈满学与清史》[①], 吴磊、徐永志的《开辟满族史研究的新视野——读〈美〉路康乐著〈满与汉: 晚清到民国初期的族群关系与政治权力, 1861—1928〉》[②], 李爱勇的《新清史与"中华帝国"问题——又一次冲击与反应?》[③] 等文。此外, 还出版了一些专门介绍美国新清史学派的著作, 如刘凤云、刘文鹏主编的《清朝的国家认同——"新清史"研究与争鸣》（中国人民大学出版社2010年版）共收录21篇论文, 除选辑国外"新清史"的代表性论著, 还汇集国内学术界的相关论述与评议, 对前者的某些理论进行剖析, 展开讨论。

对于美国新清史学派, 国内学术界大致有以下三种不同态度。一派持肯定态度, 或认为美国新清史有两大主要特征, 一是强调清朝统治与历代汉族王朝的区别, 强调清朝统治中的满洲因素; 二是特别重视对满文、蒙古文和藏文等少数民族史料的运用, 或称赞美国新清史以"满族中心观"为指导, 十分重视意识形态对于清王朝的意义, 在理论、方法和视角的运用上都有很大的创新, 在满族汉化问题、满汉精英关系、清王朝性质和民族关系等方面多有创新性见解, 提出了一些与传统学术中的满族汉化论全然不同的观点, 深化了对清代历史的研究, 颇有值得中国历史学者学习之处, "汉化"理论已属"旧故事"[④]。

另一派学者则持否定态度, 认为重视利用满文、蒙文等少数民族史料并不是新清史学派的一个创意, 中日学者早已进行这方面的工作, 批评新清史否定满族所建清朝是中国历史的一部分, 或以汉满民族冲突对立取代彼此融合的主流, 或强调满族特色却无视汉族和汉文化主导作用的学术观点"矫枉过正", 有失偏颇。[⑤] 有的从中国认同角度, 对美国的部分新清史

---

① 《满族研究》2010年第3期。
② 《满族研究》2011年第1期。
③ 《史学月刊》2012年第4期。
④ 姚大力:《不再说"汉化"的旧故事——可以从"新清史"学习什么》,《东方早报·上海书评》2015年4月5日。
⑤ 刘小萌:《清朝史中的八旗研究》,《清史研究》2010年第2期。汪荣祖:《为新清史辩护须先懂得新清史——敬答姚大力先生》,《东方早报·上海书评》2015年5月17日。

学者片面强调中国与大清始终为两回事的观点提出质疑，指出就清代满人的中国认同形成发展的过程与特点来看，清代满人的"中国认同"与满人自身的族群认同并不矛盾且处于不同层次；把满洲帝国称为大清，严格说来并不符合入关后特别是康熙中叶以后满人正式的国家认同的实际情况。因此，不能把"满人特性"和"中国特性"两者简单地对立起来。① 有的批评"新清史"学派运用"内陆亚洲"理论，将满洲特性泛化为以游牧文化为核心的内亚特性，将"内陆亚洲"从一个文化概念演绎为与"中国"对立的政治概念，并不符合历史实际。② 有的批评"新清史"学派在学风和方法论上存在问题，犯了只见树木不见森林的毛病，有悖实事求是学风。③ 有的甚至批评"新清史"学派是"新帝国主义"史学标本。④

也有学者比较理性地倡议清史研究要超越"汉化论"与"满洲特性论"两个极端，应尝试走出第三条道路，指出"汉化论"比较注意考察清朝统治与前朝的连续性，强调清朝皇帝对汉族文明的继承关系，"满洲特性论"则强调清朝的统治具有区别于前朝的特色，即依据满族的特性以及和蒙古的联盟建立起了"大一统"的政治格局，强调对西北地区的征服和控制对于清朝统治的重要性，这两种观点各有优劣得失，清史研究应立足于对中国自身形成轨迹的历史考察，重新全面审视清朝的统治策略，整合两种思维的合理之处，从而走出一条更为合理的清史研究道路。⑤

最后需要指出的是，有关晚清满族史与满汉关系史的研究，虽然在过去的十年有所加强，但与清前中期满族史与满汉关系史研究相比，尚存在很大差距，有待进一步提升。

---

① 黄兴涛：《清代满人的"中国认同"》，《清史研究》2011 年第 1 期。
② 刘文鹏：《正确认识"新清史"与"内陆亚洲"》（《中国社会科学报》2015 年 5 月 13 日第 737 期）、《内陆亚洲视野下的"新清史"研究》（《历史研究》2016 年第 4 期）。
③ 杨益茂：《"新清史"背后的学风问题》，《中国社会科学报》2015 年 7 月 7 日第 761 期。
④ 李治亭：《"新清史"："新帝国主义"史学标本》，《中国社会科学报》2015 年 4 月 20 日第 728 期。
⑤ 杨念群：《超越"汉化论"与"满洲特性论"：清史研究能否走出第三条道路？》，《中国人民大学学报》2011 年第 2 期。

## 第四节 晚清边疆和边政史研究

清朝在中国历史上的另一特点或独特贡献是为今日中国的版图奠定了基础,形成了统一的多民族国家。因此,晚清边疆和边政史的研究一直受到国内学界的重视。最近十年,也是势头不减,成为晚清政治史领域的又一亮点。

在西南边疆和边政研究领域,西藏研究为重中之重。在西藏研究中,清朝的治藏政策是一个十分重要的问题。对于清朝重新统一西藏后,通过册封、定制、设官、驻军等措施,并扶持达赖、班禅成为西藏的政教领袖,建立政教合一的噶厦制度,杨恕和曹伟合作发表论文,一方面予以肯定,认为这一政策实现了对西藏的有效管理和统治,维护了清朝在西藏的主权和领土完整,对后世产生了深远影响;但另一方面也指出其不足和局限,批评清朝的治藏政策重政治、军事,而轻经济、文化,导致西藏与祖国内地的经济文化交流、民族融合明显滞后,为近代西藏分裂主义的产生埋下了隐患。[①] 孙宏年对清末达赖、班禅关系演变及清朝治藏政策作了考察和分析,认为清朝中央政府和驻藏大臣介入达赖喇嘛与班禅额尔德尼两大活佛之间的矛盾,从对达赖、班禅都有所猜忌到明确支持班禅系统、压制达赖系统,使两大系统的矛盾不断激化,达赖方面与清政府、驻藏官员的矛盾也不断加深。这些矛盾在清朝崩溃前夕全面爆发,并对以后40多年的西藏治理产生了消极影响。[②] 对于1908年十三世达赖喇嘛晋京期间的礼仪和奏事权之争,扎洛认为这一事件实际上蕴含着清政府治藏政策的转变,朝廷通过达赖喇嘛跪叩等肢体操演,对外宣示达赖喇嘛地方性首领的政治地位与西藏地方隶属清朝的政治主题;而朝廷否决达赖喇嘛的奏事之请,目的在于通过赋予驻藏大臣奏事垄断权以维护其政治影响力,贯彻政

---

[①] 杨恕、曹伟《评清朝的西藏政策》,《清史研究》2012年第1期。

[②] 孙宏年:《清朝末期达赖、班禅关系与治藏政策研究》,《中国边疆史地研究》2009年第1期。

教分离的"西藏新政"原则。这些模仿西方民族国家的"政教分离""政治体制一体"等原则的举措,虽然未能弥合分歧,但却开启了边疆治理现代转型的序幕。① 卢祥亮对清季报刊中朝野的筹藏观进行考察和分析,认为清末随着近代中文报刊的兴办,朝野的筹藏观逐渐趋于成熟,对中央政府的西藏施政也起着指引和参谋作用,但同时舆论低估了改革中可能遇到的困难,使国人对西藏新政带有盲目乐观和自大的倾向,对政府改革走入误区有一定影响;清朝在西藏采用强迫政策推行新政,虽然短期内取得了一定成效,却为民国时期西藏的"离心"种下祸根。②

在晚清治藏政策研究中,相关学者还分别对丁宝桢、张荫棠、赵尔丰三位清朝官员的治藏政策作了考察和评价。徐君对丁宝桢督川十年(1876—1886)期间的治藏政策给予充分肯定,认为丁宝桢对于西南边防及西藏问题的思考与措施,积极推动了清政府更加重视西南边防问题,为中枢决策提供了重要依据,与同时期的几位驻藏大臣相比,丁宝桢关于西藏以及西南边防的看法要全面和高明许多,每次上书所陈奏内容多是在详细了解情况基础上提出的,具有一定的预见性,也由此显示了他非凡的洞察力;丁是清朝晚期第一位把川藏视为一体并进行筹划、进而采取相应措施的边疆大吏。③ 扎洛从民族国家建构视角,对清末张荫棠西藏新政、赵尔丰在康区的法制改革既有肯定,又有否定,进行一分为二的评价,指出张荫棠在西藏举办新政,旨在建立一体化的中央集权管理体制和建构具有同质文化的国族,开启了西藏社会现代化转型的序幕。但是,受到单一民族国家理念的影响,特别是对"民权(民主)"思想采取排斥态度,使他未能充分关注当地的文化传统和利益诉求,因而未能实现预期目的。④ 1905—1911 年赵尔丰在康区实施的一系列的法制改革,虽然符合当时中国的国家利益和时代发展的潮流,但尚未找到适合中国国情、充分兼顾各地

---

① 扎洛:《十三世达赖喇嘛晋京期间的礼仪与奏事权之争新探——民族国家建构视角》,《近代史研究》2019 年第 2 期。
② 卢祥亮:《清季报刊中的朝野筹藏观》,《西藏研究》2012 年第 4 期。
③ 徐君:《从"固川保藏"到"筹边援藏":晚清西南边防意识之形成——以丁宝桢督川十年(1876—1886)为例》,《中国边疆史地研究》2009 年第 2 期。
④ 扎洛:《清末民族国家建设与张荫棠西藏新政》,《民族研究》2011 年第 3 期。

方各民族文化传统的现代法制建设道路。① 此外,周伟洲对 1843—1846 年驻藏大臣琦善的治藏作了考评,认为琦善针对西藏地方政府及藏军、驻藏清军多年积弊,奏陈《酌拟裁禁商上积弊章程》二十八条,重申、补充旧有章程,以加强驻藏大臣的权力,整顿和完善西藏地方吏治,又对藏军、驻防清军的若干弊端,奏请改革,这一切均有助于清朝中央加强对西藏地方的管理和军事力量的增强。但他奏请放弃对商上财政的审核权、奏罢训练藏军成例及停止派兵巡查部分地区(哈拉乌苏),对以后产生了不良的影响。②

在西藏界务与对外交涉问题上,张永攀对乾隆末年至光绪初年西藏与哲孟雄早期界址、帕克里地方三处卡隘、哲孟雄与其他邻近地方边隘作了考辨,认为清朝对藏哲边界进行了严格的管理,但在晚清逐渐松弛,并对 1895—1896 年中英"藏哲边界"交涉与勘界作了专题研究。③ 许广智和赵君对 1840 年鸦片战争之后驻藏大臣在如何反对外国侵略的问题上与西藏地方政府的分歧和影响作了考察和分析,指出由于清朝中央政府奉行对外妥协退让政策,使驻藏大臣在执行中央妥协退让政策上与西藏地方政府的坚决抗英出现严重裂痕,这不仅给英俄帝国主义挑拨离间、培养民族分裂势力提供了机会,而且也使坚决抵制外国侵略的西藏地方政府一度产生向外寻求政治依靠的倾向。至清末,驻藏大臣在西藏推行以收回政权为主要内容的近代化改革,又加深了与西藏僧俗封建主之间的积怨,给英帝国主义在西藏上层中培植亲英势力,进行分裂中国的阴谋提供了可乘之机。但驻藏大臣在改革过程中,极力维护中央权威,切实加强了驻藏大臣的权力,使往日大权旁落的局面有所改变,对维护国家统一,加强民族团结,反对民族分裂,抵御外侮,守疆卫土,整饬军政,讲求吏治等方面起到了十分重要的作用,也为西藏地方在内外交困的情况下仍然继承和延续元代以来与中央政府所形成的传统政治隶属关

---

① 扎洛:《清末民族国家建设与赵尔丰在康区的法制改革》,《民族研究》2014 年第 1 期。
② 周伟洲:《驻藏大臣琦善改订西藏章程考》,《中国边疆史地研究》2009 年第 1 期。
③ 张永攀:《1895 年中英"藏哲勘界"研究》《乾隆末至光绪初藏哲边界相关问题研究》《1896 年中英"藏哲边界"交涉与勘界研究》,《中国边疆史地研究》2013 年第 4 期、2016 年第 3 期、2018 年第 4 期。

系作出了积极贡献。① 扎洛对不丹在1903—1904年第二次英国侵藏战争中的角色作了探析,指出1903年年底英印政府为了克服翻越喜马拉雅山给军需补给带来的巨大困难,亟须修筑一条经过不丹领土直接进入西藏亚东的道路。为了解决上述问题,英印政府通过威胁停止支付不丹年度津贴等手段,对不丹进行了一系列威逼利诱,最终迫使不丹屈服。不丹政治领袖乌金旺秋等虽以调停之名随英军前往拉萨,但实际上沦为侵略者的帮凶。不丹的这种角色变化反映了藏、英双方在综合实力以及在喜马拉雅山地区影响力方面的差异,也反映了十三世达赖喇嘛等西藏上层既缺乏明确的作战思路,又缺乏创造有利的战争环境的手段。②

在晚清藏区治理改革与制度研究方面,冯志伟、柏桦的著作《清王朝涉藏刑事案件处理问题研究》③ 从"清代藏区的法律""清代藏区司法管辖权""清代藏与满汉族间刑事案件处理""清代藏与蒙回等民族间刑事案件处理""清代藏与其他民族间刑事案件处理""清代涉藏刑事案件处理问题评析"六个方面进行考察和分析,认为清朝涉藏刑事案件具有以下特点:清朝在管理上注重民族特点,采取了不同的管理方式,在法律适用方面也存在一定的差异;清王朝在涉藏刑事案件处理问题中,适用的法律形式具有多元化的特点,即藏区的习惯法、王朝的藏区立法、内地的律法,以及皇帝针对某些案件发布的谕令,可以分别或同时为地方官员所引用,处理上多从安抚的角度来考虑;而对刑事案件的处理始终体现王朝政权的不容侵犯与质疑。罗布的《难迈的步伐:20世纪上半叶西藏社会变革史论》④ 将现代化范式引入西藏近代史研究,对清末西藏新政与十三世达赖喇嘛新政两次改革的背景和条件、动因和措施、效果和影响等,分别作了考察,认为清末西藏新政改革是西藏步入近代的开端,但欧美列强对新政改革的阻挠、西藏社会发展的落后、教育程度的低下、传统宗教文化的

---

① 许广智、赵君:《试论清末驻藏大臣对近代西藏政局的影响》,《西藏大学学报》(社会科学版)2009年第3期。
② 扎洛:《不丹在第二次英国侵藏战争中的角色探析》,《中国边疆史地研究》2009年第4期。
③ 社会科学文献出版社2016年版。
④ 同上。

影响等诸多因素，阻碍了新政改革的发展。张云的《西藏历代的边事边政与边吏》①利用汉藏等多种文字资料，以专题形式，从中央与地方之间的互动角度，比较系统地探讨了自吐蕃时代起到和平解放为止这一历史时期西藏地方发生的重大事件，其中第17—24章涉及晚清西藏的地方治理和变迁。

除了西藏外，学界对西南边疆其他地区也有一些研究，如有的对清咸同以来在云南地区所施行的改土归流政策作了考察，认为改土归流政策并非彻底革废土司，而是使土司"虚衔化"，剥夺了土司原有的行政管理权。②有的对锡良督滇时期编练新军的情况作了考察，认为经过锡良的努力，云南新军第19镇武器装备齐整、官兵素质得到提高，但新军的建设也受到诸多因素的制约，其编练模式在新政时期全国练兵大潮中较为特殊，对全国而言并不具有普遍性和借鉴意义。③有的考察了清末滇南猛乌、乌得割归法属越南的经过，指出法国通过一系列的计划和行动于1895年割占了猛乌、乌得，此事导致云南边疆危机日趋严重，并对清政府、当事官员及世代居住此地的中国各族人民带来了深远影响。④有的对清政府筹办中越边务权责的调整作了梳理和考察，指出中法战争后清政府筹办中越边务善后，其广西段（桂越）边务除任命提督为边防督办外，还另设道员总辖全边，但两者权责并不明晰，边界民事与军事管理事权混一。郑孝胥为督办后，意识到军政与民政筹办方式不同，有意添设专员办理边界涉外民政事宜。随后相关权责归属问题纠葛不断，"以一事权"抑或"各专责成"成为各方争执焦点。自革命党人中越边界起义后，清廷也有感边事棘手，有意改变边省各自为政的局面，自上而下统筹桂边与滇粤两省边务，边务事权格局再生变动。⑤有的对清末广州湾在法属印度支那联邦中的

---

① 社会科学文献出版社2015年版。
② 许新民：《论清咸同起义以来云南土司治策——以承袭与改流为中心》，《云南师范大学学报》2013年第1期。
③ 潘崇：《锡良与清末云南新军编练》，《军事历史研究》2016年第3期。
④ 古永继、李和：《清末滇南猛乌、乌得割归法属越南事件探析》，《中国边疆史地研究》2015年第1期。
⑤ 吴智刚、覃延佳：《清末桂越边务筹办中的权责调适及其人事纠葛》，《中国边疆史地研究》2018年第2期。

"边缘化"地位作了探讨,指出广州湾作为租借地是旧殖民主义的产物,它与法属印度支那之间缺少必要的工商业联系,未能纳入后者的殖民开发计划之中。鸦片走私的猖獗更令河内政府刻意"边缘化"租借地。但这只是从新殖民主义角度观察到的结果,从近代法国在东亚殖民的整体历史看,广州湾首先服务于法国的均势战略,其次服务于法属印度支那联邦的灰色财税需求。① 徐毅的著作《绥服远人——清帝国治理广西的教化策略》② 分上下两编:上编主要从"文德绥怀""教养之责""永绥兆姓""蒸蒸向上"四个部分,考察了晚清之前清帝国教化工程在广西的构建过程;下编主要考察清帝国教化工程在广西的颓败与广西社会的动荡,内容多涉及晚清部分。

在西北边疆和边政研究领域,新疆研究为重中之重。对于晚清新疆的行政设置与治理,有的以塔尔巴哈台为例,对清代边疆政区设置的变通与调适作了考察,指出清代塔尔巴哈台地区设立厅级行政区划的时间至少应追溯到光绪八年,而非目前所认为的光绪十四年。该地乾隆三十一年所设的"管粮理事抚民同知"已经具有了建置厅的实质,但因其以佐贰的身份和"借调"的形式任职而未被清廷认可。之后改设的"粮饷理事通判"经过光绪初年的几次演进,到光绪八年已经完全具备了建置厅的外延与内涵,应视为建置厅。③ 有的对1884年新疆建省后新(新疆)、伊(伊犁、塔城地区)分治局面的形成与满汉民族问题之间的关系及其影响作了考察和分析,认为新疆建省之后并未如内地一样设立总督,而是仅设巡抚,隶于陕甘总督,并保留伊犁将军一职,形成巡抚将军并立、新伊分治的政治局面,这是满汉官僚集团在新疆权力争夺上互相妥协的结果;新伊分治所造成的巡抚、将军的并立局面,使得新疆地方无形之中出现两个政治中心,两大不容,权力掣肘,事实上削弱了新疆的防务体系和行政的统一性,是新省体制中的不和谐音符。④ 有的对清末科(科布多)、阿(阿尔

---

① 郭丽娜:《论广州湾在法属印度支那联邦中的"边缘化"地位》,《史林》2016年第1期。
② 社会科学文献出版社2013年版。
③ 鲁靖康、魏亚儒:《清代边疆政区设置的变通与调适——以塔尔巴哈台为例》,《西域研究》2016年第3期。
④ 王力:《晚清满汉关系与新伊分治》,《西域研究》2010年第2期。

泰）分治的局面多加肯定，认为清政府为加强西北边防、抵制沙俄的扩张，于光绪三十年（1904）以科布多办事大臣专管阿尔泰事务，实行科阿分治，是清廷对科布多地区管理体制上的一次重大调整，它的实施使清朝强化了对阿尔泰地区的开发和军事防守，有效地遏制了沙俄企图通过阿尔泰继续南侵的阴谋，对以后新疆地区的变化产生了重要影响。[①] 有的就清代新疆行省体制下政区建置问题作了分析，认为新疆行省体制下的分县拥有独立于所属县的治权，应等同于县看待。多数的府不设附郭县，而是保留了原有的直辖地，是清政府因地、因时制宜对府级建置辖地规则作出的合理变通。南疆新设州、县命名的突出特点是沿用汉代地名，体现了清统治者巩固与强化对这一地区统治的政治期望。政区建置变动以升置和增置为主，个别政区隶属关系、治所与辖境的变更值得关注，反映了地方利益集团博弈对政府决策和政区建置的影响，体现出建省前后新疆政治、经济、地理方面所产生的变化。行省体制下的新疆政区建置变动频繁，并没有达到成熟状态，与建省前相比，新疆政治格局延续了"以北制南"的传统方针。[②]

在晚清治理新疆政策研究领域，王力的《清代治理回疆政策研究》[③]为这一时期学界的一部代表作。该著在详细占有资料的基础上，结合民族学的社会实地调查及政治学的政策分析法，系统论述了清朝在回疆地区政治、经济、军事、宗教、文化等政策措施的渊源、背景、内容、特色、功能、演变、结果、得失及其影响，共分八章："新疆统一前清朝对回疆地区的经营政策""新疆统一后清朝回疆民族政策的确立及其演变""嘉、道、同、光时期清朝回疆政策的调整""新疆建省及清朝治理回疆的新政策""清代回疆地区的边防政策""清代回疆地区的经济政策""清代回疆地区的教育政策""清代回疆地区的伊斯兰教政策"，对清代治理回疆政策的整体脉络及其发展演变作了较为全面的展示，许多内容涉及晚清时期。

---

[①] 杜党军、王希隆：《关于清末科阿分治问题的探讨》《烟台大学学报》（哲学社会科学版）2010年第2期。

[②] 鲁靖康：《清代新疆行省体制下政区建置的几个问题》，《西域研究》2014年第2期。

[③] 民族出版社2011年版。

此外，周卫平的著作《清代新疆官制边吏研究》① 以传统史学与计量史学的研究方法，对清代新疆官制与边吏的设置、权限、职责、任免、相互关系，以及不同时期对社会所产生的不同作用等，作了全面细致的爬梳和研究，除"导论"和"余论"，共分四章："清代新疆军府制时期地方官制的建立与发展""新疆建省后地方官制的演变""清代新疆地方职官的群体特征""官制、边吏与清代新疆之变乱"。王东平的《清代回疆法律制度研究（1759—1884）》②、白京兰的《一体与多元：清代新疆法律研究（1759—1911）》③、杨军的《清代新疆地区法律制度及其变迁研究》④、田庆锋的《清代中国西部宗教立法研究》⑤ 四部著作，从不同角度探讨了清代新疆的法律制度。

在晚清人物与新疆治理研究领域，有的对陶模治理新疆加以充分肯定，认为陶模作为晚清西北史上具有较大影响的一位封疆大员，治理西北边疆达二十余年，他在新疆推行的一系列善后及防务举措，不仅为新疆地区的稳定和建设作出了贡献，同时也推动了新疆的近代化进程。⑥ 有的考察了左宗棠收复新疆时对吉江副都统吉尔洪额与帮办军务大臣金顺互控案的处理，多加肯定，认为左宗棠作为清军统帅，经过调阅案件、实际访查，推翻了吉尔洪额对金顺的指控，并从大局出发，亦对金顺指证吉尔洪额的罪行进行了详细分辨，从而稳定了军心，保证了西征的顺利进行。⑦ 有的对光绪三十三年哈密通判陈天禄在哈密地区开展的"改土归流"运动作了考察，认为它反映了清末边疆民族地区的政治、经济矛盾和政治一体化的历史趋势，虽囿于诸多因素，最终失败，但对哈密地区影响深远。⑧ 张燕、李敏、王文友等合著的《伊犁将军治疆方略借鉴研究》⑨ 共分四章，

---

① 新疆人民出版社 2014 年版。
② 黑龙江教育出版社 2014 年版。
③ 中国政法大学出版社 2013 年版。
④ 民族出版社 2012 年版。
⑤ 人民出版社 2014 年版。
⑥ 赵维玺：《陶模治新析论》，《西域研究》2009 年第 1 期。
⑦ 赵维玺：《左宗棠与吉尔洪额、金顺互控案考》，《西域研究》2018 年第 1 期。
⑧ 郭胜利：《清末哈密"改土归流"研究》，《西域研究》2012 年第 1 期。
⑨ 知识产权出版社 2017 年版。

对 1762—1864 年百余年间伊犁将军的设置及历史演变、伊犁将军治疆方略的基本保障、伊犁将军治疆方略的制度安排及伊犁将军治理新疆的成功经验，依次分别作了专题研究。

在新疆界务和中外交涉领域，有的对坎巨提与清朝宗藩关系作了考察，指出坎巨提自 1761 年入贡，同中国的宗藩关系延续了 177 年。19 世纪末坎巨提危机的出现使中英俄三方聚焦于中国帕米尔，为了联华抗俄，已经兼并了坎巨提的英国接受了中英两属体制。甲午战争后，英国通过麦克唐纳照会要求清政府放弃坎巨提宗主权，迫于俄国的外交压力，清政府采取了不予理睬的对策，中英两属体制延续至 20 世纪 30 年代，至 1937 年英国无力对抗苏联在新疆的压倒性优势，终止了坎巨提同中国的封贡关系，关闭英属印度西北边界。① 有的对新发现的清代钦命勘分中俄科塔边界大臣于光绪九年（1883）七月初六日写给哈萨克部落头目的文书进行拉丁字母转写和汉文翻译，对文书中提到人名、中俄边界谈判地点和中俄分界线进行了较为详细的考证，对了解《中俄科塔界约》谈判前后事宜及探析晚清中俄边界划分与边境民族的迁移及清朝政府的民族政策具有很高历史价值。② 有的对曾纪泽的中俄陆路通商交涉进行再评价，不赞同有学者批评曾纪泽在"重界轻商"思想下对俄国陆路通商特权的让步给近代中国西、北边疆造成了很大损害，指出从当时的情况出发，要求曾纪泽在伊犁交涉中"商界并重"看似对中国主权有利，实则难以达到；清政府在中俄陆路通商交涉中的节节失利，事实上是晚清政府边疆危机在经济上的表现，不能因此而苛责曾纪泽的修约交涉。③ 有的对 19 世纪末英国殖民主义分子荣赫鹏对新疆南部地区和坎巨提部的探查活动作了考察，指出这些探查活动既构成当时英国对新疆地区侵略活动的一个组成部分，也对当时英国和沙皇俄国在该地区的争夺和妥协产生了重要影响。④ 有的探讨了边疆

---

① 李强、纪宗安：《清与坎巨提宗藩关系中的几个问题》，《西域研究》2016 年第 3 期。
② 何星亮：《清代勘分中俄科塔边界大臣的第一件察合台文文书及其相关问题研究》，《西域研究》2015 年第 4 期。
③ 朱昭华：《试论曾纪泽的中俄陆路通商交涉》，《西域研究》2011 年第 2 期。
④ 樊明方、王薇：《荣赫鹏对新疆南部地区和坎巨提部的几次探查》，《西域研究》2010 年第 1 期；梁俊艳：《荣赫鹏与英国在新疆和西藏的殖民扩张》，《西域研究》2012 年第 1 期。

危机与清末新疆电报线建设之间的关系,指出由于1891年俄、英两国蚕食帕米尔地区的边疆危机的冲击,清政府才决定建设由甘肃通往新疆省城的电报线。随着帕米尔危机日趋严重,清政府又将电报线路设至新疆其他重要地区,以应对边境危局。边疆危机成为新疆电报线建造的重要推动力。① 许建英的著作《近代英国和中国新疆(1840—1911)》②考察了英国在晚清时期在新疆的侵略活动,共分七章,依次为:"英国和中国新疆的早期关系""阿古柏入侵新疆和英国与阿古柏的政治、贸易关系""新疆建省前后英国和中国新疆的关系""英国势力在中国新疆的确立""19世纪90年代后英国与中国新疆的贸易关系""英国对中国新疆的探察""英国与中国西北的边界"。

在晚清新疆人口与社会研究领域,有的对清代满洲八旗驻防新疆始末及满族人口在新疆的变化加以梳理,认为由于受八旗制度的制约以及旗民界限的束缚,再加上战乱、疫病等因素的影响,新疆的满族人口始终难以健康发展。③ 有的探讨了嘉道时期新疆移民的落籍过程、途径以及影响,指出嘉道时期的移民进入新疆后,主要通过直接安置、升科纳粮、经营地产、服刑役期满为民等方式落籍,成为新疆民户。而落籍方式的不同选择,不仅与移民的来源、身份和职业有关,更与统治者移民政策的弛禁和时代变化有关。④ 有的对清代伊犁人口变迁与人口结构特征作了探讨,认为清代伊犁地区人口变迁具有明显的阶段性特征,迁移人口对伊犁人口增长产生了重要影响。人口经济结构特征的形成以清政府治新政策中的人口布局思想为主导影响因素,农业人口占绝大多数。游牧业人口比例不断上升,尤其是建省后人口再聚集和恢复发展时期,牧业人口恢复较快,这进一步表现了自然地理环境一定程度上所决定的经济形态对人口经济(职业)结构的深刻影响,也表现出各民族社会生产形态的惯性发展。人口民族结构变迁的主要因素是受到了清政府的民族政策及战乱的影响。⑤ 贾建

---

① 王东:《边疆危机与清末新疆电报线的建设》,《西域研究》2014年第1期。
② 黑龙江教育出版社2014年版。
③ 苏奎俊:《满洲八旗驻防新疆及其人口变化》,《西域研究》2015年第2期。
④ 祁美琴、褚宏霞:《清代嘉道时期新疆移民落籍方式初探》,《西域研究》2013年第2期。
⑤ 吴轶群:《清代伊犁人口变迁与人口结构特征探析》,《西域研究》2010年第3期。

飞的《清乾嘉道时期新疆的内地移民社会》① 依据清代满、汉档案史料和相关官私文献等，论述了乾嘉道时期清朝的新疆经营理念、清朝对内地人口向新疆进行流动的认识和管理政策、内地人口在新疆的社会经济活动和犯罪活动以及内地文化在新疆之发展等问题，探讨了内地人向新疆的流动对新疆民族关系的影响，人口流动、边疆开发对清代新疆生态环境的影响，以及内地人对新疆认知的发展变化等。

在东北边疆史领域，东三省为其核心内容。在晚清东三省边防史领域，有的考察了晚清东北海疆驻防体系的变革，指出清廷在第二次鸦片战争之后，开始着手变革东北的驻防体系。在此变革过程中，清廷对于东北海疆驻防体系的革新最具特色，不仅在旅顺新设北洋海军军港，在吉林设立靖边水师营，而且亦在沿海诸海口增设驻防力量，革新旧有操练之法。晚清时期东北海疆驻防体系的变革从深层次原因来看，一方面是内忧外患相结合的结果，即对外防俄，对内剿匪；另一方面清廷主动作为，在近代东北亚国际关系剧变之际维系以清王朝为中心的宗藩体系。② 有的对晚清东三省巡边制度作了探讨，指出此一制度的建立和完善，使卡伦以及其他巡防官兵相互游动起来，构成了一条真实的边防线。③ 有的对日俄战争后中日"间岛问题"的交涉作了考察，指出在中方坚决斗争下，日本不仅承认"间岛"是清朝领土，承认杂居朝鲜人裁判权归中国，还撤出了非法的殖民机构，但中方也付出了一定代价；④ 有的对锡良任东三省总督期间的铁路规划作了研究，具体揭示清末东北铁路建设所面临的中外博弈和央地歧义的双重困境。⑤

在晚清东三省治理研究领域，有的对清朝同治年间东北地区的吏治作了考察，指出清朝同治年间，东北地区绿林突起，吏治腐败亦达到极致，

---

① 社会科学文献出版社2012年版。
② 张公政、何瑜：《晚清东北海疆驻防体系变革考析》，《东北史地》2016年第2期。
③ 王宏斌：《晚清东三省巡边制度研究》，中国社会科学院近代史研究所政治史研究室编《清末新政与边疆新政》下册，社会科学文献出版社2018年版，第647—664页。
④ 李花子：《中日"间岛问题"和东三省"五案"的谈判详析》，《史学集刊》2016年第5期。
⑤ 潘崇：《锡良督东时期东北铁路规划始末》，《近代史研究》2016年第6期。

主要表现在贪污勒索、受贿、讳盗、捕务废弛、积案不办等渎职行为。而草菅人命，勾结匪类以及吏役犯案迭出，是本时期的显著特点。清廷对吏治败坏并非毫无整治措施，然腐败至深，已成痼疾，加上整饬吏治目的的偏颇，使其各种努力难见效果。① 有的对锡良在奉天进行的旗制改革作了考察，认为锡良的改革取得了良好的效果，使这一区域成为清末八旗生计改革最好的区域。② 有的探讨了清末东三省道的设置与作用，指出清末清政府在东三省所设之道，多数为分巡道兼兵备衔，可以发挥内肃治安、外固边防作用，与"边疆"性质相符。道员兼辖招民招垦、旗民交涉以及蒙务、商务、税收等，对提高行政效率不无意义。道本身具有监察职能，其设置有助于遏制吏治败坏日益严重的趋势，适度缓解社会矛盾的激化。部分道受理中外交涉事务，发挥外交职能，在一定程度上保障了中外交流的顺畅及对国家权益的维护。道的设置，有益于东三省由军府制向行省制过渡及开发边疆、缓解危机。③ 有的对清末新政时期东三省新置治蒙机构作了研究，指出东三省在设立行省之后新置治蒙机构是筹蒙改制中的重要内容，是东三省对蒙旗集权的表现，是东三省将对蒙治权纳入行省权力之内的重要途径。其中，以东三省蒙务局、吉林蒙务处的新设、道府县的增置为代表。④ 有的就袁世凯与东三省改制关系作了考察，指出袁世凯为维护东北主权、利权，最早提出对东北体制进行根本改革，将军府制改为行省制，在东北全面推行新政。日俄战争后，袁世凯积极收复失地，恢复行使中国主权。袁世凯不仅是东北改革的促动者，而且在东北改革方案的制定过程中发挥了重要作用。北洋集团在东北推行新政，加强了东北的国防力量，促进了东北地区的社会发展。⑤ 高月的著作《清末东北新政研究》⑥从疆域统合与近代民族国家构建角度，对清末东北新政作了专题研究，内

---

① 王景泽：《清朝同治年间东北地区吏治概观》，《东北史地》2013年第1期。
② 连振斌：《锡良与奉天的旗制变通》，《满族研究》2013年第3期。
③ 王景泽、丛佳慧：《试论清末东三省道的设置与作用》，《东北史地》2014年第5期。
④ 詹夺：《清末新政时期东三省治蒙机构的新置》，中国社会科学院近代史研究所政治史研究室编《清末新政与边疆新政》下册，社会科学文献出版社2018年版，第665—673页。
⑤ 张华腾：《袁世凯对东北问题的关注与东三省改制》，《中国边疆史地研究》2010年第2期。
⑥ 黑龙江教育出版社2012年版。

容涉及清末东北"政治体制的同质性变革""东北新政中的地方自治""财政改革"和"东北新政中的国民教育"。

在晚清东三省人口、社会与民族研究领域，有的探讨了晚清时期清政府对图们江北的朝鲜移民的管理，指出19世纪60年代，连年遭遇灾荒的朝鲜边民陆续越过图们江，来到中国一侧垦居。面对众多的朝鲜移民，初期清政府主要采取接纳政策，即在"薙发易服"的前提下，引导其"领照纳租"，"立社编甲"。20世纪初，日俄先后插手图们江北的朝鲜移民事务，并试图借此侵占我图们江北领土。对此，清政府采取一系列措施，抵制日俄侵略，坚持对朝鲜移民行使行政管辖权。1909年，清政府制定《大清国籍条例》，为朝鲜移民加入中国籍提供了法律依据。[1] 有的考察了清末长春的人口调查和人口数量，指出自清代中期至清末，长春的地方政府进行过多次人口调查。但相比较而言，清末的人口调查较为接近实际，尤其是在宣统年间进行的人口调查，首次使用了近代西方人口统计的方式，其调查所得的人口数据更为精确，具有承上启下的作用。[2] 有的考察了宣统年间鄂黑两省"移难民实边"的历史过程，认为"移难民实边"虽是时人认可的两利之策，但清政府在具体执行中未能解决遇到的各类问题，因而未达实效，反倒劳民伤财。[3] 有的考察了1910年清政府为应对东北鼠疫、采取交通遮断措施，与各方展开的博弈，认为交通遮断虽具有某种程度的现代性，但从政治运作角度来看，实质上是从中央到地方各种政治势力之间既合作又斗争的过程，展现了清政府应对突发事件的能力。[4] 韩狄的《清代八旗索伦部研究——以东北地区为中心》[5] 一书，对清代北方重要部族群体之一"索伦部"由边疆部族集团到布特哈八旗及其在清末的发展演变历程作了较为系统的考察，展示了"索伦部"与清王朝的建立、北方民族格局的形成、东北与西北边疆的巩固，以及八旗制度和满洲民族共同体的形成之间的关系，其中第三章内容多涉及晚清

---

[1] 赵兴元：《清政府对图们江北的朝鲜移民的管理》，《东北史地》2009年第3期。
[2] 管书合：《清末长春的人口调查和人口数量》，《东北史地》2009年第3期。
[3] 杜丽红：《宣统年间鄂黑两省"移难民实边"始末》，《近代史研究》2013年第5期。
[4] 杜丽红：《清末东北鼠疫防控与交通遮断》，《历史研究》2014年第2期。
[5] 中国社会科学出版社2011年版。

时期。

  在晚清北部边疆史领域，有的对清中期以来归化城土默特地区的土地纠纷与地权问题作了探讨，认为归化城土默特地区的土地纠纷主要发生在蒙旗各级官员及旗丁、喇嘛教寺庙及庙丁、驿站及站丁之间。与罗马法物权意义的所有权、民地的"类罗马法所有权"相较，蒙地在个体意义上的权益是虚置的。这种权利的虚置是土地纠纷发生、蒙古人土地权益丧失的主要原因。① 有的对包括晚清时期在内的归化城土默特地区土地交易中的地谱作了探讨，认为地谱是归化城土默特地区土地交易中的特殊租金。地谱与户口地相伴而生，继而在耕地和空地基的永租交易中广泛存在。地谱具有标示蒙地的所有权的作用，也具有收租权利和作为债权抵押获利的经济价值。在实际交易中，地谱的经济价值因可以稳定获得货币收入或抵押出卖而更加受到重视。② 有的对包括晚清历史在内的卓索图、昭乌达地区农村官方基层社会组织作了长时段考察，指出：清代卓索图、昭乌达地区农村的官方基层社会组织是随着内地汉人的移入和农村的形成出现的，具有明显的植入特征。清廷为了加强对内地移民的统治，实行蒙汉分治，早在府、厅、州、县设立之前，就在内地移民较为集中的地区设立了官方基层社会组织——乡牌组织，其后又随着统治的需要，增加了一些辅助性的社会组织——太平社、团练会等。清末新政时，又配合新政设立了警务局。但由于事属初创，清代卓、昭一带农村的官方基层社会组织发育不是很完善，形式也欠规范，呈现出一些与内地不同的特征。③ 有的对清代内蒙边疆治理中蒙古草原"内地商民"间的性问题作了探讨，指出清廷禁止内地民人携眷前往并禁止其与蒙古女性通婚的"政治生态"，进一步导致了草原上女性资源的严重稀缺，催生了商民间鸡奸行为的高发和凶案的发生。针对此等问题清廷除对"有罪者"问罪外，不曾积极采取何等措施消

---

  ①  牛敬忠：《清代归化城土默特地区的土地纠纷与地权问题》，《内蒙古大学学报》（哲学社会科学版）2018 年第 5 期。
  ②  徐鑫：《清代归化城土默特地区土地交易中的地谱》，《内蒙古大学学报》（哲学社会科学版）2014 年第 3 期。
  ③  王玉海：《清代卓索图、昭乌达地区农村官方基层社会组织研究》，《内蒙古大学学报》（哲学社会科学版）2011 年第 4 期。

除前两种生态导致的不良影响，相反继续从"蒙汉相安""保护蒙旗"的立场出发，继续对内地女性的进入以及蒙汉通婚进行限制，客观上扼杀了确保边疆安全的重要机体细胞"定居式家庭"的生长，直接导致了晚清尤其是清末外蒙等边疆危机的全面爆发与清廷应对的措手不及。① 有的对晚清蒙古台站的弊端作了评述，认为蒙古台站官员的苛扰之弊是影响晚清蒙古台站正常运行的一大顽疾。② 有的对清末库伦办事大臣衙门开设驻京文报局作了探讨，指出开设驻京文报局是库伦地方利用邮局传递文报的开始，对京库间的文报传递方式带来了重大变革；陆军部与邮传部之间的权利争执既反映了清末官制改革中的深层矛盾，也反映了清末推进社会改革的艰难与曲折。③ 有的对清末十三世达赖出走喀尔喀蒙古事件及其影响作了专题研究，认为该事件给喀尔喀蒙古造成沉重的经济负担。④ 有的对清末蒙古王公贡桑诺尔布的改革活动作了考察，并予高度评价，认为贡桑诺尔布为外藩蒙古近代化的先驱。⑤ 有的对清末蒙古地区"藩属宪政"活动作了考察，指出随着资政院的成立与第一批蒙古王公议员的产生以及各地咨议局的成立，对蒙古地方传统的制度体制的改革也被提上议事日程。但由于清政府的迅速灭亡，这些筹备措施未能得到贯彻落实。⑥ 有的对乾隆中叶至清末八旗蒙古人物的治边理念作了考察，指出八旗蒙古人士在守边治边实践中，始终把维护边境安全、捍卫领土主权作为第一要务；在治理边疆少数民族问题上，主张刚柔相济、以德服人，尊重民族习俗，兴办教

---

① 柳岳武：《清代蒙古草原"内地商民"间的性问题与蒙疆治理研究》，《社会科学》2018年第12期。
② 芦婷婷：《晚清蒙古台站弊端再析》，《内蒙古大学学报》（哲学社会科学版）2016年第4期。
③ 乌兰巴根：《清末库伦办事大臣衙门开设驻京文报局考论》，《中国边疆史地研究》2016年第3期。
④ 王婷婷、白·特木尔巴根：《清末行纪所见十三世达赖出走喀尔喀蒙古事件——以〈朔漠纪程〉和〈游蒙日记〉为中心》，《内蒙古大学学报》（哲学社会科学版）2016年第1期。
⑤ 廖大伟、张华明：《清末蒙古王公贡桑诺尔布的改革及其历史意涵》，中国社会科学院近代史研究所政治史研究室编《清末新政与边疆新政》下册，社会科学文献出版社2018年版，第686—698页。
⑥ 乌力吉陶格套：《清末"藩属宪政"及有关蒙古的史事考察》，《内蒙古大学学报》（哲学社会科学版）2009年第1期。

育文化、发展经济、巩固国防。① 柳岳武就晚清政府在各蒙旗推行的蒙边"置省""开蒙智""兴边利"、编练新军等活动，分别作了探讨，认为：蒙边"置省"工作虽然在清政权彻底崩溃前未得到真正实现，但这一尝试不仅为传统藩部向主权国家地方政区之转变作出了巨大贡献，而且为民国乃至解放后边疆省份的设置，提供了宝贵经验。"开蒙智"和"兴边利"等活动一方面发挥了一定积极作用，但因受诸多不利因素影响，最终未能成功实现改善蒙古传统藩部部众生活艰难、提高边疆地区部众文化水平、化除畛域，加强近代国家主权认同的目标。蒙藏边陲编练新军活动更加得不偿失，不但未能有效地化解此时期的边疆危机，反而成为蒙藏王公领主宣布脱离清廷统治的催化剂。② 胡日查的著作《清代内蒙古地区寺院经济研究》③、《清代蒙古寺庙管理体制研究》④ 及其与乔吉、乌云合著的《藏传佛教在蒙古地区的传播研究》⑤，分别就清代内蒙古地区寺院经济、清代蒙古寺庙管理体制以及藏传佛教在蒙古地区的传播进行了较为系统深入的考察，其中也有部分章节内容涉及晚清历史。

  这一时期晚清边疆和边政史研究的繁荣还体现在一些综合性研究成果的出版上。如在边界史领域，吕一燃主编的《中国近代边界史》⑥ 上下两卷，对1840年鸦片战争后至1949年中华人民共和国建立前中国边界变迁历史作了全面考察和论述。本书共分为19章。前15章为陆路边界部分，叙述中国与朝鲜的边界，中国与俄国的边界，中国与蒙古国的边界，中国与阿富汗的边界，中国与印度的边界，中国与巴基斯坦的边界，中国与尼泊尔的边界，中国与锡金的边界，中国与不丹的边界，中国与缅甸的边

---

① 张力均：《八旗蒙古人物的治边理念》，《内蒙古大学学报》（哲学社会科学版）2009年第2期。

② 柳岳武：《清末蒙边"置省"探略》（《中州学刊》2015年第3期）、《清末"开蒙智"探微——以代表性蒙旗为中心》（《史学月刊》2015年第3期）、《晚清"兴边利"研究——以各蒙旗为中心的视角》（《社会科学》2016年第3期）、《得不偿失的新政——清末蒙藏边陲编练新军研究》（《史学集刊》2017年第3期）。

③ 辽宁民族出版社2009年版。

④ 辽宁民族出版社2013年版。

⑤ 民族出版社2012年版。

⑥ 人民出版社2013年版。

界，中国与越南的边界，中国与老挝的边界。后4章为海疆部分，叙述中国与葡萄牙关于澳门地区领土主权的交涉，中国与英国关于香港地区领土主权的交涉，中国的南海诸岛和中国东南海疆台湾。其中不少内容涉及晚清时期中国边界的演变。

在晚清边防史领域，王宏斌的出版的两部著作具有代表性。他的第一部著作《晚清边防：思想、政策与制度》①对晚清七十年（1841—1911）中国陆地边疆防务作了系统研究，内容涉及各个时期朝野人士对于边防问题的思考和建议，清廷对于边防政策的不断调适，清末军制改革在边疆地区的实施情况及晚清巡边制度的演变等，凡三编12章，每编各四章。第一编为"晚清边防思想之演变"，四章内容依次为"未雨绸缪：晚清边防思想之滥觞""曲突徙薪：晚清东北边防思想之彭湃""亡羊补牢：晚清西北边防思想之高涨""唇亡齿寒：晚清南疆边防思想之荡漾"；第二编为"晚清边防危机与边防政策之调适"，四章内容依次为"东北边防危机与边防政策的调整""西北边防危机与边防政策的调整""南疆边防危机与边防政策的调整""西南边防危机与边防政策的调整"；第三编为"晚清巡边制度之沿革"，四章内容依次为"东三省卡伦设置与巡边制度""外蒙古的边境卡伦与巡边制度""新疆西部边境卡伦与巡边制度""南疆巡边制度之演变"。通过以上研究，该著较为全面地展现了晚清边防体制从传统的"夷夏之防"逐步转向具有近代意义的中外之防的曲折历程。他的另一部著作《晚清海防地理学发展史》②对晚清七十年间刊印的海防地理学著作作了系统考察，划分为三个阶段：第一阶段，"知彼知己：海防地理学的新起点（1840—1874年）"，从林则徐等人编译《四洲志》后产生的一批研究地缘政治的著作入手，分析第一次鸦片战争之后中国学者的军事地理观念及其普遍存在的局限性；第二阶段，"知天知地：海防地理学知识的新增长（1875—1894年）"，分别就《海防新论》《日本地理兵要》《海口图说》《洋防说略》《广东海图说》以及朱逢甲、华世芳、姚文南、吴曾英等人的海防地理学思想，依次作了考察和论述；第三阶段，"蔚为

---

① 中华书局2017年版。
② 中国社会科学出版社2012年版。

大观：海防地理学要素的全面考察（1895—1911年）"，分别就此一时期长江防务的地理学思想以及《浙江沿海图说》《推广瀛寰志略》《海国图志证实》《新译中国江海险要图志》《新编沿海险要图说》《中国海军形势论》等著作的海防地理学思想，依次作了探讨。

在晚清边政史研究领域，马大正的《中国边疆经略史》① 以断代为序立编，自先秦至晚清分设九编，历述各朝各代的边疆经略、各朝各代的边疆政策以及各朝各代的边疆管理机构，其中第九编为晚清部分内容。厉声等著《中国历代边事边政通论》全四卷②，历述从秦王朝到新中国成立期间近两千年的中国历代边事边政，其中第三卷第九章和第四卷第十章为晚清部分内容。阿地力·艾尼的《清末边疆建省研究》③ 对19世纪80年代以来清政府的边疆建省活动作了考察和比较，内容涉及建省前的清末边疆、新疆建省、台湾建省、清末新政下的东北建省、清末边疆建省的特点及其对国民国家构筑的作用，以此检讨清政府如何通过一系列的政策措施将其版图逐渐整合到一元化的国家里，如何将传统前近代国家改变为近代主权国家，以及这种转变所产生的深远影响。赵云田的《清末新政研究》④ 就清末新政改革在东北、蒙古、新疆、西藏等地执行情况及利弊得失作了综合考察和分析。冯建勇的著作《辛亥革命与近代中国边疆政治变迁研究》⑤ 从民族国家构筑与生成的视角，考察了辛亥革命前后中国边疆政治的变迁，内容涉及清末边疆治理与周边国际局势、辛亥革命对中国边疆的冲击、列强对边疆政策的调适、民初中央政府对边疆情势的应对。柳岳武的著作《清代藩属体系研究》⑥ 就藩属体系在晚清的演变和瓦解过程作了系统考察。⑦ 总之，由于晚清边疆和边政史的研究既有学术价值，又有现实意义，因此在学界呈现越来越受重视之势。

---

① 武汉大学出版社2013年版。
② 黑龙江教育出版社2015年版。
③ 黑龙江教育出版社2012年版。
④ 黑龙江教育出版社2014年版。
⑤ 黑龙江教育出版社2012年版。
⑥ 人民出版社2016年版。
⑦ 柳岳武：《清代藩属体系研究》，人民出版社2016年版。

第十一章　近十年来的晚清政治史研究（2009—2018）　493

## 第五节　晚清制度史研究

　　制度史是政治史研究中的一个重要组成部分，占有十分重要位置，诚如钱穆先生在《中国历史研究法》一书中所说："若讲政治，则重要在制度，属专门史。一个国家，必该有它立国的规模与其传世共守的制度。这些制度，相互间又必自成一系统，非一仅仅临时杂凑而来。从前人学历史，必特别注重政治制度方面。亦可说中国历史价值，即在其能涵有传统的政治制度，并占有极重要的地位。若不明白到中国历代政治制度，可说就不能懂得中国史。"① 在过去10年里，晚清制度史也是晚清政治史研究中的一个热点问题。

　　在政治制度史研究领域，张季的著作对清末铨选制度的演变、特点、存在问题及影响和意义作了较为系统的探讨，依次为"咸同以降铨选制度的初步变动""近代学堂和游学取官的兴起与发展""各自为政——部院用人对铨选方式的更改""各直省选才用人的逾制与创新""清季新旧铨选制度迭嬗"，指出：虽然清季铨选制度的种种改革未及显效，新的铨选制度尚未真正确立，"但其间选才观念的转变、留学生毕业回国考试授职、学堂毕业生的实官奖励、文官制度的酝酿及曲折反复，以及直省与各部选才用人的尝试，却为民国初年铨选制度的建构，提供了重要的思想基础与丰富的实践经验，成为近代政治变革中不可忽视的内容"②。王志明的《清代职官人事研究——基于引见官员履历档案的考证分析》③以清代官员履历档案为基本史料，对清代引见文武官员进行实证研究，对所收录的九万多人次的任职履历，根据Excel数据库的排列组合功能，逐个考证、勘比、合并，在此基础上分析他们的籍贯、科举出身、任职层级、年龄等人事因素在不同朝代的变化，从而勾画出有清一代职官嬗递的特点。其中，晚清

---

①　钱穆：《中国历史研究法》，生活·读书·新知三联书店2001年版，第18—19页。
②　《清季铨选制度流变》，"前言"第1—2页，世界图书出版广东有限公司2015年版。
③　上海书店出版社2016年版。

部分涉及道光、咸丰、同治、光绪、宣统五朝,是解读清代职官人事的重要依据。肖宗志的著作《文官保举与晚清政治变革》①对晚清文官保举制度的基本功能、演变及与晚清政治之间的相互关系及利弊得失等作了深入探讨。该著除绪论外,共分五章。第一章着眼于制度设计和制度具体运行,概括介绍了清代保举制度的三大基本功能和六大作用;第二、第三章从晚清政治事务变动的诸多具体表现和特征概括入手,分析晚清政治事务的变化对晚清保举制的多重影响;第四章详细梳理晚清时期以文官保举限制为重点的变革;第五章从制度文化的视角,分析保举制长期存在的原因及其弊端的思想、历史文化根源。梁娟娟的《清代谏议制度研究》②以清代的谏议制度为研究对象,分为入关前后两个阶段,全面分析了谏议制度在清代的发展及消亡历程,其中最后两章论及晚清谏议制度的变化及著名谏诤事件。

对于晚清捐纳制度,学界一致认为其产生和盛行有其历史背景,但在如何评价它的影响问题上,存在两种不同意见。一派持否定态度,认为它导致晚清官场的失范,致使州县候补人员流品混杂、仕途壅滞,③即使清末新政期间州县官选任制度发生变革,但受各方利益的牵制并没有取得预期的效果④;捐纳制度虽然对晚清赈灾产生一些积极效果,但捐纳频施对传统荒政及晚清政局均产生了相当负面的影响:不但加速了中央政府的权力下移,加大了地方政府的救灾压力,并且也使吏治愈加腐败。⑤另一派则给予捐纳更多的正面评价,认为晚清社会开始向近代转型之初,被斥为秕政的捐纳却为筹办海防和建设海军筹措了大量的经费,一定程度上加强了以海防为重心的国防;捐纳人员在儒学造诣、对传统文化的传承等方面不及科甲人员,却更具有经济头脑,更容易接受西方的近代理念和价值观,因而在适应社会转型、经营近代化事业等方面比科甲人员具有明显的优势;捐纳人员中不乏确有一些各具专长的优秀人才;在大多数科甲出身

---

① 巴蜀书社 2016 年版。
② 齐鲁书社 2015 年版。
③ 杨国强:《捐纳、保举与晚清的吏治失范》,《社会科学》2009 年第 5 期。
④ 刘伟:《清末州县官选任制度的变革》,《社会科学》2009 年第 5 期。
⑤ 赵晓华:《晚清的赈捐制度》,《史学月刊》2009 年第 12 期。

的官员不屑于洋务的情况下，洋务派官僚选用优秀的捐员举办洋务新政，参与近代企业的经营与管理，取得了可观的成效。他们的结论是"邪恶之花未必只结罪恶之果"①。如何看待捐纳的客观作用，这的确是一个有待重新探讨的问题。

围绕清末政治和官制改革，李文杰从传统君相关系的角度，对清末倡设责任内阁制的成败、过程和原因作了考察，认为清末预备立宪之初提出的责任内阁，一定程度上与前代宰相制度吻合，正是清朝祖制力图防范的权臣之弊，难以得到朝野的广泛认同，成为丙午改革中责任内阁方案搁浅的原因之一。在宣统帝继位后的监国摄政王体制下，军机大臣副署上谕、部院衙门议复资政院已决事项的做法，引发了资政院对司法、行政两类权力是否并行，军机处是否负行政责任的疑问，进而无意中促成责任内阁在短期内筹组完毕，然重大人事任命、奏折程序、政务流程与原制度并无太大区别。武昌起义之后实行的第二次责任内阁制，则完全改变了原有的政务处理模式，内阁总理大臣由资政院推举，日常政务均由阁令发出，已具备了君主立宪制下责任内阁的主要特征。② 李振武对预备立宪时期督抚对立宪的认识及态度作了考察，认为地方督抚对宪政筹备存在三种态度：热心宪政改革、消极抵制及态度复杂而无法明确归类，这些态度影响了预备立宪的实施成效，包括督抚在内的清朝统治者看中的是宪政外在的所谓"强国"功能，对宪政的本质缺乏正确的认知。③ 崔志海对1901—1905年清政府的行政机构改革和吏治改革作了考察，认为比较而言，前一改革收到了比较立竿见影的效果，打破了中国传统六部行政体制，迎合了社会发展的需要，为1906年预备立宪期间的官制改革作了准备；后一改革则鉴于吏治的腐败和弊端具有制度性根源，冰冻三尺，非一日之寒，没有取得前一改革那样的效果。但我们不能因此就否定这一时期清政府的政治改革及其用心，将这一时期清政府的政治改革以"欺骗"冠之。对于清末各项

---

① 欧阳跃峰、关成刚：《邪恶之花未必只结罪恶之果——晚清社会转型之际捐纳的客观作用》，《安徽师范大学学报》（人文社会科学版）2009年第1期。
② 李文杰：《君相关系的终曲——清季内阁与军机处改革》，《清史研究》2018年第1期。
③ 李振武：《预备立宪时期督抚对立宪的认识及态度》，《广东社会科学》2018年第5期。

改革我们要以发展和联系的观点,长时段地、综合地加以考察。①

在晚清中央行政机构研究领域,有两位年青学者分别就晚清外交机构作了比较系统研究。蔡振丰的著作《晚清外务部之研究》② 除绪论与结论之外,共分四章,探讨了清末外交机构变革与外务部成立,外务部的组织、人事与经费,出使制度与地方交涉机构等问题,并将外务部发展分为早期(1901—1907)、中期(1907—1909)和晚期(1909—1911)三个阶段,分别以奕劻与瞿鸿禨、吕海寰与袁世凯、梁敦彦与邹嘉来为代表人物。作者认为外务部尽管只存在了短短10年,却完成了由总署向专业外交机构的艰难转变,对于整体中国外交而言,具承先启后的重要作用。李文杰的论著则从清代档案中钩稽总理衙门、外务部及驻外官员的履历资料,考察其出身、选任、升迁、去向、群体演进等系列问题,构建并展现出晚清外交人员从起源、发展到所谓"职业化"外交官群体形成的全过程,认为晚清总理衙门、外务部与民国初年外交部在人事关系上一脉相承,但随时代变迁、制度因革,其官员来源与结构有着巨大差异。③

在地方行政机构与制度研究领域,县级行政机构的研究继续受到学界特别重视,发表了许多较有学术价值的论著。其中,魏光奇的著作《有法与无法:清代的州县制度及其运作》④ 利用翔实史料,对清代州县体制、治理结构、任职制度、衙署组织、政府职能、财政作了全面系统的考察和论述,并以最后两章的篇幅对清代州县制度的特征及缺陷进行了深入的分析,可说是近年国内学界研究清代州县制度的一部代表作。魏光奇的另一部著作《清代民国县制和财政论集》⑤ 则收录了作者已发表的相关论文25篇,除4篇论文外,其余都涉及清代县制与财政等问题,诸如《清代州县治理结构述要》《清代州县的"主奴集团"统治——透视"秦制"的根本

---

① 崔志海:《1901—1905年清末政治改革述论》,《聊城大学学报》2018年第2期。
② 致知学术出版社2014年版。
③ 李文杰:《中国近代外交官群体的形成(1861—1911)》(生活·读书·新知三联书店2017年版)、《继承与开新之间——清末民初外务(交)部的人事嬗替与结构变迁》(《社会科学》2014年第6期)。
④ 商务印书馆2010年版。其另著有《官治与自治:20世纪上半期的中国县制》,商务印书馆2004年版。
⑤ 社会科学文献出版社2013年版。

特征》《清代督抚监司监察制度的异化》《清代州县官任职制度探析——附论中国传统政治中的地方行政首脑权力制约》《清代"乡地"制度考略》《清代州县财政探析》等。蔡东洲等著《清代南部县衙档案研究》① 利用现藏于四川省南充市的"清代南部县衙档案",对南部县级政府的管理活动进行的个案研究,涉及县衙设置、基层组织、文教机构和民间婚姻等专题,时间涉及顺治十三年(1656)至宣统三年(1911),为研究清代县级及基层管理和运作提供了一个缩影。

在清代地方行政机构中,除县级行政机构外,布政使和按察使上承督抚下启道员,分管一省行政、司法事务,在地方行政事务的处理中占有重要地位,既往研究缺乏系统性,苗月宁的著作《清代两司行政研究》② 共分六章,既对清代布政使、按察使两司的基本职掌、地位以及两司与督抚和道员的行政关系作了考察,又对咸同及以后两司的某些军事、外交职能和地位的变化也作了有益的探讨,弥补了既往研究之不足。

在清末地方官制改革研究领域,关晓红的《从幕府到职官:清季外官制的转型与困扰》代表了学界在该研究领域的最新成果。该著以专题史研究形式,共分九章,系统考察了清季外官制改革的历程,内容如下:改制前的外官制;直省官制的渐变;外官改制的酝酿与定案;试办外官改制;督抚衙门幕职分科治事;设立直省会议厅;裁并局所与改设三司两道;府厅州县改制;直省公费与行政经费;外官制的再调整。最后对清末地方官制改革的意义和影响作了分析,指出清末地方官制改革将原来"内外相维"格局改为上下贯穿,是近代中国政体转型的重要内容,总体目标是仿效西方,由君主专制向君主立宪制过渡。可是改制反而导致统治秩序严重失范,社会矛盾急剧尖锐,反而加速清廷的灭亡。③ 刘伟、彭剑、肖宗志等著《清季外官制改革研究》④ 共分为七章,也对清末地方官制改革作了较为系统的论述,主要内容包括:立宪改官——清季外官制改革的启动;省级行政机构改革;直省谘议局的成立;直省司法体制变动;道府州县行

---

① 中华书局2012年版。
② 中国社会科学出版社2012年版。
③ 生活·读书·新知三联书店2014年版。
④ 社会科学文献出版社2015年版。

政改制；地方自治制度的施行；外官管理制度的变动；最后就清末地方官制改革和困境作了分析。

在过去10年里，晚清法制史研究也受到学界特别重视，发表了大量论著。以发表的论文来说，有的以大理院司法文书为中心，通过对晚清大理院司法实践中的实体法律渊源及其适用方法的具体考察和研究，揭示法律近代化在清末中央司法实践中的历史进程。① 有的对清末提法使的设立过程及其在晚清官制和法制改革中的意义作了较为具体的考察和分析，强调提法使作为承上启下衔接司法与行政的枢纽机构，在清廷法制改革的制度设计中具有重要的位置。② 有的对清代自新所的演变作了较为系统的考察和分析，认为清代自新所的流变说明"晚清狱制转型并非仅为西方新式狱制的简单移植"③。有的通过对清刑律中与妾有关条法的考察，探讨妇女地位的复杂性，提出考察妇女在家族内地位时，起作用的并不只是社会性别，还有阶级与辈分等诸种因素。④ 有的从民事案件审理过程中县官对女性当事人的裁决和妇女对县官的回应及互动两个角度，对清代嘉道时期下层妇女的法律地位和法律意识作了有益探讨。⑤ 有的对清末女监制度的改良及其存在的不足作了具体考论，认为清末女监改良虽然因条件所限，收效甚微，但这些司法改革无疑给犯罪女性提供了更多宽宥的机会，为推动近代法制的发展以及维护妇女的权益起到了重要的作用。⑥ 有的根据清代四川南部县衙档案，对清代地方民事纠纷的解决方式和途径提出自己的看法，强调由于各种原因，民间社会对纠纷的调解是有限而不是万能的，事

---

① 《晚清中央审判中实体法的适用——以大理院司法文书为中心的考察》，《历史档案》2012年第3期。

② 史新恒：《清末官制改革与各省提法使的设立》（《求索》2010年第10期）、《效法西方话语下的自我书写——提法使与清末审判改革》（《历史教学》2010年第10期）、《分科改制：提法使官制向近代科层制的演进》（《求索》2011年第6期）、《清末司法官制改革中的臬司甄别》（《历史档案》2012年第3期）。

③ 陈兆肆：《清代自新所考释——兼论晚清狱制转型的本土性》，《历史研究》2010年第3期。

④ 程郁：《由清刑律中有关妾的条法看妇女地位的复杂性》，《史林》2010年第6期。

⑤ 毛立平：《"妇愚无知"：嘉道时期民事案件审理中的县官与下层妇女》，《清史研究》2012年第3期。

⑥ 艾晶：《清末女犯监禁情况考述》，《清史研究》2011年第4期。

实上相当多的民事纠纷仍然是诉诸衙门。[①] 有的对 1870—1905 年废除刑讯运动作了考察，认为《申报》作为现代新兴媒体，得社会风气之先，对刑讯不断提出严厉批评并率先提出废除刑讯的主张。1905 年 4 月经过修订法律大臣郑重建议，清政府最终从制度上废除了刑讯。但在刑讯废除后，欲在中国建立一套全新的司法审判和证据体系，仍面临诸多挑战。[②] 有的考察了清末首批司法官的产生、基本结构和特点，认为光绪三十二年清政府设立大理院，中国新式司法官由此产生；宣统二年全国规模的司法官考试，大批法政人员加入司法官队伍。新式司法官多半由传统的刑官的候选、候补等转变而来，实际上更多的是"新人不新""旧人不旧"，其中不少人还成为革命者，以此剖析了中国从传统到现代的转变过程中人员的承续、转化，以及变与不变的共生过程。[③] 有的对清末法制习惯调查活动作了考察，认为此项调查不仅是清末法制改革的重要内容，亦是传统中国在"西法东渐"的法律近代化过程中，国家政权在立法实践层面重视本土法律资源，并对其进行全面整理、利用的一次努力与尝试。[④]

这一时期学界对晚清法制史的重视还体现在出版了多部学术著作。其中，李典蓉的《清朝京控制度研究》[⑤] 除绪论和结论外，共分五章，就京控制度的渊源、形成，以及审理机构、诉讼程序和运作，京控盛行的原因，州县司法的弊端与京控盛行的关系，地方上的生监、讼师与京控者的关系，不同的社会群体在京控中的不同待遇等方面，对京控制度作了全面详细的研究。陈兆肆的《清代私牢研究》[⑥] 在梳理清代法定监狱的有关律例条文的基础之上，首先介绍了清代私牢的各种类型及时空分布，进而重点探讨衙役等群体如何协同运作私牢以达到逐权济私的目的，以及清廷、

---

[①] 吴佩林：《清代地方民事纠纷何以闹上衙门——以清代四川南部县衙档案为中心》，《史林》2010 年第 4 期。

[②] 孙家红：《帝制中国晚期的废除刑讯运动（1870—1905）——以〈申报〉为起点》，《甘肃政法学院学报》2015 年第 3 期。

[③] 李在全：《制度变革与身份转型——清末新式司法官群体的组合、结构及问题》，《近代史研究》2015 年第 5 期。

[④] 邱志红：《清末法制习惯调查再探讨》，《广东社会科学》2015 年第 5 期。

[⑤] 上海古籍出版社 2011 年版。

[⑥] 人民出版社 2015 年版。

地方官幕对私牢的态度及具体治理措施，最后阐述了清代传统私牢与清末狱制改良之间既断裂又承继的双重关联，指出清代私牢周围大量官场边缘利益群体是其长期大量存在的重要推手，不同权力主体围绕各自的权与利不断竞争与妥协，使私牢规则呈现多元化图景。王云红的《清代流放制度研究》①除绪论和余论外，共分七章，以丰富翔实的档案资料，从制度层面较为全面地阐述了清代的流放类型、流放法规、流放对象以及流放地点的选择等问题，比较清晰地勾勒出清代流放制度的基本框架、基本格局，揭示了清代流放类型的多样性、流放法规的复杂性、流放对象的普遍性、流放制度的种种弊端，以及流放制度在清末法制改革中如何在内外冲击下走向终结。吕虹的《清代司法检验制度研究》②除导论和结论外，共分五章，分别就清代司法检验之历史溯源、清代司法检验规则体系的构建、清代司法检验的取证技术、清代司法检验的证据认定与运用，分别作了考察和论述，最后就清代司法检验制度利弊得失作了分析。谢蔚的《晚清法部研究》③共分七章，就晚清法部的成立与清末法制改革作了系统考察。其中，前三章分别探讨了法部的建立、法部的人事制度及法部的职能、运作与终结，认为清末刑部改成法部，专掌司法行政，其成立、内部机构改革、人事制度、决策制度和各项新职能的实现，都体现了"新旧兼营"的职能性特点，展现了中央司法行政机构从传统向近代的过渡转型。后四章具体考察法部在创办京师各级审判厅、推进地方司法改革、推动法学教育和狱政改革、加强司法人员管理与推进新式审判四个方面的举措及实践，认为这些变革使中国两千多年来行政官兼掌司法的体制开始转变为司法权、行政权分开，为民国司法体制奠定了基础，甚而影响到我们今天司法的某些司法制度。

这一时期学界对晚清法制史研究的深入，还进一步体现在出版了一些根据案例撰写的法制史著作。如徐忠明、杜金的著作《谁是真凶——清代命案的政治法律分析》④，以清季发生的杨乃武与小白菜案、春阿氏杀夫

---

① 人民出版社2013年版。
② 中国政法大学出版社2015年版。
③ 中国社会科学出版社2014年版。
④ 广西师范大学出版社2014年版。

案、三牌楼冤案三起命案、疑案与冤案为样本，着力揭示其中的重重黑幕，进而分析和解读这些案件最终得以平反的各种因素——司法政治、司法技艺及社会网络的隐秘故事，由此勾勒中国式的"超越合理怀疑"的独特意义与程序结构、清代中国的司法制度及其运作实践、清代命案的驳审程序及其特点、审理死刑"疑难案件"的法律制度与操作技艺等。吴佩林的《清代县域民事纠纷与法律秩序考察》[①] 利用清代四川《南部档案》，结合四川《巴县档案》、河北《宝坻档案》、台湾《淡新档案》、四川《冕宁档案》、浙江《黄岩档案》、浙江《龙泉档案》等清代州县档案以及传世文献、清末诉讼习惯调查报告、田野调查等资料，依次考察了基层社会的秩序规范和纠纷解决，以及纠纷闹上衙门之后的一系列法律活动，并在这个过程中探究了特殊人群的诉讼及衙门审理民事诉讼案件的基本思路，着重阐释了官方和民间两个法律体系对民间细故纠纷解决的特征，就清代县域（基层社会与县衙）民事纠纷及法律秩序进行了精细而又深入的实证研究。魏道明的《秩序与情感的冲突：解读清代的亲属相犯案件》[②] 在归纳总结一千余例清代亲属相犯案件起因的基础上，概括分析了导致亲属相犯频频发生的一般原因。作者认为，传统伦理与法律在调整亲属关系时，忽略了亲属间的情感需求而过分强调伦常秩序，以秩序取代亲情，亲属间的关系全部被构建为尊卑或上下的纵向关系，严重破坏了亲属间原有的信任、互爱关系，使得亲属关系沦落为常人关系，亲属之间密而不亲，矛盾纠纷难以化解且容易升格为刑事案件，亲属相犯因此而处于失控的状态。该著可谓是该研究领域一部填补空白之作。

科举制和晚清教育制度改革研究也在过去 10 年受到学界重视。就发表的论文来说，有的以中国第一历史档案馆所藏"朱批奏折"和"录副奏折"为主要材料，结合其他文献，就清代举人大挑的次数与频率所做的详尽考辨和分析，纠正了以前一些不准确的说法，颇具学术价值。[③] 有的对晚清捐输乡试广额导致各省乡试中额出现重大调整和变化的现象作了考察

---

① 中华书局 2013 年版。
② 中国社会科学出版社 2013 年版。
③ 张振国：《清代举人大挑的次数与频率》，《史学月刊》2012 年第 10 期。

和分析，指出晚清平均每届乡试取中捐输广额179名，增幅达14.3%，不仅抵消了乾隆九年定制各省乡试中额时削减的额数，且使实际乡试中额超过清初制定的清代最高乡试解额标准。同时，它还为清廷筹集军费1.5亿两，占咸同年间军费总支出的1/4。此中透露出晚清中央与地方关系中，中央主动放权给地方的一面，而非既有研究强调的中央对地方扩权的被动承认和接受。① 有的透过对清代科举官卷制度②的考察，揭示官卷制度在维护科场秩序和平民考生合法权益中所起的积极作用，颇有现实意义。③ 有的就清末立停科举制过程及其后果进行重新考察和分析，认为在张百熙、端方、袁世凯等人的推动下，清政府采取断然措施，终结科举制，但也遗留诸多问题。④ 有的考察了科举改革与诏开进士馆的关系，认为光绪二十八年十一月诏开进士馆是翰林院及新进士培养与任用层面的重要改革，是在最高层调适科举与学堂关系的关键步骤，既与辛丑科举考试新章相配套，共同构成科举改制的主要内容，又蕴含着抑科举而扬学堂的深意，因而在科举改制中具有风向标的意义。⑤ 有的对光绪癸卯年（1903）经济特科的缘起、进展、考试内容、社会影响，被保举者的出身、官阶、年龄、教育状况、地域分布、政治成分等作了系统而深入的考察，指出参加癸卯特科保和殿初试实际到场者仅186人，应试率仅及一半，最终录取者仅27人，成为清朝特科史上"最失士心"的一科。慈禧太后的缺乏诚意，清政府的举措失当，以及新旧之见的难以消除，都对此届特科产生严重不良影响。与开设特科相比，有志之士考虑更多地是如何敦促朝廷尽快废除科举，以迎合通过新式学堂来培养、求取专业人才的时代需求。⑥ 有的根据

---

① 张瑞龙：《中央与地方：捐输广额与晚清乡试中额研究》，《近代史研究》2018年第2期。
② 按：清代为防科举舞弊，避免大臣子弟贪缘幸进，妨碍寒门士子进身之路，在乡试时将大臣子弟另编字号，使其在官卷内竞争和择优录取，是为官卷制度。
③ 马镛：《清代科举的官卷制度》，《历史档案》2012年第3期。
④ 关晓红：《议修京师贡院与科举制的终结》，《近代史研究》2009年第4期；《终结科举制的设计与遗留问题》，《中山大学学报》（社会科学版）2011年第5期。
⑤ 韩策：《科举改制与诏开进士馆的缘起》，《近代史研究》2015年第1期。
⑥ 张海荣：《光绪癸卯年经济特科考述》，中国社会科学院近代研究所政治史研究室、西北民族大学历史文化学院编《清末新政与边疆新政》下册，社会科学文献出版社2018年版，第504—537页。

学部向朝廷进呈三次教育统计图表时先后呈递的三道奏折,对光绪三十三年至宣统元年(1907—1909)全国新式学堂、学生的数量重新作了考订,具体如下:光绪三十三年,有学生1024988人,学堂36003处;光绪三十四年,有学生1300739人,学堂42696处;宣统元年,有学生1639641人,学堂52921处。[1] 有的通过研究宝山县的教育会,认为教育会在地方教育行政体制确立过程中所起到的作用及其在学务活动实践中累积的经验,是中国教育现代进程中一个值得关注的方面,对于当今的教育方针也有重要的历史借鉴意义。[2]

这一时期学界在科举制和近代教育改革研究方面所取得的成就,主要还体现在出版了多部比较有学术质量的著作上。其中,李世愉和胡平合著的《中国科举制度通史·清代卷》[3] 对有清一代科举制度的定制、发展、变化以及影响作了比较系统的考察,内容包括对"童试""乡试""会试""殿试"等清代科举考试的几个不同阶段的论述,并探析了各阶段考试资格要求、考试组织等制度规定,另对"贡院与科场经费""考试文体及缮卷、阅卷条规""宗室、八旗之科举""武举""制科""落第政策""科举的废除"以及"清代科举的地位与作用"等问题,亦分别作了专门论述,是近年国内学界研究晚清科举制的一部综合性著作。林上洪的《清代科举人物师承研究》[4] 共设五章,以《清代朱卷集成》中的会试卷履历为主要资料来源,辅以若干乡试履历及其他史料,运用文献法、统计法和比较法进行研究,呈现出清代科举人物师承、教育和考试的概貌,并分析了师承与科举成绩和社会流动的关系,挖掘出以往未被重视的朱卷履历师承记录的重大文献价值和学术价值,对科举流动现象提出教育学视角的新解释,在清代科举制研究领域具有一定的补白意义。

关于清末科举改制研究,关晓红的著作《科举停废与近代中国社会》[5] 在充分挖掘史料特别是使用大量媒体史料的基础上,将科举停废与晚清整

---

[1] 张海荣:《清末三次教育统计图表与"学部三折"》,《近代史研究》2018年第2期。
[2] 高俊:《清末地方教育会述论——以宝山县为个案》,《史林》2015年第2期。
[3] 上海人民出版社2015年版。
[4] 华中师范大学出版社2013年版。
[5] 社会科学文献出版社2013年版。

个社会变革联系起来考察，既对清末科举制从改到废的过程及善后措施作了深入的考察和论述，同时对中国士绅对废科举的反应及废科举对中国近代社会的影响也作了深入的探讨，代表了近年国内这方面的最新研究成果。刘绍春的《晚清科举制的废除与新教育的兴起》①从晚清政治、经济、文化教育、人才观的演变及新旧势力斗争的角度，探索了科举制无法与新教育相融合乃至最终被历史淘汰的必然命运，深入分析了科举制改革过程中错综复杂的矛盾和纠结，并对科举制废除以后对教育的影响以及民国时期考试制度的重建等作了考察和反思。② 韩策的《科举改制与最后的进士》③从科举改章和开进士馆"两条脉络"出发，详细探讨了科举改制的流变、论证与决策的过程，并将科举改制置于癸卯、甲辰会试和进士新学教育的实际运行中检视其利弊得失，进而讨论癸卯、甲辰进士群体在废科举、预备立宪、从帝制到共和等时代剧变下的浮沉进退与流风遗韵。曹南屏的《阅读变迁与知识转型》④从出版史、书籍史与阅读史等角度，重新审视近代中国科举制度的革废与教育体制的转型，共设五章，内容依次为"清代科举的知识规划、考试实践与士子群体的知识养成""坊肆、名家与士子——晚清科举考试用畅销书""学问与世变——晚清中国实学观的演变与知识取向的转折""新政的生意——清末科举改制与出版市场""'再生产'的难局——科举改制后的考试内容、出版市场与读书人群体"，揭示晚清时期科举考试用书的出版及流通与科举改废及新式学堂之间的相互关系。以上四部著作可谓各有秋千，互为补充，极大地深化了对清末科举改制的研究。

此外，左松涛的《近代中国的私塾与学堂之争》⑤在广泛征引方志、档案、年谱、日记、回忆录、文集和报刊等史料基础上，共分五章，依次考察了私塾概念在近代中国的演生过程、科举停废前的清代民间旧式教育，以及清末到民国所发生的私塾与学校长期的纠缠竞争，重现了有关近

---

① 中国社会科学出版社 2015 年版。
② 同上。
③ 社会科学文献出版社 2017 年版。
④ 社会科学文献出版社 2018 年版。
⑤ 生活·读书·新知三联书店 2017 年版。

代中国私塾与学堂之争的诸多重要史实,揭示了中国本土教育体系和外来新式教育制度各有其长短得失。其中,该著第二、第三两章为晚清部分内容。安东强的《清代学政规制与皇权体制》[①] 共设五章,依次以"学政设置与用意""学政的定位与履职""咸同兵燹与学政地位""变通学政权能""学政改制与裁撤"为题,比较系统考察了清代学政的职能、地位的升降、规制的调整及与清代官制体制的关系。

纵观过去十年国内晚清政治史研究,一方面呈现出回归清史学科的势头,在中国近代史学科的革命史和现代化史主题之外开辟了许多新的研究领域,成绩喜人。并且,值得特别指出的是,许多新成果都出自青年学者之手,展现了新一代青年才俊的学术风采。但另一方面,晚清政治史研究也存在不平衡性,比较而言,学者的学术兴趣更多地放在1894年中日甲午战争及之后的这一时段历史,对1894年之前历史的研究相对薄弱。再者,在开展实证研究的同时,一个新的独立的晚清政治史学科体系尚有待建立,且任重道远。

---

① 社会科学文献出版社2017年版。

# 第十二章

# 结语:回顾与展望

学术史的一个重要使命是,既要从学科史角度对既往学术成果进行梳理、归纳,达到"辨章学术,考镜源流"的目的,同时还要达到为未来学术指点迷津的效果。本此宗旨,本章就70年来国内晚清政治史研究所走过的历程作一归纳,并就未来的努力方向做一展望。

## 第一节 晚清政治史研究的四个发展阶段

回顾1949年新中国成立以来的70年历程,国内的晚清政治史研究大致经历了四个发展阶段。

第一阶段为1949—1966年新中国成立的头17年,这是构建晚清政治史新体系阶段。这一时期国内晚清政治史研究与以往不同的一个变化是,根据马克思历史唯物主义与毛泽东对中国近代社会性质和基本矛盾的分析,晚清政治史研究完全从清史学科中剥离出来,归属于中国近代史学科。20世纪60年代初,著名清史学家郑天挺先生在给中央党校讲授清朝历史时,就只讲鸦片战争之前清朝的政治、经济和文化,明确指出鸦片战争之后的清朝历史属于近代史范畴,不在清史讲授范围,他说:"清朝的统治一直继续到一八四〇年以后,直到一九一一年才被推翻。但是从一八四〇年中英第一次鸦片战争之后,中国一步一步变成了半殖民地半封建社会,社会性质发生了变化,所以在通史里清朝的历史结束于一八四〇年。一八四〇年以后的七十多年的历史则放在近代史部分去讲,我们讲清代历史的就不谈了。"①

这一时期学界的另一重大变化是站在无产阶级的立场上，将现代化叙事模式当作资产阶级史观加以批判和摒弃，构建起一个纯粹的革命史体系。这个革命史体系以阶级斗争为主线，以"两个过程"为基本发展线索，揭示晚清中国半殖民地化和半封建化过程，突出人民群众反帝反封建斗争的历史地位和作用，并以"三次革命高潮"和"八大事件"为具体内容。所谓"三次革命高潮"，第一次为太平天国农民起义，第二次为戊戌变法和义和团反帝运动，第三次为辛亥革命。所谓"八大事件"，即两次鸦片战争、太平天国运动、洋务运动、中法战争、中日战争、戊戌变法、义和团运动、辛亥革命。这一时期的国内晚清政治史研究，都是在这一体系之下展开的。

首先，在史料的整理和出版方面作了卓有成效的工作。新中国甫一成立，中国史学会就将史料的整理和出版作为推动中国近代史研究的一项重要工作，组织专家学者整理、出版"中国近代史资料丛刊"11种，具体如下：《鸦片战争》6册，243.1万字；《太平天国》8册，226.1万字；《捻军》6册，182.6万字；《回民起义》4册，145万字；《洋务运动》8册，322.4万字；《中法战争》7册，274.5万字；《中日战争》7册，301.9万字；《戊戌变法》4册，162.7万字；《义和团》4册，144.9万字；《辛亥革命》8册，325.5万字；《第二次鸦片战争》6册，301.9万字，虽然出版于1979年，但实际也在60年代初即已编成。以上11种资料汇编总计68册，2630.6万字。

除了史学会出版的11种资料之外，其他学术单位和学者也组织出版了一系列相关资料，作了有益补充。如在鸦片战争研究领域，《筹办夷务始末（道光朝）》《鸦片战争末期英军在长江下游的侵略罪行》《三元里人民抗英斗争史料》《林则徐集》《龚自珍全集》《黄爵滋奏疏、许乃济奏议合刊》、梁廷枏《夷氛闻记》、阿英（钱杏邨）编《鸦片战争文学集》等的出版，就一定程度弥补了综合资料汇编《中国近代史资料丛刊·鸦片战争》之不足。其他出版的如《太平天国史料丛编简辑》、朱寿朋编《光绪

---

① 郑天挺：《清史简述》，中华书局1980年版，第1—2页。

朝东华录》、中国近代经济史资料丛刊编辑委员会主编《中国海关与中法战争》和《中国海关与中日战争》、阿英编《甲午中日战争文学集》、国家档案局明清档案馆选编《戊戌变法档案史料》、国家档案局明清档案馆主编《义和团档案史料》（上、下册，中华书局1959年版）、北京大学历史系中国近现代教研室主编《义和团运动史料丛编》（第一、第二辑，中华书局1964年版）等，在各专题史研究领域都具有同样的学术价值和贡献。而需要特别指出的是，甚至一些最近出版的大型资料书，其实也是这一时期的一个成果。如2018年由江苏凤凰出版社出版的40册《太平天国史料汇编》（2000余万字），就是20世纪五六十年代由著名太平天国史研究专家罗尔纲先生组织完成的，只是因出版经费等各种原因，才至今日得以问世。

这些资料的整理和出版，不但为这一时期的晚清政治史研究奠定了坚实的史料基础，并且迄今仍嘉惠学林，具有很大的学术价值。而考虑到这些资料的出版都是在新中国刚成立、百废待举之际完成的，就尤为难得和珍贵了，同时也体现了当时学界对晚清政治史研究的重视。

其次，围绕"三次革命高潮"和"八大事件"，学界举办了一些周年纪念性质的学术讨论会，如太平天国100和110周年、中日甲午战争60周年、戊戌变法60周年、义和团运动60周年、辛亥革命50周年等学术讨论会，并出版和发表了一系列论著，具有代表性的如姚薇元的《鸦片战争史实考》（新知识出版社1955年版），鲍正鹄的《鸦片战争》（上海新知识出版社1954年版），陈锡祺的《广东三元里人民抗英斗争》（广东人民出版社1956年版），魏建猷和蒋孟引的两本同名著作《第二次鸦片战争》（上海人民出版社1955年版、生活·读书·新知三联书店1965年版），列岛编《鸦片战争史论文专集》（生活·读书·新知三联书店1958年版）；罗尔纲的《太平天国史稿》《太平天国史记载订谬集》《太平天国史事考》《太平天国史料辨伪集》《天历考及天历与夏历公历对照表》《太平天国史料考释集》《太平天国文物图释》《太平天国史迹调查集》（生活·读书·新知三联书店1955—1958年版），景珩、林言椒编《太平天国革命性质问题讨论集》（生活·读书·新知三联书店1961年版），戎笙等编《太平天国革命战争》（生活·读书·新知三联书店1962年版），江地《捻军史初探》（生活·读书·新知三联书店1956年版）和《初期捻军史论丛》（生活·读书·新知三联书店1959年版）；牟安世的《洋务运动》（上海人民出版社1956年版）和《中法战争》（上海人民出版社1955年版），贾逸君的《甲午中日战争》（新知识出版社1955年版），郑昌淦的《中日甲午战争》（中国青年出版社1957年版），陈伟芳《朝鲜问题与甲午战争》（生活·读书·新知三联书店1959年版），戚其章《中日甲午威海之战》（山东人民出版社1962年版），《历史教学》月刊社编《中日甲午战争论集》（五十年代出版社1954年版）；汤志钧的《戊戌变法史论》（群联出版社1955年版）、《戊戌变法史论丛》（湖北人民出版社1957年版）、《戊戌变法简史》（中华书局1960年版）、《戊戌变法人物传稿》（中华书局1961年版），胡滨的《戊戌变法》（新知识出版社1956年版）、《中国近代改良主义思想》（中华书局1964年版），侯外庐主编的《戊戌变法六十周年纪念集》（科学出版社1958年版），吴玉章等著《戊戌变法运动六十周年纪念论文集》（中华书局1958年版），王栻的《严复传》（上海人民出版社1957年版），李泽厚的《康有为谭嗣同思想研究》（上海人民出版社1958年版）；史学双周刊社编《义和团运动史论丛》（生活·读书·新知三联书店1956年版），中国科学院山东分院历史研究所编《义和团运动六十周年纪念论文集》（中华书局1961年版），金家瑞的《义和团运动》（上海人民出版社1957年第一版、1959年第二版），骆承烈的《从"巨野教案"到山东义和团》（山东人民出版社1959年版）；黎澍的《辛亥革命前后的中国政治》（人民出版社1954年版），陈旭麓的《辛亥革命》（上海人民出版社1955年版），胡绳和金冲及著《论清末的立宪运动》（上海人民出版社1959年版）及李时岳著《张謇和立宪派》（中华书局1962年版），湖北省哲学社会科学学会联合会编《辛亥革命五十周年纪念论文集（上下集）》（中华书局1962年版）等。

在革命史观指引下，这一时期晚清政治史研究的一个特点是，无论在史料的整理和出版方面，还是在具体的学术研究领域，都偏重和突出中国人民的反帝反封建斗争，忽视对革命对立面清朝统治阶级和帝国主义列强的研究，忽视政治制度史的研究。如在"八大事件"的研究中，洋务运动虽然历经30余年，在晚清历史中占有十分重要地位，但由于它由清朝统治阶级发动，未被列入"三次革命高潮"序列，因此并不受学界重视，研究成果远不如太平天国运动史、戊戌维新和义和团运动史及辛亥革命史。同样，清末最后十年新政作为辛亥革命的对立面，尽管对清末民初中国历史有着十分重要影响，但几乎被学界忽视，发表的专题论文只有两篇：一篇关于1901—1905年清政府的新政改革；一篇关于清末预备立宪。并且，这两篇文章对清政府的改革都持否定评价，认为是"假维新，伪变法"，是洋务运动的"翻版"，具有封建性和买办性，是清政府在镇压义和团运动之后为阻止新的革命运动而采取的反动措施。

第二阶段为1966—1976年，这是国内晚清史研究遭受严重挫折阶段。在这一时期，晚清政治史领域被视为资产阶级霸占的阵地而"被革命"，并首当其冲。1963年戚本禹在《历史研究》第3期发表《评李秀成自述——并同罗尔纲、梁岵庐、吕集义等先生商榷》一文，并于次年在学界发起批判李秀成运动，实开史学界将学术问题政治化和"影射史学"的先河，学术研究处于一片萧瑟之中。70年代全国掀起"批林批孔"热潮后，一部丰富多彩的晚清政治史又硬被说成一部"儒法斗争"史，例如将鸦片战争时期主张禁烟和改革的林则徐、龚自珍和魏源说成是法家的代表，将反对禁烟、主张对外妥协的穆彰阿、琦善等说成是儒家的代表；将太平天国农民战争极力渲染成一场反孔斗争，认为太平天国是农民阶级反孔斗争的一个前所未有的高峰；将洋务运动和戊戌变法时期清朝内部保守派与改革派和维新派的争论看作是"尊儒反法"和"尊法反儒"的两条路线斗争；将一场反帝爱国性质的义和团运动硬说成是一场反孔运动，甚至还将义和团的"灭洋"举动与当时的红卫兵造反有理联系在一起；将辛亥时期革命派和改良派之间关于中国革命道路问题的论战说成是尊法反儒还是尊儒反法的斗争；等等。这种所谓的学术研究完全偏离学术轨道，沦为"影射史学"的奴婢和工具，导致晚清政治史研究出现严重倒退。

第三阶段为1978—1990年，这是晚清政治事件史研究趋于成熟阶段。这一时期，晚清政治史研究一方面继承了既往革命史叙事体系，但另一方面在十一届三中全会确立的实事求是和改革开放思想路线的指引下，摒弃了教条主义和简单化，回归学术，现代化史观重新得以承认，晚清政治史研究迎来空前繁荣局面，具体表现在以下几个方面：其一，与晚清政治史研究有关的研究机构和学术团体如雨后春笋般涌现,为推动国内晚清政治史研究的繁荣和发展提供了组织和人才保障。其二,与晚清政治史研究有关的各类学术讨论会不但得以恢复,并且频频举行,规模和影响也越来越大,对促进这一时期晚清政治史研究的繁荣起了有力的推动作用。如1979年5月下旬,由北京太平天国历史研究会和南京史学会在南京联合举办的太平天国史学术讨论会,不但是改革开放后中国史学界首次举办的国际学术会议,也是新中国成立30年来史学界规模最大的一次学术讨论会。参加这次讨论会的除国内学者外,还有来自英国、澳大利亚、比利时、德国、日本、美国和加拿大的外国学者,以及在南京就读的外国留学生,多达260余人,收到各种专题论文200余篇,在一定程度上反映了"文化大革命"结束以来史学的初步繁荣。1980年12月在吉林长春召开的首届洋务运动学术讨论会,则开启了国内洋务运动史研究学术讨论会的先河,并在整个80年代形成两年一会的传统。又如1981年为纪念辛亥革命70年,除由中国史学会和湖北省哲学社会科学联合会在武汉共同举办纪念辛亥革命七十周年学术讨论会外,上海、湖南、广西、浙江、四川、广东、江苏、安徽、贵州、云南、河南、山西、辽宁、宁夏等省市及自治区也先后举办纪念活动和学术讨论会,将国内的辛亥革命史研究推向高潮,当年国内发表的辛亥革命史文章和论文多达1200多篇,盛况空前。

其三,围绕"八大事件",发表了不计其数的学术论著,其中一些是具有代表性的综合性专著,诸如牟安世的《鸦片战争》(上海人民出版社1982年版),茅海建的《天朝的崩溃——鸦片战争再研究》(生活·读书·新知三联书店1995年版),萧致治主编的《鸦片战争史——中国历史发展中第三次社会大变革研究》(福建人民出版社1996年版);罗尔纲的《太平天国史》(4册,中华书局1991年版)和茅家琦主编的《太平天国通史》(全3册,南京大学出版社1991版)、崔之清主编的《太平天国战争全史》(4册,南京大学出版社2002年版),郭豫明的《捻军史》(上海人民出版社2000年版);李时岳、胡滨著《从闭关到开放——晚清"洋务"热透视》(人民出版社1988年版),夏东元著《洋务运动史》(华东师范大学出版社1992年初版、2009年修订版),樊百川著《清季的洋务新政》(上海书店出版社2003年版);戚其章的《甲午战争史》(人民出版社1990年版、上海人民出版社2005年再版)、《甲午战争国际关系史》(人民出版社1994年版)、《国际法视角下的甲午战争》(人民出版社2001年版);王栻的《维新运动》(上海人民出版社1986年版)、汤志钧的《戊戌变法史》(人民出版社1984年版、上海社会科学院出版社2003年修订版),蔡乐苏、张勇、王宪明等著《戊戌变法史述论稿》(清华大学出版社2000年版);廖一中、李德征、张璇如等编著的《义和团运动史》(人民出版社1981年版)、路遥、程歗合著的《义和团运动史研究》(齐鲁书社1988年版),路遥主编的《义和拳运动起源探索》(山东大学出版社1990年版)、李德征、苏位智、刘天路合著的《八国联军侵华史》(山东大学出版社1990年版)、林华国《义和团史事考》(北京大学出版社1993年版)和《历史的真相——义和团运动的史实及其再认识》(天津古籍出版社2002年版);章开沅、林增平主编的三卷本《辛亥革命史》(人民出版社1980—1981年版)、李新主编的两卷本《中华民国史》(中华书局1981—1982年版)和金冲及、胡绳武合著的四卷本《辛亥革命史稿》(上海人民出版社1980、1985、1991年版)等,标志着革命史体系下的晚清政治事件史研究大体臻于成熟。这些代表作虽然有些出版于2000年之后,但它们实际反映的还是20世纪八九十年代甚至更早之前的研究成果。

这一时期晚清政治史研究较诸前一时期所取得的重大进步主要体现在两个方面:一方面研究内容更丰富、全面和深入。例如在晚清中外战争史研究中,不再局限于侵略与反侵略斗争,同时加强对晚清中外关系和国际关系史的研究,加强军事史的研究,加强了对清政府战争对策的研究;既揭示外国侵略给晚清中国社会造成的破坏和带来的深重灾难,也多角度具体分析外国侵略给中国社会产生的多重影响。在晚清政治事件史研究中,既重视晚清的反封建革命,同时也重视对改革和改良运动的研究,如前一时期遭冷落的洋务运动就在这一时期受到重视,据不完全统计,在1979—1999年的20年里,除了三部代表性著作外,公开发表的相关论文多达600多篇,先后召开7届全国性的洋务运动史学术讨论会。在太平天国革命史研究中,则加强了对这一时期清朝统治阶级及相关人物的研究,加强了湘、淮统治集团的研究。在戊戌变法史研究中加强了对清朝统治阶级内部帝后两党的研究。在辛亥革命史研究中加强了对立宪派和立宪运动及袁世凯北洋集团的研究。另一方面在历史评价和学术观点上更为客观和实事求是,既肯定革命的合理性和积极意义,也注意晚清革命的局限性;既看到晚清改良或改革运动与革命的对立一面及妥协性,但并不因此否定其对中国近代化所起的促进和推动作用,肯定革命和改良都是推动晚清社会进步的两大动力;既充分肯定晚清中国人民反侵略斗争的正义性和合理性,也注意到反侵略斗争中存在的局限;对于晚清不同政治势力和人物的评价,也不再是简单地贴阶级标签,而是具体问题具体分析,有褒有贬。

20世纪90年代之后为第四阶段,这是国内晚清政治史研究的守望和拓展阶段。这一时期,晚清政治事件史的研究一方面继续得到重视,并有所突破和深化。但另一方面,随着晚清政治事件史的研究基本臻于成熟,传统事件史的研究又有所冷却,晚清史的研究不再局限于"八大事件",而是转向全方位研究,趋于多元化,呈现出一些新的特点和趋向。

其一,从单纯政治事件史的研究转向问题史的研究,加强了政治史与社会史、文化史和思想史研究的结合。如在太平天国史研究中加强了对太平天国宗教和文化以及江南社会经济史的研究;在洋务运动史研究中加强了对洋务运动时期经济史、灾荒史、企业史、文化史和教育史的研究;在义和团史研究中加强了对这一时期华北地区民间宗教信仰、地方文化和社会形态的研究;在辛亥革命史和清末新政史研究中,加强了对这一时期民变和绅商的研究。这一时期举办的有关政治事件史的学术会议及出版的相关学术论著,主题也多与近代中国社会挂钩,诸如"鸦片战争与中国近代社会""太平天国与近代中国""太平天国与中西文化""洋务运动时期的区域社会环境""甲午战争与近代社会""义和团运动与近代中国社会""直隶义和团运动与社会心态""辛亥革命与社会发展道路""辛亥革命与近代中国社会变迁""辛亥革命与四川社会""辛亥革命与贵州社会变迁""张謇与近代社会"等,提倡将社会文化史的研究作为深化政治事件史研究的一个突破口。

其二,加强了对革命对立面清朝政府的研究,诸如边疆边政问题研究、晚清制度史研究、满汉关系史研究、清廷朝政研究等,呈现出由中国近代史学科向清史和晚清史学科回归的趋向。这具体体现在以下三个方面:首先,这一时期发表的以晚清史为主题的学术成果开始超出既往的革命史研究。以辛亥革命史研究来说，1992年之前学界主要以革命派为研究对象，以清政府为研究对象的论文数量比重很小。在1980—1991年的12年里，前者与后者论文数量之比，除1988达到10∶2和1990年达到10∶3之外，其余年份都在10∶1左右，平均为10∶1.3（1.267）。但进入1992年之后，以清政府为研究对象的论文数量逐年上升，与以革命派为研究对象的论文数量之比，由是年的2.5∶10上升到1998年的6.3∶10，至2003年则开始反超后者，为12.8∶10。与此相关的是，清末新政改革史研究在1991年之后也开始脱离辛亥革命史范畴，成为一个独立的研究领域，受到学界的高度重视。据不完全统计，自1991年以来，学界发表的与清末新政有关的学术论文多达1500余篇，[①] 著作50余部，成为晚清史研究中的一门"显学"。其次，从学界组织的学术会议来看，既往以政治事件史为主题的学术讨论会在进入90年代之后虽然继续举行，但会议论文选题多转向清朝统治阶级方面，并且其学术影响力也呈递减之势，有些则随学术研究的转向和发展而未能得到赓续，如洋务运动史学术讨论会于1994年在福州举办第七届之后即成绝响。而与之形成鲜明对照的是，以上述晚清史内容为主题的学术会议明显增多，且学术影响力不断增强。如中国人民大学清史所举办的"清代政治与国家认同"国际学术研讨会（2010年8月9—11日）、"清帝逊位与民国肇建一百周年"国际学术研讨会（2012年）、"清代边政与边疆民族"学术研讨会（2016年12月2—5日），由中国社会科学院近代史研究所政治史研究室与其他单位合作举办的"晚清国家与社会"（2006年）、"晚清改革与社会变迁"（2007年）、"湘淮人物与晚清社会"（2009）、"清代满汉关系研究"（2010年）、"政治精英与近代中国"（2012年）、"清末新政、边疆新政及清末民族关系研究"（2014年）、"晚清制度、思想与人物研究"（2016年）、"被卷入世界的晚清中国暨戊戌变法120周年"（2018年）等八届"晚清史研究国际学术研讨会"，都对推动晚清政治史研究起了十分积极作用。再者，高等院校和各科研院所的博士论文及入选国家社科基金资助的科研项目也呈现回归清史学科趋向，许多选题属于上述晚清政治史研究领域，革命史方面的选题明显弱

---

[①] 其中1991—2000年400余篇，2001年之后1100余篇。

化。在这一学术转型过程中，2002年启动的国家清史编纂工程无疑在其中起了重要的推动作用，这在国家清史编纂委员会出版的240种3599册的图书中可见一斑。

其三，开拓了"后事件史"的研究。这方面的研究具体又可分为三个不同研究路径：一是随着学术积累的不断增强，加强了学术史研究，对晚清政治史相关成果进行学术总结和回顾。除发表许多学术史文章外，这一时期还出版了一些专题史研究的学术史著作及综合性的论著目录索引等工具书，如萧致治主编《鸦片战争与林则徐研究备览》（湖北人民出版社1995年版），吴善中等著《太平天国史学述论》（社会科学文献出版社2013年版），中国义和团研究会编《义和团研究一百年》（齐鲁书社2000年版），章开沅、刘望龄、严昌洪、罗福惠、朱英编著的《国内外辛亥革命史研究综览》（湖北教育出版社1991年版），林增平、郭汉民、饶怀民主编的《辛亥革命史研究备要》（湖南人民出版社1991年版），李喜所、凌东夫主编《辛亥革命研究一览》（天津教育出版社1991年版），罗福惠、朱英主编的《辛亥革命的百年记忆和诠释》第三卷《历史学者对辛亥革命的研究与诠释》（华中师范大学出版社2011年版），中国社会科学院近代史研究所政治史研究室编《晚清政治史研究的检讨：问题与前瞻》（社会科学文献出版社2014年版），马大正著《当代中国边疆研究（1949—2014）》（中国社会科学出版社2014年版），曾业英主编《当代中国近代史研究（1949—2009）》（中国社会科学出版社2014年版），崔志海等著《当代中国晚清政治史研究》（中国社会科学出版社2017年版），张海鹏主编《中国近代史论著目录（1979—2000）》（上海人民出版社2005年版），黄爱平主编《清史书目（1911—2011）》（中国人民大学出版社2014年版）等。这些学术史著作及论著目录索引工具书的出版，起到了很好的"辨章学术，考镜源流"的作用。

二是加强了对重大政治事件影响和意义的研究。如加强了鸦片战争对晚清外交体制变革影响的研究；加强了太平天国农民战争对江南社会经济影响的研究；加强了甲午战争对东亚国际形势及晚清社会和思想影响的研究；加强了庚子事变对晚清中外关系及民众观念影响的研究；加强了辛亥革命对中国近代政治和社会发展道路及中国近代城市和乡村影响的研究。

与此同时，也加强了清末政局对民初政局影响的研究，诸如关于清末袁世凯北洋集团兴起与民初政局的关系，关于清帝逊位对民初政局的影响，关于清末废科举与民初士人的走向，关于清末法制改革和经济改革与民初法制和经济改革的关系，等等。此类研究一方面是既往有关政治事件历史地位、影响和意义研究的一个自然延伸，但同时也是对既往政治事件史研究的一个深化和发展，这种多元审视不同于此前单向度的革命史观或现代化史观，有助于对晚清发生的重大政治事件做出更全面、更客观的评价与定位。

三是受西方后现代主义史学影响，探讨晚清一些重大政治事件和人物如何被后人建构并被赋予意义，对传统的历史叙述进行解构。如有的考察了林则徐形象的构建过程；有的考察了近代不同政治派别及报刊如何赋予太平天国和义和团不同意义；有的探讨"苏报案"这样一个历史事件是如何被后人赋予各种政治意义并被意识形态化的，事件的主角章太炎和邹容又是如何被神圣化的；有的从中山公园、中山路、中山纪念堂、中山装、奉安纪念、总理纪念周、总理遗像、谒陵仪式等方面，比较系统地探讨了辛亥革命之后的国民政府如何通过这些活动，构建孙中山崇拜以确立其统治的合法性和正统性，并为构建现代民族国家服务；有的考察了辛亥革命之后各政府和党派如何通过各种纪念活动，各自赋予辛亥革命特殊意义，以为本政府和本政党服务的过程；有的考察工商界、文化教育界、宗教界（主要为基督教界）、海外华人华侨等不同界别和社会团体，以及大众报刊传媒和文学、戏剧、音乐、艺术和不同历史时期教科书等，如何根据各自的立场和需要，对辛亥革命做出不同的纪念和诠释；有的从辛亥革命纪念空间建设，诸如烈士祠、纪念碑、墓地、纪念馆或博物馆、名人故居和革命活动旧址，以及日常生活中大量以革命先烈名字特别是以"中山"命名的公园、道路、建筑物以及一些城市等，探讨后人对辛亥革命的构建过程。这种后现代主义视角对于我们重新认识晚清一些重大政治事件和人物，显然具有一定的启示意义。

这些研究转向有的在20世纪80年代中期即初露端倪，而在进入21世纪后愈益趋于明显。它们表明晚清政治史研究在经历百余年的历程之后，已开始逐渐摆脱中国近代史学科和革命史研究的束缚，正在走上一门新的独立学科的道路。

## 第二节 对于晚清政治史研究的五点期待

纵观新中国成立以来70年研究历程,晚清政治史一直是史学界的一门显学,业已取得辉煌成就。回顾过去,展望未来,兹对国内晚清政治史研究提出以下五点期待,以与学界共勉。

一是提升史学与理论的有机统一。在既往国内晚清政治史研究中出现许多学术争鸣,这是一个可喜现象,反映了晚清政治史研究的学术繁荣。但另外值得注意的是,许多的学术争鸣不是在史料和史实问题上出现分歧,而是在涉及历史人物和历史事件评价及定性上产生不同意见和看法。换言之,是在立场、历史观和方法论上出了问题,是在如何运用马克思历史唯物主义分析历史上出了问题,各说各话。这方面的学术争鸣固然有其一定的学术意义和价值,但也存在虚假繁荣之虞,有些纯粹是伪问题,不只是学术资源和学术精力的一种浪费,而且造成思想混乱,传播一些错误的历史观。因此,在晚清政治史研究中有必要进一步加强马克思主义理论的学习,提升史学与理论的有机统一。

二是坚持学术与政治、历史与现实的有机统一。由于晚清政治与今天的中国有着密切关联,晚清政治史的研究也因此一直深受政治和现实的影响。在如何对待这个问题上,国内学界曾出现过一些差错,走过一段弯路,特别是"文化大革命"期间的"影射史学",将学术作为现实政治的婢女,给学界留下深刻教训。但由此将学术研究与政治和现实完全对立起来,这显然也不是一种科学的实事求是的态度。一则,晚清政治与今天的中国存在连续性和非连续性,这是一个不可回避的历史事实。再则,历史研究作为一门社会科学,要做到学术与政治和现实完全分离,既无可能,也不可取。须知每位历史学者都不是生活在一个真空的世界里,而是特定时代和特定社会关系下的个体,并以某种理论和方法指导自己的学术研究;而史学研究的一个重要使命或功能就在于揭示历史真相,为今天的社会指点迷津,也就是司马迁所说的"究天人之际,通古今之变"。因此,在晚清政治史研究中，我们应坚持学术与政治、历史与现实的有机统一，两者之间是不相矛盾的，诚如恩格斯所说："科学愈是毫无顾忌和大公无私，它就愈加符合于工人的利益和愿望。"①

三是正确看待晚清政治史研究范式。由于晚清政治史研究较诸古代史具有更强的现实感和政治敏感性，国内的晚清政治史研究出现过不同的研究范式，诸如逊清派与民族革命派、革命范式与现代化范式、挑战—回应范式与"中国中心论"、"国家—社会"范式与"市民社会"理论、清史学派和"新清史"学派、后现代主义史学派，等等。一方面，这些范式或理论固然为晚清政治史研究提供了一种新的分析工具，具有较强的问题意识和导向，对丰富和深化我们的历史研究具有一定的借鉴意义。但另一方面，作为一种分析工具，这些范式和理论也存在将晚清历史简单化和片面化、削足适履的弊端或局限，甚至带有明显意识形态色彩，代表了西方学者或民国年间学者的立场，各有其产生的时代和学术背景。对此，我们必须加以警惕，在坚持马克思历史唯物主义和辩证法的前提下，批判地加以吸收，不能捡了芝麻丢了西瓜。

四是进一步加强史料的挖掘、考辨和利用。史料是史学的基础，国内晚清政治史研究一方面继承了中国传统史学的优良传统，十分重视史料的挖掘和利用，并取得丰硕成果。但另一方面，学界在史料的利用方面也还存在一些不足。一个比较突出的问题是，一些学者的研究不是建立在详细占有史料的基础上，既没有对史料加以分类，不明不同类型的史料具有不同的价值，也不对史料的内容加以考辨，就信手拈来，信以为史，引以为据。更有甚者，一些学者为了标新立异，置大量的历史事实于不顾，以个别的史料记载进行所谓的历史翻案，甚至对史料进行臆想和"戏说"，以博眼球。此外，我们的学术研究还存在滞后于史料出版的现象，有些重要新史料整理出版了，但长期很少加以利用。这些现象虽然不具有普遍性，但它们确乎存在，反映了学术的浮躁之风，须引以为戒。并且，鉴于晚清史料比中国历朝史料都更为丰富，这就要求我们在研究中须更加注重史料

---

① 恩格斯：《路德维希·费尔巴哈和德国古典哲学的终结》，《马克思恩格斯选集》第4卷，人民出版社2012年版，第258页。

的分类和考辨,做到博取而择善。

五是重建一个独立的晚清政治史学科。如前所述,新中国成立之前,晚清政治史归属于清史和中国近代史两个不同学科;新中国成立之后,晚清政治史长期归属于中国近代史学科,尽管在20世纪90年代特别是进入21世纪之后,随着政治事件史研究臻于成熟,晚清政治史开始突破中国近代史学科范畴,呈现出多元特色,并表现出回归清史学科趋势,但也呈现出碎片化现象,未能重建起一个新的独立的晚清政治史学科体系。尽管清史学科和中国近代史学科下的晚清政治史两者之间存在重合之处,但它们的研究重心和出发点还是有很大区别的。清史的研究任务和目标是要阐明清朝从崛起到发展、鼎盛时期,再到衰败和灭亡的过程;而中国近代史的主题则是反帝反封建和近代化。对于晚清政治史研究来说,两者之间的隔阂和局限,都是显而易见的。前者不足以反映晚清政治史的丰富内容,揭示晚清政治与清朝前中期政治的根本不同之处,遗漏掉许多中国近代史学科应有的研究内容;后者不足以揭示晚清由盛转衰直至灭亡的历史,造成与清朝前中期的政治史研究的脱节和断裂,遗漏掉许多清史学科应有的研究内容。因此,在晚清政治史研究走过百余年历程之后,如何在前辈研究的基础上,吸收两个学科之长,建立一个与清史和中国近代史两个学科既有联系又有区别的独立的晚清政治史学科,这应是学界未来一个总的努力方向。

# 后　　记

　　作为一部学术史著作，本书依据国内 70 年来晚清政治史研究所走过的学术轨迹，除最后两章外，前十章对晚清政治史中的十个专题史——第一次鸦片战争史研究，第二次鸦片战争史研究，太平天国史研究，洋务运动史研究，中法战争史研究，中日甲午战争史研究，戊戌变法史研究，义和团运动史研究，辛亥革命史研究，清末十年新政史研究，分别作了回顾和总结。第十一、第十二两章为此次新加内容。

　　需要指出的是，就前十章的专题史研究来说，学界的研究成果可谓汗牛充栋，许多专题的学术史即可单独成书。为了在有限的篇幅，最大限度地展现这些专题史的学术成果和发展历程，我们没有采用中国传统的"以人为中心"和"以书为中心"的"学案体"写作方法，大体采取了"以问题为中心"的学科史学术写作方法，并从纵横两个经纬度对各个专题史的研究进行学术梳理，既纵向揭示各个专题史在过去 60 多年里走过的历程，也横向对过去 60 多年里各个专题史研究中的重大学术问题和学术观点作一展示，以期达到"辨章学术，考镜源流"的目的。

　　本书的写作得以完成，我要感谢姜涛、葛夫平、马忠文、邱志红、张海荣五位同志的配合和支持，他（她）们分别承担了本书的部分写作任务。其中，第一、二、五章由葛夫平撰写；第三章由姜涛撰写；第四章由邱志红撰写；第六章由张海荣撰写；第七章由马忠文撰写；第八、九、十、十一、十二章和引言由我本人撰写。同时，我也感谢本所王建朗所长和科研处杜继东处长的信任，将这一光荣任务交由我负责。另外，我还要感谢中国社会科学出版社社长赵剑英先生、原副总编辑郭沂纹女士的关心和鼓励、督促和支持；感谢责任编辑刘芳女士的热情联络和建议。

　　严格说来，书写学术史是对前人学问的研究，它对作者有很高的要求，不但需要作者比较系统地阅读前人的相关研究成果，还要作者具有敏锐的学识和良好的史德。尽管我们为本书的撰写进行了大量的阅读，在学术史梳理过程中尽量做到客观，但限于时间、篇幅及学识，挂一漏万或评点不到位之处或在所难免。另外，作为本卷的主编和主要撰稿人，虽然就本书的写作内容和体例与各位作者做过沟通，提出过一些写作建议，并在最后定稿过程中对文字有所增删，但各章内容和观点基本悉尊各位作者的写作，不求统一或一致，它们代表了各位作者的识见。本书存在的不足之处还望相关专家学者及各位读者鉴谅和海涵。

崔志海<br>
写于 2019 年 5 月 26 日